ちくま学芸文庫

社会分業論

エミール・デュルケーム
田原音和 訳

筑摩書房

目次

凡例

一　本書は、É・デュルケーム（Émile Durkheim）の『社会分業論』（*De la division du travail social—— Étude sur l'organisation des sociétés supérieures*, Ire éd., 1893; 7e éd., 1960, Paris, P. U. F.）の全訳である。

一　原注は、本文右わきに（1）（2）……の通し番号を付して、各章末に一括した。

一　訳注は、本文右わきに＊とともに通し番号を付して、各章末に一括した。ただし、ごく短い訳注は、本文中の〔　〕内に示した。

一　初版と二版以降では、原著者自身による改訂・変更がみられる。訳者によるその箇所の補足および特殊外国語の語句や人名の原語等々は、本文中に〔　〕で入れた。ただし、二版以降では削除されている初版の「序論　問題」は、論旨の重要性にかんがみ、全文を巻末に収録した。

一　原文中のイタリック体の部分は、訳文中では傍点を付した。ただし、原著者によるもの以外の公理などは〈　〉で表わした。

一　原文中の引用符および（　）は、訳文でも「　」および（　）で表記した。

一　巻末の索引は、訳者が協力者をえて、新たに作成したものである。

内容紹介

序論　問題

社会的分業の発達。この現象の普遍性。問題の所在——われわれはこの分業の動きに身をゆだねるべきか、それとも抵抗すべきか。あるいは分業の道徳的価値の問題。

この点にかんする道徳意識の不確定性。同時に与えられた矛盾しあういくつかの解決策。この不確定をなくする方法。分業をそれ自体において、それ自体のために研究すること。本書の構成

第一編　分業の機能

I　分業の機能を決定する方法

機能という言葉の意味

1　分業の機能が文明を生みだすのではない

2　分業がなければ存在しえないような諸集団を分業の機能が出現させるばあい。そこから生ずる仮説。すなわち分業が高級社会において同一の役割を果たすこと、分業がこの社会の凝集にとって主要な源泉であること

3　この仮説を検証するために、分業にもとづく社会的連帯を他種の諸連帯と比較し、ついでそれらを分類すべきこと。さまざまの法規の体系をとおして連帯を研究することの必要性。これら

の法規の種類に応じただけの連帯形式が存在すること。諸法規の分類。抑止的制裁を伴う法規と復原的制裁を伴う法規

II 機械的あるいは類似による連帯

1 抑止的法律に対応する社会的連帯の紐帯は、それを破ったばあいには犯罪を構成するような紐帯である。だから、犯罪が本質的にどんなものであるかを知れば、この紐帯の性質を知ることができる。

犯罪の本質的特徴は、社会類型のいかんを問わず、犯罪の存在するところではどこにおいても同一である。ところで、こんにち犯罪として認められ、またかつてもそう認められてきたあらゆる犯罪に共通した唯一の特徴は、つぎのとおり。(1)犯罪は特定社会の正常な個人すべてにみられる諸感情を傷つける。(2)これらの感情は強烈である。(3)これらの感情は明確である。したがって、犯罪とは集合意識の強烈で明確な状態を傷つける行為である。この命題の厳密な意味。——犯罪が統治機関の作用によってつくりだされ、あるいは少なくとも重くされるばあいの吟味。この事例も前の定義に帰着すること

2 この定義の証明。この定義が厳密だとすれば、それが刑罰のいっさいの特徴を説明するはずである。刑罰の諸特徴の決定。(1)刑罰は段階的な強度をもった激情的反作用である。(2)刑罰の原始的形式は私的復讐であったとする説にたいする反駁。(3)この反作用はある構成体の媒介によって行使される

3 以上の諸特徴はわれわれの犯罪についての定義から演繹できる。(1)すべて強烈な感情はひと

たび傷つけられると機械的に激情的反作用をひきおこす。この反作用がその感情を維持するために果たす効用。集合的諸感情はもっとも強烈なものであるから、それらの感情が強ければ強いほど同種の反作用をいっそう強くひきおこす。贖罪の準宗教的な性格についての解明。(2)これらの感情の集合的性格はこの反作用の社会的性格を解き明かす。この反作用が社会的であることがなぜ有用であるか。(3)これらの感情の強力さと、とりわけその明確な性質とは、反作用を行使する一定器官の形成を説明する

4 だから刑法が認める規定はもっとも本質的な社会的類似をあらわす。したがって、刑法は類似から生ずる社会的連帯に対応し、後者が変わるにつれて変化する。この連帯の性質。よって、この連帯が社会の一般的統合において果たす役割は、法規定の全体系のうち、刑法が代表する部分によって測定することができる

Ⅲ 分業によるあるいは有機的連帯

1 復原的制裁の性質はつぎのことを含意する。(1)それに対応する諸規定が共同意識から逸れた状態またはそれとは無縁の状態をあらわす。(2)これらの規定が決定する諸関係は、個人を間接的にしか社会に結びつけない。これらの関係は積極的なものと消極的なものとにわけられる

2 消極的関係の典型は物権である。この諸関係が消極的だという理由は、物を人に結びつけはするが、人びと相互を結びあわすものではないからである。——物権を行使したばあいの人間関係、あるいは不法行為および準不法行為の結果として設定された人間関係は、せんじつめればこの典型に帰着する。——これに対応する諸規定があらわす連帯は消極的であるから、それ独自に

存在するのではなく、積極的形態の社会的連帯の延長でしかない

3　積極的または協同の諸関係は分業から生ずる。それらは協同的法律とよばれる諸法規の一定の体系によって統括される。協同的法律のさまざまな部分についてこの命題を証明すること。この法の機能と神経組織の機能とのあいだの類比

4　結論。二種の積極的連帯。一方は類似から生じ、他方は分業から生ずる。機械的連帯と有機的連帯。前者は個人の人格と逆比例して変化し、後者はそれに比例して変わる。前者には抑止的法律が対応し、後者には協同的法律が対応する

Ⅳ　以上のことについての別証

以上の結果が正確だとすると、社会的類似がいっそう大きく、また分業が初歩的であればあるほど、抑止的法律は協同的法律に優越するようになるはずである。およびその逆。ところで、ここからつぎのことが生ずる

1　社会が原始的であるほど、身体上の類似といい、心理的類似といい、諸個人間の類似は大である。これと反対の意見は集合的諸類型（国民的・地方的など）と個人的諸類型とを混同したところから生ずる。じじつ集合的類型は個人的類型が増大し、さらに明確になってくるにつれて弱まる。他方、分業は当初こそ存在はしなかったが、やがてたえず発展するようになる

2　ところで、はじめは法という法はすべて抑止的性格をもつ。原始的諸民族の法。ヘブライの法。インドの法。ローマおよびキリスト教社会における協同的法律の発展。こんにちでは原初の関係は逆転している。抑止的法律が原始的に優越していたのは習俗が粗雑であったからではない

V　有機的連帯がしだいに優越することおよびその結果

1　現代において協同的法律が抑止的法律よりも優勢だということは、分業から生ずる社会的諸紐帯が現実に社会的類似から生ずる諸紐帯よりも数が多いからである。この優越は高級社会類型に近づくほどいっそう顕著であるから、それはけっして偶然なのではなく、これらの高級類型の性質そのものによる。これらの紐帯は数が多いばかりでなく、さらに強力でもある。社会的諸紐帯の相対的な力を測定するための基準。この基準の適用

2　社会進化がすすむにつれて、類似に由来する諸紐帯が弱まってくると同時に弛緩してくる。事実上、機械的連帯はつぎの三つの条件に依存する。(1)集合意識と個人意識の相対的大きさ。(2)両者の強さ。(3)集合意識を構成している諸状態の確定性の程度。ところで、これらの条件のうち第一のものはせいぜい変わらないというだけであるが、後の二点は退行する。諸犯罪類型の数的変化によって、そのことを立証する方法。諸犯罪類型の分類

3　多数の犯罪類型がしだいに退行し、消滅してゆくこと

4　この消滅は他のものを得たところで埋めあわせがきかない。ロンブローゾの異論。その反駁。したがって、共同意識の強力かつ明確な状態の数は減ってきている

5　他の証拠。共同意識の諸状態がとくに強力なばあいは宗教的性格を帯びる。ところが、宗教は社会生活のうちでも着々小さくなってゆく部分を占める。その他、諺や格言などの消失からもその証拠をひきだしうる。ゆえに有機的連帯は優勢になる

VI　有機的連帯がしだいに優越することおよびその結果（つづき）

1　以上の二種の連帯に対応する諸社会構造。環節的類型の構造。その記述。環節的類型は機械的連帯に対応する。その多様な諸形態

2　組織的類型の構造。その諸特質。それは有機的連帯に対応する。以上の二類型の対立。後者は前者が弱まるにつれて発達する。にもかかわらず、環節的類型は完全には消滅しない。それが弱まってゆきながらとる諸形態

3　社会的類型の発達と動物界における有機的類型の発達との類比

4　以上の法則をスペンサー氏の軍事的社会と産業的社会の理論と混同してはならない。始原において個人が社会に吸収しつくされるのは、極度の軍事的集権化から生ずるのではない。かえって、いっさいの集権化が欠如するところから生ずる。集権的な組織化は個人化のはじまり。これまでの諸帰結。すなわち、(1)方法の準則。(2)利己主義は人類の出発点ではない

VII　有機的連帯と契約的連帯

1　有機的連帯とスペンサー氏の産業的連帯との区別。この産業的連帯はもっぱら契約的であって、あらゆる規制をまぬがれているようである。このような連帯の不安定な性質。スペンサー氏があげた例証の不十分さ。社会的作用の及ぶ範囲を明らかにするもの、それは、法的機構のゆきわたる範囲である。ところが、この機構はつねにいよいよ大きくなる

2　契約的諸関係が発達することはまちがいない。しかし非契約的諸関係も同時に発達する。拡散している社会的機能についてこの事実を確証する。すなわち、(1)家族法がより広範かつ複雑と

なる。ところが、原則としてはそれは契約的ではない。さらに、家族法において私的契約の占める場は限定されているが、それはたえず小さくなってゆく。婚姻、養子、家族のさまざまな権利・義務の放棄。(2)契約の占める場が大きくなるほど契約はますます規制される。この規制は積極的な社会の作用を意味する。この規制の必要性。スペンサー氏の依った生物学的類比にかんする検討

3 社会有機体の脳脊髄的な諸機能（行政機能・統治機能）についての同じような事実の検証。行政法と憲法は、契約的性質などは少しもなくてもしだいに発達する。スペンサー氏はこれと反対の意見をもっているが、その支えとなっている諸事実についての検討。環節的類型の衰弱と組織的類型の進歩の結果としてのその発展の必然性。生物学的類比はスペンサー氏の理論と矛盾する

4 第一編の結論。道徳的社会的生活は二重の源泉から由来する。この二つの流れの逆行的変化

第二編 原因と条件

I 分業の進歩と幸福の進歩

経済学者たちによると、われわれの幸福を増したいという欲求こそが分業の原因である。この説は、事実においてわれわれがさらに幸福になるのだということを前提としている。これほど不確実なことはない

1 歴史の各時代で、われわれが味わう幸福には限界がある。分業は、ほかに原因がないとすると、ひとたび幸福の絶頂に達するや、たちどころに止まってしまうだろう。この限界は、たしか

に人間が変わるにしたがって後退する。だがこのような変化は、われわれをいっそう幸福にしてくれると仮定してみたところで、右の結果を予測して生じたものではない。なぜなら、長いあいだ、こうした変化は苦渋に満ちたものであったし、その代償もなかったからである

2　それでもなおこの変化は幸福という結果をもたらすだろうか。幸福とはまさに健康の状態である。だが、健康とは種が高等になるにつれて増大するというものではない。未開人と文明人との比較。未開人の満足。文明とともに増加する自殺。この増加の証明するもの。社会学的方法の見地からみた重要な諸帰結

3　馴れきった快楽のものうい倦怠から、はたして進歩が生ずるだろうか。快楽の本質的一要素である多様さと、二次的要素たる目新しさとを混同してはならぬ。目新しさへの欲求がきわめて活発なばあい、この欲求の病理的な特徴

Ⅱ　原因

1　分業の進歩の原因はつぎのとおり。(1)環節的類型の消滅、すなわち、物質的密度の増大によって象徴化される社会の道徳的密度の増大。物質的密度の主要な諸形態。(2)社会の密度増を伴いさえすれば容積の増大が生ずる

2　個人差が増してはじめて容積が増大するとしたスペンサー氏の理論。それへの反駁

3　容積と密度の増大は、生存競争の強度を強めることによって、分業の進歩を機械的にひきおこす。より豊富で良質の生産物にたいする需要はいかにして形成されるか。この需要の形成は専門化を必然的にする原因の一結果であって、専門化の原因なのではない

4　ゆえに、分業は組織的に構成された社会でのみ生ずる。分業と協同とを社会生活の基本的事実とする人びとの誤り。国際間分業にたいするこの命題の適用。相互扶助論のばあい

Ⅲ　二次的要因

分業は個人的変異が増大してこそ進歩しうるものであり、個人的変異は共同意識が退行してはじめて増大する。この退行が実在することについてはすでに確定してきた。とすれば、その退行の原因は何か

1　社会的環境は拡大するからこそ、集合意識はいよいよ具体的な諸事物から遠く離れ、したがってまたいっそう抽象的となる。そのことを支える以下のような諸事実。神の観念の超越性、法・道徳・文明一般のより合理的な特質、がそれである。このような不確定性が個人の変異にたいしてより多くの途をあける

2　環節的類型の消滅は、個人をその出生の環境からひき離し、個人を先代の影響からまぬがれさせ、かくして伝統の権威を弱める

3　環節的類型の消滅の結果、社会は個人を包みこまなくなり、分岐する諸傾向をあまり抑制できなくなる

4　この見地からすると社会的機関がなぜ環節の役割を果たしえないのか

Ⅳ　二次的要因（つづき）

遺伝は分業の進歩にたいするひとつの障害である。遺伝が諸機能の配分を規定する要因として

は力が弱まってゆくことを立証する諸事実。それはどこからくるのか

1　遺伝がその支配力を失うのは、遺伝によって伝承することの不可能な、いよいよ重要な活動様式が構成されるようになるからである。その証拠。(1)新しい人種が形成されることはない。(2)遺伝は大まかで単純な能力しか伝えることができない。ところが諸活動は専門化するにつれてますます複雑になる。遺伝されるものも、それにより以上のものを付加しなければならぬから、われわれの発達を規定する要因としては弱くなる

2　遺伝によって伝えられるものはより不確定になる。その証拠。(1)下等動物種から高等動物種へ、動物種から人間へと移行するにしたがって、本能は退化する。だから、この退化は人間界において持続するものだと信ずべき余地がある。これは、本能とは逆比例して変わるあの知性の不断の進歩が立証する。(2)新しい種が形成されないばかりか、古い種は消滅する。(3)ゴルトン氏の諸研究。規則正しく伝えられるもの、それは平均類型である。ところが平均類型は個人差の進展のゆえに、ますます不確定になってゆく

V　これまでの結論

1　生理的分業にくらべると社会的分業のいっそう柔軟な性格。その原因は機能がいっそう器官から独立するようになるからである。どのような意味でこの独立は優越性のしるしなのか

2　分業についての機械論的な理論は、文明を必然的原因の産物とみて、それ自体では活動を誘発する目標ではないという含みをもつ。だが文明は、まさにひとつの結果でありながら、ひとつの内発的目的、ひとつの理想となる。どうしてそうなるか。この理想がいつかは不易の形態をと

るとか、進歩には極限があるとかということを想定しうる根拠すらない。スペンサー氏のこれと反対の理論についての検討

3　容積と密度の増加は、社会を変えることによって個人をも変える。人間は有機体からますます解放され、したがって、心理的生活が発達する。同じ原因に影響されて、個人的人格は集合的人格から解放される。この変化は社会的な諸原因に依拠するから、心理＝生理学はわれわれの心理的生活の低級形態をしか説明しえない。個人をその大半について解き明かすものは、まさしく社会である。方法論上、この命題の重要性

第三編　異常形態

I　無規制的分業

分業が連帯を創出することのない異常形態。それらを研究する必要性

1　経済生活における異常例。すなわち、労働の分割につれていよいよひんぱんになる産業恐慌。労働と資本との対立。同様に、科学の統一性は科学的労働が専門化するにつれて失われる

2　これらの諸結果は分業に内在的だとする理論。コントによれば、その解決策は統治機関の偉大な発展と諸科学の哲学の創設にある。経済生活のすみずみまで規制するには、統治機関は無力である。——諸科学の哲学も科学の統一性を確保するには無力である

3　いかなるばあいにも諸機能が協力しあわないとすれば、それは諸機能の関係が規制されていないからである。分業が無規制的なのである。規制の必要。正常のばあい、この規制はいかにして分業から生ずるのか。引用した諸事例では、それがいかに欠けているか。

この無規制状態（アノミー）は連帯的な諸器官が十分に接触しあっていないか、あるいは十分に伸びた接触をしないことから生ずる。この接触が正常状態なのである。

だから分業は、それが正常なばあいには、個人をひとつの仕事に閉じこめてそれ以外のものをみようとするのを妨げるものではない

Ⅱ　拘束的分業

1　階級闘争。それは個人が自己の機能と調和していないことから生ずる。というのは、その際、この機能が拘束によって個人に課せられているからである。この拘束を構成するものは闘争の外的諸条件におけるいっさいの不平等である。たしかに、この不平等のない社会は存在しない。だが、しだいに減少してきている。有機的連帯が機械的連帯にとって代わることは、この減少を必然化する

2　この進歩を平等への方向で必然化する他の理由。契約的連帯は社会的合意にとってますます重要な一要因となる。ところが、契約は交換価値がほんとうに等価であるばあいにのみ当事者を結合させうるし、またそうなるためには、交換の当事者が外的に平等な諸条件下におかれていることが必要である。有機的連帯が優勢になるにつれて、こうした不正が許されがたくなる諸理由。じじつ、契約法と契約的道徳とは、この見地からみてますます不断に緊要事となる。

だから、真の個人的自由とは、あらゆる規制を廃止することにあるのではない。ある規制化の産物なのである。というのは、この平等性は自然のうちにあるのではないからである。このような条件下においてのみ、これらの社会はみずからを維持しうる

Ⅲ　その他の異常形態

各労働者の機能的活動が不十分であるがゆえに分業が連帯を生じえない事例。有機的連帯は、どうしたら有機体において、――社会において、機能的活動とともに高まるか。事実上、機能的活動は、分業――それが正常であるならば――と同時に高まる。すなわち分業が連帯を創出させる二次的な理由

結論

1　本書の冒頭で提起した実践的課題の解決。集合的類型の諸特質を実現せよと命ずる準則は、社会的凝集を確保することをその機能とする。他方、この準則は道徳的でありしかも道徳的特質をもっているがゆえにのみ、その機能を果たすことが可能である。ところが、われわれに専門化せよと命ずる準則も同じ機能をもつ。だから、この準則もまた道徳的価値においてはひとしい。

この命題を立証する別の方法。さきにあげた分類から帰納される道徳性の本質的特性についての推論。道徳とは社会的連帯の諸条件の総体である。分業がこの基準をいかに示しているか

2　分業は個人の人格を低めはしない。(1)われわれ人間本性の論理が、深さにおいてよりも、むしろ広さにおいて発達することを求めるのはなぜか。(2)さらに、個人の人格は分業をひきおこす原因の影響を受けてのみ進歩する。人間愛の理想は分業が同時に進歩するばあいにのみ実現されうる。だから、分業はわれわれの道徳生活のいっさいに結びついている

3　けれども分業は、それが法と道徳とを同時に創出するばあいにしか連帯を生みだすことはな

い。この主題にたいする経済学者たちの誤り。この道徳の特性。それはより人間的であり、さして超越的ではない。より多くの正義。道徳の現代的危機にかんする考察

第一版序論　問題

社会的分業の発達。その現象の一般性。問題の所在。すなわち、われわれはこの分業の動きに身をゆだねるべきか、それとも抵抗すべきか。あるいは分業の道徳的価値の問題

1　この問題を解決するための日常的方法。道徳性の一公式と判断すべき事実との対決。この方法を使うことの不可能。これまでに提起されてきた諸公式のいずれもが道徳的事実を解き明かしえない

2　そうだとすれば道徳性の公式は科学の当初においては得られない。科学の進歩に応じてこそ得られる

3　道徳的諸事実をその外在的特性によって決定することの必要。この外的標識は制裁の存在、より特殊には拡散的な抑止的制裁の存在のうちにある

4　以上の定義の補足。道徳的諸事実を正常的と異常的とに区別すること

5　分業にこの基準を適用すること。疑わしい諸結果。分業の理論的研究の必要性。本書の構成

第二版序文　職業集団化にかんする若干の考察

本書を再版するにあたって、われわれは初版の調和を崩さないことにした。書物というものには個性があって、それは保存しておかなければならないからである。また、書物が人びとに知られるようになった特徴は、そのままにしておいたほうがよい(1)。

しかし、初版の際には分明でなかったひとつの観念があった。われわれには、これをとりだして、もっとはっきりさせたほうがよいと思われる。というのは、本書のいくつかの部分と、それ以後にわれわれが公にしてきたいくつかの書物の諸部分についても、この観念が明晰にするところがあるだろうからである(2)。その観念とは、現代諸民族の社会組織において、職業集団が果たすべく運命づけられている役割についてである。われわれは、はじめ、この問題について暗にふれるだけにとどめておいたのであるが(3)、それは、のちに再びとりあげて、別個に研究しようと思っていたからである。けれども、ほかにいろいろな仕事が突発して、この計画を思いとどまらざるをえなかったし、ひきつづきこの研究ができる余裕もありそうにない。そこで、このたびの再版を利用して、この問題が、本書のなかでとりあつかわれている主題とどうかかわっているかを示し、どういう表現でこの問題が提示されているかを指摘し、とりわけ、多くの人びとに、いまなおこの問題の緊急性と重要性とを十分理解させることを妨げている根拠をとりのぞくように努めたいと思う。以上が、この新しい序文の目的である。

I

経済生活が現実におかれている法的・道徳的無規制状態《アノミー》について、われわれは、本書でくりかえし強調してきた。(4) この経済という機能の分野では、じじつ、職業道徳は存在するにしても、まことに萌芽的な状態であるにすぎない。弁護士、裁判官、軍人、教授、医師、僧侶などには職業道徳がある。だが雇主と被傭者、労働者と企業主、競争しあっている企業家たち、企業家と大衆、以上の人たちの関係については、そのあるべき通念を少しばかり明確な言葉で規定してみても、えられる定式はなんとも不明確きわまりないのである。あらゆる種類の賃金生活者がその雇主にたいして払うべき忠誠と献身や、雇主がその経済的優位を行使する際に守るべき節度にかんするなんとも不明確な一般論、あまりにも露骨で悪辣な競争や言語道断な消費者が地位を悪用したばあいの非難。――こういったことのほとんどが、これらの職業の道徳意識に含まれているものである。のみならず、これらの道徳的規制の大半は法的性格をまったく欠いており、それらが承認されるばあいも、世論によるだけであって、法によるのではない。それに、周知のように、世論というものは、こんな漠然たる義務の遂行ということにたいしてさえどうも甘いようである。おおいに非難されるべき行為も成功してしまうと帳消しにされることがよくあるために、許されているものと禁じられているもの、正しいことと正しくないことのけじめが少しも固定しておらず、個人によってどうにでも勝手に変えられるようにみえる。これほど不明確で一貫しない道徳が規律を構成することなど、およそ不可能である。こうして、経済という集合生活の全領域は、その大半が規範的準則の抑制作用をまぬがれてしまうような結果に終わっている。

　経済界の悲惨な光景が呈する、あのたえまなく繰りかえされる闘争やあらゆる種類の無秩序がよってきたるべきところは、まさにこの無規制状態《アノミー》である。というのは、たがいに対峙している諸力を抑制するものも、それらに守るべき限界を指示するものも、いずれもまったく欠けているので、これらの力は際限なく伸びていこうとするし、たがいに激突して、圧しあい、つぶしあってしまうことになるからである。いうまでもなく、ついには最強者が最弱者を圧しつぶしてしまうか従属させてしまう結果となる。だが、敗者は、よんどころない屈服から、しばらくはこの従属関係を甘受することはあっても、必ずしも心服しているわけではない。したがって、この従属関係が安定した均衡を構成することは不可能であろう。(5) 暴力によって強制された休戦は一時的なものにすぎず、心に安らぎを与えるものではない。人間の情熱というものは、その畏敬する道徳的力の前でしか立ちどまらないものである。この種の権威がいっさい欠落しているならば、支配するものは弱肉強食の法則であって、潜在的にせよ顕在的にせよ、戦争状態は必然的に慢性的である。

　このような無政府状態が病的現象であることは、明々白々である。なぜなら、この無政府状態は、弱肉強食の物理的法則をより高次の法則に従属させて、人間どうしの闘争を放棄し、あるいは少なくとも、それを緩和しようとする、あらゆる社会の目的そのものに逆行するからである。こうした規制の欠如態を正当化して、個人の自由の飛躍的伸張に貢献するところ大であるとしてみても、意味がない。人がよくやるように、規範的準則の権威と個人の自由とを対立させてみようとすることほど、まちがったことはない。まったく逆に、自由（われわれは、社会が個人に義務として尊敬せしめる自由をこそ、正しい自由と理解する）そのものが、規制の産物なのである。他者がその肉体的経済的その他の優位をうまく利用して私の自由を束縛しようとすることが抑制されるかぎりにおいてのみ、私は自由でありうる。また、この力の濫用を阻止できるものは、社会的準則だけである。だから、ある経済的独立を個人に保障するために——それがないと個人の自由とはたんなる名目にすぎない——、どんなに複雑な規制が必要であるかは、いまや周知のところである。

けれども、とりわけこんにちにおいて、この無政府状態の異常な重大さをもたらしたものは、ほぼ二世紀このかた、経済的諸機能が経てきた発展である。この発展は、それまでは知られていなかったし、これらの機能もかつては二次的役割を果たしたにすぎなかった。しかし、こんにちでは、それは首位を占める。経済的機能が侮蔑をこめて下層階級にまかされたままであった時代は、すでに久しい昔である。この機能の前には、軍事的機能も、行政的機能も、宗教的機能も、ますます後退してゆくのがわかる。ただ、科学的機能のみが、経済的機能とその地位を争うことができる。もっとも、科学が実用に、つまり、その大半が経済的機能に役だちうるかぎりにおいてしか、科学は現実に威信をかちえてはいない。われわれの社会については、科学的機能が本質的に産業的であり、あるいは産業的であろうとしているといわれてきた理由——それにはそれなりの理由がある——は、まさにここにある。社会生活全般のうちで、これほどまでの地位を占めてきた一活動形態が、こんな錯乱状態のままであれば、必ずや、そこからきわめて深刻な混乱が到来することは、明らかである。それは、とりわけ道徳の頽廃一般の根源である。なぜなら、経済的機能は、いまや大多数の市民を吸収しつくしているがゆえに、多数の個人が、その生活を工業的商業的環境のなかで過ごしているからであり、その結果、この環境にはほんのかすかにしか道徳性がきざみこまれていないので、諸個人の生活の最大部分がいっさいの道徳から影響を受けないままでうちすぎてゆくからである。ところで、義務の感覚がわれわれのうちに固く定着するためには、われわれの生きている状況自体が、この義務感をたえずめざめさせてくれるのでなければならぬ。われわれは、おのずから自己を縛ったり拘束したりできるものではない。だから、われわれがこの拘束——拘束がなければそもそも道徳は存在しない——をみずからに課するように仕向けられなければ、どうしてそれを習慣となしうるであろうか。われわれが、その時間をほとんど手一杯にあてている職業において、われわれの知りつくしている利害という原則以外の原則にはしたがわないとすると、どうして公平とか、自己放棄とか、犠牲とかに心を傾けることができるだろうか。こうして、あらゆる経済的規律の欠落は、経済界それ自体をこえてまで広範にその影響を及ぼし、つづいて公共道徳の堕落を招かざるをえないのである。

害悪は明らかにされた。だが、はたしてその原因は何であるのか。また、その救済策はいかなるものであるのか。

本書の主要部分でわれわれが明らかにしようとしてきたことは、しばしば不当にも、分業がこの害悪にたいして責任があると非難されてきたが、必ずしもそうではないこと、分業は分散や不統一を必然的に生むものではなく、諸機能が相互に十分接触しあっていれば、おのずから均衡がとれ、規制しあう傾向があること、これである。しかし、この説明ではまだ完全ではない。なぜなら、社会的諸機能は、たがいに規則正しくかかわりあっておりさえすれば、たしかにひとりでに適応しあおうとするものだとはいっても、他面、この適応様式は、集団がその権威をもってこれを神聖化してこそ、はじめて一個の行動準則となるからである。じじつ、準則というものは、習慣的行為様式であるだけではない。何よりもまず義務的な行為様式、すなわち、ある程度、個人の恣意性から切り離された行為様式である。ところが、個人に命令するために不可欠の道徳的・物質的至上権をもつものは、ただ構成された社会のみである。なぜなら、集合性《コレクティヴィテ》が形成する人格こそ、個々の個別的人格にまさる唯一の道徳的人格だからである。また、この道徳的人格のみが、日々これを具体化する束の間の諸関係をこえて、この準則を維持するために必要な持続性と永続性をもつのである。そればかりではない。この人格の役割は、個々の契約のもっとも一般的な結果を命令的な掟にするばかりではなく、およそあらゆる準則の形成に際して、能動的積極的に介入する。まず第一に、この道徳的人格は、おのずと任命された審判者であって、あい争う諸利害に裁決を下し、個人におのおのそのところを得しめる限界を指示する。第二に、この人格は、秩序と平和が支配することに何よりも関心を示す。そこで、無規制状態《アノミー》が悪であるとすれば、それはなかんずく、社会がこの状態に苦しんでいるからであり、社会が生きるためには、凝集性と規則性がなくてはならぬからである。だから、道徳的または法的規制は、本質的に社会のみが知る社会的欲求をあらわすものである。それは、ある世論の状態によってたつものであって、あらゆる世論はまた集合的な物《ショーズ・コレクティヴ》であり、集団的彫琢の結果である。無規制状態《アノミー》が終息するためには、したがって、現に欠落している諸準則の体系を構築できる集団が存在しているか、またはそのような集団が形成されなければならない。

この機能を果たしうるのは、あきらかに全体としての政治社会でもなければ、国家でもない。それに、経済生活はきわめて特殊なものであり、日々ますます専門化してゆくから、政治社会や国家の能力をこえ、その作用からすべりおちる。[6] ある職業の活動にたいする規制は、その機能をよく知り、その欲求をすべて感じとっており、欲求の変化のすべてを追求できるほどに、この職業団体にもっとも近接した集団によってのみ有効に規制されうる。このような条件に応じうる唯一の集団は、同一団体に結集され組織された同一産業の全従事者が形成するような集団である。同業組合《コルポラシオン》または職業集団《グループ・プロフェッショネル》とよばれているものがこれである。
ところで、経済界において、職業集団は職業道徳と同様に現存してはいない。一八世紀には、古い同業組合はすでにすたれてしまったが、それにはそれなりの理由があった。しかし、それ以来、新しい基礎のうえにそれを再構築しようという試みは、断片的で不完全なものでしかなかった。もちろん、同一の仕事に従事している諸個人は、同じ職業についているという事実によって相互に関係しあっている。競争でさえも彼らを関係に入りこませる。だが、これらの関係は規則にかなったものではない。それは偶然のめぐりあわせによるものであり、たいていはまったく個人的な性質のものである。ある実業家は他の実業家と接触はする。だが、共同して活動するために結合するのは、それぞれの専門性をもった産業団体ではない。ただ例外的に、同じ職業の全メンバーが、共通した利害問題をとりあげるために会議に集まることがよくある。しかしこの会議は一時的なものでしかない。このような会議は、それを必要とした特殊事情がなくなったあとまでもつづくことはない。したがってまた、会議こそがその機会であった集合生活は、その会議とともに、多かれ少なかれ完全に消えさる。

いくらか永続性をもった唯一の集団は、こんにち組合《サンデイカ》とよばれているもの——雇主側のものであれ労働者側のものであれ——である。そこには、たしかに職業的組織のはしりがある。だが、それらは不定形であり、初歩的でしかない。というのは、第一に、組合は私的な結合であって、法的権威もなければ、したがってどんな規制力もないからだ。同一種類の産業内においても、組合の数は理論的には無限である。しかも、そのおのおのは他から独立しているから、それらがたがいに連合も統一もされていないとすると、全体としてその職業の統一をあらわすものは、何もない。さいごに、雇主の組合と被傭者の組合とは、たがいに区別されている——このことは正当でもあり必要でもあるが——のみならず、両者間に定期的な接触はない。そのそれぞれの個性を失わせないで両者を結合させる共通の組織が存在しないのである。だから、相互の関係を固定し、そのいずれにも同じ権威をもって強制しうる規則を、共通に練りあげることができないのである。したがって、闘争を解決するのは、つねに弱肉強食の法則であって、戦闘状態は完全に生きつづける。雇主と労働者とは、その行為のうち、共通道徳に属する諸行為を除けば、それぞれその力に優劣こそあれ、自立的な二つの国家と同じ状況なのだ。この両者が、相互のあいだで契約を結ぶことはできる。しかし、この契約は、両交戦国の締結する諸条約が両者それぞれの軍事力の状態をあらわすにすぎないように、対峙するそれぞれの経済力の状態をあらわすのみである。彼らは事実の状態を神聖化はする。だが、それによって、正当な権利の状態をつくりあげることはできない。

　それゆえに、職業的道徳と職業的法律とがさまざまの経済的職業において確立されうるためには、同業組合が雑然たる無統一の集合のままであることをやめ、一定の組織化された集団、つまりは公的制度になること、いやあらためてなることが必要である。けれども、この種のあらゆる企図はいくつかの偏見と衝突せざるをえなくなるので、こうした偏見をぜひとも予防し、一掃しておかなければならない。

まず第一に、この同業組合は、それとは対立する歴史的過去をもつ。じじつ、それはわれわれの古い政治体制と密接に結びついたものとして、したがってまた、この旧体制以降は生き残りえないものとしてみられている。工業や商業に同業組合の組織化を要求することは、歴史の流れに逆行するものだととられているようである。そんな退行は、まさしく不可能とも異常ともみられている。

中世に存在したような古い同業組合を人為的に復活させようとするのであれば、この反対論は支持してもよい。だが、提起されている問題はそういうことではない。中世の制度が現代社会にも同じように適合しうるかどうかを知ることが問題なのではないのである。まさにこの制度の応えてきた諸欲求が、はたしてあらゆる時代に存在するかどうかを知ること、これが問題なのである。――よしんば、この制度が諸欲求を満足させるために、さまざまの環境に応じて変わらなければならなかったとしても。

ところが、同業組合を、ある特定の時代、ある特定の文明にのみ適合した一時的な組織としてみることは許されない。それが歴史的に発展してきた時代の古さからいっても、その発展様式からいっても、そうである。同業組合が中世になってはじめておこったのだとすれば、それらがじっさいにある政治体制とともに生じ、それとともに必然的に消滅しなければならぬと思いこむことも可能ではある。しかしながら、現実には、それらはもっと古い起源をもつ。一般的にいえば、同業組合が出現したのは手工業が存在して以来のことであり、いいかえれば産業が純農業的であることをやめて以来のことである。少なくともローマによる征服の時代まで、ギリシアには同業組合というものが知られていなかったようである。しかし、それは手工業がそこでは蔑視され、ほとんどもっぱら異民族によっていとなまれていたからであり、まさにそのこと自体によって、都市の合法的組織の外にあったからである[(7)]。だが、ローマでは、少なくとも共和制の初期には、同業組合がはじまっている。ある伝説によると、ヌマ王[*1]の創設によるとさえいわれている[(8)]。長いあいだ、同業組合がひどく卑賤な暮らししかすごせなかったことは、たしかである。というのは、歴史家も記念碑も、これについては稀にしか語ってはくれないし、それがどのように組織されていたかについても、十分にはわからない。しかし、キケロ[*2]の時代以降、その数は相当なものとなり、ある役割を果たしはじめた。ヴァルツィンク〔Waltzing〕によると、このころには「労働者の全階級が職業団体をふやしたいという要求をもっていたようである」。ひきつづき、この上昇運動がつづけられ、帝制下では、「その経済的差異を考慮にいれたとしても、それ以後おそらくは凌駕されることがないほどの膨張[(9)]」にまで達した。非常に多数のあらゆる種類の職人が、ついに職人組合《コレージュ》を構成したようである。商業で暮らしていた人びとも、これと同様であった。同時に、これらの集団の性格も変わり、ついには行政機構そのものにくみいれられるようになった。そして、同業組合は公的機能を果たすようになった。すなわち、各職業は公務とみなされ、それに対応する同業組合は国家にたいして任務と責任とをもったのである。[10]

以上のことは、この制度の崩壊でもあった。なぜなら、国家にたいするこの従属は、皇帝がそれを強制することによってしか維持できないような堪えがたい隷属へとまもなく堕落していったからである。労働者には、職業それ自体によって生じた重い義務から逃れることができないようにあらゆる手段が講じられた。強制的な徴募や召集にまで訴えるようになったのである。こうした体制は、それを強制するに足りるだけの政治権力が存在するかぎりでしか持続しえないことは、明らかであった。この体制が、ローマ帝国の崩壊とともに死滅した理由は、ここにある。加えて、内乱や侵略が商業と工業とを破壊しさった。職人たちは、この機に乗じて都市を逃れ、農村に分散していった。こうして、紀元後当初の数世紀には、一八世紀末に再びくりかえさなければならなかった現象を生ずるようになった。すなわち、同業組合の生命はほとんど完全に消滅したのである。ゴールにおいても、ゲルマンにおいても、ローマを起源とする都市にその痕跡をいくらかとどめはしたものの、ほとんどとるに足りないものであった。それゆえに、もし当時、理論家がこの状況に気づいたとすれば、のちに経済学者たちがそうしたように、おそらく、同業組合は存在理由を失ったとか、あるいは少なくとも、もはや存在理由はないとか、それらは消滅して再び復活することはあるまい、などと結論したことであろう。そして、もちろんのこと、同業組合を再建するためのいっさいの試みは逆行であり、実現不可能であるとして扱ったであろう。しかし、さまざまの事件が、まもなくこのような予言を裏切ったのであった。

じじつ、同業組合は一時その姿を消したのち、再びヨーロッパの全社会にその姿をあらわしはじめる。それは一一世紀および一二世紀ごろに再生するときをまっていたのである。ルヴァッスール氏[*3]によれば、このとき以来「職人たちは団結する要求を感じはじめており、その最初の団体を形成する」[(11)]のである。いずれにしても、一三世紀には、同業組合が再び開花し、新しい堕落がはじまるまで発展しつづける。これほどまでに執拗な制度が、とうてい偶発的な特殊事情に負うものではありえない。いわんや、それが何がしかの集合的錯誤によって生じたのだとすることは不可能である。都市国家ローマの誕生から帝国の絶頂まで、キリスト教社会の夜明けから現代まで、同業組合が必要であったとすれば、それは持続的で深刻な欲求に応えてきたからこそである。とりわけ、一度姿を消したのち、再び新しい装いのもとにそれ自体が再建されたという事実そのものは、一八世紀末のあの突然の消滅を、それらが新しい集合的生存条件にもはやあわなくなった証拠であるとした議論から、いっさいの価値を奪いさるものである。さらに、すべての大文明社会がこれらの制度の生命を蘇らせたいと感じている要求は、それを根底から廃絶することがなんら救済策ではなかったということ、テュルゴーの改革[*4]をいつまでもひきのばしておかないで別の改革を必要とするものであったということの、もっともたしかな徴候である。

2

けれども、同業組合的組織が必ずしも歴史上時代錯誤ではないとしてみたところで、現代社会において、この組織がわれわれの与えるような重大な役割を果たすように約束されているると信ずべき根拠が、はたしてあるのだろうか。なぜなら、われわれがこの組織こそ不可欠のものと判断したとしても、それは、この組織の果たしうる経済的用役のゆえではなく、それがもちうる道徳的影響力のゆえだからである。なかんずく、われわれが職業集団のうちにみるものは、一個の道徳力である。この力によってこそ、個人のエゴイスムを抑制し、労働者の心のうちにいきいきとした共同連帯の感情を絶やさぬようにし、弱肉強食の法則が商工業上の諸関係にこれほど露骨に適用されないようにすることが可能なのである。ところが、職業集団にはこのような役割は不適当である、とみられている。それは一時的な利害関係を機縁として生まれたものであるから、功利的目的にしか役にたたないと考えられ、旧体制の同業組合のままの記憶がこの印象をいっそうたしかなものにするばかりである。人は、同業組合が、その末期に、何よりもみずからの特権と独占とを維持したり大きくしたりすることにとらわれていた姿を、将来にも延長して勝手に想像してみる。だが、あれほどきびしい職業への没入が、団体やその成員の道徳性にどんなに有利な作用をもたらしえたかについては、これをみようともしない。

しかし、いくつかの同業組合について、その発展過程のごく短い期間しかあてはまらないことを、すべての同業組合体制にまでひろげないようにしなければならない。この体制は、その体質そのものからいって、一種の道徳的不具におかされているなどというものではない。その歴史の大半は、とりわけ道徳的役割をこそ果たしてきたのである。とくにローマの同業組合についてみれば、それが明白である。ヴァルツィンクによると、「ローマ人にあっては、職人の同業組合が、あの中世におけるようなきわだった職業上の特徴をもつにはほど遠かった。そこには、生産方法上の規制も、強制的な年季奉公も、独占もみられない。その目的も、ひとつの産業を経営してゆくために必要な資金を集めておくことではなかった」[12]のである。もちろん、この結合は、彼らに、必要とあればその共通の利益を守るだけの力を十分に与えはした。だが、それは、この制度がもたらした有用な結果のひとつにすぎない。それがこの制度の存在理由、その主要な機能ではなかったのである。何よりもまず、同業組合は宗教的団体《コレージュ・ルリジュウ》であった。それぞれの同業組合は独自の神をもち、その礼拝は、手段がととのっておりさえすれば、特殊な神殿でおごそかにおこなわれた。各家族が家神〔Lar familiaris〕をもっていたのと同様に、各都市は公的な守護神〔Genius publicus〕を、各組合はその守護神を、すなわち団体の守護神〔Genius collegii〕をもっていた。当然のことながら、この職業的礼拝には祭りがなければならなかったし、祭りには供犠と聖餐がついてまわった。また、あらゆる機会をとらえては、たのしい会合がもよおされた。のみならず、食糧や金銭の配分もこの共同体の費用でおこなわれた。同業組合が救済基金をもっていたかどうか、金に困っている組合成員をむらなく扶助したかどうかについては疑問があり、この点の見解もわかれてはいる[13]。この議論に一半の興味と意義とをそえたのは、多少とも定期的な共同聖餐とそれに伴う配給とが、ときには救済にとって代わってきたということと、間接的な扶助の役目を果たしてきたことである。いずれにしても、不幸な人びとは、このかくれた助成金をあてにできることを知っていた。——この職人組合は、その宗教的特徴の系として、同時に葬儀組合《コレージュ・フュネレール》でもあった。氏族団成員〔Gentiles〕と同様に、その生存中、同じ礼拝にいっしょに参加した同業組合の成員は、やはり彼らと同様に、さいごの眠りをともにしたいと希求していた。富裕な同業組合は、みな共同の納骨堂〔columbarium〕をもっていた。これは、組合が墓地を買う資金がないばあいでも、少なくともその成員に共同基金の費用で立派な葬式を保障してやるものであった。

共同礼拝、共同聖餐、共同祭典、共同墓地は、これらをひっくるめてみると、それらはみなローマ人における家族的組織《オルガニザシオン・ドメスティク》のきわだった特徴ではないだろうか。その意味で、ローマの同業組合は「大家族《グラン・ファミーユ》」であったといえる。ヴァルツィンクによると、「この大家族という言葉ほど同じ組合員仲間を結合させた諸関係の性質をよく示したものはない。そして、数多の手がかりから、彼らの胸中を大きな兄弟愛が支配していたことが立証される」[14]。利害の共同体は血縁の代わりとなった。「組合員たちは、ときおり兄弟という名をじっさいに与えあったほど、たがいに兄弟としてみてきた」。そのごく日常的な表現は、まことにソダレス〔sodales〕という言葉であった。しかも、この言葉自体は、親しい同胞愛を意味する精神的な親族関係をあらわしている。また、組合の男女の保護者は、しばしば父と母という呼び名をもっていた。「組合の仲間が組合にたいしていだいた献身的な気持は、彼らが組合に遺贈や贈与をしたことでもあきらかである。墓碑にもそれがみられる。〈身内に敬虔なる〉というのと同じように〈組合に敬虔なる〉と書かれている」[15]。このような家族的な生活こそは、ボアシエ氏[*5]がローマの全同業組合の主要目的であったとするほど、発展させられもした。すなわち「職人の同業組合においてさえ、わけても人びとが仲間となる目的は、共同生活をたのしむこと、家族の外で疲れや退屈の気ばらしをみつけること、家族よりもひろく、都市よりもせまい親交をもつこと、こうして、生活をもっと楽にし、たのしいものにすることであった[(16)]」。

キリスト教社会は都市国家とはまったく異なった社会類型に属しているから、厳密にみれば、中世の同業組合とローマのそれとは似ていない。しかし、中世の同業組合もまた、その成員にとっては道徳的環境を構成するものであった。ルヴァッスール氏によると、「同業組合は、同じ手工業についている人びとを親密な紐帯で結びつけた。組合は聖堂区の中心となる聖堂や特定の礼拝堂におかれ、共同体全体の守護者たる聖者に捧げて設置されることが、非常によくみられた……。人びとが集まるのもそこであったし、荘厳ミサの大儀式に参列するのもそこであった。ミサが終わると、仲間の組合員たちは、うちそろってたのしい饗宴をひらき、それで一日を終えるのであった。この面からすると、中世の同業組合はローマ時代のそれにきわめてよく似ていた[(17)]」のである。のみならず、同業組合は、その予算をまかなう基金の一部をさいて、慈善事業にあてることがよくあった。

他方、それぞれの職業には、明確な諸準則があって、雇主と職人のそれぞれの義務と、雇主相互の義務とを規定していた[(18)]。そこには、たしかにわれわれの現在の観念と一致しない規則がある。だが、それらがどうであるかを判断するばあいは、その時代の道徳に則って判断しなければならぬ。これらの規則には、まさに当代の道徳が表明されているからである。しかし、異論の余地のないものもある。それは、これらの規則の精神が、みな個々の個人的利害を念頭においてではなく、よかれあしかれ、ともかく組合的利害の配慮によって貫かれていること、これである。ところで、私的効用を共同効用に従属させることは、それが何であるにかかわらず、つねにある道徳的性質を帯びる。というのは、この従属には、必然的にある犠牲と献身の精神が含まれているからである。のみならず、これらの規則の大多数は、いまだに現代のものでもある道徳的感情から生じたものである。たとえば、下僕は、その主人の気まぐれから勝手に暇をだされないように保護された。たしかに、義務は相互的であった。だが、この相互性は、そのこと自体によって正当であるということのほかに、当時の職人がもっていた重要な諸特権によっていっそう正当なものとされている。こうして、職人は隣人から、あるいは妻からでさえも助けをかりて、自己の労働権を親方から剝奪されないように、保護されてきた。要するに、ルヴァッスール氏も述べているように、「徒弟や職人にかんする諸規則は、歴史家や経済学者にとって、けっして軽視さるべきものではない。それらは野蛮な時代の作品なのではない。これらの規則は、いささかの疑いもなく注目に値する一貫した精神とたしかな良識の特性をもつ」[19]のである。つまり、あらゆる規制は職業的廉直を保障すべきものであった。商人や職人が買い手をあざむかないように、彼らが「よい仕事、誠実な仕事をする」[20]ように仕向けるために、あらゆる慎重な注意が払われてきた。——もちろん、いろいろな準則がいたずらに煩瑣に堕してしまう時代、親方連中がその仕事の名声とその職人たちの誠意とに気をくばるよりも、自分たちの特権を擁護することに汲々とする時代が、ついにはきた。だが、ある時期に堕落しないような制度はない。制度がしかるべきときに変化しえないで停滞してしまうか、あるいはある属性だけが過度にかたよった方向に発達するかしてしまうのである。こうなると、制度はその果たすべき任務そのものが果たせなくなる。このことは、しかし、まさしく制度を改善すべしという理由にはなりえても、制度などはまったく無用だと宣言しこれを解体すべしとする理由にはならない。

その点はどうであろうとも、以上述べてきた諸事実は、職業的諸集団が道徳的作用を及ぼしえないものではけっしてないということを立証してあまりある。ローマにおいても、中世においても、職業集団において宗教の占めていた重大な地位は、とりわけ、宗教的諸機能の真の特性を明瞭にする。というのは、あらゆる道徳的規律がつとめて宗教的形態をとろうとしたように、当時、あらゆる宗教共同体はひとつの道徳的環境を構成するものであったからである。しかも、同業組合的組織のこの特質は、他の状況下でもその作用が認められるようなきわめて一般的な原因の影響をうけるものである。ある政治社会において、若干数の個人が、その人口のうちの他の人びととわかちもつことのない観念、利害、感情、仕事を共通にするときから、不可避的につぎのようなことが生ずる。すなわち、右のような類似性の影響を受けて、彼らは相互に惹きあい、たがいに求め、関係に入り、結合する。こうして、これらの人びとは一般社会のただなかに、特殊な相貌を帯びた集団、限定された集団を少しずつ形成するようになる、ということである。だが、ひとたび集団が形成されるや、そこから道徳生活がはっきり姿をあらわしてくる。この道徳生活は、それ自体が練りあげられてくる際の特殊な諸条件の特徴を、おのずから帯びる。というのは、人びとがいっしょに生活し、規則的に交渉をもつためには、人びとみずからの結合によって形成された全体についての感情をもち、この全体に愛着を感じ、全体の利害を気づかい、その行動に際して全体を考慮に入れずにはおれないからである。ところで、個人を超越した何ものかにたいするこの愛着、一般的利害にたいする個別的利害のこの従属は、あらゆる道徳的活動の源泉そのものである。この感情が明確化され、決定され、またこの感情が生活のもっとも日常的でもっとも重要な状況に適用されて、はっきりした定式に表現されるならば、これこそ、まさに構成されつつある道徳律の集大成である。

この結果は、それ自体によって生じ、物の力によって必然的に生ずると同時に、それは有用《ユティイル》でもある。そして、この有用性という感覚は、さらに以上の結果を補強するのに役だつ。これらの集団がその内部に発達する活動を規制するために形成されること、また、そうでないと無政府状態に陥るであろうことに関心をよせているのは、ひとり社会の側だけではない。個人の側においてもまた、この規制のうちに歓喜の源泉をみる。個人にとっても、無政府状態は苦悩にみちたものだからである。個人はまた、個人間の諸関係がいかなる規制にも服さないと、そのつど、そこに生ずる葛藤と無秩序に苦しむことになる。直接の親しい仲間どうしのうちで、こんな戦争状態を生きることは、人間にとってよいことではない。この一般的敵対の感覚、そこから生ずる相互の不信、そこから必然化する緊張は、それが慢性的であるほど、苦痛にみちた状態となる。たといわれわれが戦争を愛しようとも、われわれはまた平和の喜びを愛する。この平和の喜びは、人間がより深く社会化されるほど、すなわちより深く文明化されるほど（なぜなら社会と文明の両語は同義だからだ）、人間にとってはより大きな価値がある。共同生活は強制的であると同時に魅力に富む。うたがいもなく、拘束は、人間をして人間自身を超越させ、みずからの肉体的特性に別個の特性をつけ加えさせるために必要である。だが、人間はこの新しい存在の魅力を好むすべを知るにつれて、それを希求するようになり、やがて、この魅力を熱烈に求めないような活動分野はなくなってしまうのである。共通の利害をもつことを認めあった諸個人が結合するとき、この結合はこのような利害を守るためだけのものではないこと、それは結合しあうためであり、敵中にあっても孤立無援を感じないためであり、ともに生き、多くの人びとと一体となることに喜びをもつためであり、すなわち、要するに、同じ道徳生活をともに送るためであること、——以上の理由は、まさにここにある。

家族の道徳もまた、これと別様に形成されるものではない。家族は、われわれからみると威信にみちたものであるから、かつてもいまも、つねに忠誠と献身の学校、すぐれて道徳性の根源であるとすれば、それは、家族だけが特権としてもっており、ほかでは少しもみられないまったく独自な特質に負うものである。人は、道徳的結合の異常なまでに強い原因は血縁にある、と信じたがる。しかし、われわれが機会をえてしばしば指摘してきたように、[21]血縁は、人がそれに賦与するほど異常な効力をもつものではない。その証拠に、多くの社会では、家族のうちに多くの非血縁者がみいだされる。すなわち、そのばあい、いわゆる擬制的親族関係がまことにやすやすととり結ばれ、しかもこの関係は、自然的親族関係の全効果をもつ。逆にいえば、ごく身近な血縁者といえども、道徳的あるいは法的にはたがいに赤の他人であることが、よくあるということである。たとえば、ローマの家族における血族《コグナ》のばあいがそれである。したがって、家族の特性は、出自の一貫性に負うのではない。家族とは、政治的社会のうちにおいて、とくにいっそう親密な観念、感情、利害の共同体であることによって結ばれている諸個人の、まったく単純な集団である。なるほど血縁がこの集中化を容易にすることはできた。血縁はたがいに意識をむけあうように仕向ける効果を、おのずともっているからである。だが、これまでにも、きわめて多くの要因がそこに介在してきた。すなわち、物的な隣接、利害の連帯、共通の危険などにたいしてたたかうために、あるいは、ただたんに結合するために結合する必要は、家族結合にとって別の有力な原因であった。

ところが、これらの原因は家族にだけ特有のものではない。別の形こそとってはいるが、同業組合にもみられるところである。したがって、前者の集団が人類の道徳史上、きわめて重要な役割を果たしてきたとするならば、後者の集団がなぜそれを果たしえないのであろうか。もちろん、両者のあいだには、つねにつぎのような相違点があろう。すなわち、家族の成員はその存在の全体を共通にしているが、同業組合の成員は職業的関心だけを共通にしているにすぎない、ということである。家族は一種の完全社会であって、その活動は、われわれの宗教的、政治的、科学的などの活動はもちろん、経済的活動にも及んでいる。つまらぬことをしでかすと、それが家の外であっても、すべて家に反響が及び、それ相当の反作用をひきおこす。同業組合の影響範囲についてみれば、ある意味において、それはもっと限られている。ただ、つけ加えるならば、職業が生活のうちで占める地位は、労働が分割されればされるほど、たえずますます重要になる、ということを見失ってはならない。なぜなら、各個人の活動領域は、各人が専門的にまかされた諸機能によってかぎられた限度内に、ますます局限されようとしているからである。それに、家族の活動が全分野にまたがるといっても、それはきわめて概括的でしかありえない。したがって、細部のことがらは、そこからすべりおちてしまう。さいごに、とりわけ家族は、かつての一体性と不可分性を失いつつ、同時にその効力の大半を失った。こんにちでは、家族は各世代ごとにバラバラになり、人間はその生存の主要な部分を過ごすのに、家族の影響をまったくうけないですむ[22]。このような断続性は、同業組合にはない。こちらでは生命のように持続しているのである。だから、家族と比較したばあい、いくつかの点で同業組合が劣っている点は、これによってつぐなわれないでもない。

われわれが、家族と同業組合をこのように比較しなければならぬと考えてきたのは、たんに両者のあいだに学ぶべきところの多い対照を明らかにするためだけではない。この二つの制度には、何ほどかの類縁関係がないとはいえないからなのである。それは、とりわけローマの同業組合史の示すところでもある。われわれのみてきたとおり、ローマの同業組合は、じっさいに家族社会に模して形成され、何よりもまず家族社会の拡大された新しい形態にほかならなかった。ところで、両者のあいだになんらか系譜上のつながりがなければ、この点で同業組合がわざわざ家族集団を想起させるほどのこともなかったであろう。ところが、ある意味で、同業組合はじつに家族の後継者であった。産業が農業だけであったかぎりでは、産業は、家族のうちに、またそれ自体が一種の大家族でもあった村落のうちに、その直接の器官をもっていたのであって、その他の器官を必要としていなかった。交易はなかったか、あるいはほとんど発達していなかったので、農民の生活は家族の圏域をこえてまで農民をひきだすようなことはなかった。家の外にまで経済活動の余波が及ぶこともなかったので、家族は経済活動を十分に規制しえたし、その結果、家族そのものが職業集団として役だちえた。けれども、ひとたび手工業が登場すると、事態はもはや同じではない。なぜなら、手職で生きるためには顧客がなければならず、顧客をみつけるためには、家の外にでなければならなかったからである。また、競争者と関係に入るためにも、彼らとあるいはたたかい、あるいは理解しあうためにも、やはり家からでる必要があったからである。そのうえ、手工業は大なり小なり直接に都市を前提とする。ところが、いつのばあいでも、都市は主として移民という手段によって、つまりはその生国を棄ててきた個人たちによって形成され、またその成員を補充してきた。だから、こうして新しい活動形態が古い家族的な枠組をはみだして構成されていったのである。活動の新形態が無組織状態にとどまらぬためには、それはみずからに固有の新しい枠組を、みずからで創出しなければならなかった。いいかえれば、新しい種の第二次的集団《グループ・スゴンデール》が形成されなければならなかった。同業組合が生まれたのは、こうしてである。すなわち、同業組合は家族に代わって、ある機能を遂行するようになった。はじめ、この機能は家族的なものであったが、すでにこの特質を保持できなくなったものである。このような起源からすれば、人がさしたる根拠もなく、道徳性の欠落をこの同業組合という種の体質のせいにしてしまうことは、許されないことである。家族とは、そのなかで家族的な道徳と法とが練りあげられてきた環境そのものであったのと同様に、同業組合は、そのなかで職業的な道徳と法とが彫琢されなければならぬ自然の環境である。

3

しかしながら、あらゆる偏見を一掃して、同業組合の体制がたんなる過去の制度でなかったことを十分に示すためには、それが現代社会に順応するのにどんな変化をうけなければならぬか、またはうけることができるかを明らかにする必要がある。というのは、中世には存在しえたことも、現代では存在しえないことがあることは、明白だからである。

この問題を体系的に扱うためには、あらかじめ、この同業組合制度が過去においてどんな仕方で進化してきたか、そのこうむった変化を決定した諸原因が何であったか、について確定しておかなければならぬであろう。そうすれば、現実におかれている諸条件のもとで、ヨーロッパの諸社会がどうなってゆくように約束されているかを、ある程度の確かさで推測できるであろう。しかし、そのためには、まだなされてもおらず、片手間ではできない比較研究が必要であろう。けれども、おそらくは、この発展の経てきた途を、ほんのあらすじだけでも、いまからたどってみることは不可能ではない。

さきに述べたところからすでに明らかなことは、ローマにおける同業組合が下ってのちにキリスト教社会における同業組合になったのではない、ということである。ローマのそれが、たんにより宗教的であって、あまり職業的ではなかったという特質によって違うばかりでなく、それが社会のなかで占める地位によってもキリスト教社会のそれとは異なる。ローマの同業組合は、じじつ、少なくともその起源において、社会外《エクストラ－ソシアル》の制度であった。歴史家はローマ人の政治組織をその諸要素に分解して把握しようとするが、その分析過程においてすら、同業組合の存在を教える事実にひとつも遭遇していない。同業組合は、明確な、承認された単位としては、ローマ的政体のなかに入っていなかったのである。どの選挙会にも、どの軍団にも、職人たちが組合《コレージュ》として集まるということはなかった。つまり、職業集団は、団体としても、正規の代表者を媒介とすることによっても、それ自体としては公共生活に参加することがまったくなかったのである。問題があるとしても、せいぜいセルヴィウス・トゥリウス[*6]によってつくられた兵員会のいくつかの百人組[*7]と同じとみていいと考えられてきた三、四の組合（梁大工《ティグナリイ》、銅細工師《アエラリイ》、笛職人《ティビキネス》、角笛職人《コルニキネス》）[23]ぐらいである。それも、事実としては、まだはっきりしていない。その他の同業組合にかんしては、ローマ人の公的組織外のものであったことはまちがいない(24)。

この、いわば風変わりな地位は、これらの同業組合が形成されてきた諸条件そのものによって説明される。同業組合は手工業が発達しはじめたときには出現していた。ところが、長いあいだ、手工業はローマ人の社会活動のなかでは、付随的、二次的な形態にすぎなかった。ローマは、本質的に農業社会であり、軍事社会であったのである。農業社会としてのローマは、ゲーンスとクーリア*8にわかれていた。百人組集会は、むしろ軍事組織を反映していた。いっぽう、産業的機能にかんしては、未成熟にすぎて、都市の政治構造に影響するところはなかった(25)。のみならず、ローマ史のはるか後期まで、手工業は、道徳的には信用されないという打撃を受けたままで、国家内部に正規の地位を占めることを許されなかったのである。もちろん、こうした社会的条件が改善されるときはきた。だが、この改善の達せられ方自体が問題である。職人たちが首尾よく自分たちの利害を尊重させることができ、公的生活においてある役割を果たしうるためには、正規の手続によらぬ手段、法律外の手段に訴えなければならなかった。彼らは、陰謀、奸策、地下運動の手段によってのみ、彼らにむけられた蔑視にうちかつことができた(26)。このこと自体、ローマの社会が彼らに開かれていなかったことを示す最上の証拠である。しかも、やがて彼らは、ついに行政機構の歯車となって国家のうちに統合されるにいたったのであるが、それとても、この地位は彼らにとって光栄ある征服ではなかった。かえって痛ましい従属だったのである。すなわち、そうやって国家のうちに入りこみはしたものの、彼らの社会的用役からみて当然の権利としていい地位を、そこで占めたのではなかった。ただ、統治権力によって、いっそう巧みに監視される結果となったのである。ルヴァッスールによると、「同業組合は、職人たちを奴隷として縛りつける鎖となって、彼らの労働がますます堪えがたいものとなり、いよいよ国家権力にとって必要なものになるほど、皇帝の手はその鎖をしめあげていった(27)」のである。

中世社会になると、彼らの地位はまったく別になる。同業組合が出現するや、それは一挙に、国家内できわめて重要な役割を演ずべく約束された一群の人びとにとって、正常な枠組としてあらわれる。すなわち、ブルジョワジーあるいは第三身分である。長いあいだ、ブルジョワと職人とは、じじつひとつのものにほかならなかった。ルヴァッスールはいう。「一三世紀のブルジョワジーは、もっぱら職人だけから成っていた。政務官と法律家の階級はようやくできあがりかけたところであり、学者はなお聖職者に属していた。当時は、土地所有がほとんどまったく貴族の手中にあったから、地主のような不労所得生活者の数もごく限られていた。平民には、仕事場と帳場の労働だけが残されていた。そして、彼ら平民が王国のなかである身分をかちえたとすれば、それは工業または商業によってであった(28)」。ドイツにおいても、そうであった。ブルジョワと都市住民とは同義語であった。また、他面からすれば、周知のように、ドイツの諸都市は、領主がその領土の一地点に開いた常設市場のめぐりに形成されていた(29)。したがって、このような市場の周辺にむらがり集まり、やがて都市住民となった人口は、ほとんどまったく職人と商人とから成っていた。

また、フォレンセス〔forenses　市場で生活している人びと〕とか、メルカトレス〔mercatores　商人〕という言葉は、都市の住民を区別なくさすのにつかわれた。そして、イウス・キヴィレ〔jus civile〕すなわち市民法は、多くのばあい、イウス・フォリ〔jus fori〕すなわち市場法とよばれている。だから、手工業と商業の組織は、まさしくヨーロッパ・ブルジョワジーの原始的組織であったようである。

　また、都市が領主の監視から解放されて、自治都市《コミューヌ》が形成されたとき、この自治都市運動をおしすすめ準備した手工業者団体《コール・ド・メティエ》は、その自治体組織の基盤となった。じじつ「ほとんどすべての自治体《コミューヌ》において、政治組織と行政官の選挙とは、手工業者団体ごとに区分された市民たちを基盤としていた」[30]のである。手工業者団体によって投票され、同業組合の首長と自治体の首長とが同時に選ばれることが、非常によくあった。「たとえば、アミアン[*9]では、各同業組合または町《バニエール》区の首長《メール》を選挙するために、職人たちが毎年集まった。選ばれた首長は、ついで一二人の自治体役人《エシュバン》を指名し、この役人たちがさらに一二人の別の自治体役人を指名した。こんどは、この役人団が町区の首長たちに三人の人物を推薦し、この首長たちがこの三人のなかからその自治体の首長を選んだ……。いくつかの都市では、選挙方式がもっと複雑であったが、どの都市でも、政治的・行政的組織は労働組織と密着していた」[31]。逆にいえば、自治体が手工業者団体の集合体であったと同様に、手工業者団体は小規模の自治体であった。まさに、そのこと自体によって、手工業者団体は自治体制度のモデルであり、自治体制度はこのモデルの拡大し発展した形態であったのである。

ところで、フランス社会の歴史において自治都市とは何であったかについては周知のところであるが、この自治都市は時の流れとともにわれわれの社会の礎石となっていった。したがって、自治都市は諸同業組合の連合であったのであり、同業組合を雛型として形成されたのであるから、つまるところ自治都市運動《ムーヴマン・コミュナル》からおこったいっさいの政治体制の基底となったのは、この同業組合である。そして、みられるとおり、その発展過程において、とりわけ同業組合の重要さがまし、風格がそなわっていった。ローマではそれがほとんど正常な枠組の外におかれることで出発したのにたいして、現代社会では逆にその基礎的枠組として役だったのである。これこそ、われわれがそこに、歴史から消えさるべき運命にある一種古風な制度とみることを拒絶する新しい理由がある。なぜなら、過去において、その果たすべき役割が商工業の発達につれてますます活発になっていったのだとすれば、新しい経済的進歩がその存在理由をことごとく奪いさる結果をもたらすだろうとすることは、まことにありうべからざることだからである。これとは反対の仮説こそ、もっと正しいように思われる(32)。

けれども、これまで跡づけてきた概観から、別の教訓がいくつかひきだされてくる。

まず最初に、以上の概観からうかがいしることのできることは、およそ二世紀このかた、同業組合がいっときどんなに信用を失ったか、したがってまた、現代の公的制度のなかで、同業組合が再びどんな地位を占めることができるようにならなければならないか、ということである。じじつ、いまみてきたように、同業組合が中世にとっていた形態では、それと自治都市組織とは密接に結びついていた。手工業そのものが自治団体的性格をもっていたかぎりにおいて、両者の連帯は別に不都合ではなかった。はじめ、職人や商人が都市やそのすぐ周辺の住民だけを、大なり小なり独占的に顧客にしていたかぎりでは、すなわち市場が主として局地的であったかぎりでは、手工業者団体は、行政組織をもそなえていて、あらゆる欲求に応えることができた。しかし、ひとたび大工業が発生すると、もはや事情が違ってくる。大工業にはとくに都会的なものは何ひとつないのであるから、それ自身のためにつくられたのではない制度にしたがう必要はなかった。第一に、大工業は必ずしも都市にその本拠をおいてはいない。それは、既存の農村または都市の人口密集地帯からずっと離れて、その外部に設定されることさえ可能である。それは、もっともよくみずからを養いうる地点、そこからもっとも簡単に四通八達できる地点だけを求める。第二に、大工業の活動領域はなにも一定地域に限定されない。その顧客はいたるところに求められる。だから、古い同業組合のように自治都市にすっぽり埋没していたような制度は、自治都市的生活とはまったく異質の集合的活動形態に枠をはめたり、規制したりする役にはたたなかったのである。

大工業が出現してからは、それが同業組合体制の外にあることは、しごく当然であった。また、手工業者団体が、あらゆる手段をつかって大工業の進歩を妨害しようとつとめてきたのも、そのゆえである。にもかかわらず、そうだからといって大工業があらゆる規制から解放されていたわけではない。はじめのうちは、同業組合があの小商業や都市手工業に王権がたいして果たした役割と同じ役割を、国家が直接大工業にたいして果たしてきた。王権がマニュファクチュアにいくつかの特権を認めると同時に、ひるがえってそれを自己の統制下においた。こういったことは、王室マニュファクチュアという肩書が与えられたことによっても明らかである。だが、国家がこうした機能にどんなに不適格であったかについては、周知のところである。したがって、このような直接的な監督は、どうしても圧制的にならざるをえなかった。大工業がある程度の発達と多様化をとげて以降は、こうした監督自体が不可能ですらあった。古典派経済学者たちがその廃止を要求したのも、この理由からであったし、それは正しい要求でもあった。だが、当時存在していた同業組合が工業のこの新しい形態に順応できなかったとしても、そしてまた、国家が旧同業組合的規律にとって代わることができなかったとしても、だからといってすべての規律がもはや無用であるということにはならない。ただ、経済生活の新しい条件下でその役割を果たしつづけるためには、旧同業組合が変わらなければならなかったというまでである。ところが不幸にして、旧同業組合は時代につれてみずからを改めるだけの柔軟さをもちあわせていなかった。だから崩壊したのである。旧同業組合は、出現した新しい生命に同化されることができなかったから、生命を奪われて、フランス革命前夜における状態、すなわち、一種の生けるしかばね、もはや惰性の力でしか社会有機体内に維持されえない異質の物体、となっていったのである。したがって、やがてときがきて、それが社会有機体からきっぱり放逐されることになったとしても不思議はない。だが、同業組合を破壊しさるということは、それが満足させえなかった諸欲求に代わって満足を与える方法ではなかった。それゆえに、問題はなお依然としてわれわれの前に残り、一世紀にわたる暗中模索と実り少ない経験とを経て、問題はひたすら緊迫したものとなる一方なのである。

社会学者の仕事は政治家のそれと同じではない。だから、われわれはこの改革がどうあるべきかを詳細に開陳する必要はない。われわれには、上述の諸事実から生ずると思われる一般的諸原理を示すだけで十分であろう。

何よりもまず過去の経験が立証するところでは、職業集団の枠組が、つねに経済生活の枠組と結びあっていなければならぬということである。同業組合体制が消滅したのは、この条件が欠けていたからである。だから、かつて自治都市の範囲にとどまっていた市場が、国内的、国際的となってゆく以上、同業組合もそれと同じように拡大されなければならない。それは、ある町の職人たちだけに限定される代わりに、全地表に散在した全職業人を包みこむように拡大しなければならない(33)。なぜなら、職業人がどんな地域にいるにせよ、都市あるいは農村のいずれに住んでいるにせよ、彼らはみな相互に連帯的であり、ひとつの共同生活に参加しているからである。この共同生活は、ある点までは地域的制約をいっさいまぬがれているのであるから、この共同生活をあらわし、その機能を規制する、それにふさわしい一器官が創出されなければならない。この器官は、その大きさからして、必然的に集合生活の中心器官と直接に接触し、関係することになる。というのは、一国の産業的企業の全部門にかかわるほど重大な出来事であるならば、国家もそれを感知しないではすまないような、きわめて一般的な反響を必然的に及ぼすからである。それゆえにまた、国家もこれに介入せざるをえなくなる。また、大工業が出現して以来、王権が大工業を本能的にその監督外に放置すまいとつとめたことも、ゆえなしとしないのである。その特質そのものによって、つねに社会全体に影響を及ぼしうるある活動形態に、王権が無頓着のままでいることは不可能であった。けれども、こうした規制作用は、仮にそれが必要だとしても、一七、八世紀におこったような窮屈な隷属関係に堕してはならない。関連している両器官は、それぞれはっきり異なったものであり、自律的でなければならない。そのそれぞれは、それのみが果たしうるみずからの機能をもつ。産業立法の一般原則を提起する権限は、統治上の諸会議体にあるとしても、これらの会議体は産業の多様な種類に応じてこの一般原則を多様化することができないのである。この多様化こそは、同業組合の固有の任務を構成するものである。(34) さらに、同一国内の全体にわたるこの同業組合の統一的な組織は、第二次的諸器官の形成を排除するものではない。この第二次的器官は、同じ地方または同じ地域の類似の労働者を含むものであり、その役割は、地方または地域の必要に応じて、職業上の規制をさらにますます専門化することである。こうして、経済生活は、その多様性を失わずして規制を受け、確定されることになろう。

まさにそのことによって、同業組合制度は、過去においてよく非難され、またその非難があたってもいた、あの旧態を墨守しようとする傾向から守られるであろう。なぜかといえば、この傾向は同業組合のせまい共同体的な性格にもとづく欠陥だからである。同業組合が都市の障壁そのもののうちに限定されていたかぎりでは、それがこの都市それ自体と同様に伝統のとりことなることは避けられないことであった。こんなにせまい集団では、生活の諸条件がほとんど変わらず、習慣がそこでの人も物も一方的に支配し、ついには新しいことが恐怖の的にさえなってしまう。したがって同業組合の伝統主義は自治都市の共同体的伝統主義の一面であるにすぎなかったし、その存在理由も同じであった。ついで、この伝統主義がひとたび習俗のなかに根をおろすと、それを生み最初にそれを正当化した諸原因が消えさったのちも、なお命脈をたもつ。まさにその理由によって、一国の物質的道徳的集中化とその成果である大工業とが、人びとを新しい願望にむかって解放し、新しい欲求にめざめさせ、これまで知られていなかった動きを趣味や嗜好にみちびきいれたとき、旧慣にかたくなに固執してきた同業組合が、このような新しい要求に応じきれない状態にあったのである。けれども、全国的同業組合《コルポラシオン・ナシオナル》になると、その大きさと複雑さという理由そのものによって、こうした危険にさらされることはないであろう。そこでは、じつにさまざまの人びとが活動するから、停滞的な画一化などができあがるいとまがないであろう。多数の、また多様な要素から形成された集団においては、たえず再編成が生じ、それだけ新しいものが生まれる源泉ともなる[35]。だから、こうした組織の均衡は固さがとれ、したがって、欲求と理念との動的均衡もおのずから調和がとれるであろう。

さらに、同業組合の役割とは、そもそも準則を確立してそれを適用することにこそあるべきだ、と思いこむことは十分つつしまなければならない。もちろん、集団が形成されるときには、つねに道徳的規律もまた形成される。しかし、この規律の設定ということは、集合的活動を表現するためのおびただしい数の方法のうち、そのたったひとつにすぎない。集団というものは、その成員の生活を牛耳る道徳的権威だけではないのである。その生活そのものの源泉なのである。人びとの心を熱くし、いきいきとさせ、共感の気持をいだかせ、利己的な気持をやわらげるあの温情は、集団からでてくるのである。したがって、過去においては、家族が法と道徳の制定者であった。その峻厳さはときに苛酷なまでであったが、同時にまた、人びとがはじめて心情の発露をかみしめることを学んだのはこの家族という環境であった。同様にして、ローマにおいても中世においても、同業組合がいかにこれと同じ希求をめざめさせ、それをみたそうとつとめたかについては、すでにわれわれのみてきたところである。将来の同業組合は、その豊かさが増すだろうから、さらに大きく複雑な権限をもつことであろう。それに固有の職業的諸機能の周辺には、いまは自治体や私的団体に属する諸他の機能が結集することになろう。たとえば救済機能がそれであって、それが十分に機能を果たすためには、救済する者とされる者とのあいだの連帯を前提とし、同じ職業の遂行ということから容易に生ずるような知的ならびに道徳的同質性が前提となる。多くの教育的事業（技術教育・成人教育など）もまた、同業組合のうちにその自然的環境をみいだすべきもののように思われる。それはある美的生活についても同様である。というのは、美の追求ということこの遊びと気ばらしの高尚な形式も、地味な生活とバランスをたもち、それを補いつつ、あいともに発達してこそ、物の道理に合致するように思えるからである。じじつ、今後とも、同時に共済組合でもあり、共同の建物をつくって講演やコンサートや演劇などをおこなう組合でもある、といった組合がみられるであろう。したがって、同業組合的活動は、きわめて多様な形をとっておこなわれるであろう。

さらに、同業組合は現代の政治組織の基礎、あるいはその本質的基礎のひとつとなることが約束されていると予想することさえできる。同業組合は、じっさいには社会体制に外在的であることからはじまったにしても、経済生活が伸びるにしたがって、ますます深く体制にくみこまれる傾向がある。したがって、同一方向に進歩しつづけるならば、ついには、同業組合が社会においてより中心的な、より卓越した地位をつねに占めるであろうことが予見される。かつて同業組合は自治都市組織の基本的構成区分であった。かつては自律的な有機体であった自治都市が自治都市的市場《マルシェ・ミュニシパル》が国内市場《マルシェ・ナシオナル》に吸収されていったように、国家のなかに姿を消していったいまでは、同業組合もまた、それにみあった変化をとげ、国家の基本的な構成区分に、政治の基礎的単位になるにちがいないと考えることは、はたして正しいといえないだろうか。社会がこんにちもなおそれが存在している状態のままで、すなわち地域的諸区画の並列的な一集合体としてとどまるのではなくて、さまざまな全国的同業組合の一大体系となるであろう。選挙区は地域区分によってではなく、職業によって形成されるべきだとする要請が、多方面からだされており、またこうした方法で、政治上の諸会議が、多様な社会的利害やその関係をいっそう正確に反映するようになることは、たしかである。つまり、これらの政治的集会は、全体としての社会生活のさらに正確な縮図となるであろう。しかし、国がみずからを意識するのに職業によって結集しなければならないということは、組織化された職業または同業組合が公的生活の本質的器官であるべきだということを、認めることではなかろうか。

われわれがのちに指摘するようなヨーロッパ諸社会の、とりわけわが国の社会構造における重大な空隙は、こうしてみたされるであろう[36]。のちにみるように、じっさいに歴史がすすむにつれて、地域的集団化（農村または都市、地方、州など）の基底となる組織が、どんなにしだいに消えさっていったことか。われわれ各人は、いうまでもなくある自治体やある県に所属してはいるものの、われわれをそこにつなぎとめておく諸紐帯は、日ごとにもろくなり、ゆるくなってきている。こうした地理的区分は、その大半が人為的なものであって、もはやわれわれに深い感懐をよびさますものではない。地方的な気風は永久に失われてしまい、郷土愛は懐古趣味になり終わって、思いのままによみがえらせることもできない。市町村や県の出来事は、われわれの職業上の関心事と一致するかぎりにおいてしか、われわれの心を動かすこともなく、情熱をかきたてることもない。われわれの活動は、せまきにすぎるこのような集団をこえてひろがっており、他面、そこでおこることがらの大半は、われわれにとってどうでもよいことである。こうして、旧社会構造の自生的な衰弱ということがおこる。ところが、このような内的組織は、それが消滅するとはいっても、それにとって代わるものがないままに消滅しさることは不可能である。未組織の無数の個人から構成された社会、それらの個人をだきとめて手放すまいとする肥大症的な国家などは、まさしく社会学的な怪物である。なぜなら、集合的活動というものは、いつのばあいでも、まことに複雑なものであって、国家というような唯一無二の器官によっては、とうてい表現されえないものだからである。のみならず、国家と諸個人とは距離がありすぎ、双方の関係も外在的、断続的にすぎるので、国家が個人意識の奥深く浸透し、これを内在的に社会化することなどできることではないからである。国家だけが人間の共同生活の営為に際して形成されうる唯一の環境だとすると、人間は国家から離れてゆき、人間どうしは離れればなれとなり、それにつれて社会が解体してしまうことの避けられないゆえんは、まさにここにある。ひとつの国民は、国家と諸個人とのあいだに、一連の第二次的集団をすべて挿入することによってのみ、みずからを保持しうる。これらの第二次的集団は、国家と違って個人に近いために、個人を自己の活動領域に強くひきよせ、社会生活の主要な奔流に個人をひきいれることができるからである。この役割を果たすのに職業集団がいかに適しているかということ、そしてまた、いっさいのものが職業集団をそのように運命づけてもいることについては、これまでに述べてきたところである。したがって、ことに経済界において、こんにちでは集合的諸力の大半をこの種の諸職業が吸収しているのであるから、職業集団が、いまこそ、一世紀このかたそのままの、あの混乱と組織欠如の状態からはいでることが、いかに重要であるかがわかろう。(37)

読者は、いまや、われわれがその著『自殺論』の終章で到達した結論を、いっそう十分に理解されるであろう。(38) われわれは、その結論で、自殺の増進が、なお多くの他の徴候とあいまって明白にしてくれた不安をいやす手段として、強力な同業組合的組織化をすでに提示しておいた。いくつかの批評によれば、この救治策はその災悪の大きさにくらべればとうてい釣りあわぬということであった。だが、これらの批評は、同業組合の真の性質について、現代の集合生活全体のうちでそれが占める地位について、そしてまた、それの消滅によって生ずる重大な異常態について、誤解しているからそういうことになるのである。彼らは、同業組合とは功利主義的団体にすぎず、その効用とは、さまざまの経済的利害をよりよく調整することにつきる、としかみなかった。だが、そのとき、現実に、同業組合は現代の社会構造にとって本質的な構成要素でなければならなかったのである。だから、われわれのような一民族の組織において、同業組合制度がまったく欠落するということは、その重大さをいくら誇張してもしすぎることのないほどの空白をつくりだす。われわれに欠けているものは、共同生活の正常な機能にとって必要な諸器官の全体系である。構成上のこのような欠陥は、あきらかにその社会の一地方にかぎられた局地的な欠陥ではない。それは、まさしく有機体全体に影響する全身にわたる疾患である。したがって、この疾患をなくそうとする企ては、きわめて広範な結果をもたらさずにはおかないのである。この企図が関心をよせるところは、社会体《コール・ソシアル》の一般的健康なのである。

しかし、以上のことは、同業組合が何にでも役にたつ一種の万能薬である、といおうとするものではない。われわれを悩ましている危機は、単一のかつ唯一の原因にだけもとづくものではないのである。それに、この危機を断つためには、必要なばあいに、なんらかの規制がたてられればそれでいいというものではない。すすんで、この規制があらねばならぬものであること、すなわち正しいものであることが必要である。ところが、のちに述べるように、「生まれながらの貧富があるかぎり、正しい契約はありえないだろう」し、また社会的地位の正当な配分もありえないであろう[39]。けれども、同業組合的な改革さえおこなわれるならば諸他の改革は必要がないとはいわないまでも、前者は、これらの改革の効果という点からすると、必要な第一条件である。ついに理想的正義の根源的条件が実現されたと想定し、人間がその生活において完全な経済的平等の状態に入った、すなわち、富の世襲が完全になくなったと仮定しよう。しかし、それだけでは、われわれがもがいている環境での諸問題が解決したことにはならないであろう。じっさいには、つねに経済機構が存在し、その運転に協力するさまざまの担当者が存在するから、彼らの権利と義務とを決定しなければならぬだろうし、しかも、それぞれの産業形態にたいしても、そうしなければなるまい。また、それぞれの職業についても、さまざまの機能担当者たちの労働量、正当な報酬、彼ら相互の義務、その団体にたいする義務などを決定する諸規則の体系が設定されなければならぬであろう。だから、いずれも白紙の状態のままであって、現状と少しも変わりがないということである。富が現代と同じ原則によっては継承されないからといっても、おそらく無政府状態はなくならないであろう。なぜなら、無政府状態は、物がおさまるべきところにおさまらず、所有がかたよっているところから生ずるばかりでなく、これらの物を機縁とし手段とする活動が規制されていないことにこそ起因するからである。また、この規制を設定するのに必要な力があらかじめ招来され組織化されていなかったならば、規制したほうが有効だろうというだけで、たちまち魔法にかかったようにこの活動が規制されるなどということはないだろうからである。

それればかりではない。その際に、同業組合組織がなければ未解決のまま残ってしまうような新しい困難が生ずるだろう。じっさい、現在まで、あるいは集合的所有の制度によって、あるいは相続制度によって、ともかく経済生活の持続性を保障してきたのは、まさしく家族であった。あるいは共有という不可分割の方法によって財を所有および開発し、あるいは古い家族共産主義《コミュニスム・ファミリアル》が動揺してからは、所有者の死後、もっとも近い親族が代表してこの財を受けついだのも、家族であった。(40) はじめのばあい〔共有のばあい〕は、死亡による所有権移転はむろんなかったし、人にたいする物の関係は、世代がかわっても変わることはなかった。あとのばあい〔相続のばあい〕は、所有権移転が自動的におこったのであって、財が無主のままであったり、それを利用するものがいないということはけっしてなかったのである。だが、家族社会がもはやこの役割を果たすべきでないとすれば、この機能が必要なかぎり、その行使にあたって他の社会的器官が家族にとって代わらなければならない。というのは、物の活動が定期的に中断されないようにするためには、たったひとつの手段しかないからである。その手段とは、家族と同様に永久的な集団である。この集団こそが、あるいは物を所有し、みずから開発し、あるいは所有主の死後それをうけついで、必要なときがくれば、それらの物を利用しようとする他の所有者個人に手わたすのである。だが、国家がこのような経済的任務を果たすには、あまりにも特殊的にすぎて、十分に装備されていないということは、すでに述べてきたところであるし、のちに再び述べようと思っているところである。したがって、この任務を有効に果たしうるには、職業集団しかないのである。じじつ、職業集団は二つの必要条件に応えている。すなわち、それは、経済生活にきわめて直接の関心をもっているから、あらゆる欲求を感じとることができること、同時に、少なくとも家族と同じ永続性をもっていることである。しかし、右に述べた任務を果たすためには、まず職業集団が存在することが必要であるし、それにふりかかってくる新しい複雑な役割に堪えぬくだけの堅実さと成熟とを十分にもたなければならないのである。

それゆえに、同業組合の問題だけが一般の注意をひく唯一の問題ではないにしても、これ以上に急を要する問題はないということは、たしかである。その他の問題は、この問題が解決されてのみ着手されうる問題だからである。新しい法の制定に必要な器官をまずつくることからはじめないと、どんなに小さな改変も法の分野に導入することができぬであろう。この新しい法がどうあるべきかということを厳密に追求しようと期するあまり、手間どってしまうのが無駄なことであるとする理由も、ここにある。なぜなら、われわれの科学的知識の現実の状態では、この新しい法について、ごく大まかなあらすじと、つねに疑問の余地が残る近似性しか期待しえないからである。それよりも、ただちに道徳力を構成しつつこの仕事に着手するほうが、はるかに重要であり、また、道徳力のみがこの法を実現し、決定しうるであろう。

原注

(1) われわれは、いまでは無用と思われる三〇ページばかりを、旧版序文から削除するだけにとどめた。なお、この削除については、それがおこなわれた箇所で説明しておきたい。

(2) *Le suicide*, conclusion をみよ。

(3) 本書三〇五―三一八ページ、および三六四ページをみよ。

(4) 本書三六二―四ページ、および五七三ページをみよ。

(5) 第三編第I章の3をみよ。

(6) この点については、のちに五八〇ページ以下で再びとりあげる。

(7) Hermann, *Lehrbuch des griechischen Antiquitäten*, 4te B., 3e éd., S. 398. ときには、職人がその職業のゆえに、市民権を剝奪されることさえあった (*Ibid.*, p. 392.) ――ただ問題は、合法的かつ公認の組織がなかったから、それには地下組織がなかったかどうかということである。商人の同業組合があったということだけは、確実である (Francotte, *L'Industrie dans la Grèce antique*, t. II, p. 204 以下を参照)。

(8) Plutarque, *Numa*, XVII: Pline, *Hist. nat.*, XXXIV. これは、もちろん伝説にすぎないが、ローマ人がこの同業組合をその最古の制度のひとつとみていたことを立証している。

(9) Waltzing, *Étude historique sur les corporations professionnelles chez les Romains*, t. I, pp. 56-57.

(10) 若干の歴史家は、はじめから同業組合と国家とは関係があったとみている。だが、いずれにしても、同業組合の公認された特質というものが、帝制下では別様に発展したことはきわめて確かである。
(11) Levasseur, *Les classes ouvrières en France jusqu'à la Révolution*, I, p. 194.
(12) *Op. cit.*, I, p. 194.
(13) 大半の歴史家は、少なくともいくつかの組合が共済組合であったと評価している。
(14) *Op. cit.*, I, p. 330.
(15) *Op. cit.*, I, p. 331.
(16) Boissier, *La religion romaine*, II, pp. 287–288.
(17) *Op. cit.*, I, pp. 217–218.
(18) *Op. cit.*, I, p. 221.——同業組合のこの道徳的特性について、ドイツのものでは Gierke, *Das Deutsche Genossenschaftswesen*, I, S. 384. イギリスのものでは Ashley, *Histoire des doctrines économiques*, I, p. 101 をみよ。
(19) *Op. cit.*, I, p. 238.
(20) *Op. cit.*, I, pp. 240–261.
(21) とくに *L'Année sociologique*, I, p. 313 以下をみよ。
(22) われわれは、この考え方を *Le suicide*, p. 433 で展開しておいた。
(23) こうした名称をもった百人組が、大工や鍛冶工をみな含んでいたのではなく、それらのうち、ただ武器や戦争用機械を製造したり修繕したものだけを含んでいたというのが、どうやら真相のようである。ディオニュシオス・ハルカリナッセウスは、このような集団をつくっていた職人たちは、純粋な軍事的機能、すなわちエイス・トーン・ポレモーン〔*εἰς τὸν πολεμὸν*〕をもっていた、と明言している。だから、これは本来の組合ではなく、軍隊の区分だったのである〔なお、Dionysios Halikarnasseus は、前八年ごろに死んだギリシャの歴史家。主著『ローマ史』*Antiquitates Romanae*

は、ローマ建国から第一ポエニ戦役までを記したものである〕。

(24) 同業組合についてわれわれが述べてきたことは、すべて、国家がその当初から同業組合の形成に関与したのかどうかという論争中の問題にはまったくふれていない。同業組合が、はじめから国家の従属下にあった（これは、本当らしくないようである）としても、それは政治構造に影響を及ぼすことはないままであった。むしろ、われわれにとって重要なのは、この点である。

(25) 進化の段階をもう一段下ってみると、産業的機能の立場はなおいっそう風変わりであった。アテナイでは、これらの機能が社会外的であったばかりでなく、ほとんど法律外的であった。

(26) Waltzing, *op. cit.*, I, p. 85 以下。

(27) *Op. cit.*, I, p. 31.

(28) *Op. cit.*, I, p. 191.

(29) Rietschel, *Markt und Stadt in ihrem rechtlichen Verhältnis*, Leipzig, 1897 の各所をみよ。なお、この点については、ゾーム〔Rudolf Sohm 一八四一―一九一七年。ドイツの法学者。ローマ法とゲルマン法の権威〕の全業績をみよ。

(30) *Op. cit.*, I, p. 193.

(31) *Ibid.*, I, p. 183.

(32) 手工業がカーストに編入されるばあい、それがただちにその社会構成に明白な地位を占めるようになることは、まことにそのとおりである。インド社会のばあいがそれである。だが、カーストは職業組合ではない。それは、本質的に家族的・宗教的集団であって、職業集団ではない。各カーストは、それ固有の宗教性の程度を帯びている。さらに、社会は宗教的に組織されているので、さまざまの原因にもとづくこの宗教性が、各カーストにその社会体制の全体のなかで一定の地位をわりあてるのである。だが、各カーストの経済的役割は、この公的立場になんの関係もない（Bouglé, Remarques

sur le régime des castes, *L'Année sociologique*, Ⅳを参照せよ)。

(33) 市場が国際的性格をおびてくる結果、この国民的組織をこえて国際的組織が必然的に発達するということを述べる必要はあるまい。というのは、現実に法制度を構成しうるのは、この国民的組織だけだからである。ヨーロッパの法律の現状では、国際的組織は、それぞれの全国的同業組合間に締結される自由な協定からしか生じえないのである。

(34) この専門化は、同業組合を代表する任を与えられた代議員会の力をかりてのみおこなわれよう。産業の現状では、この代議員会は、職業的規制を執行する裁判所と同じように、被傭者の代表と雇主の代表とを含むべきことは明白である。それはちょうど労資協議会のばあいもそうであるが。そして、そのそれぞれの代表の比率は、この二つの生産要因にたいして世論がそれぞれに与える重要度に比例する。だが、この両者の代表が、同業組合の理事会であいまみえることは、当然必要だとしても、やはり同業組合組織の根底に、両者がそれぞれ別個の独立した集団を形成していることが、必要不可欠である。なぜなら、両者の利害はきわめてひんぱんに対立し、衝突するからである。両者が自由に考えることができるためには、それぞれ別々に離れて考えることが必要である。両集団がこうして構成されると、ついで、それぞれの代表を両者共同の会議に任命することができよう。

(35) 本書第二編第Ⅲ章の4をみよ。

(36) 本書三六四ページをみよ。

(37) なお、地域的区画が完全に消滅する運命にあるなどといおうとしているのではない。ただ、それは二次的レヴェルになりさがるだろうというまでである。旧制度は新制度が出現するまえに、その痕跡をまったくとどめぬまでに消失してしまうものでは、けっしてない。旧制度は、たんに遺制としてだけではなく、旧制度がそれをみたしてきた諸欲求が、何ほどかなお存続しているということによってもまた、存続するものである、物質的隣接は、つねに人間と人間との紐帯を構成するであろう。したがって、地域を基礎とする政治的および社会的組織は、確実に生きつづけるであろう。ただし、その紐帯は、あきらかにみずからの力を失ってしまっているから、もはやこの組織がその現実の卓越性を示すことはないであろう。加えて、すでに述べてきたところであるが、同業組合の根底にさえも、地理的区分がつねに発見できるであろう。それればかりではない。同一地方、同一地域のさまざまな同業組合のあいだにも必然的に特有の関係があって、それは、いつの時代にも、それに適合した組織を要求するであろう。

(38) *Le suicide*, p. 434 以下。
(39) 本書第三編第Ⅱ章をみよ。
(40) 遺言があるばあいには、所有者が財の譲渡をみずから決定しうるということは正しい。だが、遺言とは、相続権の規定に違反しうる権能であるにすぎない。相続法の規定こそは、財の譲渡がおこなわれる際に則るべき規範である。なお、法の違反は、ごく一般的には限られたものであり、つねに例外である。

訳注

＊1　ヌマ王――Numa Pompilius. ローマ第二代の王。伝承によれば在位は前七一五―六七三年という。聖職の設置、土地の分配、市民の職業別区分、暦の改正などの治績があったと伝えられる。
＊2　キケロ――Marcus Tullius Cicero. 前一〇六―四三年。ローマの政治家・雄弁家・道徳哲学的エッセイストとして有名。この時代とは、カエサル、グラッスス、ポンペイウスのいわゆる三頭政権の時代を主としてさしているとみてよい。
＊3　ルヴァッスール――Pierre Émile Levasseur. 一八二八―一九一一年。フランスの歴史家・経済学者。ローマの労働史を経済史的に分析し、中世フランスの商業史、階級構造の研究でも著名。

＊4　テュルゴー――Anne Robert Jacques Turgot. 一七二七―八一年。フランスの重農主義経済学者・社会学者。政治家でもある。その進歩の観念、分業理論、階級理論をもって先駆的社会学者としてみられる。

テュルゴーの改革とは、彼が一七七四―七六年のあいだルイ一六世治下の財政総監に在任中の諸改革をいう。すなわち、当時フランス財政の危機に際して、封建的諸特権の廃止、諸州間の穀物の自由取引など、大胆な重農主義的改革を断行した。ギルド制の廃止は、この改革の主要な柱のひとつであった。しかし、マリ・アントアネット王妃や特権階級の反対にあって、罷免され、改革は失敗したが、精神はひきつがれた。デュルケームは、テュルゴーのこの改革の精神を尊重しつつも、新しい同業組合の再建を企図するところから「別の改革」を求めるわけである。

＊5　ボアシエ――Marie Louis Antoine Gaston Boissier. 一八二三―一九〇八年。フランスの古典学者。古ローマ研究家として著名。

＊6　セルヴィウス・トゥリウス――Servius Tullius. 前五七八―三五年。ローマ第六代の王。市民の財産の大小によって兵役の義務と兵員会（comitia centuriata）における投票権を設定し、貴族政治に財産政治を導入したと伝えられる。

＊7　本書三〇九ページおよび一九四ページの訳注2を参照。

＊8　本書三一〇ページのデュルケームの記述および本書一九四ページの訳注1を参照。

＊9　アミアンは、フランス北西部、ピカルディ地方の旧首都。

第一版序文

本書は、何よりもまず、道徳生活の諸事実を、実証諸科学の方法によってとりあつかおうとする、ひとつの試みである。しかしながら、この道徳という言葉が使われるばあい、その意味が曲解され、またわれわれの使い方とは異なっている。道徳学者たちは、みずからの学説を、ア・プリオリにではないまでも、一、二の実証諸科学、たとえば生物学、心理学、社会学などから若干の命題を借りてきて演繹し、それをもって彼らのいう道徳を科学的と称している。われわれがとろうとする方法は、このようなものではない。われわれは、科学から道徳をひきだそうとするのではなく、これとはまったく異なった道徳の科学《シアンス・ド・ラ・モラール》をつくろうとするものである。道徳的事実は、諸他の事実と同様に現象である。それは、いくつかのはっきりした特質でそれとわかる行為の諸準則から成る。したがって、それらを観察し、記述し、分類し、それらを説明する法則を探求することができなければならない。われわれがこれらの事実の若干について試みようとするのは、まさしくこのことである。これにたいして、人は自由が存在することを理由に反対するかもしれない。けれども、自由ということが、まさにいっさいの確定的法則の否定を意味するとするならば、自由とは、心理学的諸科学や社会諸科学にとってのみならず、すべての科学にとって、のりこえがたい障害であろう。なぜなら、人間の意志のはたらきは、必ずある外部的な所作と結びついているので、自由は、われわれの内においても外においても、決定論をまったく理解できないものにしてしまうからである。しかし、だれも物理学や自然科学の可能性にたいして異論をさしはさむものはない。われわれは、これと同じ権利をわれわれの科学にたいして要求するのである[1]。

このように理解すれば、この科学はどんな種類の哲学とも対立するものではない。この科学は、哲学とはまったく異なった土台の上にたっているからである。道徳がとうてい経験によっては到達されえないある超越的な目的をもつことは可能である。それに専心するのは形而上学者の仕事である。しかし、何にもまして確かなことは、道徳は、歴史において、歴史的諸原因に支配されて発達するということ、それはわれわれの現世的生活においてひとつの機能をもっているということ、これである。道徳が一定の時代に一定の形態をとるのは、その時代の人間の生活する諸条件が別の道徳をもつことを許さないからである。その証拠に、道徳が変わるとすれば、これらの生活条件が変化するからであり、また、そのばあいにしか変わらないからである。こんにちでは、道徳の進化がいつも変わらぬひとつの観念、すなわち、はじめ原始人においては錯雑して不明確であったものが、理性の光がひとりでに増すにつれて、少しずつ明るく正確になるといった、そういう不易の観念のうちにあると思いこむことはもはや不可能である。よしんば古代ローマ人が、こんにちわれわれのもっているような人類という広大な概念をもちあわせてはいなかったとしても、それは彼らの知性の狭さにもとづく誤謬の結果なのではない。それは、このような観念がローマ的都市の性質と両立しえなかったからである。あたかも養うだけの力のない土壌の上では植物が芽をださぬように、われわれの世界主義《コスモポリティスム》は、ローマ的都市ではあらわれえようはずもなかった。仮にあらわれたとしても、それは、この都市にとっては滅亡の原因でしかありえなかったのである。逆にいえば、のちに世界主義が出現したとしても、それは哲学上の発見によるのでもなく、かつて不問に付されてきた真理にわれわれの精神が開かれるようになったためでもない。それは、社会の構造に変化がおこったからであり、それが必然的に習俗に変化をもたらしたからである。だから、道徳は経験的世界の諸理由によって形成され、変形し、維持されるのであって、これらの理由をこそ、道徳の科学は決定しようと試みるのである。

けれども、われわれが何よりもまず実在を研究すべしとするからといって、われわれがこの実在の改良を断念するということにはならない。われわれの探究が、もし思弁的興味しかもつべきではないとするならば、それは瞬時たりとも研究に値しないものと考える。われわれが理論的問題と実践的問題とを慎重に切り離すのは、実践的問題を無視するからではない。それどころか、それをもっともよく解決できるようにするためである。にもかかわらず、道徳を科学的に研究しようとする人びとにはみな理想を樹立する力がない、として非難されるのが一般である。彼らは事実を尊重はしても事実をこえることができず、実在をよく観察しえても未来のために行動準則を用意してくれることがない、といわれる。

われわれは、少なくとも本書がこうした偏見を動揺させることに役だってくれれば、と期待するものである。というのは、科学はわれわれを助けてわれわれの行為の志向すべき方向を発見せしめ、われわれが漠然とめざしている理想を確定しうるものであることが、本書によってみられるだろうからである。ただ、われわれは現実を観察したのちにおいてのみ、この理想に到達し、現実から理想を解放する。ほかに、いったいどんな方法があるだろうか。どんなに極端な理想主義者といえども、これ以外の方法をとることはできまい。理想というものは、実在に根ざしたものでなければ、何ものにももとづくことができないからである。ただ、われわれと彼らとの違いは、彼らが実在をごく粗略に研究して、彼らの感性のちょっとした動きや、彼らの心のほんの少しばかり強い憧憬――それとてもひとつの事実にすぎない――を、しばしばある種の命法にしつらえて、自分たちの理性をそれに従わしめ、われわれの理性をもそれに従わしめるように要請することで満足している、ということである。

人は反駁して、観察という方法は収集された諸事実を判断すべき規準を欠いているというだろう。だが、この規準は、のちにわれわれが証明するように、事実それ自体からひきだされる。まず第一に、科学のみが権能をもって決定しうる道徳的健康の状態がある。だが、この状態が完全に実現されるところはどこにもないから、それに近づこうと努めることが、すでに理想である。のみならず、この健康状態を決定する諸条件が変化するとすれば、それは社会が変わるからこそ変化するのであり、われわれの解決すべきもっとも重大な実践的問題は、まさしくこの環境のうちにおこった諸変化に応じて、あらためてその健康状態を決定しなおすことにある。ところで、科学というものは、この環境が過去において経てきたさまざまな変化を法則としてわれわれに提供し、それによって、まさに生じようとしている諸変化や諸事物の新しい秩序が要求する変化を、われわれに予測させる。たとえば、もしわれわれが、社会の容積と密度がますます増大するにつれて、所有権がどんな方向に進化するかを知るならば、そしてまた、この容積と密度のある新しい増大が新しい変化を必然化するならば、われわれはその変化を予見し、また予見することによってこの変化をあらかじめ望むことができるであろう。さいごに、正常な類型をそれ自体と比較することによって――この操作は厳密に科学的である――、この類型が必ずしもそれ自体と完全には一致しないことを、この類型が矛盾を、すなわち不完全さを含んでいることを発見することができ、したがって、この矛盾を除去し、あるいは修正しようと努めることができる。ここにこそ、科学が意志に提供する新しい志向目標がある。――だが、人は、なるほど科学は予見するかもしれないが、命令はしない、というかもしれぬ。まさしくそのとおりであって、科学は生活に必要なことをわれわれに教えるにすぎない。しかし、人間は生きることを欲するものだということを仮定すれば、科学が樹立した法則を、いとも簡単な操作で、すぐさま行為の命令的準則に変えうることを、どうしてみようとしないのであろうか。もちろん、そのとき、科学は一変して技術となる。だが、科学から技術への移行は、このばあい切れ目もなくおこなわれうる。われわれが生きることを欲すべきかどうかというこ

とは、別個の問題である。しかも、この究極的な問題についても、科学は黙してはいないと信ずる。(2)

だが、道徳の科学がわれわれを実在にたいして無頓着で諦観的な傍観者たらしめるものでないとすれば、それは、われわれにきわめて周到な用意をもって実在をとりあつかうことを教えると同時に、賢明な保守的精神をわれわれに伝える。人は、科学的であると自称する若干の理論を、破壊的であり革命的であるといって非難することがあったし、それはそれで正当でもある。しかし、これらの理論は、名ばかり科学的であるにすぎない。じじつ、それらの理論は構成はするが、観察はしない。それらの理論は、道徳のなかに、これから研究すべき既存の諸事実の総体をみるのではなく、それぞれの思想家が勝手に創設していつでも廃棄できる、いわば立法のようなものをみてとる。人びとが現実に実践している道徳は、このばあい、習慣や偏見の束としてみられるのにすぎないのであって、その教義に合致するばあいしかその価値が認められないのである。しかも、この教義たるや、道徳的諸事実を観察したうえで帰納されたものではなく、ほかの諸科学から借りてきた原理からひきだされるので、それが既存の道徳的秩序と少なからず矛盾することは避けられない。けれども、われわれのばあいは、他のいかなる人たちよりも、この危険にさらされることがより少なくてすむ。というのは、われわれにとっては、道徳とは実現ずみの諸事実の一体系なのであり、世界の全体系に結びついたものだからである。ところが、事実というものは、どれほどそれが望ましかろうと、手のひらをかえすように変わりうるものではない。のみならず、ある事実は、諸他の事実と結びあっているから、後者が変わらなければ変えられるものではないし、この一連の連鎖反応の最終結果をあらかじめ評量することはまことに至難のことである。また、どんなに大胆な精神のもち主も、この危険を見こしては控え目になるに違いない。さいごに、そしてとりわけ、生命界のあらゆる事実は――道徳的事実がそうであるように――、それが何かに役だつのでなければ、すなわち、何かの欲求に応ずるのでなければ、一般に持続しえないものである。だから、反対証明がなされないかぎり、事実は尊重されるべき権利をもつ。もちろん、事実はすべてがあるべきものではありえないし、したがってまた、いまそれをはっきりさせてきたように、事実にたいして干渉しうべき余地のあることがよくある。だが、そのばあいも、この干渉には限界がある。すなわち、この干渉は、支配的な道徳のかたわらに、またはそのうえに、あらゆる断片をあつめてひとつの道徳をつくることを目的とするのではなく、支配的な道徳を修正したり、部分的に改良したりすることを目的とするのである。

こうして、科学と道徳とのあいだにしばしば設定しようと試みられてきた対立、いつの時代でも神秘主義者たちが人間理性を暗くしようとしてきた恐るべき理論、が消滅する。人と人との関係を律するためには、人と物との関係を律するために使われる手段以外の手段に訴える必要はない。いずれのばあいも、体系的に反省がもちいられれば、それで十分である。科学と道徳とを調和させるものは、道徳の科学である。これこそが、われわれに道徳的実在を尊重するように教えると同時に、これを改善する諸手段をも供するからである。

したがって本書の読者は、なんの疑心も底意もなしに本書にとりくむことができ、またそうされるに違いないと思う。それにしても、読者はいくつかの通説と対立するような諸命題にぶつかることを覚悟しなければならぬであろう。われわれは、自己の行為の理由を理解しようという欲求、または理解できると信じたい欲求をもっているから、道徳が科学の対象となるずっと以前から、道徳に反省を加えてきた。だから、道徳生活の主要な事実を表象したり説明したりする一定の方式は、われわれにとっては、すでに習慣になっていたのであるが、にもかかわらず、それはいささかも科学的ではなかった。というのは、この方式が偶然にまかせて体系もなく形成されたものだからであり、おおざっぱで上っ面だけの、いわば、ことのついでに吟味された結果だからである。したがって、もしこうした既成の判断から解放されないならば、これからひきつづく諸考察に入ってゆけないことは明白である。科学は、ほかのばあいと同様に、ここでも精神のまったき自由を前提とする。長いあいだの馴れからわれわれにしみついた見方や判断の仕方を放棄しなければならぬし、方法的懐疑の訓練にも厳重に服さなければならない。しかし、こうした懐疑に危険はない。なぜなら、それは疑う余地のない道徳的実在にたいして向けられるのではなく、この実在にかんする無知無能の反省が与える説明にたいして向けられる懐疑だからである。

われわれは、真正の証拠にもとづかない説明をけっして認めないようにしなければならない。われわれが挙証のために採用した諸方法に、できるかぎり厳密さを与えようとしたことは、みてもらえばわかっていただけると思う。一類の諸事実を科学の支配下におくためには、それらを注意深く観察し、記述し、分類するだけでは足りない。さらに、それよりもいっそう困難ではあるが、デカルトのいわゆるそれによって科学的たりうる間接的方法をみいだすこと、すなわち、諸事実のうちに、厳密な決定と、できるならば測定とに堪えうる、ある客観的要素を発見することが必要である。われわれとしては、あらゆる科学のこの条件を満たすように努めたつもりである。とりわけ、さまざまの法規定の体系をとおしてわれわれがいかに社会的連帯を研究してきたか、また、諸原因の探究において、われわれが悟性の対象たりうる、したがってまた科学の対象たりうるだけの深い社会構造の諸事実に到達しようとして、いかに個人的判断や主観的評価にかかわりすぎるものをいっさい放棄してきたか、が理解されるであろう。同時に、われわれは社会学者たちがまことによく使ってきたつぎのような方法は、これを使わないことを原則としてきた。すなわち、みずからの主張を立証するために、都合のいい、しかも多少のいかめしさをもった若干の事実を、バラバラで気まぐれに引用することで満足したり、これと正反対の諸事実を苦にするふうもみえないやり方が、これである。むしろ、われわれは、真の経験を創設すること、すなわち方法的な比較を確立すること、に専心してきた。にもかかわらず、どんなに注意を払ったところで、こうした試みがなお不完全なものでしかありえないことは、たしかである。しかし、それがどんな欠陥をもつにせよ、そうすることが必要だとわれわれは考えている。じっさい、ひとつの科学をつくるためには、ひとつの手段しかない。すなわち、それは方法を整えたうえで、あえておこなうことである。もちろん、最初の素材がまったく欠けているならば、この企図も不可能である。だが他面、科学の到来を準備する最上の方法とは、科学によって利用されうるいっさいの素材をまずもって辛抱づよく蒐集することだと信ずるならば、それはむなしい期待に終わるであろう。なぜなら、科学の必要としているものが何であるかを知るには、ただ、科学がすでにみずからを、みずからの欲求を何ほどか自覚していること、つまり、科学がすでに存在していることが必要だからである。

本書をあらわす機縁となった問題は、個人的人格と社会的連帯との関係の問題である。個人がますます自立的になりつつあるのに、いよいよ密接に社会に依存するようになるのは、いったいどうしてであるか。個人は、なぜいよいよ個人的になると同時にますます連帯的になりうるのか。というのは、この二つの動きは矛盾しているようにみえて、実は並行してあいついでいるからである。これが、われわれのみずからに提起した問題である。われわれにとって、この表面上の二律背反を解決するように思われたのは、分業のたえざる顕著な発展による社会的連帯の変化である。これこそ、われわれが分業を研究の対象とするにいたった理由である(3)。

原注

（1）われわれは、この自由の扱い方がいくらか巧妙にすぎると非難された（Beudant, *Le droit individuel et l'État*, p. 244.）。だが、われわれのいい方は、これをないがしろにしようとするものではなかった。われわれがこの問題を避けたのは、人がこの問題の解決にいかなる解決を与えようとも、それはわれわれの研究の障害とはなりえないだけのことである。

（2）この問題については、もう少しあとで触れることになろう、第二編第I章、四〇三—四ページ。

（3）この社会的連帯の問題が、すでにマリオン氏の著『道徳的連帯』〔M. Marion, *De la solidarité morale, essai de psychologie appliquée*, 1880〕の第二編で研究されてきたことを想起するまでもあるまい。しかし、マリオン氏は、この問題を別の側面から扱ってきた。ことに連帯現象の実在性を確定することに努めてきたということである。

社会分業論

「なぜなら国は同じような人間からできるのではないのだから。
というのは、同盟と国とは別だからである。」
（アリストテレス『政治学』第一巻、一二六一a、二四）

序論　問題

分業がはじまったのは昨今のことではない。けれども諸社会がこの法則を意識しはじめたのは、ようやく一八世紀末のことである。それまでは、ほとんど知らぬままでこの法則を受けいれてきた。もちろん、古代からこのかた、多くの思想家たちが分業の重要性を認めてはいたが、(1)それを理論化しようとした最初の人はアダム・スミスである。のみならず、この言葉をつくったのも彼であって、やがて社会科学はこの言葉をずっとあとになって生物学に提供することになった。

こんにちでは、だれの目にも明らかなほどにこの現象は一般化されている。われわれは、近代産業の諸傾向についてもはや思いちがいをしたりなどはしない。それは、いよいよ強力なメカニスム、諸力と資本との巨大な集積をめざし、したがってまた極度の分業に向かっている。さまざまの仕事が分割され専門化していくのは、ただたんに工場の内部においてばかりではなく、おのおのの工場それ自体が他の諸工場を前提とした専業なのである。アダム・スミスとスチュアート・ミルは、なお少なくとも、農業だけはこの原則の例外であってほしいとねがい、農業を小所有のさいごの隠れ家とみていた。たしかに、こういうことにかんしてはやたらに一般化しないように注意しなければならないが、しかしこんにちでは、農業の主だった諸部門もしだいにこの一般的な動きにひきこまれてきていることを否定するのは、どうやらむつかしいようである[2]。さいごに、商業はといえば、これもそれ自体、いろいろなニュアンスの差をはらみつつも、諸企業（工業）がどこまでも多様化するあとを追い、それを反映しようと努めている。こうした分業の進化は、考えつめた末ではなく、いわば自生的に実現されているものである。ところが、一方、経済学者たちは、その原因を探究し結果を評価するとき、この進化を非難しこれとたたかうどころか、かえってその必要性を公言してはばからない。彼らは分業を人間社会の至上の法則とみ、進歩の条件とみているのだ。

だが、分業は経済の領域にのみ特有のものではない。社会の種々さまざまな領域にもその影響力がますます増してゆくのがみられる。すなわち、政治、行政、司法の諸機能は、いよいよ専門分化してきているし、芸術、科学の諸機能についても同様である。哲学だけが唯一の科学であった時代はすでに遠い。哲学は無数の専門的な学問に細分され、そのそれぞれが独自の対象、独自の方法、みずからの精神をもっている。まさに「半世紀をすぎるごとに、科学の諸分野でその名をとどめた人びとは、いよいよ専門人になってきている[3]」のである。

過去二世紀このかた、もっとも著名な学者たちがとりあつかってきた諸研究の本性をひろいだす段になって、ド・カンドル氏[*1]は、ライプニッツやニュートンの時代にあっては「ひとりの学者にたいしてほとんどいつも二つないし三つの肩書」を書かなければならなかったと述懐している。「たとえば、天文学者＝物理学者、数学者＝天文学者＝物理学者であるとか、そうでなければ哲学者や博物学者というように一般的な呼び名を使うほかはないとか、というようにである。さらにそれだけでもどうも十分ではない。というのは、数学者も博物学者も、ときには博識の人《エリュディ》であり、詩人であったからである。一八世紀の末においてさえ、たとえばヴォルフ[*2]、ハラー[*3]、シャルル・ボネ[*4]というような人物が、科学と文学のさまざまの分野で注目すべき存在であったことを正確に示すためには数多くの名称が必要であった。だが、一九世紀になると、こういう困難さはもはやないか、あるいは少なくともきわめて稀になる」[4]。学者は、さまざまの異なった科学を同時に修めるということがなくなってしまったばかりではない。彼の研究が一科学の全領域を蔽うということすらすでになくなっている。彼の研究領域は、一系列の問題群に限られるか、あるいはただひとつの問題に限定されることさえある。同時に、かつてはほとんどつねに医者、聖職者、官吏、軍人といった、もっと収入の多い仕事と兼ねられていた科学の仕事は、しだいに自前でたってゆく。ド・カンドル氏は、いまもなお学者の仕事としては密着している研究と教育とが、遠からずはっきり分離するとさえ、予見しているのである。

　生物哲学でさいきん考えられていることは、分業のなかにはある一般性をもった事実があるということで、これはついにわれわれにも認められるようになったことだ。このことは、分業についてはじめて語ったあの経済学者たちの夢想だにしなかったところである。じっさい、周知のように、ヴォルフやベーア[*5]、ミルヌ－エドヴァール[*6]の業績以来、分業の法則は社会にたいすると同じように有機体にも適用されていることが知られている。ある有機体は、それのもつ諸機能が専門化すればするほど、動物の段階のなかでより高等な位置を占めるとさえいえるようになった。このような発見は、結果として、分業の作用する領域を並はずれて拡大してしまうと同時に、分業の起源を限りなく遠い過去に遡らしめることになった。というのは、この世界における生命の到来とほとんど同時期に分業がはじまることになるからである。もはや、それはたんに人間の知性と意志にその根源をもつ一社会制度であるというにとどまらない。分業は、一般生物学の一現象であって、有機的物質の本質的な諸属性のうちに分業発生の諸条件を探究しなければならぬものであろう。社会的な分業は、まさにこの一般的過程のある特殊な形態としてのみあらわれるのであり、諸社会は、この法則に服しながら、社会よりも以前に発生し、全生命界を同じ方向にひきこんでいるひとつの流れにそっているように思われる。

このような事実は、あきらかにわれわれの道徳的体質に深い影響を及ぼさずにはおかない。なぜなら人間の発達は、われわれがこの動きに身をまかすか、あるいはそれに抵抗するかによって、まったく異なった二つの方向をたどるだろうからだ。だが、そのとき、さしせまった課題が提起される。すなわち、この二つの方向のうち、そのどちらを望むべきなのか。われわれの義務は、完全無欠の存在、それ自体で自足しうる一全体となることを求めることにあるのか、あるいはまったく逆に、一全体の部分、一有機体の器官にとどまるべきなのか。一言でいえば、分業は自然の一法則であると同時に、人間行動のひとつの道徳的準則でありうるのか、もし分業がこの性質をもつとすれば、それはどのような理由によって、どの程度においてそうなのか。だが、このような実践的課題がどんなに重要であるかをあらためて論証する必要はない。その理由は、分業についてどのような判断がとられようとも、現に分業が社会秩序の根本的な基礎のひとつであり、また、ますますそれが動かしがたくなってゆくということを、すべてのひとが十分に感じとっているからである。

この問題は、諸国民の道徳意識がみずからによく提起してきた問題である。しかしその提起の仕方が混乱しているので何ひとつ解決はしていない。二つのあい反する傾向が対立したままであって、そのいずれかが他にたいして文句なしにまさっているというところにまではいたっていない。

もちろん、分業を命令的な一行動準則となし、これを義務として課するという方向に、世論はしだいにかたむいているようだ。とはいっても、分業を怠った人びとが、法の定める刑罰によってはっきり罰せられたりすることはない。しかし非難はされる。かつては、なにごとにたいしても没頭するなどということはせず、万事に興味を示し、何でも愛好し、すべてを理解できる人物、文明のうちですぐれたものはこれを一身に集め、みずからに凝縮するすべをみいだした人物、こういう人物を完全な人間であると考えた時代は、すでに過去のものとなってしまっている。かつてあれほど称賛されたこの一般的教養《キュルチュール・ジェネラル》は、こんにちでは、しまりのない印象しか与えぬ訓練という効果しか、もっていない(5)。現代では、自然とたたかうために、もっと生気に満ちた能力とより生産的なエネルギーとが必要なのだ。われわれの望むところは、活動力が幅ひろい表面に分散してしまわないで、集中され、広さにおいて失われるものを、強さにおいて獲得することだ。どんな仕事にも同じように適当に応じ、ひとつだけ特殊な役割を選びとってじっくり腰をすえてかかるというようなことはしない、ちょこまかした才子を、われわれは信用しない。自分のもっているさまざまの能力をあげて組み立てたりこねまわしたりすることだけにこだわって、その能力をはっきりした用途に何ひとつ役だてようともせず、何かのためにそれをなげうとうともしない人物を、われわれはうとましいと思う。こういう人たちは、まるで自分だけに満足し、他とは無縁の世界をつくらねばならぬというふうである。このように超脱してコミットしないという態度には、ある反社会的なものが感じとれる。かつての「君子《オネトム》」は現代にとってもはや一個のディレッタントであるにすぎぬ。われわれは、このようなディレッタンティスムにたいしては、どんな道徳的価値も認めない。むしろ、完全であろうとするよりも生みだすことに努める人、限定された仕事をもち、それに没頭している人、自己のつとめを果たし、黙々と畦をすきおこしている人、そういうことができる人物にこそわれわれは完成をみる。スクレタン氏[*7]がいうように、「自己を完成するということはおのれの役割を識るということである、おのれの機能を果たしうるようになることである……。われわれの完成の尺度は、われわれの自己満足や群衆の喝采、もったいぶったディレッタンティスムのわが意をえたりというような微笑のうちにあるのではない。それは、果たされたつとめの総量のうちに、よりさらにそれを果たそうとするわれわれの能力のうちにこそあるのだ」(6)。これと同じように、道徳的理想もまた、かつてそうであったような唯一の、単純な、非人格的なものから、しだいに多様化してきている。すでに、われわれは、人間一般の諸資質を自己において実現することだけが唯一の人間の義務である、とは考えていない。むしろ自分の専門の仕事についてだけは資質をそなえていなければならぬと信じている。このような世論の状態をとくに裏がきするひとつの事実がある。それは、教育がしだいに専門化の特徴をおびてきているという事実である。まるでわれわれの子どもたちがみな同じ生活をたどらなければならぬというように、いっせいに紋切型の教養を受けさせることではなくて、将来彼らがさまざまの異なった機能を果たすように約束されているという見地にたって、子どもたちをそれぞれ個別的に形成してやる必要がますます痛感されている。一言でいえば、道徳意識の定言命法は、その一面において、まさにつぎのような形をとろうとしている。確定したある一定の機能を有効に果たしうるような状態に汝をおけ。

しかしながら、以上の諸事実にたいして、これと矛盾する諸他の事実をあげることができる。よしんば世論が分業という準則を肯定するばあいでも、ある不安とためらいがないわけではない。というのは、世論は、人間にみずからを専門化するように命じながら、他方で、人びとが極端に専門化することをたえず恐れているようにもみえるからだ。集約的労働を讃える格率《マキシム》があるかと思うと、それは危険だと指摘する別の格率も、それに劣らず広範にある。たとえば、ジャン・バティスト・セー*8はいう。「これまでに、一本の針の一八分の一しか作ったことがないという悲しい証言をしなければならぬ。だが、このように人間性の尊厳から堕落してゆくのは、生涯、一挺のやすりやハンマーを使う労働者だけのことだなどと思いこまないでもらいたい。職業からして、その精神のもっとも鋭敏な能力を酷使する人間もまた、この点では同じなのである」[(7)]。また、一九世紀がはじまるとすぐルモンテ[(8)][*9]は近代的労働者の生活と未開人の自由な悠々たる生活とを比較して、前者より後者のほうがはるかに恵まれていることを発見していた。トックヴィル[*10]もまた、それに劣らず峻烈にいう。「分業の原理がその適用をいよいよ完璧にしてゆくにつれて、技術は進歩をとげるが、職人は退化する」[(9)]。こうして、一般的にいえば、われわれに専門化せよと命じる格率は、いたるところで、それとは反対の格率によって否定されているようなものである。そして、この後者は、われわれのすべてに同一の理想を実現せよと命じ、いまでもその権威は地をはらってはいない。もちろん、原則として、この両者の争いは、おどろくほどのことではない。というのは、道徳的生活は、肉体の生活と精神の生活のように、異なった、ときには矛盾した諸要求に応えるものであり、したがって、部分的には、たがいに限定しあい均衡しあう対立的な諸要素によってつくりあげられているのは当然だからである。もっとも、このようにきわだった対立のなかには、諸国民の道徳意識を混乱させるものがあることも確かだ。なぜなら、道徳意識はこのような矛盾がどこに由来するかをさらに説明しえなければならぬからである。

こうしたはっきりしない状態に決着をつけるために、あのモラリストたちのありきたりの方法にたよろうとは思わない。彼らは、あるひとつの教訓の道徳的価値を決定しようとするばあい、まず最初に道徳性の一般公式を設定し、ついで、異議のでた格率をそれにつきあわすというやり方をとる。しかし、こんにちでは、このような粗略な普遍化にどんな価値があるのかということは、すでに周知のところである。[10] このような普遍化は、事実を十分に観察する以前に、すでに研究の当初から設定されているのであって、事実を説明することをめざしているのではない。むしろ、完全につくりださるべき理念的立法の抽象的原理を述べることを目的としている。したがって、それは、ある社会または特定のある社会類型において道徳の諸準則が現実にあらわしている本質的な諸特性の縮図を与えるものではない。かえって、モラリストが道徳というものを表象してみるその仕方を示しているだけである。もちろん、それはそういうものとして、ともかくわれわれに教えるところはある。というのは、このような普遍化は、まさにそれが考察されたときに生じていた道徳の諸傾向を教えてくれるからだ。しかし、そういう普遍化はひとつの事実としてのみ面白い点があるが、科学的見解としては駄目である。その見方が、ある思想家の個人的な熱望にもとづいたものであるとすれば、それが、どれほど現実的であろうとも、道徳的現実を適合的に表現しえたものとして正当化する根拠は何もないのである。この個人的な熱望はたんに部分的な要求をあらわすだけであり、意識が、つねに陥りがちな錯覚によって、唯一の究極的な目的にまで仕たてあげようとするある特定の個人的な要望に応えるだけのものなのだ。現に、それが病的なものとさえなっている例がなんと多いことであろうか。したがって、この個人的熱望は諸慣行の道徳性を評価するにたる客観的な基準としては従いがたい。

一般にもちいられるこのような演繹は、たんに議論の体裁をととのえたり、先入感情や個人的印象をあとになってから正当化するためにだけ使われるのだから、われわれはこれをすてなければならない。分業を客観的に評価しうるただひとつの方法は、まず分業をそれ自体において純理論的に研究し、それが何に役だち、また何に依存しているかを探究すること、要するに、分業についてできるかぎり適合的な一観念をつくることである。そうしたうえでこそ、われわれは分業をほかの道徳的諸現象と比較することができ、それがこれらの現象といかなる関係にあるかを明らかにすることができるであろう。そこで、分業が、まちがいなく道徳的かつ正常な特質をもった他の慣行と同じ役割を果たしていること、ときによって分業がこの役割を果たさないことがあっても、それは異常な逸脱によるものであること、さらに分業を決定する諸原因が諸他の道徳準則の決定条件と同一であること、以上のことが明らかにされるならば、われわれは分業がこれらの道徳的諸準則と同列に分類されなければならぬと結論できるであろう。こうしてわれわれは、諸社会の道徳意識の代わりにわれわれ〔の意識〕を措定することなく、またそういう道徳意識の代わりに法律をつくることもなく、しかもこの問題に多少の光明をもたらし、その混迷を減じることができるであろう。

したがって、本書での研究は三つの主要部分に分けられる。

第一に、われわれは分業の機能がいかなるものであるか、すなわち、分業はどのような社会的要求に応えるものであるかを探究するであろう。

つぎに、分業がよってたつ諸原因と諸条件が決定されるであろう。

さいごに、もし分業が、多少の差はあってもしばしば現実に正常状態から逸脱することがなかったとすれば、分業はこれほど重大な非難の的にはならなかったであろう。それゆえ、分業の正常形態と異常形態との分類を試みるであろう。生物学においては、病理学的なものが生理学的なものをよりよく理解させる一助となるが、この研究もまた、ここにこれと同じ利益をもたらすであろう。

さらに、分業の道徳的価値については多くの論議がされてきたけれども、それは道徳性の一般公式について共通の見解がないためであるよりは、われわれがこれから手をつけようとしている事実の問題をあまりに無視してきたためである。ひとは、いつでもこの事実の問題があたかも自明であるかのように思いこみ、また、分業の性質、役割、原因を知るためには、われわれ各人がいだいている観念を分析すればそれでたりるかのように推断してきた。こういう方法が科学的な結論をもたらすはずがない。だから、アダム・スミス以来、分業理論はほとんど進歩しなかったのだ。シュモーラー氏[*11]もいっている[(11)]。「こんにちでは、すでに社会主義者たちがその観察領域をひろげて、現代の工場内分業を一八世紀の作業場のそれと対比するところまでいっているのに、アダム・スミスの後継者たちは、きわめて貧弱な思想でもって、彼の残した範例や注釈になお執拗にかじりついてきた。しかし、こうした社会主義者たちの貢献によってもなお、分業理論は体系的な、深くほりさげたやり方では展開されてこなかった。何人かの経済学者たちによる技術論的考察や月なみな真理をひきだすにすぎない観察もまた、この分業の思想の発展にことさら貢献することはできなかったのである」。分業が客観的に存在するということを知るためには、われわれがそれについてつくりあげた観念の内容を展開させるだけでは不十分なのだ。さらに、それを客観的事実としてとりあつかい、これを観察し、比較しなければならぬ。そうしてはじめて、われわれは、これらの観察の結果が、われわれの内なる感情が示唆する結果としばしば異なることを知るのである[12]。

原注

（1）けだし、共同関係《コイノニア》は二人の医者からは生じない。そうではなくて、一人の医者と一人の農夫から、一般にあい異なり等しからざる人びとからなりたつのである（*Éthique à Nicomaque*, E, 1133 a, 16）。

（2）*Journal des Économistes*, novembre 1884, p. 211.

（3）De Candolle, *Histoire des sciences et des savants*, 2e éd., p. 263.

（4）De Candolle, *Loc. cit.*

（5）この叙述は、これまでもよく、まるであらゆる種類の一般的教養を絶対に非とするという意味を含んでいるかのようにとられてきた。しかし、じっさいは、文脈からもわかるように、ここでわれわれは、あまりにも一般的な教養である、かのユマニスト的教養について述べたまでである。たしかに、それもひとつの一般的な教養であるが、可能なものはそれだけではない。

(6) Secrétan, Charles, *Le principe de la morale*, 1883, p. 189.

(7) Say, Jean-Baptiste, *Traité d'économie politique*, 1816, liv. I, chap. Ⅷ, p. 76.

(8) Lemontey, *Raison ou folie*, 分業の影響にかんする章をみよ。

(9) Tocqueville, A. C. H. M. C. *Comte* de, *La démocratie en Amérique*.

(10) 本書の第一版において、われわれの立場からすればこの方法がいかに不毛であるかを証明する理由をながながと述べておいた。だが、いまではもっと簡潔であっていいと思っている。無際限に続ける必要のない議論があったからである〔本書の第一版序論（六五七—七一九ページ）を参照〕。

(11) Schmoller, Gustav von, La Division du travail étudiée au point de vue historique, in *Revue d'économie politique*, 1889, p. 567.

(12) 一八九三年〔本書の第一版が出版された年〕以来、本書でとりあつかってきた問題にかんする書物が二冊出版された、というよりは私の目にとまった。その第一は、ジンメル氏の『社会分化論』（Simmel, Georg, *Über Soziale Differenzierung*, 1890, Leipzig, Ⅶ-147 p.）である。そこでは、とくに分業の問題は扱われてはいないが、一般的な形で、個別化の過程が論じられている。第二は、ビュッヒャー氏の書物『国民経済の成立』（Bücher, Karl, *Die Entstehung der Volkswirtschaft*, 2 vols, 1893.）である。最近「歴史と経済学の研究」*Études d'histoire et d'économie politique*（Paris, Alcan, 1901）と題して仏訳されている。その多くの章は経済的分業についてあてられている。

訳注

*1 ド・カンドル——Alphonse Louis Pierre Pyrame de Candolle. 一八〇六—九三年。スイスのジュネーヴ大学教授。植物学者、栽培植物誌の権威。

*2 ヴォルフ——Kaspar Friedrich Wolff. 一七三三—九四年。ドイツの解剖学者、生理学者、博物学

者。

＊3　ハラー――Albrecht von Haller. 一七〇八―七七年。スイスの解剖学者、生理学者、植物学者。近代実験生理学および生物学の建設者。詩人、政治小説家としても著名。

＊4　シャルル・ボネ――Charles Bonnet. 一七二〇―九三年。スイスの博物学者、哲学者、心理学者。自然科学と宗教の統一を図る。

＊5　ベーア――Karl Ernst von Baer. 一七九二―一八七六年。ドイツの動物学者。人類学、考古学、言語学の研究者でもある。

＊6　ミルヌ＝エドヴァール――Henri Milne-Edwards. 一八〇〇―八五年。フランスの動物学者、パリ大学教授。フランス生理学の父といわれ、その子 Alphonse も動物学者。

＊7　スクレタン――Charles Secrétan. 一八一五―九五年。スイスの哲学者、倫理学者。

＊8　セー――Jean Baptiste Say. 一七六七―一八三二年。フランスの経済学者。A・スミスの『国富論』に傾倒。経済学に、生産・分配・消費の三部門をはじめて設けた。

＊9　ルモンテ――Pierre Lemontey. 一七六二―一八二六年。フランスの政治家・歴史家。

＊10　トックヴィル――Alexis Charles Henri Maurice Clérel, *Comte* de Tocqueville. 一八〇五―五九年。フランスの政治学者・歴史家。正統的自由主義の代表的思想家。外相にもなる。

＊11　シュモーラー――Gustav von Schmoller. 一八三八―一九一七年。ドイツの経済学者で、新歴史学派の指導者。講壇社会主義の立場から社会政策の必要を説いた。

第一編

分業の機能

I 分業の機能を決定する方法

機能〔fonction〕という語は、まったく異なった二通りの仕方で使われている。ときには、生命の運動体系をその結果から切り離していいあらわし、ときには、これらの運動と有機体の諸要求とのあいだに存在する対応関係を示す。こうして、消化の機能、呼吸機能などというい方がされる一方、他方ではまた、消化は、有機体内にその消耗したものを補うべき液状や固形の物質を同化することを司る機能をもつとか、呼吸は、動物の身体組織内に、その生命を維持するために必要な気体を送りこむことを機能とする、などのいい方をする。われわれが機能という語を理解するのは、この第二の意味においてである。だから、分業の機能とは何かと問うことは、分業がどんな要求に応えているかを探究することである。この問題に応えることができれば、この要求と、まぎれもなく道徳的な性質をおびた諸他の行為準則が応ずる諸要求とが、同性質のものであるかどうかを確かめうるはずである。

われわれが機能という用語を選んだのは、他の用語がすべて厳密さを欠いたり多義的であったりするからである。目標《ビュ》とか志向するもの《オブジェ》という用語は使えないし、分業の内発的目的《ファン》ということもいえない。そういう使い方をすれば、分業は、これから決定されようとしている〔したがってまだ確定していない〕諸結果のために存在すると仮定してしまうことになるからだ。結果《レジュルタ》や効果《エフェ》という用語にはなおさら満足できない。それは対応《コレスポンダンス》という観念を少しもおよびおこさぬからである。これとは反対に、役割〔rôle〕あるいは機能という語は、この対応という観念を含んでいること、しかも、この対応がどうしてできあがったのか、この対応は前もって意図され予期された適応から生じたものであるか、それとも事後に調整した結果であるのか、ということを知らなければならぬばあいに、勝手な憶測をしないですむということ、以上の大きな利点をもっている。ところで、われわれにとって重要なことは、この対応が存在するかどうか、それはどういう点に成りたっているかを知ることであって、それが前もって予測されていたかどうか、あるいは後になって感じとられたのかどうかということは問題ではない。

I

一見したところ、分業の役割を決定するくらい容易なことはないようにみえる。だから、そういう努力はだれからも認められないのであろうか。たしかに、分業は生産力と労働者の熟練とを同時に増大させるから、分業は社会の知的および物質的発展の必要条件である。つまり分業は文明の源泉である。だが、まさにその反面において、人はいとも簡単に文明をもちだせば絶対だとしているので、これとは別の機能を分業に求めようとは考えてみもしない。

分業が現実にこのような結果をもたらしているということが、あらためて論議しようという気をおこさせない理由である。だが、分業が別の結果をもたらしもせず、もっと他のものに役だつことがなかったとすれば、分業に道徳的特質を与える理由はまったくないだろう。

事実上、こうして分業が果たす用役は道徳生活にとってほとんどまったく無縁であるか、あるいは少なくとも、これとの関係はきわめて間接的であり、ひどく縁遠いものでしかない。現代では、文明にたいするルソーの酷評に応えて、逆に熱狂的に文明を謳歌するふうがひろくゆきわたっている。だからといって文明が道徳的なものであるという証明はまったくない。こうした問題をきっぱり解決するにしても、必然的に主観的な諸概念の分析にたよるわけにはいかないのだ。むしろ、それが平均的道徳性《モラリテ・ムワエンヌ》の水準を測定するのに役だつものならば、ひとつの事実だけでも認識し、ついでこの事実が文明の進歩につれてどのように変わってゆくかを観察しなければならない。不幸にして、この測定単位をわれわれはもちあわせていない。だが、集合的不道徳性《インモラリテ・コレクティーヴ》を測る単位ならばもっている。自殺やあらゆる犯罪の平均値は、じじつ、その社会における不道徳性の高さを示すのに役だつ。ところが、実際にやってみると、この不道徳性の高さはちっとも文明の名誉にはならない。このような病理現象の数は、芸術・科学・産業がすすむにつれて、かえってふえてきているように思われるからだ。[1] もちろん、以上の事実から文明は背徳的であると結論するのはいささか軽率であろう。しかし、よしんば文明が道徳生活に積極的にプラスの影響を及ぼしているとしても、それがいたって微弱なものであることは少なくとも確かだといえる。

それればかりではなく、文明とよばれるこの不明確な複合体を分析してみると、それを構成する諸要素がまったく道徳的特質を欠いていることがわかる。

それがとくにあてはまるのは、つねに文明に伴う経済活動のばあいである。経済活動は道徳の進歩に役だつどころではない。犯罪や自殺がもっとも多いのは産業の大中心地においてである。どんなばあいでも、経済活動が道徳的事実と認められるような外観を呈することはないということ、これは明白なことだ。乗合馬車は鉄道に、帆船は大西洋横断定期船に、小さな仕事場は大工場にとって代わられた。こうした活動の拡大はみな一般に有益なものと考えられているが、そこには道徳上の義務的な特質は少しもない。このような一般的風潮に抗して、そのささやかな企業にあくまでも固執する職人や小工業者は、工場群をもって国を埋めつくし、労働者の大軍をことごとくその命令下に糾合する大企業家と、まったく同等にみずからの義務を果たしているのだ。国民の道徳意識はこの点を見落としてはいない。その道徳意識は世界を工業で完成させるよりも、ほんのひとにぎりの正義のほうを好むものだ。むろん、産業活動もその存在理由がまったくないわけではない。いろいろの要求に応えてはいる。だが、これらの要求は道徳的ではない。

以上のことは、義務に類したあらゆるものを絶対に拒否する芸術のばあいには、なおのことそうだ。芸術は自由の天地だからである。奢侈や装飾はあれば結構なものだが、ぜひ手に入れなければならぬというものではない。よけいなものはこれをもつ義務はない。これと反対に、道徳は最小限不可欠のものであり、必ずなくてはならぬもの、それがなくては社会が生きてゆけぬ日々の糧である。芸術は、われわれの生の目的もない拡張の欲求に、拡張それ自体を喜びとする欲求に、応えるものである。だが、道徳は、一定の目的に向かって所定の途をたどるように強制するものであって、義務とは結局拘束のことにほかならない。だから芸術は、よしんばそれが道徳観念によって生気を与えられ、あるいは固有の意味での道徳的な諸現象の進化に混在しているとしても、それ自体としては道徳的ではない。社会においてと同様、個人においても、審美的能力をやたらと伸ばすことは、道徳性の見地からみてすこぶる由々しい徴候だという観察も、おそらく成りたつであろう。

文明のあらゆる要素のうちで、ある条件のもとにおいてであるが、科学こそ道徳的特質を示すただひとつの要素である。事実において、諸社会は、確認された科学的諸真理を吸収しながら個人の知性を伸ばしてやることを、しだいに個人にたいする義務としてみるようになってきている。今後は、われわれがすべて身につけなければならぬ相当の知識がある。人は、必ずしも広大な産業の戦場に身を投じなければならぬ必要もないし、芸術家でなければならぬ必要もない。しかしながら人はすべて、いまや無知のままであってはならないのだ。この義務は、いやというほど痛感されているから、いくつかの社会では、たんに世論によってばかりでなく、法によってそれが承認されている。しかし、科学におけるこのような特権がいったいどこに由来するのかをうかがい知ることは、そんなにむつかしいことではない。というのは、科学とは最高度の明晰さに達した意識にほかならぬからだ。ところで、諸社会が現在与えられている生存条件のもとで生きうるためには、個人的であると同様に社会的な意識は、その領域が拡大され明晰でなければならない。じじつ、社会が生きてゆく周囲の環境はいよいよ複雑となり、ますます動的になってくるので、社会は生きのびるために、ひんぱんに変化しなければならない。他方からみれば、意識がくもっていればそれだけ変動にたいして抵抗がある。くもった意識では、変化の必要性も変化の方向もすみやかに洞察できぬからだ。反対に、明晰な意識は環境の変化に適応する仕方をあらかじめ用意することができる。科学によって導かれた知性が集合生活の過程でますます大きな役割をになわなければならぬ理由は、まさにここにある。

ただ、こうしてだれもが身につけていなければならぬ科学というものは、科学とよばれるのに値しない。それは、科学ではない。たかだか科学のうちでもありふれたもっとも一般的な部分であるにすぎない。じっさいに、それは欠くことのできないごく少数の知識に還元されるものであって、こういう知識はだれの力でも及ぶものであるからこそ、すべての人びとから要求されるのだ。固有の意味における科学は、このような通俗的水準をはるかにこえるものである。それは、知らないと恥ずかしいというような知識だけでなく、知ることが可能な知識いっさいを含む。科学がそれを研究する人びとに想定しているのは、万人がもっているような平均的能力だけではない。特別な素質を予期しているのである。

したがって、それは選ばれた人物の手にしかとどかないものであって、義務的なものではない。科学は有用でもありすぐれたものでもある。けれども、それが必要だからといって、社会が強制的に要求するという性質のものではない。科学を武器とすることは有利である。だが、それをもっていないからといって不道徳だということにはならない。科学は万人の創意に開放された活動領域である。だが、そこに入りこむことは断じて強制されない。人は芸術家にならなければならぬ理由がないと同じく、ぜひとも学者になるべき理由もない。だから、科学は、芸術および産業と同じく道徳の外にある[2]。

文明の道徳的特質をめぐって、これまで実に多くの論争がおこなわれてきたのは、たいていのばあい、モラリストたちが道徳的事実とそうでない事実とを識別する客観的な基準をもたなかったからだ。人は一般に、何ほどか気高いもの、何ほどか価値あるもの、少しでも高尚な憧憬の的となるものを、すべて道徳的だとするくせがある。さらに、文明をも道徳のうちにとりこませるにいたったのは、道徳的という言葉を拡張しすぎた結果である。しかしながら、倫理学の領域はそれほど不明確であるとはいえない。それには行動にたいして強制的に課せられるすべての行為準則が含まれているし、これらの準則には賞罰がついてまわる。だがそれ以上のものは含んでいない[*1]。したがって、文明のなかにはこのような道徳性の基準を示すものがひとつもないのだから、文明は道徳には無関係である。ゆえに、もし分業が文明を可能ならしめること以外にその役割をもたぬとすれば、分業も文明と道徳的中立性を共にしているはずである。

これまでのところ、分業には別の機能があることを一般にみのがしてきた。そのため、いままでに提出されてきた諸理論は、この点について首尾一貫していない。事実上、道徳に中立地帯のようなものがあると仮定しても、分業がその一部を構成するということは不可能である。[3] 分業は、もしそれが善きものでなければ、それは悪しきものだ。すなわち、もし分業が道徳的でないとすれば、それは道徳的には堕落である。したがって、分業がもし文明以外の他のことに役だたないとすれば、解決のつかぬアンチノミーにおちこんでしまう。なぜなら、分業がもたらす経済的利益は道徳的損失によって相殺されてしまうからであり、さらに、この比較のできぬ異質の二量はこれをたがいに相殺することが不可能だから、二者のうちいずれが他方にまさるともいえないし、したがってどちらか一方に加担することもできないからである。人は、あるいは道徳の優先性をひきあいにだして、分業を徹底的に非難するかもしれない。だが、こういう最後の手段〔ultima ratio〕は、いつのばあいでも、科学におけるクーデタであるということを除いて考えても、専門化ということの明白な必然性は、このような立場を支持しがたくする。

それればかりではない。分業が他の役割を果たさないとすれば、それは道徳的特質をもたぬばかりでなく、さらに分業がいかなる存在理由をもちうるかということもわからなくなる。のちに述べるように、事実上文明はそれ自体によって内在的絶対的な価値をもつのではない。文明に価値を与えるのは[4]、それがある要求に応えるからだ。ところがこの命題はもっとあとで論証されるように、これらの要求はそれ自体が分業の結果なのである。というのは、分業というものはいっそう多くの疲労を伴わなければ進まないので、人間は、この疲労の回復を増進させるものとして文明の恩恵を求めざるをえないからだ。そうでなければ、文明の恩恵といってもそれは人間にとってなんの益にもならぬであろう。したがって、もし分業が右のような文明の要求とは別の要求に応えていないとすると、分業は、みずからが生んだ諸結果をやわらげ、みずからがつくった傷をいやす以外に他の機能をもたぬはずである。もしそうだとすれば、分業に従うことはやむをえないことかもしれぬが、それを積極的に求める理由はまったくないことになる。というのは、分業が果たすべきつとめは、みずからがまねく損失をつぐなうだけにとどまってしまうからである。

したがって、そういったことすべてからわれわれは分業のもうひとつの機能を探究せざるをえない。さいきんの観察から得られたいくつかの事実が、ほどなくこの問題を解決する途を用意しよう。

2

周知のように、われわれは自己に似ている者、自分たちと同じように考え、同じように感ずるものを愛する。だが、これとは反対の現象にも一再ならず出会うものである。かえって似ていないからこそ、われわれに似ていない人物に心惹かれるということが、よくある。このような二つの事実は一見したところひどく矛盾しているので、いつの時代でも、モラリストたちは友愛《アミティエ》の本性について当惑してしまい、ときには似ているところにその原因を求め、ときには似ていないところにその根拠をおいたものだ。すでにはやく、ギリシア人たちはこれを問題にしていた。アリストテレスはいう。「親愛《ピリア》に関して異論の闘はされてゐる点は少くない。例へば、或るひとびとは親愛を目して一種の類同性となし、類同的なひとびとが友人となるのであるとなしてゐる。「似たもの同志」とか、「椋鳥《むく》は椋鳥づれ」とか、その他そのやうなことのいはれる所以である。だが或るひとびとは之とは反対に、すべてかやうな類同的なひとびとは却つて商売かたき同志の陶工の関係に立つと主張してゐる。のみならず、ひとびとはこの問題自身に関してもつと根本的にもつと自然学的に論究してゐる。エウリピデス[*2]は「土は乾きて雨を恋ひ、み空は雨を孕んで地に降らむことを恋ふ」と主張してをり、ヘラクレイトス[*3]は「対立こそ有益」であり「異れるものより最もうるはしき調和は生じ」「万物は闘争によつて生ず」と主張してゐる(5)」。

こうした諸説の対立が明らかにしてくれることは、どちらの友愛も自然のうちに存在するということである。似ていること《ルサンブラーンス》と同様に、似ていないということ《デッサンブラーンス》もたがいに惹きあう原因となりうる。けれども、何ほどか似ていないというだけではこのような結果を生ずるに十分ではない。われわれは、ただたんに自分たちと違った性質を他者のうちにみつけたからといって喜んだりはしない。浪費家は守銭奴と組もうとはしないし、公明率直な人物は偽善者や陰険な者を仲間にはしない。親切でおだやかな心にとって冷酷で底意地のわるい気質は好みにあわない。だから、このように相互に惹きあう相違は、ある種のものに限られる。それは、あい対立し、排斥しあうのではなく、たがいに補いあう相違である。べイン氏[*4]はいう。「ある種の非類似は反発しあい、他のそれは惹きあう。一方は対抗へ、他方は友愛へとみちびく。……ひとり（二人のうちの）が、相手にはなくて、しかも相手がほしがっているものをもっているばあい、この事実のうちに積極的な魅力の出発点がある[(6)]」。だから、推理的で精緻な精神をもった理論家は、直截な感覚とすばやい直観をもった実際家にたいして、臆病者は果断な人物に、弱者は強者にたいして、さらにはその逆というように、たがいに特別の共感をいだくことがよくある。われわれはどんなに天分に恵まれていても、つねに何かが欠けているし、われわれのうちでもっともすぐれたものといえども、みずからに不足を感じているものだ。それだからこそ、われわれはみずからに欠けている性質を友人のうちに求めるのである。それは、友人との交わりにおいて、われわれがいわば友人の性質にあずかり、それによってみずからの不完全さがいくらかでも補われたと感ずるからである。こうして、友人たちの小さな仲間うちが形成されるが、そこでは各自が自分の性格にあった役割をもち、ほんとうの用役の交換がおこなわれる。すなわち、ある者はかばい、ある者は慰める。助言を与える者があれば、実行に移す者がある。これらの友愛関係を律するものこそ諸機能の分担であり、慣用された表現でいえば、すなわち分業である。

こうして、われわれは分業を新しい局面から考察するようにみちびかれる。このばあい、事実上、分業がもたらす経済的貢献は、それがつくりだす道徳的効果にくらべればとるにたらぬものであって、分業の真の機能は二人あるいは数人のあいだに連帯感を創出することである。この結果の得られる方式がどんなものであれ、このような友人結合をつくりだすのは分業であり、この結合のしるしをきざみつけるのは分業である。

夫婦結合の歴史は、これと同じ現象のさらに顕著な一例を提示してくれる。

たしかに、性的魅力は同一種の諸個人のあいだにおいてしか感じられないものであり、だいたいのところ愛はいろいろな思考や感情がある調和に達することを前提としている。このばあいにもやはり、この性向に独特の特徴を与え、それ特有の活力を生みだすものは、類似ということではない。この性向が結びあわす両者の性質が非類似的だというところにこそある。男性と女性とはたがいに違うからこそ情熱をもって求めあうのだ。しかしながら、このばあいも先の例と同じく、これらの相互的な感情を開花させるのは、まるっきり単純な対照性ではない。ただ、たがいに他を予想し、相互に補完しあう差異だけがこうした効力をもちうるのである。事実上、この男女を別々に切り離してみても、彼らはたがいに結びあって新たにつくりあげた具体的な一心同体の異なった部分にすぎない。いいかえると、夫婦の連帯の源泉は、この性的分業である。心理学者たちが、きわめて正当にも、両性の分離は感情の進化における決定的な出来ごとであると指摘してきた理由もそこにある。両性の分離こそ、あらゆる没利的性向のうちでも、おそらくもっとも強いこの性向を可能ならしめたものである。

それればかりではない。性的分業には程度の差がある。あるばあいには、それは性的器官とこれに付随する二次的特徴にしか及ばないが、これに反してあるばあいには、有機体の諸機能および社会的諸機能の全般にまでひろがりうる。ところで、この両性の分業は、夫婦の連帯と同じ方向、同じ様式で発展してきたことが歴史から知られる。

両性の分業は、過去にさかのぼってみるほど、たいして重要なものではなくなってしまう。太古の女性はけっして弱者ではなかった。道徳性の進歩につれてそうなってきたのである。先史時代の人骨が示すところによれば、男女の体力差は現代よりも相対的にずっと小さかった(7)。こんにちでも、幼児期および思春期までは、両性の骨格にめだつほどの違いはない。その骨格の特徴はことに女性的なことである。もし個体の成長は種の発達を縮図的に再現するものだとすれば、人類進化の発端にも両性の同質性があったという推論が可能である。また、女性の体形のなかに、始原的にただひとつの共通型であったものに近い姿をみることができ、男型への変異はこの型から少しずつ離れていったものだといえるはずである。さらに、旅行者たちの報告によると、南米のいくつかの部族では、男も女もその体格といい、一般的容貌といい、よそではみられぬ類似性を示しているという(8)。さいごに、ル・ボン博士*5は、両性のこの始原的な類似を、肉体的心理的生活のすぐれた器官である頭脳について、ずばりと、数学的な精密さをもって確証することができた。さまざまの人種と社会から選んだたくさんの頭蓋骨を比較して、彼はつぎのような結論に達した。

「男女の頭蓋骨の容積は、同一年齢、同一身長、同一体重の人体を比較してみても、相当な差で男子がまさっている。この不均等は文明とともに増大してゆき、その結果、脳の大きさ、したがってまた知性という点からみて、女子はますます男子とへだたってくる傾向がある。たとえば、いまのパリ人の男子頭蓋骨の平均値と女子のそれとの落差は、古代エジプトの男女の頭蓋骨のあいだにみられる落差のおよそ二倍に達している」(9)。ドイツの人類学者ビショフ氏(10)〔Bischoff〕も、この点については同じ結果に到達している。

原始的人間男女のこのような解剖学的類似は、機能の類似をも伴う。じじつ、これらの社会では、女性の機能は男性の機能とはっきりと区別されず、両性はほとんど同じ生活を送っている。いまでも非常に多くの未開民族では、女性が政治生活に口をだしている。これは、とくにイロクオイ族やナッチェズ族(11)のようなアメリカ・インディアンの諸部族において、また女性があらゆる面で男性の生活に加わっているハワイにおいて(12)、さらに、ニュージーランド、サモアにおいてもみられる。同様に、女性が男性について戦争にゆき、戦闘では男をはげまし、おおいに積極的な役割を果たすことがよくある。キューバやダホメでは、女性は男性と同じく戦士であり、男に伍して戦う(13)。こんにち、女性のきわだった属性のひとつとなっている優しさは、原始的にはどうも女性特有のものではなかったようである。すでに、ある種の動物では、雌は雄の特徴をもつことによって、かえって自体をめだたせるものもある。

ところで、これらの未開民族では、婚姻はまったく原初的な状態にある。完全な証明はないが、家族の歴史において婚姻のなかった時代があったということは、どうやら本当らしい。このばあいでは、どんな法的義務も配偶者を束縛することがなく、性関係は思いのまま結ばれたり断たれたりしたのであった。それはともかくとして、比較的現代に近いけれども、婚姻がまだはっきりしない萌芽状態にあった家族類型を、われわれは知っている。(14) 母系家族《ファミーユ・マテルネル》がそれである。このばあい、母と子の関係はきわめて明確であるが、配偶者間の関係はまことにゆるやかである。両配偶者の関係は、当事者たちがのぞむならばいつでも断つことができ、さらに一定期間に限って契約されることもある。(15) そこでは、まだ夫婦間の貞操は要求されていない。婚姻、もしくは婚姻とよばれているものは、もっぱら夫を妻方の親族に結びつけるための、範囲の限られた、たいていのばあいは短期間の諸義務にあるだけである。したがって、それはさほどたいしたことではない。こうして、ある社会では、婚姻を構成する法規定の総体はまさに夫婦の連帯状況を象徴している。夫婦の連帯が非常に強ければ、両者を結びつける紐帯はその数も多く複雑であり、したがってまた、これらの紐帯を確定する目的をもった婚姻規制もそれ自体が非常に発達している。これと反対に、夫婦結合が凝集力を欠き、男女の関係が不安定かつ断続的であると、これらの関係は十分確定した形式をとることができず、したがってまた、婚姻は結局厳密さも明確さも欠いたごく少数の規定になってしまう。両性の分化がとぼしい社会の婚姻状態は、だから、そこでの夫婦の連帯それ自体がはなはだもろいことを証明する。

　逆に、現代に向かうにつれて、婚姻が発達してくることがわかる。婚姻がつくりだす紐帯の網はいよいよひろがり、婚姻が認める義務もふえてくる。婚姻がとりきめられる条件とそれが破棄される条件とは、婚姻解消の効果と同様にますます明確に限定されるようになる。貞操の義務が設定され、はじめは女性だけに課せられるが、やがては相互的なものとなる。持参金がでてくると、たいへん複雑な諸規定ができて、各配偶者が自分の財産と相手の財産とについてめいめいがもっている権利を固定するようになっていった。さらに、婚姻が法典のなかでどれだけ重要な位置を占めているかを知りたければ、わが国の法典を一瞥するだけで足りる。二人の配偶者の結合は、もはやつかの間のことではない。もはや外部的、一時的、部分的な接触なのではない。二つの存在全体の内面的、恒久的な、ときには解消さえできない結合なのである。

同時に、性別の労働がいよいよ分化してきたことも確かである。はじめは性的機能だけに限られていたが、少しずつ他の諸機能にも分化がひろまっていった。女性が戦争や公務から身をひき、その生活がまったく家族の内部に集中されるようになってから、すでに久しい。それ以来、女性の役割はいっそう専門化してゆくばかりであった。現代の文明民族では、女性は男性の生活とはまったく異なった生活を営んでいる。心的生活の二大機能は分裂してしまったかのようであり、両性の一方は感情の機能を、他方は知性の機能をそれぞれ独占してしまっているようである。もちろん、ある階級では、女性が男性と同じように芸術や文学に専念しているのをみれば、いかにも両性の仕事が再び同質化する傾向があるように思える。だが、この活動領域においてさえ、女性は女性固有の性質をもちこんでおり、その役割は男性のそれとはまったく異なって、まことに特殊なままである。のみならず、芸術や文学が女性のものになりはじめているとしても、それは、男性が科学にいっそう専門的に没頭するためにそれらをかえりみないからだとも考えられる。だから、一見して原始的な同質性への復帰とみられるこのことも、新しい分化のはじまりにほかならぬということになるであろう。加えて、こうした機能上の相違は、これによって決定された形態学上の相違によって具体的に確かめうるようになってきている。男性と女性とでは、身長、体重、一般的体形がひどく違うようになってきたばかりではない。すでにみたように、ル・ボン博士は、文明の進歩につれて両性の脳がますます分化してきていることを証明してみせた。この観察者によると、こうしたへだたりがしだいに大きくなってきたのは、男性頭蓋骨のいちじるしい発達によると同時に、女性頭蓋骨の停滞もしくはことによると退化によるものであるようだ。彼はこう述べている。「パリの男子の頭蓋骨の平均は、これまでに知られている頭蓋骨のうちでも最大のものに位置づけられるが、パリの女子頭蓋骨の平均は、これまで観察された最小の頭蓋骨のうちにはいる。ちょうど中国の女子の頭蓋骨のすぐ下、ニューカレドニアの女子頭蓋骨のすぐ上に位置する(16)」。

以上のすべての例からみて、分業のもっとも注目すべき効果は、分割された諸機能の効率を高めることではなくて、これらの機能を連帯的にすることである。分業の役割は、以上のすべてのばあいにおいて、ただ既存の社会を美化したり改良したりすることではない。諸機能の連帯がなければ存在しえない社会を可能ならしめることである。もし両性の分業がある程度以上に退化するならば、まったく一時的な両性の関係を残すだけで夫婦結合は消滅するであろう。同様に、もし両性の分離がまったくなければ、この社会生活の一形態のすべてが生じなかったであろう。こうした結果に分業の経済的な効用が若干かんでいるかもしれない。しかし、いずれにしても分業は純粋に経済的な利害の範囲をはるかにこえている。なぜなら、分業はそれ固有の社会的・道徳的秩序を確立することにあるからだ。諸個人は分業によってこそ相互に結びあっているのであって、それがなければ孤立するばかりである。彼らは、てんでに発達する代わりに、自分たちの努力をもちよる。彼らは連帯的である。しかし、この連帯は、彼らが用役を交換しあう短い時間だけに限られるのではなく、はるかにそれをこえて伸びる。たとえば、もっとも文明的な諸民族において現存しているような夫婦の連帯は、その作用を日常生活のすみずみにいたるまで間断なく感じさせてはいないだろうか。他面からすれば、分業を創出した社会は、まちがいなくそのしるしをつけているのである。これらの社会はこうした特殊な起源をもつのだから、同類が同類を惹きつける力が因となる社会とは似るわけがない。分業による社会は、これとは異なった仕方で構成され、別個の基礎にたち、別個の感情に訴えるものでなければならぬ。

ときとして、分業がつくりだす社会関係は、交換のうちだけにあるとされてきたけれども、これは交換の意味するもの、そこから結果として生じることを無視したものである。交換ということは、相互に不完全であるからこそ二者がたがいに依存しあうことを予想するものであって、それはこの相互依存を外部にあらわすものにすぎない。だから、交換とは、内的なより深層の状況をおもてにあらわすだけのことなのだ。まさにこの内的状況は恒常的であるから、内的な心象《イマージュ》をとりあつかうばあい、交換にはない持続性をもってはたらくような全機構を生じさせる。われわれを補完する者の心象は、われわれ自身のうちにおいて、自分にたいする心象と不可分のものとなる。というのは、前者が後者と結びあう機会がひんぱんだからという理由だけではなくて、とくに前者は後者の不自然ならぬ補足物だからである。したがって、前者——われわれを補足する者の心象は、われわれの意識の不可欠の構成部分であり恒久的な部分となっているから、われわれはそれなしに過ごすことがもはやできないのであり、その力を増大させうるものをことごとく求めようとする。ここに、われわれを補う者の心象を具現する人びとからなる社会を、われわれが愛する理由がある。というのは、この心象があらわす具体的対象が現存するということは、それを現実に知覚できる状態におくことによって、この心象をさらにきわだたせるからである。反対に、たとえば離別とか死別とかのように、この心象がよみがえるのをさまたげたり、そのいきいきした生気を弱めたりする結果をもたらす状況を、すべてわれわれは苦痛に感ずる。

以上の分析は簡潔にすぎたかもしれない。しかし、この〔差異に基礎をおく〕内的機構が、類似をその源泉とする共感の感情の土台となっている機構と同じものではないということを示すには、これで十分であろう。いうまでもなく、他者の心象が自分にたいする心象と結合するのでなければ、他者とわれわれとのあいだにけっして連帯はありえない。けれども、この結合が二つの心象の類似から生ずるときには、その結合は癒着である。すなわち、この二つの表象が連帯的になるのは、全体的にであれ部分的にであれ、区別できなくて混同し、ひとつの表象にしかならぬからであり、また、両表象が混同しているかぎりにおいてのみ、連帯的である。逆に、分業のばあいには、二つの表象はたがいに相手の外部にあり、両者ははっきりわかれているからこそ結びつけられるのである。だから、右の二つのばあいにおいて、感情は同じものではありえぬだろうし、そこから生ずる社会関係も同一のものではありえないだろう。

こうして、われわれはつぎの問題にみちびかれる。分業は、より広大な諸集団においても同じような役割を果たしていないだろうか。すなわち、周知のように分業の発達した現代社会では、分業の機能は社会体《コール・ソシアル》を統合し、その統一を確保するところにあるのではないか、ということだ。われわれがいま観察してきた諸事実は、現代社会においてもさらに豊かに再生産されていること、これらの巨大な政治社会もまた、種々の仕事の専門化によってのみよく均衡を保ちえていること、分業は社会的連帯の唯一の根源とはいえないまでも、少なくともその主要な源泉であること、以上のことを想定することはきわめて正当である。すでにコントは、この視点にたっていた。われわれの知るかぎり、あらゆる社会学者のうちで、分業のなかに純経済的現象以外のものを指摘した最初の人は、コントである。彼は、分業に「社会生活のもっとも本質的な条件」をみた。[*6] ただし、それは分業を「その適用が合理的なかぎりでの範囲で全体的に」とらえるばあい、「普通よくおこなわれているように分業をたんなる物質的な効用に限定しないで、われわれのあらゆる雑多な諸活動の全体にわたってその概念をあてはめる」ばあいにおいてであった。この側面から考察して、彼はつぎのようにいう。「分業は、ただちにつぎのような見方にみちびく。すなわち、さまざまの個人と階級だけでなく、多くの点で、幾多の民族もまた、厳密に規定された固有の方式と特殊な程度とにしたがって、ある巨大な共通の事業に同時に参加しているのだ、ということであり、さらに、この大事業の徐々にではあるが不可避的な発展は、現代の協力者たちをそれに先行しまたは後継してゆく系列の一環に組みこむ、という見方である。したがって、社会的連帯を基本的に構成するもの、また社会有機体のいやます拡大化と複雑化の根本原因となるものは、さまざまの人間労働のたえざる分割である(17)」。

この仮説が証明されるならば、分業は、通常それに帰属させられているよりもはるかに重要な役割を演ずることになろう。分業は、われわれの社会に、おそらくは羨むばかりの、しかしなくもがなの贅沢を恵むだけに役だつのではない。それは社会そのものの存在条件なのである。社会の凝集が確保されるのは、分業によってである。あるいは少なくともとくに分業によってなのだ。社会構成の本質的な諸特徴を決定するのは、分業である。たしかに、われわれはまだこの問題を厳密に解決する状態にはいたっていない。にもかかわらず、以上に述べたことだけからでも、分業の機能が現実にそうであるとするならば、分業が道徳的特質をもつに違いないということが、いまから予見できる。なぜなら、秩序、調和、社会的連帯にたいする希求は、一般に道徳的であるとみられるからである。

けれども、この共通の見解が根拠のあるものかどうかを検討するにさきだって、われわれが分業の役割についていま提起したばかりの仮説を検討しておかなければならぬ。そこで、われわれが住んでいる社会において、社会的連帯が本質的に分業から生ずるものであるかどうかを、事実に即して吟味することにしたい。

3

しかしながら、この検証にどのようにとりかかったらよいか。

われわれは、この種の諸社会に、たんに分業から生ずる社会的連帯が存在するかどうかだけを追い求めても、はじまらない。そんなことは自明の理である。というのは、これらの社会では、分業がおおいに発達しており、それが連帯をつくりだしているからである。むしろ、ここでとくに決定しなければならぬことは、分業の産物であるこの連帯が、社会の一般的統合にどの程度貢献しているか、ということだ。なぜなら、これが決定されたときにのみ、分業がどの程度まで必要であるのか、すなわち分業がはたして社会的凝集の本質的な一要因であるのかどうか、あるいは逆に、分業はその付随的・二次的条件にすぎないのかどうか、をはじめて知ることができるからである。この問に答えるためには、この社会的紐帯を分業以外の社会的紐帯と比較して、全体的効果のうちこの紐帯に帰すべき部分を測定しなければならぬし、しかも、そのためにはまた、どうしても諸種の社会的連帯を分類することからはじめなければならぬ。

ところが、社会的連帯はまったく道徳的な現象であるから、そのこと自体によって、厳密な観察をも、とりわけその測定をも受けつけない。したがって、それの分類と比較をおこなうためには、われわれの見落としがちな内在的事実に代わって、これを象徴する外在的事実をおき、後者をとおして前者を研究しなければならない。

この目に見える象徴とは、法である。じっさいに、社会的連帯は、それが存在するところでは、ほんらいその非物質的な特質にもかかわらず、純粋に潜在的な可能態の状態にとどまってはいないで、感覚で確かめうる効果によってその存在をあらわしているものである。社会的連帯がつよいばあいには、それは人びとをたがいにつよく惹きあわせ、ひんぱんに接触させ、たがいに関係しあうべき機会を多くつくりだす。厳密にいえば、われわれの到達したぐらいの地点では、はたしてこの社会的連帯がこれらの現象をつくりだしているのか、それとも反対に、社会的連帯はその結果であるのかどうか、すなわち、人びとは社会的連帯が強力だから接近しあうのか、それとも人びとがたがいに接近しあうからこそ社会的連帯が強力なのかどうか、ということを断言するのは容易でない。だが、さしあたりこの問題を解きあかすことは必要でない。ただ、これら二系列の事実には連繫があって、両者が同時に、また同一方向に変化することを証明すれば足りる。ある社会の成員は連帯的であればあるほど、彼らは、あるいは成員どうしと、あるいはその集合体としての集団と、ますます多様な関係をもつようになる。というのは、もし彼らの出会いがめったにないと、彼ら相互の依存関係は断続的で貧弱なものにしかならぬだろうからだ。他方、これらの関係の数は、それを決定する法規定の数に必然的に比例する。じじつ、社会生活というものは、それが永続的に存在するときには、どこにおいても一定の形態をとり、組織化されることが避けられない。法とは、この組織化そのものにほかならないのであって、そのかぎりこの組織自体はより安定的であり、より明確である(18)。社会の一般的生活は、法的生活が同時にかつ同じ関係でひろがるのでなければ、ある点にまでひろがることはありえない。したがって、社会的連帯のさまざまな本質的様相がみな法律に反映されていることは確かであろう。

なるほど、社会関係は必ずしも法形式をとらなくとも定着できる、という反論があろう。社会関係のうちには、その規制が、強固さにおいても厳密さにおいても、法の程度にまで達していないものがある。それだからといって、社会関係は不確定のままであるわけにはいかない。むしろそれは、法によって規制される代わりに、もっぱら習俗〔les mœurs〕によって規制される。だから、法は、社会生活のほんの一部を反映するだけであり、したがってまた、右の問題解決のためには不完全な資料しか提供しない。そればかりではない。習俗は、法と一致しないことがひんぱんにある。ふだんよくいわれているように、習俗は法のきびしさをやわらげ、法の過剰な形式主義をただすものである。ときには、習俗は、法とはまったく別個の精神によって動かされるとまでいわれている。だとすれば、習俗は、実定法があらわす社会的連帯とは別種の社会的連帯を表現することにならぬだろうか。こういう反論である。

だが、この法と習俗との対立は、まったく例外的な状況においてしかおこりえない。こうした対立が生ずるのは、法が、もはや社会の現状に即応しなくなり、その存在理由を失いながら、しかもただ習慣の力で維持されているばあいでなければならぬ。このようなばあいでも、事実上は、法のいかんにかかわらず成立した新しい諸関係は、組織化されずにはおかない。新しい関係は、固定化しようとしないかぎり、持続できないからである。ただ、これらの新しい関係は、根づよく活きつづけている古い法と抵触するので、習俗の域をでないし、固有の意味での法的生活に入るまでにはいたらない。こうして衝突がおこる。しかし、この習俗と法との衝突はめったにはおこらないし、病的なばあいにしかおこらない。それがつづけば必ず危険が伴う。正常なばあいには、習俗は法に対立するものではなく、かえってその基礎となる。もっとも、この基礎のうえに何も建たないこともある。また習俗から生ずる拡散的な規制しか伴わぬ社会関係もある。だが、このような社会関係は、いうまでもなく、いま問題になった異常なばあいをのぞいては、たいした重要性もなければ持続性にもとぼしい。だから、習俗だけがあらわすような社会的連帯の諸類型がありうるとしても、それらはまぎれもなく二次的なものである。これにたいして、法は本質的な社会的連帯をすべて再現するものであって、われわれが知りたいと思うのは、まさにこの連帯だけである。

人は一歩進んで、つぎのように主張するかもしれない。すなわち、社会的連帯は感覚的に確かめうる表現形式においてその全貌をあらわすものではない。こうした表現は、この連帯を部分的かつ不完全にしかあらわさないものだ。むしろ法や習俗をこえた地点にこそ、社会的連帯を生みだす内的状態がある。だから、この連帯を正しく知るためには、媒介物を介さないでこの連帯そのものにおける内的状態に直接迫らなければならぬ、と。——けれども、われわれが原因を科学的に認識できるのは、ただそれがもたらす結果によってだけである。したがって、原因の性質をよりよく決定するためには、科学は、諸結果のうちからもっとも客観的であり、もっともよく測定できる結果を選ぶだけでよい。科学というものは、熱を研究するばあいには温度の変化が物体中にひきおこす容積をとおして研究するのであり、電気はその物理＝化学的結果をとおして、また力は運動をとおして研究する、というものである。はたして社会的連帯はその例外であろうか。

さらに、社会的連帯からその社会的形式をはぎとってしまったら、あとに何が残るだろうか。社会的連帯にそれ独自の特質を与えているものは、この連帯によってその統一が確保される集団の性質なのである。だからこそ、社会的連帯は社会類型にしたがって異なるのだ。すなわち、この連帯は、家族内部におけるばあいと政治社会におけるばあいとでは、同じではない。われわれは、ローマ人が都市に、ゲルマン人がその部族にたいしてそうであったのと同じ仕方でわが祖国と結ばれているのではない。このような相違は社会的原因にもとづくものであるから、この連帯の社会的結果が示す相違をとおしてしか右の相違点をとらえることはできないのである。だから、この後者の相違を無視するならば、この連帯の多様な変種をいっさい見わけることができなくなり、したがって、これらすべての変種に共通なもの、すなわち社会性《ソシアビリテ》の一般的傾向——いつ、どこにおいても同一であって、とくにどの社会類型とも結びつかない傾向、しか知ることができない。だが、このような恒常的な残基〔résidu〕は抽象にすぎない。なぜなら、社会性それ自体というようなものはどこにも存在しないからだ。現実に存在し、生きているのは、連帯の特殊的諸形態だけである。すなわち、家族的連帯、職業的連帯、国民的連帯、昨日の連帯、今日の連帯等々である。これらの連帯はそれぞれ固有の性質をもつ。したがって、これらに共通した一般性なるものは、結局のところこの連帯現象について、きわめて不完全な説明を与えうるにすぎないだろう。こうした一般性は、具体的なもの、生きたものを必然的にみのがしてしまうからである。

だから、連帯にかんする研究は社会学に属する。社会的結果を媒介としてのみ十分認識できるのは、まさしく社会的事実である。多くのモラリストや心理学者たちが、この方法によらないでこの問題をとりあつかうことができたのは、この困難を回避したからである。彼らは、連帯の現象からとくに社会的なものをすべてのぞき去って、この現象がそこから発展する心理学的萌芽だけを留保しておこうとする。事実において、連帯は、まったく第一級の社会的事実ではあるが、それとともに個人の有機体に依存していることも確かである。連帯が存在しうるためには、われわれの肉体的・心理的構造そのものが連帯を可能にするのでなければならない。だから、やむをえないときには、この側面から連帯を研究することで甘んじてもよい。しかし、そのばあいには、連帯のもっとも曖昧な、もっとも特殊的でない部分しかみられないことになる。それは固有の意味での連帯ですらないのであって、むしろ連帯の可能性である。

そのうえ、このような抽象的研究では、みのり豊かな成果を期待できないだろう。それは、この研究がわれわれの心理的性質のたんなる素質の状態を問題とするのにとどまるかぎり、連帯はあまりにも不確定であって、容易にこれをとらえることができないからである。それは触知できない潜在的性質であって、観察にはなんの手がかりも与えはしない。連帯が把握可能な形態をとるためには、なんらかの社会的結果がそれを外部に表出する必要がある。のみならず右の不確定な状態においてさえ、連帯は社会的条件に依存するのであって、この条件こそ連帯を解きあかすものであり、したがって連帯と切り離しがたいものである。ここにこそ、純粋心理学の諸分析に何ほどか社会学的見地が混在しないほうが珍しい理由がある。たとえば、社会的感情一般の形成にかんして群居状態〔l'état grégaire〕がそれに及ぼす影響というようなことで数言ふれられてみたり[19]、あるいはまた、社会性が問題にされると、それがいちばんはっきり依存している主要な社会関係だけが、いそいでとりあげられてみたりする[20]。いうまでもなく、これらの補足的考察は、たんなる例証として、また偶然の思いつきにしたがって、乱雑に導入されたままであって、それでは連帯の社会的性質を十分に解明するには足りない。けれども、こうした考察ですら、少なくとも社会学的見地が心理学者にとってもぜひ必要であることを証明している。

こうして、われわれの方法の筋がきはまったくできあがった。社会的連帯の主要形態を再現するのは、法であるから、われわれはまず諸種の法を分類し、ついで、それに対応する諸種の社会的連帯がどのようなものであるかを探究しなければならない。いまや、分業を原因とするこの特殊な連帯を象徴するような法が存在することは、確かだと思われる。そうだとすれば、この分業にもとづく社会的連帯の役割を測定するために、すべての法と、とくにこの連帯をあらわしている法規定の数とを比較してみれば十分であろう。

しかし、こうした作業のためには、法律家たちの用いている分類では、われわれの役にたたない。この分類は実用のために考えだされたものであるから、その点にかんするかぎり、しごく便利である。だが、科学は、このような経験的概括的な分類に甘んじているわけにはいかない。もっともひろくおこなわれているのは、法を公法と私法とにわける分類である。前者は国家と個人の関係を律するもの、後者は個人間の関係を律するものとみなされている。しかし、両者の境界にもっと近づいてみると、はじめはきわめて鮮明にみえた境界線も消えさってしまう。いつ、いかなるところにおいても、現存し行動するのは個人であるという意味では、いっさいの法は私的である。ところが、法とは社会的機能であり、すべての個人は、その資格のいかんを問わず、社会の機能遂行者《フォンクシオネール》であるという意味からすれば、いっさいの法はとりわけて公的である。夫の役目《フォンクシオン》、父の役目等々は、大臣の職務《フォンクシオン》、立法者の職務とまったく別の仕方で限定され、組織だてられているわけではない。たとえば、ローマ法が後見に公的義務〔munus publicum〕という資格を与えたのはいわれなきことではない。さらに、国家とは何であるか。それはどこではじまり、どこで終わるのか。この問題がいかに異論にみちているかは、周知のところである。したがって、このように曖昧な、分析のゆきとどかぬ観念に基本的分類をもとづかせることは、科学的ではない。

系統だてて分類をおこなおうとすれば、法的諸現象に本質的であって、しかもこれらの現象が変わるときに変化しうる特質を発見しなければならぬ。ところで、法のあらゆる規則は、制裁される行動準則《レーグル・ド・コンデュイット・サンクシヨンネ》と定義することができる。他方、これらの制裁《サンクシオン》は、諸規則にこめられた重要度、諸規則が公共意識において占める地位、諸規則が社会において果たす役割に応じて、あきらかに変化するものである。ゆえに、諸法規は、それに結びついたさまざまの制裁によって分類するのが適切である。

制裁には二種類ある。一つは、その本質が行為者当人に科せられる苦痛あるいは少なくとも地位引下げ《ディミニュシオン》にある。それは、当人の財産、名誉、生命、自由といったものに打撃を与え、当人が享受しているものを彼の手から剝奪することを目的とする。この制裁は抑止的《レプレシーヴ》とよばれるものである。刑法のばあいがそれである。たしかに、純粋な道徳的準則と結びついた制裁もまた、同じ性質をもってはいる。だが、道徳的制裁は、広くゆきわたったやり方で無差別にだれからでも科せられるだけであるが、反対に、刑法の制裁は、一定の機関を媒介にしてのみ適用される。すなわち、それは組織化されたものである。もう一つの制裁は、必ずしも行為者当人に苦痛を与えるということは含んでいないが、ただ諸事物を原状に回復し、阻害された諸関係をその正常な形態にとりもどすことにある。このばあいには、その有罪とされた行為が、あるいは逸脱以前の形に強制的にひきもどされることもあり、あるいはそれが無効にされる、すなわち社会的価値を剝奪されることもある。したがって、さまざまの法規定は、それらが組織的抑止的制裁をもつか、またはたんに復原的《レスティテュティヴ》制裁をもつかによって、二つに大別されなければならない。*7 前者は刑法のすべてを含むものであり、後者は民法、商法、訴訟法、行政法、憲法を含むが、ただし、これらの法規定にみいだされる刑罰的諸規定は、これを除外する。

つぎに、この二種の法規定がそれぞれどのような種類の社会的連帯に対応しているかを探究しよう。

原注

(1) Alexander von Œttingen, *Moralstatistik*, Erlangen, 1882, §§ 37 et suiv. とG. Tarde, *Criminalité comparée*, chap. II (Paris, F. Alcan, 1886) をみよ。自殺については、本書第二編第I章2をみよ。

(2) 「真理と比較したばあい、善の本質的特質はそれゆえに義務的だということである。真理は、それ自体において、この特質をもたぬ」(Paul Janet, *La morale*, *Paris*, 1874, p. 139)。

(3) なぜなら、分業は道徳的準則と対立するからである(本書八九―九〇ページをみよ)。

(4) 本書第二編第I章と第V章をみよ。

(5) *Éthique à Nicomaque*, VIII, I, 1155, a, 32(デュルケームが原典から直接訳出したものか仏訳本によったのかは、はっきりしない。おそらく前者だと思われるが、本訳書では、原典からの直接の訳を尊重し、邦訳でこれまでに定評のある高田三郎氏の訳を、そのまま引用させていただいた。高田三郎訳

『ニコマコス倫理学』、アリストテレス全集第十二巻、河出書房、昭和一五年、三九〇―三九一ページ」。

(6) *Émotions et volonté*, tr. fr., Paris, F. Alean, p. 135.

(7) Topinard, *Anthropologie*, p. 146.

(8) Spencer, *Eassais, scientifiques*, tr. fr., Paris, F. Alcan, p. 300 をみよ。――同種の事実を数多く報告しているものに Waitz, *Anthropologie der Naturvölker*, Ⅰ, S. 76 がある。

(9) Le Bon, *L'Homme et les sociétés*, 1881, Ⅱ, p. 154.

(10) Bischoff, *Das Hirngewicht des Menschen, eine-Studie*, Bonn, 1880.

(11) Waitz, *Anthropologie*, Ⅲ, SS. 101-102.

(12) Waitz, *op. cit.*, Ⅵ, S. 121.

(13) Spencer, *Sociology*, tr. fr., Paris, F. Alcan, Ⅲ, p. 391.

(14) 母系家族はゲルマン人において確実に存在していた。Dargun, *Mutterrecht und Raubehe im germanischen Rechte*, Breslau, 1883 をみよ。

(15) とくにつぎの書をみよ。Smith, *Marriage and Kinship in Early Arabia*, Cambridge, 1885, p. 67.

(16) Le Bon, *op. cit.*, p. 154.

(17) Comte, *Cours de philosophie positive*, Ⅳ, p. 425.――同様の思想はつぎの諸著にもみられる。Schäffle, *Bau und Leben des sozialen Körpers*, Ⅱ, passim, Clément, *Science sociale*, Ⅰ, p. 235 以下。

(18) 本書第三編第Ⅰ章をみよ。

(19) Bain, *Émotions et volonté*, pp. 117 et suiv., Paris, F. Alcan.

(20) Spencer, *Principes de psychologie*, Ⅷ^{e} partie, chap. Ⅴ, ――Paris, F. Alcan.

訳注

＊1　（第一版では、以下にみるように、ここの箇所はやや詳細に述べられている。二版以降で簡略にしたのは、本章3の最終部分ではじめて登場してくる概念がでてくるからで、その概念は重要ではあるが、ここでいきなり登場しても一般の理解がとどかないとデュルケームがみたからであろう。本書一二七—八ページを参照。初版の原文はつぎのとおりである。）

われわれにとって、倫理学の領域がそれほど不明確でないということは知っている。それは、賞罰を——もっと特殊的には広くゆきわたった抑止的制裁を伴ったあらゆる行為準則を含んでいる。しかし、それ以上をでない。

＊2　エウリピデス——Euripidēs. 前四八五—〇六ごろの人。ギリシアの三大詩人のひとり。

＊3　ヘラクレイトス——Hērakleitos. 前五〇〇年ごろのギリシアの哲学者。万物の生成を絶対的矛盾対立の関係としてとらえ、この対立は生成において同一とみる。

＊4　ベイン——Alexander Bain. 一八一八—一九〇三年。イギリスの心理学者、哲学者。イギリスの連合心理学を体系づけ、心理学をはじめて専門の科学とする。引用の著書は彼の二大著書のひとつ。

＊5　ル・ボン——Gustave Le Bon. 一八四一—一九三一年。フランスの社会心理学者。医学・考古学・人類学などにも造詣がふかく、その著『群衆心理』で、社会心理学の一分野を確立した。

＊6　コント——Isidore Auguste Marie François Xavier Comte. 一七九八—一八五七年。フランスの実証主義哲学者。「社会学」という名をはじめて用い、「社会学の父」といわれる。サン‐シモンの弟子。デュルケームに深い影響を与えた。

＊7　（この注は、原書第二版以降は削除されているが、ここに復原して参考にしておきたい。）

もしこの区分とわれわれがすでに純道徳的準則に与えてきた定義とを結びつければ、行為の義務的準則のすべてについて完全な分類の基礎となる表を、つぎのように得ることができる。

制裁を受けるべき行為の義務的準則

- 抑止的制裁を伴う準則
  - 拡散的なもの（法的制裁のない共通道徳）
  - 組織的なもの（刑法）
- 復原的制裁を伴う準則

この表はたんなる道徳的準則の研究といえども、それを法律的準則の研究から切り離すことが、いかに困難であるかを新たに示すものである。

Ⅱ　機械的あるいは類似による連帯

1

抑止的法律《ドロワ・レプレシーフ》に対応する社会的連帯の絆は、それを破壊すると犯罪になるような紐帯である。犯罪とよばれる行為は、なんらかの程度で、それを破壊した者にたいして、刑罰と名づけられる特有の反作用をひきおこす行為である。したがってこの紐帯が何であるかを探究することは、刑罰の原因が何であるかを、もっと端的にいえば、犯罪は本質的に何から成りたっているかを、問うことである。

いうまでもなく、犯罪にはいろいろな種類がある。しかし、そのすべての種類をつうじて、たしかに何か共通なものがある。これを立証するものは、犯罪が社会の側にひきおこさせる反作用《レアクシオン》、すなわち刑罰が、程度の差を別とすれば、いつでも、どこにおいても同じだということである。結果の一致は原因の一致を示す。それも、ただひとつの社会の法制によってあらかじめ規定された全犯罪についてばかりではなく、さまざまの社会類型において、過去においても現在においても、そう認定され、処罰されてきた全犯罪についても、たしかに本質的な類似がある。犯罪として特徴づけられる諸行為は、一見したところひどく違うようにみえるけれども、それらはなんらか共通の基盤をもたぬわけにはいかない。というのは、これらの犯罪行為は、どこにおいても同じやり方で国民の道徳意識に影響を与え、いたるところで同じ結末を生じているからである。これこそ、あらゆる犯罪、すなわち一定の懲罰によっておさえられた行為である。ところで、ある事物の本質的な属性とは、この事物が存在するところでは必ず観察され、その事物にしかない属性である。したがって、もし犯罪が本質的に何から成りたっているかを知ろうとすれば、さまざまの社会類型におけるあらゆる種類の犯罪学的事実のなかから、同一だとみられる諸特徴をひきださなければならない。これらの特徴は、どれひとつとして無視できないものである。もっとも低級な社会の法観念といえども、もっとも高級な社会のそれとひとしく考慮に値するし、後者におとらず教えるところの多い事実なのである。それらを捨象してしまうと、犯罪の本質をありもしないところに求めようとする羽目になるであろう。こうしたことは、たとえば、生物学者が単細胞の生物の観察を軽んずると、生命の現象についてまったく不正確な定義を与えてしまうことになるのと同様である。なぜなら、有機体、とりわけ高級有機体の考察だけからでは、生命は本質的に組織のうちにしかない、と誤って結論づけられるだろうからである。

こうした恒久的・一般的な要素を発見する方法は、あらゆる時代あらゆるところにおいて犯罪として刻印されてきた諸行為を、それらの行為が示す諸特徴を観察するために、これを列挙してみるということではけっしてない。というのは、人がそれをなんとよぼうと、仮に犯罪的なものとして普遍的に認められた行為があるとしても、それらは数としてはごく少ないからであり、したがってまた、右の方法は、例外的な事例にしか適用できないので、こと犯罪現象にかんしてはまったく支離滅裂な概念しか与えないからである[1]。こうした抑止的法律の多様さは、同時にまた右の不変的な特質は、さまざまの罰則によって強制されあるいは禁止される諸行為に内在的な属性のうちにはみいだされなくて——というのは、これらの行為はいちじるしく雑多だからである——、かえって、それらの行為が、その行為にとっては外在的なある条件ととり結ぶ諸関係のうちにこそ発見できる、ということを立証している。

従来、この関係は、禁じられた行為と重大な社会的利害とのある種の対立のうちにみられる、と信じられてきたし、また、諸罰則は、各類型の社会にとって集合生活の基本的諸条件をあらわすものだといわれてきた。だから、これらの罰則の権威は、それが必要だというところから生じたものである。他方、この必要性は、社会の変化に応じて変わるものであるから、抑止的法律が変わりうることも、同様に理解される。だが、この点については、すでに説明しておいた。こういう理論は、社会進化の方向の予測や洞察に非常に大きな役割を演じていることはともかくとして、それ自体としては社会にとって無害であるにもかかわらず、かつてもいまも犯罪とみられる行為がたくさんある。不浄なまたは聖なる動物とか人間とかのタブーの対象に触れるとか、聖火を絶やすとか、ある種の肉を食べるとか、あるいは祖先の墓に慣例の供物をそなえなかったり、儀式用句を正しくいえなかったり、ある祭礼を祝わなかったり等々の事実は、はたしてかつては社会的な危害となりえたのであろうか。けれども、多くの民族の抑止的法律において、儀式、作法、祭礼、宗教慣行の規制がどんな位置を占めているかは、周知のところである。その点を納得するためには、「モーセの五書」をひもとくだけでよいし、ある種の社会では、これらの事実が存在するのはあたりまえだから、それらをただの異常態であるとか、病理的事例だとかみて、それを否定するのが正当だとするわけにはいかない。

犯罪行為が、その社会にとってたしかに有害であるときでさえ、それがあらわす有害さの程度は、その行為に加えられる抑制の強さに正比例する、などというようなものではない。もっとも文明的な民族の刑法では、殺人は犯罪の最たるものとしてあまねく認められている。だが、経済恐慌や株式市場の急変はもとより、倒産でさえも、社会体を混乱させるという点では、一介の殺人よりもはるかに重大である。たしかに、殺人はいつのばあいでも悪である。しかし、それが最大の悪だという証拠はひとつもない。社会からひとりの人間が減ったからといって、それがどうだというのだろうか。有機体が細胞を一個失ったからといって、それがなんだろうか。あるいは、こうした犯罪行為を罰せずに放置すると、一般の安全が将来にわたっておびやかされる、といわれるかもしれない。しかし、よしんばそれが本当だとしても、この危険の重大さと刑の重みとをくらべてみると、両者の不釣合いぶりは明白である。つまるところ、われわれが以上にとりあげてきた事例は、ある行為は抑止されることがまったくないばあいでも、ある社会にとっては破壊的でありうることを示している。だから、以上のような犯罪の定義は、どうみても適当ではない。

あるいは、この定義を修正して、犯罪行為とは、それを禁じている社会にとって有害と思われる行為であり、罰則とは、社会生活にとって本質的な条件をあらわすものではなく、罰則を守っている集団にとっては本質的なようにみえる条件である、といわれるかもしれない。だが、こうした説明ではなんの説明にもならない。なぜなら非常に多くのばあい、それ自体では役にもたたない諸慣行を、社会がなぜ誤って強制してきたのか、その理由がわからないからである。要するに、こうしたみせかけの問題解決は、ひとつのまったく自明の理に帰着する。というのは、もし社会がこのように個人を強制してこれらの諸規則に従わしめるとすれば、それはあきらかに、社会が、よかれあしかれこうした律気できちょうめんな服従が不可欠だと認めているからである。社会がそれにひどく固執するのは、そのためである。だから、こうした解決の仕方は、まるで社会が罰則を必要だと判断しているのは、社会がそれを必要だと思っているからだ、というようなものである。われわれがいわなければならないのは、社会がなぜ罰則を必要だと判断するのか、その理由である。この感情が、その根拠を、刑罰規定の客観的必要性のうちに、あるいは少なくともその効用のうちにもつというのであれば、これもひとつの説明ではあろう。だが、それは事実と矛盾する。問題は依然としてまったく未解決のままである。

しかしながら、この最後の理論は若干の根拠がないわけではない。この理論が、犯罪性の構成要件を、その主体のある種の状態のうちに求めている点は正しい。じっさい、あらゆる犯罪に共通した唯一の特性は、それらの犯罪が——のちほど検討されるようないくつかのはっきりした例外を除けば——、各社会の成員たちによって普遍的に排斥される行為から成りたっているということである。こんにち問題にされるのは、この排斥が合理的であるかどうか、また犯罪をただ病気や過失として認めたほうがもっと賢明ではないのかということである。しかし、われわれはこうした議論にたち入るべきではない。われわれが決定しようとして求めているのは、それがいかにあるか、またはいかにあったかということであって、いかにあらねばならぬかということではないからである。ところで、われわれがこれまでに確認してきた事実の実在性、すなわち犯罪は、同一類型の社会にとって、すべての健康な意識にみられる諸感情を傷つけるものだということ、これについては異論の余地がない。

こうした感情の性質をほかの方法で決定すること、すなわちこれらの感情を特定の対象とのかかわりにおいて確定することは、不可能である。なぜなら、これらの対象は限りなく多様であったし、これからもなお変化するからである。(2) 現代でこそ、この特質をもっとも顕著に示しているのは愛他主義的感情であるが、いまにほどちかい一昔前までは、宗教感情、家族感情やその他無数の伝統的感情が、まさしくこれと同じ結果をもっていた。こんにちでもなお、ガロファロ氏がそれをのぞんでいるように、他人にたいする消極的な同情だけがこうした結果をもたらすなどということはない。平和なときでさえ、われわれは祖国を裏切った人物にたいしては、少なくとも泥棒や詐欺師にたいするぐらいの嫌悪感はもっていないだろうか。君主制を尊重する感情がなおいきつづけている国々で、大逆罪は一般の憤激をかきたてはしないだろうか。民主制の諸国において、人民に加えられた侮辱も同じような怒りを爆発させないだろうか。だから、それを傷つけると犯罪行為になるというような諸感情のリストをつくりあげることは不可能である。これらの感情が諸他の感情と区別される特徴は、それが同じ社会に属する諸個人の大方の平均に共通しているということだけである。これらの行為を禁止する諸規則、刑法が認定する諸規則のみが、〈法を知らざるはこれをゆるさず〉というあの有名な法諺がそのまま適用される唯一のものである。これらの規則は、すべての意識にきざみこまれているので、だれでもがそれを知っており、またこれらの規則には十分な根拠があるのだと感じているものである。このことは、少なくとも正常な状態においては、真実である。もし、成人でこれらの基本的な規則を知らず、その権威を認めないものがあるとしたら、こうした無知や不従順は病理的腐敗のまぎれもない徴候である。あるいはまた、ある刑罰規定が、すべての人びとによって拒否されているにもかかわらず、相当期間存続するようなことがあれば、それは例外的な、したがってまた異常な諸状況の競合によるものである。しかし、こうした事物の状態は、けっして永続することがない。

以上のことは、刑法が法典化される特殊な方式を明らかにする。あらゆる成文法は二重の目的をもつ。一つはある種の義務を規定することであり、他はそれに伴う制裁を決めることである。民法においては、さらにもっと一般的には、復原的制裁を伴うあらゆる法において、立法者はこれら二つの問題に別々に手をつけ、別個に解決する。彼は、まず最初にできるだけ厳密に義務を定め、その後に、はじめてそれが制裁されるべき方式を述べる。たとえば、フランス民法典の配偶者各自の義務についてあてられた章では、これらの権利と義務が積極的な仕方で述べられているが、これらの義務が配偶者のいずれか一方によって侵されたばあいに生じうべきことについては、なにもふれていない。そのばあいの制裁は、別の箇所で求めなければならない。ときには、制裁がまったく欠落していて、言外にしか意味がこめられていないことさえある。たとえば民法第二一四条は、妻が夫と同居すべきことを命じている。それから推論すれば、妻が家庭をすてたばあい、夫は妻を強制的に家庭につれもどすことができるはずである。だが、このような制裁はどこにも明文化されていない。これとはまったく逆に、刑法は制裁だけを規定して、この制裁がかかわりをもつ義務については、なにひとつふれていないのである。刑法は、他人の生命を尊重すべきことは命じない。だが、暗殺者は死刑に処することを命ずる。刑法は、民法のように、はじめに義務はこうだとはいわない。すぐさま、罰はこうだという。もちろん、行為が罰せられるとすれば、それは義務的規定に抵触するからである。だが、この規定は、はっきり定式化されてはいないのである。そのばあい、理由はひとつしかない。それは、この規定がだれにでも知られており、また容認されているということである。慣習法が成文法のかたちをとり、法典化されるのは、係争問題がより明快な解決を要求するからである。もし慣習が、異論や面倒をひきおこさずに黙々として機能しつづけるならば、それが変えられる理由は、まったくなかろう。刑法が法典化されるのは、ただ刑罰の度合を確定するためであるから、もし問題がおこるとしても、この度合の問題だけである。反対に、それに違反すると刑罰に処せられるような諸規則に、必ずしも法的表現を与える必要がないのは、この規則がなんら異論の対象とならぬからであり、だれしもがその権威を感じているからである。(3)

たしかに「モーセの五書」は、後述するように、ほとんど罰則だけしか述べていないにもかかわらず、制裁については、ときに規定していないことがある。たとえば、「出エジプト記」第二〇章と「申命記」第五章に定式化されている十戒がそれである。けれども、それは「モーセの五書」が、法典の役割を果たしてきたとはいうものの、本来の意味での法典ではないからである。それは、ヘブライ民族が守ってきた刑罰規定を、実行上の見地から単一体系にまとめて明確にしようとしたものではない。それを構成する諸部分も同じ時代に書かれたものではないらしく、ほとんど法典としての首尾一貫性を欠いている。それは、なによりもまず、ユダヤ人たちのあらゆる種類の伝承を要約したものであって、彼らがそれによって世界や自分たちの社会、自分たちの主な社会慣行の起源を、自分たち自身にたいして、また自分たちなりに説明したものである。したがって、よしんば刑罰によって制裁されるいくつかの義務を述べているにしても、ヘブライ人たちがそれを知らなかったり無視したりしたからではないし、いわんやこうした義務をあえて彼らに示してみせる必要もなかったのである。逆に、この書は民族の伝説集にすぎないのだから、そこに収められていることごとくは、すべての人びとの意識のなかに刻みこまれてきたものであるといってさしつかえない。だが、この書にとって本質的な問題は、これらの戒律の起源、それが発布されるにいたったと思われる歴史的事情、さらにはその権威の源泉などにかんする民間信仰を、再生させ、定着させることである。このような見方からすれば、刑罰の決定などは付随的なものにすぎなくなる。(4)

抑止的裁判《ジュスティス・レプレシーヴ》の運用が多かれ少なかれ広く分散したままでおこなわれようとするのは、これと同じ理由による。まったく異なった類型の諸社会で、抑止的裁判が専門の司法官の機関をとおしてはおこなわれないで、社会全体が、程度の差はあれ、相当広範囲にこれに参加している。法律というものがすべて刑法であるような原始社会で、裁判をおこなうのは人民集会である。古代ゲルマンがそうである。(5) ローマでは、民事事件こそ法務官〔praetor〕の所管に属していたが、刑事事件は人民〔populus〕によって裁かれた。すなわち、最初はクーリア民会[*1]〔comitia curiata〕によって、ついで十二表法以来のケントゥリア民会[*2]〔comitia centuriata〕によって裁判を執行したのである。その共和政末期にいたるまでに、人民は、事実上その権力を常任委員会に委任してしまっていたとはいえ、原則として、この種の訴訟にたいしては、依然として最高裁判官であった。(6) アテナイでは、ソロンの立法のもとで、刑事裁判権は、その一部が名義上三〇歳以上の全市民をふくむ大集会《コレージュ》であるヘーリアイアー〔Ἡλιαία〕に属していた。(7) さいごに、ゲルマン-ラテン民族においては、陪審という代表をとおして、社会がこういう諸機能に参加している。司法権の右に述べた部分が、このように広く分散している状態《エタ・ド・ディフュジオン》は、もし、司法権によってこそその遵守がゆるぎないものになる諸規則が、したがって、この規則に対応する諸感情が、みんなの意識のうちに内在的でなければ、とうてい説明がつかないであろう。他のばあいに、司法権が一特権階級や特定の司法官によって占められていることも事実である。だが、こういう事実も右の諸事実の証明価値をいっこうに減殺しない。というのは、集合的諸感情《サンティマン・コレクティーフ》が、ある媒介物をとおしてしか反作用しないからといって、それが集合的であることをやめ、ある限られた数の意識にだけ局限されるということにはならないからである。司法権の委任ということは、事件がふえて専門職員の設置が必要となることや、あるいは特定人物や階級の声望が非常に大きく、こういう人びとが集合感情の権威ある解釈者になる、という事情に負うものである。

しかしながら、犯罪とは集合感情の侵害にあるといっただけでは、犯罪を定義したことにはならぬ。なぜならば、集合感情のなかには、それが侵されても犯罪とはならぬものがあるからである。たとえば、近親相姦はごく一般的な嫌悪の的であるが、しかし、その行為はたんに不道徳な行為であるというにすぎない。結婚以外の状態で女性が貞操を失うような過失、女性の自由を他人の手にすっぽり譲りわたしてしまったり、こうした譲渡を他人から受けとったりする事実のごときも、ことは同様である。だから、犯罪に対応する集合感情は、何かいちじるしい属性によってほかのものときわだって異なっていなければならない。すなわち、それらの感情はある平均的強度《アンタンシテ・モワエンヌ》をもたねばならないのである。それは、たんにあらゆる意識にきざみこまれているばかりではない。きわめて強くきざみこまれているのである。それは、ためらいがちなうわべだけの気持なのではなく、われわれのうちに強く根をはった感情であり傾向である。これを証明するのは、刑罰の進化が極端におそいという事実である。刑法は習俗よりもはるかに修正されにくいばかりでなく、実定法のうちでももっとも変化に逆らう部分である。たとえば、一九世紀初頭以来、法的生活のさまざまの領域で立法者がなしとげてきた修正についてみよう。すると、刑法上の諸事項における改革は、きわめて稀であり限られているが、反対に、民法・商法・行政法・憲法においては、たくさんの新しい規定がとりいれられている。また、ローマで十二表法が定めたような刑法と古典時代にみられるその状況とを対比してみると、刑法にみられる変化は、同じ期間中に民法がこうむった変化にくらべて、ものの数ではない。マインツによると、十二表法の時代からこのかた、主な犯罪と不法行為とが制定されてはきたが、「一〇世代のあいだに公的犯罪《クリム・ピュブリク》の項目では、わずかに公物掠取《ペキュラ》、選挙の奸策《ブリーグ》とおそらくはプラギウム plagium〔自由人または他人の奴隷にたいする不法な主人権の行使〕を罰する法律がいくつかふえただけである」[8]。私的犯罪《デリ・プリヴェ》については、二つだけ新しくつけ加わったにすぎない。すなわち、暴力で奪われた財産の訴権（actio bonorum vi raptorum）と財産にたいする不法損害（damnum injuria datum）とがそれである。同様の事実はいたるところにみられる。低級社会では、のちにみるように、法はほとんど刑法だけであり、また、ひどく停滞的である。一般的にいって、宗教法は、つねに抑止的である。それは本質的に保守的である。刑法のこうした固定性は、それに対応している集合感情の抵抗の威力を証明する。反対に、純粋に道徳的な諸準則のすぐれて柔軟な性質と進化の相対的な速さとは、その基礎である諸感情のエネルギーが最小であることを示している。おそらく、これらの準則が、さいきん得られたばかりでまだ深く諸意識に滲透する余裕がなかったか、それとも根底を失いかけて表面へ浮きあがりかけているか、のどちらかである。

われわれの定義が厳密であるためには、なおさいごにつけ加えておかなければならぬことがひとつある。一般に、単純に道徳的な制裁すなわち広く分散的な制裁が擁護する諸感情は、固有の意味での刑罰が擁護する諸感情よりも弱く、またその組織も強固ではない。けれども、いくつかの例外がある。たとえば、ありきたりの孝心やひどい貧窮にたいする憐れみの情といった素朴な形態の感情でさえも、こんにちでは、所有権や公権力にたいする尊重の念よりも、より皮相な感情であるというのは見当違いである。どんな不孝息子でも、しんから酷薄な利己主義者でも、犯罪者として扱われることはない。だから、これらの感情がただ強いというだけでは足りない。明確であることが必要なのである。じっさいのところ、これらの感情のそれぞれは、きわめてはっきりした慣行にかかわっている。こうした慣行は単純でもあり、複雑でもあるし、積極的でもあれば消極的でもある。すなわち、これらの慣行は、作為または不作為に存するが、しかしそれはつねに確定したものである。某々のことをなし、あるいはなさぬこと、殺さぬこと、傷つけないこと、ある言葉を使うべきこと、かくかくの儀式を営むこと、等々のことにかかわる。これと反対に、孝心や隣人愛のような感情は、きわめて一般的な対象にたいする漠然とした渇望である。また、刑罰の諸規則はその明晰さと厳密さにおいて注目すべきものであるが、他方、純粋な道徳的準則は一般にいくぶん浮動的である。その輪郭の定まらない性質は、ときとしてこれらの準則に確固たる定式を与えることをさえ困難にする。われわれは、人は働かなければならぬ、他人に憐れみの情をもたなければならぬ等々のことを、まったく一般的ないい方で口にするが、どのように、どの程度にすべきか、ということはなかなかきめがたい。したがって、純道徳的準則の基礎となる感情には、多様さとさまざまのニュアンスがある。これにたいして、刑罰規定に具体化される諸感情は、はるかに大きな一様性をもっている。この感情のほうは、違ったふうに理解はされないので、どこでも同一である。

いまや、われわれはついに結論を下すことができる。

同じ社会の成員たちの平均に共通な諸信念と諸感情の総体は、固有の生命をもつ一定の体系を形成する。これを集合意識または共同意識〔la conscience collective ou commune〕とよぶことができる。もちろん、それはただひとつの機関を基体《スユプストラ》としてもっているわけではない。それは、定義によって、社会の全範囲に広く分散している。にもかかわらず、それはみずからを明確な一実在たらしめる諸特質をもっている。じっさい、それは諸個人がおかれている個別的な諸条件とは無縁である。個人は過ぎ去るが、集合意識は残る。北国においても南国においても、大都会でも小都市でも、あるいはどんな職業においても、それは同一である。同様に、それは世代ごとに変わったりはしない。むしろ、ある世代とつぎの世代とを結びつける。それだから、集合意識は諸個人のうちにおいてしか実現されないとはいえ、各人の個別的な諸意識とはまったく異なったものである。それは社会の心理的類型である。様式こそ異なっているが、個人の諸類型とまったく同様に、みずからの属性、みずからの生存条件、みずからの発達様式をもつ類型である。だからこそ、それは右のような特別の用語でよばれるのが至当である。実をいえば、われわれが右に用いた用語には曖昧さがないわけではない。集合的という用語と社会的という用語は、よく同じものとして使われることがあるから、集合意識とは社会意識のすべてであると思いこみやすい。すなわち、社会の心理的生活と同じ広がりをもっていると思われがちである。ところが、ことに高級社会では、集合意識は社会の心理的生活のごく限られた一部分にすぎないのである。司法・政治・科学・産業の諸機能、要するにあらゆる特殊的諸機能は心理的次元のものである。というのも、それらが表象と活動の諸体系から成りたっているからである。だが、これらの機能は、あきらかに共同意識の外にある。これまでにおかされてきた混同(9)を避ける最上の方法は、おそらく社会的類似の総体をとくに示すような術語をつくりだすことであろう。そうはいっても、新語の採用は、それが絶対に必要だというばあいでなければ、かえって不便なものであるから、集合意識または共同意識という使いなれた表現をとっておきたい。ただし、われわれがこの語を使うのは、いつも狭い意味においてであることを想起しておきたい。

こうして、上述の分析を要約すれば、ある行為は、それが集合意識の強力かつ明確な状態を侵すとき犯罪的である、ということができる。(10)

この命題の文意には異論の余地がない。しかし、普通には、この命題がもつべき意味とはひどく異なった意味が与えられている。それは、あたかも、犯罪の本質的属性をあらわすものではなく、犯罪のいろいろな反響のひとつを示すもののように理解されている。ひとは、犯罪が、きわめて一般的なきわめて生々とした諸感情を傷つけるものであると十分知っておりながら、この一般性やこのエネルギーが行為の犯罪的性質から生ずるものだと信じ、したがって、この犯罪的性質が少しも定義されていないではないか、と考える。あらゆる犯罪は、すべて非難されるという点で異論はない。そのばあいも、この犯罪に向けられる非難は、その違法性そのものから生ずるのだ、と理解される点では一致している。ただ、つぎに、この違法性はそれでは何から成りたっているかを述べる段になって、はたと当惑してしまうのである。それは、とくに重大な不道徳さという点にあるのだろうか。そうあってほしいものだ。が、それでは、問題に答えるのに問題をもってし、ひとつの言葉をこっちからあっちへ移したというにすぎまい。なぜならば、ここでの問題は、まさしくこの不道徳性とは何であるのか、とりわけ社会が組織的な刑罰によって抑制するような、それが犯罪性を構成するような、特別の不道徳性とは何であるのか、を知ることだからである。明白なことは、この犯罪性があらゆる犯罪学的な多様性に共通したひとつまたは若干の特質からしか生じえない、ということである。ところが、こうした条件をみたす唯一のものは、この犯罪——よしんばそれがいかなるものであれ——と、ある集合的諸感情との対立である。だから、この対立こそが犯罪を形成するのであって、この対立が犯罪から生じるなどということはない。いいかえると、ある行為は、犯罪的であるから共同意識を傷つけるのではなく、それが共同意識をそこなうから犯罪的だといわなければならない。われわれは、それを犯罪だから非難するのではなくて、われわれがそれを非難するから犯罪なのである。また、こうした諸感情の内在的性質にかんしては、これをいちいち明示することは不可能である。それらの対象がきわめて雑多だからであり、それに唯一の公式をあてはめることなどはできないからである。こうした感情が、社会の重大な利害や最小限の正義にかかわりがあるなどということもできない。こうした定義は、すべて妥当でない。けれども、ある感情は、よしんばその起源や目的がどうあろうとも、すべての意識のうちに、ある程度の強度と正確さをもって存在しているという、そのことだけによって、この感情を傷つけるどんな行為も犯罪なのである。スピノザ[*3]によれば、事物はわれわれがそれを愛するからこそ善なのであって、事物が善だからそれを愛するのではない。現代心理学は、しだいにこのスピノザの思想に還りつつある。本源的なものは、この傾向《タンダンス》であり、性向《アンクリナシオン》であって、快楽と苦痛は派生的事実であるにすぎない。社会生活においてもことは同様である。ある行為は、社会によって排斥されるからこそ、社会的に悪なのである。

しかしながら、あるいはこういわれるかもしれない。社会がその対象に接して感じる楽しみや苦痛から生ずるような集合感情はないだろうか、と。もちろん、それはある。しかし、集合感情がことごとくこうした起源をもつのではない。大半とはいえぬまでも、その多くはほかの原因から生ずる。活動を決定して一定の形態をとらしめるものはすべて、習慣を生む。この習慣からやがて満たされるべき諸傾向が生ずる。さらにいえば、本当に基本的なものは、これらの傾向だけである。諸他のものはその特殊な形態であり、より十分に確定された形態にほかならない。というのは、ある対象に魅力を感じるには、集合的感受性がすでにその対象を好むように構成されていなければならないからである。この対応する諸感情がしぼんでしまえば、社会にたいしてもっとも致命的な行為といえども許容されるばかりでなく、範とされて尊敬されさえもするのである。快楽がこまぎれの諸感情をよせ集めてひとつの性向をつくりだすなどということは、できることではない。快楽というものは、せいぜいこれら既存の諸感情をそれぞれ特定の目的に結びつける――ただし、これらの目的がこの諸感情の当初の性質とかかわりがあるかぎりにおいてであるが――ことしかできないのである。

しかしながら、以上の説明では解明できないようなばあいがある。すなわち、世論で強く非難される以上にきびしく罰せられる行為があることである。たとえば、役人の謀議、行政権にたいする司法権の越権、世俗的機能にたいする宗教的機能の濫用などは、それらが人びとの意識にかきたてる憤激とはかかわりなく、抑止の対象となる。公有物横領といったことも、われわれにはあまり関心のないことであるが、厳罰に処せられる。さらに、直接には集合感情を少しも傷つけることがなくとも罰せられる行為さえある。禁猟期間に漁や狩をすることや過重の車で公道を通ることにたいしては、だれも抗議するものはない。だが、これらの罪を他の罪から完全に区別すべき理由は、まったくない。これらの罪は、程度の差こそあれ、みな同一の外在的基準を示しているのだから、こうした極端な区別は独断的であろう。[11] もちろん、右の例のどれをとってみても、その処罰は不当とは思えない。〔もしその処罰が習俗に反したものであれば、そもそもこういう刑罰自体が定められなかったにちがいない。だが〕[*4] その処罰は、世論の非難にもとづかないものではあるが、仮に世論の自由裁量にまかせられたとしても、世論は処罰をまったく要求しないか、あるいは要求してもそうきびしい態度はとらないであろう。だから、この種のすべてのばあいにおいて、違法性は、傷つけられた集合感情の鋭敏さから生じたのではない。あるいはそこから生じたとしても全部がそうではない。原因は他に求められるべきである。

じっさい、統治権力がひとたび確立されると、この権力は、それ自体で、いくつかの行動準則に刑罰という制裁を自発的につけるだけの力を十分にもつことは確かである。この権力は、その固有の力によって、いくつかの不法行為を新しくつくったり、ほかのそれに犯罪学的価値を重くしたりすることができる。右に述べてきたあらゆる行為もまた、それらが社会生活の指導的諸機関のどれかに逆らったものであるという、共通の特徴を示している。そうだとすれば、以上二つの違った原因にもとづいた二種類の犯罪があることを認めなければならぬだろうか。だが、このような仮説にこだわる必要はない。犯罪は、たといそれがどんなに雑多であっても、本質的にはどこでも同じはずである。というのは、犯罪はいたるところで同じ結果を、すなわち刑罰を決定するからであり、この刑罰の重さに軽重があろうとも、そのためにその性質を変えるということはないからである。ところで、同一の事実は二つの原因をもつことができない。そのかぎりでは、この二元性は外見だけのものであって、二つの原因は、根底においてはひとつでしかない。だから、国家に固有な反作用の力は、社会に広くゆきわたっている反作用力と同じものでなければならない。

　それでは、この反作用の力は、じっさいにはどこからきたのであろうか。利害が重大だから、それを国家が管理し、特別の仕方で守られる必要があるというところからであろうか。しかし、われわれの知るとおり、重大な利害がたんに侵されたというだけでは、刑罰という反作用を決定するのに十分ではない。その侵犯がなんらかの仕方で感じられなければならない。さらに、統治的機関《オルガーヌ・グーヴェルヌマンタール》に加えられた損害は、ごくわずかであっても罰せられるが、諸他の社会的機関に加えられたばあいは、はるかに恐るべき混乱といえども、民事上の賠償によってつぐなわれるだけである。これはいったいどうしてであろうか。道路取締り規則にちょっとでも違反すれば罰金を科せられる。にもかかわらず、何度もくりかえされる契約違反や経済関係において慎重な配慮がたえず欠けているばあいでも、損害賠償だけですまされる。なるほど、指導機関が社会生活では卓越した役割を果たしていることは確かである。だが、他の諸機関も、その利害の重大さにおいてまったく同一であるにもかかわらず、その機能はこうした方式で保証されてはいない。脳はたいせつなものにはちがいないが、胃もまた肝要な器官である。どちらが病気でも、生命をおびやかすことに変わりない。前述の特権が、どうして社会的脳髄とよばれるものだけに与えられているのであろうか。

この難問は、つぎの点に注目すれば解決が容易である。ある指導権力《プウヴォワール・ディレクトウール》が確立されているところでは、どこにおいても、この権力の第一のまた主な機能は、信念、伝統、集合的慣行を畏敬させることに、すなわち、内外のあらゆる敵から共同意識を守ることにある、ということである。こうして、指導権力は共同意識の象徴となり、万人の目にいきいきした表現としてうつるのである。ちょうど、諸観念の親和力が、それをあらわす言葉に伝わるように、共同意識にある生命力は指導権力に伝わってゆく。ここにこそ、指導権力が比類のない特質をおびる理由がある。だから、指導権力は、もはや多少重要な社会的機能などというようなものではなくて、集合的類型《ティプ・コレクティーフ》の化身そのものである。ゆえに、指導権力は、この集合的類型が諸意識のうえに及ぼす権威にあずかり、また、そこからそれ自体の力が由来する。ただ、この力は、それが生じ、それを養いつづける源泉、すなわち、集合類型に根をはったままで構成されると、こんどは社会生活の自律的な一要因となり、すでに獲得したこの至上権によって、いかなる外的衝撃も左右しえない固有の運動を、自発的に生みだすことができるようになる。他面、この指導権力は、共同意識に内在的な力から派生したものにほかならないから、必然的に後者と同じ属性をもち、共同意識がまったく一致して反作用しないときでさえもそれと同じ様式で反作用する。したがって、指導権力は、社会に広く分散している心情がそうするように、あらゆる敵対的な力を拒否する。それは、この心情が、この敵対力を感じないときでも、あるいは、この敵対をそれほど痛切に感じないときでも、同じように拒否する。すなわち、この権力を侵害する行為が、よしんばそれと同じ程度に集合感情を傷つけることがなくても、この権力は、こうした行為を犯罪とみなす。このばあいでも、この権力に犯罪や不法行為を設定することをゆるすエネルギーのすべては、集合感情から与えられる。この力が、他のどこからくるのでもないこと、さりとて無から生ずるのでもないことは、以上のとおりであるが、それ以外にも、以下の諸事実が——これについては本書においてひきつづき十分に展開されるであろう——、この説明を証明してくれる。すなわち、統治的機関が犯罪行為の量とその質を評定するときに行使する作用の範囲は、それが保有する力に依存するということである。この力は、ひるがえって、あるいは統治的機関が市民たちのうえに及ぼす権威の広さによって、あるいはこの機関にたいして向けられた犯罪に認められる重大性の程度によって、測定できる。ところで、のちに述べるように、この権威が最大でありこの重大性が最高であるのは、低級社会においてである。他方、集合意識が最大の力をもつのも、これと同じ社会類型においてである(12)。

だから、いつでも必要なことは、この集合意識にたち返ることである。直接にせよ、間接にせよ、あらゆる犯罪性が由来するのは、集合意識からである。犯罪は、たんに重大な利害の侵犯だけにとどまらず、いわば超越的権威にたいする冒瀆である。ところが、経験によると、集合的な力以外に個人を超えた道徳的な力はない。

さらに、いまわれわれが到達した帰結を検証する方法がひとつある。犯罪を特徴づけるものこそ、刑罰を決定するものだということである。したがって、犯罪にかんするわれわれの定義が厳密であるとすれば、この定義は刑罰のあらゆる特質を説明しなければならぬはずである。つぎに、この検証に移りたいと思う。

けれども、その前に、刑罰の諸特質とは何であるかを明らかにしておく必要がある。

2

第一に、刑罰は激情的な反作用《レアクシオン・パッショネル》にある。この特質は、社会が未開であるほどいっそう顕著である。じっさい、原始民族は、ただ罰するために罰し、罪人を苦しめるために苦しめるのであって、彼らは罪人に科する責苦から自分たちのためになんの利益も期待していない。その証拠に、彼らは正当に罰しようとも有効に罰しようともしないで、ひたすら罰することだけを追求する。彼らが、非難さるべき行為を犯した動物[13]や、その行為のただ道具として使われたにすぎない無生物をも罰する[14]のは、そのためである。刑罰が人間に限って適用されるときには、よく罪人以外のものにまでひろげられ、妻、子、隣人などの罪のない人びとにまで及ぶ[15]。これは、刑罰のいのちともいうべき激情が、燃えつきるまでやまないからである。だから、この激情は、それをもっとも直接にまねいた者を破壊したのちも、まだ余力があれば、まったく機械的にはるか遠くにまでぶちまけられる。この激情が、かなりおだやかで、罪人をこらしめるだけで足りるときでさえ、それはみずからの存在を感じさせるために、この反作用をまねく行為を、その実際の重要度をこえて罰する傾向がある。極刑に手のこんだ責苦がつけ加えられるのは、そのためである。ローマにおいても、盗人は盗品を返さなければならぬのみならず、さらに二倍から四倍の罰金を支払わなければならなかった(16)。さらに、きわめて一般的だった反坐の刑《タリオ》〔加害者に被害者と同質・同程度の苦痛を科する刑〕は、復讐の激情を満足させるためではないだろうか。

だが、こんにちでは、刑罰の性質はすっかり変わってしまったのだといわれるかもしれない。すなわち、社会が罰を下すのは、復讐するためではなく、自分を守るためである。社会が科する苦痛は、組織的な防衛手段を手にしたというにすぎない。社会が罰するのは、懲罰がそれ自体で社会にある満足を与えるからではない。刑罰への恐怖のために、よこしまな意志をすくませるためである。抑止を決定するものは、もはや怒りではなく、慎重な用心である。だから、これまでに述べられてきた諸観察は、刑罰の原始的形態にかんするだけのものであって、現代の形態にまで拡大できないから、一般化することは無理である、と。

だが、こうした二種の刑罰を根本的に区別できるためには、それらがそれぞれ異なった見地から採用されるということを立証しただけでは不十分である。ある慣行の性質は、それを採用する人びとの意識的な意図が変わったからといって、必ずしも変化するものではない。じっさいには、現存の慣行はかつても同じ役割を果たしていたのであるが、人びとがそれに気づかなかっただけである。このばあいでも、その慣行がもたらす効果をもっとよく考慮するというだけで、それが変わるわけがない。慣行は、新しく生じた生存条件にたいして、本質的な変化なしに適応するものであり、刑罰のばあいも、やはりそうである。

じっさい、復讐とは無益で残酷な行為にすぎぬとみることは誤りである。たしかに、復讐は、それ自体が目的のない機械的な反作用であり、知性を欠いた激情的な動きであり、不条理な破壊欲にある。だが、じっさいにそれが破壊しようとするものは、われわれにとって脅威となるものであった。だから復讐は、よしんば本能的で思慮を欠いたものであっても、現実には真正の自衛行為を構成する。われわれは、われわれに害を及ぼしたものについてだけ報復するのであり、また害を及ぼしたものはつねに危険なものである。復讐の本能は、つまるところ危害によって激昂させられた保存本能にすぎない。そうだとすると、復讐が人類の歴史において果たしてきた役割は、いわれているようにけっして消極的でも不毛でもない。それは、価値ある防衛の武器である。ただし、粗末な武器ではある。復讐は、おのれが自動的に果たしている役割を意識していないから、結果がどうあろうとも頓着しない。かえって、それを促進する盲目的な動機のために、その憤激がやわらぐこともなく、ややめくらめっぽうにひろがってゆくものである。こんにちでは、達成すべき目的をわれわれもよく知っているので、とるべき手段をより有効に使うことができる。われわれは、いっそうよい方法で、したがってまた、いっそう有効にみずからを守ろうとする。しかし、この結果は、多少不完全であったとはいえ、じつは初めから得られていた。だから、現代の刑罰と往時のそれとのあいだには、こえがたい深淵があるわけではない。したがって、こんにちの刑罰は、現代文明社会で果たす役割に順応するために、かつてのそれとは別個のものになる必要はなかったのである。ただひとつの違いは、現代の刑罰が、みずからしていることをおおいに意識して、その効果をあげているところにある。ところで、個人意識あるいは社会意識は、みずからが明らかにする現実にたいして影響を与えないではないが、その現実の性質を変えるだけの力はもっていない。諸現象の内部構造は、それが意識的であろうとなかろうと、いつも同じままである。したがって、われわれは、刑罰の本質的諸要素がかつてとまったく同じであることを期待できる。

事実としても、刑罰は、少なくとも部分的には、依然として復讐の所産である。ただ、有罪者を苦しますために苦しめているのではない、といわれるかもしれない。だが、有罪者が苦しむのはあたりまえだという考え方も、それにおとらず本当である。こうした責苦の正当視は、おそらく正しくはあるまい。だが、そんなことはいま問題ではない。われわれは、さしあたり現に存在し、かつて存在した刑罰を定義しようというのであって、それがかくあるべきだということを求めてはいない。ところで、法廷用語としてたえずでてくる公的報復〔vindicte publique〕という表現が、空虚な用語でないことは確かである。刑罰というものが将来にわたってわれわれを保護することにじっさいに役だちうるものだとすれば、それはなによりもまず過去の罪のつぐないでなければならない、とわれわれは考えている。その証拠に、われわれは、刑罰を、罪の重さにできるだけ厳密にみあったものにしようと周到な用意をする。こうした用心というものは、有罪者が悪事をおこなったのだからその悪事と同じ程度に苦しまなければならぬとわれわれが思っているのでなければ、とうてい説明できないはずである。じっさい、刑罰が防衛手段にすぎないならば、刑罰にこうした程度の差をつける必要はない。もちろん、もっとも重大な犯罪を単純な微罪と同一視することは、社会にとって危険であるかもしれない。だが、微罪が重罪と同一視されることは、多くのばあい、かえって有利でしかないであろう。敵にたいしては、警戒しすぎるということはないからである。ひとは、あるいはこういうかもしれない。つまらぬ悪事をはたらいた者は、その性質がたいして邪悪でもないのだから、そうした悪い本能を消すためにはもっと軽い罰で十分ではないか、と。けれども、彼らの性向がそれほど悪くはないといっても、この性向がそれほど強くないということにはならぬ。泥棒が盗もうとする傾向は、殺人者がひとを殺そうとする傾向と、強さにおいては同じである。前者がひきおこす抵抗は、けっして後者のそれに劣るものではない。したがって、それにうち勝つためには、同じ手段に訴えなければならぬであろう。いわれるように、有害な力を、これに対抗する力によって撃退するだけが問題であるならば、後者の強度はもっぱら前者の強度によって、前者の質を度外視して、測られねばならぬであろう。すると、刑罰の階梯は少しばかりの等級をもつだけでよいことになろう。刑罰は犯罪者の冷酷さの大小によって変わるべきであって、犯罪行為の性質に応じて変わるべきではなかろう。こうして、済度しがたい泥棒は、度しがたい殺人犯と同様にとりあつかわれることになろう。ところが、じっさいには、有罪者に改悛の見こみが絶対にないということが確かなばあいでさえ、われわれはなおゆきすぎた罰を加えてはならないと思っている。われわれが、往時よりもはるかに高い意味にそれを理解していようとも、依然として反坐の原則に忠実であることの証拠は、まさにここにある。こんにちでは、過失の大きさも、罰の大きさも、かつてと同じように物質的な粗雑なやり方で測ったりはしない。むしろ、われわれは、いつもこの二つの項のあいだに等式が成りたたなければならぬと考え、両者の均衡を確立したほうが有利であるかどうかを考える。だから、刑罰は、われわれの父祖の時代にそうであったように、われわれにとっても依然変わりはない。刑罰は罪のつぐないなのだから、いまもなおひとつの復讐行為である。われわれが報復するもの、罪人がつぐなうもの、それは道徳に加えられた凌辱なのである。

この激情的な特質を、ほかのばあいよりも、とりわけはっきりあらわしている刑罰がある。恥辱刑《オーント》がそれである。それは多くの刑罰をさらに重いものにし、刑罰の度合につれて増大する。たいていのばあい、それはなんの役にもたたない。いったい、もはやその同胞の社会には住めない人間、どんなに恐ろしい威嚇も彼をおびやかすには足りないということをその行為によって十二分に立証してみせた人間に、烙印をおして辱めてみてもなんの役にたつだろうか。もっとも、烙印の刑は、他に罰する方法がないばあいや、実質的な刑罰としては軽すぎるからそれを補足するという意味でならば、理解もできる。だが逆のばあいには、烙印の刑は刑罰を二重に加えることになる。あるいは、他の刑罰では不十分なばあいしか、社会は法律的な懲罰にかけないのだ、といわれるかもしれない。しかし、そうだとすれば、法的制裁以外の懲罰を維持しようとする理由はどこにあるのだろうか。この後者の懲罰は、補足的な、目的のない一種の拷問であり、悪に報いるに悪をもってしようという要求以外の理由をもちえない罰である。それが、ときには無罪の人びとにまで及ぶのは、あきらかに、本能的な抑えがたい感情にもとづくからである。こうして、犯罪の場所、犯罪に使われた道具、有罪者の親族が、しばしば有罪者に加えられる恥辱刑のまきぞえをくうことになるのである。ところがこうした広く分散的な禁制をひきおこす原因は、またこの種の禁制に伴う組織的禁制の原因でもある。さらに、刑罰の原動力がまったく激情的なものだということを知るには、法廷で刑罰がどんな作用をしているかをみれば足りる。というのは、追及する検事も弁護する弁護士も、ともに激情に訴えているからである。弁護士は有罪者にたいする同情をあおりたてようとし、検事は犯罪行為によって傷つけられた社会感情を喚起しようとするのであり、判事が判決を下すのは、こうした対立する激情の影響下においてである。

このように、刑罰の性質は本質的に変わってはいない。ここでいえることのすべては、復讐の要求が、かつてよりもこんにちのほうがはるかによく制御されているということである。めざめた予見の精神は、もはや激情の盲目的な活動に、かつてほど自由な領域を与えてはいない。この予見の精神は激情をある限度内にくいとめ、不条理な暴力、存在理由のない破壊にたちむかう。この激情は、啓発されるほど、めくらめっぽうにひろがるようなことはなくなる。ところかまわずにみずからを満たそうとして、罪のないものたちに矛先をむけるようなことは、もはやみられない。にもかかわらず、この激情は依然として刑罰性の魂である。だから、刑罰とは、段階的な強度をもった激情的な反作用にある、ということができる。(17)

だが、この反作用はどこからくるのであろうか。個人からか。それとも社会からであろうか。

周知のように、罰するのは社会である。だが、処罰が社会の名においてなされないことがある。刑罰が社会的特質をもつという点に疑いの余地がない理由は、ひとたび刑が宣告されると、社会の名において政府がするほかはそれが撤去されえないということである。もし刑罰が特定個人を満足させるためのものであるならば、この人びとはいつでも処罰を自由に免除することができるはずである。というのは、強制された特権であっても、受益者がそれを自由に放棄できないような特権は考えられないからである。犯罪の抑圧をほしいままにできるのはひとり社会だけであるということは、個人が侵されるばあいでも結局は社会が侵害されることになるからであり、刑罰によって抑止されるのは社会にたいしてむけられた侵犯だからである。

しかしながら、刑罰の執行が個人の意志によっておこなわれる例もあげることができる。ローマでは、いくつかの悪行は被害者の有利なように罰金刑に処せられた。そのばあい、被害者はそれを拒否することも、和解の対象とすることも自由であった。(18) 非現行の盗み《ヴォル・ノン・マニフェスト》、暴力による財産奪取《ラピーヌ》、侵害《アンジュール》、財産にたいする不法損害《ドマージュ・コウゼ・アンジュストマン》がそれである。私的犯罪（*delicta privata*）とよばれるこれらの不法行為《デリ》は、その抑止がローマ市の名において追及された固有の意味での犯罪《クリム》と対立するものであった。こうした区別は、ギリシアにもヘブライ民族にもみられる。(19) もっと原始的な民族においては、仇討〔vendetta〕の慣習が証明するように、刑罰はときとしてもっと私的なものであったようだ。これらの社会は、準家族的《カジ・ファミリアル》な性質をもった原初的な集合体から成っており、それらの集合体はまた、氏族〔clans〕という都合のよい表現で示されている。ところで、この氏族成員のひとりまたは多勢が他の氏族に危害を加えたばあい、この後者の氏族は、そのこうむった侮辱をみずからの手ですすぐ。(20) このような諸事実は、学説上の見地からみて、少なくとも外見的には、いまなおその重要性を増している。というのは、仇討が原始的には刑罰の唯一の形態であったこと、したがって刑罰は、まず最初に私的な復讐行為にあったはずだということが、おおいに主張されてきたからである。だが、もしそうだとすれば、こんにち社会が刑罰権を装備しているのは、思うに、個人からの一種の委任によるものでしかないことになる。社会は個人の代理者にすぎないのである。社会が諸個人に代わって彼らの利害を管理するのは、おそらく社会がもっとよく管理できるからであって、これらの利害は社会そのものの利害ではない。初めは、個人がみずから復讐をした。いまでは、個人に代わって復讐するのは社会である。しかし、刑法は、この個人からたんに権利を移譲されただけでは、その性質を変えることができないから、それは固有に社会的なものたりえないであろう。刑法においては、社会が支配的役割を演じているようにみえるが、それも諸個人の代理者としてであるにすぎない。

けれども、このような説がいかに広くおこなわれているにせよ、この理論はこのうえなく明白な諸事実に矛盾する。復讐が刑罰の原始的形態であったような社会は、ひとつとしてこれを例証することができない。まったく反対に、刑法はその起源からみて本質的に宗教的であったことが明白である。それは、インドにとってもユダヤにとっても、明らかな事実であった。というのは、そこでおこなわれた法は天啓と目されてきたからである。(21)エジプトでは、国家の統治にかんするあらゆる法律とともに刑事法も含んでいた「ヘルメスの十書」は司祭書とよばれてきたし、エリアン*5の断定によると、太古からエジプトの僧侶たちは司法権を行使してきたという。(22)それは古代ゲルマンでも同様であった。(23)ギリシアでも、裁きはユピテルの顕現とみられていたし、懲罰*6は神の復讐とみられた。(24)ローマでは、刑法が宗教的起源をもつということは、古い伝承(25)によっても、ずっと後世にまでいきつづけた旧慣によっても、さらにはまた法律用語そのものによっても、明らかである。(26)ところで、宗教は本質的に社会的なものである。宗教は、個人的目的のみを追求するものであるどころか、個人にたえず拘束を加えるものである。それは、個人を強制して窮屈な礼拝に従わしめ、大なり小なり高くつく供犠をしいる。個人は、自分の財産から神にささぐべき供物をさかなければならぬし、彼の労働や余暇の時間から宗教儀礼の遂行に必要な時間をさかなければならない。彼は命じられたあらゆる困苦に堪え、神々の命とあればその生命をもすてなければならぬのである。宗教生活はことごとく献身と無私から成る。だから、刑事法が始源的に宗教法であるとすれば、それが奉仕する利害が社会的であることは確かであろう。神々が刑罰をもって復讐するのは、神々自身がけがされたからであって、個々人が侵されたからではない。ところが、神々にたいする侮辱は社会にたいする侮辱である。

同様に、低級社会においても、もっとも数の多い犯罪は公共物を侵害する罪である。すなわち、宗教、習俗、権威などにたいする罪である。聖書、マヌ法典、エジプトの古い法を伝える記念碑などでは、個人を保護する規定は比較的小さな位置しか占めていないが、反対に、神をけがすさまざまな行為、すなわちさまざまの宗教的義務の違反、儀式上の必要事項の不履行、などにかんする抑止的立法が豊富に展開されていたことがわかる[27]。同時に、これらの犯罪はもっともきびしく罰せられている。ユダヤ人にとってももっとも憎むべき罪は、宗教にたいする侵犯である[28]。古代ゲルマン人においては、タキトゥス*7の記述によると、二つの犯罪だけが、すなわち裏切《トライソン》と脱走《デゼルシオン》だけが、死刑に処せられた[29]。孔子と孟子とによれば、教えにそむく《アンピエテ》ことこそ暗殺よりも大きなあやまちである[30]。エジプトでは、ほんのちょっとした神をけがす行為《サクリレージュ》でも死罪である。(31) ローマでも、犯罪等級の最高位は謀叛罪〔crimen perduellionis〕である。(32)

しかしながら、それでは前に例示した私的刑罰《ペーヌ・プリヴェ》とは、いったい何であろうか。それは、抑止的制裁と復原的制裁とを同時にもつ混合的な性質のものである。たとえば、ローマ法の私的犯罪《デリ・プリヴェ》は、固有の意味での犯罪《クリム》と純粋に民事的な侵害《レジオン》との中間的なものをあらわす。それは双方の特徴をもち、二領域の境界をゆきつもどりつしている。法によって確定された制裁がたんに事物を原状にもどさせるだけにとどまらないという意味では、私的犯罪もれっきとした犯罪である。この罪をおかしたものは、自分がひきおこした損害を賠償しなければならぬばかりでなく、それに加えて、何ものかを、すなわち罪のつぐないをしなければならない。だが、私罪はまったき意味での犯罪ではない。というのは、刑罰を宣告するのは社会であっても、それを執行する自由をもつのは社会ではないからである。それは社会が被害者にさずけた権利であって、被害者だけがこの権利を自由に行使しうる。(33) 同様にして、仇討も社会が合法的だと認めている罰であるが、社会は諸個人にこの懲罰の自由をまかせている。したがって、これらの事実は、刑罰性の性質についてわれわれが述べてきたことを、まさに確認させるものにほかならない。仮に、この種の中間的制裁は、その一部が私的なものであるとすると、ちょうどそれにみあった部分だけ刑罰ではないのである。この中間的制裁の刑罰としての特徴は、その社会的特質が弱まるほど、明確でなくなる。また、その逆のこともいえる。したがって、私的な復讐は刑罰の原型であるどころか、むしろ反対に、不完全な犯罪にすぎない。最初に抑止されたのは、けっして個々の人物にたいする侵害ではない。個人にたいする侵害は刑法の一歩手前のものであるにすぎない。起源において、こうした侵害は刑法の一歩手前のものであるかぎりにおいてのみ、犯罪性の段階にまで上がったのである。こうした動きは、述べるまでもないが、たしかにたんなる権利の移譲ということには還元されえない。まったく反対に、この刑罰性の歴史は、個人にたいする、あるいはむしろ、社会がそのうちに含む要素的諸集団にたいする、社会の侵蝕の一貫した連続にほかならない。さらに、こうした侵蝕の結果は、社会の権利を、ますます個人の権利にとって代わらせることになる。(34)

だが、いま述べてきた諸特質は、たんなる不道徳的な行為に伴う拡散した禁制がもっているのとまったく同じく、法律的禁制もまたこれをもっている。この法律的禁制が他の禁制ときわだって違うところは、すでに述べたように、それが組織的なことである。だが、この組織はいったい何から成りたっているのであろうか。

現代社会で機能しているような刑法を念頭におくと、きわめて明確な刑罰が同じく明確な犯罪に結びつけられている法典を想起する。裁判官がこれらの一般的規定を個々の事例に適用するばあいには、たしかに相当な自由裁量の余地がある。だが、刑罰は、その本質的な限界内で、違反行為の個々の範疇にたいして、すでにあらかじめ定められているのである。しかし、そうはいっても、この精妙な組織自体が刑罰を構成するのではない。なぜなら、刑罰があらかじめ確定されていなくても、それの存在する社会はいくらでもあるからである。聖書には、たくさんの禁制があって、いずれもすぐれて命令的である。しかし、それらは定式化された懲罰によって制裁されることはない。けれども、この禁制の刑罰的な特質は疑う余地がない。ということは、聖書の原句は、刑罰そのものについては黙して語らぬとはいえ、同時に、禁じられた行為にたいしては、一瞬たりとも罰せられずにすむとは考えられぬ恐怖感をはっきり訴えているからである。(35) したがって、法のこの沈黙は、ただ禁制がまだ確定されていなかったことによるのだと信ずべき理由が十分にある。また、じっさいに「モーセの五書」の物語の多くは、ある行為についてはその犯罪的価値に異論の余地がないこと、そのような行為の罰は刑罰を適用する裁判官によってしか決定されないこと、をわれわれに教えてくれる。すなわち、その社会は、犯罪に直面していることを十分に知っていたのであるが、それに伴われるべき刑罰の制裁がまだ確定していなかったのである。(36) そればかりでなく、立法者によって明言された刑罰のなかにも、正確に明示されていないものが多い。このように、水準の違ったさまざまの刑があったことはわかるが、たいていのばあい、聖書の原句は一般的ないい方で死刑について述べているだけで、いったいどのような種類の死刑が科せられるべきかについてはふれていない。サムナー・メーン*8によれば、初期ローマにおいてもそうであったという。すなわち、犯罪〔crimina〕は、法に従って刑罰を主権的に確定した人民集会の前で究明されたし、同時に、この集会は、起訴された事実の実在性を決めるものであった。(37) のみならず、一六世紀にいたっても、刑罰の一般原則は、「刑罰の適用は裁判官の判断と権限〔arbitrio et officio judicis〕にゆだねられたということである……ただし、従来おこなわれてきた刑罰とは異なった刑罰を裁判官が創始することはゆるされない[38]」のであった。こうした裁判官の権限のもうひとつの効果は、犯罪行為の事実認定までも彼の裁量に完全にまかせるということであった。だから、犯罪事実の認定そのものは未確定だったのである[39]。

したがって、この種の禁制の明確な組織は、刑罰規定のなかにあるのではない。まして刑事訴訟の制度のうちにあるのでもない。われわれがこれまでに指摘してきた諸事実は、長いあいだ、こうした制度が欠落していたことを十分に示している。固有の意味での刑罰が存在するところでは必ずみられる唯一の組織は、だから結局のところ、法廷の確立ということに帰着する。法廷がどのように構成されていようと、すなわち、それが全人民から成ろうとエリートだけから成ろうと、また、事件の審理ならびに刑罰の適用に際して、一定の訴訟手続を経るにせよ経ないにせよ、その違反が個人によって裁かれるのではなく、構成された団体の裁定に付されることによってのみ、すなわち集合的反作用が一定機関を媒介とすることによってのみ、刑罰は、分散的であることはやめて組織化されるのである。この組織は、ますます完全にされるであろうが、それはこの瞬間から存在するのである。

したがって、刑罰とは、本質的に、若干の行動準則を犯した社会成員にたいして、社会がある構成体を媒介にして行使するところの、その強度に段階のある、激情的反作用にある。

ところで、まえにわれわれが犯罪に与えた定義は、こうした刑罰のあらゆる特質をきわめて容易に説明するものである。

3

すべて意識の強烈な状態はあらゆる生命の一源泉である。これこそ、われわれの一般的生命力の本質的要素である。したがって、この状態を弱めようとするものは、われわれを損じ、われわれを衰弱させる。その結果、ある重要な機能が一時中断したり、鈍化したりするときにわれわれが感ずる印象に似た不安や不快の印象が生ずる。だから、こうしてわれわれを損耗させるおそれがある原因にたいして、われわれが激しく反抗し、意識の統一性を維持するためにわれわれがそれを払いのけようとすることは、避けられないことである。

こうした結果をもたらす原因のうち第一におかれるべきものは、反対状態の表象である。表象とは、じっさい、実在のたんなる心象《イマージュ》、すなわち事物によってわれわれに投影された無気力な影ではない。表象はひとつの力であって、そのまわりに有機的・心理的な諸現象の渦をことごとくまきおこすのである。観念作用を伴う神経流は、たんにそれが生じた起点の周辺にある皮質中枢内に放射して、神経叢をつぎからつぎへと進んでゆくばかりでなく、さらに運動中枢に反響して運動をひきおこし、感覚中枢に反響して心象をよびさまし、ときには幻覚の芽を刺激し、さらには成長機能《フォンクシオン・ヴェジェタティヴ》にまで影響を及ぼそうとする。(40)

この反響は、表象それ自体が強烈であればあるほど、表象の情緒的要素が発達していればいるほど、大きい。こうして、われわれの感情に対立する感情の表象も、この表象が、それにとって代わった感情と同じ方向、同じ方法で、われわれに作用する。すなわち、この反対感情は、あたかもそれ自体がわれわれの意識のなかに入りこんだかのようである。じっさいには、このような感情の表象は、われわれに本来的な感情ほどいきいきしてはいないが、同じ親和力をもっており、同じ観念、同じ運動、同じ情緒をよびさます傾向をもつ。だからこそ、この表象は、われわれの個人的感情のはたらきに抵抗するのであって、それにしたがって、われわれのエネルギーの一部をまったく反対の方向にひきつけ、われわれの感情のはたらきを弱める。それは、あたかもある異質な力が自然にわれわれのうちに入りこんできて、われわれの心理的生活の自由なはたらきを狂わすようにみえる。ここに、われわれの確信とは対立する確信がわれわれの眼前にあらわれると、われわれを悩まさずにはおかぬ理由がある。それは、この対立する確信が同時にわれわれの感情に入りこんで、そこでであうあらゆる感情と衝突し、そこに本当の無秩序をひきおこすからである。もちろん、この葛藤が、抽象的な諸観念相互のあいだにしかおこらぬかぎり、その葛藤はあまり根ぶかいものではないから、たいして苦痛にもならない。このような観念の領域は、意識のもっとも高いところに、もっとも表層にあるから、そこにおこる変化は、広範な反響を生ずることもなく、われわれに与える影響も弱いものでしかない。けれども、この葛藤が、われわれに親しい信念におこったばあいには、他人がみだりに手をふれることを許さないし、また許すこともできない。こうしたたいせつな信念にむけられた侵犯は、多かれ少なかれ激しい情緒的反作用をひきおこし、この反作用は加害者にふりむけられる。われわれは加害者に激怒し、いきどおり、恨み、こうしてたけりたった感情を、どうしても行動に移さずにはおかない。すなわち、われわれは彼を避け、彼をよせつけず、彼をわれわれの社会から追放するのである。

　もちろん、われわれは、堅い信念というものが、すべて必然的に不寛容であるというつもりはない。日ごろみるところでは、その逆を立証してあまりがある。だが、それは、外在的な諸原因が、これまでわれわれがその結果を分析してきた諸原因を相殺するからである。たとえば、敵対者相互のあいだに一般的な共感があって、彼らの対立をおさえたり、やわらげたりすることがある。しかし、そのためには、この共感がその対立よりも強くなければならない。でなければ、前者が後者にまさって生き残ることはできない。あるいはさらに、あい対立する両派は、闘争しても決着がつかぬことがはっきりすれば、その闘争を断念して、それぞれの立場を維持することで満足する。彼らはたがいに抹殺できないので、おたがいに大目にみるのである。ときに宗教戦争を終結させる相互的寛容は、しばしばこういった性質のものである。これらすべてのばあいに、感情の葛藤がその自然的結果を生まないにしても、それは葛藤がこの結果をおおいつくしているからではない。結果が生まれるのがさまたげられているからである。

　そればかりではない。この自然的結果は必然的であると同時に、有用である。この結果は、それをもたらす原因から不可避的に生ずるばかりか、これらの原因を維持してゆくのに役だつ。現実にこうした激しい情緒は、すべての補足的な諸力をよびさまして、そこなわれた感情に、衝突で失われたエネルギーを回復させようとする。怒りは破壊的な激情にすぎぬから無益である、とよくいわれてきたが、それは怒りを一面からみただけにすぎない。じっさいに、それは、待機中の潜在的な力が異常に昂奮することであるが、こうした力を強めながら、われわれの個人的感情を危険にたちむかわせようとするのである。たとえていえば、平時の際には、この個人的感情は戦いのために十分に武装されていないので、もし激情という予備軍が必要なときに戦列に加わらないと、敗北するおそれがある。怒りとは、こうした予備軍の動員にほかならない。こうしてよびたてられた救援は必要の度をこえるから、言い争いは、われわれの確信をゆるがすどころか、かえってこれを強化するという結果をもたらしさえするのである。

ところで、ある信念やある感情が、どの程度のエネルギーをもちうるかは、相互関係にある人びとのその共同体によって、これらの信念や感情が感じとられている、というだけでわかるものである。こんにちでは、こうした現象の原因は、周知のところである。(41) 対立しあう意識の諸状態がたがいに相手の意識を弱めあうのと同じように、あい似た意識の諸状態は、交流しあうことによって、たがいに強化しあう。前者がたがいに相殺しあうのにたいして、後者はたがいに加えあうのである。だれかが、われわれの目の前で、すでにわれわれのものとなっている観念を述べるとしよう。その際、われわれがその観念についてつくりだす表象は、われわれ各人固有の観念につけ加えられ、累積され、混合されて、この表象それ自体の活力を各人固有の観念に伝える。こうした融合から、ひとつの新しい観念がでてくるが、この観念は先の二観念を吸収し、またそれゆえに、この両観念のそれぞれが孤立していたときよりも、活力に富んでいる。ここに、大勢の人びとの集会で、ある情緒がいわば暴力を得る理由がある。それは、各人の意識のなかに生ずるこの情緒の激しさが、他のすべての意識にひびきわたるからである。ひとつの集合感情が、われわれのうちでこうした強さをもつためには、われわれ自身で、われわれの個人的な性質だけで、すでにこうした集合感情を経験していることさえ必要としない。なぜなら、われわれがそれにつけ加えうるものは、要するにとるにたらぬものだからである。集合感情が、その起源からもっている力によって、外から入りこんでわれわれを強制するためには、われわれがあまり反抗的な地歩を占めないことだけで十分なのである。犯罪によって傷つけられた諸感情は、同じ社会のうちではあまねく集合的であるから、また、こうした感情は共同意識がとりわけ強い状態にさえあるのだから、それらの感情があい容れないものにたいして寛容であることは不可能である。とくに、この反対が、純理論的なものでないときには、すなわち言葉によってだけではなく行為によってそれと確かめられるときには、それが絶頂に達しているのだから、われわれは激情をもってこれに抵抗せざるをえない。われわれは、そこなわれた秩序をもとにもどすだけでは満足しない。もっと強烈な満足が必要なのである。犯罪がぶつかってくる力は非常に強いので、ごくひかえめな反作用ではおさまらない。

それればかりか、そんなことをすれば自分の力を弱めるばかりである。なぜなら、この力は、反作用の強さのおかげで、みずから回復し、同程度のエネルギーを維持するものだからである。

よく、非合理的なもの、とされてきたこの反作用の特質は、以上のように説明できる。たしかに、罪をつぐなうという考え方の根底には、われわれを超越した現実的または理念的なある力に一致したという満足の観念がある。われわれが犯罪の抑止を要求するばあい、われわれが個人的に復讐しようとのぞんでいるようではあるが、それは、実はわれわれ個々人ではないのであって、多少とも漠然とわれわれの外に、われわれの上にあると感じられている、神聖なあるもの、なのである。このあるものを、われわれは、時代と環境とに応じて、さまざまの仕方で理解する。ときにそれは、道徳や義務といった単純な観念である。しかし、多くのばあい、われわれはそれを祖先とか神といった、ひとつまたは多数の具体的存在の形であらわす。刑法が、その起源において、本質的に宗教的であるばかりでなく、つねに宗教性のある標識をおびている理由は、まさにここにある。刑法の罰する諸行為が存在または観念としての超越的なあるものにたいする侵犯のようにみられるのは、そのためである。同じ理由からして、なぜ右の侵犯行為が、純粋に人間的利害の次元でわれわれが満足するようなたんなる賠償ということよりも、さらにそれを上まわる制裁を要求しているようにみえるか、についてわれわれ自身が理解できるのである。

たしかに、こうした表象は幻想である。すなわち、傷つけられた感情はわれわれのなかにあるのだし、またわれわれのうちにだけあるのだから、ある意味では、復讐するのはまさにわれわれであり、満足するのもまたわれわれ自身である。けれども、この幻想は必然的である。これらの感情は、その集合的起源、その普遍性、その永続性、その内在的な強さからして、ある例外的な力をもっているのだから、それにくらべてはるかに弱い状態にあるわれわれの意識の残りの部分とは、根本的に別のものである。これらの感情は、われわれを支配し、いわば、超人間的な何ものかをもっているのであり、同時に、このつかの間の俗世の外にある諸対象にわれわれを結びつける。だから、これらの感情は、われわれには未知の、さらにはわれわれの力を超えたひとつの力が、こだまとしてわれわれのうちにあらわれるのである。こうして、われわれはこれらの感情をわれわれの外に投射し、それにかかわりのあるものを、なんらかの外在的対象にあてはめざるをえないのである。こんにちでは、こうした人格の部分的移譲がどのようにしてなされるのかについては、よく知られている。この幻影は、このようにして避けることのできないものであるから、抑止の体系が存在するかぎり、なんらかの形で生ずるであろう。なぜなら、もしそうでないとすると、月なみな強さの集合感情しかわれわれのうちにはないことになり、そのばあいには、もはや刑罰はありえなくなるはずだからである。あるいは、誤謬というものは、人間がそれと気づくようになると、ひとりでに消滅するものだといわれるかもしれない。だが、太陽が巨大な球体であることはよくわかっているが、われわれはそれをごく小さな円盤という形でだけみている。たしかに、こうした理解は、われわれの感覚を解釈することを教えてはくれる。だが感覚を変えることはできない。のみならず、このまちがいは部分的であるにすぎない。これらの感情は集合的なものであるから、それらがわれわれにおいて表象するものは、われわれではない。社会である。だから、この感情の仇を討つとしても、復讐するのは社会であって、われわれ自身ではない。他方、社会はまた、個人に優越したあるもの、である。したがって、罪をつぐなうということの半ば宗教的な特質を非難して、これを一種の無用の蛇足であるとみることは、まちがっている。逆に、罪のつぐないとは、刑罰を構成する必要不可欠の要素である。いうまでもなく、それは刑罰の性質を比喩的な仕方でしか説明しないが、比喩は必ずしも真理を含まぬものではない。

他方、刑罰という反作用は、いつのばあいでも一様ではないと考えられる。というのは、刑罰をきめる情緒が、いつも同一だとはかぎらないからである。じっさいこれらの感情は、そこなわれた感情の強烈さ、その被害の重大さに応じて、強くもあれば弱くもある。その強い状態のばあいには、弱い状態のばあいよりも強く反作用するし、同じ強さの状態が二つあるばあいでも、激しく抵抗するかどうかによって、その反作用は同じではない。こうした反作用の違いは、どうしてもおこるし、さらには役にもたつ。というのは、力の召集がその危険の重大さに応じてなされることはよいことだからである。力への訴えが弱すぎると役にたたないし、強すぎると無駄な損失になる。犯罪行為の重大さは、同じ諸要因に比例して変わるのであるから、犯罪と懲罰とのあいだにどこでもみられる均衡は、これを計量するためにむつかしい計算をする必要はない。機械的に自然にきまる。犯罪の等級をきめるものは、また刑罰の等級をもきめる。したがって、この二つの段階は対応せざるをえないし、またこの対応は必然的であるから、同時に有用であることを失わない。

ところで、この反作用の社会的特質は、そこなわれた諸感情の社会的特質から由来する。このような感情は、すべての意識のうちにみられるものであるから、犯罪がおこなわれると、それを目撃しそれを知っている者すべてが、同じような憤怒の念にかられる。すべての者が襲われたのであるから、すべての者がこの攻撃にたいして一歩もゆずらない。このような反作用は、たんに一般的であるばかりでなく、それは集合的である。この二つのことがらは同じものではない。すなわち、この反作用は、個人のうちに孤立して生ずるのではなく、そのときどきのばあいに応じて変わりながらも、ひとつの全体、ひとつの統一として生ずるからである。じっさい、対立しあう諸感情は、たがいに排斥しあうように、類似した諸感情は、たがいに惹きあう。それは感情が強ければ強いほど強烈である。矛盾対立は、類似した諸感情を激昂させる危険状態だから、これらの感情の惹きあう力を倍加する。ひとは、外国にいるときほど自国のひとをみたいという欲求にかられることはなく、信者は、迫害のときほど同宗信者に強くひかれることはない。もちろん、われわれは、自分たちと同じように考え、感ずる仲間を、いつのばあいでも愛しはする。だが、われわれの共通の信念が激しく戦ってきた紛争のすぐあとでは、ただ喜びだけでなく、激情をもってその仲間を求めるのである。だから犯罪は、誠実な諸意識を近づけさせ、集中させる。

たとえば、ことに小さな町で、道徳的に破廉恥な行為がおこなわれたときに、どんなことがおこるかをみただけでいい。人びとは路傍にたたずみ、訪れあい、適当な場所で出あって事件を語り、ともに憤慨する。おたがいに交わされる似かよった印象のすべてから、たがいに示しあうすべての怒りから、ばあいに応じて多少の違いはあるが、唯ひとつの怒りがひきだされる。この怒りは、特定個人の怒りではない。すべてのひとの怒りである。これは公憤《コレール・ピュブリク》である。

のみならず、この公憤だけが何かに役だちうる。じじつ、その際にはたらく感情は、その力のすべてを、この感情がすべての人びとに共通だという事実から得ているのであり、これらの感情がまったく動かしがたいものであるからこそ、強烈なのである。この感情が特殊な尊敬の対象となりうるのは、それが普遍的に尊敬されているからである。ところで、犯罪は、この尊敬が完全に普遍的ではないときにしかおこりえない。したがって、犯罪というものは、これらの感情が絶対的に集合的ではないということを意味するわけであり、その感情の権威の源泉であるこの満場一致という完全さを傷つけることを意味する。だから、犯罪がおこったときに、この犯罪によって傷つけられた諸意識が、なおまったき共同《コミュニオン》を保っていることを、相互に確かめあうべく団結するのでなければ――こうした特殊なばあいは異常状態である――、これらの意識はしまいには動揺せざるをえないであろう。ところが、これらの意識はつねに一致しているとたがいに確かめあいながら、自己を強化しなければならないのであるが、そのための唯一の手段は、これらの意識が共同して反作用するということである。一言でいえば、傷つけられるのは共同意識なのであるから、抵抗するのもまた共同意識でなければならないし、したがって、その抵抗もまた集合的なものでなければならない。

まだいうべきことがある。それはなぜこの抵抗が組織化されるのか、ということである。この最後の特質は、つぎのことに留意するならば理解されるであろう。すなわち、組織的な抑制は広く分散した抑制に対立するものではなく、ただ程度の差によってのみ両者が区別されるにすぎないこと、前者の反作用のほうが後者のそれよりもより統一的であること、これである。ところが、固有の意味での刑罰によって仕返しをする諸感情は、その強度がより強く、性質がより明確なために、この統一がより完全であることを容易に教えてくれる。じっさいに、否定された状態が弱いか、あるいは、状態が弱くしか否定されないならば、それは傷つけられた諸意識を弱く集中することしかもたらしえない。まったく反対に、その状態が強いか、あるいはその侵害が重大であるならば、襲われた全集団は、危険に直面して堅く身を寄せあい、いわば集団自体の上にひとかたまりとなる。こうした非常のばあいには、ひとは機会をみつけてその印象を交換したり、偶然のめぐりあいや絶好のめぐりあいに応じて、ここかしこに寄りあうというだけでは、もはや満足しない。つぎつぎと襲ってくる昂奮は、たがいに同じような人びとをみな激しく駆りたて、人びとを同じところに糾合する。こうした集合の物質的な凝縮は、たがいの気持の滲透をいっそう深いものにしながら、全体としての運動をすべていっそう容易にする。だから、おのおのの意識をその舞台とする情緒的反作用は、統一されるためには最上の条件にある。しかしながら、もしこれらの反作用が、量的にせよ質的にせよ、多種多様にすぎると、これらの異質的で還元できない部分的諸要素のあいだでは、完全な融合は不可能である。だが、知ってのとおり、これらの情緒的反作用を決定する諸感情はきわめて明確であり、したがってまた、きわめて一様である。だから、これらの感情は、同じ一様性を帯び、したがって、まったく自然にとけこみあうようになるとともに、それぞれ個人の情緒的反作用の代わりとして役だち、個々の個人によってではなく、こうして構成された社会体によって行使される唯一の合成力に融合するようになる。

刑罰の起源が歴史上、右のようなものであったことは、多くの事実がこれを証明しよう。じっさい、起源において、裁判所の役を果たしたのが全人民の集会であることは、周知のところである。さきほど引用したように、「モーセの五書」[42]によってその例を想起すれば、事実は、われわれの述べてきたとおりであることがわかるであろう。犯罪のしらせがつたわるやいなや、人民はただちに集まり、たといその刑罰が未定のものであっても、その反作用は統一的におこなわれた。ばあいによっては、判決が宣告されるやただちにみんなでそれを執行したのも人民自身であった[43]。ついで、集会が一首長の人格に具現されたばあいには、この首長が、全体的または部分的に、この刑罰の反作用の機関となった。こうした組織化は、すべての有機的発展の一般法則に歩調をあわせて持続されたのである。

それゆえに、刑罰を、したがってまた犯罪を説明するのは諸集合感情の性質である。そればかりでなく、ひとたび統治機能が出現するにいたるや、この統治機能が行使する反作用の力は、それが社会において生まれるのであるから、社会に広く散在しているこの力からでたものにほかならない。前者は後者の反映にすぎない。前者の反作用の力が及ぶ範囲は、後者のそれと同じように変わる。なお、付言しておきたいことは、この反作用力の制度は、共同意識そのものを維持するのに役だつということである。なぜなら、共同意識は、もしこれを代表する機関が、共同意識の鼓舞する畏敬とそれの行使する特殊な権威を帯びないならば、それが弱まってしまうからである。ところが、この機関をおびやかすあらゆる行為が、集合意識をおびやかす行為と同じように、排除され攻撃されるのでなければ、この機関は、こうした畏敬と権威とを帯びることができないのである。またそれは、たとい集合意識がこの行為によって直接の影響をうけないばあいといえども同様である。

4

こうして、刑罰の分析は、犯罪にかんするわれわれの定義をまさしく確証した。われわれは、まず、犯罪が、本質的に共同意識の強力かつ確定的な状態に対立する行為のうちにあることを、帰納的に証明することからはじめた。ついで、刑罰のあらゆる特質が事実のうえでこの犯罪の性質から由来するものであることをみてきた。だから、刑罰が承認する諸準則は、もっとも本質的な社会的類似をあらわすものである。

こうして、刑法はいったいどのような種類の連帯を象徴しているかということがわかる。

じっさいにある社会的凝集《コエジオン・ソシアル》が存在することは、ひとのあまねく知るところである。しかもその社会的凝集の原因は、社会の心理的タイプにほかならぬある共同類型《ティプ・コマン》に、すべての個人意識がなにほどか合致している、というところにある。じじつ、この状態のもとにおいては、集団の全成員が、たがいに類似しているからこそ相互に個人的に惹きあうばかりでなく、同じように、この集合的類型の存在条件であるもの、すなわち全成員が自分たちの結合によって構成する社会にも、結びつけられているのである。国民は、外国人にたいしてよりもはるかに自分たちをたがいに愛しあい、求めあうばかりでなく、その祖国を愛する。彼らは、たがいに欲するように祖国を欲し、祖国の永続と繁栄を希求する。なぜなら、祖国がなければ、彼らの精神生活の大半は、そのはたらきが阻害されるだろうから。反対に、社会は、市民たちがことごとくこの基本的な類似性を示すことをのぞむ。それが社会の凝集の条件だからである。われわれには二つの意識がある。一つは、われわれ各個人に固有のものであって、個々人を特徴づける状態しか含まないが、他方、もう一つのものが含む状態は、社会全体に共通である(44)。前者は、われわれの個人的人格だけをあらわし、かつこれを構成する。後者は集合類型をあらわし、したがってその存在にとって不可欠の条件である社会をあらわす。われわれの行動が社会のある構成要素によって決定されるばあいには、われわれが行動するのは自分たちの個人的な利害のためではない。集合的目的を追求するためである。ところで、この二つの意識は、よしんば違ったものであるとしても、両者にとってはその有機的基体が同じただひとつのものでしかなく、結局のところ、一に帰着するのだから、両者はたがいに密接な関係にある。だから、この両意識は連帯的である。こうしてそこに、類似から生まれ、個人を社会に直接結びつける、ひとつの独自の連帯が結果する。われわれは、この連帯を機械的《メカニック》とよぼうと思うが、その理由は次章においてもっとよく示したい。この連帯の特質は、集団にたいする個人の、一般的かつ不確定な愛着にあるというだけではなく、また細部にわたって諸運動を調和させるものである。じっさい、これらの集合的原動力はどこでも同じであるから、いたるところで同じ結果を生む。したがって、これらの集合的原動力が活動しだすたびに、各人の諸意志は、ひとりでにまとまって同じ方向に動きだすのである。

　この連帯こそ、少なくともその根本的な点において、抑止的法律が示す連帯である。じっさいにこの法律が禁止し、犯罪として認定する行為は、つぎの二種類である。第一は、行為を遂行する主体と集合類型との対立する両者のきわめていちじるしい非類似性を直接あらわにする行為であり、第二は、共同意識の機関を侵す行為である。いずれのばあいでも、犯罪によって害を加えられる力と犯罪を駆逐する力とは、したがって同じものである。この力は、もっとも本質的な社会的類似の所産であり、しかも、これらの類似から生ずる社会的凝集を維持する効果をもつ。刑法は、まさしくこの力が衰微しないように保護するものであって、そのために刑法は、われわれ各人に最小限の類似――これがなければ個人は社会体の統一にとってまさに脅威である――を要求する一方、われわれに、このような類似をあらわしこれを要約する象徴を尊敬するよう強制することによって、この類似を保障するのである。

こうして、多くの行為が、それ自体としては社会にたいして少しも有害ではないのに、よく犯罪的だとみなされてきたし、またかかるものとして罰せられてきた理由が理解される。じっさい、集合類型は、個人類型とまったく同様に、きわめて多様な原因によって、ときには偶然の機会によってさえ、それが形成されるのである。集合類型は歴史的発展の成果であるから、その社会が歴史のなかで経てきたあらゆる状況の痕跡をとどめている。だから、そこにみられることが、すべてある有用な目的にあわせられてきたということはありえない。むしろ社会的効用となんのかかわりもない多少とも複数の諸要素が、この集合類型に導入されざるをえないはずである。個人が祖先から受けつぎ、またはその行程でみずから形成してきた諸性向や諸傾向のうち、たしかに多くのものはなんの役にもたたぬか、あるいはそれらがもたらすもの以上に高くつくことがある。もちろん、これらの性向の大半が有害だというようなことはない。そんなことがあると、人間は生存できないだろうからである。だが、それらのうちには、効用がなくとも持続するものがある。また、その効用がまったく確かなものでも、ときにはその効用と関係のない強さをもつことさえある。このばあいは、この強さが、一部分ほかの原因から生じているためである。事情は、集合的激情についても同様である。だから、集合的激情を傷つける行為はすべて、それ自体としては危険でないか、あるいは少なくとも排斥されるほど危険ではない。けれども、こういう行為にむけられる非難は、ひとつも存在理由がないわけではない。なぜなら、これらの感情の起源がどうであろうとも、いったんこの感情が集合類型の一部分となっていれば、ことにその本質的要素となっているならば、この感情をゆさぶろうとするものはすべて、同時に社会を動揺させ、社会を危うくするからである。これらの感情が生ずるのは、必ずしも有用だからではないが、いったんそれが持続すると、その非合理性にもかかわらず、存続しつづけることが必要となる。ここに、一般に、こうした感情を侵す行為をゆるさないことをもってよしとする理由がある。もちろん抽象的に考えれば、ある社会が、それ自体としては無害なこれこれの肉を食べるなと禁止する理由はない、ということを十分論証することはできる。しかし、いったんこの食物への恐怖が共同意識にとって不可欠の部分になってしまうと、この恐怖は、社会的紐帯がゆるんでしまわないかぎり、消えさらないのである。そして、このことは、健全な意識ならば、うすうす感じているところである(45)。

以上のことは、刑罰についても同様である。刑罰は、たといそれがまったく機械的な反作用から生じようと、激情的な、大半が無分別な運動から生じようと、ある有用な役割を果たさぬわけではない。ただ、この役割は、通常人びとの目にはとまらない。刑罰は、罪人を矯正したり、犯罪をまねるおそれのある者をおどかしたりすることに役だつのではない。仮に役だつとしても、まったく付随的にそうであるのにすぎない。この矯正と威嚇という二点からみるかぎり、刑罰の有効性はまったく疑わしいし、いずれにせよ、たいした効果はない。刑罰の本当の機能は、共同意識にその全生命力を保たせて、社会的凝集を無疵のままに確保しておくことである。共同意識は、それがはっきり否定されてしまったばあい、もしその共同体の情緒的反作用が、その失われたエネルギーを埋めあわせないようであると、それは必然的にそのエネルギーを失うであろうし、またその結果、社会的連帯は弛緩してしまうであろう。したがって、共同意識は、反抗をうけた際、きっぱりと自己を主張しなければならない。この自己主張の唯一の方法は、犯罪がたえず触発するみんなの一致した嫌悪感を、犯罪者に苦痛を科することにのみ本質がある正当な行為によって、はっきり表明することである。この苦痛は、これをひきおこす原因のまったく必然的な産物であって、けっしていわれのない残酷な行為ではない。それは、諸集合感情がつねに集合的であること、同じ信条において精神の共同が完全に保たれていることを証明するしるしであり、そのことによって、この苦痛は、犯罪が社会にたいして加えた罪悪をつぐなうのである。犯罪者がその罪に比例して苦しまなければならないといわれる理由は、まさにここにある。さらに、刑罰の贖罪的な特質をまったく否定する諸理論が、多くの人びとに社会秩序をくつがえすものとみられる理由も、ここにある。じっさい、こうした学説は、あらゆる共同意識がほとんど失われた社会においてしか、実践に移されえないであろう。また、このような罪のつぐないという必要な満足がなければ、いわゆる道徳意識は保持されないはずである。だから、懲罰はことに誠実な人びとに科せられるように運命づけられている、といってもおかしくはない。なぜかといえば、懲罰は集合感情に加えられた傷をいやすためにこそ役だつのであるから、集合感情が存在しているところでしか、またそれがいきいきとしている程度に応じてしか、この役割を果たすことができないからである。もちろん懲罰は、すでに動揺をきたした精神のうちでそれ以上にあらたに集合心《アーム・コレクティヴ》が弱められるのを防ぐという意味では、危害がさらに大きくなるのをよく阻止することはできる。だが、その結果は、なお有効ではあっても、特殊な反撃にとどまってしまう。要するに、刑罰について厳密な観念をつくるためには、それについて提出されている二つの対立する理論を調和させなければならない。その二理論とは、ひとつは、刑罰を罪のつぐないとみる説であり、他は、刑罰を社会防衛の武器とする説である。だが、じっさいは、刑罰の機能はたしかに社会を守ることにあるが、しかし、それは刑罰が罪のつぐないを目的としているからである。他方、刑罰が贖罪的なものでなければならぬとしても、それは、苦痛が何か神秘的な力のおかげであやまちをつぐなうからではなく、刑罰は罪をつぐなうというこの唯一の条件においてのみ、社会的に有効な結果を生じうるからなのである。(46)

本章の帰結はつぎのとおりである。いくつかの意識の状態が、同じ社会の全成員に共通であるところから生ずるひとつの社会的連帯が存在する。抑止的法律は、この社会的連帯を、少なくともその本質的な部分を、物質的な形にあらわしたものである。この連帯が社会の一般的統合に果たす役割は、あきらかに共同意識が包括し規制する社会生活の大きさの大小によってきまる。共同意識がその作用を感じさせるさまざまの関係が多ければ多いほど、この意識は個人を集団に結びつける紐帯をより多くつくりだす。その結果、社会的凝集はいっそう完全にこの原因から生じてきて、明瞭なしるしをもつにいたる。しかしながら他方、これらの関係の数は、それ自体が抑止的準則の数に比例する。だから、われわれは、法的機構のどの部分が刑法を代表するのかを決定できれば、この連帯の相対的重要性を測定できる。しかし、このようなやり方では、たしかに集合意識のいくつかの要素が考慮されないことになる。けれども、このような要素は、そのエネルギーが小さいか、あるいはまだ不確定であるために、社会的調和を確保することには十分貢献しながらも、抑止的法律とは無縁のままにとどまっているのである。ただ広く分散した諸刑罰によって保護されている諸要素が、これである。だが、そういったことは、刑法以外の他の法の部門についても同様である。これらの部門の法にしても、習俗によって補完されないものはない。また、法と習俗との関係が、こうした異なる法の分野では同じでないと想定すべき理由はないのであるから、習俗〔すなわち単純な分散的刑罰〕を除いて考えても、われわれの比較の結果を狂わすおそれはない。

原注

（1）だが、これはガロファロ氏〔Raffaele Garofalo. 一八五一―一九三四年。刑法におけるイタリア学派の創始者のひとり〕のとっている方法である。もちろん、氏は普遍的に罰せられているような諸事実のリストをつくろうとして、それが不可能であることを知ったとき、またこんなことは極端なことだが、氏はこの方法を断念したようにみえる（*Criminologie*, p.5）。しかし、氏にとって、自然的犯罪とは、要するに、どこにおいても刑法の基礎にある感情、すなわち道徳感覚の不変的な部分を傷つけ、またそれのみを傷つける犯罪であるから、結局はまた、もとの方法にたちもどっている。だが、ある社会類型にだけ特有な感情を傷つける犯罪が、なぜその他の犯罪よりも軽いのであろうか。ガロファロ氏は、こうして、ある社会種において普遍的に犯罪と認められてきた諸行為に、犯罪としての特質を否定し、犯罪性の枠を不自然にせまくしてしまっている。そこからして、氏の犯罪の観念は、まったく不完全なものとなっている。その概念はまた、はなはだ一定していない。というのは、著者が、あらゆる社会類型をその比較のなかにとりいれることをしないで、その大半は異常だとして除外してしまったからである。ある社会事実については、その事実が属している種の類型とのかかわりにおいては異常だということができても、種そのものが異常だということはできない。種と異常という二つの語を組みあわせることは、見当違いである。犯罪の科学的概念を究めようというガロファロ氏の努力は、きわめて興味ぶかいものがあるけれども、それほど十分厳密かつ明確な方法をもってなされたものではない。氏が用いている自然的犯罪という表現が、それをよく示している。いったい、すべての罪は自然ではないのか。おそらく、社会生活は産業社会においてのみ本当に自然的なのだというスペンサーの学説への復帰が、そこにあるようだ。不幸にして、これほど誤った考え方はない。

（2）　ガロファロ氏は、人類のうちで文明化した人びとが現にもっている道徳的諸感情は「失われることなく、つねに増大しながら発達しうる」道徳を構成している（p.9）、という。氏がこのようにいう科学的根拠が何であるか、われわれにはわからない。それぞれ異なった方向にむかって生ずる諸変化に、こうした限界を設けることが、いったいだれにできるのだろうか。

（3）　Binding, *Die Normen und ihre Übertretung*, Leipzig, 1872, I, S. 6 以下を参照。

（4）　刑法のこうした特殊性にたいするまったく唯一の例外は、公の権威の行為が犯罪をおかしたばあいに生ずる。この際には、義務は一般に制裁とは関係なく規定される。こうした例外の原因については、のちに述べられる。

（5）　Tacite, *Germania*, chap. XII.

(6) Walter, *Histoire de la procédure civile et du droit criminel chez les Romains*, tr. fr., § 829; Rein, *Das Criminalrecht der Römer*, S. 63 を参照。

(7) Gilbert, *Handbuch der griechischen Staatsalterthümer*, Leipzig, 1881, I. S. 138 を参照。

(8) Mainz, Esquisse historique du droit criminel de l'ancienne Rome, in *Nouvelle revue historique du droit français et étranger*, 1882, pp. 24 et 27.

(9) こうした混同は危険である。そのために、個人意識《コンシアンス・アンディヴィデュエル》は集合意識と同様に変化するか否かが、よく問題になる。しかし、すべてはその用語に与えられる意味のいかんにかかっている。集合意識という言葉が社会的類似を意味するならば、この変化の関係は、後述するように、逆である。それが社会の心理的生活のいっさいを示すのであれば、この関係は正比例する。だから両者を区別することが必要なのである。

(10) われわれは、集合意識が個人意識のような一意識であるかどうかを知ろうという問題には入らない。この語によって、社会的諸類似の総体を指示するだけであって、この社会的諸類似の体系が確定されるべき範疇を、あらかじめ断定しようというのではない。

(11) ガロファロ氏が、彼の名づける真の犯罪と他のそれとを、いかに区別したかをみるだけでよい(p. 45)。この区別は、彼の個人的評価によったのであって、まったく客観的性質にもとづくものではない。

(12) なお、罰金が刑罰のすべてであるばあいには、それは総額のきまっている賠償にすぎないから、この行為は、刑法と復原的法律との境界線上にある。

(13) 「出エジプト記」第二一章二八節。「レヴィ記」第二〇章一六節を参照。

(14) たとえば、殺人を犯すときに使われた刃もの。——Post, *Bausteine für eine allgemeine Rechtswissenschaft*, I, SS. 230–231 を参照。

(15)「出エジプト記」第二〇章四および五節。「申命記」第一二章一二―一八節。Thonissen, *Études sur l'histoire du droit criminel*, I. pp. 70 et 178 et suiv.

(16) Walter, *op. cit.*, § 793.

(17) それに、このことは、罪のつぐないという観念が不可解だと考えている人たちでさえ認めているところである。というのは、彼らの学説とよく調和がとれるためには、刑罰の伝統的な概念がまったく変えられ、根底から改訂されなければならぬ、というのが彼らの結論だからである。だから、彼らの結論は、彼らの反対する原理にたっており、またいつでもそうだったのである（Fouillée, *Science sociale*, p. 307 以下をみよ）。

(18) Rein, *op. cit.*, S. 111.

(19) ヘブライ人においては、窃盗、寄託不履行、背信、殴打は私的犯罪として扱われた。

(20) とくに Morgan, *Ancient Society*, London, 1870, p. 76 をみよ。

(21) ユダヤでは、裁判官は僧侶ではなかったが、裁判官はすべて神の代表者であり、神の人＝聖職者であった（「申命記」第一章一七節、「出エジプト記」第二二章二八節）。インドでは、裁くのは王であったが、裁判の機能は本質的に宗教的なものとみられていた（Manou, Ⅷ, v. 303-311）。

(22) Thonissen, *Études sur l'histoire du droit criminel*, I, p. 107.

(23) Zöpfl, *Deutsche Rechtsgeschichte*, S. 909.

(24) ヘシオドス〔Hēsiodos. 年代不詳。ギリシアの詩人。日常の生活、仕事、道徳を歌う〕はいう。「人びとに正義を与えしは、サトゥルヌスの子〔ユピテル〕なり」（*Travaux et jours*, V, 279 et 280, édition Didot）。――「死すべき人の悪業におぼるるや、ユピテルはるかに貫きみたまいて、すみやかにこそを懲らしめたもう」（*ibid.*, 266. *Iliade*, XVI, 384 以下を参照）。

(25) Walter, *op. cit.*, § 788.

(26) Rein, *op. cit.*, SS. 27-36.

(27) Thonissen, *passim.* をみよ。

(28) Munck, *Palestine*, p. 216.

(29) *Germania*, XII.

(30) Plath, *Gesetz und Recht in alten China*, 1865, SS. 69 et 70.

(31) Thonissen, *op. cit.*, I, p. 145.

(32) Walter, *op. cit.*, § 803.

(33) しかし、そうはいっても、この私的犯罪が刑罰的特質をきわだたせるようになって、真の公的刑罰たる破廉恥をひきだしたのではある（Rein, *op. cit.*, S. 916, et Bouvy, *De l'infamie en droit romain*, Paris, 1884, p. 35 をみよ）。

(34) しかし、いずれにしても、仇討がすぐれて集合的なものであることは重要である。復讐するのは個人ではなくて、彼の氏族である。のちに、補償が支払われるのは、氏族または家族にたいしてである。

(35) 「申命記」第六章二五節。

(36) 安息日に、薪をひろいあつめている人物がみつかった。「彼をみつけたひとたちは、彼をモーセとアロンと全集会の前につれていった。彼らはその人物をとじこめておいた。なぜなら、彼をどうすべきかについてはまだ何もしめしを受けていなかったからである」（「民数記」第一五章三二―三六節）。――さらに、神の名をけがした人物も問題になっている。目撃者たちは彼をとらえたが、それがどうあつかわれるべきかについては知らなかった。モーセみずからもまたそれを知らなかったので、神にたずねにいったのである（「レヴィ記」第二四章一一―一六節）。

(37) *Ancien droit*, p. 353.

(38) Du Boys, *Histoire du droit criminel des peuples modernes*, VI, p. 11.

(39) Du Boys, *ibid.*, p. 14.

(40) Maudsley, *Physiologie de l'esprit*, tr. fr., p. 270 をみよ。

(41) Espinas, *Sociétés animales*, *passim*, Paris, F. Alcan をみよ。

(42) 本書一六七ページ、および原注(36)をみよ。

(43) Thonissen, *Études, etc.*, I, pp. 30 et 232 をみよ。——ときに犯罪の証人が刑の執行にあたって、卓越した役割を果たした。

(44) 説明を簡単にするために、われわれは個人がひとつの社会にしか属さないと想定しておく。じっさいには、われわれは多数の集団に属しているのであり、われわれのうちにはたくさんの集合意識がある。だが、こうした複雑さは、われわれが確定しようとしている関係をなんら変えるものではない。

(45) しかしながら、一定のときにある刑罰規定がなんらかの集合感情に対応してきたからといって、この規定がどんなばあいでも保持されなければならぬというつもりはない。刑罰規定は、集合感情がまだ生きており、強力であるかぎりにおいてのみ、その存在理由をもつ。もし集合感情がすでに消滅したか、あるいは弱くなっているばあいに、この規定を人為的に無理に維持しようと試みるほど、無駄な、ときには有害なことはないのである。かつては共通であったが、いまはそうではなくて、新しい必要な諸慣行の確立と対立するような慣行は、これをうち破らなければならない事態さえありうる。だが、われわれは、こうした疑わしく微妙な問題点に入りこむ必要はない。

(46) 現存する刑罰は、その存在理由をもっているといっても、われわれはそれが完全なものとも、改善の余地がないものとも思ってはいない。反対に、刑罰は、その大半がまったく機械的な原因の所産であり、したがって、まったく不完全にしかその役割にあっていないことは、きわめて明瞭である。ここでは、大体の弁明だけが問題なのである。

訳注

＊1　ローマ人民最古の区分単位であるクーリアの民会。貴族会ともいう。王朝時代には、三つの部族（ティティエス、ラムネス、ルケレス）が各自一〇のクーリアにわけられた。したがってローマは全体で三〇のクーリアの集合体であった。クーリアは、こうしてローマ最古の軍隊組織の基礎であり、ローマ最古の会議の単位であった。クーリア民会では、養子縁組のような家族法上のことから最高官吏の認承もおこなった。

＊2　共和政期ローマの正式の市民総会。兵員会ともいう。全市民は土地財産の大小に応じて五等級にわけられ、財産に応じた武装をした。各等級では百人組（ケントゥリア）をいくつか編成した。これがケントゥリア民会の母体である。共和政初期の前五世紀ごろ、ローマ全体では一九三個のケントゥリアが編成されたという。当初は軍会であったが、のちに戸口査察、コンスルの選挙、宣戦の決議、市民の死刑、追放、控訴などをあつかった。十二表法には、ローマ「最大の集会」comitiatus maximus と記されている。

＊3　スピノザ——Baruch de Spinoza. 一六三二—七七年。オランダの哲学者。ユダヤ神学とデカルト哲学とを総合することによって、汎神論的一元論をたてた。道徳の目的は至福にあるが、それは、人間固有の理性から発すると主張する。

＊4　〔　〕内の文章は、初版以外では削除されている。

＊5　エリアン——Élien. 二世紀の軍事学者アイリアノス Ailianos の仏語名。兵の訓練法、用兵法についての著書を残している。

＊6　テキストとした第七版では、「感情は神の復讐として」le sentiment comme une vengeance du dieu とあるが、初版では「懲罰は神の……」le châtiment comme……とあり、原注（24）および前

後の文意から判断して、テキストは誤植とみられるので、第一版によって訳した（田辺訳、一五四ページ参照）。

＊7　タキトゥス――Cornelius Tacitus. 五五年ごろ―一一五年以後。ローマ第一の史家。共和政をもって理想とし、帝政ローマの暗黒面を正確に描いた。その著『ゲルマニア』は原始ゲルマン人の貴重な史料である。

＊8　サムナー・メーン――Sir Henry James Sumner Maine. 一八二二―一八八年。イギリスの法学者、社会学者。ケンブリッジ、オクスフォードの教授を歴任。イギリス歴史法学の創始者として知られ、ローマ法、インドの土地制度、村落共同体の研究をとおして、歴史的・比較的法学の基礎を確立した。

Ⅲ　分業によるあるいは有機的連帯

I

復原的制裁の性質そのものは、この法が対応する社会的連帯が、〔機械的連帯とは〕まったく別種のものであることを立証すればたりる。

この制裁が他ときわだって違うところは、それが罪をつぐなうということではなくて、たんに原状の回復に帰着するということである。この復原的法律を犯したり、それを軽んじたりしたものに、その悪業に相当した苦痛が科せられる、というのではない。ただその法に服するように言渡されるだけである。すでにそうした事実があったとすれば、裁判官はその事実があるべきだった状態に回復させる。裁判官は法を語るが、刑罰については語らないのである。損害賠償は刑罰という性質をもつものではない。すなわち、それは、ただ過去をできるだけ正常な形で復原させるために、過去にたち返る一手段であるのにすぎない。タルド氏は、訴訟で敗れた側がいつも負わなければならぬ訴訟費用の支払言渡しに、一種の民事的刑罰をみいだせると確信していた(1)。だが、刑罰をこの意味に理解してしまうと、刑罰という用語は比喩的な価値しかもたないことになる。刑罰があるためには、少なくとも懲罰と過失とのあいだに、なんらかの比例がなければならぬはずである。そのためにはまた、この過失の重要度が厳密に確定されていなければならぬであろう。ところが、じっさいには、訴訟に敗れたものは、彼の意図が純粋なときでも、ただその無知のゆえにのみ有罪となったときでさえも、訴訟費用を支払うのである。だから、この規則の理由は、〔タルド氏の解釈とは〕まったく別のように思われる。すなわち、裁判は無料ではおこなわれないのであるから、訴訟費用はそれを提起したものによって負担されるのが公平だと思われるのである。さらに、こうした出費の見込みは、無茶な訴訟狂をさえぎることもできる。だが、そうしたことでは、それを刑罰とするには十分ではない。怠惰または手ぬかりをすれば破産がやってくるのがあたりまえだという恐怖感は、商人を活動的にし勤勉にさせるが、このような破産は、語の本来の意味で、彼の過失にたいする刑罰的制裁ではない。

これらの準則にたいする違反は、ひろく分散した刑罰によって罰せられることもない。訴訟人は、訴訟に敗れたからといって、屈辱的な罰を受けたわけでもなければ、自分の名誉がけがされたわけでもない。われわれは、これらの規則が現存のものと違ったものになるとしても、それでわれわれが憤慨するようなことはないと考えることさえできる。殺人は許されてもいいという考え方は、われわれを憤激させる。だが、相続法が改正されるということについては十分納得できるし、多くのひとは、それが廃止されるかもしれぬとさえ考えつく。こうした問題は、少なくともわれわれがそれについて論議することを拒まな手と買い手の責任が変えられたり、地役権や用益権が現行のそれとは違って編成されたり、売りい問題である。同様にして、地役権や用益権が現行のそれとは違って編成されたり、売り手と買い手の責任が変えられたり、行政機能が違った原則で配分されたりすることを、われわれは簡単に承認する。これらの諸規定は、われわれのうちのいかなる感情にも対応しないので、また、一般にわれわれはその存在理由を科学的に知らないので――こうした科学はまだできていないから――、われわれの大多数のうちに根をおろしてはいない。もちろん、それにも例外はある。習俗に反した契約や暴力や詐欺によってえられた契約が契約当事者を束縛できるという考え方を、われわれは許さない。また、世論がこの種の事例にぶつかったときには、世論はわれわれがいま述べてきたよりはもっと関心を示し、それに非難を加えて法的制裁を重くする。というのは、道徳生活のさまざまな領域は根本的には相互に切り離されていないからであって、それどころか、その諸領域は連続しており、したがって、それらのあいだには、さまざまの特質が同時にみいだされる境界領域があるからである。けれども、前記の命題は、ごく一般的な事例においては、依然として正しい。復原的制裁を伴う諸準則が、あるいはまったく集合意識の一部となっていないか、あるいはその弱い状態でしかない、というのがその証拠である。抑止法は、共同意識の核心であり中枢であるものに対応している。ついで純粋道徳的準則は、すでにこの共同意識の中心からやや離れた部分である。さいごに、復原法は中心からずっと遠い領域に生まれ、それよりもさらに遠くへひろがってゆこうとする。復原法は、それ自体になりきろうとすればするほど、ますます中心から遠ざかってゆくのである。

さらに、復原法の特質は、その機能の仕方によっても明らかにされる。抑止法は社会に散在したままにとどまろうとするが、復原法は、ますます専門的な機関、たとえば領事裁判所、労資協調会、あらゆる種類の行政裁判所などをつくりだそうとする。復原法は、そのもっとも一般的な部分、すなわち民法においてさえも、特殊な機能担当者たる司法官や弁護士など、まったく特殊な修練によってその役割に向くようになった人びとによってのみ、それが執行される。

だが、これらの準則が、多かれ少なかれ集合意識の外にあるとはいっても、それらは諸個人にだけかかわりがあるのではない。個人にしかかかわりがないのだとすると、復原法は社会連帯と共通するものが何ひとつないことになる。なぜなら、この法がとりしきる諸関係は、諸個人を社会に結びつけないで、個人どうしを結びつけることになるからである。そのような関係は、たとえば友人関係のような、私生活の単純な出来ごとにすぎないであろう。けれども、社会が、法的生活のこの領域で欠落しているなどということはけっしてない。たしかに、一般的にいえば、社会は、それ自体で、独自の運動をとおして、干渉するということはない。社会は、利害の当事者によってその活動をうながされることが必要である。それでも、ひとたびせきたてられると、やはり社会の干渉はその機構としての本質的な歯車である。この歯車を動かすのは、社会それ自身だからである。まさしく社会こそが、その代表者たちの機関をとおして法を語るのである。

しかしながら、このような役割はなんら本来的に社会的なものではない、結局それは私的利害の調停者の役割にほかならぬ、という主張がある。この説によると、どんな個人でもその役割を果たすことができるし、仮に社会がそれをひき受けたとしても、それはただ便宜上のことにすぎない、といわれる。だが、社会を当事者間の一種の第三調停者にしてしまうほど誤った考えはない。社会が干渉する気にさせられるのは、個人的諸利害を一致させようがためではない。その敵対者たちにとってもっとも有利な解決をみつけてやったり、彼らのために妥協を提案したりするのではない。そうではなくて、社会は、自分にゆだねられる個々の事件に、法の一般的伝統的な準則を適用するのである。ところが、法は第一級の社会的《ショーズ・ソシアル》ものであって、訴訟人たちの利害とはまったく別の利害をもつものである。離婚請求を吟味する際の裁判官は、この離婚がその夫婦にとって本当にのぞましいかどうかを知ることに没頭したりはしない。その離婚が提訴された原因が、法によって予定された範疇のひとつに該当するかどうかに専心するだけである。

だが、こうした社会の作用の重要性を正当に評価するためには、制裁が適用されるときや、混乱した関係が回復されるときばかりでなく、この関係がそもそも設定される際にも、この作用を観察しなければならない。

この法が支配し、利害当事者たちの同意だけではそれをつくりだすことも変更することもできない多数の法的諸関係を、創設するためにせよ改変するためにせよ、じっさいには、この社会的作用が必要なのである。とくに、この法的関係が諸個人の状態にかかわるばあいにそうである。たとい結婚は契約であるにしても、その夫婦が自分たちの意志だけでそれを成立させたり解消したりすることはできない。そのほかの家族関係すべてについて同様である。さらに、もっと強い理由からして、行政法が規制するあらゆる諸関係もそうである。ほんらい契約的な諸義務は、まさしく諸個人の意志の一致だけで結ばれたり解消されたりすることが可能である。だが、忘れてならぬことは、よしんば契約が結びつける力をもっているとしても、その力を契約にわかちもたしめるのは社会だということである。社会が契約された義務を認可しないばあいを考えてみよ。すると、これらの義務は、ある道徳的権威をもつ以上にはでないたんなる約束ごとになってしまおう。[2]だから、あらゆる契約は、それを締結する当事者たちの背後に、結ばれた契約を尊重させようとしてまさに干渉せんばかりの社会がある、ということを前提とする。いいかえれば、社会がこの義務を強制する力を与えうるのは、それ自体で社会的価値のある契約、すなわち法規定に合致した契約にたいしてだけなのである。のちにみるように、ときにはこの干渉がもっと積極的なばあいさえある。それゆえにこそ、社会は、復原法が決定するあらゆる関係にあらわれており、もっとも完全に私的なことと思われる関係においてさえ、現存する。しかも、社会のこの現存は、直接に感じとられなくても、少なくとも正常な状態においては、依然として本質的であることを失わない。[3]

復原的制裁をもった諸準則は、共同意識には縁が遠いから、これらの準則が決定する諸関係は、すべての人に無差別に及ぶような関係ではない。すなわち、これらの関係は、個人と社会とのあいだで直接に設定されるのではなく、社会の限られた特定の利害当事者たちどうしのあいだでとり結ばれる関係に、直接に設定される。しかし他面からすれば、そこでも社会が欠落しているわけではないから、そのばあいでも、社会は多かれ少なかれそれに直接のかかわりをもち、それからの衝撃をうけるに違いない。そこで、そうした衝撃を社会が感じる鋭敏さに応じて、社会は、これを代表することをまかされた特殊な機関を媒介にして、ときには遠くときには近くから、ときには強くときには弱く、干渉する。だから、これらの関係は、抑止法が規制する諸関係とはまったく異なったものである。というのは、後者の諸関係は、個別意識を集合意識に、すなわち個人を社会に、直接かつ無媒介的に結びつけているからである。

だが、これらの諸関係は、まったく異なった二つの形態をとることができる。すなわち、一方、消極的な関係および純粋な不作為に帰着する関係と、他方、積極的または協力の関係、である。これら両者のあり方を決定する二種類の準則に、区別しておかなければならない二種類の連帯が対応する。

2

他の諸関係にたいして、類型として役にたちうる消極的関係は、物と人とを結びつける関係である。

物は、事実上、人とまったく同じように社会の一部分を構成し、社会ではある特殊な役割を演じている。こうしてまた、物と社会有機体との関係が確定されていることが必要なのである。したがって、さまざまな物のある連帯が存在するといえる。この連帯の性質はまったく特殊であるから、きわめて特殊な性格の法的結果として外部にうつしだされる。

法律家も、じっさいに、二種類の権利を区別している。すなわち一方にたいしては対物権の名を、他方には対人権の名を与えている。所有権や抵当権は前者に、債権は後者に属している。物権を特徴づけるものは、物権だけが優先権と追求権を生ぜしめるということである。このばあい、私が物にたいしてもっている権利は、たまたま私の権利のあとに設定しようとされる他のいっさいの権利を排除することができる。たとえば、ある財が二人の債権者にあいついで抵当にいれられることがあっても、第二次抵当権は第一次抵当権を何ひとつ制約することができない。他方、私が抵当権をもっている物を、私の債務者が他人に譲渡したとしても、私の抵当権は少しも侵されないのであって、第三の取得者は、その得たものを私に支払うか、それとも失うかせざるをえないのである。ところが、そうであるためには、法の紐帯は、この一定の物件を私の法律的人格に、直接かつ他のいかなる人格をも媒介とすることなく、結びつけることが必要である。だから、この特権的な状況は、物に固有の連帯の結果なのである。これと反対に、権利が対人的であるばあいには、私に債務を負うている人は、新しい債務を契約しようとする際に、私の権利と同等の権利をもつ共同債権者たちを私にもちだすことができる。また、たとい私がその債務者の全財産を担保としてもっているとしても、もしこの債務者がその財産を他人に譲渡すれば、これらの財産は債務者の資産から離れると同時に、私の担保からも離れてしまう。その理由は、これらの財産と私とのあいだには特別の関係がなく、その所有者の人格と私固有の人格とのあいだにそれがあるからである。(4)

こうして、この物的連帯《ソリダリテ・レール》が何から成りたっているか理解できる。この連帯は、物を人に直接結びつけるのであって、人びとどうしを結びつけるのではないこと、これである。厳密にいえば、ひとは他のすべての人びとを排除して、自分こそが世界でただひとりだと信じて物権を行使することができる。したがって、諸物は人の媒介によってのみ社会のうちで統合されるのだから、この統合から結果する連帯は、まったく消極的である。この連帯は、諸個人の意志が共通の目標にむかって動くようにはさせないで、物が諸意志のまわりを重力によって秩序正しくめぐるようにするだけである。物権はこのように限定されているから、たがいに衝突しあうことはない。このように敵対関係は予防されているが、さりとて積極的な協力もなければ一致もない。仮に、こうした一致が可能なかぎり完全にあったとしよう。すると、この一致が支配する社会は——それだけが支配しているとすれば——、めいめいの遊星が隣接する遊星の運動をさまたげることもなく、その軌道を動いている一大星座に似るであろう。だから、こうした連帯は、この連帯の結びあわせる諸要素がまとまって行動できるような一個の全体をつくりあげるものではない。それは社会体の統一には何も貢献しないのである。

以上のことから推して、この連帯が対応している復原法は、そのどの部分がそうであるかを決定することは簡単である。すなわち、すべての物権がそうである。ところで、物権について与えられてきた定義そのものからして、なかでも所有権がそのもっとも完璧な典型だということになる。現実に、物と人とのあいだに存在しうるもっとも完全な関係は、前者を後者にまったく従属させてしまう関係である。ただ、この関係は、それ自体が非常に複雑であり、またこの関係を構成する諸要素は、用益権・地役権・使用権・居住権といったように、多くの二次的な物権の対象となりうる。したがって、要するに物権は、フランス民法典第二編が規定しているように、さまざまな形態（著作権や芸術・産業・動産・不動産にかんする各所有権）、多様な様態の所有権を含むものだといえる。この第二編以外にも、わが国の法は、なお四つの物権を認めているが、それは対人権の一時的な補足であり、代用であるにすぎない。すなわち質権、不動産質権、先取特権、抵当権がそれである（第二〇七一―二二〇三条）。これに、相続権、遺言する権利、したがってまた失踪――というのは、失踪が宣告されると一種の仮相続が成立するからである――にかんするものをすべてつけ加えたほうがよい。じっさいに、相続財産は一個の物または諸物の全体であって、それらについて相続人および遺産受取人が物権をもつ。この物権は、事実上所有者の死亡によってえられ、あるいは間接相続人と特定資格の遺産受取人とにおこるばあいのように、訴訟行為の結果をまってのみ開始される。以上のあらゆるばあいにおいて、法律関係は、人対人のあいだにではなく、人対物のあいだに直接に設定される。それは、遺贈のばあいにも同じである。遺贈とは、所有者が自分の財産にたいして、あるいは少なくともその自由に処分できる部分の財産にたいして、物権を行使するものにほかならないからである。

けれども、物権ではないが、右の物権と同様に消極的であり、これと同質の連帯をあらわす人対人の関係がある。

第一に、これはほんらいの意味での物権の行使を生ぜしめるような関係である。しかし、じっさいには、物権の発動が、ときにその物権の保有者である人物それ自体をよく前面にひきだすことはさけられない。たとえば、ひとつの物が他の物につけ加えられるようなときには、主な物とみられる物の所有者は、同時にそれに付合した物の所有者ともなる。ただし彼は「この付合した物の価格を相手方に支払わなければならない」(五六六条)。この義務はあきらかに対人的である。同様に、共有の境界壁の各所有者が、それを高くしようとするときには、それによって生ずるマイナスを共同所有者に賠償金で支払わなければならない(六五八条)。特定資格の遺産受取人が、遺言者の死後、遺贈物にたいしてある権利をもっているばあいでも、この遺贈物の交付を受けるためには遺産の包括受取人に申しでなければならない(一〇一四条)。だが、以上の諸関係があらわす連帯は、われわれがいま述べてきた諸関係と少しも違わない。事実上、これらの関係は損害を回復し、予防するためにだけ設定される。仮に各物権の保有者がいつでもその権利を行使できるが、その限界をこえることがけっしてないとすると、各人は自分の限界内にとどまっていて、なんらの法的交渉もそこにはおこらぬであろう。しかし、じっさいにいつもおこっていることは、これらの諸権利がたがいにくいこんでいるので、一方の権利に価値を認めようとすれば、それを制限している他の権利を侵さずにはすまないということである。あるばあいには、私にその権利がある物が他人の手中にあることがある。遺贈のばあいがそれである。またあるばあいには、私が自分の権利を享受するために、他人の権利を傷つけないではすまないことがある。若干の地役権のばあいがそれである。だから、損害をすでにひきおこしてしまったばあいにはその損害を回復するために、あるいはそうした損害をあらかじめ防ぐために、こうした諸関係が必要なのである。しかし、この諸関係はけっして積極的なものではない。すなわち、この諸関係は、それがあいだをとりもつ人びとを協力させたりはしないのである。それは協同ということを少しも含まない。ただ、この諸関係は、新しい状態が生じたばあいに、この状況が連帯の作用を乱したりはしないように、その消極的な連帯を回復したり維持したりするだけである。これらの関係は、結びあわせるどころか、物それ自体の力によって結ばれてきたものを、もっとひき離したり、侵された限界を元通りにして、それぞれの物をそれ本来の領域にもどしておくことしかしないのである。これらの関係は、人と物との関係とまったく同じなので、法典の起草者たちは、そのために特別の条項を設けはしなかったのであって、物権とまったく同時にとりあつかってきたのである。

さいごに、不法行為および準不法行為〔過失による不法行為〕から生ずる義務も、厳密には物権と同じ性質をもつ(5)。これらの義務は、自分の過失によって他人の正当な利益に与えた損害を、当人がつぐなうように強制する。それらの義務は、だから対人的である。が、それらが対応する連帯も、あきらかに消極的である。それらの義務の本質は、積極的に役にたとうとすることにあるのではなくて、ただ傷つけないようにすることにあるからである。こうした義務の破棄を制裁しようとする拘束関係は、まったく外部的なものである。こうした諸関係と前述の物権における諸関係との相違は、前者においては、その関係の破棄が過失から生ずるのであるが、後者では、法によって確定され予想された状況から生ずる、という違いだけである。けれども、秩序が乱されるという点では同じであり、この混乱は協力からではなく、純粋な不作為からおこるのである。(6) のみならず、利益が侵害されるとこれらの義務を発動させうるという権利は、それ自体で物権的である。なぜなら、私は、私に属する物質的な物と同じ資格、同じ仕方において、自分の肉体、健康、名誉、評判の所有者だからである。

要約しよう。物権および物権のばあいに設定される対人関係にかんする諸規則は一定の体系を形成している。そして、この体系は、社会の異なる諸部分をたがいに結合させるのではなく、逆に、これらの部分をそれぞれ別々のものとし、その分離の境界をはっきり示すことを機能とするものである。だから、これらの規則は、積極的な社会的紐帯に対応するものではない。われわれが用いてきた消極的連帯という表現自体が、完全に厳密だとはいえない。それは、固有の存在と特殊な性質をもった真正の連帯ではない。むしろ、あらゆる種類の連帯の消極的側面である。ある全体が凝集的であるための第一条件は、この一全体を構成する諸部分が不整合な運動によって衝突しあわないということである。だが、このような外部的な一致が全体の凝集をつくりだすのではない。反対に、前者はこの凝集を前提にしている。したがって、消極的連帯は、そこにもうひとつ別の、積極的性質をもった連帯が存在するところにおいてのみ可能である。消極的連帯は積極的連帯の結果であると同時に、その条件である。

じっさい、個人の諸権利は、それが人にかかわるものであろうと、物にかかわるものであろうと、おたがいの妥協と譲歩によってのみ決定されうるものである。なぜなら、一方にとって許されるものは、必然的に他方にとっては放棄されるものだからである。よくいわれてきたように、個人の発達の正常な伸張は、あるいは人間的人格の概念（カント）から、あるいは個人有機体の観念（スペンサー）からひきだすことができるかもしれない。このような推論は、その厳密さにかんしておおいに異論の余地があろうけれども、ともかく可能ではある。しかし、いずれにしても確実なことは、歴史的現実において、道徳的秩序が基礎づけられてきたのは、こうした抽象的思弁によってではないということである。事実上、人間が、論理だけではなく、生活実践において、他人にさまざまの権利をみとめるためには、人間が自分の権利を制限しなければならなかったからである。したがってまた、このようなおたがいの制限は、協調と和合の精神においてのみおこなわれえたのである。ところで、もし多数の個人が、彼らのあいだにあらかじめなんの拘束の絆もないと仮定すると、彼らをつき動かして相互的な犠牲におもむかしめえたのは、いったいどんな動機なのであろうか。平和に生きたいという欲求であろうか。だが、平和は、それ自体では戦争よりものぞましいものだということにはならない。戦争は重荷だが利点もある。戦争が生きがいだという民族や個人がいなかっただろうか。戦争によってみたされる本能は、平和がみたす本能に劣らず強いものである。もちろん、倦めば敵対行為をしばらくのあいだやめることがある。だが、こうしたたんなる休戦は、休戦をきめたいっときの倦怠よりも永続きするということはありえない。いわんや、力の勝利だけによる戦争終結といえども、これと同様に永続的ではありえない。このような力の解決は、国際戦争を終結させる諸条約が一時的であり不安定であるのと、まったく同じである。人間というものは、なんらかの社会的紐帯ですでに結ばれている程度においてしか、平和の欲求をもたないものである。このようなばあい、じっさいに人びとをたがいの方向に傾けさせる感情は、利己主義の激情をごく自然にやわらげる。他面からすれば、これらの感情をうちに包む社会は、闘争によってたえずゆさぶられることがないという条件においてのみ生きうるのであるから、それは人びとに全重圧を加えて、必要な譲歩をするように余儀なくさせるのである。よくみられるように、独立した諸社会が、物にたいするそれぞれの権利の大きさ、すなわち領土の広さを決定するために、たがいに了解しあっていることは確かである。だが、まさしく、こうした諸関係がひどく不安定であることは、消極的連帯がそれだけでは十分でないことを立証して余りがある。こんにち、文明諸民族のあいだにこの消極的連帯がより強まっているようにみえるとすれば、すなわちヨーロッパ諸社会の物権ともよびうるものを規制する国際法上のこの分野が、おそらくかつてよりもはるかに権威をもつようになったとすれば、それは、ヨーロッパの諸国民が相互にはるかに独立的ではなくなってきているからであり、またある側面からすれば、これらの諸国民がすべて同一社会の諸部分を構成するようになってきているからである。もっとも、全ヨーロッパの自己意識はしだいに高まりつつも、いまなおそれは不統一であるが、たしかにヨーロッパが同一社会だといってつある。ヨーロッパの均衡とよばれているものは、このような社会を組織化する手はじめである。

正義と愛《シアリテ》とを注意ぶかく区別しようというならわしがある。すなわち、他人の諸権利をもっぱら尊重することを旨とする前者を、この純粋に消極的な徳をこえたあらゆる行為としての後者から区別しようということである。これら二種の慣行のあいだには、道徳のそれぞれ独立した二つの層のようなものがみられる。すなわち、正義は、それ自体で道徳の基底層をなし、愛は、その上層であるという。この区別はきわめて根本的だから、ある道徳の支持者によると、正義だけが社会生活の正常な機能のために必要だといわれる。すなわち、無私公平ということは私的な徳に過ぎず、これを追求することは個人にとってこそ善であるが、社会はそれがなくとも十分にやっていけるというのである。多くの人びとは、無私という徳が公共生活に介入することをあぶなくてみていられないとさえ感ずる。無私という観念が、事実といかに一致しないかはすでにみたところである。現実に、人間が権利をたがいに認めあい保障しあうためには、第一に彼らが愛しあうことが必要であり、なんらかの理由で彼らがたがいにたいして、彼らがその部分を構成する同一社会にたいして、結ばれなければならない。正義は、愛に満ちている。あるいは、われわれの表現を用いれば、この消極的連帯はもうひとつの積極的な性質の連帯の発露にすぎない。すなわち、この消極的連帯は、別の源泉からきた社会感情が物権の領域に反映したものなのである。それゆえに、消極的連帯はなんら独自のものをもってはいない。それは、あらゆる種類の連帯に、必然的に付随するものである。それは、社会的分業から生じた共同生活であろうと、あるいは類が類をよぶという魅力にもとづいた共同生活であろうと、ともかく共同生活を人びとが営むところでは、どこにでも不可避的にみられるものである。

3

復原的法律から以上述べてきた諸準則を除きさると、残るところは、家族法・契約法・商法・訴訟法・行政法および憲法を含む、右と同様に明確な体系をもつ準則である。この体系で規定される諸関係は、上述の物権的諸関係とはまったく別質のものであって、それらは、積極的な協力、本質的に分業から生ずる協同をあらわす。

家族法が決着をつける諸問題は、つぎの二つのタイプに帰着する。

一　種々の家族的機能をだれが担当するか。だれが配属者であり、だれが父であり、だれが嫡出子であり、だれが後見人であるか、等々。

二　このような諸機能とそれらの関係との正常な類型とは、どんなものであるか。

第一の問題に答えるのは、婚姻をとり結ぶ際に必要な資格と要件、その婚姻が有効であるために必要な方式、嫡出親子関係・私生親子関係・養親子関係の要件、後見人選定の方式等々、を決定する諸規定である。

これにたいして、つぎのような諸事項を解決するのが、第二の問題である。すなわち、配偶者各自の権利義務、離婚・婚姻無効・別居（それに伴う財産分割）の際の配偶者の関係のあり方、親権、養子縁組の効果、後見人の権限行使およびその被後見人にたいする関係、後見人および被後見人にたいする親族会の役割、禁治産のばあいにおける親族と補佐人の役割、以上のことがそれである。

だから、民法のうちでもこの家族法の部分は、さまざまな家族機能が配分される仕方と、これらの諸機能がたがいにいかなる相互関係にあるべきかということ、以上のことを決定するのがその目的である。すなわち、それ〔家族法〕は、家族的分業によって家族成員をたがいに結合する特殊な連帯をあらわすものだ、ということである。たしかに、このような側面から家族に注目することはめったにおこなわれてこなかった。家族のまとまりを形成するのは、もっぱら感情と信念の共同体である、とするのがありきたりの解釈である。なるほど、家族集団にはその成員に共通のものが多いので、成員ひとりひとりに与えられる仕事の特殊性はつかみどころがないほどである。また、これこそ、オーギュスト・コントをしてつぎのことをいわしめた理由である。すなわち家族の結合は「あるひとつの目的にむかって直接かつ継続的に協同するというような、いっさいの思想」を拒否するものである、と。[7]ところが、家族の法的組織は――その本質的な輪郭はいま概略を想起してきたばかりである――、さまざまに異なった〔家族〕機能が実在すること、またその相違が重要であることを証明する。家族の歴史は、その当初から、たえざる分解運動にほかならないとさえいえるのであって、その分解過程において、これらの多様な諸機能は、初めは未分化であり混合していたものが、少しずつ分離していって、別々に構成され、さまざまの親族のあいだに、その性、年齢、従属関係にしたがって、その各人が家族的社会のそれぞれ特殊な機能担当者となるような仕方で、分配されるようになる。(8) したがって、この家族的分業は、付随的・二次的な一現象にすぎないどころか、逆に、家族の全発展を左右するものなのである。

分業と契約法との関係もまた、これに劣らず明瞭である。

事実上、契約は、すぐれて協同ということの法的表現である。契約当事者の一方だけしか束縛されない、いわゆる無償契約というものがあることは確かである。私があるものを他人に無条件で与えるとしても、もしまた、私が無償で寄託や委任をひき受けるとしても、結果として、私にとっては一定の明白な義務が生ずる。しかし、このばあい、一方の側だけに負担がかかるのだから、契約当事者間には固有の意味での協力というものはない。けれども、この無償契約という現象においても、協同が欠如しているのではないのである。この協同は、たんに無償であり、片務的だというだけのことである。たとえば、贈与とは、相互的な義務を伴わない交換ということでないとすれば、いったいなんであろうか。だから、この種の契約も、真に協同的な契約の一変種にすぎない。

のみならず、この種の契約はきわめて稀である。というのも、無償の行為が法的規制に服するようなことは、めったにないからである。これ以外の契約、つまり大部分の契約についていえば、契約によって生ずる義務は、あるいは相互的な義務であり、あるいはすでに履行された給付にたいする義務であるというように、双務的である。一方の契約当事者の約束は、他方の当事者がした約束の結果として生ずるか、または、この後者によってすでに提供されたサーヴィスの結果生ずるものである。(9) ところで、この相互性は、そこに協同があるばあいにだけ可能であり、ひるがえって、この協同は分業がなければ生じえないのである。じじつ協同するということは、ひとつの共同の仕事を分担しあうことである。もし、この共同の仕事が同質的な仕事に分割されているばあいには、それらはたがいに必要不可欠であるとしても、それは単純な分業あるいは初等度の分業である。またもし、この分割された仕事が異質であれば、そこには複合的分業があり、固有の意味での専門化があることになる。

それればかりではない。このあとのほうの協同の形式こそは、はるかに多くのばあい、契約がもっとも一般的に示す協同の形式なのである。もうひとつ別の意味をもった唯一の協同形式は、会社契約であり、おそらくはまた夫婦財産の契約である。ただ、後者の契約でも、夫婦が家計費の分担額を決定するばあいに限ってである。また、そうした協同形式をとるために、会社契約は、そのすべての協同メンバーを同一水準におき、彼らの出資分担額が同等であり、彼らの機能が同一であるようにしなければならない。ただ、このような例は、婚姻関係では、夫婦間の分業のためにそう厳密にはあらわされていない。このような例外的な種類の契約にくらべて、大多数の契約は、専門的異質的な諸機能を相互に調整することを目的とする、という点で対置される。すなわち、買手と売手との契約、交換の契約、企業家と労働者との、物の賃借人と賃貸人との、使用貸主と使用借主との、受託者と寄託者との、旅館の主人と旅客との、代理人と委任者との、債権者と債務者の保証人、等々のあいだの契約が、それである。一般的にいえば、契約とは、交換の象徴である。スペンサー氏も、生物体のさまざまの器官のあいだで不断におこなわれる材料の交換を生理学的契約と名づけたが、あながち誤りではない(10)。ところで、交換は、あきらかに、大なり小なり発達した何ほどかの分業を、いつも前提としている。われわれがいまとりあげてきたばかりの諸契約も、なお少ないながら一般的性質をもっている。だが、忘れてならぬことは、法というものは、一般的な輪郭だけを、諸社会関係の主要な路線だけを、すなわち集合生活の多様な領域にひとしくみいだされる社会関係の路線だけを、かたどるにすぎないことである。上記の契約は、どの型もさらに特殊な多数の他の型を予想させる。前者はいわば共通の刻印であり、前者は後者を同時に規制するが、そのばあい、このより特殊な諸機能のあいだに、さまざまの関係が確定されることになる。それゆえに、この図式は、比較的単純であるにもかかわらず、この図式の要約する諸事実が極度に複雑であることを示すのに十分である。

さらに、諸機能の専門化が、もっと直接的に明白なのは、とくにつぎのような商業に特有の契約を規定する商法典においてである。すなわち、仲買業者と仲買委託者、運送業者と荷送人、為替手形の持参人とその振出人、船舶所有者とその債権者、船主と船長と乗組員、船主と傭船者、冒険賃借の貸主と借主、保険業者と被保険者、以上の人びとのあいだの契約がそれである。しかしながら、商法においてもまた、法規定の相対的な一般性とこの規定によってその諸関係が規定されている特殊な諸機能の多様性とのあいだには、大きなへだたりがある。商法では慣習に重要な位置が与えられていることが、そのことをよく立証している。

商法典が、ほんらいの意味での契約を規制しないばあいについては、商業機構の全分野の連帯を確保するために、商法は、いくつかの特殊な諸機能がどうあるべきかを規定している。たとえば、株式仲買人、仲買人、船長、破産担当裁判官などの機能が、それである。

司法機構においては、訴訟法——刑事・民事・商事訴訟を問題とする——が、これと同じ役割を果たす。すべて法規定による制裁は、若干の機能、すなわち司法官、弁護人、訴訟代理人、陪審員、原告および被告などの諸機能の協力によってのみ、適用されうる。訴訟手続は、これらの諸機能が活動に入り、それらが相互に関係しあうべき様式を確定する。それは、これらの諸機能がいかにあるべきか、そのおのおのが司法機関の一般生活のなかでいかなる役割を占めるか、を規定する。

法の諸準則を、合理的に分類してみると、訴訟法は行政法の一変種にすぎないとしか考えようがないように思われる。司法行政とそれ以外の行政法とを区別するのに、いかなる根本的な相違があるか、われわれは知らないからである。こうした見方はともかくとして、ほんらいのいわゆる行政法は、ふつう行政的とよばれている不確定な諸機能を規制するものであるが、(11)司法行政が裁判上の諸機能を規制するというのも、まったく同断である。行政法は、行政的な諸機能の正常類型を確定し、その諸機能相互の関係、および行政機能と社会にひろく分散している諸機能との関係を決定する。ただし、若干の規則は、なお一般にこの行政法の分類枠にいれられているが、それらは刑罰的性質をもっているにもかかわらず、これを行政法から除外しなければなるまい。(12)さいごに、憲法も、統治上の諸機能にたいしては、これと同じ作用をもつ。

おそらく、行政法、政治法、そして普通には私法とよばれているものまでもが、同じ分類内に糾合されているのをみて、あるいはおどろかれるかもしれない。けれども、第一に、このような糾合は、法を分類する根拠として制裁の性質を採るかぎりでは、まぬがれえないところであって、分類を科学的におこなおうとすれば、これ以外のやり方をとることができるとは思えないのである。第二に、公法と私法という二種類の法を完全に切り離すためには、まさしく私法なるものが存在することを認めなければなるまい。けれども、われわれは、すべての法は、それが社会的であるからこそ公的なものである、と信ずる。有機体のあらゆる機能が有機的であるように、社会のあらゆる機能は社会的である。経済的機能といえども、諸他の機能と同様にこの性格をもつ。のみならず、もっともひろく分散した諸機能においてさえも、統治機構の作用に多かれ少なかれ服しないものはない。だから、この見地からすると、これらの諸機能にはただ程度の差しかないのである。

これを要するに、協同的法律が復原的制裁という形で規定する諸関係と、これらの諸関係があらわしている連帯とは、社会的分業から由来するものである。さらに、一般的には、協同的な諸関係はそれ以外の制裁を要しないといえる。じっさい、集合意識の作用を受けないですむのは、それぞれの仕事が専門的な性質をもっているからこそである。というのは、ある事物が共同の感情の対象であるためには、その事物が共通のものであること、いいかえれば、その事物がみんなの意識に遍在していること、しかもすべての意識がそれを唯ひとつの同じ見地から表象しうること、が第一条件だからである。いうまでもなく、諸機能がある一般性をもつかぎり、すべての人はそれにたいしてある感情をもちうる。だが、これらの機能が専門化すればするほど、その機能をひとつひとつ意識する人の数は、ますます限定されるようになるし、したがって、これらの機能はいよいよ共同意識からはみだすようになる。だから、これらの諸機能を決定している諸準則は、あの共同意識のすぐれた力をもつことができないのであり、ひとたび侵されるやただちに贖罪を要求する、あの超越的な権威をもつことができないのである。また、これらの諸準則の権威は、諸刑罰規則の権威とまったく同様に、世論から由来するものではある。が、この世論は、社会のごく限られた領域での、限られた世論であるにすぎない。

のみならず、これらの準則が適用される特殊な領域、したがってまた、これらが各人の心に表象されているような限定された領域においてさえも、こうした準則は、いきいきした感情に対応するのでもなければ、どのような情緒的状態にもほとんどまったく対応しはしない。なぜかといえば、これらの準則は、さまざまの機能が、おこりうべきさまざまの状況の組合せにおいてどんな協力をすべきか、その仕方を固定するので、これらの準則がかかわりあう諸対象は、必ずしもいちいち人びとの意識にのぼりはしないからである。後見や財産管理という法規定に服して管理したり(13)、債権者や買手などの法的権利を行使したり、ことに具体的な条件のもとでいちいち法規定を行使したりすることは、人びとにとってはつねに必ずしも必要なことではない。ところが、意識の状態というものは、それが永続的であるかぎりにおいてしか強力ではないものなのである。だから〔右のような断続的な意識の状態で〕これらの諸準則を侵したとしても、その社会の共同精神を、あるいは少なくとも一般的には、上述の特殊な諸集団の共同精神をさえも、そのいきいきした中核的部分に打撃を与えることはない。したがってまた、こうした侵害では、きわめておだやかな反作用しかひきおこさないのである。必要なことは、これらの諸機能が規則正しく協力するということであり、それがすべてである。だから、もしこの規則正しさが乱されるとも、この規則性が回復されれば、それで足りる。たしかに、分業の発達が刑法に少しの影響も与えないとはいいきれない。すでにみたように、行政機能や統治機能では、若干の関係が抑止法によって規制されるばあいもあるからである。ただし、このようなことがおこるのも、共同意識の機関およびこれに関連するすべてのものを特徴づけている特殊な性格に負う。さらに他のばあいには、いくつかの社会的機能を結びあわせている連帯の絆が破壊されて、その結果、刑罰という反作用をひきおこすに足るほどの一般的な反響が生ずるようなこともある。けれども、このような反動は、われわれがすでに述べた理由からして、例外的である。

結局のところ、この協同的法律は、ちょうど有機体における神経系統にも似た役割を、社会において果たしている。じじつ、神経系統は、身体のさまざまな機能を調和的に協力させるように規制する役目をもつ。こうして神経系統は、生理的分業の結果、有機体が到達する集中の状態をごく自然にあらわしている。また、下等から高等までの動物の各段階について、神経系統の発達に応じてこの集中の程度を測定することができる。つまり、社会的分業によって、ある社会が到達した集中の程度もまた、復原的制裁を伴う協同的法律の発達に応じて、ひとしく測定ができるということである。この基準が、われわれにどんなに役だつかは、容易に予想できる。

4

消極的連帯は、それ自体ではいかなる統合をももたらすものではないし、さらにいささかも特有のものではないから、われわれは、以下の諸特徴によって区別されるただ二種類の積極的連帯だけを認めればよい。

一 第一の連帯は、個人を無媒介的に社会に直接結びつける。第二の連帯では、個人は社会に従属する。個人は社会を構成する諸部分に従属するからである。

二 けれども、社会は、この二つのばあいとも同じ側面からみることはできない。第一のばあいに、社会とよばれるものは、集団の全成員に共通な信念と感情の多少とも組織だった一全体である。すなわち、集合類型である。反対に、人びとが第二のばあいに連帯的である社会は、特定の関係で結ばれた異質の特殊な諸機能の一体系である。にもかかわらず、これら二つの社会は、依然として一つの社会たるにすぎない。それは、ただひとつの同じ実在の二面ではあるが、やはり区別されなければならない。

三 この二番目にあげた区別から、これら二種の連帯を特徴づけ、またそれに名称を与えるのに役だつ、もうひとつの区別が生ずる。

第一の連帯は、社会の全成員に共通な理念と傾向が、各成員に個人的に属するそれらを、その数と強度においてこえる程度においてのみ、強力であることができる。この超過分がいちじるしいほど、この連帯はいよいよ強力である。ところで、われわれの人格を形づくっているものは、われわれ各人が固有かつ特徴的にもっているもの、他人のそれから区別されるものである。だから、この連帯は、個人の人格に逆比例してのみ大きくなりうる。各人の意識には、すでに述べたように二つの意識がある。ひとつは自分の集団全体と共通のものであり、したがって、われわれ自身ではなくて、われわれのうちで生きており活動している社会である。もうひとつは、反対に、われわれが個性的であり特異なものをもっているということにおいてのみ、われわれをまさに個人たらしめることにおいてのみ、われわれを表象するものである。[14] 類似から生ずる連帯は、集合意識が厳密にわれわれの総意識をおおい、あらゆる点でこれと合致しているときに、極限に達する。だが、この瞬間、われわれの個性はゼロである。個性《アンディヴィデュアリテ》は、共通性《コミュノオテ》がわれわれのなかに占める場所が少ないときにのみ、生まれる。そこでは、二つのあい反する力がある。ひとつは、求心力であり、他は遠心力である。両者は同時に大きくなることができない。人間は、正反対の二方向にむかって同時に発展することはできぬ。人間が自分の力で考え行動しようとする活発な傾向をもっているとすれば、他者と同じように考え行動する傾向が強いなどということはありえない。人間の理想とは、固有の相貌、個性的な特徴をつくりあげることだとすれば、万人に似る、ということは理想ではない。のみならず、定義してきたことから、この連帯がその力を行使する瞬間において、人間の人格は消滅する、といってよい。なぜなら、そのときわれわれは、もはや自己自身ではなく、集合的存在だからである。

このような仕方でのみ凝集しうる社会的諸分子は、したがって、あたかも無機物体の諸分子がそうであるように、固有の運動をもたぬというかぎりにおいてのみ、全体として動くことができる。これこそ、われわれがこの種の連帯を機械的とよぼうとするゆえんである。しかし、この言葉は、この連帯が機械的な手段、人為的な手段によってつくりだされることを意味するものではない。無機物の諸要素をたがいに結合させる凝集力との類推において、そう名づけるまでであって、それは生物体の統一をつくりあげる凝集力とは対照的である。この名称をついに正当ならしめるのは、こうして個人を社会に結びつける紐帯が物を人に結びつける紐帯とまったく似ているということである。このような側面からみたかぎりでの個人意識は、集合類型のたんなる付属物であり、後者の動きにことごとく追随するものである。それは、ちょうど、所有されたものが、その所有者のひきおこす動きにつれて動くのと同じである。もっと後で述べるように、機械的連帯がきわめて発達した社会では、個人は自由ではない。文字どおり、個人は社会の思うがままである。また、これと同じ類型の社会では、対人権と対物権とが依然として区別されてはいない。

分業が生みだす連帯は、これとまったく別である。前記の連帯が諸個人の相似を意味するのにたいして、この連帯は、諸個人がたがいに異なることを前提とする。前者は、個人的人格が集合的人格に吸収しつくされているかぎりにおいてのみ可能であるが、後者は、各人が固有の活動領域を、したがって一個の人格をもつかぎりにおいてのみ可能である。だから、集合意識が規制しえない専門諸機能がそこに確立されるためには、集合意識は個人意識の一部分を蔽わぬままに残しておかなければならない。また、この開放部分が広ければ広いほど、この連帯から由来する凝集力は強い。じじつ、一方では、個人は、その労働が分割されればされるほど、いっそう密接に社会に依存し、他方、各人の活動が専門化されるほど、いっそう個人的となる。もちろん、この活動は、どれほど局限されようと、けっして完全に独創的ではない。われわれは、自分の専門的な仕事を遂行するに際しても、その属しているあらゆる団体に共通な慣習や慣行に順応しているからである。だが、このばあいでも、われわれの受ける束縛は、全社会がわれわれにのしかかってくるときよりも、はるかに軽いし、われわれのイニシアティヴの自由な活動のために、はるかに多くの余地を残している。ここでは、だから、全体の個性がその部分の個性と同時に高まり、社会は、その各要素のひとつひとつが固有の動きをもつようになると同時に、全体としてますます活動的になる。この連帯は、高等動物に観察される連帯とそっくりである。じじつ、そこでは、各器官には、その専門的な特徴、その自律性があるけれども、有機体としての統一性は、この部分の個性化がいちじるしくなるほど、大きくなる。このような類推からして、われわれは、分業に負う連帯を有機的とよぼうと思う。

同時に本章と前章とは、この二つの社会的紐帯が、それぞれ異なった途をとおって共通の全体的結果を生みだすために協力しあったなかで、それぞれどんな役割を果たしているかを計量する手段を、われわれに用意してくれる。じっさいに、これら二種の連帯がどんな外形をとって象徴化されるか、すなわち、このそれぞれの連帯に対応する法規定の体系がなんであるか、をわれわれは知っている。したがって、所与のある社会類型において、それぞれの連帯の意義を知るには、それらがあらわす二種の法のそれぞれの広がりを比較するだけで足りる。というのは、法というものは、いつでもそれが規制する社会諸関係につれて変化するからである。(15)

原注

(1) Tarde, *Criminalité comparée*, p. 113, Paris, F. Alcan.

(2) しかも、この道徳的権威は習俗からくる。すなわち社会からくるのである。

(3) われわれは、ここでは復原法のあらゆる形態に共通の一般的な標識にふれるだけにとどめておかなければならぬ。分業が生みだす連帯に対応するこの法の部分にとってもこの真理が妥当する、というたくさんの証拠は、もっとあとで示そうと思う(本編第Ⅶ章)。

(4) しばしば父としての身分、息子としての身分などが物権の対象であるといわれてきた(Ortolan, *Instituts*, I, p. 660をみよ)。だが、これらの資格は、あるものは物権の(たとえば未成年の子たちの財産にたいする父の権利)、他のものは対人権の〔性質をもった〕、多様な諸権利の抽象的象徴にすぎない。

(5) フランス民法一三八二―一三八六条。なお、払う必要のない金、つまり非債弁済の返還請求権にかんする諸条文がこれにつけ加えられよう。

(6) 約束にそむいた契約当事者も、また相手の当事者に弁償しなければならない。だが、このばあいには、損害賠償は積極的な拘束関係にとっては制裁として役だつ。それも、この契約違反者がそれを支払うのは、契約を破棄したためではなくて、約束の供与を実行しなかったからである。

(7) Comte, *Cours de philosophie positive*, IV, p. 419.

(8) この点にかんするいくつかの展開は、本書、第一編第Ⅶ章をみよ。

(9) たとえば、利息つき貸借のばあいがそれである。

(10) Spencer, *Bases de la morale évolutionniste*, p. 124, Paris.

(11) われわれは、ふつう使われている表現を用いているが、それは確定される必要がある。しかし、われわれはいまそれをする状態にはない。大まかにいって、ここでいう行政的機能とは統治中枢の作用下に直接おかれている諸機能であろう。しかし、それ以上の区別がなお必要であろう。

(12) 行政的次元における法人の物権にかんする規則もそれと同様である。なぜなら、これらの規則が決定する諸関係は消極的だからである。

(13) 家族的諸機能の関係を律する法が、よしんば、これらの機能がきわめて一般的であるとしても、刑罰的ではない理由が、ここにある。

(14) しかしながら、これらの二つの意識は、われわれ自身とは別の空間的領域をもつものではない。あらゆる側面から滲透しあっているものである。

(15) こうした考えを明らかにするために、本章と前章で暗黙のうちに含まれていた法規定の分類を、以下の表で展開しておこう。

Ⅰ　組織的な抑止的制裁を伴う諸準則（この分類は次章でみられよう）。

II　つぎの諸関係を確定するために復原的制裁を伴っている諸準則。

- 消極的あるいは不作為の諸関係
  - 物と人との関係
    - 物のさまざまの形態（動産・不動産など）における所有権
    - 所有権のさまざまな様態（地役権・用益権など）
  - 人と人との関係
    - 物権の正常な行使によって決定されるもの
    - 物権の過誤による侵害によって決定されるもの
- 積極的あるいは協同の諸関係
  - 家族的諸機能間の関係
  - 分散している経済的諸機能間の関係
    - 契約関係一般
    - 特定の契約
  - 行政的諸機能の関係
    - 諸機能相互間の関係
    - 統治的諸機能との関係
    - 社会に分散している諸機能との関係
  - 統治的諸機能の関係
    - 諸機能相互間の関係
    - 行政的諸機能との関係
    - 分散している政治的諸機能との関係

Ⅳ　以上のことについての別証

しかしながら、以上述べてきた諸結果の意義は重要だから、さらに論をすすめるのに先だって、それらの結果を最終的に確認しておいたほうがよい。ここでの新たな論証は、つぎのような点でさらに有効だからである。すなわち、それが、上に述べた諸結果の証拠として役だつとともに、以下に論ずることがらをすべて明晰にするのに役だつような一法則を確立する機会を提供するからである。

いましがた区別してきた二種の連帯が、まさしく述べてきたような法的表現をとるとすれば、協同的法律にたいする抑止的法律の優越は、集合類型がもっとはっきりしており分業がさらに初歩的であるほど、いっそう大きいはずである。逆に、個人類型が発達し、仕事が専門化するにつれて、この二つの法の領域の比率は逆転するはずである。ところで、このような関係が実在することは、経験的にも証明できる。

I

社会が原始的であればあるほど、社会を構成する諸個人のあいだには類似がある。すでにヒッポクラテス[*1]は、その著『空気と場所について』〔*De Aere et Locis*〕において、スキタイ人[*2]は人種としてひとつの類型をもつが、個人としての類型はない、といっている。フンボルト[*3]も、その著『新スペイン人』(1)〔*Neuspanien*〕において、未開人には個人差のある容貌よりも群族《ホルド》に特有の容貌がよくみられると述べているが、こうした事実は、たくさんの観察者によっても確認されてきたところである。「ローマ人は、古ゲルマン人どうしが非常によく似ていることを発見したが、同時に、ヨーロッパの文明人にとっては、いわゆる野蛮人もまた同じ効果をもたらしている。じつは、旅行者の習練不足がよくこうした判断を下させる主な原因なのだが。……しかし、文明人が自分の祖国の環境で見なれた差異が、原始人たちのあいだで出会った差異よりもじっさいにそう大きくなかったとすれば、その経験不足がこうした結果をまねくはずはなかっただろう。一人のアメリカ先住民をみたものは、彼らのすべてをみたことになる、というのは、周知のよく引用されるウロア[*4]の言葉である」(2)。反対に、文明人のあいだでは、二人の個人を識別するには、必要な手ほどきを受けなくても、一見しただけですむ。

ル・ボン博士は、諸民族をその起源へと遡るにつれてこのような同質性が大きくなるということを、客観的な方法で確定することができた。さまざまな社会の人種の頭蓋骨を比較した結果、彼は以下のようなことを発見する。「同一人種の諸個人のあいだにみられる頭蓋骨の容積の違いは……その人種が文明の階段をのぼるにつれて大きくなる。進歩の系列を追って、各人種の頭蓋骨の容積を分類したあとで――もっともこのばあい、その系列の両端が漸次的につぎにつながるのに足るだけの多数の系列についてだけ比較を確保するように注意をした――、私が知ったことは、こうである。成人男子の最大の頭蓋骨と最小のそれとの容積の違いは、おおよそゴリラのばあいが二〇〇立方センチメートル、インドの賤民《パーリア》では二八〇、オーストラリア人では三一〇、古代エジプト人で三五〇、一七世紀のパリ人では四七〇、現代のパリ人では六〇〇、ドイツ人では七〇〇である」[3]。この容積の違いがゼロの土族もいくつかある。「アンダマン島人とトーダ族とはまったくよく似ている。グリーンランド島人についてもほとんど同じだといえる。ブローカ氏[*5]の実験室にあるパタゴニア人の五つの頭蓋骨もみなひとしい」[4]。

疑いもなく、このような有機的類似は心理的類似に対応する。ヴァイツ[*6]はつぎのようにいう。「たしかに、先住民たちのこの極端な肉体的類似は、強い心理的個性のまったき欠如と一般に知的文化の低い状況とから、本質的に由来する。黒人種族における気質《カラクテール》〔Gemüthseigenschaften〕の同質性には異論の余地がない。上エジプトでは、奴隷商人は奴隷の出身地についてだけは正確に知っているが、奴隷ひとりひとりの性格については知らない。それは、同じ部族の個々人の違いというものは、人種そのものからくる違いにくらべると物の数ではないということを、永い経験が教えてくれたからである。こうしてヌビア人やハム人〔いずれも北アフリカの民族〕はいたって実直であり、北アビシニア人〔いまのエチオピア人〕は陰険であてにならぬ連中であり、その他の多くの土着民は、肉体労働にはむかないが家事労働むけの奴隷としては適当である、とみられているのである。またフエルティの土着民〔北アフリカ上ナイルの部族〕は粗野で復讐心が強いということになっている」(5)。また、先住民にはめったに独創性がないばかりでなく、いわば独創性の存在する余地がない。それで、どの土着民も別に異議をとなえるでもなく同じ宗教を認め、その儀礼を守る。宗派とか異教徒とかは知りもしないし、そうしたものは、許されもしないだろう。この瞬間に、宗教はすべてを包み、すべてのものに及ぶ。宗教は、それ固有の信仰のほかに、道徳も、法も、政治組織の原理も、科学、あるいは少なくともそれにとって代わるものまで、雑然と混合したままで含んでいる。それは、私生活のこまごまとしたことまでも規制する。したがって、その際、宗教意識がひとしいということ――そしてこの同一性は絶対的である――は、有機体と有機体の状態とにかかわりのある感覚を別として、あらゆる個人意識がほとんど同じ諸要素から成りたっていることを、暗黙のうちに示していることである。感覚的な印象にしても、諸個人がみせる肉体的な類似からして、そうたいした相違を示すはずがない。

けれども、反対に、文明は社会的類似を増大させる効果をもつということも、かなりひろい通念となっている。タルド氏はいう。「密集した人間集団がひろがってゆくにつれて、諸観念の伝播は幾何級数的にますますいちじるしくなる」(6)と。ヘール[*7]によれば(7)、ある画一的な性格を未開民族に特有なものとみることは誤りである。彼は、その証拠として、隣りあって住んでいる太平洋岸の黄色人種と黒人種は、二つのヨーロッパ民族のあいだにおけるよりも、たがいにもっときわだった違いがある、という事実を提出する。そうしてみると、フランス人とイギリス人あるいはドイツ人とを区別する違いは、現代ではかつてよりも小さいのではないか。ほとんどすべてのヨーロッパ社会では、法、道徳、習俗から基本的な政治制度までも、ほぼ同じである。同様に、同じ国のどまんなかでも、かつてのようなコントラストは、もはやこんにちではみられないということが指摘されている。社会生活は、もはや違わないか、あるいは州によっては違うというほどの違いもない。フランスのように統一された国では、あらゆる地方で社会生活がほとんど同じであり、このような平準化は、教養のある階級では最高度に達している(8)。

しかしながら、これらの事実は、いささかもわれわれの主張を傷つけるものではない。たしかに、さまざまに異なった社会はしだいに似てくる。だが、その社会のそれぞれを構成する諸個人については、けっして同じではない。いまでは、フランス人とイギリス人とのあいだに、一般に、かつてほどのへだたりはない。が、だからといって、現代のフランス人が旧時のフランス人とくらべてみて非常に違うということを妨げるものではない。同じように、それぞれの州がそれ独自のおもかげを失ってゆきつつあるのは事実だが、個人のそれぞれに個性的なおもかげがますますそなわってゆくだろうことを妨げはしない。いまでは、ノルマンディー人はガスコーニュ人とあまり違わないし、ガスコーニュ人はロレーヌやプロヴァーンスの人たちとさして違わない。どの人びとも、たがいにフランス人全体に共通する特徴以上に共通なものは少しももっていない。しかし、フランス人を全体としてみれば、かれらが示す多様さは、依然として増大しているのである。なぜなら、かつて存在したいくつかの地方別のタイプがたがいにとけあい、しだいに消滅してゆくとしても、それに代わって、個人別のタイプがたくさんでてくるからである。大きな地方ごとにあるような差異はもはやなくなり、ほとんど個人ごとにあるような差異が存在する。反対に、各州がその個性をもっているところでは、個人に個性がない。それぞれの州は、相互の関係からみればひどく異質的ではあっても、それぞれが似た諸要素からのみ構成されるからである。これと同じことは、政治社会においても生じている。同様に、生物界においても、いろいろな原生動物は、それぞれの種に分類できぬほどたがいに異なっている(9)。しかも、これら原生動物の種のおのおのは、完全に同質なものから成っている。

それだから、〔文明は社会的類似を増大させるという〕この意見は、個人類型と地方別であれ国別であれともかく集合類型との混同にもとづいているのである。文明がこれらの集合類型を平準化してゆくことは、いうまでもない。だが、文明はまた、個人類型についても同じ効果をもたらし、画一性が一般的となる、と結論するのはまちがっている。この二種の類型は、両者とも同じように変化してゆくどころか、やがて述べるように、一方の消滅は、他方が出現するための必須の条件なのである(10)。ところで、同一社会の内部では、限定数の集合類型しか存在しえない。なぜかといえば、ひとつの社会は、このような異なった集合類型を生ずるに足るだけの違った人種なり違った地方なりを、ごく少数しか含むことができないからである。これに反して、個人は無限に多様化できる。したがって、個人類型が発達すれば、それだけますますその多様さは大きくなる。

以上述べてきたことは、職業の類型にもそのままあてはまる。職業類型がその古い起伏を失ってゆき、かつてはいろいろな職業をへだてていた深淵、とくにいくつかの職業をきりさいていた深淵は、いまや埋まってきている、と想定することにはそれなりの理由がある。しかし、確実なことは、それぞれの職業類型の内部で差異が多くなってきたということである。各個人は、独自の思考様式と行動様式とをより多くもつようになって、もはや同業組合《コルポラシオン》の共通した意見にはあまり完全には服従しないようになる。のみならず、職業ごとの違いが以前ほどにはめだたなくなってきているにしても、その違いの数はとにかく多くなってきている。それは、職業類型それ自体が、労働の分割がすすむにつれてふえていったからである。職業類型は、もはやたんなるニュアンスの違いによってしか区別できなくなってきているとしても、少なくともこうした微細な違いはいっそう多岐になってきている。だから、この多様さは、よしんばきわだったコントラストの形をとらないとしても、以上の見地からみてさえ、その多様さは減ってきてはいないのである。

そういうわけで、歴史をさかのぼるほど同質性がいよいよ大きくなるということ、他方では、より高級な社会類型に近づくほどますます分業が発達するということ、以上のことが確認できるのである。そこで、こんどは、さまざまの段階の社会で、われわれの区別してきた二形態の法がどのように変化してゆくかをみることにしたい。

2

まったくの低級社会についてみるかぎり、法の状態は、ことごとく抑止的である。ラボック[*8]によれば、「野蛮人には自由が少しもない。世界中どこでも、野蛮人の日常生活は、複雑でときには不都合きわまりない（しかも法と同じくらいに絶対的な）たくさんの習俗、ばかばかしい禁制や特権などによって規制されている。たとい文書の形をとっていなくても、多くのきわめてきびしい規制が彼らの全生活行動をきちんと抑制している」[(11)]。じじつ、未開人にあっては、彼らの行為様式が伝統的な慣行でかためられており、他方、彼らのあいだで、伝統の力がどれほど大きいかということは、容易に知られているところである。そこでは、伝来の習俗が非常な畏敬の念につつまれているので、そむけば必ず罰せられるのである。

だが、こうした観察は、必然的に明確さを欠く。というのも、こうした一定しない慣行ほどつかみにくいものはないからである。われわれの経験が順序だててはこばれるためには、できるだけ成文法を対象としなければならない。「モーセの五書」のうちさいごの四書、すなわち「出エジプト記」、「レヴィ記」、「民数記」、「申命記」は、われわれがもっているこの種の記録としては最古のものである[(12)]。そこにある四、五〇〇〇の節のうち、厳密にいって、抑止的でないとみられる準則が述べられているのは、数のうえからいってもわりあい少ない。それらは、つぎのような問題にかかわるものである。

所有権

買もどし権、ヨベル節、[*9] レヴィ人の財産（「レヴィ記」第二五章一四―二五、二九―三四、および第二七章一―三四）。

家族法

婚姻（「申命記」第二二章一一―一四、第二三章五、第二五章五―一〇、「レヴィ記」第二一章七、一三、一四）

相続権（「民数記」第二七章八―一一および第二六章八、「申命記」第二一章一五―一七）

原住民および異邦人の奴隷化（「申命記」第一五章一二―一七、「出エジプト記」第二一章二―一一、「レヴィ記」第一九章二〇、第二五章三九―四四、第三六章四四―五四）。

貸借と賃金（「申命記」第一五章七―九、第二三章一九―二〇、第二四章六および一〇―一三、第二五章一五）。

準不法行為（「出エジプト記」第二一章一八―三三および三三―三五、第二二章六および一〇―一七）[13]。

公機能の組織

祭司の機能（「民数記」第一〇章）

レヴィ人の役割（「民数記」第三および五章）

長老の機能（「申命記」第二一章一九、第二二章一五、第二五章七、第二一章一、「レヴィ

記」第四章一五）

裁判官の機能（「出エジプト記」第一八章二五、「申命記」第一章一五―一七）。

こうみてくると、復原的法律とりわけ協同的法律は、帰するところ、ほとんど物の数ではない。そればかりでなく、いま引用した諸準則のうちの多くは、一見してそう思われるほど刑法に無縁でもない。それらはすべて、宗教的特質をもっているからである。それらは、すべてひとしく神《ディヴィニテ》から流露するものである。それらの準則を犯すことは神にそむくことであって、こうした瀆神は罪としてつぐなわれなければならない。なるほど聖書は、さまざまの戒律に区別を設けてはいない。だが、これらの掟はすべてこれ神の言葉であって、それにそむけば罰せられずにはおかないのである。「もし汝が、この書物にしるされているこの律法のすべての言葉を守り行わず、汝の神、主というこの栄えある恐るべき名をおそれないならば、主は汝とその子孫の上に激しい災いを下されるであろう」(14)。仮に、誤ってある戒律に背反したばあいでも、それは罪になるのだから、つぐなわなければならない(15)。この種の脅威は、疑いもなく刑罰的性質を帯びており、われわれが復原法に属するものとしてきたいくつかの準則をも、直接刑罰的に裏づけている。たとえば、離婚した女が、またもとの夫といっしょになることはできないときまったあとで、再婚し、ふたたび離婚したばあいには、聖書はつぎのように書き加えている。「これは主の前に憎むべきことである。だから汝の神、主が嗣業として汝に与えられるこの地に罪を負わせてはならない」(16)。同じように、賃金を支払うべき方式を決定した節では、こうである。「（雇い人にたいして）賃金はその日のうちに払い、それを日の入るまで延ばしてはならない。彼は貧しい者で、その心をこれにかけているからである。そうしなければ彼は汝を主に訴えて、汝は罪を得るであろう」[17]。準不法行為の結果として生ずる賠償にしても、同じように真正の贖罪として示されているように思われる。「レヴィ記」には、こう記されている。「人を撃ち殺した者は、必ず殺されなければならない。生命には生命を……骨折には骨折を、目には目を、歯には歯をもって償わなければならない」[18]。そのときにおこった損害の賠償は、殺人にたいする懲罰とまったく同視され、反坐の法の適用とみられているようである。

たしかに、このうちいくつかの戒律には、とくに制裁がそれと指定されていないものがある。だが、それらがあきらかに刑罰的であることは、すでに知ってのとおりである。戒律につかわれている表現からして、それは明白である。そればかりではない。伝承の教えるところによれば、仮に法が正式に刑罰を表明していないばあいでも、消極的な掟を犯したものは、体刑を科せられてきた[19]。要するに、「モーセの五書」がそれをよく示しているように、ヘブライの法はことごとく、程度の差こそあれ、本質的には抑止的な特質を帯びたものなのである。それがある箇所でははっきりあらわれ、他の箇所では潜在的なのである。だがこの特質は、いたるところに存在するとくみとっていい。ヘブライの法に収められたあらゆる掟は、神の戒律であり、いわば神の直接の保障のもとにおかれた戒律であるから、これらの掟を至聖のものたらしめる非日常的な権威は、ことごとくこの起源に負う。だから、この掟が犯されたばあいには、公共意識はたんにそれを回復するだけでは満足せず、つぐないを強要して、これに復讐するのである。刑法の本来的な性質をつくりあげているものは、制裁を加えうるという非日常的な権威が諸準則にあるというところにあるのだから、さらにはまた、人間は、神のものだと信じてきた権威よりも高い権威を知りもしなければ想像もできなかったのであるから、神自身の言葉とされてきた法は、まごうかたなく本質的に抑止的なのである。われわれは、あらゆる刑法が多かれ少なかれ宗教的であるとさえいうことができた。というのは、刑法の真髄は、個々の人間よりもすぐれたある力にたいする畏敬の念であり、ある象徴的な形で個々人の意識に感じとらしめる、いわばある超越的な力にたいする畏敬の念であって、この感情こそはまた、すべての宗教性の基礎をなすものだからである。一般的にいって、抑止的な禁圧が低級社会の全法律を支配している理由は、まさにここにある。すなわち、このような社会では、宗教が、全社会生活に滲透しているように、法生活の全領域にしみとおっているからである。

また、この特徴は「マヌ法典」[*10]にもはっきりあらわれている。この法典が、全民族的な制度体系のなかで、刑事裁判に卓越した地位を与えているのをみただけでも十分である。「マヌ法典」によれば、こうである。「王に手をかしてその務めをまっとうせしめんがために、神は、初めより王を懲罰の権化、生きとし生けるものの保護者、正義の執行者、そのいとし子とされたもう。王の真髄はこれすなわち神なり。懲罰への畏れこそ、森羅万象ことごとくにその本来なるものを享けしめ、その義務より遠ざからしめざるなり……。懲罰こそ人類を統べ、懲罰こそ人類を守護すべし。懲罰は人みな眠れる間にても目覚めり。賢者いわく、懲罰はこれ正義なり……。もし懲罰にしてその務めを果たさざらんか、衆生みな堕落し、障壁ことごとく覆り、天地混沌たるのみならん[20]」。

右に述べたヘブライ民族よりもはるかに進歩し[21]、より現代に近い社会にかかわる法として「十二表法」[*11]がある。それが進んだ社会だということを証拠だてるのは、ローマの社会が、長く固定したままだったユダヤの社会類型をへて、やがてそれをのりこえてから、はじめて都市の類型に到達したということである。その証明はなおのちにみられるだろう[22]。のみならず、さらにローマの社会のほうがより現代に近いことを証明する他の事実がある。その第一に、「十二表法」のうちには、現行法の主だった萌芽がすべてみられるのであるが、ヘブライの法と現代の法とのあいだには、いわば何ひとつ共通点がない[23]。第二に、「十二表法」は完全に世俗的〔非宗教的〕である。よしんば、原始ローマにおいて、ヌマのような立法者が神から霊感を受けたとみられ、したがって当時、法と宗教が密接にまじりあっていたとしても、「十二表法」が編纂されたときには、すでにこの両者の結びつきは断たれていたのである。なぜかといえば、この法律上の記念碑は、はじめからまったく人間の作品として、人間関係だけに焦点をおいたものとして示されてきたからである。宗教儀礼にかんするいくつかの規定はあるにはあるが、それらも奢侈取締法《ロワ・ソムプチュエール》といった形で認められてきたようである。ところで、法的要素と宗教的要素との分離が多少とも完成している状態は、ある社会が他の社会よりもどの程度発展しているかを知りうる最上の手がか

りのひとつである。(24)

また、刑事法は、もはや法の全領域をおおうものではなくなっている。刑罰によって制裁がおこなわれる準則と、復原的制裁だけをもつ準則とは、こんどはたがいにはっきり区別される。復原法は、はじめはそれをも含んでいた抑止法から分離したものであり、いまやそれは、固有の特質、独自の構成、個性をもつ。それは特別の機関、特殊な訴訟手続をそなえた特種の法として存在する。協同的法律も、それ自体としてあらわれてくる。「十二表法」の家族法と契約法が、それである。

しかしながら、刑法は、原初の優越した地位を失ったとはいっても、依然としてその役割は大きい。フォークト*12〔Voigt〕がようやく再現した「十二表法」の一一五の断片のうち、復原法に属しうるものは六六にすぎず、他の四九は刑罰的性格がきわだっている。(25)したがって、ともかくもわれわれに伝えられたかぎりでは、刑法はこの法典の半分も占めていないのである。だがわれわれの手もとに残った範囲でも、それが編まれた当時、抑止法がどれだけの意義をもっていたかについてはきわめて不十分な理解しかできない。というのは、刑法にあてられた部分こそ法のうちでももっとも失われやすかったものに違いないからである。これらの断片をわれわれが保存できたのは、ほとんどもっぱら古典時代の法律家に負うところであるが、しかし彼らが多くの関心を寄せていたのは、刑事法上の問題点よりも民事法上の問題にたいしてであった。刑事法の問題は、いつの時代でも法学者の情熱をかきたてる恰好の論争点にはならなかった。刑法にたいするこうした一般的な冷淡さが、ローマの古代刑法の相当部分を忘却の淵に沈めてしまう結果をもたらさずにはおかなかったのである。それればかりではない。「十二表法」の完全な真本といえどもローマ古代刑法の全部を含むものでないことは確かである。それは、宗教上の犯罪も家族にかんする犯罪も——そのいずれもそれぞれ特定の法廷で裁かれてきた——、習俗にたいする侵犯の罪さえも、述べてはいないからである。さいごに、刑法は、いわばついついひきのばして、なかなか法典の形にはまとめられにくいという事情も考慮しなければならない。それは、すべてのひとの意識に刻みこまれていたから、あらためて成文化して知らせる必要が感じられなかったからである。以上のような理由のすべてから、四世紀のローマにおいてさえも、刑法がなお法規定の主要部分を占めていたと推定したほうが正しい。

刑法を復原的法律と比較してみると——ただしすべての復原法とではなく、この法のうち有機的連帯と対応する部分とだけ比較してみると、以上のような刑法の優越性は、さらに確実であり、きわだっている。すなわち、じっさいに、この当時、法の体系化が十分すすんでいたのは、家族法を除いてほとんどなかったのである。訴訟手続法は、やっかいだから変化もなかったし複雑でもなかった。そして、契約法はまだ生まれたばかりであった。フォークトは、「古代法でみとめていた契約の数は少数であって、それと犯罪から生ずる義務とを比較すると、その対比は一目瞭然である」と述べている。(26) 公法はどうであったか。それは、まだ素朴きわまりなかったことは別として、その大半が刑罰的性質のものであった。公法は宗教的性格を帯びていたからである。

この時代以降、抑止的法律はその相対的な重要度を失ってゆくばかりであった。もっとも、一面からすれば、それは多くの点で退化しはしなかったし、はじめは犯罪とみられた行為の多くがしだいに罰せられなくなるわけでもなかった――これと反対に宗教上の罪にかんするものはたしかに少なくなっていった――。しかし、以上のことを前提にしたところで、少なくとも抑止法が目にみえて増大するということはなかった。知ってのとおり、ローマ法で主な犯罪学的類型が設定されはじめたのは、「十二表法」の時代からあとなのである。他面において、契約法・訴訟手続法・公法はしだいに拡張されてゆくばかりであった。時代がすすむにしたがって、「十二表法」がこうしたさまざまな点についてもっていた数も少なく貧弱な法律は、ますます発展をとげ、倍加していって、あの古典時代の膨大な体系となっていったのである。家族法はどうかといえば、古代ローマ初期の民事法に法務官法《ドロワ・プレトーリアン》を少しずつ加えてゆくにつれて、いよいよ複雑化し分化していった。

キリスト教諸社会の歴史は、これと同じ現象だがひとつの異例を提供してくれる。すでにサムナー・メーンは、さまざまな未開の〔非キリスト教的な〕法を比較検討して、刑法の占める地位は古い時代ほど大きいと推定した。(27) この推論は、多くの事実によって確認される。

「サリカ法典」*13は、四世紀のローマよりさらに未開の一社会にかかわるものである。というのは、ローマと同じように、「サリカ法典」をもった社会は、ヘブライ人がとどまっていた社会類型をすでにのりこえていたといっても、なお完全に脱却しきってはいなかったからである。その痕跡はきわめて明瞭であるが、それはのちに述べよう。また、そこでの刑法は、ローマにくらべてずっと大きな重要性をもっていた。たとえば、G・ヴァイツ[*14]が編集した「サリカ法」の原典では、(28)二九三の条文からなっているが、そのうち抑止的特質をもった条文はわずかに二五（およそ九％）にすぎない。しかもそれらは、フランク人の家族構成にかんするものである。(29)そこでは、契約を期日までに果たさなければ罰金を科せられることになっていたから、契約もまだ刑法の域から脱しきってはいない。しかも、「サリカ法典」はフランク人の刑法の一部分しか含んでいない。というのも、この法典は、犯罪や不法行為をあつかってはいるが、それも和解できるようなものしかとりあつかっていないからである。ところが金をもってしてはつぐなえない罪がたしかにあった。すなわち、国家にたいする犯罪、軍事上の犯罪、宗教にたいする罪である。そのいずれについても、この成文法が一言もふれていないことをおもえば、抑止法の優勢はなお相当のものであったろう。(30)

この抑止法の優越性は、もっと時代の新しいブルグント族の法典[*15]にあっては、すでにおとろえてきている。その三一一の条文のうち、刑罰的性質をもたぬ条文は九八を数え、全体のおよそ三分の一に達している。だが、その増加分はもっぱら家族法にだけかかわるものであって、そのかぎりでは対物権にかんするものも、対人権にかんするものも、家族法では複雑になってきている。しかし、契約法については「サリカ法典」以上には発展していない。

さいごに西ゴート族の法典[16]をあげておこう。これは、その時代がもっと新しく、さらに開化した民族にかかわるものであるが、以上のものと同じ方向において、さらに一段と進んだものであることを示している。そこではなお、刑法が優勢ではあるが、復原法も、ほとんど同等の重要さを占めるようになってきている。じっさい、この法典では、訴訟法の完全な法典化（第一編および第二編）、婚姻法と家族法におけるすでに相当の発達（第三編第一節および第六節、第四編）がみられる。さいごに、全一編がはじめて商取引にあてられている。第五編がそれである。

人類の全史をとおして、抑止法と復原法とのこの表裏一体の発展を同じ正確さでよみとることは、法典化が欠如しているのでどうしても不可能である。けれども、その発展が同じ方向で跡づけられる点については異論がない。じじつ、この時代から後は、犯罪と不法行為の法律的目録がすっかり完成する。ところが、反対に、家族法、契約法、訴訟法、公法はたえまなく発展し、こうして、われわれが対比してきた抑止法と復原法という法の二部門間の関係は、ついには逆転するようになったのである。

したがって、抑止的法律と協同的法律は、これまでに確証してきた理論が予見したとおりに、正確に変化してきている。だが、低級社会におけるあの刑法の優越性が、ときおり別の原因によるものだ、とされてきたことも確かである。たとえば、「法を成文化しはじめたばかりの諸社会にありがちな暴力によって」これを説明し、「立法者は未開生活における いくつかの事件の頻度に応じて、その立法を区分してきた」(31)といわれる。サムナー・メーン氏がこうした説明をしているのであるが、彼自身この説明に満足してはいない。じじつ、この説明は不完全であるばかりでなく、誤っている。まず第一に、この説明は、法というものは公の習俗に反し、それに反逆するために制定されたものであるから、法は立法者の人為的な創作である、としている。ところが、こうした考え方は、こんにちでは支持しがたい。法はまさに習俗を形であらわすものであって、仮に法が習俗に反逆するとしても、それは習俗から借りた力をもってはじめて可能なのである。暴力行為がひんぱんなところでは、そうした行為は大目にみられる。むしろ、こうした行為の違法性はその頻度に反比例するものである。だから、低級民族では、人にたいする犯罪が現代の文明社会よりもはるかに日常的なのであり、対人的犯罪は、刑罰の等級のうちでも最低位におかれているのである。いろいろな犯罪行為は、それが稀であるほどいっそうきびしく罰せられる、といってよい。第二に、原始社会で刑法の過剰を可能ならしめていたのは、現代社会での犯罪が原始刑法ではもっとひろい範囲にわたって処分の対象となっていたからではない。未開社会には、それなりに特有の犯罪性が多くはびこっていたからである。そして、宗教的信仰にたいする罪、儀礼や儀式、あらゆる伝統等々にたいする罪は、こうした社会でのいわゆる暴力といったものでは説明できない。だから、未開社会における抑止的規制の非常な発達をもたらした本当の理由は、進化のこの初期の段階において、集合意識が広範かつ強力であったということである。そのときには、労働がまだ十分に分化していなかったからである。

このように諸原則をたててみると、そこからおのずと結論がでてくる。

原注

（1） I. p. 116.

（2） Waitz, *Anthropologie der Naturvölker*, I, SS. 75-76.

（3） *Les sociétés*, p. 193.

（4） Topinard, *Anthropologie*, p. 393.

（5） *Op. cit.*, I, S. 77. ——*Ibid.*, p. 446 を参照。

（6） *Lois de l'imitation*, p. 19.

（7） *Ethnography and Philology of the United States*, Philadelphia, 1846, p. 13.

（8） このことは、タルド氏をしてつぎのようにいわせている。「ヨーロッパの多くの国々をへめぐって歩く旅行者は、上流階級の人びとのあいだによりも、旧習を変えないままでいる民衆のあいだにこそ、もっと大きな違いがあることを知っている」（*op. cit.*, p. 59）。

（9） Perrier, *Transformisme*, p. 235 をみよ。

（10） 本書第二編第Ⅱ章および第Ⅲ章をみよ。——われわれがそこで触れていることは、ここで確定された諸事実の説明と証明とに役だつ。

（11） Lubbock, *Les origines de la civilisation*, p. 440, Paris, F. Alcan. なお Spencer, *Sociologie*, p. 435, Paris, F. Alcan を参照。

(12) われわれは、この書物がどれだけ古いものであるかについては述べる必要がない――それがきわめて低級な社会にかかわるというだけで十分である――。また、この書物の構成部分のそれぞれの古さについても述べる必要はない。なぜなら、われわれの見地からすれば、それらの諸部分は、まったく同じ特徴を示しているからである。だから、それらを一括してあつかってみた。

(13) 以上の各節は、すべてまとめても、その数は一三五にすぎない〔公機能をあつかった節はもっと少ない〕。

(14) 「申命記」第二八章五八―五九。なお、「民数記」第一五章三〇―三一を参照せよ〔この注記は第七版では欠落している〕。

(15) 「レヴィ記」第四章〔同右〕。

(16) 「申命記」第二四章四〔同右〕。

(17) 「申命記」第二四章一五〔同右。なお第一版では第二五章五とあるが、これは誤りである〕。

(18) 「レヴィ記」第二四章一七、一八、二〇。

(19) Munck, *Palestine*, p. 216, Selden, *De Sunedriis*, pp. 889-903 をみよ。後者は、イブン・マイムーン〔あるいはマイモニデス、一二世紀のユダヤ系哲学者〕にしたがって、この範疇に入る掟をことごとく列挙している。

(20) *Lois de Manou*, trad. Loiseleur, VII, v. 14-24.

(21) ある社会類型が他の社会類型よりも進歩しているというばあい、われわれは、さまざまの社会類型が上下の直線的な単系列に、その歴史的時代に応じて、あるいは高くあるいは低く層をなしている、というふうには理解しない。反対に、もし諸社会類型の系譜図が完全に描かれるとすれば、それはむしろ一本の繁った樹に似た形をしているだろう。もちろん、幹は一本でも、たくさんの小枝をもった樹である。けれども、こうした配慮にもかかわらず、二つの類型間の距離は測定できる。すなわち、どちらが高いか、あるいは低いか、である。ことに、一方の社会類型が、はじめに他方の形態をもち、やがてそれをのりこえたとき、前者は後者の上にある類型だということは正しい。前者は、たしかに後者よりも高い枝もしくは小枝に属しているからである。

(22) 第Ⅵ章2をみよ。
(23) 契約法・遺言・後見・養子などの法は、「モーセの五書」ではまったくみられないものである。
(24) Walter, *op. cit.*, §§1 et 2; Voigt, *Die XII Tafeln*, I, S. 43を参照。
(25) このうち一〇(奢侈取締法)は、制裁を明言していない。しかし、その刑罰的性格は疑いの余地がない。
(26) *XII Tafeln*, II, S. 448.
(27) *Ancien droit*, p. 347.
(28) *Das alte Recht der salischen Franken*, Kiel, 1846.
(29) Tit. XLIV, XLV, XLVI, LIX, LX, LXII.
(30) Thonissen, *Procédure de la loi salique*, p. 244.
(31) *Ancien droit*, p. 348.

訳注

＊1 ヒッポクラテス――Hippocrates. 前四六〇年ごろ―三七五年ごろ。ギリシアの医学者、臨床の観察と経験を基礎にした科学的医学の建設者。旅行家。
＊2 ギリシア人は、紀元前六世紀から三世紀ころまで、スキテイア――カルパチア山脈とドン河との中間地帯――の支配者であった遊牧民族をスキタイ人とよんだ。
＊3 フンボルト――Alexander Freiherr von Humboldt. 一七六九―一八五九年。ドイツの大地理学

者、自然科学者。南アメリカ大陸、アジア大陸などを旅行、実験と観察を重視した。

＊4 ウロア――Antonio de Ulloa. 一七一六―九五年。スペインの海軍提督で自然科学者。

＊5 ブローカ――Paul Broca. 一八二四―八〇年。フランスの人類学者。頭骨の人類学的研究の開拓者。

＊6 ヴァイツ――Theodor Waitz. 一八二一―六四年。ドイツの哲学者、人類学者。

＊7 ヘール――Horatio Emmons Hale. 一八一七―九六年。アメリカの民族学者、言語学者。ポリネシア群島の探検により、その地方にかんする民族学的研究の基礎をきずいた。

＊8 ラボック――Sir John Lubbock, 1st Baron Avebury. 一八三四―一九一三年。イギリスの銀行家であり、人類学者・考古学者でもあった。

＊9 ユダヤの五〇年節ともいう。ユダヤ民族がカナンの地に入った年から五〇年ごとの年の祝節。この一年間には、耕作中止、奴隷の解放、人手にわたった土地や家屋を旧主に復することがおこなわれた。

＊10 インド古代の代表的法典で、紀元前後二世紀の作といわれる。インド全法典のほぼ中間に位し、前代の法思想を統一し、後代の全インド法典の範とされる。質量ともに最大で、つぎの六つの法規群をもつ。(1)カースト法規、(2)四住期法規、(3)王法、(4)司法、(5)贖罪法、(6)解脱法がそれである。なかでも司法は、全法典の三分の一を占め、贖罪法では宗教的な色彩が濃い。

＊11 Lex duodecim tabularum. ローマ最古の成文法。それまで慣習法の伝承を独占してきた貴族にたいして、平民が抵抗して前四五一年に成文化された。民事訴訟手続・相続法・家族法・物権法・債権法・刑法・不法行為法・公法・宗教法を含む。

＊12 フォークト――オランダのローマ法学者フート（Voet, 1647-1714）と推定される。

＊13 *Lex Salica.* フランク時代のゲルマン諸部族法のひとつでフランク部族の主流をなしたサリ系フ

ランク人の法を成文化したもの。法典の原文は伝わっていないが、基礎的なテクストが成立したのは、フランク建国の祖クローヴィス王の末年（五〇八—五一一年）と推定されている。法典の内容は、既存の慣習法を記録したものが多く、刑法・訴訟法にかんする規定が大半を占め、私法的規定は僅少である。ローマ法やキリスト教会の影響を受けることが少なく、ゲルマン諸部族法のうちでは、最古のものとして、のちのヨーロッパ諸法にも与える影響が大きかった。

＊14　ヴァイツ——Georg Waitz. 一八一三—八六年。ドイツの歴史学者。ドイツ中世史の研究で著名。

＊15　ブルグント族はゲルマンの一部族で、四四三年に東フランスのローヌ、ソーヌ両河流域一帯に第二次ブルグント王国を建設し、五〇一年にこの「ブルグント法典」Lex Burgundionum が編纂された。その法典にはローマ法の影響がみられる。ゲルマン部族法のひとつである。

＊16　西ゴート族 Visigoths も、ブルグント族とならんで民族大移動時代に活動したゲルマンの一部族。ドナウ下流北岸に定着して、しばしばローマ領内に侵入。王アラリック在位のとき（四六六—四八五年）にヒスパニア全土を征服し、ローマ文化をとりいれて、いわゆる「西ゴート法典」Lex Visigothorum を編纂した。これは、西ゴート族の慣習法を成文化したもので、ローマ法の影響を受けるとともに、アラリック二世のときには、領内のローマ人に適用するために、「西ゴートのローマ法典」を編纂したりしている。いずれもゲルマン部族法のひとつに数えられる。

V　有機的連帯がしだいに優越することおよびその結果

I

　じっさい、協同法にくらべると、抑止法がどんなにささやかな地位しか占めていないかは、現代フランス法典を一瞥しただけで十分である。家族法、契約法、商法などから成る膨大な体系と並べてみると、抑止法はまことに微々たるものである。だから、刑罰規制に従わなければならぬ諸関係の総体は、一般生活のうちのごく小さな部分にすぎないし、したがってまた、われわれを社会に結びつけ、われわれが信念と感情を共有することから生ずる諸紐帯は、分業に由来する諸紐帯にくらべて、その数は、はるかに少ない。

　すでにわれわれが触れてきたように、共同意識とそれから生ずる連帯は、たしかに刑法だけによってその全貌が表現しつくされるものではない。共同意識は、刑法がそれを破ってはならないとしている諸紐帯とは別個の紐帯をもつくりだすものである。すなわち、集合意識には、刑法によって表現されるそれよりも、はるかに弱く、はるかに漠然とした状態がある。それは、法的制裁をひとつも伴わない習俗や世論を媒介として、みずからを感じとらせる。しかし、それもまた社会の凝集を確保するのに役だっていることには違いない。そうかといって、協同法もまた分業が生みだすあらゆる紐帯を代表しているわけではない。というのは、協同法も同じように、社会生活のうち、この分業という分野そのものについては、ごく概括的な表現しか与えないからである。多くのばあい、分割された諸機能を結びつけあう相互依存関係は、慣習によってだけ規制される。だが、この分野での成文化されない諸準則は、同じく成文化されていないとはいえ抑止法の延長として役だっている諸準則にくらべてみると、量においてはるかにまさっている。なぜならば前者の諸準則は、社会の諸機能それ自体に匹敵するほど多様なはずだからである。だから、協同法に成文化されていない諸準則と抑止法に成文化されていない諸準則との比は、これらの不文律がそれぞれ補足している二種類の法のあいだの比と同じである。したがって、これらの成文化されない諸準則を考慮の外においても、計算の結果にはいささかの狂いもない。

しかしながら、こうした比が、現代社会やその社会の到達しえた一定時期にしか立証されないとすると、それは一時的な原因おそらくは病理的な原因によるのではないかという疑いがでてくる。しかし、みてきたように、ある社会類型が現代に近ければ近いほど協同法は優勢となるし、反対に、刑法は現代の社会組織から遠ざかるほどますますその位置を大きく占める。だから、この現象は、何か偶然の原因、多少とも病的な原因に結びついているのではない。われわれの社会の構造に、しかもより本質的な部分における構造に結びついているのである。というのは、社会の構造がはっきりしてくれば、それだけこの本質的な部分も発達するからである。こうして、われわれが前章で確立した法則は、二重に有用である。すなわち、この法則が、われわれの結論のよってたつ諸原理を確証しえたこと、それと、われわれの結論の一般性を確立してくれたこと、がそれである。

けれども、以上の比較からだけでは、社会の凝集一般において、有機的連帯がいったいどんな役割を果たしているかを推論することは、まだできない。じじつ、個人をその集団に定着させる度合というものは、その接触点の数の大小によるだけではない。個人を集団につなぎとめる諸力もまたさまざまの強度をもっているからである。とすると、分業から生ずる紐帯は、その数が多くても他の紐帯よりも弱いかもしれないし、後者のすぐれた力がその数量の劣勢を補って余りあるかもしれない。だが、真実はこの逆である。

じっさいにこの二つの社会的紐帯の相対的な力を測定してみせるものは、それぞれの紐帯が破壊されるばあいの難易さである。最小の抵抗力しかないものは、最小の圧力でも破壊されることは明白である。ところで、こうした破壊がきわめてひんぱんかつ容易に生ずるのは、類似による連帯しかない、あるいはほとんどそれのみしかない低級社会においてである。スペンサー氏はいう。「人間は、初めにある集団につなぎとめられる必要があったにしても、いつまでもこの集団につなぎとめられたままでいることを強いられはしない。蒙古族のカルマキア人とモンゴル人は、その首長が圧制的な権力をみせるとこれを棄てて他の首長のもとに去る。アビポン人も、その首長のもとを去るときには彼の許しを求めるわけでもないし、それによって首長の不興を買うわけでもない。彼らはその家族をつれだって、どこへでも好きなところにゆく」(1)。南アフリカのバロンダ族は、たえず国の一方から他方へと移動する。マカロック〔McCullock〕もクーキー族において同じ事実を確認した。ゲルマン人にあっても、戦の好きな連中はだれでも自分の選んだ首長のもとで兵士になることができた。「これほどあたりまえの、またこれほど正当だと思われたことはない。ひとりの人物がある集会のまんなかでたち上がり、某々の敵を討つべく某々の地へ遠征しようと宣言する。するとその人物を信用し獲物をほしがる者たちは、歓呼して彼を首長に迎え彼に従ったものである……。そのさすらいの生活と戦利品の誘惑に抗して、人びとをいやでもひきとめておくためには、この社会の紐帯はあまりにも弱かったのである」(2)。また、ヴァイツも、低級社会については一般的にこう述べている。指導権力が確立されているところでも、各人はその首長とたちどころに袂をわかつことができるほど独立性をもっていて、「もしそれだけの力が自分にあれば、首長に叛逆してもその行為は罪とはされなかった」(3)。ヴァイツはさらに述べて、専制権力のもとにあってさえ、各人が家族とともにその統治下から離脱することはいつでも自由であったという。ローマ人は敵の捕虜になるとその市民権が剝奪されるという規則をもっていたが、そのことはまた、当時の社会的紐帯がたやすく破られうるものであった、ということをあらわしてはいないだろうか。

労働の分化がすすむにつれて事態は一変する。集合体のさまざまの部分は、さまざまの機能を果たしているのだから、そう簡単には分断されえないのである。スペンサー氏もこういっている。「ミドルセックス〔イングランド東南部の州〕からその周辺部を切り離してしまうと、物資欠乏のため、あらゆる活動は数日後にはやむであろう。木綿工業の地帯をリヴァプール［イングランド北部の港湾都市］やその他の中心都市から切り離すと、工業はとまりついで人口は死滅するであろう。炭鉱地帯の住民を、金属を熔かしたり、あるいは機械で織物を織る隣接住民から切り離せば、後者はたちまち社会的に死滅し、やがて個人的にも死滅するであろう。もちろん、文明社会で、社会を構成する一部分が権力を行使する中枢機関を欠いたままであるというような、ある分裂がおこったばあい、その社会は、それに代わって間もなく別の機関をつくるだろう。だが、そのばあい、この社会は解体の危機に瀕するか、あるいはその再組織が十分な権力を再建するまでに、長いあいだ混乱と無為の状態にとどまってしまうおそれがある」(4)。かつて領土の併合に際してよくみられた暴力的な方式がしだいに微妙な操作に転じ、併合が成功する可能性もだんだん不確かなものとなっていったのは、この理由からである。こんにちでは、一国から一州を奪いとるということは、一有機体からひとつまたは数個の器官をとり除くようなものである。併合された地方の生活は、それが依存していた本質的な諸機関から切り離されて、深刻な不安に陥る。ところで、こうした分断や動揺が、その記憶の消えさることのない永い苦悩をもたらすのは必至である。さまざまの文明がその類似性をいよいよ高めてきているにもかかわらず、単独の個人にとってさえ、その国籍を変えることは容易なことではない(5)。

まったく正反対の経験も、やはり以上のことを立証する。連帯が弱いほど、すなわち社会のよこいとがゆるいほど、外来の諸要素はこの社会にくみこまれやすいはずである。例をあげよう。低級民族にあっては、帰化するということがいともかんたんな手続ですむ。北米インディアンでは、氏族のだれもが養子縁組という手続で新たな成員を加える権利をもっていた。「戦争で捕らえられた俘虜は、殺されるか、または氏族の養子とされる。捕虜になった婦女子と子どもはきちんと寛大にあつかわれる。養子縁組は氏族権《ドロワ・ド・ジャンティリテ》（氏族の成員権《ドロワ・デュ・クラン》）を与えるのみでなく、さらに部族の族籍をも与える」(6)。ローマが、当初、寄る辺のない氏族成員や被征服者に市民権を認めたことは、周知のところである(7)。のみならず、原始社会が膨脹していったのは、この種の編入によってなのだ。こうした社会に外来者を入りこみやすくするためには、社会はそれ自身の統一性とか個性といった非常に強い感情をもたないことが必要である(8)。諸機能が専門分化している社会では、これと正反対の現象がみられる。もちろん、外国人がこうした社会に一時的に加えられることはよくある。だが、外国人がその社会に同化される手続、すなわち帰化の手続は、長期間を要するし、複雑にもなった。帰化は、特殊な条件にしたがって厳粛に表明される集団の同意がなければ、もはや不可能である(9)。

　共同体が個人を吸収しつくすほどにまで後者を強く結びつけている紐帯が、こんなにたやすく破られたり、あるいは固められたりすることに、おそらく驚かれるであろう。だが社会的紐帯の強固さをつくりだしているものが、同時にまたその抵抗力をつくりだすとは一概にいえない。集合体の諸部分がいったん結合されると、それらは全体としてのみ動くものだからといって、これらの諸部分があるいは統一されたままでなければならぬとか、それらが死滅せざるをえないとか、というようなことはない。まったく逆に、これらの諸部分は、相互に相手を必要としてはいないし、各人が社会生活のよってたつものをすべて各自でもっているのであるから、こうした離脱が一般に群としておこなわれると、いとも簡単にその社会生活をそのまま他所へもってゆくことができる。というのは、個人というものは、その集団から離れるときでさえ、群として集団的にしか行動できないように仕組まれているからである。社会の側からすると、社会はその成員の各自に――彼らがその社会の部分であるかぎり――信念と慣行の一致を要求する。しかし、この社会は、そのばあい、社会的労働がまだ分割されていないから、その成員の若干数を失ってもその社会内の生活の調和がみだれることはないので、社会はこうした成員の減少に、そう強く反対はしない。同様に、連帯が類似からのみ由来しているところでは、その集合類型とそうへだたりのない者はだれでも、さしたる抵抗もなく、その集合体に加えられる。その際、この新参者を拒否する理由がないと同時に、彼を容れる余地さえあれば、彼をひき入れる理由がたつ。けれども、社会が異なった諸部分から成る一体系を形成し、これらの部分がたがいに補いあっているばあいには、新参の要素が、この調和を乱さず、その諸関係を変えないままで古い諸要素に接ぎ木されることは不可能である。したがって、有機体は必ず混乱を伴うような侵入にたいしては、これに抵抗する。

2

機械的連帯の結合は、一般的にいって、有機的連帯よりも弱いばかりではない。さらに社会進化がすすむにつれて、機械的連帯はいよいよ弱まってくる。

じじつ、機械的連帯から生ずる社会的紐帯の力は、つぎの三つの条件に応じて変わる。

一 共同意識の容積と個人意識のそれとの比。前者が後者を完全におおいつくすようになればなるほど、社会的紐帯の力は強まる。

二 集合意識の諸状態の平均的強度。二つの容積の比がひとしいとすると、集合意識がより大きな活力をもつほど個人に加わる作用は大となる。逆に、集合意識の加える衝撃が小さいままであるときは、個人を集合的方向に導く力は弱い。このばあい、個人は自分独自の方向をたどることがいっそう容易になるだろうし、またその連帯はいっそう弱くなるだろう。

三 集合意識の諸状態の確定度。現実に諸信念や諸慣行は、それらが確定していればいるだけ、個人的に多様化する余地は少ない。これらの信念や慣行は、われわれの観念や行為をすべてむらなくそのなかに流しこむ画一的な鋳型である。そのとき、一致はこのうえなく完璧であり、あらゆる意識は斉唱で歌いあげる。反対に、行為や思考の諸準則が漠として不確定なものであれば、それだけいよいよ個人的な反省が介在してきて、それぞれ個別のばあいに応じてこうした準則を応用しようとするに違いない。ところで、個人的反省がめざめてくれば、きっと不一致がおきてくる。個人的反省というものは人ごとにその質も量も違うものであるから、この反省が生みだす結果もすべて人ごとに違うからである。だから、こうした遠心的な傾向は、社会の凝集力とその運動の調和とを犠牲にしてまで倍加してゆくようになる。

他方からすれば、このような共同意識の強力かつ確定的な状態こそが刑法の根拠なのである。ところが、のちにみるように、刑法の根拠の数は現代では往時よりも少なくなっているし、諸社会がその現代的な類型に近づくにつれて、徐々にその数は減ってきている。したがって、右のことは集合的状態の平均的な確定度と平均的な強度それ自体が減じてきたことを意味する。だが、確かなことは、こうした事実からは共同意識の全体的なひろりが狭まってきたと結論づけることができない、ということである。そのわけは、刑法の対応する領域が狭まると、反対に、それをのぞいた他の領域がひろがってくるからである。強力で確定的な集合状態が減少するということは、それに代わって他の状態がいっそう拡大するということである。だが、こうした拡大が現におこったとしても、それはせいぜい個人意識内で生ずる拡大と等量である。なぜなら、個人意識は少なくとも前者と同じ割合で増大するからである。みんなに共通のものが多ければ多いほど、各人に固有のものもまた多くなる。しかも後者のほうが前者よりもより多く増大していると信ずべき当然の理由さえある。人びとがたがいにあい似なくなるということは、文明がすすむにしたがっていよいよはっきりしてくるからである。いましがた述べてきたように、個別的な活動は共同意識よりもさらに発達してきている。だから、少なくとも各人の個別意識においては、おそらく個人的領域が集合的領域よりもはるかに大きくなっているといえるだろう。いずれにせよ、この両者間の関係はたかだか同一の状態にとどまっているのである。したがって、こういう見方からすれば、機械的連帯はそれが何ひとつ失うものはなかったとしても、また何ひとつ獲得もしなかったわけである。だから、他面からすれば、集合意識がさらに弱まり、さらに曖昧になることが確かめられると、機械的連帯が弱まったのだと断定できるだろう。なぜかといえば、機械的連帯の作用が依存する前記の三条件のうち、少なくとも二つはその強さを失っており、第三のものは変わらないままだからである。

以上のことを証明するために、抑止的制裁をもった準則の数を、さまざまの社会類型ごとに比較してみてもなんの役にもたつまい。というのは、その数はこれらの準則があらわしている感情の数と比例して変化するものではないからである。同じ感情でも、じっさいには実にさまざまの仕方で傷つけられうるものであり、だからまた、たくさんの準則を生みだすことにもなるのだが、だからといって、この同一感情がそれらに応じて分化するということはない。こんにちでは、財産を手に入れるやり方も多くなっているので、それを盗む方法もまた多くなっている。にもかかわらず、他人の財産を尊重する感情がそれだけ倍加するわけではない。いまでは個人的人格が発達し、より多くの要素を含むようになったので、個人の人格にたいする侵害もまた多くおこるようになった。だが、このような侵害行為によって傷つけられる感情は、いつも同じである。したがって、われわれにとって必要なことは、諸準則を数えあげることではない。それらの準則が、同じ感情、さまざまの感情、ある感情のさまざまの側面にかかわるのに応じて、これをいくつかのクラスや下位クラスに分類することなのである。こうすれば、犯罪学上の諸類型とその本質的に多様な諸変相とを構成することができよう。しかも、これらの類型と変相の数は共同意識の強力かつ確定的な状態の数と必然的にひとしい。この共同意識の数が多ければ多いほど犯罪の種類もまた多くなるはずである。したがってまた、前者の多様化は後者の変化に正確に反映する。われわれの考えをはっきりさせるために、以下の表において、これまでさまざまの社会で認められてきたこれらの類型の主なものとその変相の主だったものをまとめてみた。このような分類が、およそ完璧さと厳密さを期しがたいことはいうまでもない。しかし、われわれがそこからある結論をひきだそうとするためにはこの分類でもけっこう精密である。じじつ、たしかにそれは現代の犯罪学上のあらゆる類型を網羅している。ただおそれるのは、すでに消滅してしまっているいくつかの犯罪類型をおとしはしなかったかということである。だが、われわれはまさに犯罪類型の数が減ってきたことを立証しようとするのであるから、こうした脱落も、われわれの命題をさらに支えるための論拠となるだけだとみたい。

集合的諸感情に反した行為を禁止する諸準則

I　一般的対象をもつもの

- 宗教的感情
  - 積極的（宗教慣行を強制するもの）
  - 消極的[10]
    - 神についての信仰にかんするもの
    - 礼拝にかんするもの
    - 礼拝の機関にかんするもの
      - 聖域
      - 僧侶
- 国民的感情
  - 積極的（積極的な世俗的義務）
  - 消極的（叛逆・内乱など）
- 家族的感情
  - 積極的
    - 父と子の
    - 配偶者間の
    - 親族一般の
  - 消極的——同右
- 性的関係にかんする感情
  - 禁じられた結婚
    - 近親婚
    - 男色
    - 身分不相応な結婚
  - 売淫
  - 公共の風紀
  - 未成年者の貞潔

労働にかんする感情
- 乞食
- 浮浪
- 酩酊[11]
- 労働の刑罰規定

さまざまの伝統的感情
- 職業上の慣習にかんするもの
- 埋葬にかんするもの
- 食物にかんするもの
- 服装にかんするもの
- 儀式にかんするもの
- あらゆる種類の慣習にかんするもの

共同意識の機関にかんする感情
- それが直接に侵されるばあい
  - 大逆罪
  - 合法的権力にたいする陰謀
  - 権威にたいする侮辱、暴行—叛逆
- それが間接に侵されるばあい[12]
  - 公的機能の個人的濫用—横領—公的な偽造
  - 官吏の汚職および職務上のさまざまの過失
  - 国家に不利益を及ぼす不正行為
  - あらゆる種類の違反（行政上の違反）

II　個人的対象をもつもの

- 個人の人格にかんする感情
  - 殺人、傷害—自殺
  - 個人的自由
    - 物理的
    - 道徳的（市民権行使の抑圧）
  - 名誉
    - 侮辱、中傷
    - 偽証
- 個人の物にかんする感情
  - 窃盗—詐欺、背信
  - さまざまの不正行為
- 人格であれ財であれ個人一般にかんする感情
  - 貨幣偽造—破産
  - 放火
  - 強盗—掠奪
  - 公衆衛生違反

3

この表を一瞥しただけで、多くの犯罪学上の類型がしだいに消滅していったことがわかる。

現代では、家族生活の規制でも、あらゆる刑罰的な特質をほとんどまったくといっていいほど失うにいたっている。例外とすべきは姦通と重婚だけである。のみならず、姦通さえ、われわれの犯罪リストではまったく例外的な位置を占めるだけである。それは、姦通した妻の刑罰を夫が免除できる権利をもつからである。家族の他の成員たちの義務にかんしても、もはや抑止的な制裁を伴うことはない。昔はそうではなかった。「十戒」では、親孝行を社会的義務としている。また、親をなぐったり[13]、あるいは呪い[14]、あるいは父にそむく[15]という事実は、死罪であった。

ローマの都市国家とまったく同類型に属するとはいえ、それよりもさらに原始的な様相を呈するアテナイの都市国家においても、この家族的義務にかんする立法は同様の特徴をもっていた。家族的義務をおろそかにしたばあいは、ある特殊な訴え、すなわちグラフェー・カコーセオース〔*γραφὴ κακώσεως* 虐待の告訴〕ができる途がひらかれていたのである。「自分の両親や直系尊属を虐待し辱めたもの、これらの人たちが必要とする生活資料を提供しなかったもの、その家格にふさわしい葬儀をいとなまなかったもの……は、グラフェー・カコーセオースによって起訴されることがあった」[16]。孤児にたいして親族がその義務を怠ったときにも、これと同じ種類の訴訟によって制裁を受けた。けれども、これらの罪に科せられる罰がかなり弱かったということは、これに対応する感情がアテナイではユダヤにおけるほどの力も確定度もなかったことを示すものである[17]。

さいごに、ローマでは、家族にかんする犯罪類型の衰微が新たにあらわれ、またその衰微がもっとめだつようになってきている。すなわち、刑法上に認める唯一の家族的義務は、被保護者を保護者に結びつける義務とその逆の義務だけであった(18)。その他の家族的義務の不履行についてはもはや家父長がこれを懲戒として罰するにとどまった。いうまでもなく、家父長の手中にある権威はこのような不行跡をきびしくおさえることはできる。だが、彼がこうした力を行使するばあい、それは公吏として、すなわち国家の法律一般を家中の者に守らせる権限をもった司法官としてではなく、一私人としてなのである(19)。だから、この種の違反行為は、社会の関知しないまったくの私事となる傾向がある(20)。こうして、家族的感情は、共同意識の中枢部分から少しずつそれていったのである。

性的関係にかんする感情の進化もこれと同様であった。「モーセの五書」では、習俗の侵犯が重要な位置を占める。そこでは、現行立法では罰しないようなたくさんの行為が犯罪としてとりあつかわれてきた。すなわち、婚約した女の堕落（「申命記」第二二章二三―二七）、女奴隷との夫婦関係（「レヴィ記」第一九章二〇―二二）、処女を失った娘を結婚の際に処女にみせかける欺瞞（「申命記」第二二章一三―二一）、男色（「レヴィ記」第一八章二二）、獣姦（「出エジプト記」第二二章一九）、売淫（「レヴィ記」第一九章二九）、もっと特殊的には祭司の娘の売淫（「レヴィ記」第二一章九）*1、近親相姦――「レヴィ記」（第一八章）*2で数えられる近親相姦の例は一七例を下らない――がそれである。のみならず、こうした犯罪はすべてまことにきびしい刑罰――その大半は死刑――で罰せられた。ところがアテナイの法になると、これらの犯罪の数はすでに少なくなっている。そこでは、有償の男色《ペデラスティ・サラリエ》、売淫の仲介業《プロクセネティスム》、妻以外の善良な女子市民との性交渉、そしてさいごに近親相姦――もっともこの近親相姦の行為がどういう特徴からなっているかについては十分に伝わっていない――のほかは、もう罰せられてはいない。その刑罰もまた一般にもっと軽くなった。ローマの都市国家においても、その状況はアテナイとほとんど同じであるが、とはいえ、この部分の法制はもっと不確定なものになっている。いわば、そのきわだった特徴をしだいに失ってきているわけである。ライン〔Rein〕によれば、「原始ローマにおいて、男色は、法によって処置されることはなく、民衆や戸口総監《ケンソル》または家父長の手で、死刑、罰金または破廉恥の罰に処せられた」[21]という。既婚婦人の凌辱《ストゥプルム》またはそれとの情交もほぼ同じであった。父は自分の娘を罰する権利をもち、民衆は按察官《アイディーリス》の訴えにもとづいて、このような犯罪に罰金または追放の刑を科した[22]。このような犯罪を抑止するといっても、すでにその一部は家族的かつ私的なものであったようである。さいごに、こんにちでは、こうした感情が刑法にその余韻をとどめているのは、つぎの二つのばあいだけである。すなわち、その感情が公的に侵されたばあいと自衛力をもたぬ未成年者を犯したばあいとである[23]。

さまざまの伝統という項目のもとにあげておいた諸罰則の部門は、多様な集合感情に対応して、事実上、多数の明確な犯罪類型をあらわしている。ところが、それらはことごとく、あるいはほとんどすべて、徐々に消滅していった。伝統が全能の力をもち、ほとんどすべてのことが共同であるような単純社会では、およそたわいもない慣習も習性の力によって強制的な義務となる。トンキン〔ベトナム北部の旧称〕では、礼儀を欠いたばあい、その多くは社会にたいする重大な侵害よりもさらにきびしく罰せられた(24)。中国では医者が処方箋を正しくしたためないと罰せられた(25)。「モーセの五書」はこの種の規則でみちている。すなわち、その起源が明白に歴史的であり、その威力のすべてが伝統にもとづく、あのきわめて多数の準宗教的慣行についてはもちろんのこと、さらに食物(26)、服装(27)、さては経済上の細かなことがらまで(28)、きわめて広範囲にわたって規制を設けている。以上のことは、ある点まではギリシアの諸都市においても同様であった。フュステル・ド・クーランジュ氏*3はいう。「国家はおよそささいなことにまで圧政をしいた。ロークリス地方〔古代ギリシア中央部の二州〕では、生葡萄酒を飲むことが法によって禁じられていた。各都市の法によって服装が一定されていたのは普通のことである。スパルタの立法は女の髪の結い方をも規定していたし、アテナイの法は女が三着以上の衣服をもって旅にでることを禁じている。ロードス島では、ひげを自分でそることが法で禁じられ、ビザンツでは自宅に剃刀をもっているものは罰金刑に処せられた。スパルタでは、逆に、口ひげをそることが法によって強制されていた(29)」。だが、こうした罪の数々も、すでによほど少なくなってはいた。やや下ってローマでは、このような罪は女の奢侈にかんするいくつかの規則を除いては、ほかにとりあげられているものはない。さらに、現代では、そのような罪を法律のなかに発見することさえむつかしい。

けれども、刑法が失ったもっとも重要なものは、宗教的犯罪の全面的あるいはほぼ全面的に近い消滅によるものである。ところが、この失われた部分こそ、共同意識の強力かつ明確な状態としては数えられなくなってしまった諸感情の全分野なのである。もちろん、宗教的犯罪という点について、現代法制と低級社会の諸類型一般の法制とを比較することで満足しているあいだは、このような後退があまりにはっきりしているので、ひとは、こうした衰退がはたして正常であるのか、また持続的にそうなってきたのかということに疑問をいだきはじめさえもしよう。だが、諸事実の発展を仔細に追ってみると、この衰退過程が順序正しくおこってきたことを確認できる。社会類型をひとつひとつさかのぼってゆくにつれて、このふるいおとしがいよいよ完全になってゆくのがわかる。したがって、右のことが一時的な偶然の出来ごとによったとすることはできないのである。

「モーセの五書」が選定して禁止している宗教的犯罪をことごとく列挙することは不可能である。ヘブライ人は、律法のあらゆる戒律に従わなければならなかった。さもなければ罰則によって抹殺されるのであった。「故意に罪を犯すものは〔主をけがすものであって〕、民のうちから断たれねばならぬ[30]」。このたてまえから、ヘブライ人は禁じられたことをけっしてしてはならなかったばかりか、命じられたことのすべてを——すなわち、自己および身内の者に割礼をほどこし、安息日や祭りを祝う等々のことをしなければならなかった。われわれは、こうした掟がどれほど多かったかということも、その罪がどんなに恐るべき刑罰で制裁されたかということも、もはや想起するには及ぶまい。

アテナイでも、この宗教的犯罪性の占める場所はなおきわめて大きかった。「不敬虔の《グラフェー・》告訴《アセベイアス》」〔γραφὴ ἀσεβείας〕という特殊な告訴があって、それは国民宗教にたいする侵犯を告発すべきものであった。この告訴の適用範囲がきわめて広範囲にわたっていたことは確かである。「おそらく、アテナイの法は「不敬虔《アセベイア》」〔ἀσέβεια〕と規定さるべき犯罪や不法行為を、はっきり確定したわけでもなかったので、その多くは裁判官の裁量にゆだねられていたのであろう」(31)。けれども、アテナイの法におけるこの犯罪の一覧表は、ヘブライの法におけるほど長くはない。のみならず、前者での犯罪は、それがすべて、またはほとんどすべて、不作為による犯罪ではなく、作為による犯罪である。現に、その主な犯罪として以下のものがあげられる。すなわち、神々や、神々の実在や、人間的事象における神々の役割、にかんする信仰を拒否すること、祭典、供犠、競技、神殿および祭壇をけがすこと、免罪権の侵犯、死者にたいする諸義務の不履行、祭司がおこなうべき儀式上の諸慣行の脱漏や変更、奥義の秘訣を俗人に教えたり、オリーヴの聖木を根こそぎにすること、接近することを禁じられている人びとが神殿に出入りすること、以上である(32)。これでみると、この種の犯罪は、礼拝をおこなわないことにではなく、積極的な行為や言葉によって礼拝を攪乱するというところにあった(33)。さいごの例として、新しい神々の導入については手順をふんで正式に承認される必要があったのに、それをしないと不敬虔としてとりあつかわれたかどうかについては、立証されていない。もっともこうしたばあいには、それを非難しようとする自然のいきおいから、ときとしてそれについての起訴を認めたこともあった(34)。さらに明白なことは、ヘブライ民族のような神政的社会においてよりも、ソフィストたちやソクラテスの祖国でのほうが、宗教意識はもっと寛容であったに違いないことである。

哲学が生まれ、発展するためには、伝統的な信念が強すぎて、哲学の開花がさまたげられるようであってはならなかったからである。

ローマになると、伝統的な諸信念が個人意識に加える重圧はさらに軽くなる。なるほどフュステル・ド・クーランジュ氏は、ローマ社会が宗教的特質をもつことを正しく指摘しはした。だが、それ以前の諸民族とくらべると、ローマ国家における宗教性の滲透はいちじるしく減殺されていた[35]。つとに宗教的機能から分離されていた政治的機能は、前者を従属的地位においていたからである。「ローマでは、政治的原則のこの優越性とその宗教の政治的特質とのおかげで、国家は、宗教にたいする侵犯が間接に国家を脅かすかぎりにおいてしか、宗教に手をかすことはなかった。他国の宗教信仰、あるいはローマ帝国内に住む異邦人の宗教信仰は、みずからの限界内にとじこもり、国家に深く関与しないかぎり、黙許された[36]」。けれども、ローマ市民たちが異教の神々にたよって、その結果、国民宗教をそこなうようになると、国家はこれに干渉した。「しかしながら、この点は法律問題としてよりも高等な行政的関心の問題としてとりあつかわれた。そうした行為にたいする干渉は、状況の重大さに応じて、警告や禁制の処罰、あるいは死刑にまでいたる懲罰によっておこなわれた[37]」。宗教訴訟は、ローマの刑事裁判では、アテナイのそれよりもたしかに重要度において低かった。そこでは、〈不敬虔の告訴〉《グラフェー・アセベイアス》のような法制度は、まったくみられないのである。

ローマでは、宗教にたいする犯罪がギリシアよりもさらに鮮明に規定され、その数も減っていたばかりではない。そのうちの多くは、罪一等または数等を減じられた。じじつ、ローマ人は宗教犯罪のすべてを同一のレベルにおいていたわけではない。「あがなわれうる罪」〔scelera expiabilia〕と「あがなわれえざる罪」〔scelera inexpiabilia〕とにわけていたのである。前者では、神々に捧げられる供犠という形でのあがないが必要なだけであった[38]。この供犠は、もちろん、国家がその履行を請求できたという意味では、刑罰であった。その理由は、罪人の手でつけられた汚点は社会をけがすし、その社会に神々の怒りを招くおそれがあったからである。だが、それとても、死刑・没収・追放などとはまったく異なった性質の刑罰である。ところが、これほど大目にみられた過失も、かつてアテナイの法律では最大の厳罰に処せられたものであった。それらの過失はつぎのとおりである。

一　あらゆる聖処《ロクス・サケル》をけがすこと。

二　あらゆる国教的な場所《ロクス・レリギオスス》をけがすこと。

三　パン饗応儀式《ペル・コンファレアチオーネム》によって〔これは古ローマのもっとも厳粛な結婚式〕結婚したものの離婚。

四　右の結婚で生まれた男児を売却すること。

五　死者を陽光のもとにさらすこと。

六　なんぴとであれ悪意なしに「あがなわれえざる罪《スケレラ・イネクスピアビリア》」を遂行すること。

ところが、アテナイでは、神殿をけがしたり、宗教儀式にちょっとでもごたごたをひきおこしたり、ときには儀礼にわずかばかり背反したりしても[39]、極刑に処せられたものである。

ローマでは、本当に罰せられたのは、きわめて重大かつ故意の侵犯行為にたいしてだけであった。じじつ、「あがなわれえざる罪」は、以下のようなものにすぎなかった。

一　吉凶を卜したり、祭祀《サクラ》をおこなう役人が義務を故意に果たさなかったり、あるいはさらに、それらのことをけがしたりすること。

二　政務官が祭日に法律訴訟《レギス・アクティオ》の手続をすること、しかもそれを故意にすること。

三　同様のばあいに、禁じられている行為によって祭日《フェリアエ》を意図的にけがすこと。

四　ヴェスタ〔炉の女神〕につかえる巫女がおかした、またはこの巫女とおかした近親相姦(40)。

キリスト教は非寛容である、とよく非難されてきた。だが、以上の点からみても、それは先行の諸宗教よりもはるかに進歩をとげていたのである。キリスト教的諸社会の宗教意識は、その信仰が頂点に達しているときですら、なんらかの爆発的な行動に訴えてこれに反逆するとか、この意識を否定するとか、さらにはこれに面とむかって攻撃をしかけるとかというばあいにしか、刑罰という反作用を下してはいない。キリスト教的な宗教意識は、ローマでさえみられなかったほどほぼ完全に世俗的生活から切り離されてくると、もちろんローマにおけるほどの権威をもってまかり通ることはもはやできず、いっそう守勢の態度にとじこもらざるをえない。そして、いままでみてきたような日常茶飯の些事が侵されても、もはやこれを抑止しようとはしなくなる。ただ、その基本原理のあるものが脅かされるばあいにだけ抑止を求めるのにすぎない。また、その数もそう多くはない。というのも、キリスト教の信仰は、精神的なものとなって、より一般化され抽象化されるようになり、同様にまた単純化していったからである。爾来、神の名をのろいけがすこともその一種である瀆聖《サクリレージユ》や、さまざまの異端邪説のみが、宗教的犯罪となる[41]。だから宗教的犯罪の数は減りつづけ、こうして強力かつ明確な諸感情それ自体が少数になってゆくことを立証する。いったい、ほかにどんななりゆきがありうるだろうか。周知のように、キリスト教は、かつて存在した宗教のうちでもっとも観念論的《イデアリスト》である。だから、それは、特定の信仰、一定の宗教行動の条項よりも、はるかに広く一般的な信条から成っている。それだからこそ、キリスト教のまっただなかにおいて、自由思想のめざめが比較的早かったわけでもある。さまざまの学派や対立しあう宗派すらも、すでに当初から創設されていたのである。キリスト教的諸社会が中世において組織化されはじめるやいなや、自由思想の最初の体系的な努力であり、分裂の最初の源泉でもあったあのスコラ哲学があらわれるのだ。討議の権利〔言論の自由〕は原則として認められていたのである。この動静が、以後ますます強まっていくばかりであったことは、述べるまでもない。こうして、宗教的犯罪性は、完全に、あるいはほとんど完全にちかく、刑法から脱却しおわったのである。

4

こうして、犯罪学上の諸変種の数はしだいに消滅してゆくばかりであって、埋めあわされることもなかった。というのも、まったくの新種がつくりだされることはなかったからである。現代フランスでは乞食を禁じているが、アテナイでは無為徒食を罰した(42)。民族感情や民族的制度にむけられる危害を許したような社会は、いまだかつて存在しない。こうした危害にたいする抑制は、かつてはいまよりはるかにきびしかったとさえ思われる。したがって、それに対応する諸感情が弱まってきたのだと信ずべき理由があるわけである。かつてあれほど適用範囲のひろかった大逆罪でさえ、ますます消えさる運命にある。

しかしながら、低級民族においては、個人の身柄にたいする犯罪は罪とはみられていなかったし、盗みや殺人は名誉でさえあった、とよくいわれてきたものである。最近、ロンブローゾ氏*4は、こうした主張をむしかえそうと試みている。彼の主張によると「野蛮人においては、犯罪というものは例外的なことではない。むしろ一般的な慣例であって……だれひとり犯罪としてみるものはない(43)」。しかし、このような断定を証拠だてるために、彼はいくつかの珍しい事実や曖昧な事実を引用するだけであって、しかもそれらを無批判的に解釈している。たとえば、盗みを共産主義の慣習や民族間の掠奪と同一視するにいたっている(44)。ところが、所有権がその集団の全成員に分割されていないということからは、ただちに盗む権利が認められているなどということが推論できるはずはない(45)。所有権が存在するかぎりにおいてしか、盗みは存在しえないからである。同様に、ある社会が隣国を掠奪してこれに犠牲を強いてもいっこうに憤激することがないからといって、その社会内部で同じ行為がおこなわれるのを、その社会が許しておくとか、自国民のひとりひとりをたがいから守ることをしない、ということにはならないのである。ところで、こうした結論がえられるためには、その社会内部で掠奪があっても、それが罰せられないですむ、ということが立証されなければなるまい。たしかに、ディオドロス[*5]やアウルス・ゲリウス[*6]のテクスト(46)では、古エジプトでこのような行為が認められていたと信ぜしめるに足るようなものがある。けれども、これらの原典は、われわれがエジプトの文明について知っていることとまったく矛盾する。トニッサン氏〔Thonissen〕がまことに正当に述べているように、「不法な利得で生活している者に法が死刑を宣し、目方や寸法を変えただけで両手切断の刑に処せられた……ような国において、窃盗が許されるなどということがはたして認められるだろうか(47)」。よしんば、さきの原典の作者たちが誤り伝えた諸事実を推論によって構成しなおすことはできたにしても(48)、原作者たちの話が不正確であることは疑うべくもない。

殺人にかんしても、ロンブローゾ氏の述べる殺人は、いつでも例外的な状況においておこったものである。たとえば、あるいは戦争という事実から、あるいは宗教上の犠牲から人を殺したり、あるいは臣下にたいしては専制君主の、子にたいしては父の行使する絶対権力の結果から殺人が生ずる、というばあいである。だが、そのために立証しなければならぬことは、そこでは原則として殺人を禁ずる規則がいっさい欠落している、ということである。ところが、彼のあげた特異な例外的事例でみると、この結論に堪えうるものはひとつとしてない。特異な事情のもとでこの規則に反するような事実があったにしても、その事実だけではこの規則が存在しないということを証明できはしない。のみならず、これと同じような例外は、現代社会においてさえみることができよう。たとえば、生き残りの軍隊を救うために確実な死地に部隊を送りこむ将軍は、民族の神を鎮めるためにいけにえを捧げる祭司と、その行動においてはたして違いがあるだろうか。戦争では、いまも人を殺すではないか。姦通した妻を殺してしまった夫は、ばあいによっては、絶対的にとはいえぬまでも、相対的に罰をまぬがれはしないだろうか。人殺しや盗人にときとして向けられる同情も、同じように、以上のことを雄弁に物語る。人びとは、よしんばその行為を原則として許すわけにいかなくても、その人間の勇気を讃えることがあるものだ。

それればかりではない。ロンブローゾ氏の学説の根底にある構想は、首尾一貫していない。じつに、それは原始人たちがあらゆる道徳性を欠いているという前提にたっている。ところが、人間が社会を形成した瞬間から、その社会がどんなに原初的であろうとも、人びとの諸関係を統括する諸準則が、したがってまたひとつの道徳が――それは現代の道徳とは似ても似つかぬとはいえ、にもかかわらず厳存する――必然的に存在する。他方、こうしたすべての道徳に共通する一準則があるとすれば、人に危害を加えることを禁ずる準則こそ、たしかにそれである。その理由は、たがいにあい似た者は、各人が同類を苦しめるような行為にはすべて反対するといった共感をたがいにわかちあわないと、ともに生活することができないからである。(49)

〔原始人には道徳性がないという〕この理論に真実味があるとすれば、それは第一に、かつて人身を保護すべしとする法が、一部の人びと、つまり子どもと奴隷とをその適用の範囲外においていたという点である。第二に、この人身保護がこんにちでは厳重に保障されるようになり、したがってまた、それに対応する集合感情がいよいよ強まってきたと思えることである。そして、このように思うことは正しい。だが、こうした二つの事実においても、われわれの結論をそこなうものは何もない。こんにち、なんらかの資格で社会を構成するすべての個人が平等に保護されているとすれば、それは、右のような旧慣が緩和されてきて、それに代わってまったく新しい刑罰規則があらわれたからではない。古い準則が拡大したからなのである。当初から、集団成員の生命は危害から守られてはいたのであるが、この成員たる資格そのものが子どもと奴隷には拒まれていたのである。現代では、こうした差別はいっさいなくなって、かつては犯罪とはならなかった行為も罰せられるようになった。しかし、それは社会の成員が多くなってきたという単純な理由からであって、集合感情がより多くなったからではない。増加したのは集合感情ではなくて、それがかかわる対象なのである。社会が個人にたいして払う畏敬の念がさらに強まってきたということは認めうるにしても、それは共同意識の中心領域が拡大したからではない。そこに新しい要素が入りこんできたからではない。なぜなら、どんな時代でも個人にたいする尊敬の感情は存在してきたのであり、また、どんな時代でもこの感情を脅かすものを容赦しないだけのエネルギーを十分にもっていたからである。昔と違った変化があるとすれば、古い要素がより強くなったということだけである。だが、この力の増強ということだけでは、すでに述べたように多くの重大な損失を補うことはできないだろう。

このように、全体としてみれば、共同意識は強く明確な感情をしだいに失ってきている。したがって、集合的諸状態を決定する平均強度と平均程度も、われわれが説いてきたように、たえず減少しつつあるということになる。いましがた述べたように、それを増強することが非常に限られたものであるということも、この結果をはっきりさせるだけである。じじつ、前にもまして強力になってきた唯一の集合感情は、社会的物を対象とするものではなく、個人を対象とする集合感情なのである。そうであるためには、個人的人格が社会生活において、はるかに重要な一要素とならなければならぬし、また個人的人格がこのような重要性を獲得するためには、個々の個人意識がその絶対値において増大するだけでは足りない。共同意識よりもさらに大きくならなければならぬのである。個人意識は、この共同意識のくびきから解き放たれなければならないし、したがってまた、共同意識は、その当初においてふるっていた支配権と決定的な作用とを失わなければならない。じっさいのところ、もしこの両者の関係が同じ状態にとどまるとすれば、すなわち、いずれもが量においても活力においても同率のままで発達するならば、個人に結びついた諸集合感情自体もまた同じままだということになる。ことに、この個人にかかわる集合感情だけが増大した唯一のものではない。なぜなら、それらは、個人的要因がもつ社会的価値にもっぱら依存するものであって、しかも、この社会的価値は、ひるがえって、個人的要因それ独自の絶対的発達によって決定されるのではなく、諸社会現象の総体のなかで、個人的要因に帰すべき部分が相対的にどれだけの大きさをもつかによって決定されるからである。

5

この命題は、なお、つぎのごく簡単に示すような方法によっても証明されえよう。われわれは、いまのところ、宗教とは何かということについて科学的な概念をもちあわせていない。じつのところ、この概念を得るためには、われわれが犯罪の問題に適用してきたのと同じ比較法によって、この問題をとりあつかわなければならない。これはまだおこなわれたことのない試みでもある。通説によると、宗教とは、歴史の各時期において、人間的属性を超越した特性をもつとみられてきた一存在または複数存在と、これにたいする人間とのかかわりあいにかんするあらゆる種類の信仰や感情の総体である。だが、このような定義はあきらかに妥当でない。行動の準則であれ、思考の準則であれ、そこには多くの準則があって、それらはたしかに宗教的なものではあるが、実は、これらの準則はまた宗教以外のあらゆる関係についても適用されるものなのである。ユダヤ人にとって、宗教とは、ある肉類を食べることを禁じ、きまった服装をまとうことを命じるものであり、人間や物の本質、現世の起源についてある意見を強制するものであり、ときには法的、道徳的、経済的な諸関係をもよく規定するものである。だから、宗教の影響範囲は、人間と神々との交渉をはるかにこえて及ぶ。それればかりではない。少なくとも神なき宗教が存在することも確かである。(50) この一事をもってしても、宗教を神の観念とのかかわりにおいて定義する権利がもはやないことはまったく明瞭であろう。さいごに、信者が神に賦与するこの世ならぬ権威こそが、宗教的なるもののどんな特異な威信をも説明できるといってみても、人間がどうしてこのような権威を一存在に帰属させるにいたったのかについては、説明されぬままで残る。しかも、この存在とは、多くのばあい――日常つねにではないにしても――、人びとの空想の産物であるとは衆目の認めるところである。無からは有を生じない。やはり、この存在のもつ力は何かからきたはずである。したがって、右の宗教にかんする公式的見解は、われわれに宗教現象の本質を知らしめるものではない。

けれども、この神という要素を除きされば、あらゆる宗教感情と同様に、あらゆる観念にひとしくみられる唯一の特徴は、これらの観念が、生活をともにしている何人かの個人に共通しているということであり、加えて、かなり高い平均強度をもっている、ということである。じじつ、何がしかの強い確信が一個の人間共同体によってわかちもたれているばあい、この確信が不可避的に宗教的特質を帯びるということは、不変の事実である。この確信は、また、諸個人意識に、ほんらいの宗教信仰と同じ畏敬の念をいだかせる。だから、宗教が、これまた共同意識の中核領域に対応するものであることは、ほとんど確かである。――とはいっても、こんな簡単な説明では、厳密な明証とはなりえないことはもちろんであるが。この宗教の領域を、刑法に対応している領域から区別して――なおこの二領域は、しばしば全体的にあるいは部分的に、混合している――、その境界を設定する問題が残ることは確かである。これも研究課題ではあるが、その解決は、いまとりあげてきたほぼ確実と思われる推論と、直接のかかわりはない。

さて、歴史が解きあかしてきた一真理があるとすれば、それは宗教が社会生活のいよいよ小さな部分にしか及ばなくなった、ということである。歴史のはじめには、宗教は森羅万象にゆきわたっている。社会的なものは、ことごとく宗教的であり、この二語は同義である。ついで、政治的・経済的・科学的諸機能が少しずつ宗教的機能から解放されていって、ついには独立したものになり、しだいに世俗的な性格を明瞭に帯びるようになる。もし、こういいあらわすことができるとすれば、はじめ、あらゆる人間的な関係に遍在していた神は、しだいにそこから身をひいてゆき、やがて現世を、人間と人間たちの論議とにゆだねていったのである。よしんば、神が現世を支配しつづけているとしても、それは天上からであり、遥かな彼方からである。また、神に及ぼす力は、さらに一般的となり、さらに不確実なものになりながら、人間の力の自由な活動にもっと多くの余地を残すようになる。したがって、個人は現実に他から〔＝神によって〕動かされていると感ずることは少なくなる。個人はいよいよ自発的な活動の源泉となる。一言でいえば、宗教の領分は、世俗的生活の領分と同時に、また同じ程度に、増大しはしないばかりか、しだいにせばめられてゆくのである。こうした宗教領域の縮小は、まさに歴史上のある時期にはじまったというようなものではない。社会進化がはじまってからこのかた、そのさまざまな推移の段階を跡づけることができるものなのである。だから、この縮小退行は、社会発展の基本的諸条件にかかわっており、また、こうしてそれは、宗教的特質を帯びるに足りるだけの強い集合的な信仰や集合的感情が、たえず少なくなってゆくことを証拠だてる。ということはまた、共同意識の平均強度がそれ自体弱まってゆくことを示すものでもある。

以上の証明方法は、前述の犯罪による証明よりも、有利な点をもつ。すなわち、この証明によって、同じ衰退の法則が、共同意識の表象的要素にも、まったく同じように感情的要素にも、適用されることが確かめられる。刑法をとおしては、感性上の諸現象にしか手がとどかなかったが、宗教は感情のほかに観念と教理をも含むからである。

社会が発展するにつれて、俚諺や古諺、格言などの数が減ってゆくのは、集合表象それ自体もまた曖昧になってゆくことを示す、もうひとつの証拠である。

じっさい、原始民族においては、この種の範例がおびただしい。エリス〔Ellis〕は「西アフリカの各人種の大半は豊富な俚諺集をもつ。そこでは生活の各場面ごとに少なくともひとつの俚諺があり、これは文明があまり前進しない民族の大半に共通な特異性である」(51)という。この点にかんするかぎり先進諸社会では、社会が出現しはじめた初期のうちだけわずかに豊富であったにすぎない。もっと後になると新しい俚諺などは生まれないばかりではない。古いものも少しずつ消えさってゆき、そのほんらいの意味が失われて、ついにはまったく理解されないようにさえなる。それをよく示すものは、俚諺のとくに愛される地盤がわけても低級社会であり、こんにち、それらがどうにか保持されているのは下層階級においてのみだというところにある(52)。ところで、ひとつの俚諺は、特定範囲の対象にかんする集合的観念や感情を凝縮した表現である。このこと**わざ**という形式で定形化されなければ、この種の信念や感情は存在することさえ不可能である。あらゆる思想はみずからにふさわしい表現をとろうとするものである。だから、思想が何人かの人びとに共通であれば、ついには必ずその人びとに共通した定式におさめられることになる。永続する機能は、すべて自分に似せた器官をつくりあげる。それゆえに、ことわざが衰微してゆくのを説明しようとして、温故趣味を排しようとするわれわれの現実主義的な好みや科学尊重の気分をひきあいにだすのは、まちがっている。われわれは、日常会話の折に、いちいち正確な用語に気苦労したり、比喩《イマージュ》を軽蔑したりする気にはなれない。まったく反対に、これまで伝わってきた古諺にはなはだ雅趣を味わうものである。のみならず、比喩はことわざに固有の要素ではない。比喩は、集合的思考が集約される際の、唯一の手段とはいえないまでも、その手段のひとつである。ただ、いまは、こうした簡潔な形式では、あまりに狭きにすぎて、ついには個々人の多様な感情を包みこむことができなくなっている。俚諺が紋切型だという特徴は、しだいにあらわになってきたこの多様性とは、かかわりがなくなってくる。こうして、それらは、いよいよ一般的な意味を伝えるにすぎなくなり、ついには少しずつ消えてゆく。器官は、機能が果たされなくなるがゆえに萎縮してゆくのである。いいかえれば、一定の形式にはめこむことができるような確然たる集合表象が少なくなってゆくからこそ、ことわざは衰えてゆくのである。

以上のようにして、あらゆるものが一点に収斂して、共同意識の進化がまさにわれわれの提示した方向をとっていることを証明する。おそらく、集合意識は個人意識にくらべて退化することは確かであろうし、あらゆるばあいに、集合意識は全体的に弱小化し、漠然たるものになろう。集合類型はその鮮明さを失い、その形態は、より抽象的、より曖昧になる。いうまでもなく、こうした凋落は、しばしばそうなると信じられてきたように、ごく最近の現代文明独自の所産なのであり、さまざまの社会の歴史においても独自の出来ごとである。としてみても、なおこのような衰微がはたして続くものだろうか、と問いかえしてみることも可能である。もちろん、現実には、この共同意識の凋落は、はるかなる時代からこのかた、ずっと続いてきたものであるが。個人主義や自由思想《リーブル・パンセ》は、いまにはじまったことではないし、一七八九年に、宗教改革に、あるいはスコラ学にはじまったのではなく、いわんやギリシア＝ラテンの多神教あるいはオリエントの神権政治の没落からはじまったのでもない。それは、どこではじまったともいえない現象ではあるが、しかし歴史の全過程を貫いて、たえず発展してきたものである。確かなことは、この発展は、けっして直線的なものではない、ということである。絶滅した社会類型におきかわる新しい社会というものは、前者がその存在をやめたある明確な一時点から新生のスタートをきる、というものではけっしてない。どうしてそんなことが可能だろうか。児童がうけついでゆくものは、両親の老齢や成熟した年代ではない。自分自身の揺籃期なのである。だから、もしある社会の遍歴の途をたずねようと思えば、うけついできた社会を、それ自身の生命が経験した時代そのものだけにおいて考察すべきである。たとえば、中世のキリスト教社会を原始ローマと、原始ローマをその起源たるギリシア都市国家等々と、比較すべきである。そのときこそ、この進歩、ばあいによってはこの退歩が、いわば断絶することなく実現されてきたことを確かめうる。したがってそこには、それに逆らうことが不条理であるような不可避の法則があるのだ。

しかし他方からすれば、右のことは、共同意識が全面的に消えさってしまうかもしれぬということを意味するのではない。ただ、共同意識は、しだいにきわめて一般的かつ不確定の思考と感情の様式から成るにいたること、それはいや増す無数の個人の分裂に自由な場を残すようになること、以上のことをあらわしているだけである。そこには、共同意識が固まり、明確なものとなる場が十分にある。共同意識が個人にかかわるのは、この場においてなのだ。宗教以外のあらゆる信念と行動とが、ますます宗教的性格を稀薄にしてゆくにつれて、個人こそがある種の宗教の対象となる。われわれは、人格の尊厳のために、ある礼拝式をもつ。この礼拝は、すべての強烈な礼拝と同じように、すでに盲目的な信奉がついてまわる。いってみれば、それは共同の信仰《フォワ・コミューヌ》なのだ。だが、それは第一に、他者を破滅させることによってのみ可能であり、したがってまた、この信仰の多くが、まさに滅びさってゆくという結果をしかもたらさないだろう。埋めあわせようがないのである。第二に、この共同信仰は、それが共同体によって担われているかぎりでは共通的であるとしても、ほんらい、その目標からして個人的である。それはあらゆる個人の意志を同一の目的にむけさせるにしても、この目的は非社会的である。だから、この共同信仰は、集合意識のうちでも、まったく例外的な状況を示す。それのもつあらゆる力は、すべて社会からひきだされたものではある。けれども、この共同信仰はその社会にわれわれを結びつけるのではない。われわれどうしを結びつけるだけなのである。したがって、それは真の社会的紐帯をつくりあげはしない。ここに、この感情こそ道徳原理の唯一の基礎であるとし、社会を解体するにいたらしめる、あの理論家たちを非難すべき正当な根拠がある。それゆえにこそ、われわれは、類似ということから由来するあらゆる社会的紐帯がしだいにゆるんでくる、ということのみを結論とするのだ。

以上の点だけからみても、すでにこの法則は分業のまったき偉大さを示すのに十分である。じじつ、機械的連帯はいよいよ衰微してゆくのであるから、あるいは本来社会的な生活が減じてゆくに違いないし、あるいはもっと別の連帯が去りゆく連帯に代わって少しずつあらわれてくるに違いない。そのいずれかを選ばなければならぬ。諸個人の意識が伸展し、強まってくると同時に、集合意識もそうなってくると主張してみても、もはや意味がない。この両極がそれぞれ逆方向に変化してゆくということは、たったいま証明したばかりである。けれども、社会進歩とは、たえざる解体過程にあるのではない。まったく反対に、社会が発展すればするほど、社会はそれ自身の深い感情、その統一という感情をもつようになる。それだからこそ、そこには、こうした結果をもたらす別の社会的紐帯がなければならないのである。ところで、それは、分業から派生してくる社会的紐帯以外のものではありえない。

のみならず、機械的連帯は、それがもっとも抵抗力の強いことにおいてさえも、分業ほどの力をもって人びとを結びつけるものではないこと、さらに、機械的連帯が現実の社会現象の大半をその作用の圏外に残してしまっていること、以上のことを想起すれば、この社会的連帯がもっぱら有機的なものになってゆくことは、さらにいっそう明白であろう。かつて、共同意識が果たしてきた役割を、より十分に果たすようになるのは、まさに分業なのである。高級類型の社会的集合に統一性をもたしめるのは、主として分業である。かつて、通常、経済学者たちが分業に認めてきた機能とは別個の、重要な分業の機能は、ここにこそある。

原注

(1) *Sociologie*, III, p. 381.
(2) Fustel de Coulanges, *Histoire des institutions politiques de l'ancienne France*, 1re Part., p. 352.
(3) *Anthropologie*, etc., 1re Part., SS. 359-360.
(4) *Sociologie*, II, p. 54.
(5) 第VII章でもみるように、同様にして、家族内分業が進行するにつれて、個人を家族につなぎとめる紐帯はいよいよ強くなり、これをたち切ることがいよいよむつかしくなる。
(6) Morgan, *Ancient Society*, p. 80.
(7) Denys, d'Halicar., I, 9. ――なお Accarias, *Précis de droit romain*, I, § 51 を参照。
(8) この事実は、これらの原始社会で、異邦人が嫌悪の的であるというもうひとつの事実と必ずしもあい容れないものではない。異邦人は、彼が異邦人としてとどまるかぎり、嫌悪の情をひきおこさせる。だが、右に述べたことは、彼が帰化すれば、こうした異邦人という資格をたやすく洗いおとすようになる、ということなのである。

(9) 同様に、家族内分業がすすんでいなければいないほど、家族社会に異邦人が入りこむことはいっそう容易である。この点については第Ⅶ章でみられるとおりである。

(10) われわれが積極的とよぶ感情は、信仰上の慣行のように積極的な行為を強制する感情である。消極的感情とは不作為のみを強制するものである。だから両者のあいだには程度の違いしかない。しかし、両者の相違は重要である。というのは、それらの感情はそれぞれの発展の二時期を画するものだからである。

(11) おそらく、われわれが酩酊を非難する際には、とくに酔っぱらいが普通みせるようなだらしない姿態がひきおこす嫌悪感といった他の動機も含む。

(12) われわれがこの見出しのもとに配列するのは、少なくとも部分的に、その犯罪的性質が共同意識の機関に固有の反作用力からでたような行為である。ここで直接と間接という二つの下位分類を試みたものの、これも厳密な区別をすることはむつかしい。

(13) 「出エジプト記」第二一章一五〔テクストでは一七とあるが誤りである〕。なお「申命記」第二七章一六を参照。

(14) 「出エジプト記」第二一章一七〔テクストでは一五とあるが誤り〕。

(15) 「出エジプト記」第二一章一八—二一。

(16) Thonissen, *Droit pénal de la République athénienne*, p. 288.

(17) この罰は確定的ではなかったが、ねらいは身分の剝奪というところにあったようである(Thonissen, *op. cit.*, p. 291)。

(18) 十二表法は「被保護者にたいして害を加えた保護者はつぐないをしなければならぬ」と述べている。——都市国家の勃興期には、刑法は家族生活にそれほど無縁ではなかった。伝承によれば、ロムルス〔ローマ市の建設者〕にまでさかのぼる欽定法〔lex regia〕は、その両親を虐待した子はこれを呪うということで罰した（Festus, p. 230, とくに *Plorare* をみよ）。

(19) Voigt, *XII Tafeln*, II, S. 273 をみよ。

(20) 家父長制家族の本場であるローマで家族感情の衰退を語るなどということに、あるいは驚かれるかもしれない。だが、われわれは事実を認めるほかはない。こうした事実を説明するものは、家父長制家族の創出がたくさんの要素を公共生活から奪いとり、一個の私的活動の領域、一種の内的権威といったものを構成するようになった、ということである。こうして、それまでにはなかった変化の源泉がひらかれたのである。家族生活が社会的活動からひきぬかれて家の中に閉じこめられるようになった日から、家族生活は家ごとに違うようになってきたし、家族的感情もその画一性と確定性とを失っていった。

(21) *Kriminalrecht der Römer*, S. 865.

(22) *Ibid.*, S. 869.

(23) 未成年者の誘拐や強姦の罪は、ほかの要素をたぶんにもっているため、この項目には含めない。それは破廉恥というよりむしろ暴行である。

(24) Post, *Bausteine*, I, S. 226.

(25) Post, *ibid.* ――古代エジプトでもそうであった（Thonissen, *Études sur l'histoire du droit criminel des peuples anciens*, I, p. 149 をみよ）。

(26) 「申命記」第一四章三以下。

(27) 同書、第二二章五、一一、一二、第一四章一。

(28) 「ぶどう畑に二種類の種をまぜてまいてはならない」（同書、第二二章九）。「牛とろばとを組み合わせて耕してはならない」（同書、第二二章一〇）。

(29) *Cité antique*, p. 266.

(30)「民数記」第一五章三〇。
(31) Meier et Schömann, *Der attische Prozess*, 2ᵉ éd., Berlin, 1863, S. 367.
(32) 以上の例は、マイヤーとシェーマンの前掲書三六八ページから再掲したものである。――なお Thonissen, *op. cit.*, chap. II を参照。
(33) フュステル・ド・クーランジュ氏が、ポルクス (Pollux, Julius, VIII, 46) のテクストによって、祭典の執行が強制的であったといっていることはまちがいない。だが、このテクストは、積極的な瀆神行為について述べているのであって、不作為のそれについては述べていない。
(34) Meier et Schömann, *op. cit.*, S. 369. ――なお *Dictionnaire des Antiquités*, art. 〈Asebeia〉 を参照。
(35) フュステル氏自身も、この宗教的特質がアテナイ都市国家においてはもっと強かったことを認めている (*La cité*, chap. XVIII, 最終行)。
(36) Rein, *op. cit.*, SS. 887-888.
(37) Walter, *op. cit.*, § 804.
(38) Marquardt, *Römische Staatsverfassung*, 2ᵉ éd., t. III, p. 185.
(39) Thonissen, *op. cit.*, p. 187 に拠証された諸事実をみよ。
(40) Voigt, *XII Tafeln*, I, SS. 450-455. ――なお、Marquardt, *Römische Alterthümer*, VI, S. 248 を参照。――ここでは、宗教的であると同時に世俗的な特性をもった一、二の 罪《スケレラ》 を省略して、神聖な事物にたいして直接の冒瀆となるものだけを右に掲げた。
(41) Du Boys. *op. cit.*, VI, p. 62 以下。――なお、宗教的犯罪にたいする峻厳さがいつまでもつづいたという面も注意しておかなければならない。九世紀には瀆聖の罪はなお三〇リーヴルの贖罪金を払いさえすればつぐなわれえたのである (Du Boys, V, p. 231)。だが、異端者をはじめて死刑に処したのは一二二六年の勅命である。したがって、こうした犯罪にたいして刑罰が強化されたことは、実は例外的な事情による異常な現象であって、キリスト教の正常な発展とはかかわりのないものだといいうる。

(42) Thonissen, *op. cit.*, p. 363.

(43) *L'Homme criminel*, tr. fr., p. 36.

(44) ロンブローゾ氏は自分のいったことを立証しようとして、「文明民族においてさえ私的所有権が確立するのに長い期間を要した」という。

(45) このことは、盗みにかんする原始民族の観念を判断するために忘れてはならぬことである。いまでも共産主義が生きているところでは、物と人とのあいだの紐帯がまだ弱い。すなわち、物にたいする個人の権利はこんにちほどに強くはなく、したがってまた、この権利にたいする侵害もこんにちほど重大視されない。そのことは、盗みがそれほど寛大に認められてきたということではない。私的所有権が存在しないかぎり、盗みもまた存在しないのである。

(46) Diodore, I, 39; Aulu-Gelle, *Noctes Atticæ*, XI, 18.

(47) Thonissen, *Études*, etc., I, p. 168.

(48) こうした推論は簡単にできる（Thonissen et Tarde, *Criminalité*, p. 40 をみよ）。

(49) この命題は、本書でよく述べられるもうひとつの命題――すなわち社会進化の初期には個人的人格は存在しないという命題と矛盾するものではない。この段階において欠けているもの、それは精神的人格とりわけ高次の精神的人格である。だが、個人はいつのばあいでも他とは明瞭に区別できる有機的生命をもつ。そのことだけでも、この共感を生ぜしめるのに足りる。もっとも、この共感の情は、人格が発達するほど、ますます強くなるものではあるが。

(50) 仏教（*L'Encyclopédie des sciences religieuses* の le Bouddhisme の項をみよ）。

(51) *The Ewe-Speaking Peoples of the Slave Coast*, London, 1890, p. 258.

(52) Wilhelm Borchardt, *Die Sprichwörtlichen Redensarten*, Leipzig, 1888, XII.――なお、Wyss, *Die*

Sprichwörter bei den römischen Komikern, Zürich, 1889 を参照。

訳注

＊1　テクストでは、「レヴィ記」第二一章一九とあるが、誤りであろう。

＊2　テクストでは第一七章とあるが、これも第一八章の誤りと思われる。

＊3　フュステル・ド・クーランジュ――Numa Denis Fustel de Coulanges. 一八三〇―一八九年。フランスの歴史学者。古代・中世史の実証的研究で知られ、とくに『古代都市』は著名。デュルケームとの関係については「訳者解説」を参照。

＊4　ロンブローゾについては五三五ページの注を参照。

＊5　ディオドロス――Diodōros. 前一世紀の史家。エジプト、インドからカエサルのガリア征服までを四〇巻の史書にまとめる。仏名 Diodore.

＊6　ゲリウス――Aulus Gellius. 一二三ごろ―一六五年。ローマの文法家。作品『アッティカの夜』でギリシア・ローマの作家たちの記録を残す。仏名 Aulu-Gelle.

VI　有機的連帯がしだいに優越することおよびその結果（つづき）

I

以上のことからしても、はじめは唯一の、ないしはほとんど唯一のものであった機械的連帯が、しだいにその基盤を失うこと、そして有機的連帯が少しずつ優越するようになること、――これは歴史の一法則である。けれども、人間の連帯様式が変わると、その社会の構造もまた変化せざるをえない。物体の形態は、分子の親和力が変わると、必然的に変化する。したがって、右の命題が厳密だとすれば、この二種の連帯に対応して、二つの社会類型が存在するはずである。

社会の凝集性がもっぱら類似ということから成りたっているような、そういう社会の理念型を思弁によって構成しようと思えば、つぎのような特質をもつ絶対に同質的な一個の全体《マス》としてこれを想定しなければならぬだろう。すなわち、それを構成している諸部分はたがいに見わけがつかず、したがって、この諸部分をしかるべく配置しようにも配置のしようもないようなマス、要するに一定の形態も組織そのものもまったく欠いたマス、がそれである。これこそ真正の社会の原形質《プロトプラスム》であり、あらゆる類型の社会がそこから発生するような萌芽であるといってよい。われわれはこういう特質をもった集合体《アグレガ》をホルド〔horde〕とよびたいと思う。

実のところ、右のような特徴にあらゆる点で符合するような社会が、まったく正統な方法で観察されたということは、いまだかつてないのである。しかし、このような社会の存在を想定することが正当だとする根拠はある。それは、低級社会、したがってあの原始的段階にもっとも近い諸社会がこの種の諸集合体をただ反復することによってのみ形成されているということである。しかも、この社会組織のほとんど完全に近いモデルは、北米インディアンにみられる。たとえば、イロクオイ族の各部族は、いくつかの部分社会（最大のもので八つの部分社会を含む）から成っているが、それには、いまあげた諸特徴がすべてそなわっている。ここの成人たちは、男女とも平等である。これらの部分集団のそれぞれの指導者たる長老たちや首長たち――彼らによる会議がその部族全体の共通な問題を処理する――は、いかなる優越性ももってはいない。そもそも親族それ自体が組織だっていないのである。というのも、この部分集団は各世代層にこそ区分されているが、この区分を親族とよぶわけにはいかないからである。もっとも、これらの部族をもっとその後期についてみると、ともかく、子どもをその母方の親族に結びつける特殊な義務がいくつかはある。だが、この子どもと母方の親族との関係といっても、とるに足りぬものだし、その子とその社会の他の成員たちとのあいだにある関係とほとんど事実上の区別はつかない。原則として同年齢の個人は、すべてが同程度において、たがいに親族なのである[1]。他の例でも、さらにいっそうホルドに近いものがある。フィゾンとハウィット〔Fison et Howitt〕両氏が述べている、たった二つの部分集団だけから成るオーストラリアの部族がそれである[2]。

われわれは、より大きな集団の構成要素となるためにその独立性を失ったホルドに氏族〔clan〕という名称を与え、いくつかの氏族の連合によって構成された集団〔＝部族〕に、氏族を基底とする環節社会〔sociétés segmentaires à base de clans〕という名称を与える。これらの社会を環節的とよぶ理由は、それらがちょうど環形動物のひとつひとつの環が似ているように、類似した集合体、すなわち氏族という基本的集合体《アグレガ・エレマンテール》の反復によって成立していることを示したいからである。氏族を基本的集合体とよぶのは、氏族という言葉が家族的であると同時に政治的な、そういう混合した性質をよくあらわしているからである。氏族は、これを構成している全成員がたがいに親族としてみられ、また事実上、その大半が血縁であるという意味においては家族《ファミーユ》である。血縁共同体を生みだす親和力は、なるほど主として血縁であるがゆえに成員たちを結合させる力である。だが、そればかりではない。この成員たちは、家族的《ドメスティク》と称しうべき諸関係をたがいに担っているのである。というのは、この氏族成員間にみられる家族的関係は、家族としての特質《カラクテール・ファミリアル》がもはや疑う余地のない集団においても発見できるからである。ただし、ここで私が家族的特質とよぶものは、集合的制裁や集合的責任および私有財産の出現以後におけるその相互的な相続権をさす。

けれども、他面からすれば、このような家族的特質をもつとはいえ、氏族は言葉の固有の意味での家族《ファミーユ》ではない。なぜなら、その一員となるためには、氏族の他の成員たちと一定の血縁関係をもつ必要がないからである。氏族の一員となるためには、一般に、同じ名前をもつという事実をあらわす外的標識を示せば、それで足りる。この標識は、出自が共通であることを示すものとみられているが、しかし戸籍が同じだといっても、それは、証拠として現実にほとんどあてにならない、きわめて模倣されやすいものであるにすぎない。だからこそ、氏族はたくさんの外来者をそのメンバーに加えうるのであり、固有の意味での家族ならばけっしてもつことのない大きさにまで達することができるのである。現に、氏族はときとして幾千もの成員をもつことがある。なお、つけ加えておくべきことは、氏族とは政治上の基本的な単位であり、氏族の首長は唯一の社会的権威だ、ということである(3)。

そういうわけで、この氏族という組織を政治《ポリティコ》＝家族的《ファミリアル》組織とよぶことができるだろう。氏族は血縁関係を基礎とするばかりでなく、同一民族内の異なった諸氏族はおたがいを親族としてみることがよくある。イロクオイ族では、ばあいに応じて氏族相互が兄弟あるいは従兄弟として遇しあう(4)。ヘブライ人においても――これはのちにみるように、イロクオイ族の社会組織と同じ本質的特徴を示すものである――、その部族〔tribu〕を構成する諸氏族のそれぞれの祖先はこの部族の創始者の子孫とみなされており、しかも、この部族の創始者自身が、そもそもこの人種の父たるべき人の子のひとりと考えられているのである。

けれども、この部族という名称は、氏族という名称にくらべて、こうした社会の固有の構造を形づくっているものを浮彫りにできないという不便がある。

しかしながら、その名称のつけ方がどうであれ、この部族という組織は、ホルドの組織とまったく同じように——そしてまた、部族はこのホルドのたんなる延長にすぎない——、類似から生ずる連帯とは別個の連帯を含むものでないことは明白である。なぜなら、この社会は相似の諸環節から成っているからであり、ひるがえってまた、この諸環節は同質の諸要素しか含まないからである。しかし、それぞれの民族がそれ固有の相貌をもっていることはもちろんであり、それだからこそ、他の民族と見わけがつきもする。だが同時に、各民族が異質であれば、それだけその連帯は弱いものになるし、連帯が弱いと各氏族は異質的にもなる。環節的な組織が可能であるためには、諸環節がたがいに類似していなければならない。そうでなければ結合されえないからである。と同時に、各環節はまたそれぞれ異なっていなければならない。さもないと、一方が他方のなかに見失われてしまい、消滅してしまうからである。こうした二つの相反的な必要性は、それぞれの社会によって、いろいろな釣合いで充足される。しかし、その社会類型は同一のままである。

こんどは、こうした有史以前の領域や推論の領分をでてみることにしよう。すると、右に述べたような社会類型はまったくの仮定論であるどころか、ほとんどあらゆる低級社会に一般であることがわかる。この類型の数もまたもっとも多いといわれる。われわれがすでにみたように、それはアメリカとオーストラリアにおいて一般的である。ポースト

〔Post〕は、こうした社会類型がアフリカの黒人においても非常に多い、と指摘している。(5)ヘブライ人もこうした状態をずっとつづけてきたし、カビリア人もそれから脱けきってはいない。(6)ヴァイツもまた、このような民族の構造を一般的に特徴づけようとして、これを自然民族〔Naturvölker〕とよび、つぎのように描写している。読者は、そこに、われわれがこの組織について述べてきた大筋を想起されるだろう。「原則として、各家族は立派に独立したままで、軒をつらねて生活しており、それらがさらに少しずつ発展すると、いくつかの小社会（氏族のことをさす）(7)を形成する。しかし、この小社会は、内乱や外からの危険、つまりは戦争がひとりないし数人の人物をその社会の大衆から傑出せしめてその指導者たらしめるような状況にならぬかぎりは、明確な構造をけっしてもたないのである。この指導者たちの影響力は、もっぱらその個人的資質に依拠しているので、他の成員たちの信任と忍耐とにたえるかぎりでのみ、それが及ぶのであり、また持続もする。この首長にたいしても、すべての大人の成員は完全に独立の状態のままである。それゆえに、こうした民族は、ほかの内部組織をもつことがないままで、もっぱら外部の状況と共同生活の惰性によってのみ集団で生活しているにすぎないことがわかる」(8)。

社会内部における諸氏族の配置状況、したがってまたその社会の統合形態は、じっさいには差異がある。あるときは、諸氏族が一線にならぶようにただ並存していることがある。北米インディアン部族の多くのばあいがそれである。(9)また、あるときは――これはもっと進んだ組織の特徴でもある――、各氏族がより大きな集団にはめこまれている。後者のほうは多数の氏族の連合によって形成されたものであり、それ独自の生活と特定の名称をもつ。これらの集団のおのおのはまた、他の数個の集団とともに、さらに広いもうひとつ別の集合体にはめこまれる。こうして、つぎつぎとはめこまれてできた一連のものから、全体社会の統一性が生ずる。たとえば、カビリア人では、政治的単位となるのは氏族であって、それは村（djemmaa または thaddart）の形をとる。この村が数個で部族（arch'）を形づくり、数個の部族が連合体（thak'ebilt）をなす。この部族連合こそ、カビリア人が認めているように最高級の政治社会なのである。ヘブライ人についてもまた同じ。氏族は、伝承によって同一祖先を出自とする幾千もの人びとを含んだ大社会である。この氏族を翻訳者たちは家族とよんだが、それはあたっていない。(10) だが、ともかくこの若干数の家族が部族の構成要素となり、部族が一二集まってヘブライ民族の全体を形成してきた。

これらの社会は機械的連帯の典型的な例であるから、その重要な生理学的特徴は、まさにこの機械的連帯から生ずるのである。

すでにわれわれは、こうした社会で、宗教が社会生活の全般に滲透していることを知っている。だが、その理由は、そこでの社会生活がほとんどもっぱら共通の信念と慣行から成っていて、それに全員が没入しているところから、この共通の信念と慣行にまったく独特の強さを生ずるからこそである。フュステル・ド・クーランジュ氏は、古典的文献の分析だけにたよって、右に述べてきたような時代とほぼ近い時代にまでさかのぼり、つぎのことを発見した。すなわち、社会の原始的組織は家族的性格のものであること、他面からすれば、原始的家族の構造はその基底に宗教をもっていること、これである。ただ、氏は原因と結果をとりちがえている。氏は、この宗教観念を基礎づけているものを何ひとつ明らかにしないで、いきなりそれを提起したあと、この観念からみずからの観察した諸社会の編成を演繹してしまったのである。[11] まさに逆である。宗教観念の力と性質を解きあかすものこそ、この社会的編成なのだ。こうしたあらゆる社会集団は、同質的な要素から形成されているからこそ、つまり、そこでは集合類型が非常に発達していて、個人類型がきわめて未成熟であるからこそ、その社会の心的生活がことごとく宗教的性質を帯びざるをえなかったのである。

こうした民族についてよく指摘されてきたコミュニスムも、ここからくる。じっさい、共産主義とは、個人を集団に、部分を全体に吸収しつくすこの特殊な凝集力の必然的な産物である。結局のところ、所有権は物にたいする人格の延長にほかならない。したがって、集合的人格しか存在しえないところでは、所有権そのものもまた集合的であるほかはない。所有権が私的なものとなるのは、個人が集団から解き放たれて、たんに有機体としてそうであるばかりでなく、社会生活の構成要因として、それ自身が一個の人格的存在、独自の存在になるときにおいてのみ可能である。[12]

この共産主義という類型は、社会連帯の性質を変えなくとも変わりうる。じじつ、原始人たちには、われわれのみてきたような権力集中の欠如がそのすべての民族にみられるわけではない。逆に、絶対権力下に服する民族もある。そういうばあいには、したがって分業が出現したことになる。けれども、このばあいにも、個人を首長に結びつける紐帯は、現代において物を人に結びつける紐帯にひとしい。蛮族の専制君主とその隷属者との関係は、主人と奴隷、ローマの家父長とその子孫の関係と同様であり、所有者とその所有物との関係と異なるところはない。これらの関係には、分業が生みだす相互性が少しもない。それが片務的だといわれるのはもっともである。[13] こうした関係が表現する連帯は、だからまだ機械的のままである。ただ違うところは、この連帯が個人を直接に集団に結びつけるのではなく、集団のイメージに結びつけるということである。けれども、全体の統一性は、やはり従前と同じく、諸部分の個性とはあい容れない。

この初発の分業は、よしんば他の点でいかに重要であろうとも期待されるような社会的連帯を緩和する効果をもってはいない。それは、この分業が実現される条件の特殊性におうからである。じっさい、通則からすれば、あらゆる社会の中枢機関は、それが代表するところの集合的存在と同じ性質を帯びる。だから、われわれが共同意識の構造そのものにその源泉があると指摘したあの宗教的特質、いってみれば超人間的な特質を社会がもっているばあいには、社会を統括し、こうして爾余の人びとの上にぬきんでた首長に、この特質がのり移るのは必然的である。諸個人が集合類型のたんなる従属物であるばあいには、彼らがこの集合類型の化身である中枢的権威の従属物になるということは、しごく当然である。また同様に、共同体が未分化のまま物にたいして行使する所有権は、こうして構成された最高の人格にそっくりそのまま移譲される。したがって、この最高の人格が果たす固有の職能は、彼に賦与されている絶大な権力のうちでも微々たるものにすぎない。この種の社会において、指導権力がこれほど大きな権威をもつのは、よくいわれているように、その社会がとくに精力的な指導力を必要とするからではない。それは、こうした権威がことごとく共同意識より発するからであって、その力が大きいのも、共同意識それ自体がきわめて発達しているからである。共同意識がもっと弱いか、あるいは社会生活の小さな部分を包むにすぎないと仮定しても、最高の指導機能が必要だということに変わりはあるまい。だが、そのばあい、この指導機能を託された人物にたいして、その社会の他の成員たちが、もはや従前と同じ低い地位の状態にとどまるということはないだろう。分業がさして発達しないかぎり、その連帯が依然として機械的であるという理由は、ここにある。機械的連帯が最高度の強さに達するのは、まさにこういう状態にあるときなのである。なぜなら、共同意識の作用は、それが社会にひろく拡散したやり方で行使されるときよりも、一定の機関を媒介として行使されるときにこそ、いっそう強いからである。

したがって、機械的連帯が対応する社会構造は確定した性質のものである。それを特徴づけるものは、同質的であり相互に類似した諸環節の一体系だということである。

2

有機的連帯が優越している社会の構造は、これとはまったく別である。

この社会は、類似した同質の諸環節が反復して構成されたものではない。それぞれが特殊な役割をもったさまざまの機関からなる一体系によって構成されたものである。そして、これらの機関もまた、それ自体が分化した諸部分から成っている。同時に、社会の諸要素は同じ性質のものではないし、同じ様式で配置されているわけでもない。諸要素は、環形動物の環節〔原体節〕のように、一線上に並置されているのでもなければ、たがいに組みあわせてはめこまれたのでもない。それらは有機体の諸他の部分に調整作用をおこなう一個の中心器官〔機関〕をとりまいて、たがいに同格で配置されたり従属したりする。この中心機関それ自体もまた、前の類型のばあいともはや同じ性格のものではない。それは、諸他の機関がその機関に依存するとともに、その機関もまた他に依存するからである。もちろん、そうはいってもやはり中心機関はある特殊な立場、いってよければ特権的な立場にたつ。しかし、それもこの機関が果たす役割の性質に負うのであって、その機能とは無関係の原因、外から伝わるなんらかの力に負うのではない。さらに、この機関は世俗的なもの、人間的なもの以外の何ものをも、もたない。それと諸他の機関とのあいだには、もはや程度の差しかないのである。たとえば、動物界において、神経系統が他の系統よりも優越しているということは、いってみれば、それがより精選された養分を受けたり、他にさきがけて自己の役割を取得したりする権利をもつ、ということにおちつく。だが、他の諸系統がこの神経系統を必要とするように、後者もまた前者が必要なのである。

この社会類型は、前の機械的連帯の類型とこれほどまでに異なった原理にたつものであるから、後者が消滅してゆくにつれてしか発達することはできない。じじつ、この社会でも諸個人は集団生活を営んではいるが、それは、もはや出自の関係によるのではない。人びとが従事している特定の社会活動の性質いかんによる。人びとの自然にして必要な環境は、出生の環境ではなく、職業の環境である。各人の地位を特徴づけるものは、現実にそうであるにせよ擬制的であるにせよ、血縁関係ではない。人びとが果たす職能である。もちろん、この職業という新しい組織が出現しはじめるや、それは既存の組織を活用したり、それと同化したりしようとはする。その際にも、諸機能が分割される様式は、その社会がこれまでにそれらを分割してきた様式を、できるだけ忠実に模写しようとするものだ。数個の環節、あるいは少なくとも特殊なつながりによって結ばれた数個の環節の集団は、やがて機関となる。いくつかの氏族がひとつにまとまってレヴィ人という部族を構成し、ヘブライ民族のうちでも祭司の職能を独占しえたのは、こうしてである。一般に階級やカーストは、おそらくこれ以外の起源をもつのではないし、これ以外の特性をもつものでもない。階級やカーストは、それに先行した家族的組織と生まれたばかりの職業的組織との混合から生じたものである。けれども、こうした混合的編成が永続きするわけがない。なぜかといえば、この編成によって二つの極を両立させようとしたところで、必ずや爆発してしまうような対立が両極のあいだにあるからだ。そこには、せいぜいあの厳密で明確な鋳型に身をあわせうるだけのきわめて幼稚な分業しか存在しない。しかも、この鋳型は分業のためにつくられたものではない。分業とは、みずからを締めつけているこうした枠から解放されなければ、そもそも成長できないのである。分業がある発展段階をこえるやいなや、あの環節の数が不変のままである状況と専門分化してゆく諸機能がたえず増大してゆく状況とのあいだには、そしてまた、前者のあの世襲的に固定された属性と後者の要求する新しい諸能力とのあいだには、すでになんの関係もないのだ(14)。だから、社会的な素材がまったく別個の基底にたって再組織されるためには、まったく新しい組合せのなかに入りこまなければならない。ところが、古い構造は、それが生きつづけているかぎり、これに抵抗するものである。旧構造が消滅すべき理由が、そこにある。

この二つの類型は、一方が退行してゆくのに応じてのみ他方が進歩していった。歴史がそれを実証してくれる。

すなわち、イロクオイ族においては、氏族を基調とする社会構成が純粋状態で存在する。「モーセの五書」がそれを示しているように、ヘブライ人も、われわれが指摘してきたようなささいな変化を除けば、ほぼ同様である。そして、イロクオイ族にもヘブライ人にも組織だった類型は存在しない。もっとも、ユダヤの社会では、おそらくこの類型の萌芽らしきものをみとめることができる。

ところが、「サリカ法典」のフランク族になると事態は変わってくる。ここではあらゆる折衷から解放されて、この類型独自の特徴がそなわってくる。この民族では、じっさいに安定した正規の中心的権威ばかりでなく、行政および司法の全機構がみられる。他方、まだきわめて未熟なことは事実だが、ともかく契約法が存在している。そのことは経済的機能自体が分化し、組織化されはじめたことを物語る。また、政治《ポリティコ》＝家族的《ファミリアル》構造もひどく動揺している。もちろん村落というこの社会の最終的分子は、形が変わったとはいえ、なお氏族ではある。同一村落の住民たちのあいだでは、あきらかに家族的性質をもった諸関係が存在すること、また、ともかくも氏族の特性をそなえたつぎのような諸関係が存在すること、この二点がそれを立証する。すなわち、村落の全成員は、固有の意味での親族が欠けているばあいには、たがいにだれでも相続権をもつ[15]。また「サリカ法典・特別章」〔Capita extravagantia legis salicœ〕（第九条）の原文からは、村内で殺人がおこったばあい、隣人たちがあげて連帯してことにあたることが知られる。他方ではまた、村落はたんなる地理的区画である以上に、対外的にはきわめて閉鎖的であり、対内的にはまとまりの固い一体系をなしている。というのは、明示的であれ暗黙のうちにではあれ、住民全体の一致した同意がなければ、なんぴとといえどもそこには定住できないからである[16]。けれども、反面、こうした形のもとでも、氏族はその本質的特徴のいくつかを失ってきた。すなわち、氏族は共通の起源をもつという記憶がいっさい消えうせたばかりでなく、そのあらゆる政治的意義もほとんど完全に奪いとられてしまった。政治上の単位は、むしろ「百人組」〔la centaine〕である。G・ヴァイツは、こう述べている。「人びとは村落に住んでいる。だが、人びと、つまり住民とその所有地は百人組の構成にしたがって配置される。またこの百人組は、戦争と平和にかんするいっさいのことがらをその任務とするため、あらゆる諸関係の基礎たるべきひとつの単位となる[17]」。

ローマでは、進歩と退行というこの二重の動きが、あいついでおこっている。ローマの氏族はゲーンス〔gens〕である。ゲーンスは、まぎれもなくローマの古代的構造の基礎であった。しかし、共和制の創設以降、ゲーンスは公的制度であることをほぼ完全にやめてしまった。それはフランクの村落と同様、一定の地域的単位でも政治的単位でもなくなってしまった。地域の形態にも人民集会の構造のうちにも、もうみられなくなってしまったのである。ゲーンスがまだ社会的役割を果たしてきた「クーリア民会」(18)〔comitia curiata〕は、これとまったく別個の原理によって組織された「兵員会」〔comitia centuriata〕あるいは「区民会」*1〔comitia tributa〕にとって代わられた。したがって、ゲーンスは、ただ惰性の力でその生命を保っている私的な結合であるにすぎない。ゲーンスには、ローマ人の生活に即応すべきものがひとつもなくなったので、やがて消滅すべき運命にあった。しかも、「十二表法」の時代以降、ローマでは、先行民族に比してはるかに分業が発達し、構造の組織化もおおいに進展した。たとえば、官吏〔元老院議員、戦士〔第二階級の市民〕、神官団など〕の重要な団体や職業団体(19)がすでにみられるし、それと同時に非宗教的＝世俗的身分の観念もでてきた。

われわれが、多少雑然とした別の基準によって先に諸社会類型を比較してたてた序列が、こうして、正当であったことがわかる。その社会類型において、「モーセの五書」におけるヘブライ人が「サリカ法典」のフランク人よりも低級であり、ついでフランク人が「十二表法」のローマ人よりも下位にある、といえるとすれば、一般原則としては、ある民族において氏族を基底とする環節的組織が顕在的かつ強力であればあるほど、その民族は低級な種に属している、ということになる。じっさい、その民族は、この最初の段階を超克したのちでなければ、より高きにつくことができないのである。アテナイの都市がローマの都市とまったく同一類型に属しながら、しかもその類型がさらに原始的な形態をとっていたことも、同じ理由からである。すなわち、アテナイでは、政治＝家族的組織の消滅が、ローマにくらべるとはるかに遅々たるものだったからである。この組織は、アテナイの没落の前夜まで、ほとんど執拗なまでに生きつづけていた[20]。

しかしながら、ひとたび氏族が消滅すると、組織化された類型はひとり純粋状態のままで存続しうるはずがない。氏族を基礎とした組織は、じっさいには、より大きな類《ジャンル》、すなわち環節的組織のひとつの種《エスペース》にすぎない。社会を類似した区画に配分するということは、そういう必要がずっと生きつづけてきたということに対応する。だから、もっと新しい社会で社会生活が確立しはじめたばあいにも、この必要は生きつづけている。ただ、このときには、その必要性は以前とは別の形でその効果を発揮することになる。すなわち、全人口が、現実的であれ擬制的なものであれ、ともかく血縁関係によってはもはや区分できなくなると、地域的区分にとって代わられるようになる。こうなると、家族的集合体が環節なのではなくて、地域的区画が環節となる。

さらに、ある状態から他の状態への移行は、ゆるやかな進化によっておこなわれるものである。共通の起源をもつという記憶が消えるとき、また、この記憶から生じ、しかもすでにみてきたようにのちのちまでも生きつづける、あの家族的関係それ自体が消滅したとき、——そのときには、氏族はすでに自己意識を失って、同一地域を占める一群の人びとという意識だけになってしまう。氏族は固有の意味での村落になったのである。氏族段階をのりこえた民族が、すべて領土上の地域区分（辺境軍区《マルシュ》・町村《コミューヌ》など）から構成されるようになるのは、こうしてである。この地域区分は、ちょうどローマのゲーンスがクーリアに編入されるようになったのと同じく、同質のものだがもっと広域の別種の地域——ところによっては百人組とよばれたり、圏や郡とよばれたり、さまざまであるが——に編入されたものであるが、こんどは、これらの地域がまた、さらに広い他の地域区分（領・州・県など）にしばしば包含されて、それらの連合が社会を形づくるようになる。(21) しかし、このような編入のされ方には、その緊密度に大小があろう。たとえば、現代ヨーロッパの中央集権国家におけるように、もっとも一般的な地域区画相互のあいだを結ぶ紐帯がきわめて緊密なものであることもあろうし、また単純な連邦のように、もっとゆるやかなものもあるだろう。けれども、その構造原理は同じである。またそれだからこそ、機械的連帯が最高級の社会においてまで生きつづけているのである。

　高級社会では、機械的連帯がもはや優勢でなくなるばかりではない。同様に、諸環節から成るという編成も、もはや以前のように唯一の骨格でもなければ、社会の本質的な骨格でもなくなる。第一、地域的区分ということからして、ある人為的なものを必然的にもつ。居住の共同ということから生ずる連帯は、血縁から生ずる連帯ほどの深い根を人間の心におろすようなことはない。また、この連帯のもつ抵抗力もずっと弱い。人がある氏族に生まれたばあいには、いってみればその親を変えることができないのと同じように、その氏族を変えることはできない。人が町や州を変えようとするときには、これと同じ理由はたたない。もちろん地理的配置は、一般に人口の道徳的配置とだいたい一致する。たとえば、それぞれの州、それぞれの画地的地域は特殊な習俗や慣習をもち、それぞれに固有の生活をもつ。こうして、この生活は、このような気持の浸みとおった諸個人に、この地にとどまらしめ、また逆によそ者を排斥しようとする誘引力を発揮する。もっとも、同じ国のなかで、こうした地域ごとの相違がそう多いものでもないし、たいしてめだつわけでもない。したがって、諸環節は、たがいにより開放的である。また、事実上でも、中世以来「諸都市の形成以降、異邦の職人たちがいともやすやすと遠隔の地を経めぐること、あたかも商品のごとくである」(22)。すでに、環節的組織は、そのきわだった特徴を失ったのである。

ついで、環節的組織は、社会が発展するにつれて、しだいにそのきわだちを失ってゆく。じじつ、より広大な集合体の部分を構成する部分的な諸集合体がそのきわだった個性をしだいに喪失してゆくようになる、ということは一般法則である。したがって、それは家族的組織ばかりではない。それとともに、地方宗教も永久にその姿を消していった。ただ、地方的な慣習ばかりは、なお生き残っている。しかし、それも方言や訛がただひとつの標準語に解消し、地方行政がその自律性を失ってくると同時に、これらの地方的慣習は、少しずつ相互にとけあい、統一されてくる。かつては、こうした事実を模倣の結果にすぎぬとみる説もあった(23)。しかし、これはむしろ、水準の違った数群の液体を合流させたばあいに生ずるのと同じ平準化作用とみるべきであろう。蜂の巣のそれぞれの穴にも比せらるべき社会生活の諸側面を仕切っている隔壁が、しだいに厚みを失って風通しがひんぱんになる。すると往来がいっそう激しくなるから、風通しはますますよくなる。それにつれて隔壁はその堅固さを失い、しだいに消滅してゆき、その度合に応じて諸環境はとけあってゆく。ところが、地方的な多様性は、諸環境の多様性が存続しているかぎりでしか持続しえないものである。だから、地域的区分はしだいに事物の本性にもとづかなくなり、また、それだからこそ、その存在理由を失うにいたる。あるいはこういってもよかろう。地域的区分が皮相なものになればなるほど、そこの人びとはより発展しているのだ、と。

他方、この環節的組織がこうしてみずから姿を消してゆくと同時に、こんどは職業的組織がそこをいよいよ完全に網状の組織でおおいつくすようになる。はじめのうち職業組織は、もっとも単純な環節の限界内で、それをこえないかぎりでしか定立しえなかったというのが本当である。それぞれの都市は、その直接的な近郊とともに、ひとつの集団を形成して、その内部で分業をおこない、自足しようと努める。シュモーラー氏は、つぎのようにいう。「都市は、周辺農村にとって、可能なかぎり教会・政治・軍事上の中心たろうとする。都市は、その地に商業と運輸とを集中しようと努めるのと同様、農村に物資を供給しようとして、あらゆる工業を発展させようと希求する」(24)。同時に、都市の内部では、住民たちがその職業によって集団をつくる。このおのおのの同業組合は、それ独自の生活を営む一個の都市のごとくである(25)。この状態は、古代の諸都市が比較的後代まで保ちつづけていた状態であり、またそこからキリスト教的社会も出発したのである。けれども、キリスト教的諸社会は、この段階をわりと早くのり切った。そして、一四世紀以降は、地方間《アンテルーレジョナル》分業が発達する。「各都市は、当初、そこに必要なだけのラシャ製造業者をかかえていた。しかし、バーゼルのグレーのラシャ生地製造業者は、すでに、一三六二年よりも以前に、アルザスの同業者と競争して倒れ、ストラスブール、フランクフルトおよびライプツィヒの羊毛製糸業は一五〇〇年ごろには倒壊していた……かつての都市工業万能という特性は徹底的に滅びさったのである。

それ以降、この地方間分業という動きは伸びる一方であった。往時にくらべて現在では、中央政府の活動力、芸術、文学、巨大な信用取引などが、いっそう首都に集中しているし、巨大な港にもあらゆる輸出入がいっそう集中するようになっている。小麦や家畜を取引した幾百もの小商業地区も繁栄し、大きくなってきている。かつて、各都市は城壁と濠をめぐらしていたが、いまや国家がいくつかの巨大な要塞にその防衛をゆだねている。首都と同様に、各州の州庁所在地は、州行政の集中によって、また州の公共建造物、博物館や美術館、学校などによって大きくなっている。かつては各地に散らばっていた精神病者やある種の患者たちは、全州・全県にわたって、ある一カ所に収容されている。さまざまの都市は、ますますある種の専門性を帯びようとする傾向がたえずあって、こんにちでは、大学都市、官庁都市、工業都市、商業都市、温泉都市、金利生活者の都市などの種類に区分される。機械製造、製糸、織物、製革、製鉄、精糖などの大工業は、ある地点か地方かに集中していて、しかも全国的な活動をしている。そこには、それぞれ専門の学校が建てられ、労働人口が適応し、機械の製造が集中される一方、コミュニケーションの手段や信用組織がそれぞれ特殊な事情に応じて配置されている[26]」。

もちろん、この職業的組織は、ある程度まで、それ以前から存在していた組織に順応しようと努める。それは、ちょうど、原始時代に職業的組織が家族的組織に順応しようとしたのと同然であって、すでに述べてきたところからも明らかである。のみならず、ごく一般的な事実からしても、新しい制度は何よりもまず旧制度の鋳型に流しこまれるものである。だから、地域的区画も、かつての氏族がそうであったように、さまざまの組織や機関あるいは機構の形態をとって専門分化する傾向がある。しかし、氏族と同然だとはいっても、地域的区画がそれと同じ役割をとることは、現実には不可能である。なるほど、都市が種々の機関やそれらの一部を包みこんでいることは事実だが、反対に、その広さはともあれ、一定地域の限界内にことごとく包みこまれきってしまうような機関はない。それは、いつも地域的限界をこえる。同様にして、よくあるように、もっとも密接に連帯している諸機関は接近しあう傾向があるといっても、一般に物理的近接はその関係の親近度の大小を正確に反映するものではない。たがいに遠くへだたっている機関でも、直接に依存しあうものがあるし、ごく接近していてもその関係が間接的であり疎遠でしかないものがある。それゆえに、分業から生ずる人間結合の様式は、人口の空間的配置を示す様式とはまったく異なったものである。こうして、職業的環境は、家族的環境と一致しない以上に、地域的環境とは一致しない。職業的環境は他の枠組にとって代わる新しい枠組であって、この交替は、この古い枠組が消滅しないかぎりは不可能なのである。

したがって、ちょうど有機的連帯がそれだけで純粋にはどこにも存在しないのと同じように、この社会類型は、絶対に純粋な状態ではどこにもみいだされはしない。しかし、仮にそうだとしても、少なくともこの類型は、有機的連帯がしだいに優勢になるのと同じように、まったく不純な混合物からしだいに純化してゆく。つまり、この社会類型の構造がさらに明確になり、旧い類型の構造がいっそう曖昧になったときこそ、前者の類型の優勢はそれだけ急速かつ完璧だということである。あれほど明確に氏族を形成していた環節は、地域的区画にとって代わられたのである。少なくともその起源において、この地域的区画は、いとも曖昧であり近似的なものにすぎなかったとはいえ、ともかく人口の現実的・道徳的区分に対応していた。けれども、それは少しずつその特徴を失っていって、ついには勝手気ままな対応、因習的な組合せにすぎなくなる。ところでこうした障壁が破られるにつれて、破られた部分は、しだいに発達してきた諸機関の体系によって再びおおわれるようになる。したがって、もし社会進化が同じ決定因の作用に従うものであるとすれば――のちに、この仮説こそ考えられる唯一のものであることをみよう――、以上の二重の運動が同一方向にむかってつづくだろうこと、やがてまた、われわれの社会的・政治的組織のいっさいが、いつの日か、もっぱら、あるいはほとんどもっぱら職業という基礎をもつにいたるであろうこと、が予見できるのである。

のみならず、ひきつづきおこなう研究では[27]、この職業的組織が、現代においても、いかにそのあるべき姿からほど遠いかを明らかにしておきたい。そしてさらに、この職業的組織が現代の社会状態によって要請されている発展段階にまで到達することをさまたげている異常な諸原因を、明らかにしておきたい。それによって、この職業的組織が、将来どんなに重大な意義をもつかが判定されることであろう。

3

同じ法則は、生物の発展をも支配している。

下等動物が、不規則な集塊からできているにせよ、一線上に並列した形でできているにせよ、それらが相似の環節から成りたっていることは、こんにちよく知られているところである。さらに、そのうちでも下等なものほど、これらの諸要素、すなわち諸環節がたがいに酷似しているばかりでなく、その組成も同質的である。人はこれをよんで、一般に群体〔colonies〕という。しかし、一方、この表現は多少曖昧である。群体という言葉は、こうした諸環節の結合体が一個の有機体ではないのかというと、必ずしもそうではないからである。つまり、「あらゆる群体は、その構成要因が連結して組織を組成しているのであって、現実には一個の個体なのである[28]」からだ。じっさい、ある集合体の個性をきわだたしめるものは、その集合体の各部分のすべてが共同して実現しようとする活動がある、ということである。ところが、群体の構成員どうしは、その群体が解体しないように、共同で栄養物を摂取し、全体の動きとは別個の動きをすることができない。それぱかりではない。結合した諸環節のひとつから生まれた卵は、この一環節のみを再生産するのではなく、それをも含む群体のすべてを再生産するのである。「この見地からするかぎり、ポリープ〔幼稚なヒドロ虫類のような腔腸動物〕ともっとも高等な動物とのあいだには、ひとつも違いはない[29]」。さらに、こうした下等動物と高等動物との根本的区別をはっきりさせえないのは、それがどれほど集中的な機能によって統一された有機体であっても、程度の差こそあれ、群体的な構造を示さない有機体はないということである。こうした構造の痕跡は、脊椎動物においてさえ、その骨格や泌尿生殖器などの組織のなかにみることができる。とりわけ、脊椎動物の胎児の発達過程は、形の変わった群体以外のものではないという証拠をはっきりと示している[30]。

したがって、動物界においては「諸器官の全結合そのもの以外に生ずるところの[31]」個性があるわけである。ところが、この個性は、われわれが環節的とよんできた社会の個性とまったく同じである。その構造の輪郭が明白に同じであるばかりでなく、その連帯の性質も同じである。じじつ、動物の群体を構成する諸部分はたがいに機械的に組みあっているので、少なくともこれらの各部分が統合されつづけているかぎり、全体としてしか行動しえない。そこでは、活動そのものが集合的なのである。ポリープの社会では、すべての胃が全体で分有されているので、一個体が食べると、他の個体も食べないわけにはいかない。ペリエ氏〔M. Perrier〕は、これを文字通りの共産主義である、という[32]。ことに、この群体がまだ固まらずにぶよぶよしているとき、その一構成部分がギュッと収縮しようとすると、それと結びついた他のポリープをも、その収縮運動のなかにひきこまずにはおかないし、また、この運動はつぎからつぎへと伝わっていくのである。(33) ミミズのような虫の各環は、相互に厳密に依存しあっているが、それが切り離されるときにさしたる危険はないとはいえ、やはり依存状態にあることに変わりはない。

けれども、環節的類型が社会進化の進展につれて消滅するのと同じように、群体類型《ティプ・コロニアル》は有機体の段階が高級になるにつれて消えていく。群体類型はまだ顕著だとはいえ、環形動物においても、すでに揺らぎはじめており、軟体動物においては、もうほとんど認めがたくなっている。さいごに、脊椎動物においては、もはや学者による分析だけがその痕跡をようやく発見できるにすぎない。われわれは、この群体動物にとって代わるべき類型と有機的社会とのあいだにおける類似を、これ以上に示す必要はない。このいずれの類型にあっても、その構造は分業と連帯とから生ずる。動物の各部分は、それがひとつの器官になると、それ固有の活動領域をもち、独立して活動し、他の部分に干渉することもない。だが、他の見地からすると、これらの諸部分は、たがいに切り離されてしまうと死滅してしまうので、あの群体におけるよりも、はるかに緊密に依存しあっているのである。さいごに、有機体の進化においては、社会進化のばあいとまったく同様に、分業はまずもって環節的組織の枠組を利用することからはじまる。だが、つぎの段階では、この枠組から解放されて、自律的に発達する。じっさいには、ときに器官が環節の変形したものにすぎぬばあいがあるが、それは例外である(34)。

総括しよう。われわれは二種の連帯を区別してきた。それに対応して二つの社会類型が存在することもみてきたとおりである。二つの連帯が相互に反比例して発展するのと同じように、それに対応する二つの社会類型も、一方の類型——社会的分業によって規定される類型——が進歩するのにつれて、他方は規則正しく退歩してゆく。したがって、この結果は、右に述べてきた諸結果を確証するばかりでなく、分業のあらゆる重要性をわれわれに提示するにいたる。われわれがそこに生きる諸社会を凝集させるために最大の役割を果たすのは、分業であり、これらの社会構造の構成的特徴を決定するのもまた、分業である。さらにこの見地からすると、あらゆる事実からみて、分業の役割は、将来ともに大きくなる一方であることが予見できる。

4

前二章でわれわれの確立した法則は、ひとつの特徴、それもただひとつの特徴によって、スペンサー氏の社会学を貫いている法則を想起させうるものであった。氏とともにわれわれもまた、社会における個人の地位は、当初は無であったが、文明とともにそれはしだいに増大してゆく、といってきた。しかし、この異論の余地のない事実といえども、このイギリスの哲学者にたいするばあいとまったく異なった相貌でわれわれの前にあらわれたのである。その結果として、われわれの結論は、スペンサー氏の結論をくりかえすというよりも、ついにはそれと対立することになる。

第一に、氏によると、集団への個人のこの埋没は、低級社会が慢性的な戦争状態のなかで生きることによって必然化されたあの強制と人為的な組織化のもたらした結果である。たしかに、団結が必ず成功するのは、とりわけ戦時である。ある集団が他の集団から自己を防衛したり、それを屈服させたりすることができるのは、その集団が一致してことにあたるという条件においてのみである。そのときは、個々人の力のすべてが解きがたい束として恒久的に集中化されなければならぬ。ところが、こうした集中化を不断に生みだす唯一の方法は、諸個人が絶対に従わざるをえないある強大な権威を確立することである。「兵士が個人の意志をしばらく断ち切って、その上官の意志をひたすら実行に移すようになるのと同じく、市民たちの意志が極小化して、その政府の意志に一ならなければならぬ[35]。」それゆえに、個人をゼロにするのは組織的な独裁制であり、また、こうした組織は本質的に軍事的であるから、スペンサー氏は、この種の社会を軍事主義《ミリタリスム》と定義したのである。

ところが、われわれのみたところでは、反対に、こうした個人の没却があらわれるのは、あらゆる集中化を完全に欠いていることをこそ特徴とする社会類型なのである。没個人化は、まさしく原始社会をきわだたせるあの同質性という状態の産物である。個人が集団と区別されないということは、個人意識が集合意識からほとんど区別されないということなのだ。スペンサー氏と氏に同調する他の社会学者たちは、この遥かな時代の諸事実をまったく現代的な観念で解釈してしまったようである。現代ではわれわれ各人がそれぞれ個性をもつのだというきわめてはっきりした感懐が、これらの社会学者たちに、個人的な権利は、この点で、ある強制組織によってのみ制限されうるのだ、と信じこませたのである。彼らが、人間というものは自分の自由意志でその権利を放棄するなどということはありえないと思ったのだとすれば、そのかぎりでわれわれも同意する。だが、じっさいに、低級社会において個人の人格の占める地位がまことに微々たるものであったとすれば、それは、この人格が人為的に抑圧されたり、押しこめられたりしたからではない。歴史のこの段階では、こうした個人的人格が存在しなかったからという、まことに単純な理由にもとづくのである。

しかし、第二に、スペンサー氏は、こうした低級社会のうちでも、その多くのものは、それほど軍事的でも権威主義的でもなく、氏が民主主義的として特徴づける構造をもっていることを、みずから認めている[36]。ただ、氏は、ここで、みずから名づけて産業的とよぶ将来社会の第一序奏をみたかっただけである。けれども、そうするためには、氏はつぎのような事実を無視しなければなるまい。すなわち、これらの低級社会においては、ちょうど専制統治下にある社会とまったく同様に、個人がみずからに固有の活動領域をもたぬということ、それはまた共産主義の制度一般が証明するところでもあること、同様に、もろもろの伝統、先入観、あらゆる種類の集合的慣行は、組織だった権威におとらず個人の上に重くのしかかってくるものであること、以上のことを無視しなければならない。でなければ、低級社会を民主主義的であるといってみても、それは民主主義という言葉の通常の意味を曲解したうえでなければならぬはずである。他方、もし低級社会が、いわれるように早熟な個人主義で現実に特徴づけられていたのだとすると、社会の進化は、その第一歩からして完璧すぎる類型をつくりだそうと試みてきた、という奇怪な結論に達することになる。なぜなら、スペンサー氏がいうように、「最初の統治力といえば、ホルドの集会によって表明された共同意志のほかにはなにもない[37]」からである。そうだとすると、歴史の動きというものは循環的であって、進歩とはすなわち過去への回帰たるのみ、ということになりはしないか。

一般的にいって、個人というものは集合的な専制主義《デスポティスム・コレクテーフ》にたいしてだけは従順である。これを理解するのにそう手間はかからない。というのは、社会の成員は自分たちにまさる力によってのみ支配されうるからである。しかも、この個人をはるかにこえる資質をもった力は、ただひとつしかない。すなわち集団の力である。一個の人格は、よしんばいかに強力であろうとも、彼個人では社会全体に対抗してみても無力そのものである。だから、その人格がどうであろうと、社会がそれに隷属させられることはない。その理由は、すでにみてきたように、権威主義的な統治力はそれ自体から生ずるものではなく、その社会の構造それ自体から由来するものだからである。のみならず、この点でもまた、人類にとって個人主義が先天的にそなわっていたのだとすると、あの原始的諸民族がいつでもそれが必要とあれば、どうしてあんなにたやすく一首長の独裁的権威に屈服しえたのか、理解に苦しむ。さまざまの観念・習俗・制度さえもが、これほど根底的な変化に対抗しないではおかなかったはずである。ところが、こうした社会の性質を十分に理解すれば、ただちにすべてのことに説明がつく。というのは、当時、一見して根底的だと思われた変動も、じつはそれほど深いものではなかったからである。集団そのものに諸個人が服従する代わりに、集団を代表するものに服従していたということである。また、集合的権威は、それが広く滲透していたときには絶対的であったように、首長の権威は、この集合的権威のたんなる組織化にすぎなかったのであるから、それと同じ性格を帯びるのも当然だったのである。

専制的権力制度の出現をもって個人の没却がはじまるとみるどころか、逆に、この独裁制のうちに個人主義への途にむかってふみだされた第一歩をみるべきである。じじつ、首長こそ社会全体から解放された最初の個人的人格なのである。首長たちの格別な立場が、彼らを衆からぬきんでたものたらしめ、彼らに独特の相貌をつくりだし、したがってまた彼らに個性を与える。彼らは社会を支配するとともに、社会のあらゆる動きに追随するように強いられることは、もはやない。いうまでもなく、彼らがその力を汲みとるのは集団からである。だが、ひとたびこの力が組織化されると、それは自律的になり、彼らに個人としての活動を可能ならしめる。こうして、これまでには存在しなかった個人の創造性の水源が開かれる。爾来、新しいものを創出することができ、ある程度までは集合的諸慣行にそむくことさえできる人物が存在するようになる。均衡は破られたのである(38)。

以上の点を強調してきたのは、二つの重要な命題を確立するためであった。

第一に、われわれが巨大な権威をもった統治機構の存在に気づいたばあいには、そのつど、その存在理由を、統治者たちの特殊な地位に求めるのではなく、彼らが統治する社会の性質に求めなければならない。具体的には、ひとりの人物や一家族に具現されるこうした統治者に、あのような力をわかちもたせる共通の信念や共通の感情とは、いったいどのようなものであるかを観察しなければならない。首長の個人としての卓越性は、彼にこうした権威を賦与する過程においては第二義的な役割しか果たさない。個人的な卓越性というものは、集合的な力がなぜある人物の手に集中して他の人物に集まらなかったかという理由は説明しえても、その力の強度については説明しえないのである。この力が社会に拡散したままであることをやめて、特定の代表者に委任せざるをえなくなったときから、この力は、ほかの点ですでにある非凡さを立証ずみの個人を利するにすぎなくなる。だが、こうした卓越さは流れの方向を指示することができても、流れをつくりはしない。ローマの家父長が絶対権力をもったのは、彼が最長老だからでもなければ、最高の賢者、もっとも老練な人物であったからでもない。ローマの家族がおかれていた状況のゆえに、彼が最古の家族的コミュニスムの化身であったからである。専制主義は、少なくともそれが病的かつ頽廃的現象でないかぎり、コミュニスムの一変形以外のものではない。

第二に、前述したところから、利己主義こそ人間性の出発点であり、逆に、愛他主義が人類のものになってからまだ日が浅いとする理論が、いかに誤っているかがわかる。

この仮説がある人びとにとって権威あるものとされている理由は、それがどうやらダーウィニスムの原理からくる論理的な一帰結であるらしく思われるからである。人は生存競争と自然淘汰というドグマの名のもとに、原始の人類を悲哀に満ちみちた色彩で描きあげてみせようとする。すなわち、この時代の人類は、満たしきれない飢えと渇きだけを唯一の情熱にしてきたとか、この時代は、人間がわずかばかりの食料を奪いあうほかになんの気苦労も仕事もなかった暗い時代であったとかいうのが、それである。一八世紀哲学の懐古的な夢想や若干の宗教的教義に対抗しようとして、失楽園などというものはわれわれの過去にはないとか、われわれの過去に愛惜にたえぬものなどはひとつもないとか、そういうことを鮮明に示そうとして、人びとはやたらに過去を暗くし、型どおりに過去を軽視すべきであると信じこんでいる。こうした逆方向をたどろうとする人たちほど非科学的なものはない。仮にダーウィンの仮説が倫理学においても有効だとしても、そのばあいには、他の諸科学における以上に慎重であり節度を守ることを要する。じじつ、これらの仮説は道徳生活の本質的要素を捨象してしまっている。つまり、社会がその成員たちに課して、生存のための闘争や自然淘汰というむきだしの活動をやわらげ、中和する、あの調整力というものを考慮に入れていない。ところが、社会が存在するところでは、どこにでも愛他主義がある。そこには連帯があるからである。

だから、愛他主義は人類のそもそもの発端からある。ひどくゆきすぎた形態をとるばあいさえみられるのだ。というのは、未開人が宗教的伝説に従うためにみずから課した禁断の数々、社会が犠牲を求めればみずからの生命を捧げるというあの献身、インドの寡婦が夫の後を追って死に身を任せ、ゴール人が氏族の首長の死を追い、年老いたケルト人が同胞を無益な糊口の苦しみからまぬがれさせるためにみずから死を選ぶというような、あの抑えがたい気持、こういったものはすべて愛他主義ではないか。こうした慣行が、盲目的な信奉だとしてすまされるだろうか。これらの慣行が献身という天賦の性向を立証するものだとすれば、それが盲信であろうとなんであろうとかまわぬではないか。そればかりではない。こうした盲信はどこにはじまり、どこで終わるのだろうか。この問に答え、この事実について科学的な定義を与えることは至難のわざである。われわれが生きてきた風土と永いつきあいを重ねてきた人びとにたいしていだく愛着の念は、これもまた盲目的な執着といえないだろうか。だが、こうした愛着の力こそは、健全な道徳的素質の徴候ではないか。厳密にいえば、感受性の生活はこれすべて盲信から成っている。なぜなら、感受性は理性的な判断力に依存するよりも、むしろこの判断力に先行し、これを支配するものだからである。

科学的にいって、ある行為が利己主義的であるというばあい、それはその行為がもっぱら個人的な感情や表象によって決定されるかぎりにおいてである。だから、もしわれわれが低級社会において個人の意識がどれほど集合意識によって侵されているかを想起するならば、個人の意識そのものは自己自身とはまったく別のものである、すなわちコンディヤック[*2]ふうにいえば、個人の意識とはこれすべて愛他主義である、と信ずる向きさえ生じてこよう。もっとも、この結論はいささか誇張にすぎる。というわけは、精神生活にはある領域があって、よしんば集合類型がどんなに発達していようとも、人それぞれに異なり、各人に固有のものとして帰属している——そういう領域があるからである。この領域とは、有機体としての個人にかかわり、有機体の諸状態にかかわりのあるさまざまの表象・感覚・傾向から成っているものである。それは、内外の感覚の世界であり、それと直接に結びついた運動の世界である。個性というもののこの第一の基礎はかけがえのないものであり、社会状態のいかんによるという筋のものではない。それであるから、愛他主義は利己主義から生まれたというべきではない。もしそうでないとすると、まさに無から有を生じたことになる。けれども、厳密にいって、この二つの行為の原動力は、あらゆる人間意識のうちに、そもそも当初から存在していたのである。なぜなら、もっぱら個人にのみかかわるものと、個人にかかわりのないものとを、同時に反映できないような人間意識はありえないからである。

ただ、いえることは、未開人のばあい、現代人自身のうちでこそ劣勢なこの愛他主義の部分が、存在全体のうちでも相当に大きな領分を示すということである。というのは、未開人ではこの全存在の領域が現代人よりも狭く、精神生活の高級な領域が未発達だからである。だからこそ、愛他主義の部分は相対的にみて重要なのであるし、したがって、意志をその支配下におく度合も強い。けれども、他面、エスピナス氏[*3]の強い表現によると、原始人の意識では、すべて物理的必然の枠をこえるものについては、まったく自我の外のことである。逆に、文明人では、利己主義は高級な諸表象のまっただなかにまで入りこんでいる。各人は、すべてみずからの意見をもち、みずからの信念、みずから固有の渇望をもち、それに執着する。利己主義は愛他主義と混在するまでになる。その理由は、われわれの個人的性格や精神的性向に密着した、それから離れることをいさぎよしとしない、そういう仕方で各自が愛他的であろうとするようになるからである。いうまでもなく、だからといって利己主義の部分が全生活のなかでさらに大きくなってきたと結論してはならない。なんとなれば、意識全体が拡大してきたという事実そのものを考慮に入れなければならぬからである。もっとも、個人主義の発達という点からみれば、はじめはそれにたいして閉ざされていた領域にまでそれが浸透するようになったので、その絶対的価値が伸びていることは、やはりまちがいない。

しかしながら、この個人主義とは、歴史的発展の成果なのであって、スペンサー氏が述べているような個人主義とは異なる。氏が産業的とよぶ社会は組織的社会とは似ても似つかぬものであり、軍事的社会も家族を基礎とする環節的社会とは似てもいない。われわれが次章で明らかにしようとするのは、この点である。

原注

（1） Morgan, *Ancient Society*, pp. 62-122.

（2） *Kamilaroi and Kurnai.*――なお、この状態は、アメリカ・インディアンの諸社会が初期に経てきた状態である(Morgan, *op. cit.* をみよ)。

(3) 少なくとも、われわれの思っているような純粋状態において、もし氏族が、それとは混然不可分の一家族を形成しているとすれば、やがて出現するところの相互にはっきり区別できる個別化的家族も、原初的にはこれと同質の基礎にたってあらわれるものである。しかし、この個別化的家族の出現ということも、われわれが述べてきたような社会組織の本質的特徴を変えるわけではない。だから、そのことに気をつかう必要はないのである。そうなっても、氏族は依然として政治的単位なのである。また、これらの個別化的家族は、たがいに類似しかつ平等なのであるから、たとい原初の諸環節の内部に、新しいがやはり同じ種類の環節化があらわれはじめたとしても、この社会は、依然として相似の同質的な諸環節から成りたっているままである。

(4) Morgan, *op. cit.*, p. 90.

(5) *Afrikanische Jurisprudenz*, I.

(6) Hanoteau et Letourneux, *La Kabylie et les coutumes kabyles*, II, et Masqueray, *Formation des cités chez les populations sédentaires de l'Algérie*, Paris, 1886, chap. V を参照せよ。

(7) ヴァイツは、氏族は家族から派生したものだと述べているが、これは誤りである。真実はその逆である。のみならず、この記述は、著者の権威のためには重要であるとしても、やや正確さに欠けるところがある。

(8) *Anthropologie*, I, S. 359.

(9) Morgan, *op. cit.*, p. 153 以下をみよ。

(10) たとえば、「民数記」(第二六章七)によると、ルベンの部族は全部で四つの家族から成り、二〇歳以上の成人を四万三〇〇〇人以上数えたという(「民数記」第三章一五以下、「ヨシュア記」第七章一四を参照。——Munck, *Palestine*, pp. 116, 125, 191 をみよ)。

(11)「われわれはひとつの信仰の歴史を構成してきた。信仰が確立するや人間社会が成立する。信仰がくつがえれば、社会は一連の革命をたどる。信仰が消えれば、社会は様相を一変するのだ」(*Cité antique* 巻末)。

(12) すでにスペンサー氏は、社会進化が、一般的進化と同様に、多かれ少なかれ完全な同質性の段階からはじまる、と述べている。しかし、この命題については、氏が理解しているものと、われわれが述べてきたものとは、似ても似つかない。じじつ、スペンサー氏にとっては、完全に同質的な社会というものは真の社会たりえないのである。というのも、同質性とは、ほんらい不安定なものであるが、社会とは本質的に凝集的な一個の全体だからである。社会にとって同質性の果たす役割はまったく二義的なものであって、それはもっと後での協同にむかって途を開きうるにしても(*Soc.*, Ⅲ, p. 368)、社会生活に特有の源泉ではない。あるときには、スペンサー氏は、われわれが述べてきたような社会のうちに、バラバラの個人のつかの間の並存状態をしか、つまり社会生活がゼロの状態しかみていないようである(*ibid.*, p. 390)。われわれがみてきたところでは、これと逆である。これらの社会には集合生活ということ自体に、独特のものだとはいえ、きわめて強い集合生活がある。それも交換や契約によってではなく、いかにも豊かな共通の信念と慣行によって、みずからをあらわすのである。これらの集合体は、同質的であるとはいえ凝集的である、というばかりではない。まさに、同質的であるかぎりにおいて凝集的なのである。そこでは、共同体がそう薄弱ではないというばかりではない。共同体だけが存在する、といってよい。加えて、これらの社会は、同質性からくる明確なひとつの類型をもつ。だから、これらの社会をネグリジブルなものとしてあつかってはならないのだ。

(13) Tarde, *Lois de l'imitation*, pp. 402-412 をみよ。

(14) その理由については、のちほど第二編第Ⅳ章で述べる。

(15) Glasson, *Le droit de succession dans les lois barbares*, p. 19 をみよ。——もっとも、グラッソン氏

がたよったテクストは、この事実についてははっきりしているようにみえるが、フュステル・ド・クーランジュ氏がこれに反駁している。

（16）「サリカ法典」の De Migrantibus の項をみよ。

（17）*Deutsche Verfassungsgeschichte*, 2e éd., II, S. 317.

（18）こういった古ローマの民会では、投票がおこなわれるときには、クーリアによって、すなわちゲーンスの連合体によっておこなわれた。あるテクストでは、各クーリアの内部で、それぞれのゲーンスによって投票されたともいっている（Gell., XV, 27, 4）。

（19）Marquardt, *Privatleben der Römer*, II, S. 4 をみよ。

（20）これは前六世紀末のアテナイの改革政治家クレイステネスまでつづいた。ところが、それから二世紀後にアテナイはその独立を失う。のみならず、クレイステネス以後においてさえ、アテナイの氏族であるゲーノス〔γένος〕は、その政治的性格をまったく失っていたにもかかわらず、その組織の強さは失っていなかった（Gilbert, *op. cit.*, I, SS. 142 et 200）。

（21）われわれは、こうした領土的地域こそが古代の家族的編成を再現したものにほかならぬ、などというつもりはない。反対に、この新しい集団区分の様式は、少なくとも部分的には、あの古代的編成を動揺させた新しい原因から生じたものなのである。これらの原因の主要なものは、人口集中の中心となった諸都市の形成である（後述の第二編第Ⅱ章1をみよ）。にもかかわらず、この新しい編成の起源がどうであれ、この編成は環節的である。

（22）Schmoller, La division du travail étudiée au point de vue historique, in *Rev. d'écon. pol.*, 1890, p. 145.

（23）Tarde, *Lois de l'imitation*, passim, Paris, F. Alcan.

（24）*Op. cit.*, p. 144.

(25) Levasseur, *Les classes ouvrières en France jusqu'à la Révolution*, I, p. 195〔なお、初版では、つぎの引用句がある。「同業組合は、それ自体が小型の自由都市 commune である」〕。
(26) Schmoller, La division du travail étudiée au point de vue historique, in *Rev. d'écon. pol.*, pp. 145-148.
(27) 本編第Ⅶ章2および第三編第Ⅰ章をみよ。
(28) Perrier, *Le transformisme*, p. 159.
(29) Perrier, *Colonies animales*, p. 778.
(30) *Ibid.*, liv. II, chap. V, VI et VII.
(31) *Ibid.*, p. 779.
(32) *Transformisme*, p. 167.
(33) *Colon. anim.*, p. 771.
(34) *Colon. anim.*, p. 763 以下をみよ。
(35) *Sociol.*, II, p. 153.
(36) *Sociol.*, II, pp. 154-155.
(37) *Ibid.*, pp. 426-427.
(38) 読者は、ここに、本書一五二ページにおいてすでに述べられた命題が確証されたことを知るであろう。統治権力とは集合意識に内在的な生命の発露である、というのがその命題である〔なお、七版のテクストでの指定ページ数は八九ページとあるが、これは初版の指定ページ数と同じで、あきらかに誤植である。七版本では、五〇―五一ページが正しい〕。

訳注

＊1　ローマの区〔tribus〕を単位とした民会。これによって財務官、高級按察官、軍団指揮官を選んだ。重罰金刑の裁判もおこなう。なお、クーリア民会、兵員会については一九四ページの注を参照。

＊2　コンディヤック――Etienne Bonnot de Condillac. 一七一五―八〇年。フランスの哲学者。いっさいの認識の起源を感覚に帰着させた。

＊3　エスピナス――Alfred Espinas. 一八四四―一九二二年。フランスの社会学者。ボルドー時代、デュルケームの同僚。反個人主義的色彩の強い社会有機体説を展開する。

Ⅶ 有機的連帯と契約的連帯

I

たしかに、スペンサー氏のいわゆる産業型社会においては、組織的社会におけるとまったく同じように、その社会的調和は本質的に分業から由来する。(1) この社会的調和を特徴づけるものは、各人がそれぞれ固有の利害を追求しさえすれば、それによって自動的につくりだされてくる協同にこそこの調和がある、ということである。各人はひとつの専門的機能に没頭しさえすれば足りる。そのことの自然の結果として、各人は他者と連帯的であるのだ。これこそ、組織的社会の明確なしるしではないか、と。

だが、スペンサー氏は高級社会における社会的連帯の主要原因がなんであるかについては正しく指摘したものの、この原因がその結果を生ずる様式については、したがってまた、この結果の性質については、その理解が誤っている。

じっさいに、氏が産業的連帯とよんでいるものは、つぎの二つの特徴を示すといわれる。

第一。産業的連帯は自然に発生したものであるから、それをつくるばあいにも維持するばあいにも強制的装置を少しも必要としない。だから、ひとりでにでき上がった協同を確保しようとしてそこに社会が介在する必要はいささかもないのである。「各人はみずからの労働によって支えあい、たがいにその生産物を交換し、その力を貸して報酬を受け、大小を問わずひとつの企業を動かしてゆくために特定の団体に加盟することができるが、全体としてその社会の管理に服することはない(2)」。したがって、社会が作用を及ぼす範囲はしだいにせばまってゆく。社会の作用は個人たちが相互に侵害しあうのを防ぐこと以外の目的をもたないからである。つまり、社会はもはや消極的な調整作用しか果たさないのである。

第二。こうした条件のもとにおいて、人間と人間とのあいだに残る唯一の紐帯といえば、絶対的に自由な交換だけである。「あらゆる産業上の諸問題は……自由な交換という道をとおして生ずる。社会のなかでは、個人の活動が優勢となるにつれて、この交換による関係が卓越するようになる(3)」。ところで、交換の正常形態は契約である。それは、「軍事主義が衰え、産業主義が勃興するにつれて権威の射程を示すものとしての権力は減少してゆき、自由な活動が倍加するにつれて契約関係は一般的となる。ついにこの産業型社会が十分に発達したばあいには、この契約関係は普遍的なものとなる(4)」からである。

しかし、そうはいっても、スペンサー氏は、社会が暗黙のまたは明白な契約によってたつなどといおうとしてはいないのだ。逆に、社会契約という仮説は分業の原理と両立しえないのである。分業の役割が大きくなればなるほど、あのルソーのたてた公準はますます徹底的に否定されねばならなくなる。なぜなら、社会契約というようなものが可能であるためには、あるとき、すべての個人の意志がその社会組織の共通の基盤をよく理解していなければならぬからであり、したがってまた、おのおのの個人意識が政治問題をその全貌においてとらえていなければならぬからである。だが、そうするためには、各個人が自分だけの領分からでて、みんなが一様に同じ役割を、つまりは政治家であると同時に選挙人の役割を演じなければなるまい。社会が契約を仕上げるときを思ってもみよ。全員一致の同意とは、すなわちあらゆる個人意識の内容が同一だということである。だからこそ、こうした原因から社会的連帯が生じるとするかぎり、この連帯は分業とはなんのかかわりもないのである。

ことに、この社会契約と、スペンサー氏が産業型社会を特徴づけたあの自生的・自律的な連帯とは、似ても似つかぬものである。というのは、まさに反対に、スペンサー氏はこの契約という社会的な目的を意識して追求することにこそ軍事型社会の諸特徴をみているからである(5)。社会契約というようなものは、すべての個人が集合生活の一般的諸条件をすぐ頭に思い浮かべることができ、そうすることによって目的をはっきりと知って選択ができるものだ、ということを前提としている。ところが、スペンサー氏は、いみじくも、こんな表象をもつことは現状の科学の域をこえるものであり、したがって意識をこえるものだと指摘している。氏は、こうした配慮を集合生活の諸条件一般というような膨大な素材を世に適用することなど、とうていできることではないと確信していたので、こんな素材を世論の配慮にまかせるどころか、立法者の配慮からさえとりのぞこうと思っていたのだ。氏は、社会生活というものは、生物界の生活一般におけるように、欲求に直接つきあげられて無意識的・自生的に適応することによってのみ、ごく自然に組織されるものであって、みがかれた知性で考えぬかれた構想によって組織されるものではない、と考えているのだ。だから、氏は、どんな高級社会も大げさな討議をへた計画でつくられるなどとは思ってもみないのである。

いずれにしても、こんにちでは社会契約という概念を弁護する余地はない。この概念は事実となんのかかわりもないからである。およそ事実の観察者であるならば、いわばその観察行の途上でこの概念にであうことはなかろう。契約という起源をもつような社会は存在しないばかりでなく、少しでも契約的組織という痕跡をその構造にとどめているような社会も存在しないからである。だから、この概念は歴史から得られた事実でもなければ、歴史の発展過程から浮かび上がってくる傾向でもない。また、この学説を若がえらせ、いくらかでもその信用を挽回しようとすれば、各個人がひとたび成人するや、自分がそこで生活をつづけているという理由だけで、自分の生まれた社会にたいしていだく執着すらをも契約とよばなければならぬはずだ。だが、そうすると、人間の歩みのうちで拘束によって縛られない歩みは、これをすべて契約的とよばなければなるまい(6)。その伝でいくと、現在でも過去においても、契約的でない、あるいは契約的でなかった社会というものは存在しないことになる。なぜかといえば、束縛という効力だけで存続しうるような社会は存在しないからである。その理由については、すでに述べておいた。拘束が、現代よりも往時においてこそ強くはたらいたと信じられてきたとすれば、それは、低級社会において個人の自由の領域がきわめて小さかったのはその体制が強制的であったからだ、とする錯覚のせいである。現実に、社会生活というものは、それが正常なばあいには、どこにおいても自発的なものである。それが異常なばあいには存続しうるものではない。自発的にこそ、人は、放棄する。棄てさるべき何ものも存在しないところでは、放棄ということを語ることさえ誤っている。それゆえに、もしこの契約という言葉に、このような広義の、またややこじつけの意義を与えてしまうと、異なった社会類型のあいだの区別は、いっさい消えさってしまう。また反対に、その表現が示しているように非常に限定された法律関係だけにこの言葉を理解するとすれば、個人と社会とのあいだには、この種の関係がいまだかつて存在したことはないと断言してもよい。

けれども、スペンサー氏によると、こうである。もし、高級社会が、その政治生活の一般的諸原則に支えられた社会契約というような基本的な契約に依拠するのでないとすると、社会は個人どうしを結ぶ個々の契約の広大な体系を唯一の基礎としてもたなければならぬか、あるいはもつようになるはずである。個人は、たがいに依存しあうかぎりにおいてのみ集団に依存するし、また自由に結ばれた私的な約束によってとりきめられた程度でしか相互に依存しあわないであろう。したがって、社会的連帯とは、個人的な利害からひとりでに生じた協定にほかならぬし、また契約こそはこのとりきめのごく自然な表現にほかならない。また、この社会諸関係の典型はあらゆる規制から自由な経済上の関係であり、当事者のまったく自由な創意から生ずるような経済関係である。要するに、社会とは、諸個人がその労働の生産物を交換しあっている関係状態たるのみであって、経済外のほんらい社会的な作用がこの交換を規制するようなことはいっさいないのである。

スペンサー氏のいうところによると、分業によってその統一がもたらされる社会の特性とは以上のごときものであろう。しかし、そうだとすると、社会がはたして安定することになるかどうかを疑ってかかることは、ごくあたりまえである。なぜなら、利害というものは、人びとを結びつけこそすれ、けっして永続きするものではないし、人びとのあいだに外在的な紐帯をつくりだすにすぎないからである。交換という事実そのものにおいては、多くの当事者はたがいに外面的な接触にとどまり、取引がすんでしまうと、各人はすぐさまもとの自分にたち返ってしまうものだ。人びとの意識はごく表面的にしか触れあわぬから、意識相互の浸透もなく、たがいにひどく執着しあうといったこともない。ことがらの根底に目を注いでみさえすれば、この利害のまったき調和とは、潜在的な闘争をつつみかくしているか、あるいは闘争をひきのばしたにすぎないことを知るだろう。というのは、利害関係だけが支配しているところでは、なまなましいエゴイスムを抑えようとするものは何もないのだから、おのおのの自我は戦闘状態でむきあっているのであって、この永遠の敵対を休戦させようとする試みは、どれも永続きするはずがないからである。じっさい、利害ほどうつろいやすいものはない。利害は、きょう私をあなたの友としても、あすはもう私をあなたの敵とする。だから、利害というような原因は、うつろいやすい和解とつかの間の結合をしか生まないのである。有機的連帯の性質とは、はたしてそのとおりのものかどうかを吟味することが、いかに大事であるかがわかろう。

こうして、スペンサー氏の証言からすると、そもそも産業型社会なるものは純粋な状態ではどこにも存在しない。それは、進化の過程から少しずつあらわれはしているものの、かつて完全に実現したことのない、その意味ではいくぶん理念的な類型である。したがって、われわれが述べてきたような諸特徴をこの社会類型にもたせようとするためには、社会が、退化してゆくばあいは別として、進化すればするだけさらに完璧な仕方でこの諸特徴をあらわすように、方法をきちんと確立しなければならない。

第一に、社会的活動の領域がしだいにせばまっていって、個人の活動領域がそれにとって代わって拡大すると主張されている。だが、この命題を真正の経験にもとづいて立証しようとすれば、スペンサー氏がしたように、個人が集合的な力からまったく解放されたというような事例をいくつか引用するだけでは足りまい。こうした事例がどんなにたくさんあろうとも、注解以上には役だたぬし、それだけでは十分な論証力を欠く。というのは、たしかに社会的作用力は、ある点では衰退してきたが、他の点では、むしろ拡大されていることもあり、ついには別の形に変わったにすぎないものを破滅したものと見誤ってしまうこともあるからである。客観的に立証する唯一の方法は、たまたま手軽なヒントからえられたいくつかの事実を引用するといったことではなく、歴史の当初から最近にいたるまで、この社会的作用力を本質的に行使する装置を追跡してみることであり、時代につれて、この装置の量が増大したか減少したかを見きわめることである。もう気づかれるように、この装置とは法である。社会がその成員に課する諸義務は、少しでも重要かつ持続するものであれば、必ず、法形式をとるものである。だから、この法形式としての装置の相対的な範囲によって、社会的作用力の相対的範域を厳密に測定することができる。ところが、この装置が、減退するどころか、いよいよますます増大し、複雑になってきていることは、明々白々である。法典は、それが原始的であればあるほどその量も小さい。反対に、現代に近いほど相当の量に達する。この点にかんするかぎり疑う余地はない。もちろん、だからといって、その結果、個人の活動領域がさらに小さくなるということはない。じじつ忘れてならぬことは、生活が規制されればされるほど、生活一般も増大するということである。しかも、それにつれて、社会的規律が必ずしも弛緩してきてはいないということだけでも十分な証拠たりえよう。この社会的規律がとる形式のうちのあるものは、われわれで検討ずみのように、たしかに衰退はする。だが、他方では、それに代わって、もっと豊かな規律、さらに複雑な規律が成長する。抑止法が地を払ったとしても、当初にはまったく存在しなかった復原法が増大するのみである。仮に、社会による干渉が、結果として、みんなにある画一的な慣行を課するようなことはもうなくなっても、それは、さらにさまざまな社会機能のもっと特殊な諸関係を規定し、規制することになる。社会的規律や干渉が小さくなったのではない。別のものになったのである。

おそらく、スペンサー氏はこう答えるであろう。あらゆる種類の統制が減少したなどと断定したわけではない、ただ積極的な統制が減少したというまでである、と。ひとまずこうした区別を認めるとしよう。しかし、積極的であろうと消極的であろうと、この統制が社会的であることにかわりはない。主要な問題はそれが拡大したのか縮小したのかを知ることだ。命令するためであろうと禁止するためであろうと、これをせよというためであろうと、これをしてはならぬというためであろうと、いずれにせよ、社会の干渉がさらに大きくなるならば、個人の自発性がやがてあらゆる分野にゆきわたるようになる、などということはできまい。行為を規定する諸準則が多くなってくるならば、それらが命令的であろうと禁止的であろうと、その行為がいよいよ完全に私的創意から生じるようになる、ということは正しくない。

すすんで、スペンサー氏の区別自体がはたして根拠のあるものだろうか。スペンサー氏の理解するところでは、積極的統制とは行為を強制する統制であり、消極的統制とはただ不作為を強制するだけの統制である。すなわち「一人の男が土地を所有していたとする。私がその土地の全部か一部かを彼に代わって耕すとする。あるいは、私がこうしたほうがいいという耕し方の全部か一部かを彼に強制するとする。このばあいは積極的統制である。反対に、私は彼の耕作に助勢も忠告もしないで、ただ隣家の収穫物に手を触れるなとか隣の土地に入ったり掘りおこした土をそこへすてたりしないようにとか、注意だけを与えるとしよう。このばあいは消極的統制である。ある市民の目的を彼に代わって追求することをひきうけたり、あるいは彼の目的を果たすためにその市民が用いる手段に口をだしたりすることと、他方、彼が彼とは別に選んだ目的を追求している別の市民の邪魔をしないようにすることとのあいだには、きわめて明白な相違がある」[7]。もし、積極的統制・消極的統制という言葉が以上の意味であるとすると、積極的統制が消滅しつつあるどころではないのだ。

じじつ、周知のように、復原的法律はひたすら増大するばかりである。ところが、多くのばあい、この法は、市民にその追求すべき目的を指示したり、この市民が自分で選んだ目的を達成するためにとる手段に口をだしたりする。復原法が、それぞれの法的関係について解決にあたる問題は、つぎの二つである。(1)、その法的関係は通常どういう条件のもとで、いかなる形式で存立しているか。(2)、この法的関係から生ずる義務にはどんなものがあるか。第一の形式と条件の決定は、本質的に積極的なものである。この決定は、ある手続をふんでこそ、はじめて個人がその目的を達成できるように強制をするからである。第二の義務については、義務というものが、原則として、他人がその機能を果たす際にさまたげとならぬように擁護することにあるとするならば、スペンサー氏の提言は、少なくとも部分的には正しい。だが、義務の本質は、だいたいにおいて務めを果たすという積極的性質をもったものである。そこで、この点を詳しくみることにしよう。

2

歴史の当初においては、契約関係はあったにしても稀であるか、あるいはまったく欠落していたのであるが、社会的労働が分割されるにしたがって、それらはしだいに増加してきた。これはたしかに真実である。しかしながら、スペンサー氏は、それと同時に非契約的関係もまた発達してきたことを見落としていたようだ。

最初に、あまり適切なよび方ではないが、私法とよばれている法の部門を検討しておこう。これは、じっさいには広く拡散したさまざまな社会的機能の諸関係を律する法の分野であって、いわば、社会有機体の内臓の生命活動といえる。

第一に、家族法であるが、当初は単純であったものがしだいに複雑になっていったこと、いいかえれば、家族生活から生ずるさまざまな種類の法的関係が、かつてよりもはるかに多くなっていることをわれわれは知っている。ところが、一方、家族生活から生ずる強制力は、すぐれて積極的な性質を、つまり、権利と義務の相互性という性質をもっている。他方、この強制力は契約的ではない。少なくとも典型的な形態においてはそうである。この強制力がよってたつ条件というのは、われわれの出生とか血縁関係とか、要するにわれわれの意志をこえた諸事実にもとづくいわゆる人的地位《スタテュ・ペルソネル》にかかわりがある。

ところが、婚姻と養子縁組はまさに家族関係の源泉であるが、これは契約である。しかも、まさしく、最高級の社会類型に近づけば近づくほど、この二つの法律上の行為はますます契約に固有の特徴を失ってゆくのである。

結婚という事態が、まったく私的なものにすぎない状態のままであったのは、ひとり低級社会においてばかりではない。ローマでも帝政末期にいたるまでは、そうであった。結婚とは、一般的にはひとつの売買である。——原始民族では現実にそうであったが、のちに擬制的なものとなった。しかも正式に証明された当人どうしの合意だけで有効であった。当時は、どんなもったいぶった儀礼的形式も必要でなかったし、なにかの権威が介在する必要もなかった。結婚がこれとは違った特徴をはじめて帯びるようになったのは、キリスト教になってからである。キリスト教徒は、早くから、自分たちの結婚に神の恵みのあらんことを祭司に祝福してもらう習慣をもった。東ローマ帝国では、哲学者皇帝レオ六世[*1]のつくった法では、この習慣を法律にした。西ローマ帝国では、トリエントの宗教会議[*2]によって同じようになった。それ以後、結婚のとりきめは自由にできなくなり、教会というひとつの公権力が媒介してはじめてできるようになった。しかも、この教会の果たす役割は、ただの証人というだけのものではなかった。それまでは個々の当人たちの意志だけで創設できた婚姻という法的絆を、こんどは教会がつくるようになり、教会だけができるものとなった。ついで、世俗的権威が宗教的権威に代わってこの機能を果たすようになったいきさつと、同時にまた、社会の干渉的な役割と必要な儀礼的形式とが拡大していったいきさつは、周知のとおりである[(8)]。

養子縁組の契約にかんする歴史は、これよりもっとはっきりしている。

北米のインディアン氏族で、養子縁組がどれほど簡単に、また大規模におこなわれているかについては、すでにみたところである。これによって、あらゆる親族形態が生みだされたといってよい。もし養子が養親と同年輩ならば、兄弟姉妹となり、養子が子もちの女であるならば、彼女はこの養子をとった人たちの母となった。

マホメット以前のアラブ人にあっては、ときに養子縁組が真正の家族をつくりだすのにあずかって力があった[9]。たくさんの人たちが相互に養子縁組をしあうことがひんぱんにおこっていた。そんなとき、人びとはたがいに兄弟姉妹となったし、人びとを結びつけている親族性は非常につよく、同じ出自の子孫ででもあるかのようであった。同じ種類の養子縁組は、スラヴ人においてもみられる。異なった数家族の成員たちが、たがいに兄弟姉妹とみなしあうことがじつによくあるし、身うち《コンフラテルニテ》(*probatinstvo*) とよばれるものを形成している。こうした結合は、まことに形式ばらずに、自由におこなわれている。つまり、それを創設するには相互理解だけで足りる。しかも、これらの義兄弟を結びつける絆は、自然の同胞関係から生じてくる絆よりも強いのである[10]。

ゲルマン人でも、養子縁組は同じくたやすいことでありまたひんぱんであったようである。ごく簡素な儀式をおこなうだけで成立した[11]。けれども、インドでも、ギリシアでも、ローマにおいても、これはもう一定の条件に従うようになっていた。すなわち、養親はある年齢に達していなければならなかったし、養子の父は、血縁の父ならばそうだろうと思われるような自然な年齢の度をこえていることは許されなかった。ついには、養子縁組による家族の変更はまったく複雑な法律的行為となり政務官の仲立ちを必要とするようになったのである。それと同時に、養子縁組権をもつものの数はもっと限定されるようになった。ただ、自主権者たる〔sui juris〕家父長または独身者だけが養子をとることができたのであり、しかも前者は嫡出子がないばあいにしかそれができなかった。

フランス現行法では、制限条項がさらに多くなっている。すなわち、養子たるものは成人に達していること、養親は五〇歳以上であること、養親は長期間、養子を実子のように処遇してきたこと、が必要である。さらにつけ加えておく必要があることは、こうまで制限されてくると、養子縁組はきわめて稀なものになっていったということである。現行法典が起草される以前には、養子縁組がすでにほとんど完全に廃れてしまっていた。こんにちでもなお、オランダ〔現ネーデルラント〕や低地カナダ〔現ケベック州〕などのいくつかの国では、それがまったくみとめられていない。

養子縁組がめずらしいものになっていったと同時に、それは実効をも失っていた。当初、養親はあらゆる点で実の親に似たものであった。ローマでも、両者の類似はなおきわめて大きいものがあったとはいえ、すでに完全に同じものではなくなっていた[12]。一六世紀になると、養父が死んだばあい、無遺言相続権〔droit à la succession *ab intestato*〕は、もはや養子には与えられないまでになった[13]。フランス法典はこの無遺言相続権を復活しはしたが、養子縁組によって生じる親族関係は、養親と養子のあいだにのみ限定されて、それ以上にでるものではない。

以上の事実からすれば、古代社会における養子縁組慣行は祖先崇拝を永久化したいという希求に根ざすものだとする伝統的説明が、いかに不十分であるかがわかる。アメリカ・インディアンやアラブ人、スラヴ人のように、もっとも広範かつ自由に養子縁組をおこなってきた諸民族は、祖先崇拝を知らなかったのである。反対に、この権利がはじめて統制され、制限されたのは、ローマやアテナイ、すなわち家族的宗教が絶頂に達していた国々においてである。だから、たといこの権利が祖先崇拝という希求をみたすのに事実上では役だちえたにしても、この権利が確立されたのはこの希求を満足させるためではない。逆に、この権利が消失してゆく傾向にあるとしても、それはわれわれがぜひともその名や血統を永久に残しておきたいとする願望がなくなったからではないのである。こうした変化を主導する原因を求めるべきは、現実の社会構造そのもののうちにであり、その社会で家族が占める地位のうちにである。

これが真理であることを挍証するもうひとつの理由は、こうである。自分勝手な行為によって、ある家族からでてゆくということは、家族に入るということよりもいっそうむつかしくなってきた、ということである。親族という絆が契約的なとりきめから生じたものでないと同様に、その紐帯を、契約のように、そう簡単に破ってしまえるものではない。よく知られているように、イロクオイ族では、(14) 氏族の一部がその氏族から離れ、隣接氏族に入ってこれを大きくするということがある。スラヴ人においてもまた、大家族ザドルガの一成員が、その共同生活にあきて、その家族の他の成員たちから離れて、法律上その家族にとってはよそ者となることができる。同時に、その家族から排除されることも可能であった。[15]ゲルマン民族にあっても、親族のいっさいの義務から完全に解放されたいと願うフランク人は、だれでもがごく簡単な儀式だけで、それが許された。[16]ところが、ローマでは、息子たるものが、自分の意志だけでその家族を離れることはできなかった。こういう点でもローマがさらに進んだ社会類型であったことがわかる。ただし、息子が破ることのできないこの絆も、父はこれを破ることができた。こうしたことができるから、親権〔後見〕解除ができたのである。こんにちでは、父たるものも子たるものも、家族関係の自然な状態を変更することはできない。家族関係は出生によってきまったままである。

要約すると、家族的義務はその数がいよいよ多くなると同時に、いわれているように公的性質を帯びるようになる。これらの義務はその起源からみて、原則的に契約的ではなかったのみならず、そこにおいて契約が演ずる役割もたえず減少しつつあった。反対に、家族的義務がとり結ばれたり、解消されたり、変わったりする仕方に加えられる社会の統制は、増大する一方である。その理由は、環節的組織がますます消滅してゆくことにある。じじつ、家族は長いあいだ真の社会的環節であった。当初、家族と氏族とは融合していた。のちに家族が氏族から区別されるようになったにしても、それは、あくまで全体のなかの部分としてであった。家族の独立は、氏族が第二次的環節化をとげた結果であって、家族のこの環節化は、氏族それ自体が出現したときの環節化と同じである。そして、氏族が消滅していったときも、家族はなおこの特質を残したまま生きつづけた。ところが、環節たるものは、すべて社会全体《マス・ソシアル》のなかにいよいよ吸収しつくされてゆく傾向がある。家族が変化せざるをえないのは、まさにそのゆえである。家族は、大社会のなかの自律的な一社会としてとどまる代わりに、社会的諸機関の体系のなかにたえずより深くひきこまれてゆく。そして家族自体がこうした諸機関のひとつとなって、特殊な機能を担うようになる。したがってまた、家族において生起することは、すべて社会一般に反響を及ぼすことになるのだ。まさに、それゆえにこそ、社会の統制機関が家族のその機能を遂行する仕方に調整作用を加えたり、ばあいによっては、積極的に刺激を加えたりして、介入せざるをえないのである。(17)

だが、社会の統制作用が感じとられるのは、契約関係の外においてばかりではない。契約関係それ自体のはたらきのうちにおいてもそうである。なぜなら、契約においては必ずしもあらゆるものが契約的ではないからである。契約《コントラ》という名に値する唯一の約束《アンガジュマン》とは、それが当事者たる諸個人によって意志された約束であり、この自由意志以外にはその根拠をもたない約束である。逆にいえば、相互が同意に達しなかった義務はすべてこれ契約的ではない。ところが、契約が存在するばあいには、いつでも契約はある規制に従うものである。そして、この規制は、社会の制作にかかるものであって、個人の制作によるものではないし、また、それは通例、いよいよ膨大になり複雑になってゆくものである。

もっとも、契約当事者がしめしあわせて、ばあいによっては法の規定にそむくことがありうる。けれども、まず、この点にかんする当事者たちの権利は、無制限のものではない。たとえば、当事者たちの約束は、法が要求する有効な手続要件をみたしていないかぎり、そのかぎりでの契約としてしか有効とはされない。もちろん、こんにちでは、多くのばあい、契約が一定形式しかとれない、というようなことはない。にもかかわらず、忘れてならぬことは、フランス法には、つねに要式契約《コントラ・ソラネル》というものがあるということだ。しかし一般に、法律がかつてほどの形式にこだわった要求をすでにもっていないとしても、それは別種の義務を契約に強制する。たとえば、つぎのようなとりきめ――すなわち無能力者によってなされるばあい、客体がないばあい、その理由が不正なばあい、あるいは売却する能力を欠いた人物によって売られるばあい、あるいは売買できぬ物件についてとり結ばれるばあい、以上のようなとりきめにたいして法律はいっさいの強制力を拒否する。また、さまざまの契約から法律がひきだしてくる諸義務はどんな約定によっても変更されえないものがある。たとえば、売手は、自分の個人的理由から売り渡した品物を買手から取りたてること（追奪）をしないという義務を負わなければならないし（一六二八条）、また追奪をしたばあいでも、買手がその危険を知らないかぎり、その理由を問わず、代金を返済しなければならないし（一六二九条）、売手は契約の内意を明瞭に説明する義務（一六〇二条）を欠いてはならない。同様にして、少なくともある程度内では、売手が、かくされた欠陥を知りながら売ったばあいには、その点を保障することを免れることはできない（一六四

一、一一六四三条)。不動産のばあいに、買手が、その地位を利用して、その物の実質価値よりもひどく低い価値を強要することはできない(一六七四条)等々。他面では、契約によって権利を生じた訴訟の証拠やその性質、訴訟が提起されるべき期限が、個人的な和解にはまかされることは絶対にない。

このように、社会的作用は法律に違反して形成された契約を否認するという形であらわれるばかりではない。他方では、契約に積極的に干渉する形でもあらわれる。たとえば、裁判官は、約束の期限のいかんにかかわりなく、ある状況下では債務者に期限の猶予を許すことができ(一一八四、一二四四、一六五五、一九〇〇条)、あるいはまた、貸主に緊急の要あるときは、貸与物件を約束の期限前に貸主に返却するよう借主に強制できる(一一八九条)。さらに、契約が契約条項に入らなかった義務をも生じさせるものであるということを、もっとよく示しているのは、つぎの規定である。すなわち、契約は「たんに合意ではっきりうたわれていることを義務づけているのみならず、さらに衡平《レキテ》、慣習あるいは法が、その性質に従って義務ありとしているいっさいの結果にたいしても義務づける」のである(一一三五条)。この原則によって、「契約には明記されていなくとも、慣例上契約に含まれる約款」が、契約を補うものでなければならない(一一六〇条)。

しかしながら、社会的作用は、さらに以上のような明白な形で表現されないばあいでも、依然として厳存していることに違いはない。述べてきたように、契約が法律にふれる可能性があるということは、法律上の契約を本来の契約の偶然的な代用物にすぎないと思わしめるものがあるが、しかし、じっさいに、この可能性はまったく理論上のことにすぎないというのが、ごく一般である。この点を納得するためには、法律上契約が何から成っているかを想起するだけで十分である。

もちろん、人びとが契約によってたがいに結ばれるということは、単純であれ複雑であれ、ともかく分業の結果、たがいに相手を必要としているからにほかならない。けれども、人びとが調和のとれた協同を展開するためには、彼らが相互に関係に入ったというだけで、あるいはさらに、自分たちがおかれている相互依存状態を感じとるというだけでは、足りない。そのうえなお、この協同の諸条件が人びととの関係の持続しているあいだじゅう固定されていなければならないのである。各人の義務と権利とは、ただ契約の結ばれるそのときに直面する状況だけではなく、将来おこりうべき、またそれを変更すべき状況を見通したうえで、確定されなければならない。そうでないと、たえず新しい闘争と葛藤が生ずることになる。じじつ、忘れてならぬことは、分業がさまざまの利害を連帯的ならしめるといっても、それは分業が諸利害をごちゃまぜにするということではない。これらの利害関係をひとつひとつ区別できるようにし、競争関係にたたせるということである。個体の有機体内部では、各器官がことごとく相互に協同しながら、しかも対立の状態にあるのとひとしく、各契約当事者は、たがいに他者を必要としながら、自分の必要とするものを最小費用で得ようとする。つまりは、できるだけ最小の義務を払って、可能なかぎり最大の権利を獲得しようとつとめるものである。

それゆえに、おたがいのとり分があらかじめきまっていることが必要である。それも、予定されたある計画に従ってきめられるという性質のものではない。おたがいの義務は、ここまでであってそれ以上ではないというようにその限界がきまっていなければならぬと考える根拠は、事物そのもののなかには存在しない。そうではなくて、この種の決定はすべて相互の妥協のなかからしか生まれてこないのである。すなわち、いま当面している利害の競合と連帯との中間領域である。それは、多少とも骨の折れる試行錯誤によってのみ発見できるような均衡状態である。ところが、われわれは、ある契約関係に入るたびごとにこうした均衡を求めてあの試行錯誤をくりかえしたり、新しい犠牲を払ってそれを求めたりすることがとうていできないことは、わかりきっている。われわれには、そうするだけの能力がないからだ。困難な問題を解決するのは、それがおこってからであってはならない。だが、そうはいっても、まさに契約がそれをとおして展開されうる状況は、それこそ多様であって、それをわれわれがいちいち予見することは不可能であるし、われわれがまったく独自の体験をしたばあいの問題をのぞけば、個々の契約のばあいの各人の権利と義務がいったいどんなものであるかということを、単純な胸算用だけであらかじめきめるということも不可能である。のみならず、生活の物質的な諸条件は、こんな無駄な行為の反復とあい容れない。なぜなら、われわれは、たえず、ときには不意に、買物をしたり、売ったり、旅行をしたり、人を雇ったり、宿に泊ったりというようなことをして、権利と義務のつながりを契約しているからである。他者との関係の大半は契約的な性質のものである。したがって、もしそのたびごとにたたかいをはじめなければならぬとしたら、あるいは、現在と将来にわたって合意のあらゆる条件を十分に整えるべき必要な談合をはじめなければならぬとしたら、われわれは動けなくなってしまう。以上すべての理由から、論議されてきたような契約条件によってしかわれわれが結ばれないのだとすると、そこからは一時的な連帯しか生じないであろう。

けれども、契約法は、われわれが決定すらしなかったわれわれ自身の行為の法律的結果をも決定するものである。この法は、均衡の正常な諸条件を示す。――その際、これらの条件はそれ自体であらわれるものであり、また、その平均的な状況から少しずつあらわれてくるものである。それは、無数の多様な経験が要約されたものであるから、そこではわれわれが個人的には予見できないものが予見され、われわれの規制できないものが規制されている。しかも、この規制は、われわれがつくりだしたものではなく、社会と伝統からつくりだされたものであるにもかかわらず、われわれに強制的に課せられる。この規制は、言葉の厳密な意味において、われわれが契約しはしなかった義務――というのは、われわれはこれらの義務を熟慮していたわけでもないし、ときには事前に知っていたわけでもないからである――に、われわれを無理に従わせる。もちろん、最初の行為はいつでも契約的である。しかし、それにひきつづく行為は、ときにはすぐあとの行為でさえも、多かれ少なかれ契約という枠をこえる。われわれは、みずから望んだがゆえにこそ、協同する。だが、われわれの自発的な協同は、われわれの望まなかった諸義務をつくりだしたのである。

以上の見地からすると、契約法はまったく別の側面をあらわす。それは、もはや個々の合意の有効な補完物にすぎないどころではない。むしろ後者にとっては根本的規範である。それは伝統的経験の権威をもってわれわれを強制することによって、われわれの契約関係の基礎を構成する。われわれが、そこから逃れることができたにしても、その一部から逃れえたにすぎず、また偶然にそうしえたにすぎない。契約法はわれわれの意志作用そのものから生じてきたかのように、われわれに権利を授け義務を強制する。ばあいによっては、これらの権利を放棄し、義務をまぬがれることはできる。にもかかわらずこの両者は、やはり、契約をとりまく状況にとってふさわしい権利義務の正常類型であることに変わりない。だから、変更しようとするならば、はっきりした行為がなければならない。それに、変更はわりあいめったにおこらないのである。原則としてこの規則の応用はするが、それを更新することは例外的である。それであるから、契約法は最高度に重要な規制作用をわれわれにくわえる。というのも、契約法は、われわれのなすべきこと、われわれが強く要求しうることをあらかじめ決定しているからである。なるほど、これは、当事者たちの合意によってのみ変更できる法律である。だが、契約法が廃棄されたり、改正されたりしないかぎり、それはそのまったき権威を保持しているのであり、他方また、われわれにとって、こうした立法者のようなふるまいは、めったにできないものなのである。だから、契約がつくりだす諸義務を規定する法律と、それとは別の市民的な義務を設定しているさまざまの法律とのあいだには、ただ程度の差があるだけである。

さいごに、この法が行使する明確な組織的圧力のほかに、習俗から生ずる圧力がある。われわれがある仕方で契約を結び、それを実行に移すばあいに、法典によって直接にも間接にも承認されてはいないとはいえ、依然として命令的であることには変わりない諸準則にたいしても、われわれは同調せざるをえない。職業的義務がそれである。これは純粋に道徳的なものではあるが、しかもきわめて厳格である。それは、ことにいわゆる自由職業のばあいにいちじるしい。また、他の職業のばあいに、この職業的義務が自由業のばあいよりもずっと軽いとすると、それは病的状態の結果ではないかと疑ってみる余地がある。この点についてはしばらくおく。ところで、よしんば、この習俗の圧力作用が法のそれよりも拡散的であるとしても、やはりそれはまったく社会的なものである。その一方、それは契約と同様に多様化するのだから、契約関係が発達するほど、それも必然的に拡大してゆく。

さて、要約しよう。契約はそれ自体では自足的でない。社会から生ずる契約の規制力があってはじめて可能である。契約がこの規制力を含んでいる理由は、第一に、契約は、既存の一般的準則を個別的な事例に応じて変えながら適用する機能はもつが、新しい準則をつくりだす機能にとぼしいからである。第二に、契約は、はっきり確定していることが必要なある条件のもとにおいてのみ拘束する力をもち、またもちうるにすぎないからである。原則として、もし社会が契約に拘束力を付与するとすれば、一般に個々人の意志が、この拘束力があるという条件のもとに、分散している社会的諸機能の調和的な協同を確保するに足るだけの合意をみたからである。だが、もし契約がこの目的に反するものであり、〔社会の〕諸機関の規則正しい活動をもともとさまたげるきらいがあり、いわゆる正当でないとすれば、それはあらゆる社会的価値を奪われ、それによっていっさいの権威をも奪われることは必然である。したがって、社会の役割は、いかなるばあいにおいても、契約をただ受動的に遂行させるだけにとどまるわけにはいかないのだ。さらにすすんで、契約が執行力をもちうるような条件を決定することであり、必要とあればそれを正常な形に回復させることである。当事者たちの合意というものは、ただそれだけでは、正当でない条項を正当だとすることはできもしないし、社会には正義にかんする諸準則があって、よしんば利害当事者たちがこの諸準則を侵そうと合意したところで、社会的正義は、この侵犯を予防しなければならないのである。

こうして規制はどうしても必要なのであり、また、その範囲をあらかじめ限定するわけにもいかないのである。スペンサー氏にいわせると、契約の目的は、労働者に自分の労働についやした出費と等価のものを保障してやることだという[18]。それが本当だとすると、契約は、こんにちのそれより以上にひどく些細なことにまで規制が及ぶということでなければ、とうていその役割を果たしえないであろう。なぜかといえば、契約がこうした等価物を確実にもたらすに足るとすれば、奇蹟といわざるをえないからだ。事実上、収益が出費を上まわるときもあり、出費が収益を上まわることもあろう。両者の不均等は、ときにはきわめていちじるしいことがある。だが、スペンサー学派は、これに答えて、こういう。もし収益が低すぎれば、人はその職務を棄てて他につくであろうし、収益がしごくよいと、その職能に殺到して、競争の結果、利益が減るだろう、と。しかし、この学派は、一部の人びとが他の職務につきにくいからいまの職務をそう簡単に棄てきれないのだ、ということを忘れていはしないか。職業移動がわりあい自由な人びとでも、すぐに仕事をとりかえられるというものではない。そうした変革は、しとげるまでに時間がかかるものである。それこそ待っているあいだに、不正な契約、つまりは非社会的な契約が社会の協力をえておこなわれてしまったり、ある点で均衡がとりもどせても、他の点ではそれが崩れないというわけではない。

さまざまの形をとってあらわれるこうした干渉が、ほんらいすぐれて積極的なものであるということは、もう論証するまでもなかろう。それは、人びとが協力すべき仕方まで決定する結果になっているからである。この干渉が、協力しあっている諸機能に勢いを与えるものでないということは正しい。しかし、ひとたび協同がはじまると、この干渉が協同を規制する。われわれが協同の第一歩をふみだすやいなや、われわれはそれへの参加を強制され、社会の規制作用が課せられるのだ。スペンサー氏が、この規制作用を消極的なものとしているのは、氏のばあい、契約とはただ交換にのみある、としたからであった。だが、仮にこの見地からしても、氏の使った表現は厳密ではない。もちろん、物を受けとったり、あるサーヴィスを受けて利益を得たあとで、私がきまっている等価を拒否して払わなかったとすると、私は他人のものをとったことになる。そのとき、社会は、私に約束を果たすように強制して、侵害や間接的な攻撃を予防しようとするにすぎない、ということはできる。だが、私が、あらかじめ報酬を受けとらないで、あるサーヴィスの提供を他人に約束しただけであったとしても、私はやはりこの約束を果たさなければならないだろう。しかし、それを果たさないばあいでも、私は他人を犠牲にして自己を富ましたということにはならぬ。私はただ他人の役にたつことをことわっただけなのである。そればかりではない。すでにみてきたように、交換はそのすべてが契約ではない。諸機能が協同してよき調和をつくりあげているという事実も、そこにはあるのだ。これらの諸機能は、事物が一方の手から他方の手へわたってゆく短い時間だけ接触しあうにすぎないというものではない。もっとひろがった諸関係がこの交換から必然的に生じ、その関係があるあいだは、諸機能の連帯が乱されないことが重要なのである。

スペンサー氏が自分の自由契約説の積極的な支えとする生物学的比較でさえも、かえってこの理論の反証となる。われわれもそうしたように、氏は経済的諸機能を個体有機体の内臓の生命活動と比較して、この生命活動が脳脊髄系統に直接依存するのではなく、交感神経と迷走神経をその主要な分枝とする特殊な機構に依存するということを指摘している。けれども、仮にこの比較から、経済的諸機能がほんらい社会的脳髄の直接的な影響下におかれるものではないという、多少もっともらしい結論をひきだすことができたとしても、そこから、ただちに、経済的機能はあらゆる規制力からまぬがれうるというような結論はでてこない。なぜかといえば、交感神経があるていど脳から独立しているとすれば、脳が筋肉の運動を支配しているのとまったく同様に、交感神経もまた内臓の運動を支配しているからである。したがって、もし社会のうちにこれと同種の機構があるとすれば、それは、それに従属している諸機関に同じような作用を及ぼすはずである。

スペンサー氏によると、生物界のこの機構に相当するのは、需要と供給の状況を一方から他方へとたえず流している情報の交換こそ、それであって、したがってまた、それは生産を抑制したり促進したりするものだ、という。[19] だが、そこには規制作用らしきものはひとつもない。ある情報を伝えるということは運動を命じることではない。この機能はまさしく伝導神経《ネルフ・アフェラン》の機能である。だが、それにしては、神経節《ガングリオン・ネルヴォ》の機能と共通するものはひとつもない。ところが、いま述べてきたあの支配力を行使するのは、この神経節なのである。神経節は感覚の進路に介在するものであるから、もっぱらその媒介によってこそ感覚は運動に反映しうる。研究がもう少し進めば、おそらくつぎのようになるだろうことはほぼまちがいあるまい。すなわち、神経節の役割はそれが中枢的なものであろうとそうでなかろうとを問わず、これが支配する諸機能の調和的な協同を確保することであって、もしこの協同が外からの刺激因が変わるたびごとに変わらねばならぬとしたら、それはたえず解体にさらされなければならないことになる。だから、社会的交感神経は伝導径路の系統のほかに、真の規制作用を営む諸器官を含んでいなければならない。これらの器官は、ちょうど脳中枢《ガングリオン・セレブラル》が外部の諸活動を組みあわすように、内部の諸活動を結合させる力を託されていて、外からの刺激を必要に応じて抑制したり、大きくしたり、あるいは変えたりする力をもつことになろう。

以上のような比較からは、つぎのような考え方もでてくる。すなわち、経済生活が現実に従わせられている規制作用には、それが正常な状態ならば当然あるべきはずのものが欠けているのではないか、と。もちろん、この規制作用が絶無なのではない。それはすでに述べてきたところである。しかもこの作用は、あるいは社会全体に拡散しているか、あるいは国家から発する。ただ、現代社会では、この交感神経節に似た規制中枢を発見することは困難であろう。たしかに、これを発見しにくいのはなぜかという疑問は、個体のそれに対応する社会の側に相似物がないからという理由のほかに根拠がないとしたら、別に注目するには値しない。だが、忘れてならぬことは、ごく最近まで、このような媒介機関が存在していたということである。それは手工業者団体である。われわれはこの同業組合の功罪をここで論ずる必要はない。のみならず、こうした議論は客観的でありにくい。こうした実利の問題は、どうしても私的な感情のおもむくままでしか解決できないからである。けれども、ひとつの制度が数世紀間これらの社会に必要であったという理由だけからしても、これらの社会がにわかにこの制度がなくてもいいという状態になったとみることは、どうももっともらしく思えないのである。むしろ、社会は変わってきた。だが、社会が経てきた諸変動は、同業組合といった組織を徹底的に解体することよりも、むしろその変革をこそ要求してきたとア・プリオリに推定するほうが正当である。いずれにしても、社会がこうした状況のもとで生まれてきた期間はきわめて短いのだから、この状態が正常で決定的なものであるか、あるいはたんに偶然の病的なものにすぎないかどうかを、にわかに決定することはできない。社会生活のこの分野で、この変化を経験した時代以降感じられている不安でさえ、有利な回答を用意しそうには思えない。この推定を確証する他の諸事実は、後章で述べられよう[20]。

3

さいごに、行政法がある。われわれは、第一に、中枢機関の諸機能とそれらの機能相互の関係を、第二に、この中枢機関に直属している諸機関の機能とそれら相互の関係、中枢機関の諸機能とそれらとの関係、および社会に広く拡散している諸機能とそれらの機能との関係を決定している諸準則の総体を、行政法とよぶ。われわれがここでも、比喩ではあるがやはり手ごろなので生物学から用語を借りるとすると、これらの準則は、社会有機体の脳脊髄系統が機能する様式を規制するものである、ということができよう。この系統は、日常用語でいうと、国家という名でよばれているものである。

このような形であらわれている社会的作用は、積極的な性質のものだということについては異論の余地がない。じっさいに、この社会的作用の目的は、上述の専門的諸機能がどういう仕方で協同すべきかを確定することである。ある点では、この作用が協同を強制するばあいさえある。上記のさまざまな機関は、一人ひとりの市民に命令的に要請される協力によってのみ維持できるものだからだ。だが、スペンサー氏によると、この統制装置は産業型社会が軍事型社会から独立してゆくにしたがって退化し、ついには、国家の諸機能も司法行政だけになってしまう運命にあるというのである。

ただし、この命題を証明するためにあげられた理由は、おどろくほど貧弱である。ほとんどもっぱらイギリスとフランスとを、またイギリスの過去と現在とをちょっぴり比較するだけで、スペンサー氏は歴史的発展のこの一般法則なるものを帰納できると信じたのだ(21)。けれども証明の条件というものは、社会学であろうと諸他の科学であろうと別に違うわけではない。ある仮説を証明するということは、その仮説が、たまたま思いついた諸事実をうまく説明できることを示してみせるだけのことではない。諸経験を体系的方法的に構成することである。証明するということは、諸現象のあいだに設定されたある関係が普遍的に一致しているか、たがいに相手がなくては存続しえないか、あるいは、同じ方向、同じ関係において変わるかどうかを明らかにしてみせることである。しかし、いくつかの事例をバラバラに列挙しただけでは論証を構成することにはならない。

しかも、そればかりではない。これらの事実をそれだけで独立にとりあげてみても、この問題について何ひとつ証明したことにはならないのである。というのは、これらの事実が証明するのは、個人の地位がしだいに大きくなり、統治権力がしだいに絶対的でなくなってくる、ということにつきるからである。だが、個人の活動領域が大きくなると同時に、国家の活動領域も大きくなるという事実、中枢的な規制装置に直属していない諸機能がこの装置の発達と同時に発達するという事実には、なんら矛盾はない。他方、権力というものは絶対的であると同時にひどく単純でもありうる。蛮族の首長の専制統治ほど単純なものはない。彼の果たす諸機能も幼稚なら、その数も少ない。それは、社会生活それ自体が十分発達していないと、社会の指導機関も発達せず、この機関は、いわばそれ自体のなかに社会の全生活を吸収しつくしてしまうことが可能だからである。ただ、この指導機関は、社会の他の部分にたいして例外的な覇権をもつ。何ものもその力をおさえたり、相殺したりすることができないからである。だが、ひんぱんにおこりうることといえば、この指導機関は、その量が大きくなると同時に、他の諸機関もそれと釣りあいがとれるまでに成長するということだ。そのためには、有機体の総量自体が大きくなれば足りる。もちろん、こうした条件のなかでは、この機関が果たす作用は以前と同質のものではない。しかし、この作用の及ぶ諸事項が増大しており、仮にその力があまり過激でなくなっても、その作用は、以前とまったく同様に強制力をもつことに変わりはない。権威の命ずるところに従わないという事実がもはや瀆聖としてとりあつかわれることはない。したがって、以前と同じ厳しさで罰せられることもない、しかし、だからといって、こうした不服従がそれだけ寛容にあつかわれるようになったのではない。これらの命令の数が多くなり、さまざまな種類にまで及ぶようになったということである。ところが、問題は、この統制装置がふるう強制力の強度が大きいか小さいかということではない。この装置自体の量が大きくなったか小さくなったか、を知ることである。

問題がこのように定立されると、その解決については疑う余地がないといってよい。じっさい、その社会が高級な類型に属するほど、それにつれて行政法が規則正しく発達するものであるということ、またそれと逆に、社会をその起源に遡るほど、それはますます幼稚であるということは、歴史がこれを示している。スペンサー氏が理想とした国家は、じつは国家の原始形態である。じつのところ、このイギリスの哲学者が国家にのみ属する正規の諸機能とみているものは、司法の機能と戦争遂行の機能――少なくとも戦争が必要であるかぎりにおいて――である。ところが、低級諸社会で、事実上、国家がこれ以外の役割をもったことはない。もちろん、低級社会でのこの二つの機能は、現代のそれと同じに理解してはならぬが、だからといって、まったく別物ではない。スペンサー氏が低級社会について指摘した専制的干渉のすべては、司法権が行使される方法のひとつにすぎないのである。宗教、礼儀作法やあらゆる種類の伝統にたいする侵犯を禁ずることをとおして、国家は、こんにちの裁判官が個人の生命・財産を保護するばあいと同じ任務を果たしてきた。反対に、国家の権限は高級社会類型に近づくほど、ますます多数となり多様になってきた。司法機関そのものさえも、当初は単純きわまりなかったが、しだいに分化してくるようになった。すなわち、さまざまな法廷が設けられ、さまざまな司法官がおかれ、それぞれ各自の役割も相互の関係も確定されてくる。広く社会に拡散していた多数の諸機能が集中化されてくる。たとえば、年少者教育の監督、公衆衛生の保護、貧民救済（公的扶助）の運用の監督、運輸交通手段の管理などにたいする配慮は、少しずつ中枢機関の活動領域に入ってくるようになった。したがって、中枢機関が発達するにつれて、同時に、それはいよいよ細密で複雑になった分肢の網をこの地上にくまなく拡大してゆき、こうした分肢をかつて担ってきた既存の地方機関にとって代わり、あるいはそれらを吸収同化してゆく。こうした有機体の深部でおこっているものはすべて、統計の作業によって時々刻々にわかる。国際関係の諸機構——私はこれを外交とよびたい——は、たえず相当の大きさに達するようになってきた。大銀行のように、その大きさと、それに結びついた諸機能の多様さによって、一般大衆の利害に影響のある制度が形成されてくるにつれて、国家は、これらの制度に調整作用を加えるようになる。さいごに、スペンサー氏がそれを退化と断定した、あの軍事機構ですら、彼の主張と反対にたえまなく発展し、集中化してきているように思われる。

こうした進化は、多くの証拠によって歴史の教えるところであるから、それを挙証するために、さらに詳述する必要はないであろう。もし、中心的権力をまったく欠いた部族と集権化された部族とを比較し、また、この集権化された部族と古代都市とを、この都市と封建社会とを、封建社会と現代社会とを比較してみれば、われわれがその一般的な行路をたどってきた主要な発達段階を一歩一歩追うことになろう。それゆえに、現代の統治機関の大きさを、偶然的な事情の競合による病的な事実としてみることは科学的方法にまったく反することになる。すべての事実は、それが高級社会の構造それ自体にもとづく正常な現象であることを認めさせずにはおかない。というのは、この現象は、社会が高級類型に近づくにつれて、あいついで規則正しく進展しているからである。

それればかりではない。いかにしてこの現象が分業の進歩それ自体から生じたか、またいかにして環節的類型の社会から組織的類型の社会へ移行させるような結果を伴う変動から生じたかを、少なくとも概括的に示すことができる。

おのおのの環節がそれ特有の生活をもっているかぎり、それは大社会のなかで一小社会を形成する。したがってまた、大社会とまったく同じように規制機関をそれ独自でもつ。しかし、この規制機関のバイタリティーは必然的にこの小社会の生命の強さに比例する。したがって、これらの機関は、この小社会の生命が弱まると、それに伴って弱くならざるをえない。ところが、知ってのとおり、この衰弱は、環節的組織がしだいに消滅してゆくにつれて生ずるものである。以前には中枢機関を抑えてきた諸力がその力を失って抵抗力が小さくなってくるのにつれて、中枢機関が発展し、それはやがてつぎのような機能――すなわち中枢機関が現に行使している諸機能に類似した機能であって、しかも従来その機能をもちつづけてきた諸機関によってはとうてい保持することができなくなった諸機能――を、自分のほうへとひきよせる。この小社会の諸機関は、したがって、その個性を保持しつづけたり、拡散したままで残っていたりする代わりに、この中枢機構に融合するようになる。だから、この中枢機構は大きくなるのだし、社会が巨大であり、その融合が完璧であるほど、ますます巨大となる。いわば、社会が高級な種に属すれば、それだけその容積も大きくなる。

以上の現象は、第一に、機械的な必然性をもって生ずる。他方ではまた、事物の新しい状態に対応するものであるから有用でもある。社会が類似した諸環節の反復によって形成されることがなくなるかぎり、統制機構それ自体も自律的な諸環節の諸機関が重合して形成されることはなくなる。けれども、正常なばあいには、国家が、社会のどんな規制機関をもことごとく自己のなかに吸収しつくすなどと、われわれがいうつもりはいささかもない。ただ、国家は、自己の諸機関と同質の諸機関、つまりは一般的生活を律する機関だけは、これを吸収する。しかし、経済的機能のような専門的機能を管理する諸機関は、国家の吸引力の領域外のものである。これらの専門的諸機関は、それが同質のものであれば相互に融合することもおこりうるが、これらの機関と国家とのあいだでは融合はおこらない。あるいは少なくとも、これらの機関が高級な中枢の支配下にあるとしても、両者ははっきり異なったものである。脊椎動物においては、脳脊髄系統が極度に発達していて、それが交感神経に影響を与えるが、しかしこの後者にも大きな自律性の余地は残されている。

第二に、社会が複数の環節から成っているかぎり、諸環節のひとつにおこったことがらは、組織の環節的性格が強ければ強いほど、諸他の環節に影響を及ぼす機会がそれだけ小さい。蜂の巣状の組織は、社会的な出来ごととその結果を局地化するにはまことにふさわしい。だからポリープ〔腔腸動物〕の一群体では、その個体のうちのひとつが病気にかかっても、他の個体がそれに冒されるということはないのだ。しかし、社会がさまざまの機関から成るひとつのまとまった体系からでき上がっているばあいには、もはやそれと同じわけにはいかない。そこでは機関がたがいに依存しあっているため、一方を冒すものは他方をも冒すのであり、その結果、ほんのちょっとした変化といえども全体の利害にかかわるのである。

このような一般化は、さらに二つの事情によって容易となる。労働の分割が進めば進むほど、それぞれの社会的機関は、独立した部分をうちに含んでいることが少なくなる。大工業が小工業にとって代わるにつれて、多様な企業の数は減ってくるし、各企業は相対的な重要性をいっそう増してくる。各企業が全体のうちのより大きな部分を代表するからである。したがって、ひとつの企業のなかでおこる事態は、それだけ大きな社会的反響をよぶ。小工場の閉鎖は、ごく限られた波瀾をひきおこすだけであって、小範囲をこえて影響が及ぶことはない。ところが、巨大な企業の倒産は公共的な混乱をひきおこす。他方からすれば、分業の進歩は社会全般のさらに巨大な集中化をもたらすから、同じ組織、同じ機関、同じ機構のさまざまな部分のあいだには、さらに密接な接触があって、それが伝播現象をさらに容易にする。こうして、一点において生じた動きは急速に他の諸点に伝わる。たとえば、こんにち同じ職業団体でおこったストライキが、いかに急速に一般化されるかをみただけでも、それがわかる。ところで、ある普遍性をもった混乱が生ずると、上級の中枢部に影響を与えないではおかない。この中枢部は、苦痛を感じるから混乱に介入せざるをえなくなる。この介入または干渉は、社会類型が高級になるほどひんぱんである。けれども、介入できるためには、これらの中枢部はそれだけ組織化されていなければならぬし、枝葉末節にいたるあらゆる方向にわたっていなければならない。それも、有機体のそれぞれ異なった領域にひろくゆきわたって関連するような仕方、いくつかの器官を直接その支配下において、いざというときに、異常とまでいえるような大きな反発を加えることができるだけの活動の自由をもたせておくというような仕方、においてである。一言でいえば、中枢的な機能はいよいよ多くなり複雑になるのだから、中枢部の基体として役だつ機関が発達し、一団の法規を設けて、その諸機能のあり方を確定することが必要である。

高級中枢部の発達が、社会においてと有機体においてとでは、スペンサー氏の説くところと反対の方向に進んでいることを認めるとすると、氏の説と矛盾するとして、しばしば非難されてきた。これにたいしてスペンサー氏は、こう答えている。器官がこのように多様に変化するのは、諸機能の変化に対応するからだ、と。氏によると、脳脊髄系統の役割は本質的に個体と外界との関係を律することにあり、獲物をつかまえるためにせよ、敵から逃れるためにせよ、さまざまの運動を結合させることにある、という(22)。このような対外的関係がそれ自体極度に発達している最高等の有機体にあっては、攻撃機制も防御機制も、おのずと極度にその容積が大きくなる。こうして、対外的に隣の社会と常時敵対関係の状態で生活しているのが軍事的社会である。反対に、産業的民族では戦争は例外的であって、その社会的関心事はもっぱら内部秩序にある。対外的規制の機構は、もはや同じ存在理由をもつわけではないから、したがって必然的に退化する。こうスペンサー氏は答えている。

だが、この説明は二重の誤りのうえにたっている。

第一。あらゆる有機体は、掠奪本能をもとうともつまいと、それが複雑になればなるほど、より多くの関係にとりまかれた環境に生きる。したがって、社会が平和になるにつれて敵対関係が減ってくるとすれば、後者は他の関係にとって代わられることになる。産業的民族は、どれほど好戦的であろうと、低級土着民が相互に保っている相互交渉とは別様に発展した相互交渉をもつ。ここでは、個対個で直接に確立される交渉をいっているのではない。社会体どうしを結ぶ交渉についてである。それぞれの社会は、みずからを他から守るという一般的な関心をもっている。そのための方法は、軍事力を除けば、少なくとも交渉・同盟・条約の手段によるしかない。

第二。脳が対外関係のみを司るとするのは誤りである。脳はときとして諸器官の状態を変えることがあるが、それもまったく内部的な方法によってであると思われる。のみならず、外部のことが問題になったときでさえ、その作用を及ぼすのは内部にむかってである。じじつ、腸もしくはもっとも腸的な内臓でさえ、外からくる物質の力を借りなければ機能しえないものであるが、この外来の物質を処理する最高の権限をもつのは脳である。そうしてみると、有機体全体にたえまなく影響を及ぼすものこそ脳である。しかし、胃は脳の命令にもとづいて活動をはじめるのではない、食物がありさえすればその蠕動《ぜんどう》運動をひきおこすに十分である、といわれている。ただ、食物があるということは、脳がそれを欲したからであり、それもその量を脳がきめ、その質も脳が選ぶかぎりにおいてである。心臓の鼓動を命じるのは脳ではない。だが、相当の処置によっては、鼓動をおくらせることも促迫することも脳には可能である。脳が強制する規律のどれかに服しない組織はほとんどない。こうして脳のもつ支配権は、その動物が進んだ類型のものであるほど、広くかつ深い。だから、脳の真の役割は、外部との関係のみを司るのではなく、生命の全体を律するのである。したがって、その機能は、生命それ自体が豊かになり、集中化されるほど、それだけ複雑になるのである。社会とてそれは同じである。統治機関を大なり小なり重要ならしめるのは、その民族が平和的かそうでないかによってきまるのではない。統治機関の重要度は、分業の進歩によって、社会がさらに多くの異なった諸機関をうちにもち、それら相互の連帯が密接になるにつれてこそ、いよいよ大きくなるのである。

4

以下の諸命題は、本書の第一編を要約したものである。

社会生活は、諸意識の類似性と社会的分業という二重の源泉から由来する。第一のばあいに、個人が社会化されるのは、彼に独自の個性がなく、自分と類似した者と同一集合類型のなかにいっしょにされるからである。第二のばあいは、個人は、みずからを他者から区別する個性的な相貌と活動力とをもっていて、その区別されるかぎりにおいて他者に依存し、したがってまた、そうした結合から生じた社会に依存するから社会化されるのである。

諸意識の類似性は、抑圧という手段で威嚇しながら全成員に画一的な信念と慣行とを強制する、あの諸法規を生みだす。この類似性がきわだつほど、社会生活はいよいよ完全に宗教生活と混じりあい、経済制度はコミュニスムに近いものとなる。

分業のほうは、分割された諸機能の性質と諸関係とをきめる諸法規を生みだす。だが、それらを侵しても贖罪的性格のない賠償の手段が講じられるだけである。

この二つの法規集のそれぞれは、さらに、一団の純粋に道徳的な準則をも伴う。刑法が圧倒的に多いところでは、共同的道徳《モラール・コミュヌ》もまたすこぶる広範である。すなわち、世論によって保護された多くの集合的慣行が存在する。復原的法律が非常に発達しているばあいには、各職業にそれぞれ職業道徳が存在する。同一の労働者集団の内部においても、この限られた集合体の全域に拡散している世論、法的制裁をそなえてはいないが、しかも従わざるをえない世論が存在する。同じ種類の官僚にも共通した習俗と慣習があり、そのひとつでも犯そうものなら、その団体からの非難をこうむらずにはすまない[23]。しかしながら、この道徳と共同的道徳とは、二種類のあい対応する法を区別する相違と同じ相違で区別される。じじつ、この道徳は、社会のある限られた領域に局限されているし、加えて、この道徳に結びついた制裁も、その抑止的特徴は共同的道徳のそれよりもめだって強調はされない。たとえば、職業上の過失は公共道徳を犯したばあいよりもはるかに軽い非難の動きをまねくだけである。

それでも、職業にかんする道徳と法との諸準則は、他のばあいと同じように命令的である。これらの準則は、個人を強制して自己に独自の目的でもない目的にたって行為させたり、譲歩させたり、あるいは契約に同意させたり、自分をこえた高級な利害を考慮にいれたりさせる。その結果、完璧に分業を基盤としているばあいですら、社会は、数限りない分子のたんなる並存という状態に分解されてしまって、それらのあいだには外面的・一時的な接触しか成立しない、などということはありえないのである。むしろ、社会の成員たちは、交換が実現されるだけの短い一瞬をはるかにこえた広い紐帯によって結ばれているのだ。彼らが果たす諸機能のそれぞれが、いつのばあいでも諸他の機能に依存し、それらとともに連帯的な一体系を形成する。したがって、みずから選んだ仕事の性質そのもののうちから、恒久的な義務が生ずる。われわれはかくかくの家族的機能や社会的機能を果たすからこそ、われわれは自分がそこから逃避する権利をもたぬ諸義務の網にとりこまれてしまうのである。とりわけ、われわれの従属状態がそれにたいしてますます深まってゆく機関がひとつある。国家である。国家が、その任務からして、われわれに共通の連帯感を想起させようとする機会が多くなるにつれて、われわれと国家との接触点は、いよいよ増大する。

こうして、愛他主義とは、スペンサー氏がのぞんでいるように、われわれの社会生活の心地よい一種の装飾になりおおせるはずのものではない。むしろ、それはいつのばあいでも社会生活の根本的な基盤であろう。事実上、われわれは愛他主義を欠いてどうして過ごすことができようか。人間は、相互に理解しあわずにはともに生きられないものであり、したがってまた、たがいに犠牲となりあうのでなければ、強くかつ持続的にたがいに結合しあうのでなければ、ともに生きてゆくことはできないのである。あらゆる社会は一個の道徳的社会である。ある点からすると、この特徴は、むしろ組織的社会においてこそよりきわだっているとさえいえる。個人は、みずからではけっして自足的ではない。だから彼が自分に必要なもののいっさいを受けとるのは社会からであって、それは、あたかも彼が労働するのは社会のためであるかのようである。その結果、個人がおかれている依存状態についてきわめて強力なある感情が形成される。すなわち、彼は、自分の価値を正当に評価すること、いいかえれば、みずからを全体の部分としてのみ、有機体の一器官としてのみ、みることになじむ。このような感情は、日常の社会生活の規則正しい発展を確保するために、日々の犠牲を鼓吹するだけにとどまらず、さらに一旦ことがおこれば、完全な自己放棄や徹底的な自己犠牲の行為をもふるいおこさせる性質のものである。社会の側からすると、社会は、その構成員を、もはやそれにたいして権利を行使しうる物としてみるのではない。彼らがいなければそもそも社会みずからが存立しえない協力者として、彼らにたいして社会みずからが義務を負う協力者として、みるのである。したがって、諸信念の共同体から生ずる社会と協同を基礎とする社会とを対置し、前者をもっぱら道徳的特徴だけをもつものと認め、後者を経済的集合体としてだけみる考え方は、誤っている。現実に、協同もまたみずからの内在的道徳性をもっているのだ。ただ、のちにもっと明白になるように、現代社会では、この道徳性はまだ十分な発達をとげていないので、こんにち以降、その発展こそ必然であろうと信ずべき理由がある。

だが、そうはいっても、この協同による社会は、もうひとつの信念の共同体とは同質的でない。後者の社会は、個人が強くないかぎりにおいてのみ強い。この社会は、だれかれの区別なく実行される諸準則から成っているが、この普遍的画一的な実践をとおしてこそ、社会は、みずからを超人間的なものとする権威を、多少にかかわらず口をさしはさむ余地のない権威を、受けとる。逆に、協同社会のほうは、個人的人格が強められるにしたがって発達する。ひとつの機能は、それがどれほど規制されようと、各個人のイニシアティヴに大きな余地をいつも用意している。こうして、怠ると制裁を受けざるをえない多くの義務でさえ、そもそもは個人の意志で選ばれたものである。われわれこそが、みずからの職業を選び、いくつかの家族機能を選ぶのである。もちろん、ひとたびわれわれの意志決定が内面的なままでとどまっていることをやめて、それが社会的結果として外部にあらわされるや、われわれは縛られる。われわれがはっきりと望んだわけでもないさまざまの義務がわれわれに課せられるのである。しかし、義務が生じたのも意志的行為のなかでのはずである。さいごに、この社会の行動準則は、共同生活の諸条件にではなく、さまざまな形態の職業的活動にかかわっているのであるから、そのこと自体によっても、いわばいっそう世俗的な特徴をもつ。この世俗的特徴は、強制力こそそっくり残したままであるが、他方、これらの準則を人間の行為にさらに近づきやすいものにする。

それゆえに社会生活には二大潮流が存在する。同じように異なった二つの構造類型がそれに対応する。

この二つの流れのうち、社会的類似性にその源を発する流れが、まず最初は、ただひとり、競争相手もなく、流れる。そのときは、この流れと社会の生活自体とが融けあっている。ついで、少しずつ、社会生活に即して水路を掘りめぐらしたり、水量も低くなってくる。一方、第二の流れはたえまなく大きくなってゆく。同様にして、環節的構造がしだいにもうひとつの構造によっておおわれてゆく。だが、それは完全に消滅することはけっしてないのである。

われわれは、これまでに、この逆行する変化の関係について、その実態を明らかにしてきた。次編で、その原因が探究されることになろう。

原注

（1） *Sociologie*, Ⅲ, p. 332 および以下。
（2） *Ibid.*, Ⅲ, p. 808.
（3） *Ibid.*, Ⅱ, p. 160.
（4） *Ibid.*, Ⅲ, p. 813.
（5） *Ibid.*, Ⅱ, p. 332 および以下。また *L'Individu contre l'État*, *passim*, Paris, F. Alcan をみよ。
（6） 契約と束縛を対立させたのはフイエ氏〔Fouillée, Alfred Jules Émile〕である（*Science sociale*, p. 8 をみよ）。
（7） *Essais de morale*, p. 194, note.
（8） むろん、夫婦関係の解消についても、これと同じである。

(9) Smith, *Kinship and Marriage in early Arabia*, Cambridge, 1885, p. 135.
(10) Krauss, *Sitte und Brauch der Südslaven*, Kap. XXXI.
(11) Viollet, *Précis de l'histoire du droit français*, p. 402.
(12) Accarias, *Précis de droit romain*, I, pp. 240 et suiv.
(13) Viollet, *op. cit.*, p. 406.
(14) Morgan, *Ancient Society*, p. 81.
(15) Krauss, *op. cit.*, S. 131 および以下。
(16) Loi salique, tit. LX.
(17) たとえば、後見とか禁治産のばあい、公権力がしばしば職権をもってこれに介入する。この調整作用の進歩は、前に述べた家族にかんする集合感情の退歩と矛盾するものではない。反対に、前者の現象は後者の現象を前提とするものである。というのは、この家族の集合感情が減退しあるいは衰弱してゆくには、家族がその社会とまざりあっていることをやめ、共同意識とは手を切って、個人個人の人格の作用領域が構成されていなければならぬ。ところで、家族のこうした変貌は、それがやがて社会の一機関となりうるためには、必要なことであった。なぜなら、機関とは、社会の個性化された一部だからである。
(18) *Bases de la morale évolutionniste*, p. 124 および以下。
(19) *Essais de morale*, p. 187.
(20) 第三編第I章をみよ。——ことに序文では、この点についてもう少し明快に自説を述べたつもりである。ごらんいただきたい〔この注の後半は初版にない。したがって、ここでいう序文とは第二版の序文である〕。
(21) *Sociologie*, III, pp. 822–834.

(22) *Essais de morale*, p. 179.

(23) のみならず、この非難は、あらゆる道徳的な罰と同じく、外部的な動き(懲戒処分、解雇、諸関係の喪失などの罰)によってあらわされる。

訳注

＊1 皇帝レオ六世――八六六―九一二年。ミカエル三世の子。治世中版図を拡大し、また、ローマ法を編修して六〇巻の『バシリカ』をあらわし、神学上の著作もある。

＊2 宗教改革によって打撃をうけたカトリック側が、新旧両派の妥協をのぞむドイツ皇帝カール五世のよびかけで開いた再建会議。一五四五年から六三年まで、一八年間に三回開かれた。結局、新教側は参加せず、旧教側は異端弾圧を強化する方向にむかった。その施策のなかに、教皇の至上権、免罪符の有効性の再確認、宗教裁判所の組織化などが含まれるが、教会による婚姻承認権もまた、ここに確立された。

第二編

原因と条件

I　分業の進歩と幸福の進歩

分業の進歩は、いったいどのような諸原因によるのであろうか。いうまでもなく、分業のあらゆる可能態を説明しうる唯一の公式を発見することが問題なのではない。そんな公式は存在しないのである。それぞれの特殊事例は、特殊な検証を経てはじめて決定できるような特殊な諸原因によってたつ。つまり、われわれが提起する問題は、もっと狭いものである。時間と空間の諸条件にしたがって分業がとる多様な諸形態を捨象してみると、分業とは、歴史が進むにつれて規則正しく発展するものだという一般的事実が残る。この事実こそ、たしかに、われわれがこれから探究しようとする同じく不変の諸原因によるものである。

この原因は、分業が諸社会の均衡維持に役だつことにおいて生ずる諸結果を、前もって先どりするような観念のうちにあるのではない。このような予想をたててみたところで、その手応えが弱すぎて、だれにも理解できない。いや、ほとんどだれも、それを意識しないのである。いずれにしても、この手応えがはじめて感じられるようになるのは、分業もすでに相当進んでからである。

もっともよく流布している理屈によると、分業の起源は、人間がたえずその幸福を増大させようとする願望のほかにはないということになる。じじつ、労働が分割されればされるほど生産高は増大するし、それによって自由に使用できる資源も豊かになれば、その質もさらによくなる、といわれる。科学は、より高度に、より速く発展し、芸術作品の数も多くなり、いっそう洗練されたものになる。産業はますますその生産を高め、その生産物の質はいよいよ完璧に近づく、と。ところで、人間には、以上のもののいっさいが必要である。だから、それらをより多くもてば、それだけいっそう幸福になるに違いないし、その結果、さらにそれを求めようとする気持がそそられるのも、当然であるように思える。

仮に問題をこのように設定してみると、分業の規則正しい進歩を説明することは簡単である。すなわち、すぐに想像できるように、さまざまの状況がうまくかみあって、以上のような利益のうちの若干が、人間にわかるだけで十分である。そうすれば、人間は分業からできるだけ利益をひきだそうとして、さらに不断に分業を拡大しようと求めるからだ。そうだとすると、分業はもっぱら個人的かつ心理的な諸原因から影響を受けて進歩するということになる。そこから分業理論をつくりだそうとすれば、社会とかその構造とかを観察する必要はいささかもない。人間精神のもっとも単純かつ基本的な本能でそれを説明するだけで十分であろうし、幸福への願望こそ個人をいよいよ専門分化させてやまぬであろう。もちろん、どんな専門化でも、多数の個人が同時的に存在することと諸個人間に協同が存在することを前提にしているから、社会がなければ、そもそも分業は不可能である。ところが、社会は、分業の決定因であるどころか、分業が実現されるための手段にしかすぎないのであり、分割された労働の組織化のために必要な材料たるのみであろう。社会は分業の原因であるよりは、むしろこの現象の結果でさえある。協同への願望こそ社会を生みだしたのだ、とはたえずくりかえされているところではないか。だから、労働が分割されうるためにこそ社会が形成されるのであって、社会的な理由から労働が分割されるのではない。——こういえないだろうか、と。

以上の説明は、経済学では古典的である。そのうえ、この説明は単純明快にみえるから、多くの思想家たちによって無意識に承認され、しかもこの思想家たちの理解を誤らせているようである。それだからこそ、何よりもまずこの説明を検討してみる必要がある。

I

以上の説明がよってたつこの自称公理なるものほど、明証のとぼしいものはない。労働の生産力に合理的な限界を設定することは、およそ不可能である。もちろん、それは、技術や資本などの状態に影響されはする。だが、こうした障害は、経験が明らかにしてくれるとおり、一時的のものにすぎないし、それに、各世代は先代が足ぶみせざるをえなかった限界をおしのけて伸びるものなのだ。その生産力が、ある日、のりこえがたい絶頂にまで到達するようになるとしても——こうしたことはまったく根拠のない臆測ではあるが——、少なくとも今後、この生産力はその背景に無限の発展領域をかかえていることはまちがいない。だから、仮に幸福が労働生産力とともに規則正しく増大すると想定すると、幸福もまた無限に増大するか、あるいは少なくとも、その増大の可能性がこの生産力に比例して増大するに違いないことになる。また、快適な刺激が多くなり強くなるにつれて幸福が増大するとすれば、人間がさらに多くを享有しようとして生産におおいに拍車をかけるようになることは、ごく自然であろう。けれども、現実には、われわれの幸福の能力というものは、きわめて限られたものである。

じっさい、快感というものは、それに伴う意識の状態があまりに強すぎても、またあまりに弱すぎてもいけないということは、いまでは一般にとおっている真理である。生理機能のはたらきが不十分だと苦痛を生ずる。また、そのはたらきが過剰でも同じ結果をまねく[1]。ある生理学者たちは、苦痛は過度の神経振動につながるとさえ信じている[2]。したがって、快はこの両極端の中間に位置づけられる。さらに、この命題は「ヴェーバー・フェヒナーの法則[*1]」の系のひとつでもある。これらの実験家たちがこの命題について与えた数学的公式の厳密さには異論があるとしても、少なくとも、つぎの一点だけは疑う余地はなかった。すなわち、ひとつの感覚が経過できる多様な強度の範囲というものは、両極端のあいだに含まれるものだ、というのがそれである。刺激が弱すぎると、それは感じられない。しかし、反対に刺激の度が過ぎると、刺激の増加分が大きくなればなるほどその効果は弱くなり、ついにはそれが完全に知覚されないまでになる。ところで、この法則は快とよばれる感覚の質についてもそのままあてはまる。じつはこの法則が快感と苦痛の二感覚について定立されたのは、感覚の他の諸要素について定立されるよりもはるかに早かったのである。以後は、ベルヌーイ[*2]がさっそくこの法則をもっとも複雑な感覚に応用し、ラプラス[*3]がこの法則と同じ方向で解釈してこの法則に物理的偶然と精神的偶然とのあいだのある関係形式を与えている[(3)]。同じ快といっても、その強度の変化に応じて快と感じる範囲には、それゆえに限界がある。

　そればかりではない。適度な強さをもった意識状態なら一般に気持がよいものだとしても、こうした意識状態が快の創出にも同様に有利な条件をすべて示すわけではない。快い作用がここまでなら知覚できるという変わり目の幅は、下限近くになるほど、その絶対値が小さすぎて、大きなエネルギーに満ちた快感を測ることができないものである。それと反対に、この快い作用が心地よくも悪くも知覚できない点、すなわち最上限の点に近づくと、その心地よさの増加量の大きさはごく小さな相対価値しかもちえない。たとえば、きわめて小さな資本しかもたない人は、自分の窮状をはっきり変えるに足るだけの割合で、そう簡単にその資本をふやすわけにはいかない。だからこそ、最初の貯蓄は、その割にはほとんど喜びをもたらさない。この貯蓄があまりに小さすぎて、窮状を改善しえないからである。当初の貯蓄から得る利益はとるに足らぬものであって、貯蓄のために支払った窮乏をつぐないきれるものではない。同様にして、ありあまる富をもつ人は、法外なもうけにしか快感を味わいえない。もうけの大きさを計るのに、自分のもっているもので計ろうとするからである。ところが、中位の財産をもっているばあいは、事情がまったく別である。このばあいには、上昇あるいは下降の変化があったときの、その変化の絶対的大きさと相対的大きさとは、まさしく快感を生ずべき最良の状態にある。なぜかといえば、こうした変化は、それだけでもかなり重要であって、しかもそれ相当に評価されるためには、この変化がそれほど法外に大きい必要はないからである。つまり、この変化の価値を測定するための基準点があまりにも高すぎて、かえってひどく価値が低落するというほどではない。だから、快い刺激の強度というのは、われわれが最初に述べた両極間の中間というよりもさらに狭い両極間においてのみ増加するばあいに、有用で〔utilement〕ある。なぜなら、快い作用の中位の部分に対応する間隔内においてこそ、その全効果がえられるからだ。その限界の上と下にも、快はあることはあるが、それは快を生じた原因に直接かかわりがない。ところが、この中間地帯では、上下へのブレが極微でも尊重され、貴重とされる。刺激の力がひとつも失われずに、そのまま快へと転換されるからである(4)。

おのおのの刺激の強度についていま述べてきたことは、刺激の数についてもそのままあてはまる。刺激の数が多すぎても少なすぎても快と感じられなくなる。ちょうど、刺激がある程度の強さをすぎたばあいや、それに及ばないばあいと同じである。人類の経験が、「黄金の中庸」〔aurea mediocritas〕のうちにこそ、幸福の条件をみてとってきたのも、それなりの理由があるわけである。

したがって、じっさいに分業がわれわれの幸福を増大させるためにのみ進歩してきたのだとすれば、分業は久しい以前にその極限に達していただろうし、分業から生じた文明にしてもそうであろう。そして、分業も文明も、ともども停滞してしまっていたことだろう。なぜなら、人間をして快にもっともふさわしいこの適度の生存状態におくようにするためには、あらゆる種類の刺激を無限に蓄積することは無用だったからである。諸個人にたいして、その可能なかぎりの快楽の総量を確保するためには、適度の発展で十分であったようだ。でなければ、人類は、急速にその停止状態に達していて、そこからぬけでることが不可能であったろう。動物におこった事情が、それである。大半の動物は、この均衡状態に達していたからこそ、数世紀このかた、変化することもないのである。

別の考察も同じ結論に達する。

快適な状態がすべて有用であるとか、快と有用性とはいつでも同じ方向、同じ関係において変化するものだとか、こういうことは絶対的に断言できることがらではない。けれども、原則として、みずからをそこなうようなものを歓迎する有機体は、自己を維持できないことは明瞭である。だから、きわめて普遍的な真理として承認できることといえば、快は有害な状態とは関係がないということ、すなわち、だいたいにおいて、幸福とは健康な状態と一致すること、である。ただ、ある生理的または心理的な頽廃に陥っている者だけは、病的な状態において悦楽を感ずる。ところで、健康は中庸の活動にこそある。現実にも、健康とは、全機能の調和的発展を意味する。それに、諸機能は、たがいに調整しあうという条件、ある限界——それをこえれば病気がはじまり、快はやんでしまうような限界——内で相互に牽制しあうという条件においてのみ発展しうるものである。それでは、すべての能力の同時的な開花ということがあるかといえば、ある所与の存在にとって、その個体の先天的な状態が示すようなきわめて限られた限度内においてのみ、はじめてそうしたことが可能なのである。

こうしてみると、人間の幸福を限定するものはなんであるかが理解されよう。それは、歴史の各期において与えられた人間の構造そのものなのだ。人間に、ある気質とか、ある肉体的精神的発達の達成度とかが与えられると、人間にはこえることのできない活動の極限があるのと同様に、幸福にもある極限がある。このような命題は、こと有機体にかんするかぎり、異論の余地はいささかもない。肉体的欲求には限度があること、したがってまた、肉体的快楽が無限に増大しうるものではないこと、これは万人の認めるところである。けれども、精神的諸機能だけは例外ではないか、ともいわれてきた。「このうえなく力強い献身と慈愛の飛躍、真と美との憑かれたように情熱的な探究を……罰したり抑圧したりする苦痛というものはまったくありえない。人はみずからの飢えを一定量の食物でいやすことはできよう。しかし、理性は一定量の知識で満たしうるものではない(5)」。

しかし、以上の言葉はつぎのことをみおとしている。すなわち、有機体と同じように、意識というものが、均衡をつくりあげる諸機能の体系であること、さらには、この体系は一個の有機的基体——この体系はその基体の状態に依存する——に結びついている、ということである。周知のように、目には耐えられない光度というものがある。しかし、理性に明るすぎる光というものはない。けれども過度の意識は、高級神経中枢が極度に発達することによってのみえられるものであり、それ自体がつくりだされるためには痛ましい錯乱を伴わずにはおかない。だから、それをこえれば必ずさしさわりのある極限が存在するし、また、この限界は、平均的な頭脳とともに変わるものであるから、原初の人類においてはとりわけ低かったはずである。したがって、この限界には早くから達してしまっていたことになる。のみならず、理解力とはわれわれの能力のひとつにすぎない。だから、この能力が、ある点をこえてまで増大しうるためには、われわれが生きるための感情、信念、習慣をぐらつかせ、要するに実践的能力を犠牲にせずにはおかない。こうした均衡の破綻は、必ずや不安をひきおこす。ひどくお粗末な宗教の信徒は、その教えこまれてきた幼稚な宇宙論や哲学のうちに、ある快をみてとるものであるが、彼らにいきなり現代科学の諸理論を浸みこませることに万が一成功するとすれば、彼らの哲学がどんなにすぐれたものであろうとも、つぐないえないまでにそうした快をふきとばしてしまうことになろう。歴史上のどんな時期でも、各個人のどんな意識においても、明晰な諸観念、熟慮された意見、つまりは科学が占めるべき一定の場があるのであって、それをこえては、科学が正常に発展することはできないのである。

　以上のことは、道徳性についてもいえる。各民族はその生活条件によって決定されたみずからの道徳をもつ。したがって、彼らに他の道徳を教えこもうとすれば、それがどんなに高尚な道徳であろうとも、その民族を混乱に陥れることになるし、その個々人にとってもまた、こうした混乱が苦痛をもたらさずにはおかない。しかし、それぞれの社会における道徳は、もし、それ自体としてみると、それが勧めるさまざまの徳目を無限に発展させようとするものではなかろうか。いや、けっしてそうではない。道徳的に行為するとは、自分の義務を果たすことであり、しかもすべての義務には限りがある。それは諸他の義務によって制限されているのである。たとえば、人は自己を放棄しないで他者に献身することなどはできもしないし、自分の個性を極度に発達させようとすれば、エゴイスムに陥らざるをえない。他方、われわれの諸義務の総体は、われわれの本性の他の諸要求によって、みずから限定される。仮に、いくつかの行為形態は道徳に特徴的な命令的規制に従う必要があるとしても、逆に、この規制におのずから抵抗する他の行為形態が存在するものであり、それはそれで本質的だといってよい。道徳が工業や商業の機能を法外に牛耳るようなことがあれば、それらを麻痺させてしまうことになる。しかも、これらの機能は、それなりに根本的なものである。だから、富を不道徳であるとみることは、富のうちにすぐれて善をみようとすることにおとらず致命的な誤りである。それゆえにこそ、道徳過剰ということがありうるわけであるが、そうなったときに、まっさきに打撃を受けるのは、この道徳である。というのは、道徳はわれわれの世俗的生活を規制することを直接の目的としている以上、道徳がそうした生活を遠ざけてしまうと、そもそもこの道徳が適用される素材をみずから涸らしてしまうことになるからである。

たしかに、審美《エステティコ》＝道徳的《モラール》活動は、規制されてはいない。だから、あらゆる抑制や制限から解放されているようにみえる。しかし、じっさいには、それは固有の道徳的活動によって狭く限定されている。この活動が度をこすと、必ずや道徳性を犠牲にすることになるからである。余計なものに力を費やしてしまうと、必要なことに十分な力は残らない。道徳において、あまりに想像力をたくましくしすぎると、義務的な仕事をおろそかにせざるをえなくなる。人は、自身でつくりあげた準則以外のものによらないで行動する癖がすっかり身についてしまうと、いっさいの規律そのものが堪えがたいものにみえるものだ。ゆきすぎた理想主義や道徳的向上は、ときとして人間に日常的な義務を果たす興味を失わしめる。

一般に、あらゆる美的活動にも、同じことがいえる。すなわち、それは中庸でありさえすれば健全である。遊びという欲求、目的もなく行為したり、行為それ自体を楽しみとして行為しようとする欲求は、これをある点をこえてまで伸ばそうとすると、地味な生活から離れざるをえないことになる。並はずれた芸術的感受性というのは、いわば病的な現象であって、それが一般化されると社会にとっては危険でさえある。その一線をこえるとゆきすぎになってしまうという限界は、なお民族や社会的環境のいかんによって変わるものだ。社会がなお未開であるか、環境が開化していないかすると、この限界はかえってそれだけ早く来る。その生活条件にうまく調和している労働者は、文士にとっては正常そのものの美的快楽にたいしては、これを理解しないか、理解しようとしないはずである。それは、文明人と未開人とを比較したばあいも同様である。

精神の奢侈が以上のとおりだとすると、物質的奢侈についてはなおさらそうである。してみると、知的、道徳的欲求はむろんのこと肉体的欲求にいたるまで、すべての欲求には、のりこえがたい正常な強度があるわけである。歴史の各期において、科学、芸術、福祉にたいするわれわれの渇望は、食欲と同じように限定されたものであって、この限度をすぎるものはすべて、われわれの興味を失わせ、あるいは苦痛をさえ感じさせる。われわれが、自分たちと祖先との幸福を比較するときに、すっかり忘れてしまうのはこのことである。われわれの楽しみがそのままそっくり祖先の楽しみででもあったかのように考えがちである。その際、われわれがいま享有し、祖先が知ることのなかった文明の精髄に思いおよんで、先代たちの境遇にあわれを感じやすい。だが、祖先たちがそういったものを楽しむところまでいっていなかったことを、人は忘れている。したがって、祖先たちがその労働の生産力を増強するためにひどく苦しんだとしても、それは、祖先たちにとって無価値な財を得るためではなかったのである。これらの財を正当に評価するためには、まずもって、彼らにまだもったことのなかった趣味や習慣を身につけさせること、すなわち、彼らの本性を変えることが必要であった。

じじつ彼らがしてきたことは、まさしくそれであり、人類がとおってきた変化の歴史もそれを示している。したがって、分業の発達をより大きな幸福への願望によって説明しようとするためには、この願望こそが人間性のうちに徐々に実現されてきた変化の原因であり、人間が変化してきたのはまさしくより幸福になるためである、といわなければならぬはずである。

だが、このような変化が、ついには幸福の増大という結果を生じたとしてみたところで、そうした変化がそのためにこそおこったとすることは、不可能である。したがって、これらの変化は別の原因による。

じじつ、生活の変化は、それが急激なものであれよく準備されたものであれ、いつのばあいでも苦悩の多い危機を構成する。というのは、この変化が、それに抵抗する既存の本能にそむくからである。前方にひらけるすばらしい展望がどんなにわれわれを魅了しても、あらゆる過去はまたわれわれを後方にひきとめるものである。永い時間をかけてわれわれのうちに定着し組織だてられてきたさまざまの習慣を根こそぎにすることは、いつのばあいでも骨の折れる仕事である。なるほど遊牧生活にくらべれば、定住生活のほうが幸福の機会がもっと多いかもしれない。だが、数世紀このかた、人びとがこの遊牧生活のほかには見むきもしなかったとすると、それを解体することは、容易にできることではない。同様に、こうした変化がさして深刻なものではないにしても、個人の生活でそれをまっとうするわけにはいかない。数世代にわたる業績を解体したり、古い人間を新しい人間につくりかえたりするためには、一世代の力ぐらいではどうにもならないのである。われわれの社会の現状においては、労働は有用であるばかりではない。必要なのである。それは、だれしもが十分感じているところであるし、その必要が感じられてからもすでに久しい。それにもかかわらず、規則的・持続的な労働に快をみいだす人びとは、なお、わりあい稀である。このような労働は、大半の人びとにとって、なお堪えがたい隷属状態なのであり、原始時代のあの無為な生活がいまだに古い魅力を失っていないのである。だから、こうした変身というものは、たいへん高くつくものであって、長いあいだにわたって何ひとつもたらすことのないものである。この変身に手をつけはじめた諸世代は、その成果があっても、その実を結ぶのがおそすぎるので、結局はその果実をとり入れることがない。ただ苦痛があるばかりである。したがって、こうした企てに諸世代を誘いこむのは、より大きな幸福というあの期待ではない。

それよりも、じっさいに、個人の幸福は人間の進歩につれて、はたして本当に増大するものだろうか。疑わしいかぎりである。

2

たしかに、こんにちのわれわれには開かれているが、もっと単純な人びとには知られなかった快楽がたくさんある。その代わりに、われわれは多くの苦痛にさらされているが、彼らにはそういう苦労はない。そして、その差引を清算してみて、はたしてわれわれの利益になっているかというと、まことに疑わしい。考えるということは、もちろん、歓びの一源泉であり、まさしく生気にみちた歓びではある。だが、同時に、思索はいったいどれだけ歓びをさまたげることか。解決された問題もあるが、いったいどれだけ多くの問題が提起されたまま答えられずに残っていることか。疑問がひとつとけても、どれだけの神秘がつぎつぎとあらわれ、われわれを狼狽させることか。同様に、きわめて活動的な生活によって得られる楽しみを未開人は知らないといってみたところで、あの文明人の責苦である倦怠というものを彼は知らない。彼は、その生活を心おだやかに過ごすだけであって、生活のほんの短い瞬間瞬間を、多くの切迫した出来ごとで満たそうとする欲求を永遠に経験することもない。さらにつけ加えるならば、大半の人びとにとって、労働は、なお苦痛であり重荷であるにすぎないということを忘れたくないものである。

そうはいっても、文明人はその生活がヴァラエティに富んでおり、快にはその多様性こそが必要だ、という反論があるかもしれぬ。けれども、文明は、さらに大きな流動性をもたらすと同時に、画一性にもまた富んでいる。切れ目のない単調な労働を人間に課するのもまた、文明だからである。未開人は、切迫した状況や欲求が生ずると、仕事をつぎからつぎへと変える。だが、文明人は、いつも同じひとつの仕事に没頭しており、しかも、その仕事が限定されたものであるだけに多様性にもとぼしい。組織化がすすむと、習慣にも必然的に動かしがたい規則性をもちこむことになる。なぜかといえば、ある器官の機能の仕方に変化がおこると、その反動として、有機体全体が影響を受けざるをえないからである。この面からすると、現代人の生活では、予期せぬ出来ごとがおこる余地こそ小さくはなるが、同時に、また不安定さも増すので、こうした生活では、享楽に必要な安全さが部分的に奪われることになる。

たしかに、かつてよりもさらに繊細になった現代人の神経組織は、雑なそれしかもたなかった父祖の神経にはふれることもなかった弱い刺激にも感じやすい。しかし、また、かつては快いものであった数多くの刺激は、現代人には強烈すぎるようになったために、かえって苦痛となる。現代人がより多くの快に敏感ではあっても、また同時に、より多くの苦痛にも敏感である。他面からすると、あらゆる条件がひとしいとして、苦痛が歓びよりもさらに深い反響を有機体にもたらすということ、[6]不愉快な刺激は、同じ強さの快い刺激がもたらす快を上まわって苦痛を感じさせるということ、こうしたことがもしも本当だとすると、この現代人のより豊かな感受性というものは、幸福にこそふさわしいというよりも、かえってその反対であろう。じじつ、極度にとぎすまされた神経組織は苦痛のうちに生き、ついにはそこから逃れられなくなってしまうものだ。もっとも開化した宗教の基本的儀礼が人間的苦悩の儀礼であることは、まことに注目すべきことである。もちろん、生命が維持されるためには、現代においてさえ、平均的にみて快が苦にまさっていなければならぬ。けれども、この超過分がかつてよりも相当大きくなったとすることはあやしい。

さいごに、そしてことに、この超過分が幸福をはかる尺度であるという点は、少しも立証されてはいない。こうした問題の曖昧さとその研究の不十分さからおして、確実なことがひとつもいえないことは疑いない。だが、百歩ゆずってみたところで、幸福とは、さまざまの快の総計とは別ものであるということだけは、いえそうである。幸福とは、われわれのあらゆる有機的・心理的機能の規則正しい活動を伴うところの一般的かつ恒常的な状態である。たとえば、呼吸や血液の循環のような持続的活動は、快楽そのものを積極的に得させるものではない。だが、われわれの快適な気分とか、いきいきとした活気とかは、ことにこうした活動のいかんによる。快とは、すべてこれ一種の発作である。生じたかと思えば、一瞬のうちにもう滅びている。生命は、これと反対に持続的である。生命を根底から魅力あらしめるものは、生命と同じように持続的でなければならない。また、快は局部的なものである。有機体や意識の一点に限られた感情である。だが生命はここかしこにあるのではない。いたるところに存在する。ゆえに、生命にたいするわれわれの愛着は、それとひとしく、ある普遍的な原因にもとづいていなければならぬ。要するに幸福の表現は、ある特定機能の瞬間的な状態にではなく、肉体的および精神的生活の全体が健康だというところにある。快は、断続的だとはいえ、そうした諸機能の正常なはたらきを伴うものであるから、たしかに幸福の一要素ではある。そして、これらの機能が生命においてより多くの場を占めるほど、それだけ重要なのである。けれども、しょせん快は幸福とは違う。それは、ある大きさの限度内でのみ幸福の水準を変えることができるのにすぎない。理由は、快はつかの間の原因にもとづくものであるが、幸福は恒久的な性向にもとづくものだからである。つまり、局所的な出来ごとが、われわれの感受性のこの基底にまで深い影響を及ぼしうるには、こうした出来ごとがひんぱんかつ異常なまでの持続性をもって、くりかえし生じなければなるまい。ところが逆に、大かた快こそが幸福に依拠するのである。われわれは幸福であればこそ喜び、不幸であればこそ悲しむ。われわれの幸福は、われわれ自身でつかむものだということは、しごくもっともなことである。

しかし、幸福とはそういうものだとしても、それは文明とともに大きくなるものかどうか、もはや問うまでもない。幸福は健康状態の指標である。ところが、ある種属の健康というものは、その種属がたまたま高級類型に属するからといって、すぐれているということにはならない。健康な哺乳動物は、同じく健康な原生動物よりもすぐれているということはない。したがって、幸福についても同じはずである。幸福は、活動が活発になるから大きくなるといったものではない。それは、活動が健全でありさえすれば、どこにおいてもひとしい。もっとも単純な存在も、もっとも複雑な存在も、両者ともひとしくその本性を実現するならば、いずれも同じ幸福を味わうことになる。正常な未開人は、正常な文明人とまったく同様に幸福なはずである。

また、われわれが自分の運命に満足できるのとまったく同様に、未開人もみずからの運命に満足している。むしろ、運命にたいする完全な満足は、未開人の性格のきわだった特徴のひとつでさえある。未開人は、みずから所有する以上のものを望まず、生活状態の変化を欲しない。ヴァイツは、こう述べている。「北国の住民はその境遇をよくしようとして南国を求めようとはしないし、暑気の激しい不健康な国の住民は、故国を棄ててもっと住みよい気候の地にあこがれることはしない。ダーフール〔アフリカ・スーダン西端山岳地帯の一地方〕の住民は、数多くの疾病、あらゆる災害にさらされながらも、その郷土を愛し、よそに移ろうとしないばかりでなく、異国にあろうものなら一刻も早く帰りたいと願う……。一般に、ある民族は、どんなに物質的窮乏のうちに生活していようとも、自分の故国を世界で最上の国と考えないではおかない。自分たちのような生活こそ世界でもっとも楽しみに満ちていると思い、みずからをあらゆる民族のうちでも第一級のものとみなさずにはおかぬものである。このような確信は、「一般に黒人種に支配的であるようだ[7]」。同様に、アメリカの多くの国々のように、ヨーロッパ人によって開拓された国々では、先住民たちは、白人がその故国を棄ててきたのはもっぱらアメリカに幸せを求めるためである、と固く信じこんでいる。もっとも、若い未開人たちが病的な不安に駆られ、幸せを求めて故国を去るという例がよくひきあいにだされることがある。だが、それもごく稀な例外である。

こうした低級社会の生活を、観察者たちがときにはまったく別の様相で描きだしてきたことも事実である。しかし、彼らは自分たち独自の印象と先住民の印象とを、とりちがえてきた。われわれには堪えられないと思われる生活も、別の肉体的・道徳的構造をもった人たちには心地よいものなのである。たとえば、幼児期から、たえず危険に身をさらし、そのために生命を物の数ともしないことに馴れてきた人間にとって、死がなんであろうか。われわれが原始民族の運命をあわれんで、衛生がよく守られていないとか、治安維持がよくないとか、そういうことを数えあげてみてもはじまらない。個人しかみずからの幸福を評価する資格がないのである。自分が幸福だと思えば幸福なのだ。「フエゴ諸島〔南米大陸の最南端の群島でマゼラン海峡をはさんで大陸に接する〕の住民からホッテントット人にいたるまで、人間というものは、その自然の状態においては、自分自身とみずからの運命とに満足して生きるものである」(8)。こういった満足感は、ヨーロッパ人においてはなんと稀なことか。こうした諸事実は、経験の深い人物がいったことを理解させてくれる。「思索する人間は、自然だけで育ってきた人間よりも自分が低級だと思ってみるばあいがあるものだ。そんなときに、彼は、いったい自分の確固たる信念などは、狭量だが心のやさしい偏見にはたしてまさるといえるのだろうか、とみずからに問うものである」(9)。

だが、もっと客観的な証拠がある。

生命とは善いものである、ということを証明する唯一の経験的事実は、ほとんどすべての人びとが、死よりも生を選ぶということである。そうであるためには、さまざまな生活に平均して幸福が不幸にまさっていなければならない。この相対的関係が逆だとすると、人間の生にたいする執着がどこからくるのか理解できないだろうし、ことに人間が冷厳な諸事実によってもみくちゃにされながら、どうして自己を維持できるのかが理解できまい。たしかに、ペシミストたちによると、希望という幻想のみがこの現象を持続させるのだと説明はしてくれる。その論によると、われわれが経験に裏切られるにもかかわらず、なお生に執着するというのは、たぶん未来が過去をつぐなってくれるだろう、という妄想をいだいているからである、と。だが、希望が生への愛着を十分にときあかしてくれるとしてみたところで、希望それ自体を説明してはくれない。希望というものは、天上からわれわれの心に奇蹟的に降ってくるようなものではない。すべての感情と同じように事実のはたらきによって形成されるはずのものであった。それゆえに、人間が希望をもつことを知り、不幸に打ちのめされても未来に目をむけて、いまの苦悩の代償を未来に期する習性を身につけたとすれば、それは、こうした代償がたびたびあるものだということ、人間有機体はきわめて柔軟であり抵抗力もあるからそう簡単には打ちのめされないこと、不幸が幸福にまさるというのは例外的であること、一般には、その均衡が結局回復されるものであることと、以上のことに人間が気づいていたからである。したがって、生存本能の発生に際して、この希望がどんな役割を占めていたにせよ、この生存本能こそが、生命が相対的に善であることを証明する証拠である。同じ理由から、この本能が、そのエネルギーを失い、その一般性を失ったばあいには、生そのものがその魅力を失うことは確かであり、悪がはびこり、苦悩の原因が倍加され、個人の抵抗力が減退することは確実である。だから、もしわれわれが、客観的かつ測定可能なある事実をもっていて、それをもってこうした感情がそれぞれの社会に応じてさまざまに変化するその強度をとらえることができれば、同一環境内における不幸の平均的強度を同時に測定することが可能であろう。この事実こそは、自殺の数である。同様に、原始民族では自発的な死がめったにおこらないということは、この本能の力とその普遍性とを示す最上の証拠であり、自発的な死が増加するという事実は、この本能の衰微を証明するものである。

さて、自殺は文明とほとんど相即してのみあらわれる。少なくとも、低級社会において、慢性的ともいえる状態でみることができる唯一の自殺は、きわめて特殊な性格を示すものであって、それだけで自殺の特殊類型を形づくるものといってよく、したがって、自殺といっても、その徴候としての意義はいわゆる自殺のそれと同一ではない。それは絶望的な行為ではない。むしろ自己犠牲の行為なのである。古代デンマーク人、ケルト人、トラキア人にあって、高齢に達した老人が、その生命をみずから断つのは、口べらしをして自分の仲間の負担を軽くすることこそ人の義務である、とするからである。インドの寡婦が死んだ夫の後を追い、ゴール人がその氏族の首長の死後まで生き残ることをせず、仏教徒が偶像を乗せた車の轍におのが身を砕かせるのは、いずれも道徳的宗教的な命令がそれを強制するからである。以上すべてのばあいにおいて、人間は、みずからの生がよくないと判断したから自殺するのではない。みずからの執着する理想が、こうした犠牲を要求するからである。だから、これらの自発的な死は、言葉の通俗的な意味での自殺ではない。義務を果たすために、それを知っておりながら危険に身をさらす兵士や医師の死と同然である。

これに反して、真の自殺、悲しむべき自殺は、文明民族においてあたかも風土病の観がある。それは、文明とともに地理的に分布しているとさえいえる。自殺の分布図をみると、ヨーロッパの中央地域全土が広大な暗い斑点でおおわれており、それは、緯度で四七度から五七度のあいだ、経度で二〇度と四〇度のあいだにまたがっていることがわかる。この空間は、自殺の愛好地帯である。モルセーリ〔Morselli〕の表現によると、ヨーロッパの自殺多発地帯〔zone suicidogène〕である。この地域にはまた、科学、芸術、経済の諸活動が最高度に達している国々がみられる。ドイツとフランスである。その反対に、スペイン、ポルトガル、ロシア、南スラヴの諸民族は比較的無難である。新生イタリアは、まだやや安全ではあるが、国家が発展するにつれて、その免疫性は失われてきている。ただ、イギリスだけが例外であるが、その自殺性向の確かな程度はまだよくわかっていない。それぞれの国内についてみても、これと類似した点が証明されている。どこの国でも、自殺は田舎よりも都市において猛威をふるっている。大都市には文明が集中しているが、自殺もそうである。自殺はよく伝染病の一種としてみられたものであるが、その際、伝染の病源は首都や大都市であり、そこから国内の他地方へとひろまっていった。さいごに、自殺数であるが、これはノルウェーをのぞく全ヨーロッパで、ここ一〇〇年来、規則正しくふえている。(10) ある計算によると、自殺数は一八二一年から一八八〇年までに三倍にふくれあがった。(11) これと同じ明確さで文明の進歩を測るわけにはいかないが、この間に、その進歩がどんなに速かったかは、周知のとおりである。

証拠はいくらでもあげられる。人口の各層は、その文明度に比例した割前の自殺数をもつ。どこでも、自由業に自殺がもっとも多く、農業にもっとも少ない。性別にみても同じである。女性は男性よりも文明の動きにまきこまれることが少ないし、参加度も低ければ、それから利益を受けることも少ない。さらにまた、女性は原始的本性の特徴をいくつかもつ。(12) こうして、女性の自殺は男性のおよそ四分の一である。

けれども、つぎのような反論があろう。すなわち、なるほど自殺の上昇は、ある点で不幸の進展を示すとしても、他の点で幸福が同時に増大したとするわけにいかぬだろうか、と。このばあいには、この一方での利益の増加が他方でこうむった損失を補うに足りるだろう。たとえば、ある社会では、公共財産が減らなくとも貧者の数はふえる。公共財産がただ以前よりも少数の人たちの手に集中したにすぎないからである、と。

だが、この仮説それ自体がすでに現代文明に適合しない。なぜなら、仮にこうした埋めあわせがつくとしても、平均的な幸福がほとんど停滞したままであるということ以外には、なんの結論も得られないだろうからである。さもなければ、平均的幸福が仮に増大したとしても、ごく微量にすぎず、しかもその増進のためについやした努力の大きさとは比較にならないから、それは増加として説明することもできないだろう。だが、それよりも、この仮説そのものが根拠のないものなのである。

じっさいに、ある社会が他の社会よりも幸福であるとかそうでないとかいわれるばあい、それは平均的幸福について、つまりその社会の全成員が平均して享有する幸福についていっているわけである。成員たちは、同一の物理的社会的環境の作用下におかれているかぎり、似たような生存条件におかれているのだから、そこには必然的にある存在様式が存在し、したがってまた、彼らに共通したある幸福の様式が存在する。そこで、もし、個人的あるいは局部的な原因にもとづく幸福を諸個人の幸福から引きさって、一般的共通的な原因の産物である幸福だけを残しておくとすると、その結果得られた残余こそまさしく平均的幸福とよばれるものを構成する。それゆえに、この平均的幸福とはひとつの抽象的な大きさであって、しかも絶対にひとつだけであり、反対の二方向に同時に変化することができないものである。この大きさは増減はしても、同時に増減はできない。またこの大きさは、社会の平均的類型すなわちケトレーのいわゆる「平均人」[*4]と同じ単一性と実在性とをもつ。なぜなら、それはこうした観念的存在が享有すると思われる幸福をあらわすものだからである。したがって、この存在は、同時には、さらに大きくなったり小さくなったりできないものであり、より道徳的になったり不道徳的になったりはできないものであると同様に、同時には、より幸福にもより不幸にもなりえないのである。

さて、文明民族において自殺の増進をもたらす諸原因は、一般性という確かな特性をもつ。じっさい自殺は、孤立した地点や社会の他の部分を除いて、ある部分だけに生ずるというものではない。いたるところにみられる。地域によっては、その上昇に遅速はあるが、例外なくどの地域にもおこる。農業は、工業よりも自殺の経験は少ないが、そこでも自殺に用意された割当高はたえず増大してゆく。だから、われわれが直面しているこの現象は、某々の地方的、特殊的な事情に結びついたものではない。社会環境の一般的状態に結びついたものである。この一般的状態は、その特殊な環境（地方、職業、宗派など）によってさまざまに屈折されはするものの——この一般的状態の作用がどこでも同じ強度で感じとられないという理由はここにある——、だからといって、そのために一般性という特性が変わるのではない。

つまりは、自殺が伸びるとその減退が証明されるような幸福こそは、平均的幸福といってよい。上げ潮のような自発的な死が証明するものは、不幸にすぎて生命を永らえるあてもない個人がたくさんいるということ——しかしそのことは他の大多数の人びとがどうであるかを臆測させるものではない——だけではなく、社会の一般的幸福が減少してきていることでもある。したがって、この幸福は、同時には増減しえないのであるから、どんな仕方にせよ、自殺が増加するときにそれが増加することはありえない。いいかえると、自殺によってあらわれた幸福の減退という欠損の増は、どうにも埋めあわせがきかないのである。自殺のよってたつ諸原因は、自殺という形でそのエネルギーの一部を使い果たしたにすぎない。これらの原因の及ぼす影響は、はるかに広大なのである。これらの原因は、人間に幸福を断ちきって自殺する決意をもたせるほどでないばあいでも、少なくとも、苦痛を上まわる快の正常な超過分を、さまざまの割合で減らす。もちろん、特殊な状況の組合せによって、この原因が幸福の増大を可能にするような仕方で中和するようにはたらきかけるばあいもおこりうるが、このような偶然的・個別的変化は、社会的幸福にはなんの効果ももたらしはしない。いったい、一定の社会で、一般的死亡率が増進したばあいに、そこに公共的健康が衰微してきたという確かな兆候を認めることをためらう統計家がいるだろうか。

　こうした悲しむべき結果は、進歩ということそれ自体に、また、進歩を条件づけている分業に帰せらるべきである、——はたして、そういってよいだろうか。こうした、人をがっかりさせるような結論は、以上の事実から必然的に生じてくるものではない。反対に、である。幸福の減少と分業の発達という二系列の事実は、ただたんに並存するにすぎないのである。だが、こうしたたんなる並存状態にすぎないという点は、進歩が幸福をいちじるしく増大させるものではない、ということを証明するだけで十分である。というのは、人間の幸福は、かつてみたこともないエネルギーとスピードをもって分業が発達しているいまでさえ、それが減退し、しかもきわめていちじるしく衰えているからである。分業が現代人の快楽をほしいままにする能力を実質的に減退させているということを認める理由がないかぎり、この能力を分業がさらに増加させたと信ずることはいっそう不可能である。

結論はこうである。これまでに述べてきたことは、すべて、幸福と同様、快もまた本質的に相対的なものだというこの一般的真理の特殊な応用例にすぎない、ということである。人間が進歩するにつれて近づきうるような、客観的に測定できる絶対の幸福というものはない。パスカルの言葉にしたがえば、男の幸せと女の幸せとが違うのと同様に、低級社会の幸福は現代社会のそれではないし、逆も同様である。だからといって、一方が他方より大であるということはない。なぜなら、その相対的な強度が測定できるのは、われわれを一般的には生命に、特殊的には個々の生活領域に結びつけている力によってのみ可能だからである。ところで、もっとも原始的な民族もまた、現代人とまったく同じように、生一般とそれぞれ固有の生に愛着をもっている。原始人が生への執着を断ち切るときには、われわれよりもあきらめがわるいくらいである。(13) それゆえに、幸福の変化と分業と進歩とのあいだにはなんの関係もない。

この命題はすこぶる重要である。この命題からじっさいに生じてくることはこうである。社会が経験してきた変化を説明するためには、その変化が人間の幸福にどんな影響を及ぼしているかを探究してもはじまらない。というのは、その変化を決定したのは、この影響ではないからである。社会科学は、あまりにもそれにひたりすぎていた功利主義的比較を決定的にしりぞけなければならぬ。そうでないと、この種の考察はどうしても主観的になる。なぜなら、快楽や利害が比較されるばあいには、いつも客観的な基準がまったく欠けているので、どうしても自分の観念や自己の好みを秤にかけざるをえないからであり、個人的感情にすぎないものを科学的真理としてしまうからである。コントがすでにきわめて明快に定式化していたのは、まさにこの原理である。彼はいう。「本質的に相対的な精神――この精神のうちにおいてこそ、実証的政治にかんするなんらかの概念が必ず考えられるはずである――は、第一に、文明のさまざまの時代における人間の幸福の増大をめぐってのあの曖昧な形而上学的論争を、空虚で無用なものとしてわれわれから遠ざけるに違いない……。各人の幸福は、その人のさまざまな能力の発展の総体と彼の生活を支配する若干の状況の全体系との十分な調和を必要とするものであるから、また、他面、こうした均衡はいつでもある程度までは自生的に成立するものであるから、この個人の幸福ということにかんして、全体的な比較などは絶対に不可能な社会的諸状況を、どんな直接的な感情によろうと、あるいはどんな合理的手段によろうと、実証的に比較する余地はまったくない⒁」。

けれども、もっと幸福になりたいという希求は、進歩を説明しようとすればあるいは説明できた、おそらく唯一の個人的な動機である。もし、こうした欲求を棄てるとすれば、進歩も棄てなければなるまい。しかし、変化はいつでも苦痛という代償を要求するものだが、もし個人がこの変化からより多くの幸福をひきだしえないとすれば、いったい個人はなぜ、みずから求めて変化をひきおこすのだろうか。したがって、社会進化の決定因がみいだされるのは、個人の外部に、すなわち個人をとりまく環境のうちにおいてである。社会が変化し、個人が変化するとすれば、それはこの環境が変化するからである。他方、物理的環境は相対的に不変であるから、この変化の不断の流れを説明しえない。すると、変化の根源的な条件を求めてゆかなければならぬのはまさにこの社会環境のうちにである。社会と個人が経験する変動をひきおこすものは、この社会環境において生ずる変動である。ここにこそ、方法規準のひとつがある。われわれは、のちにこの規準を適用し確証する機会をもつことになろう。

3

しかしながら、つぎのような疑問が生ずるかもしれない。すなわち、快は持続するものだという事実だけによってみても、快がある変化をこうむるとすると、その変化は、結果的に、おのずから人間をも変えないではおかないのではないか、したがってまた、分業の進歩もこうしたやり方で説明されえないかどうか、という疑問である。ここで、この説明をどう考えてみることができるか。

快は、幸福そのものではないにしても、その一構成要素である。ところが、快はくりかえされるとその強度を失う。長く持続しすぎると快は完全に消滅してしまう。時間は、まさに確立されようとする均衡を破壊するに足るものであるが、また、人間が変化することによってのみ順応できるような新しい生存条件を創造する力ももっている。われわれがある幸福になれるにつれて、それは、われわれを去り、それを再び求めて、われわれを新しい企図にかりたててやまない。われわれは、消えさったこの快を、もっと強力な刺激の手段によって蘇らせなければならない。つまりは、われわれが用意する刺激を倍加し、もっと強力にしなければならぬ。だが、それは、労働がより生産的になり、したがって、さらに分割されるばあいにのみ、可能である。たとえば、芸術、科学、産業において実現されたそれぞれの進歩は、ただ以前の成果を失わないためにも、さらに新たな進歩をわれわれに強制するであろう。こうなると、分業の発展は、社会的原因をひとつも媒介にしないで、もっぱら個人的な動機の作用だけによっても説明されそうである。もちろん、われわれが専門化してゆくのは、新しい快を得るためではなく、快がつぎつぎと生じてくるのにつれて、これまで手に入れた快を時間が蝕んでゆく影響をとりもどすためである、ともいえよう。

けれども、こうした快の変化がたとい現実的だとしても、これらの変化が期待されているような役割を果たすことはありえない。じっさい、このような変化は、快があるところにはどこでも、つまり人間がいるところではどこにでも生ずる。この心理学的法則が適用されぬ社会はないといってよい。ところが、分業が進歩しない社会が存在する。すでにみてきたように、じじつ、きわめて多くの原始民族は、停滞的状態のなかで生きており、そこから出ようと思ってみもしないのである。彼らは、新しいものに少しも憧れようとはしない。しかも、彼らの幸福は、やはり共通の法則にしたがっているのだ。文明民族でも、農村ではやはりそうである。そこでは、分業はまことに遅々として進まないし、変化への好みも感じとれるかとれぬくらいに弱い。要するに、同じ社会のなかでも、分業は時代につれて多少の遅い速いはあっても発展するものである。ところが、快にたいする時間の影響というものは、いつでも同じである。だから、分業の発展の原因となるのは、時の影響ではない。

じっさい、時の作用が、どうしてそんな結果を生むのかについては、理解されていない。もっと高度の快の限界に近づこうとすればするほど、それ以上に苦しい努力を重ねなければ、時が破壊した均衡を回復することも一定水準に幸福を維持することも、できはしないのである。なぜなら、最高限度に近い領域では、快の増加が、それに対応する刺激の増加にくらべて、低下する一方だからである。同一の価値を維持するために、さらに多くの苦痛を課さなければならなくなる。一方で得れば他方で失い、損失を避けようとすると、さらに新たな出費が必要となる。したがって、こうした差引の結果、利益をあげるためには、少なくとも、この損失は実はたいへんなことであって、ぜひともそれをとりもどそうとする欲求が強くはたらく必要があろう。

ところが、じっさいには、ただたんに快が反復されるだけだと、快の本質的なものだけは消えさることがないから、回復の欲求といっても、いたってその力は弱いことになる。じじつ、変化の魅力と新しさの魅力とを混同してはならぬ。変化の魅力は快の必要条件である。というのは、たえず享楽にふければ快は消え、苦痛に変わってしまうからだ。しかしながら、時は、それだけで変化を抑えきれるものではない。もうひとつ継続ということが変化に加わらねばならない。継続的に反復される状態は、依然として心地よいものである。なぜなら、継続ということが快を破壊するといっても、それはつぎの理由によるからである。すなわち、ただの継続は、あるいは快を快とも思わなくしてしまい、あるいはあらゆる機能の活動がたえまなくつづけられ、使いはたされ、ついには苦痛となるまでの出費を要求しつづけるからである。だから、まったく習慣的になっていても、そのたびごとに十分のあいだをおいてくりかえされる行為ならば、それはきちんと意識されつづけるだろうし、その間に出費も回復されよう。健康な大人が、毎日、飲み、食い、眠ったにしても、いつも同じ快をそこから経験できるのは、まさにそれゆえである。精神の諸要求においても同じである。これらの欲求もまた、それらが対応する心理的機能と同様に周期的である。音楽がもたらす歓びも、芸術や科学がもたらす快も、それらが交互に求められると、全体としては持続する。

継続ということで、反復ではできなかったことができるとしても、だからといって、それが、思いもかけない新しい刺激への欲求を鼓吹したりはしない。なぜかといえば、継続することが、心地よい状態についての意識をすっかりなくさせてしまったにしても、継続しているということ自体に結びついた喜びも同様に消えさったとするわけにはいかないからである。そうではなくて、正常に持続している諸機能が規則正しくはたらくことに伴い、しかもそのこと自体でけっこう価値のある、あの一般的な満足感が右の快におきかわったのである。だから、なにも残念がることはないのだ。いったいだれが、心臓の鼓動や肺の活動を感じとりたいと思うものがあろうか。反対に、もし持続することに苦痛があれば、われわれは、すっかりあきてしまった状態とは別の状態をすなおに追い求めるだろう。だが、この苦しみを止めようとして、工夫をこらす必要はない。われわれが知りすぎてしまって、ふつうなら感銘をさそうことのないものでも、これをすでにあきてしまったものと対比すると、ある新鮮な快をよびさまさせることもある。だから、何ほどかの進歩をよびさますことのできるような快の根本的要素は、どんな仕方にもせよ、時間によって影響されることはない。ところが、まさしく新しさというのは、これとは別のものである。新しさの魅力は持続しないからである。新しさが快に多くの新鮮味を与えるにしても、それが快を構成するのではない。新しさは、快の二次的・付随的な属性たるのみであって、それがないと快に多少の風味が欠けるおそれはあっても、それはそれで快は立派に存在しうる。だから、新味が薄れても、そこからくる空しさは強くも感じられないし、その空しさを埋めようとする欲求もそう強くはない。

さらに、快の強さを低下させる理由がある。その快感の強さよりもさらに強く、さらに深くわれわれに根ざしている反対感情によって、それが中和されるということである。この反対感情とは、享楽において安定を求め、快において規則性を求めようとする欲求である。われわれは変化を愛すると同時に、その愛するものに執着し、それから離れることを苦痛とする。のみならず、生命が維持されるためには、そうであることが必要でもある。なぜなら、たとい生命は生々流転すべきものであり、生命は複雑であるほど柔軟性に富むものだとしても、しかもなお、生命は、なかんずく、安定した規則正しい諸機能の一体系なのである。たしかに、新奇への欲求が並はずれて強い人たちはいる。既存のものでこうした人たちを満足させるものはひとつもない。彼らは不可能なものを渇き求め、自分たちを強制するものの代わりに他の実在をもってあてようとする。しかし、こうした癒しがたい不満家は病人である。このばあいの病理的特徴は、われわれが述べてきたところを確証するだけである。

つまり、このような欲求はまったく不確定な性質をもつものであることを見失ってはならぬ。それは、存在しないものへの欲求であるから、われわれを明確な存在に結びつけるものではない。それは半ばだけ構成されたものにすぎない。というのは、完全な欲求は二つの要件を含むからである。緊張した意志とはっきりした対象がそれである。さきの欲求のばあいは、対象が外部にはっきりと与えられていないのだから、想像がつくりあげるもの以外の実在をその対象とすることができない。したがって、この過程は半ば表象的である。それは、むしろさまざまのイメージの組合せのうちにあり、内的な一種の詩情のうちにあって、意志の現実的な動きのうちにあるのではない。この過程は、われわれをわれわれ自身のうちから外へだしてはくれない。外へむかおうとする途を探し求め、しかもまだそれをみつけきれないという、内在的な動揺にすぎない。われわれは新しい感覚について夢みることがある。だが、それはぼんやりした憧れであって、バラバラなままで実体もつかめない憧れである。したがって、それがもっとも強いばあいでさえ、堅固ではっきりした欲求の力というものをもつことができない。確固たる欲求の力とは、意志をつねに同じ方向で、きり開かれた道のすべてに導き、さまざまな欲求に暗中模索や思案の余地を与えないほど、ますますこの意志をはっきりと刺激するものである。

要するに、進歩とは倦怠の結果にすぎぬという考え方は承認できないのである。[15] こうした人間の改造――周期的な、ある点からすると継続的な、たえざる改造という仕事は、おそろしく骨の折れる仕事であって、苦悩のうちでこそ追求されるものである。人類が、ほんの少しばかり快楽を変えようとしたり、その最初の新鮮さを少しばかり保とうとして、そのためにだけさんざんの苦労をみずからに課するなどということは、どだいできないことなのである。

原注

（1） Spencer, *Psychologie*, I, p. 283. ―― Wundt, *Psychologie Physiologique*, I, chap. X, § I.

（2） Richet, *Dictionnaire encyclopédique des sciences médicales* における彼の論文「苦痛」をみよ。
（3） Laplace, *Théoric analytique des probabilités*, Paris, 1847, pp. 187, 432. ——Fechner, *Psychophysik*, I, S. 236.
（4） Wundt, *loc. cit.* を参照。
（5） Rabier, *Leçons de philosophie*, I, p. 479.
（6） Hartmann, *Philosophie de l'inconscient*, II をみよ。
（7） Waitz, *Anthropologie*, I. S. 346.
（8） *Ibid.*, S. 347.
（9） Cowper Rose, *Four Years in Southern Africa*, 1829, p. 173.
（10） Les Tables de Morselli をみよ。
（11） Œttingen, *Moralstatistik*, Erlangen, 1882, S. 742.
（12） Tarde, *Criminalité comparée*, p. 48.
（13） 以上の例は、生存本能が宗教感情や愛国感情などによって中和され、そのために生存本能が弱められることのないばあいを除く。
（14） *Cours de philosophie positive*, 2e éd., IV, p. 273.
（15） これはジョルジュ・ルロワ〔Georges Leroy〕の理論である。われわれがそれを知ったのは、コントがその著 *Cours de philos. posit.*, t. IV, p. 449 で述べていることをとおしてである。

訳注

＊1 ヴェーバー（Ernst Heinrich Weber, 1795-1878）は、ドイツの解剖学者・生理学者であるが、知覚の研究で多くの発見をし、人間の感覚と刺激の関係について〈ヴェーバーの法則〉を発見した

(1851)。フェヒナー（Gustav Theodor Fechner, 1801-1887）は、ドイツの哲学者であるが、実験心理学の祖として著名。とくに心と物の関係を追究し、画期的な『精神物理学要義』*Elemente der Psychophysik*（1860）をあらわす。〈ヴェーバーの法則〉をさらに敷衍して、心と物の関係を法則化し〈ヴェーバー・フェヒナーの法則〉として知られる。これは、感覚測定法の確立にも貢献し、実験心理学への途を開くことになった。

＊2　ベルヌーイ——Daniel Bernoulli. 一七〇〇—八二年。スイスの物理学者、哲学者。解剖学に通暁する。

＊3　ラプラス——Pierre Simon Laplace. 一七四九—一八二七年。フランスの数学者、天文学者。天体力学、確率論で有名。理論物理学者としても知られ、またナポレオン一世時代の閣僚ともなる。

＊4　ケトレーの「平均人」——Adolphe Quetelet. 一七九六—一八七四年。ベルギーの天文学者であり、統計学者。ラプラスから確率論を学び、これを統計に応用して、人間の基礎的典型として「平均人」（homme moyen）の概念をえた。これをもって、あらゆる環境下の人間を比較する可能性をひらいた。デュルケームは、ケトレーを批判しつつ、しかし、その平均概念を自己の「正常性」の概念に生かしている。

II　原因

1

以上の結果からして、分業の進歩を明らかにする原因は、社会環境の多様な諸相のうちにこそ求められなければならない。前編の帰結から、この諸相が何から成りたっているかをただちに帰納することができる。

われわれがみてきたところでは、組織的構造、したがってまた分業は、環節的構造が消滅してゆくにつれて、規則正しく発展する。したがって、問題は、環節的構造の消失が分業の発展の原因であるか、あるいは、後者が前者の原因であるか、である。この後者の仮説は認めがたい。理由は、前にみてきたように、環節による構成は分業にとってこえがたい障害であり、少なくとも部分的にせよ、分業が出現しうるためにはすでに消滅していたはずだからである。分業は、環節的構成がその存在を終わったかぎりにおいてのみ存在しうる。もちろん、ひとたび分業がはじまると、それは環節的構成の衰微を促進するのに役だつ。けれども、分業は後者が衰微してからのみあらわれる。結果が原因に反映するわけである。しかし、そうだからといって結果は結果であることに違いはない。したがって、結果が及ぼす反作用は副次的である。それゆえに、分業の増大は、社会的環節がその個性を失い、諸環節のあいだを隔てていた隔壁がさらに透過しやすくなるという事実によるものである。つまりは、社会的な素材を自由に新しい組合せに入らせるある融合が諸環節間に実現される、という事実による。

けれども、環節的類型の消滅がこの結果をもたらしうるのは、ただひとつの理由によってのみである。この消滅によって、いままで切り離されていた諸個人が接近するようになること、あるいは少なくとも、かつてよりはるかに親密な接近が生ずること、したがって、これまでは相互に影響しあうことのなかった社会全体のうちの諸部分間に、たがいに交換しあうさまざまの運動が生ずること、これである。蜂の巣状の体系が発達していればいるだけ、われわれ各人が参加してきた諸関係は、ますます自分の属する巣の限度内にとじこもることになる。さまざまの環節のあいだに、いわば道徳的な真空地帯があるわけである。逆に、この体系が平準化されるほど、この真空地帯は埋まってくる。その社会生活は、別々の、しかもそれぞれが同じような、たくさんの拠点に集中する代わりに、一般化する。したがって、諸社会関係は――厳密には社会内関係《アントラ・ソシオー》といってよい――いよいよ多数となる。諸社会関係が、その原初の限界をこえて、あらゆる側面から拡大するようになるからである。だから、相互にその作用と反作用とを交換しうるほど十分な接触に入った個人が多くなればなるほど、分業はいよいよ進歩する。この接近と、そこから生ずる積極的な交換とを動的あるいは道徳的密度〔densité dynamique ou morale〕とよぶのにふさわしいとすれば、分業の進歩は社会の道徳的または動的密度に正比例するといえる。

しかしながら、この道徳的接近は、諸個人間の現実的な距離それ自体がなんらかの仕方で縮まるばあいにのみ、その効果を生じる。つまり、道徳的密度は同時に物的密度が増大するかぎりにおいてのみ増大しうる。このばあい、後者は前者を測定するのに役だつ。のみならず、両者のいずれが他を決定したのかを求めることは無用である。両者が不可分であることを立証すれば、それで十分である。

歴史の発展過程において、社会がしだいに凝集度を高めてゆく仕方には、主として三つある。

一　低級社会は、それを構成している諸個人の数に比較すると、まことに広大な地域にまたがっているが、もっと進んだ民族にあっては、その人口はつねに集中しようとする。スペンサー氏はこう述べている。「未開諸部族の住む地域の人口密度とヨーロッパの同じ広さの地域におけるそれを比較してみよう。でなければ、同じイギリスでも、ヘプターキー[*1]時代の人口密度と現代のその地域のそれとを対比してもよい。すると、諸集団の連合によって生ずる増大はまた組織間質の増大をも伴うことがわかろう[(1)]」。諸国民の産業生活において継時的に実現されてきた諸変動が、この変化の一般性を証明してくれる。遊牧民、狩猟民あるいは牧畜民の産業は、集中のまったき欠如、可能なかぎり広い地表への分散、を意味する。農業は、定住生活を必要とするから、すでに社会組織のある収縮を前提とする。だが、その収縮はまだ完全ではない。各家族のあいだに大地の広がりが介在するからである。[2]都市では、この凝集がいくらか大きいにしても、家屋はまだ櫛比していなかった。というのは、両隣の隣接を規定する互有〔mitoyenneté〕がローマ法ではまだ知られていなかったことからでもわかる。[3]この権利はフランスに生まれたものであり、とりもなおさず、フランスでは社会的な網の目がかなり緊密になってきていたことを示す。[4]他方、ヨーロッパの諸社会は、その発生以来、密度が一時的に減少をみせたばあいもあったが、一貫して上昇してきた。[5]

二　都市の形成と発展は、この同じ現象のもうひとつ別の徴候――さらに特徴的な徴候である。平均的密度の増大は、もっぱら出生率の実質的増加に負うことがあるから、したがって、集中化が非常に弱くとも、すなわち環節的類型がきわだって明瞭に維持されていても、別に矛盾しない。けれども、どの都市も、諸個人がたがいにできるかぎり親しい接触をしつづけていたいという、駆りたてられるような願望から生まれるのがつねである。だから、都市は、いわば他のどこよりも社会全体が強く収縮する点である。だから、都市は、道徳的密度が変わるばあいにのみ、ふえてゆくし、伸びもする。さらに、都市の成員補充が移住の方法によることも考えあわせておこう。しかも、このことは、社会的諸環節の融合が進展するかぎりにおいてのみ可能なのである。

社会組織が本質的に環節的であるかぎり、都市は存在しない。だから、低級社会には都市が存在しないのである。イロクオイ族においても、古ゲルマンにおいても、都市はみあたらない(6)。イタリアの原始民族についても同様である。「イタリアの諸民族は、初めは都市にではなく、家族共同体または村落〔pagi〕に住んでいた。そのなかに農家〔vici, *οἶκοι*〕が散在していたのである(7)」。とマルクヴァルト*2は述べている。だが、その後ほどなくたって、都市がイタリアに出現した。アテナイとローマは、都市であり、都市になったのである。そして、これと同じ変化がイタリアの全土にゆきわたった。われわれのキリスト教的社会では、その当初から都市が姿をあらわしている。ローマ帝国が残していった都市は、帝国とともに滅びはしなかったからである。それ以来、都市は増大し、ふえてゆく一方であった。田園から都市へという人口流入の傾向は、文明世界ではごく一般的であるが(8)、それは以上の動きの継続であるにすぎない。この動きは近ごろにおこったことではない。一七世紀以来、政治家を悩ませてきたものである(9)。

一般に、社会は農耕時代をもってはじまるために、都市的なセンターの発展は、ときに老朽と頽廃のしるしとしてみられてきた(10)。だが、この農耕段階は、社会がより進んだ類型であるほど短命であったことを見逃してはならない。ゲルマンにおいて、アメリカのインディアンにおいて、またあらゆる未開民族において、農耕段階はこれらの民族自体とともに永くつづいてきたのにたいして、ローマやアテナイでは、かなり早く終わっているし、フランスでは、農耕段階が純粋な形では存在しなかったとさえいえる。逆に、都市的生活は比較的早くはじまっており、したがって、さらに膨脹も早い。この発展の速度が、さらに規則正しく速さを加えていくことは、一種の病理現象を構成するどころか、高級な社会種の本質そのものに由来していることを物語っている。それゆえに、このような動きが現代社会にとって恐るべき大きさにまで達しており、また、社会がそれに順応するだけの柔軟性をもはやもちえまいと思ってみたところで、われわれの社会も、現代以降の社会も、依然としてこの動きを追求しつづけるであろう。そして、現代以降に形成される諸社会類型は、おそらく、さらに速く、さらに完全に農耕文明の退化をもってきわだつことになろう。

三　さいごに、コミュニケーションおよび運輸手段の量と速さがある。これは、社会の諸環節を切断している空隙を埋め、あるいはなくしながら、社会の密度を大きくさせる。他方、社会が高級な類型に属するほど、その数量はいよいよ多く、いよいよ完璧になってくることは、証明するまでもあるまい。

目にみえ、測定可能なこの象徴は、われわれがいうところの道徳的密度の変化を反映するものであるから(11)、われわれが先に提案した公式においては、これを道徳的密度の代用とすることができる。さらに先に述べたことを、ここでもまたくりかえしておく必要がある。社会が凝結することによって分業の発展の因となるとすれば、ひるがえって、分業はまた社会の凝集を増大させるということである。しかし、それは大したことではない。というのも、そうなると分業は依然として派生的な事実にとどまり、したがってまた、分業のたどる進歩はこれと平行する社会的密度の進歩――この密度の原因がなんであるにせよ――に負うということになるからである。われわれが確定しておきたいと思うのは、まさにこの問題である。

しかしながら、この要因は分業の唯一の要因ではない。もし、社会の凝集が分業という結果を生ずるとすれば、それはこの凝集が社会内の諸関係を増加させるからである。だが、社会内関係は、加えて、その社会の成員の総数がさらに多くなればいっそう多くなるであろう。諸個人の接触がより親密になると同時に、その社会に含まれる諸個人の数がさらに大きくなれば、その結果は必然的に強化されよう。だから、社会の容積も、あの密度と同じ影響を分業に及ぼすのである。

じっさい、社会が進んでいれば、したがってまた労働がいっそう分割されていれば、一般にそれだけ容積も大となる。スペンサー氏のいうところによると、「生物体と同じように、社会は萌芽形態ではじまり、その完成形態にくらべると極度に微小な質量から生まれる。最大の社会といえども、低級な諸人種にみられるように、さすらう小さなホルドからはじまる。これは、だれしも否定しえない帰結である」(12)。われわれが環節的構造について述べてきたところは、この真理を異論のないものとする。現に、われわれの知っているところでは、社会は、相互に包みあった、大きさの異なる、多数の環節から成る。ところが、その枠組はけっして人為的につくられたものではない。ことに原初はそうである。それらの枠組が協約でつくられるようになったときですら、できるだけ先行の自然な配列形態を模倣し、再生産する。古代社会の多くはこの形態で維持されてきた。さらに、この大枠の下位区分のうち最大のもの――それらは諸他の下位区分をうちに含む――は、もっとも低級に近い社会類型に符合する。同様にして、こんどは、これらの下位区分を構成する諸環節のうちでもっとも大きいものが、先の社会類型のすぐ下にくる類型の名残である、等々、順次そのようにつづいてゆく。もっとも進んだ民族においてすら、もっとも原始的な社会組織の痕跡がある。(13) まさにそれゆえにこそ、部族がいくつかのホルドまたは氏族の集合から成り、民族(たとえばユダヤ民族)と都市とが数個の部族の集合によって形成され、ひるがえって、都市は、それに従属する数個の村落とともにより複合的な社会の構成要素となる、というふうなのである。だからこそ、社会の容積は、まちがいなく増大する。というのは、社会のおのおのの種は、それに先行する種たる諸社会の反復によって構成されるからである。

けれども、例外はある。征服される以前のユダヤ民族は四世紀のローマの都市よりも容積が大きかったようである。にもかかわらず、それは低級な種の社会である。中国やロシアはヨーロッパの最先進の諸国民よりも人口が大きい。この二民族においても、結果として、その社会の容積に応じた分業は発達しなかった。じっさいには、社会の容積の増大ということも、密度が、同時に、また同率で増大するのでなければ、必ずしも高級性の特徴を示すものではないということである。なぜならば、ある社会が極端な大きさに達しうるとしても、それは非常にたくさんの環節を含んでいてもそうなるからであって、そのばあい、これらの環節の質は問われていないのである。それゆえに、もし諸環節のうちの最大のものでさえも、きわめて低級な類型の社会しか再生産しえないとすれば、その社会の環節的構造ははっきり残るだろうし、したがってまた、その社会組織もあまり進んではいないのである。いくつかの氏族の巨大な集合体といえども最小の組織的社会よりも劣る。それというのも、組織的社会は進化の幾段階かをすでに経てしまっているにもかかわらず、前者はなおその手前の段階で停滞しているからである。同様にして、社会の単位の数が分業に影響を及ぼすとしても、そのこと自体で必然的にそうなるのではない。諸社会関係の数が、一般に個人の数に比例して増加するからである。ところが、このような結果に到達するためには、その社会が数多くの人口をかぞえるだけでは不十分である。そこには、さらに、諸個人が相互に行為しあうことができるだけの緊密な接触がなければならない。逆に、もし諸個人が不透過の環境にそれぞれ切り離されていると、めったに関係に入れないか、かろうじて関係を結びうるにすぎない。そのばあいには、万事が小人数のばあいと同じ状況になる。だから、社会的容積の増大が、必ずしも分業の進歩を促進させないのであって、全体が同時に、また同程度に緊縮するばあいにのみその進歩をもたらすのである。したがって、いってみれば社会の容積は付加的要因たるのみである。しかし、容積があの第一の要因に伴うと、それ独自のある作用によって分業を促進する結果を増幅するし、だからまた、第一要因とは区別されるべきものである。

それゆえに、われわれは以下の命題を定式化することができる。分業は諸社会の容積と密度に正比例して変化する。また、分業が社会の発展過程に即して継続的に進歩するとすれば、それは社会が規則正しく密度を大にしてゆくからであり、一般にその容積を増すからである。

いつの時代でも、人がこの二系列の事実のあいだになんらかの関係があるということを知っていたことは事実である。なぜかといえば、諸機能がさらに専門化されるためには、多くの協力者がいなければならなかったし、またその人びとが協力できるだけの近づきを十分にもっていなければならなかったからである。それにもかかわらず、通例、人はこの社会の状態のうちに、分業が発展するための手段しかみようとはせず、その発展の原因をみようとはしなかった。しかも、その原因を福祉や幸福を願う個人的な渇望に帰着させ、こうした希求は社会がさらに拡大し凝結するほどに、いっそう満たされうるものだとしてきた。われわれがいま定立した法則は、これとはまったく別である。われわれのいうところは、社会の増大や凝集化がさらに大きな分業を可能にするというのではない。それを必然化するというのである。前者はより以上の分業を実現する手段なのではない。その決定因なのである(14)。

だが、この二重の原因が分業という結果を生ずる方法は、どのように考えられるのだろうか。

2

スペンサー氏によると、社会の容積の増大は分業の進歩にある影響を及ぼすとしても、それは分業の進歩を決定するのではなく、その速度を速めるだけである。それは、この現象の補助的条件にすぎない。ほんらい不安定であり、同質的な集群《マス》は、すべてその大きさのいかんを問わず、異質的なものとなるのは避けがたい、ただ、この集群は、それが大きいほど、より速く、より完全に分化する。じじつ、この集群の異なった諸部分が異なった諸力の作用を受けるところからこの異質性が生じたのであるから、多様な位置づけをもつ諸部分が多くなればなるほど、この異質性はさらに大きくなる。氏は、社会のばあいとして、こういう例をあげている。「あるコミュニティの人口が非常に大きくなって、国中の大半の地域に散らばり、やがてそこに定着するようになると、その成員たちがそれぞれの地域で生まれかつ死ぬようになるので、このコミュニティは、異なった物理的環境にある多様な区域をもつようになり、それぞれの区域ではその生業からして類似のままではすまなくなる。散らばって生活するこれらの区域は、狩猟をしたり、大地を耕したり、海辺の区域では水産業に従事したりする。おそらくその位置が中央部にあるところから、定期的な集会場として選ばれた地域の住民たちは小売商人となり、都市が創設される……。風土の違いは、その国の各地方における農村の住民たちに、部分的に専門化した生業につかしめ、彼らが生産するのも、牛、羊、小麦といったように、違いがでてくる」(15)。つまりは、諸個人のおかれた環境の違いが、彼らにそれぞれ異なった能力を与え、それが多様な方向への専門化を決定づける。この専門化が社会の大きさとともに増加するとすれば、それは、こうした外在的な相違が同時に増大するからである。

個人たちの生活をとりまく外在的諸条件が、彼らの特徴をきざみつけ、また、これらの条件が多様だから彼らを分化させる点については、疑いもない。だが、この多様性は、もちろん分業と無関係ではないから、それがはたして分業を構成するに足りるかどうかを知ることが問題なのである。たしかに、土地の特性、気候の状態に応じて、住民たちが、ここでは小麦を、かしこでは羊や牛を生産する、というふうに説明される。けれども、この二例におけるように、機能の相違は、必ずしもたんなるニュアンスの差には還元されえない。機能の違いは非常にきわだっているので、その労働の分割された諸個人は、あたかもはっきり異なった種属、対立的でさえある種属を数多く形成するかのようである。彼らはおたがいにできるだけ遠ざかろうとしめしあわせている、とでもいえそうである。思考する脳と消化する胃とのあいだに、どんな類似があろうか。同じように、夢想にふける詩人、研究に没頭する学者、ピンの頭に旋盤をかけることで一生を送る労働者、鋤で大地をおこす農夫、帳場の陰にいる商人、こういった人びとのあいだに何か共通のものがあるだろうか。外在的諸条件の多様性は、たといそれがどれだけ大きかろうと、これほどきわだった対照を示して関係しあっている諸差異を、したがってまたそれをちゃんと説明できるだけの諸差異を、よく示しうるものではない。たがいにあいへだたった諸機能をではなく、ただたんに一機能内の異なった分肢を比較しようとするときでさえ、なんらかの外在的な差異がこういった区別をもたらしえたのだと認めることは不可能なばあいが多い。科学的な労働はいよいよ分化されてゆく。だが、数学者とか、化学者、博物学者、心理学者等々といったさまざまの才能を生みだしうる気候的、地理的な諸条件とは、いったいどんなものだろうか。

だが、外在的状況が諸個人をうながして、一定の方向に専門化するように強く仕向けるばあいであっても、この状況だけで個人の専門化を決定するわけにはいかない。その体質からして、女性には男性とは違った生活を過ごさせる素因がある。けれども、両性の職業があきらかに同一の社会がある。父親は、その年齢のゆえに、子どもたちとのあいだの血縁関係のゆえに、家族内で、その機能の全体が父権を構成するような指導的諸機能を果たすようにはっきり指定されている。だが、母系家族においては、こうした権威が父には与えられていない。家族のさまざまな成員がそれぞれの権限をもっている。すなわち、それぞれの親等度に応じて異なった機能をもつ。父と伯叔父、兄弟と従兄弟がいずれも同じ権利、同じ義務をもつのではない。けれどもまた、その血縁関係のいかんを問わず、すべての成人が同じ役割をもち、平等な立場におかれている家族類型もある。また捕虜が戦争に勝った部族のなかで占める劣悪な地位は、少なくともその生命が保障されれば、その部族で最低の社会的役割を果たすように強いられる。しかし、知ってのとおり、彼は勝者にしばしば同化され、勝者と同等になる。

じっさいはこのとおりである。右のような外在的差異は分業を可能にするものではあっても、それを必然化するものではない。差異が与えられたからといって、この差異が不可避的に役にたつということにはならない。差異というものは、人間が自分たちのあいだでもちつづけてきたあの類似にくらべると、要するにものの数ではない。やっと見わけがつく萌芽にすぎない。差異から活動の専門化が生ずるためには、こうした諸差異が発展させられ、組織化される必要がある。しかもこの発展は、あきらかに外在的諸条件の多様性ということとは別の原因に依拠する。にもかかわらず、スペンサー氏は、この発展は、それ自体でおのずから生ずるだろう、という。それは抵抗のもっとも少ない線にそっており、かつ自然の諸力が打ちかちがたいほどこの方向におもむくからである、とする。たしかに、人間が専門化するとすれば、こうした自然の差異によって特徴づけられた方向においてであろう。なぜなら、こういうやり方でも、人間は最小の苦痛と最大の利益を得るだろうからである。だが、いったいなぜ専門化するのか。人間がたがいに自他を区別する側にかたむいてゆくのを決定するのは、いったいなんであろうか。たしかにスペンサー氏は、進化がおこるとすれば、それはどんな様式で生ずるだろうかという点については、十分に説明してくれる。だが、氏は、進化を生みだす原動力が何であるかについては、語ってくれない。じつのところ、氏はこうした問題を提起してさえいないのである。じじつ、幸福は労働の生産力とともに増大すると氏は認めている。したがって、労働をさらに分割する新しい手段が与えられるならば、そのつど、それが手に入らぬなどということは、氏にとっては不可能だと思われているのである。だが、事物はこのような形で経過するものではないことを、われわれは知っている。現実には、われわれがそれをほしいと思うのでなければ、こうした新しい手段は価値のないものである。文明人がそれをほしがるように仕込まれてきた生産物、しかもさらに複雑な労働組織が必ずそれを供給するような結果になる生産物、そうした生産物のすべてを原始人はいっこうにほしがらない。ちょうどそれと同じように、われわれは、こういう新しい欲求がどうして構成されるのかを知ったばあいにのみ、増大する仕事の専門化がどこからくるのかを理解できる。

3

社会が容積と密度を増すにつれて労働がさらにいっそう分割されるのは、その外在的状況がさらに多様化するからではない。生存競争がいっそう熾烈になるからである。

ダーウィン[*3]は、二有機体間の競争は、両者が類似しているほど激しい、ときわめて正当な観察をしている。同じ欲求をもち、同じ物を追求すれば、両者はどこにおいても対抗しあう。必要以上に資源をもつかぎり、彼らはまだあい並んで生きることができる。だが、彼らの数がふえてきて、あらゆる欲望が十分には満たされないようになると、戦いが勃発する。そして、その不足が顕著であればあるほど、すなわち、競争者の数が多ければ多いほど、ますます激化する。共存している諸個体が異種かあるいは変種であれば、事情はまったく別である。彼らは、食物をとるのも同じやり方ではないし、同じ種類の生活を送るのでもないから、たがいにさまたげあうことはない。一方を栄えしめるものは、他方にとって無価値のものである。だから、闘争の機会は遭遇の機会とともに減少する。それは、これらの個体の異種または変種が相互にへだたっているほど、いっそう、そうである。ダーウィンは、こう述べている。「こうして、狭い地域でも移住の自由なところでは、したがってまた、個対個の闘争が熾烈をきわめるに違いないところでは、注意してみると、そこに住む種には非常に多様性があるのがつねである。私は、多年同じ生存条件にさらされてきたわずか三フィート四方の芝地が、じつに一八類と八部門にまたがる二〇種の植物を養っているのをみた。このことは、これらの植物がどんなにたがいに異なっているかを示している[16]」。のみならず、だれでも知っているように、同じ畑でも、穀類のそばに、非常にたくさんの雑草が生えているものだ。動物もまた、たがいの差異が大きいと、それだけ闘争からまぬがれやすくなる。一本の柏に、二〇〇種に達する昆虫が、ただ善隣のよしみをもつだけであるのがみられる。あるものは、柏の実を、他のあるものは葉を、さらに他のものは樹皮や根をもって身を養う。ヘッケル*4がいうように「すべての個体が同じ種に属し、たとえば、すべてが樹皮または葉だけを食べて生きているとすると、これほどたくさんの個体がこの樹上で棲息することは絶対に不可能であろう[17]」。なお、同様に、一有機体の内部で、別々の組織間の競争をやわらげるのは、異なった養分をそれぞれがとるということによる。

人間もまた、同一の法則に従う。同じ都市で、さまざまの職業は違った目的を追求するのだから、たがいに害しあうことを余儀なくされずとも共存はできる。軍人は軍事的栄光を、僧侶は道徳的権威を、政治家は権力を、産業家は富を、学者は科学上の名声を、それぞれ求める。それゆえに、そのそれぞれが自己の目標を追うのであって、他者がその目標に達しようとするのをさまたげることはない。さらに、それぞれの職分がそれほどへだっていないばあいでも同様である。眼科医は精神科の医者と競争することはなく、靴屋と帽子屋、石工と高級家具師、物理学者と化学者などは、競争しあうことがない。彼らのつとめが違うのだから、ともに並行してそれを果たすことができるのである。

しかしながら、さまざまの職能が接近すればするほど、いよいよ諸職能間の接触点が多くなり、それにしたがって職能どうしが闘争しあう危険にさらされる。このばあい、諸職能は類似した欲求を異なった手段で満たそうとするから、多少にかかわらず、たがいに侵害しあうことになるのは不可避である。司法官はけっして産業家とは競合しない。だが、ビール醸造業者とブドウ園経営者、ラシャ製造業者と絹織物業者、詩人と音楽家とは、ときに、たがいに押しのけあって地位を得ようとつとめる。まったく同じ職務につく人びとは、他を犠牲にしてしか繁栄しえないのだ。だから、もしこれらの異なった職能を、共通の一株からでた多くの枝の形であらわしてみると、枝の最先端どうしのあいだでは闘争がもっとも少なく、その幹に近づくほど闘争が規則正しく増加する。それは、各都市の内部においてばかりではなく、社会の全領域にまたがってそうである。異なった地点にある似たような職業は、コミュニケーションと運輸がむつかしくてその活動圏を局限しないかぎり、それらの類似がすすむほど、競争はますます激化するようになる。

問題をこのようにたててみると、つぎのことが容易に理解される。社会全体の全凝集化は、ことにそれが人口増を伴うと、分業の進歩を必然的に決定すること、これである。

じっさいに、ある産業センターがあって、それが国内のある地域に特定生産物を供給していると想定してみよう。すると、このセンターがどこまで発展できるかは、二重の限定を受ける。第一は、満たすべき欲求の範囲、あるいは、いわゆる市場の広さによってであり、第二は、それが行使する生産手段の力によってである。通常、このセンターは必要以上のものは生産しないし、まして、その能力以上のものは生産しない。だが、このように画された限界をこえることが不可能だとしても、このセンターは限界にまで達しようとして努力する。力の本性のうちには、妨げのないかぎり、その全エネルギーを発展させようとするものがあるからだ。ひとたび、この限界点に達するや、この産業センターはその生存諸条件に順応する。それは均衡状態にあるわけであって、他に変化がなければ均衡が変わることもありえない。

だが、ここにある地域があって、そこはこれまで右の産業センターに依存しないできたが、こんどはコミュニケーション手段がセンターとの距離をいくぶん短縮したので、それと結びつくようになったとしよう。同時に、その飛躍をおさえていた障害のひとつが低くなった、あるいは少なくとも後退したとしよう。すると、市場は拡大し、いまやあまたの需要が充足される必要がでてくる。もちろん、この産業センター内のさまざまの個別企業が、ことごとくその到達しうる最大限の生産をすでに実現してしまっていたとするならば、各企業はそれ以上拡大の見込みはないから現状維持のままということになろう。ただし、こうした状況はまったくの空想である。現実には、その限界点に達していない、したがってさらに前進する力をもつ相当数の企業がつねに存在する。これらの企業は、そこにまだ埋められていない空隙があるわけだから、必然的にそこへ殺到しそれを埋めようとする。これらの企業が、そこで類似の、しかもそれに抵抗できる諸企業とぶつかり、後者が前者をくい止めるとすると、双方の企業はたがいに境界を設けあい、したがって、相互の関係に変わりはない。もちろん、競争者の数はふえる。だが、彼らはさらに広大な市場を分けあっているのだから、二陣営の大半はそのままである。けれども、そのうちにいくらかでも劣勢をみせるものがあると、これらの劣敗者は、これまでに占めてきた地盤を譲らざるをえないし、闘争が展開されている新しい条件のもとでは、もはやみずからを保持しがたい。すると、これらの劣敗者は、消えさるか、転身するかのほかに選択の余地がない。もし転身するとしても、ひとつの新しい専門化に帰着せざるをえない。そして、このもっとも弱い企業がより専門的な分野をただちに創造する代わりに、別の職業、それも既存の分野をとる途を選んだとすると、それまでこの仕事をやってきた諸企業と競争に入らざるをえまい。だから、闘争は閉じられたのではない。ただ場所を移しただけである。闘争は、その結果としての専門化をさらに他の地点で生みだすことになるだろう。ついにはどこかで、ふるい落としか、新しい分化かが生じなければなるまい。社会がじっさいにもっと多くの成員を含み、同時に成員相互がもっと接近しあうとすると、闘争は一段と激烈になり、そこから生ずる専門化は、いっそう速く、いっそう完全にちかくなることは、もはやつけ加えるまでもあるまい。

いいかえてみると、その社会構造が環節的であるかぎり、各環節は、異なる他の諸環節を遮断する隔壁によって、いわば保護された諸器官をもち、それと類似した諸器官とはへだたっている。しかし、この隔壁が消えてゆくにつれて、類似した諸器官どうしに手がとどくと、闘争に入り、たがいにとって代わろうとしあうことは避けられない。ところが、この交替がどのようにおこなわれようと、その結果として、専門化の道程に、ある進歩がおこらずにはおかない。なぜなら、一方では、勝利を占めた環節の器官は、いってみれば、拡大された分業の力によってのみ、以後それが負うべきより広範な仕事を果たしうるからであり、他方で、敗者は、それまで果たしてきた全機能のうちのほんの一部分に集中することによってのみ、みずからを保持できるからである。小工場主は職工長となり、小商人は被傭者となる、等々。しかしなお、この各自の持ち分は、劣敗の度合がどの程度にいちじるしいかによって、多少の開きがある。当初の職分が、たんに同じ程度の重要さをもつ二つの部分にわけられるにすぎないこともある。類似した二企業が、競争に入ったり、競争場裡に居残ったりしないで、共通の仕事をわけあって、均衡を回復することもある。たがいに従属させあう代わりに、調整するわけである。だが、いずれにせよ、いくつかの新しい専門が出現する。

述べてきた例は、ことさらに経済生活から借りたものではあるが、この説明は、しかし、社会的諸機能のすべてにそのままあてはまる。科学的労働、美術的労働なども、以上のものとは別の仕方、別の理由で分割されるものではない。すでにみてきたように、中枢的管理機構が、局部的管理機関を吸収して、それらを特殊専門的な補助的役割に還元してしまうのも、同一の諸原因によってである。

これらの変動のすべてが、はたして平均的幸福の増大をもたらすものだろうか。その増大がどのような原因によるものであるかについては、まだわかっていない。むしろ、闘争が激しくなれば、人間を幸福にするような性質をもたない新しい努力、苦痛の多い努力をさらにひきこむことになる。すべてが機械のように必然的におこってくる。社会全体における均衡の破壊は、一段と発達した分業によってしか解決されえないような葛藤をひきおこす。そういうこと自体が進歩の原動力なのである。一方、外在的諸状況や遺伝の多様な組合せにかんしていえば、ちょうど大地の傾斜が水流の方向を決定するように、しかし流れそのものを創造しはしないように、これらのものは、専門化が必要なばあいに、その方向は指示するけれども、専門化そのものを必然のものとはしない。このような外在的要因が生む個体差は、潜在的な状態にとどまったままなのであって、ただ新しい困難にたちむかうばあいに、われわれがそれらを発揮し、伸ばさなければならないだけである。

それゆえに、分業は生存競争の一帰結なのである。だが、分業はまた、この競争を緩和した結末でもある。じっさい、競争者たちがたがいに排除しあう必要もなく、手をたずさえて共存しうるのは、分業のゆえをもってである。また、分業は、それが発展するにつれて、おそらく同質的なままの社会であれば滅亡すべき運命にあるような多数の個人に、みずからを維持し、生き残る手段を提供する。多くの低級民族においては、発育のわるい有機体は、すべて滅ぶべき運命にあった。それは、いかなる機能にも役にたたなかったからである。ときには、自然淘汰の結果を先どりし、これをいわば神聖化した法律が、不具あるいは病弱な新生児には死を宣告したし、アリストテレスでさえも、この慣行を自然だとして認めた(18)。もっと進んだ社会では、そういったことはない。虚弱な個人といえども、現代社会組織の複雑な枠組のうちで役にたつ場をみつけることは可能である。すなわち、身体だけは虚弱でも、頭脳が健全であれば、室内の仕事や思索的な職務に専心できよう。脳の弱い人物は「もちろん知的な大競争にたちむかうことは断念しなければなるまいが、社会は、その巣のあまり重要でない小さな孔のうちに、彼でも排除されないですむ小さな場所を用意しているものである(19)」。同じように、原始的な蛮族においては、敗れた敵は殺されるが、産業機能と軍事機能とが分離しているばあいには、その征服者のかたわらで奴隷として生きのびることがある。

また、ある状況においては、異なった諸機能が競争に入ることもある。たとえば、一個の有機体において、長い断食をした後では、神経系統が諸他の器官を犠牲にしてもみずからを養うことがある。同じ現象は脳の活動が極度に発達したばあいにも生ずる。社会についても、これは同じである。飢饉や経済恐慌のときには、生命的機能がみずからを維持するために、あまり重要でない機能を生活の資として吸収せざるをえないことがある。たとえば、奢侈産業が危機に瀕し、それを維持するのに役だってきた公共財産の持分は食料品や一次的必需品の諸産業に吸収されてしまう。そうでないばあいでも、ある有機体は、その諸欲求とは不釣合いなほど異常な活動の高さに達することがあり、それがゆきすぎて生じた出費を弁じるために、諸他の欲求にあてられた割前にまで手をださざるをえないことがある。たとえば、官吏、兵士、士官、仲買人、僧侶などのいずれかが多すぎて、諸他の職業がこうしたものの肥大症に苦しめられるような社会がある。しかし、これらはいずれも病理学的な事例である。それらは、有機体の栄養摂取が規則正しくおこなわれていないこと、あるいは機能的均衡が破壊されたことに負うからである。

けれども、ひとつの異論が心に浮かぶ。

ひとつの産業は、なんらかある需要に応えるかぎりにおいてのみ生存しうる。ある機能は、その専門化が社会のある要求に対応するかぎりにおいて、はじめて専門化されうる。ところが、すべて新しい専門化というものは、その結果として、生産を増強し、また改善する。この利点が分業の存在理由ではないにしても、分業の必然的な結果ではある。したがって、ひとつの進歩が永続的に確立されるのは、諸個人がより豊かな、より良質の生産物の需要を現実に感じているばあいにおいてのみである。交通産業というものが確立されていなかった時代には、各人は自分で用意した手段で旅行したものだが、それはそれでまにあった。けれども、これがひとつの専門的企業になるためには、人びとがこれまでに充足してきたことに満足しきれなくなって、もっときびしい要求をもつようにならなければならなかった。だが、この新しい要求は、いったいどこからくるのであろうか。

これらの要求は、分業の進歩を決定する原因と同一原因の結果である。先にみてきたように、その進歩は激しい闘争によるものである。ところが、さらに激しい闘争は、より大きな力を発揮させ、したがって、より大きな疲労をまねかずにはおかない。だが、生命がみずからを維持するためには、いつのばあいでも消耗しただけのものを回復していなければならない。これまでに有機体の均衡を回復するためには十分であった食糧が、以後不足がちになる理由がここにある。だから、さらに豊富で精選された食糧が必要なのだ。こうして、都市の労働者の労働に比して、あまり消耗しない労働につく農民は、いくらか貧弱な食物をとっても、都市労働者とまったく同じように自己を維持できる。都市労働者のほうは、植物性の食品では満足できないし、農民と比較していいとはいうものの、毎日の激しい持続的な労働が彼の有機体の収支に穴をあけてしまう赤字を埋めるということは、きわめてむつかしい。[20]

他面からすると、このような出費を支えるのは、ことに中枢神経系統である。[21]というのは、あの闘争に耐えぬく手段をみつけだしたり、新たな専門分野を創出したり、それを根づかせたり等々のことに努めなければならぬからだ。一般的には、環境が変化をこうむりやすいと、生活においてはそれだけいっそう知性の役割が大きくなる。たえまなく崩れる均衡に新しい条件をみつけだし、均衡を回復できるのは、それこそ知性だけだからだ。だから、脳の活動は競争が激しくなると同時に発達するし、発達の程度もこれに比例する。この両者の平行した進歩は、その社会の全階級にみられるものであって、たんにエリートだけにみられるものではない。この点にかんしてもまた、労働者と農民だけを比較してみればよい。前者が、その専心する仕事の機械的性質にもかかわらず、はるかに知的であることは周知の事実である。のみならず、精神疾患が文明と同一歩調で進み、田園よりもむしろ都市で、小都市よりも大都市で猛威をふるっていることも、理由なしとしない[22]。ところで、量的にも大きく、より敏感な脳は、いくぶん粗雑な脳とは別の要求をもつ。後者が感じもしない苦痛や困苦も、前者を苦悩に打ちひしぐ。同じ理由から、ひとたび脳が鋭敏になると、この器官に快感を感じとらせるためには、より複雑な刺激を必要とするし、脳はまたそれにみあって発達するから、このような刺激の必要度がさらに増す。結局は、他のあらゆる欲求にもまして、ほとんど知的な欲求が増大し[23]、雑な説明では、もはや一段と鍛えられた精神を満足させることはできない。人は新しい明晰さを要求するし、科学は、これらの渇望を満足させると同時に、これを絶やさぬようにする。

したがって、こうしたすべての変化は必然的な諸原因から機械的に生ずるのだ。われわれの知性と感受性が発達し、鋭くなるのは、われわれがそうしたものをいっそう鍛えるからであり、またそれらをさらに鍛えるというのは、われわれが耐えぬかなければならぬ闘争がいっそう激烈になって、そうせざるをえないからである。人類が、それを望みもしなかったのに、さらに強烈で多様な文化を受け入れる傾向があるのは、この理由からである。

けれども、もうひとつの要因が介在しなければ、このたんなる傾向が、それ独自でみずからを満足させる手段を生みだすことは不可能である。なぜなら、こうした傾向ないし素質は、享受する能力しか構成しないからだ。ベイン氏の指摘によると、「享受するという態度だけでは必ずしも欲求をそそらない。われわれは、音楽、絵画、科学を修めることを楽しむようにつくられてはいるが、こうして修得することがいつも妨害されると、それを望まなくなるものだ[24]」という。われわれが、遺伝的な強い衝動によってある対象のほうにおしやられるときでさえ、われわれはその対象とかかわりをもった後ではじめて、それを欲求できるのだ。性交渉の話を聞いたことも、それがもたらす快楽を聞いたこともない青年が、漠然としたいいしれない不安を経験することはよくある。自分には何かが欠けているという感じをもちはするが、それがなんであるか彼は知らない。ということはまた、固有の意味での性欲をまだもってはいないということだ。それに、こうした対象の定まらぬ渇望は、その自然な目的からも、正常な方向からも、簡単にそれてしまうことがある。だが、ともかく、人間がこのような新しい楽しみを味わってみる状態にあり、無意識のうちにそれを求めるときには、もう人間はそれが手のとどくところにあることを知る。分業がそれと同時に発達し、分業が人間にそれを用意するからである。そこには、予定調和などはいささかもなくとも、この二系列の事実が同一原因のそれぞれの結果だというだけで、両者は一致する。

この一致がどうして生ずるのか。それはつぎのようなことから知りうる。新しさの魅力は、新しいということだけで、すでにこうした快楽を経験するよう人間を促すのに十分である。それに、これらの刺激のさらに大きな豊かさと複雑さとが、これまでに満足してきた刺激がどんなに平凡なものであるかを彼に気づかせるならば、それだけいっそう自然にこの快楽にひきつけられもする。のみならず、彼はこうした新しいことを試みる前に、すでに心理的にはそれに順応していることになる。しかも、現実には、これらの快楽は彼の身体構造のうちに生じた変化に対応するものであるから、自分でもその快楽で結構だという予感がする。ついで、この予感を経験が確かめることになる。こうして、眠っていた欲求が目をさまし、決意し、自覚し、組織される。しかし、だからといって、この適応がどんなばあいでも完全だとか、分業の新しい進歩によるそれぞれの新しい産物は、つねに人間本性の現実的な欲求に対応するものだとか、そういうことをいおうとは思わぬ。むしろ逆に、欲求がかかわる対象に人が馴れてしまうという理由だけからでも、欲求がよくおこるというのが本当のようだ。この対象は、必要でも有用でもなかったものである。ところが、いくたびも経験を重ねているうちに対象がわかり、やがてそれがなくては過ごせぬまでになってしまうのだ。すべての機械的な原因から生ずる調和は、不完全であり、近似的なものにすぎない。だが、このような調和も、一般に秩序を維持するということのためには、それで足りる。分業においておこるのは、まさにそれである。分業のとげる進歩は、あらゆるばあいにおいてではなく、一般的に、人間のうちに生ずる諸変化と調和する。だからこそ分業の進歩が持続できるのである。

だが、くりかえしていえば、そのおかげでわれわれが幸福になるのではない。もちろん、ひとたび諸欲求が刺激されて、それが満たされないままであると、必ず苦痛が生ずる。しかし、われわれの幸福とは、欲望が刺激されるゆえにこそ大きくなる、というものではない。快楽の相対的強度を測定するための目盛がおきかえられると、あらゆる目盛は混乱してしまう。だから、こうした快楽の等級の変更は、必ずしもそれの増大を意味しない。環境がもはや同一ではないのだから、われわれ自身が変化しなければならなかったのだから、この変化は、もうひとつ別の、われわれの幸福のあり方における変化をも決定してきたのである。けれども、変化ということは必ずしも進歩ということではない。

われわれにとって、分業が、経済学者たちにとってとはまったく別の様相であらわれるゆえんは、かくのごとくである。経済学者たちにとっては、分業の本質はより多くの生産ということだ。われわれにとっては、より大なる生産性ということは、分業という現象の必然的な一帰結、ひとつの残響にすぎない。われわれが専門化するのは、より多くを生産するためではない。われわれに用意された新しい生存条件のなかで生きるためなのである。

4

上記のいっさいのことから生ずるひとつの系は、こうである。分業は、すでに構成された一社会の成員のあいだでのみ実現されうるということ、これである。

じじつ、孤立した、無関係の諸個人が競争によって相互に対立するとき、この競争は、ただ諸個人をますます分離させるだけである。もし彼らが空間を自由に使えるとすると、彼らはたがいに避けあうことだろうし、もし一定の限界からでることが不可能だとすると、彼らはたがいに独立を深めるような仕方で区別しあうであろう。他の要因の媒介をいっさいぬきにして、純粋な敵対関係が社会関係に転化する事例などは例証できるわけがない。また、同一種の動物または植物の個体どうしのあいだには、一般にいかなる紐帯も存在しないから、彼らのあいだでおこる戦いは、彼らを多様な異種に分化させ、似もつかぬ変種を生みだして、いつも相互にひき離しあうという結果しかもたらさない。こうした漸進的な分離こそ、ダーウィンが遺伝質分岐の法則とよんだものである。ところが、分業は対立させると同時に結合させる。それは、みずからが分化させた諸活動を収斂させ、ひき離したものを接近させる。競争がこの接近を決定してきたわけではないから、この接近はあらかじめ存在していたはずである。たがいに闘争に参加している諸個人はすでに連帯的であり、またその連帯を感じとっていなければならぬ。すなわち同一の社会に属していなければならないのだ。だからこそ、この連帯感が弱すぎて、分散させようとするあの競争の影響力に対抗できぬばあいには、競争は分業とはまったく別の効果を生みだすのである。たとえば、人口密度が極端に高いために生活がきわめて苦しい国々においては、そこの住民たちは専門分化しないので、その社会から永久にあるいは一時的に引きあげて、他の地域に移住することがある。

のみならず、以上のことが別様にはありえないことを理解するためには、分業とはなんであるかを考えてみるだけで十分である。じじつ、分業の本質は、これまで共有であった諸機能をわかちあうことにある。だが、この分配は、あらかじめ練られた計画に従って実施されるようなものではない。さまざまの仕事は、ひとたび分離されると、それらのあいだの境界線がどこにひかれなければならぬかを、あらかじめきめておくわけにはいかないのだ。というのは、事物の性質上、この境界線がはっきりとは標示されえず、逆に多数の状況しだいによるからである。だから、この分割はそれ自体で生じ、少しずつおこるものでなければならない。したがって、このような条件下において、ひとつの機能が、分業の本質そのものが要求するままに厳密に補足しあう二つの部分に分割されるためには、この専門分化した二部分が、その分離がつづくあいだじゅう、たえずコミュニケートしていることが不可欠である。一方が他方の放棄した活動をいっさいひきうけて、両者が適応しあうためには、ほかに手段はない。ところが、動物の群体で、その全成員の連結組織が一個体を形成するのと同じように、持続的な接触状態にある諸個人の集合体は、すべて一個の社会を形成する。それゆえに、分業は既存の社会のなかにおいてしか生じえないのである。だからといって、ただたんに、諸個人は相互に物質的に密着していなければならぬといっているのではない。諸個人のあいだには、なお道徳的紐帯がなければならないのだ。第一に、この物質的な連結は、持続的でありさえすれば、それだけでも道徳的紐帯を生みだす。だが、第二に、それ以上に、この紐帯が直接に必要なのである。もし、暗中模索しているあいだに確立しはじめた諸関係がいかなる規則にも服さないとすれば、あるいは、もし、いかなる力も個人的利害の衝突を緩和しえないとすれば、そこからはどんな新しい秩序もでてこない混沌《カオス》があるのみである。そのときは、まさしく、私的な、かつ自由に討議された協約によってすべてのことがおこったのだ、と想定されるかもしれない。だが、契約というものは、すでに法的規制が存在するところにおいてのみ、したがって、社会が存在するところにおいてのみ可能だということを忘れてはならないのである。

そういうわけで、ときとして分業のなかに全社会生活の基本的事実をみてとった人びとは、まちがっているのだ。労働は、それぞれ異なった諸能力をひとつにまとめようとして、集まったり結合したりする、そういうバラバラに独立した諸個人や、すでに分化した諸個人のあいだで分有されるのではない。なぜかといえば、このような偶然の状況下に生じたそれぞれの差異が、厳密に連結されて渾然たる一全体を形成するようになるということは、まさに奇蹟だからである。こうした諸差異は、集合生活に先行するどころか、後者から生ずるのだ。これらの諸差異は、社会のまっただなかでのみ生じうるものであり、社会的な感情と欲求の圧力のもとにおいてのみ生じうるものであって、これこそ、諸差異を本質的に調和的ならしめるのである。だから、分業の外部にこそ社会生活があるのであって、分業は社会生活を前提とするのである。したがって、そのまとまりが本質的に諸信念と諸慣行の共同性に負う社会が存在すること、さらに、分業がその統一性を確保する社会とはまさにこうした社会から生じたものであること、これらのことを明らかにしながら、われわれが直接に確立してきたものこそ、以上の事実なのである。第一編の結論といま到達しえた結論とは、だから、相互に精査し、確証しあうのに役だちうる。また、生理的分業についていえば、これもそれ自体がこの法則に従う。すなわち、この分業は、すでにある凝集性を帯びた多細胞の集合体のなかにおいてしかあらわれえないのである。

多くの理論家にとって、あらゆる社会の本質が協同のうちにあるということは、自明の理とされている。「言葉の科学的な意味において、社会は、諸個人の並存する状態に協同がつけ加わったときにのみ存在する」とスペンサー氏はいう。[25] だが、いまみてきたように、この公理なるものは、まさに真理の反対物である。これはあきらかに逆であって、オーギュスト・コントがいうように、「協同から社会がつくられたのではない。それどころか、協同はあらかじめ自生的に確立された社会を必然的に前提とするものである」。[26] 人びとを近づけあうもとは、血のつながり、同じ土地への愛着、祖先の崇拝、習慣の共同性などのような、機械的原因と衝動的な力である。これらの基礎にたって集団が形成されたときにこそ、そこに協同が組織化される。

それればかりではない。当初において可能な唯一の協同は、きわめて断続的であり弱いものであったから、そもそも社会生活は協同以外の他の源泉をもたなければ、それ自体では力もなく、継続性にも欠けていたであろう。いわんや、分業から生ずる複雑な協同は、後から生じた派生的な現象である。協同は、ひとたび集合体が構成されるや、その内部に発達する内的運動の結果なのである。さらに、協同がひとたび出現するや、それは、まさにさまざまの社会的紐帯をひきしめ、社会をより完全な一個の個性的存在たらしめる。だが、この統合は、それにおきかわるもうひとつ別の統合を前提とする。社会の諸単位が分化しうるためには、何よりもまずそれらの単位が、みずから示す類似性によってひきつけあい、集団化することが必要である。このような形成手順は、進化の起源においてばかりではなく、その各段階においてもみられる。高級社会が同一類型の諸低級社会の結合から生じたものであることは、われわれがじっさいに知っているとおりである。すなわち、分化の過程がはじまり、あるいは再びはじまるためには、前提として諸低級社会が唯一の同じ集合意識のなかに混合していなければならぬ。相互に類似し、相互に結合しあってはじめて分化するところの、あの比較的単純な諸有機体の反復重合によってこそより複雑な諸有機体が形成されうるのは、まさにこうしてである。一言でいえば、結合《アソシアシオン》と協同《コルポラシオン》とは、二つの異なった事実である。そして、協同が発展して結合に反作用を及ぼし、これを変形させるとしても、人間社会がますます協同者たちの集団と化してゆくとしても、そのために、この二つの現象の二元性が消えさることはない。

この重大な真理が、あの功利主義者たちによって等閑に付されてきたのは、彼らが社会の起源を認識する仕方にそもそも誤りがあったからである。彼らは、原初に孤立し独立した諸個人があり、ついで、諸個人は協同するためにのみ関係に入りうるのだ、と想定する。諸個人を切り離している空隙をとびこして、彼らが相互に統合しあう理由はといえば、ほかの理由がないからである。だが、このひろく流布された理論は、真の創造を無から得ることをあてにしている。

じじつ、この理論の本質は個人から社会を演繹することにある。ところが、われわれの知るところでは、このような自然発生の可能性を信ずることはまったく許されないのである。スペンサー氏の認めるところでは、この仮説どおりに社会が形成されうるためには、原始的な諸単位が「完全な独立の状態から相互依存の状態に移行(27)」しなければならない。だが、これほどまでに徹底的な変化を原始的諸単位に要請しえた原因はいったいなんだろうか。社会生活がもたらす利益をみこしたからだろうか。しかし、これらの利益も独立を失うことによって、相殺されてしまうばかりか、それだけではすまなくなる。それは、ほんらい自由かつ孤独な生活を送るように運命づけられている存在にとって、こんな犠牲はがまんのできないものだからである。つけ加えておくと、原初の諸社会類型においては、このような犠牲は可能なかぎり絶対的である。個人がこれ以上完全に集団に吸収しつくされるところは、どこにもないからである。人が想定するように、人間が個人主義者として生まれたとすると、この基本的な性向をかくも激しく痛めつける生活を、人間はどうして甘受することができただろうか。怪しげな協同の効用などというようなものも、このような失権にくらべれば、きっと色あせてみえるに違いない。こうして、想像されているような自律的個性からは、個人的なもののほかは何ひとつでてこないし、したがってまた、一個の社会的事実であり、社会的な諸準則に従うところの協同それ自体も、この自律的個性から生まれるわけがないのである。こうしたところから、自我に閉じこもることからはじめる心理学者は、そこからでて、非自我を発見しなおすことが、もはやできないのである。

集合生活は個人生活から生まれるのではない。反対に、個人生活が集合生活から生まれるのである。こうした条件においてのみ、社会的諸単位のそれぞれ独自の個性が、どうして社会を解体しなくても形成されえ、成長しえたかを説明できるのである。このばあい、個性は既存の社会環境のまっただなかでこそ彫琢されるのだから、それは必然的にこの社会環境の特徴を帯びる。すなわち、この個性は、それと連帯するこの集合的秩序を破壊しないような仕方でつくり上げられるのである。個性はこの秩序から自由でありながら、依然としてこれに順応する。個性には反社会的なものが何ひとつとしてない。それは社会の産物だからである。それは、自己に自足し、諸他のいっさいがなくとも過ごしうる、あの単子《モナド》の絶対的な人間的個性ではない。一定した機能をもつ一器官としての、あるいは器官の一部としての個性であり、それも有機体の爾余の部分から切り離されれば、死滅の危険をおかさざるをえない。こうした諸条件のもとにおいては、協同がたんに可能になるのみでなく、必然的になる。だからこそ、功利主義者たちは諸事実の自然的秩序を覆してしまうのであるが、この顚倒ほど驚くべきことはない。以上のことは、認識に最初に入りこんでくるものは実在においては最終段階のものであるという一般的真理の一特殊例たるのみである。あきらかに、協同ということはごく最近の事実である。だからこそ、まっさきに目に入るのである。それゆえに、常識がそうであるように、外見だけにとらわれるならば、道徳生活および社会生活の初歩的事実しかみないことになるのは避けられない。

けれども、協同はそのすべてが道徳ではないとしても、何人かのモラリストたちがやるように、なおさらのことそれを道徳の外におくようなことがあってはならない。これらの観念論者たちは、功利主義者とまったく同様に、エゴイスムを唯一の原動力とする経済的諸関係や私的協定の体系のうちにのみ、協同があるとする。だが現実に、社会的な、したがってまた道徳的な感情が主宰してそれを練りあげるのでなければ、道徳生活というものは不可能であろうから、道徳生活は、それを構成しているあらゆる関係を貫いて流れているのである。

われわれの命題にたいしては、国際的分業をひきあいにだして反論されるかもしれない。国際的分業のばあいには、少なくともその労働をわかちあう諸個人が同一社会に所属していないことは、はっきりしているようにみえる。けれども、ここで想起しておくべきは、ある集団はその個性を完全に保ちながら、しかもより大きな他の集団に包みこまれることがあり、この大集団はまた同種の多数集団をそのなかに含むことがある、ということである。経済的なものであれ、あるいは他のものであれ、ひとつの機能は、つぎのようなばあいにのみ、二つの社会にまたがって分割されうると断定できる。すなわち、この二社会がいくつかの点で同一の共同生活に参加しているばあい、したがって、同一社会に属しているばあい、がそれである。じじつ、ある点で、この二つの集合意識がひとつに融合していないばあいを想定してみよう。すると、この二つの集合体が、どのようにして必要な継続的接触をもちうるのか、したがって、両者のうちの一方が、その諸機能のひとつをどのようにして他方にまかせることができるか、ということが理解できない。ある民族が他民族に滲透されるがままであるためには、排他的な愛国主義にとじこもることをやめて、もっと包容力に富んだ別の愛国主義を習得することが必要である。

なお、このような事実関係は、歴史上もっとも顕著な国際的分業の例において、直接に観察できる。じじつ、国際的分業は、まさしくヨーロッパにおいてしか、また現代においてしか生じえなかったといっていい。それもヨーロッパの諸社会がひとつの共同意識をもちはじめたのは、一八世紀末から一九世紀初頭においてである。ソレル氏[*5]はこういっている。「ぜひとも棄ててほしいひとつの偏見がある。それは、旧体制のヨーロッパを諸国家から整然とつくりあげられた一社会と想像する考え方である。すなわち、それによると、ヨーロッパでは、各国がみずからの行動をすべての国の認めた原則に一致させてきたし、制定ずみの法にたいする尊重が国家間のとりきめを支配し、諸条約を規定し、これらの実行に際しては誠実さが主導してきた、とする。また、諸君主制国家間の連帯感が、公共の秩序維持とともに、君主らが締結した諸協定の永続を確保してきた……と。ところが、各国の諸権利がすべての国々の諸義務から生ずるという、このひとつのヨーロッパという考え方は、旧体制の政治家たちにはまったく奇妙なものであったから、彼らにこの観念を強制し、その必然性を立証してみせるためには、史上もっとも恐るべき、四分の一世紀にわたる戦争〔フランス革命とナポレオン戦争の二五年間を指す〕が必要であった。ヨーロッパにひとつの基礎的組織を与えようとした、あのウィーン会議とそれにひきつづく諸会議で、人びとが試みたものは、過去への回帰ではなくて、進歩であった」[(28)]。逆にいえば、偏狭なナショナリスムへの逆行は、結果として、つねに保護主義的精神の発展を、すなわち、経済的にも道徳的にも諸民族が相互に孤立しようとする傾向を生む。

しかしながら、あるばあいには、どんな紐帯によってもひとつになれない諸民族、ときとして、相当に敵視しあいさえする諸民族[29]が、多少規則的にその生産物を交換しあったからといっても、これらの事実にはたんなる共棲関係〔rapports de mutualisme〕しかよみとってはならないのであって、それと分業とは縁もゆかりもないのである[30]。なぜなら、異なる二有機体が有効に適応しあえるいくつかの特性をもっていたからといって、そこからただちに、両者のあいだに諸機能の分担があるということにはならないからである[31]。

原注

（1）*sociologie*, II, p. 31.

（2）タキトゥスはゲルマン人についてこう述べている。「彼らは散り散りにわかれて住居を営む。いずれも家のまわりに空地をめぐらす」（*Germania*, XVI）。

（3）Accarias, *Précis*, I, p. 640 の都市地役権の表をみよ。なお、Fustel, *La cité antique*, p. 65 を参照。

（4）こう説いてみたからといって、密度の進展が経済変動から由来するということをいうつもりはない。この二種類の事実は相互に条件づけあっているのであって、一方が存在すれば、それで十分に他方の存在を証明することになる。

（5）Levasseur, *La population française*, Passim.

（6）Tacitus, *Germania.*, XVI をみよ。――Sohm, *Über die Entstehung der Städte.*

（7）*Römische Alterthümer*, IV, S. 3.

(8) この点については、Dumont, *Dépopulation et civilisation*, Paris, 1890 の第八章、および Œttingen, *Moralstatistik*, p. 273 以下をみよ。

(9) Levasseur, *op. cit.*, p. 200.

(10) タルド氏がその著 *Lois de l'imitation* で述べている意見も、こうであるようだ。

(11) しかしながら、特殊的かつ例外的なばあいがある。物的密度と道徳的密度とが、まったく一致しないばあいである。この点については、本章のさいごの注をみよ〔テクストでは第Ⅲ章末尾の注となっているが、あきらかに誤りである〕。

(12) *Sociologie*, II, p. 23.

(13) 始源的には、村落はまさしく定着した氏族そのものにほかならない。

(14) この点についてもまた、われわれはコントに依拠するところが大きい。彼は、こういっている。「いまや、私は、人類がしだいに達成してきたこの凝集化こそが、社会の運動の有効な速度を規制するのにあずかって力がある究極的な一般的要素である、としなければならぬ。それゆえに、まず第一に簡単に認められることは、つぎのことである。すなわち、とりわけ起源にあっては、この凝集化が人間労働の全体をいよいよ専門的に分割すること——これは必然的に協力者が少数であることと両立しえない——において、決定的に大きな影響をもたらす。そのうえ、より内面的なある属性、重要であるにもかかわらずあまり知られていない属性によって、こうした凝集化が、直接に、きわめて強力な仕方で、社会進化のさらに速い発展を刺激する。この刺激は、あるいは個人を駆って新しい努力におもむかしめ、一面ではますますむつかしくなってきている生存を、さらに洗練された手段によって確保するようにさせる。あるいはまた、個々の利害の衝突がいっそう激しくなってきたばあい、これにたいして断乎戦いをいどむために、さらに執拗かつ一致したエネルギーをもってこれに立ちむかうことを、社会に強制する。個人、社会のいずれのばあいにおいても、諸個人の数の絶対的な増加ということは、ここでは問題ではない。一定の空間における諸個人のより強力な協力こそが、ことのほか問題なのである」(*Cours*, Ⅳ, p. 455)。

(15) *Premiers principes*, p. 381.

(16) *Origine des espèces*, p. 131.

(17) *Histoire de la création naturelle*, p. 240.

(18) *Politique*, Ⅳ (Ⅶ), 16, 1335b, 20 et suiv.

(19) Bordier, *Vie des sociétés*, p. 45.

(20) Bordier, *op. cit.*, p. 166 以下をみよ。

(21) Féré, *Dégénérescence et criminalité*, p. 88.

(22) *Dictionnaire encyclopédique des sciences médicales* の《Aliénation mentale》の項をみよ。

(23) ほんらい知的ないしは科学的な生命のこの発展は、つぎの章でみられるように、なお別の原因をもつ。

(24) *Émotions et volonté*, p. 419.

(25) *Sociologie*, Ⅲ, p. 331.

(26) *Cours de Philosophie positive*, Ⅳ, p. 421.

(27) *Sociologie*, Ⅲ, p. 332.

(28) *L'Europe et la Révolution française*, I, pp. 9 et 10.

(29) Kulischer, Der Handel auf den primitiven Kulturstufen (*Zeitschrift für Völkerpsychologie*, X, 1877, S. 378) および Schrader, *Linguistisch-historische Forschungen zur Handelsgeschichte*, Iéna, 1886 をみよ。

(30) 一般に、共棲は異種属の諸個体間に生ずるとするのが正しい。だが、同種属の諸個体間におこっても、この現象は依然として同じである（共棲については、Espinas, *Sociétés animales* と Giraud, *Les sociétés chez les animaux* をみよ）。

(31) この章を終わるにあたって想起しておきたいことがある。それは、ここでしてきたことは、一般に分業がいかにしてたえず発展しつづけるかということを究明してきたにすぎないこと、述べてきたところはこの進歩の諸決定因であること、これである。だが、とりわけある社会では、環節的類型がなおきわめて顕著であるにもかかわらず、ある分業、なかんずく経済的分業が非常に発達しているばあいがある。イギリスのばあいがそうであるようだ。そこでは、ヨーロッパ大陸におけると同様に大工業と大商業が発達している。ところが、にもかかわらず、イギリスでは、地方生活の自治と、地方での伝統の権威の大きさが示すように、蜂の巣状の組織はなおいたって顕著である（この伝統のもつ権威という事実の徴候的な価値は次章で明確にされよう）。

それは、すでにみてきたように、分業が、じっさいに派生的・二次的な現象であって、社会生活の表層において生ずるからであり、とりわけ経済的分業のばあいがそうだからである。経済的分業は上っつらの現象なのである。ところで、あらゆる有機体において、表層の諸現象は、それらが一般に依存する内在的諸原因が変化しないばあいでさえ、その位置が表層的であること自体によって、いっそう外在的原因の作用を受けやすい。こうして、経済的分業が発達するためには、その社会構造がめだって変化しなくとも、ある民族において、なんらかの状況が、物質的満足を求める欲求をさらに活発に刺激するだけで十分なのである。模倣の精神とか、もっと洗練された文明との接触とかが、こうした結果を生ぜしめうる。意識の頂点の部分であり、したがって意識の最表層の部分である悟性が、心的生活の基層に影響を受けなくても、たとえば教育のような外在的影響によって容易に変わりうるのは、こうしてである。こうしてこそ、深い根底がなくても成功をおさめるには十分すぎる知性がつくりだされる。また、この種の才能は遺伝によって伝えられるものではない。

このような比較からは、つぎのことが明らかとなる。社会の段階にある社会を位置づけるばあい、その文明の状態によって、ことに経済的文明の状態によってその位置を判断してはならぬということである。というのは、このような文明は、ひとつの模倣でありコピーであるにすぎず、だからまた低級種の社会構造をおおいかくすことができるからである。こうした例は、たしかに例外ではあるが、現存している。

社会の物質的密度が道徳的密度の状態を厳密にあらわしえないのは、このようなばあいにおいてのみである。だから、われわれが提起した原理の正しさはきわめて一般的なのであり、もって明証とするに足りる。

訳注

＊1 Heptarchy――五―六世紀に、ゲルマンのアングロ族とサクソン族によって大ブリテンに建設された七つの王国。

＊2 マルクヴァルト――Josef Markwart（Marquardt）. 一八六四―一九三〇年。ドイツの東洋学者。

＊3 ダーウィン――Charles Robert Darwin. 一八〇九―一八八二年。

＊4 ヘッケル――Ernst Heinrich Haeckel. 一八三四―一九一九年。ドイツの生物学者、哲学者。ダーウィンの進化論を支持し、一種の形而上学的ともいえる唯物論と生物界の一元論的説明を主張。

＊5 ソレル――Albert Sorel. 一八四二―一九〇六年。フランスの歴史家。フランス革命時代の外交史を専攻。

III　二次的要因——共同意識がしだいに不確定になること、およびその原因

われわれは、本書の第一編で、分業の発達につれて集合意識がますます弱まりかつ曖昧になることを明らかにしてきた。分業が連帯の主要源泉となるのは、集合意識がしだいに不確定になっていった結果でもある。分業と連帯の二現象は、その点で関連するわけだから、集合意識のこの退歩の諸原因を探究することは、あながち無益ではあるまい。もちろん、この退歩がいかなる規則性をもって生ずるかを明らかにしながら、われわれは、まさしくそれが社会進化のある基本的な諸条件によるものであることを直接に確かめてきた。けれども、これらの条件がなんであるかを発見できるならば、前編の結論はさらに異論の余地なきものとなろう。

のみならず、この問題はわれわれのいま扱っている問題と密接な関連がある。すなわち、分業の進歩が社会的諸単位〔諸個人〕が相互に加えあう圧力、彼らをますます多様な方向に発展せざるをえなくする強力な圧力に負うものであることは、いま指摘してきたばかりである。だが、この圧力は、共同意識が各個人意識に強制するこれとは逆方向の圧力によ

って、たえず中和される。一方がわれわれを独自の個性たらしめようとする反面、他方は逆に、すべての人びとにぜひともたがいに似るように仕向ける。前者は、われわれをその個性ほんらいの傾向に従うようにおもむかしめるのにたいして、後者は、われわれをひきとめ、集合類型から逸脱しないようにする。いいかえれば、分業が生じ、かつ増大するためには、諸個人のうちに特殊な諸性向の芽があるだけでは足りないし、彼らをそのさまざまな性向の方向にそって多様化するように仕向けるだけでも足りない。個人みずからが多様化する可能性がなければならない。ところが、これらの多様化は、ある強力な確定した状態の集合意識と対立するばあいには、生じえないのである。なぜなら、集合意識の状態は、それが強いほど、みずからを弱めるようなものにたいしてはことごとく反抗するからであり、それが確定しているほど変化を受けいれる余地が少ないからである。だから、分業の進歩は、共同意識の活力と明確さが増すほどに、いよいよ困難となり、テンポもおそくなると予想できる。反対に、個人がその個性的な環境と調和を保つことが容易であればあるほど、その進歩の速度はますます速まろう。だが、そうであるためには、この私的な環境が存在するだけでは十分でない。各個人がすすんでそれに順応すること、すなわち、全集団が同時に、また同一方向には動かないばあいでも、独自に活動しうることが必要である。ところが、知ってのとおり、個人独自の活動というものは、機械的連帯が発達すればするほどいよいよ稀少になる。

分業を中和しようとする共同意識のこの影響力を直接に観察しうる例は、たくさんある。

たとえば、法や習俗が不動産の不可譲渡性や不可分性〔＝共有性〕を厳格に強制するかぎり、分業が出現するために必要な諸条件は生じない。各家族は一個の緊密な集群を形成して、全成員が同じ職業に専心し、世襲的共有財産の経営に没頭する。スラヴ人のばあい、その大家族ザドルガ[*1]〔Zadruga〕は、貧窮の度をますにつれて規模がますます大きくなる。けれども、家族をあげて、という気持がきわめて旺盛であるから、船乗りや商人のような特殊な仕事について外にでてゆこうと企てるよりは、むしろ一体となって生活しつづけるのが一般である。他の社会では、いくらか分業が進んでいても、それぞれの職業階級は、革新という革新をいっさい受けつけぬつねに一定した同じ職能をもつ。そればかりでなく、市民がそれにたずさわることが多少とも形式上禁じられている職業分野がある。ギリシアにおいても[1]、ローマにおいても[2]、工業と商業はさげすまれた生業であった。カビリア人においても、たとえば食肉加工とか靴工といった手職は、世評上かんばしからぬものであった[3]。だから専門化するといっても、以上のような雑多な方向でおこるということはありえない。さいごに、古い同業者組合の時代におけるフランスのように、その経済生活がすでに相当の発達をとげている民族においてさえ、その諸職能は分業が進歩しえないような規制でしばられていた。みんなが同じやり方で製造することを強いられていたばあいには、そもそも個人の多様化ということはいっさい不可能であった[4]。

　同じような現象は、社会の表象生活の分野でも生ずる。宗教という、このすぐれて共同的な意識形態は、原初において、その実践的機能とともにすべての表象的機能をも吸収していた。表象的機能が実践的機能と分離するのには、哲学の出現をまたねばならない。ところが、哲学の出現は、宗教がいくらかその版図を失ったばあいにおいてのみ可能である。哲学という、この事物にかんする新しい表象様式は、それに対抗する集合的意見と衝突する。よくいわれてきたように、宗教的信仰を退化させるものは思想の自由である。だが、ひるがえって思想の自由は、この宗教的信仰があらかじめ退化していることを前提とする。すなわち、思想の自由は、共同の信仰がそれを認めるのでなければ、そもそも生じえないのである。

これと同じ対立関係は、新しい科学が創設されるたびごとにもおこる。キリスト教といえども、それ自体は他のいかなる宗教にもまして個人の内省にはるかに大きな余地をそのまま残すものであったとはいえ、やはりこの対立の法則からまぬがれることはなかった。もちろん、学者がその研究を物質界に限定していたかぎりにおいて、この対立はそう激しいものではなかった。原則として、この対立は人びとの論争にゆだねられていたからである。それでもなお、それほど完全に自由な討議にまかせられていたわけではなかったし、キリスト教的な神は現世の諸事物とまったく無縁でもなかったので、必然的に自然科学それ自体が信仰のなかに障害をみいだすことが少なからずあった。だが、この抵抗が本格化したのは、とりわけて人間が科学の対象とされてからである。じっさい、人間が他の自然と同じような自然的存在として研究されるとか、道徳的諸事実が自然の諸事実として研究されるとか、という考え方について、信者はこれを非難しないではいられなかったのである。こうした集合的感情は、それがどんなに多様な形態をとっていたにしても、心理学や社会学の発達をどれほど阻害したかは、すでに周知のところである。

それゆえに、分業の進歩が社会環境のうちで突発した諸変化からして必然であると証明してみたところで、この進歩が完全に説明されたことにはならない。それは、さらに二次的な諸要因のいかんにもよるのであって、これらの要因が分業の進歩のなりゆきを容易にしたり、阻害したり、あるいは完全に止めてしまったりするのである。まことに、生存競争にたいして可能な唯一の解決策は、専門化ということだけなのではない。そのことを忘れてはならぬ。そこにはなお、移民、植民、さらに闘争のはてしない不安定な生存へのあきらめ、そしてついには自殺その他の手段による弱者の完全なふるい落とし、といった解決策もある。こうした方法の結果は、あるていどまでは偶然であり、闘争者たちは他の解決策はさしおいても一方の解決策をとらざるをえないものでは必ずしもないから、自分たちにもっとも手近な策にむかおうとする。いうまでもなく分業の発展をさまたげるものが何もなければ、彼らは専門化してゆく。だが、もろもろの事情がこの解決を不可能にしたり、あるいは非常にむつかしくしてしまうと、もっと別の解決策をとらざるをえなくなるであろう。

こうした二次的諸要因のうち第一のものは、集団にくらべて個人のほうが大きな自立性をもつということ、個人が自由に変わることを許すような自立性があるということ、にある。生理学的分業でもそれの従う条件は同じである。ペリエ氏〔Perrier〕によると、「解剖学的諸要素は、たがいに近接しあっていても、めいめいがそのまったき個性を保持している。最高等の有機体でも最下等の有機体でも、これらの要素はその数のいかんを問わず、それぞれの要素は隣接要素におかまいなく、みずからを養い、増殖し、繁殖する。生理学者の手中にあって、あれほど生産的なものとなった解剖学的諸要素の自立性の法則は、まさしくそこにある。この自立性は、さまざまの造形細胞《プラスティード》がより一般的な能力を自由に行使するばあいの必然的な条件として考えられなければならぬし、原形質にたいする外部の諸状況の作用あるいはそれに内在する諸力の作用によってすら生ずる変異性として考えられる必要がある。このような変異への性向と相互の自立という性向があればこそ、別々に生まれ、はじめは相互にまったく類似していた諸要素が、別々の方向に変化してゆき、さまざまの形をとり、新しい機能と属性とをかちとることができたのである」[5]。

有機体に生ずるばあいとは反対に、社会において、この自立性という事実は原初的でない。はじめは、個人が集団に吸収されているからだ。しかし、すでにみてきたように、ついで、この自立性があらわれ、集合意識の退化の結果としての分業と同時に、それは規則正しく伸びる。残された問題は、この自立性という、社会的分業にとって有用な条件は、それが必要であるかぎりどのようにして実現されるのか、を探究することである。もちろん、この自立性それ自体が依拠するのは、まさに専門化の進展を決定してきた諸原因でもある。だが、社会の容積と密度の増大が、いかにしてこのような結果をもたらしうるのであろうか。

I

小さな社会では、全成員がおよそ同じ生存条件下におかれているから、集合的環境は本質的に具体的である。このような集合的環境は、社会的という分野に入ってくるあらゆる存在から成っている。したがって、この環境を表象する意識の諸状態も同性質である。何よりもまず、これらの表象は、たとえばこの動物、この木、この植物、この自然力等々の明確な対象にかかわる。ついで、このような事物にたいするかかわり方では、だれしもが同じように位置づけられているから、これらの事物は、すべての人びとの意識に同じように影響を及ぼす。その部族がさして広大ではないばあいには、その全成員が、太陽、雨、寒暑、この河、あの泉などからひとしく利益を受け、あるいは不便をこうむる。こうした個々人の印象がすべて融合する結果としての集合的印象は、それだからこそ、その対象が一定しているのとまったく同様にその形式もまた一定しており、したがってまた、その共同意識は一定のはっきりした性格をもつ。けれども、社会の容積が増すにつれて、この共同意識はその本質が変わってくる。このばあい、社会はより広大な地表にまたがるから、共同意識そのものも、あらゆる局地的な多様性を超越して高められ、ますます広い空間を支配することを余儀なくされ、したがって、いっそう抽象的にならざるをえない。なぜなら、こうした多様な環境のことごとくに共通しうるのは一般的な事物のほかにはないからである。すなわち、それは、もはやこの動物ではなくて、この種属であり、この泉ではなく、泉一般であり、この森ではなく、抽象的な森である。

　他面からすれば、その生活条件はもはやどこにおいても同じではないのだから、共通する対象もまた、よしんばそれらがどのようなものであろうとも、またどこにおいても、完全に同じ感情をひきおこすわけがない。だから、集合的な合成物は、以前と同じ鮮明さをもはやもちえないのである。それを構成する諸要素が類似しなくなればなるほど、ますますそうなる。ある合成的な肖像をつくりあげるのに役だつ個々人の肖像が、それぞれ違えば違うほど、前者は不鮮明なものになる。局地的な諸集合意識が、一般的な集合意識のなかにおいてこそその個性を保持しうることが明白なら、これらの局地的集合意識はその視野が狭小だから、より具体的なままにとどまりやすいこともまた明白である。だが、前述のように、局地的な集合意識は、それに対応する社会的諸環節が消えさってゆくにつれて、一般的な集合意識のなかに少しずつ姿を没してゆく。

　共同意識におけるこの抽象化の増大傾向をもっともよくあらわす事実こそは、その構成諸要素のもっとも本質的なものと同じあの超越性である。私はこれを神聖《ディヴィニテ》観念とよびたい。当初、神々と宇宙とは区別がなかった。あるいは、むしろ神々は存在せず、ただ聖なるものだけが存在した。これらの聖なる存在がまとうところの聖性《カラクテール・サクレ》は、その源泉にも、なんらかの外在的な実体にもかかわりがない。なるほど、氏族のトーテムとして役だつ種類の動植物は、礼拝の対象ではある。だがそれは、ある独自の根源が外からやってきて、これらの動植物にあの神性《ナチュール・ディヴィヌ》を伝えるのではない。この神性はこれらの動植物に内在的なのであり、それら自体が神的なのである。しかしながら、はじめは諸物の属性にすぎなかった宗教的な諸力は、少しずつこの諸物からひき離され、やがて神格化される。霊魂や神は、ここかしこ、その好むところにしたがって住みつくが、しかしとくに結びつけられてきた特定対象の外部に存在するようになる。――こうした形でこそ霊魂や神の観念が形成される。(6) まさしく、こうした事実そのものによって、それらは具体性を欠いた何かを帯びる。しかしながら、霊魂や神々は、よしんば多種多様であるにせよ、ある単一体に帰せられるにせよ、それらはなお世界に内在的である。部分的には事物からひき離されているにしても、それらはつねに空間のうちに存在する。だから、それらはわれわれのごく身近にとどまり、われわれの生活に融けあっているのである。ギリシア・ローマの多神教は――それはより高級かつ組織化されたアニミスムの形態である*2――、この超越の方向におけるひとつの新しい進歩を意味する。すなわち、神々のいますところは、人間の住まいからはっきり区別されるようになるということである。オリュンポスの神秘の丘の上や、地底の奥つきに隠遁した神々は、親しく人事に身をいれることも、たまさかのことになる。けれども、キリスト教をもってはじめて、神〔一神教の神 Dieu〕は地上から決定的に去る。神の王国は、すでにこの世ではない。自然と神との分離はついには対立に陥るほどにまで完全となる。同時に、神性の観念はますます一般的・抽象的になる。神性観念は、当初におけるように感覚からではなく、観念《イデー》から形成されるからである。都市や氏族の神々よりも、人類全体の神は必然的に内包を欠くようになる。

さらに、宗教と同時に、法規範が普遍化し、道徳の諸準則も普遍化する。はじめは、局地的事情、人種や風土の特殊性などに結びついていたこれらの準則は、右の状況から少しずつとき放たれ、それと同時により一般化する。こうした一般性の増大をそれと感じさせるのは、形式主義がたえず衰微してゆくことからである。低級社会では、行為の外面的形式でさえ、その細部にいたるまですでにきまってしまっている。人間がそれぞれの機会にとるべき衣食の様式、なすべき所作、つかうべき言葉づかいは、明確にきめられている。逆に、その起源から遠くへだたるほど、道徳的・法的規定はますますその鮮明さと明確さとを失う。これらの規定は、行為のもっとも一般的な形式しか規制しえないし、何をなすべきかは告げても、それをいかになすべきかは語ってくれないといった、きわめて一般的な仕方で規制するにすぎない。ところが、確定しているものはすべて一定した形式をもってあらわされる。したがって、集合的感情がかつてと同じ確かさをもっているとすると、それは依然として確定的に表明されるであろうし、行為と思考の具体的な細目も、かつてと同じく紋切型であるならば、それらはやはり以前と同様に義務的であろう。

文明がよりいっそう合理的かつ論理的になる傾向があるとは、よく指摘されてきたところである。いまや、その理由のなんたるかが明白である。普遍的なものだけが合理的なのである。理解をまどわすものは、特殊的なもの具体的なものである。われわれの思索は、一般的なものについてだけは、これをよくする。したがって、共同意識が特殊な事物に近いほど、いっそう厳密にこの特殊な刻印を帯びるだろうし、また理解もしにくいことになる。原始文明がわれわれにもたらす印象は、まさにここに由来する。われわれは、原始文明をいくつかの論理的原理には還元しえないので、ついつい、そこに異質的な諸要素の奇妙で偶然的な結合をしかみようとはしない。だが、現実には、原始文明に不自然なつくりごとなどはひとつもない。ただ、その決定因を、概念のうちにではなく、感覚のなかに、その鋭敏な感受性の動きのなかに求めなければならないのである。仮に不自然なものがあるとしても、それは、原始文明の形成される社会環境が十分な広さをもっていないからである。反対に、この文明がもっと広大な活動範囲にまたがり、もっと大勢の人びと、多くの事物に及ぶならば、一般的観念が必然的にあらわれ、やがてそれが支配的となる。たとえば、より具体的であり、それだけ科学にとっては抵抗の多い、あのローマ人という観念は、法においても、道徳においても、さらには宗教においても、人間という一般的な観念にとって代わる。それゆえに、この抽象化へという巨大な変化を解きあかすものこそ、社会の容積の増大であり、その凝集度の増大なのである。

ところが、共同意識が一般性を帯びるようになればなるほど、それは個人的差異により多くの余地を残すようになる。神が物や人から遠ざかると、神の活動はいつでも、どこにでも及ぶという遍在性がなくなる。そこには、きわめて多様な仕方で自由に適用されうる抽象的な諸準則のほかには、確定的なものは何もない。しかも、これらの準則には、もはや神のような支配力も抵抗もない。じっさい、慣行や範型がはっきりしているばあいにこそ、それらは反射運動にも似た必然性で思惟や行動を決定しうるとしても、こんどは反対に、あの一般的原理は知性の協力なしに諸事実に迫ることができないのである。ところが、思索的な反省は、いったんめざめると、それをおさえることは容易でない。この熟慮反省が力を得るや、それは、きめられた限界をもこえて、ひとりでに伸びるものである。はじめは、討議を超越して若干の信仰箇条が設定されるが、やがて、討議はついに信仰箇条にまで及ぶ。人はこの信仰箇条を解きあかそうとし、その存在理由を問う。すると、この吟味がどんなやり方でなされるにせよ、信仰箇条そのものが、その力の一部を失ってしまう。なぜかといえば、熟慮された観念は、本能と同じような強制力をもつようなことはないからである。だからこそ、熟考されてきた運動は無意識的な運動のような瞬間性をもたないのだ。したがって、合理的になるからこそ、集合意識は強制的ではなくなってくるのであり、また、この理由からして、それが多様な個人的差異の自由な発展をさまたげることは少なくなるのである。

2

けれども以上の原因は、こうした結果を生ずるのにもっとも貢献した原因とはいえない。

集合的状態をして力あらしめるのは、この状態がいまの世代に共有のものだからという理由だけではない。とりわけ、その大半が先行の諸世代からの遺産だという理由からである。じじつ、共同意識はひどく時間をかけてしかつくり上げられないものであり、それが変化するばあいも時間がかかる。ある行動形式ないしある信仰がこの程度の一般性と結晶化に達するには、時間が必要であり、それが消失するときも時間が必要である。だから、共同意識はほとんどまったく過去の所産であるといってよい。ところで、過去に由来するものは、一般に、まったく特別な尊敬の対象となる。すべての人があげて服する慣行は、もちろん大きな威信をもつ。だが、この慣行の力には、さらに祖先の賛同がこめられているとすると、なおさら人はあえてそれにそむこうとはしない。集合意識の権威は、だから、その大半が伝統の権威によってつくられるのだ。そこで、つぎに検討しておきたいことは、この伝統の権威は、環節的類型が稀薄になるにつれて必然的に減退するものだということである。

じっさいに、この環節的類型がきわめてはっきりしているばあいには、各環節はたがいに多少とも閉鎖的な同数の小社会を形成する。諸環節が家族を基礎としているばあいには、それらの環節を変えることは、家族を変化させることと同様に至難である。ついで、諸環節が地域という基礎しかもたなくなってくると、環節間をへだてていた障壁をのりこえることはそうむつかしくない。しかし、障壁はなおいつまでも残る。たとえば、中世では、労働者にとって、自分の町以外の町で仕事をみつけることは、なお困難であった(7)。加えて、国内関税が、異分子の侵入にたいして、それぞれの社会的区画の周囲に保護帯をめぐらしてきた。このような条件のもとでは、個人は、あるいは彼をそこに結びつける紐帯によって、あるいはよそにいっても排斥されるという理由によって、自分の生国に緊縛される。コミュニケーションと運輸の手段が稀少であるということも、各環節のこのような閉鎖性を示す証拠である。当然の結果として、人をその出生の環境にとどめる諸原因は、また彼を自分の家族環境に固定させる。まず最初には、この生国と家族の二つの環境がひとつに融けあっていた。のちになって、両者が分離するようになっても、前者を超越しえないかぎり、後者を離れてそれほど遠くへゆくわけにはいかないのである。血縁にもとづく吸引力はもっとも強く作用する。というのも、各人の全生活は、この力の源泉に密着したままで営まれるからである。以上のことは、まことに例外を許さぬ法則なのであって、社会構造が環節的性格を帯びるほど、そこにある諸家族はますます緻密で、未分化で、集約的な、巨大な集群を形成する(8)。

これと反対に、それぞれの環節をへだてている境界線が消えてゆくにつれて、不可避的にこの均衡が破られる。諸個人は、もはやその出生の地にひきとめられなくなるし、眼前に開けた自由の天地が彼らを魅了するから、そこへきっと足をのばそうとする。子どもたちも、もはや両親の郷土に縛られてじっとしているということはなく、幸運を求めてどこへでも去る。人口は混じりあい、そのことによって、それぞれの人びとの当初の差異もついには失われる。不幸にして、この国内移住の歩みを歴史的に追跡すべき統計がない。だが、それがますます重要になってゆくことを確かめるに足りる事実がひとつある。都市の形成と発展がそれである。じじつ、都市は一種の自主的な成長によって形成されるのではない。移住による。都市がその存在と進歩とを負うているのは、出生による人口の自然増ではない。人口の自然増という点からみると、都市のばあい一般的にはマイナスである。だから、都市は日々膨脹する人口をむしろ外部から受け入れるのである。デュナン〔Dunant〕によると、[9] ヨーロッパの三一の大都市の総人口の年間の増は、人口一〇〇〇にたいして七八四・六の移住に負う。フランスでは、一八八一年の国勢調査の記録は、一八七六年のそれよりも七六万六〇〇〇人の増加を示した。セーヌ県〔パリを含む〕および人口三万人以上の四五の都市は「五年間隔で六六万一〇〇〇人以上という人口増を呑んでいるが、その他の中都市、小都市、農村でそれぞれ増加をみたのはわずかに総数一〇万五〇〇〇人にすぎない[10]」。この巨大な移動の動きがおもむくところは大都市ばかりではない。その隣接地帯にも放射状に伸びる。ベルティヨン氏〔Bertillon〕の計算によると、一八八六年に県外で生まれたものはフランス全体の平均で一〇〇人中一一・二五人にすぎなかったが、セーヌ県ではじつに三四・六七人であった。この県外出身者の比率は、その県にある都市の人口が大であるほど高い。この比率は、ローヌ県〔工業都市リヨンを含む〕で三一・四七、ローヌ河口県〔商・工・港湾都市マルセーユを含む〕で二六・二九、セーヌ・エ・オワーズ県〔パリに隣接しヴェルサイユ市を含む〕で二六・四一[11]、ノール県〔工業都市リールを含む〕で一九・四六、ジロンド県〔商・工業都市ボルドーを含む〕で一七・六二である[12]。さらに、この現象は、大都市に特有なのではない。そう強い傾向ではないが、小都市や小さな町でもやはりおこっている。「これらの人口密集地帯のすべては、小さな地方自治体の人口減にみあって、たえず増大している。それは、国勢調査ごとに各段階の都市の数が一貫してふえてきていることからも知られる[13]」。

さて、これらの移住現象が前提とする社会的諸単位のより大きな移動性《モビリテ》こそが、あらゆる伝統の衰微をひきおこすのである。

じっさい、とりわけ伝統をして力あらしめるものは、これを伝え、教えこむ人びと、いってみれば古老たちの特性なのである。古老たちは伝統の生きた表現であり、この人たちこそが祖先のしてきたことの生き証人である。彼らは現在と過去の唯一の媒介者である。他方、古老たちは、自分の膝もとで育ち、自分たちの指導を受けて育った諸世代にたいしては、何ものにも替えがたい威信をもつ。じじつ、子どもは、自分をとりまく年輩者たちとむかいあうと、劣等感をもち、彼らに頼りきっていることを感じとる。子どもが年輩者たちにいだく畏敬の念は、彼らからくるもののすべて、彼らが語り、彼らがすることのすべてを伝える。だから、伝統をして権威あらしめるものの大半は、この年輩という権威である。したがって、幼年期をこえてもなおこの影響力が持続するように貢献しうるものはすべて、伝統的諸信念と諸慣行を強化するばかりである。このことは、人間が自分の育まれてきた環境に生きつづけようとするかぎり、必ず生ずる。というのは、人間は自分を子どもとしてみる人びととかかわりをもちつづけ、その人たちの行為にしたがうからだ。子どもが年輩者たちにいだく感情は、したがって、同じ結果を生む。すなわち、革新しようとする心をおさえつける。社会生活において新しいことがおこるためには、新しい世代が登場するだけでは足りぬ。さらに、先人たちの日常のやり方にしたがうようにあまり強くひきずりこまないことが必要である。この先人たちの影響が深いほど、――そして、この影響が持続するほどそれは深いものである——変化にたいする障害が多くなる。仮に人間の寿命が一〇倍になっても、各年齢比がそれによって変わるということでもなければ、そこからは「測定はできないにしても、われわれの社会発展の速度が鈍ることは避けられない」ことになる、といったオーギュスト・コントの言は正しい。(14)

けれども、人が青年期に達してから新しい環境に移し替えられたばあいに生ずる事態は、これと逆である。もちろん、そこでも彼は自分より年長の人たちにめぐりあう。だが、これらの年輩者は幼年期に影響を受けたあの人びとではない。だから、これらの年輩者に彼がいだく尊敬の念はもっと弱いものであり、より慣習的な性質のものである。というのは、この尊敬は、現在であれ過去であれ、要するにどんな実在にも対応しないからである。この年輩者たちに、彼は頼ってもいないし、かつて頼ったこともないからである。だから、かつて尊敬した人に似ているからという理由だけで尊敬するのにすぎない。のみならず、文明とともに老年崇拝が消えてゆくということは、周知の事実である。老年崇拝は、かつては発達していたものであるが、いまでは一種の憐れみの感情によって支えられた礼儀上の慣行になってしまっている。人は老人を畏敬するよりも、むしろ憐れむ。それぞれの年齢は水平化される。成年に達した人は、すべてほとんど平等にとり扱われる。この水平化の結果、祖先たちの習俗はその超越性を失う。成年にとって、こうした習俗はもはや権威ある表象ではないからである。人は、祖先たちの習俗にたいしてもっと自由である。それの化身たる古老たちにたいして、もっと自由だからである。それに、時代をつらぬくタテの連帯は、あまり強く感じられはしない。それは、時代の連帯が、あいつぐ諸世代の継続的な接触のうちにその物質的な表現をもつことがすでになくなっているからである。もちろん、初期の教育の効果が持続していることはわかる。だが、この効果は永く維持されることもないから、その影響力もさして強くない。

加えて、あの充実した青春時代は、人間があらゆる拘束をこのうえなく堪えがたいものとし、変化を熱望しきっている年代である。身内にあふれるいのちは、凝固して一定の形を決定的にとるまでにいたっていない年代であり、いのちが力に満ちすぎて、規律にしたがうばあいでも、これにさからわずにはいられない。だから、こうした渇きは、外から抑制されることが少ないほど、それだけ満たしやすくなるだろうし、伝統を犠牲にしてはじめていやされうる。そのばあい、伝統のほうは、その力を失っているときでさえ、いっそう激しく攻撃されるのである。伝統の脆さの芽がひとたび生ずると、それは世代ごとに成長してゆく一方である。というのも、権威のあまり感じられない諸原理はいよいよ権威を失ってしか伝達されないからである。

伝統の力に老年の及ぼす影響を示す特徴的な一例がある。

大都市の人口は、とりわけ移住によって補充されることがはっきりしているから、それは本質的につぎのような人びとから構成される。すなわち、成年に達するや、その郷土を棄ててきた人びと、古老たちの影響からまぬがれている人びとがそれである。また、大都市では老齢者の数は非常に小さいが、反対に壮年者の数はきわめて高い。シェイッソン氏

〔Cheysson〕の証明によると、パリと地方との、年齢集団別の人口曲線は、パリの一五歳から二〇歳の年齢集団と地方の五〇歳から五五歳のそれとだけが一致する。二〇歳から五〇歳までは、パリの人口曲線が地方のそれよりはるかに高いが、五〇歳をこえるとそれは地方のそれより低くなる。(15) 一八八一年には、二〇歳から二五歳までの人口について、パリとそれ以外の地方との比は、一一一八対八七四であった。(16) セーヌ県全体では、人口一〇〇〇にたいする一五歳から六〇歳までの人口は七三一であるが、六〇歳以上になると七六にすぎない。これにたいして、地方では、前者は六一八、後者は一〇六になる。ジャック・ベルティヨン〔Jacques Bertillon〕によると、ノルウェーでは人口一〇〇〇にたいして、次表のとおりである。

	都市	農村
15—30歳	278	239
30—45歳	205	183
45—60歳	110	120
60歳以上	59	87

こうして、老年の支配的な影響力が最低であるのは、大都市においてである。と同時に、これほど伝統が精神にたいして支配権をもたぬところはほかにない、ということまで確かめられる。じっさい、大都市はまぎれもなく進歩の温床である。すなわち、新しい思想、流行、習俗、欲求を練りあげ、ついで国内の諸地方に広めるのは、大都市である。社会が変化するときも、それは大都市からはじまり、ついで大都市を模倣するのが一般である。大都市の気分は、過去の産物のいっさいが疑わしく映るほど流動的であり、逆に、そこでは、たといなんであろうと、新しいものは、かつて祖先の風習がほしいままにしてきたのとほとんど同じぐらいの威信を受ける。

都市の心は、おのずから未来を志向する。同様に、そこでの生活はおどろくべき速さで変わり、信念、趣味、情念はたえまない進化の過程にある。あらゆる種類の進化にとって、大都市ほど恰好の土壌はない。大都市で集合生活が継続性をもちえないのは、社会的諸単位のさまざまの層が、そこではたがいにとって代わるように要求されており、そのかぎりで非連続だからである。

社会の青春期、とりわけ成熟期では、その老年期においてよりも伝統が大きな尊敬を受けるということをみたタルド氏は、伝統主義の没落をあらゆる社会進化のたんなる過渡的な段階、一時的な危機とみなしうると信じていた。彼によると、「人間は慣習のくびきから脱出しうるとしても、再びそこにおちこむしかない。つまり、彼がいっときの解放の際に得たものをゆるぎのないものに固定させるには、再びあの慣習におちこむほかにないのである」[17]。このような誤謬は、どうもこの著者がもちいた比較法にもとづくようだ。そして、このことについては、その不都合なゆえんをたびたび指摘してきたところでもある。もちろん、ある社会の終末をそれに接続する社会の起点にひきあわせてみると、たしかに伝統主義の回帰がみとめられる。ただ、あらゆる社会類型がそこからはじまるこの伝統主義の段階は、それに直接先行する社会類型に存在したそれよりもはるかに弱いのがつねである。たとえば、フランスでは、祖先の習俗が、あのローマにおいておごそかに誓われたような迷信的な礼拝の対象であったことは一度もない。また、そのローマでは、あらゆる革新と対立する、あのアテナイの法の違法の告訴《グラフェ・パラノモーン》〔*γραφὴ παρανόμων*〕に似た制度はついになかった。[18] アリストテレスの時代においてさえ、ギリシアでは、既成の法律を改善するために変えたほうがいいかどうかについてなお問題があり、この哲学者が、それを肯定するためにもそれこそ最大の慎重さで述べている。[19] さいごに、ヘブライ人では、伝統的準則からの逸脱は、そのすべてが敬虔ならざる行為であったから、なおさら完全に不可能であった。ところで、社会的事象の歴史を判断するためには、あい継起するいくつかの社会の先端と先端とをつなぎあわせてはならない。それら社会の全生涯のそれぞれ対応する時期だけを比較すべきである。だから、よしんばあらゆる社会生活が固定化され慣習化してゆく傾向があることは真だとしても、それがとる形態は、しだいに抵抗が小さくなってゆくのがつねであり、さまざまな変化を、さらにこうむりやすくなる。いいかえれば、慣習の権威は、こやみなく減少してゆくのである。のみならず、この衰退は歴史的発展を支配している諸条件そのものに依拠するのだから、別様にはありえない。

他方、共同信念および共同慣行は、その力の大半を伝統のもつ力から得ているのだから、これらの信念や慣行が諸個人の多様性を自由に伸張させる妨げには、しだいにならなくなってきていることが明白である。

3

さいごに、社会が拡大しまた集中化するにつれて、社会は個人を包みこむことがいっそう少なくなり、したがって個人の多岐的な分化がはじまろうとする傾向を抑えきれなくなってくる。

そのことを確かめようとすれば、大都市と小都市とを比較するだけで十分である。小都市では、世間一般の諸慣習から逃れようとすれば、だれでも、ときにはきわめて激烈な抵抗にぶつかる。独立独歩を試みようとすれば、公衆からはおおいにひんしゅくをかい、それとむすびついた一般的な非難は、この試みをまねようとする人たちの心を挫折させるていのものである。これと反対に、大都市では、個人は集合的なくびきからはるかに解放されている。それは異論の余地のない経験的な事実である。われわれの一挙手一投足に世論が注目すればするほど、それだけわれわれは世論にぴったり依拠しているわけである。すべての人びとの目が各人のすることにたえず注がれているばあいには、ほんのかすかな逸脱もみのがされず、たちまち抑制される。反対に、こうした世論の監視からまぬがれやすいほど、各人が自分独自の途を追うことはそれだけ容易になる。ところで、諺にもあるように、群衆にまぎれこんでいるほどかくれやすいことはない。集団の規模と密度が大であれば、それだけ集合的な注意は広大な地平に分散して、各個人のいろいろな動きを追うことがますますできなくなる。それは、この集合的な注意が、各人の動きが多くなるにつれて強くなったりはしないからだ。集合的注意が一時にたくさんの点に分散するので、そのどれにも集中できないし、監視すべき人や物が多すぎるから、監視自体がゆきとどかなくなってくるのである。

それればかりでない。注意の、すなわち関心の大きな原動力それ自体も、大なり小なり欠如するようになる。ある人物のイメージが、そのイメージにまつわりついた記憶や情緒をわれわれによびさますときにのみ、われわれはその人の行状を知りたいと願うものである。そして、こうした願望というものは、このようにめざめさせられた意識状態の数も強さも大きいほど、いっそういきいきとしてくる。[20] 反対に、たまさかしか姿をみせない人や、ゆきずりの人物については、その人にかかわりのあるものはわれわれの心になんの残響をもひきおこさぬし、われわれも冷淡そのものである。したがって、彼の身の上におこったことを知りたいとも、彼のしていることを見守ろうともする気も、おこらない。だから、集合的好奇心というものは、諸個人間の個人的な関係が持続的であり、ひんぱんであるほど、強いものだ。他方、各人がたくさんの他人と関係に入るほど、個人的な関係というものは稀になり、淡いものとなることは明瞭である。

巨大な中心都市では世論の圧力があまり強く感じられない理由は、まさにここにある。各人の注意が極度に多様な方向にまぎれてしまい、さらに相互に知りあうことがいよいよ少なくなるからである。隣人や同じ家族の成員たちでさえも、そのあいだにわりこんでくる無数の出来ごとや人物にその都度ひきさかれてしまって、たがいに接触する頻度もおち、その規則性も乱れてくる。いうまでもなく、人口量がふえても密度が伴わなければ、人びとの生活は広大な領域に分散し、それぞれの地点での生活は縮小する。そうなれば、大都市はいくつかの小都市に分解されてしまうから、以上の観察も厳密にはあてはまらぬことになる。[21] けれども、集合体の密度がその容積と相関するところでは、どこでも個人的紐帯は稀少となり弱くなる。すなわち、他人はもちろん、ごく身近な人びとでさえ、われわれの視野から簡単にずれおち、それにつれて、たがいに無関心となる。こうしたおたがいの冷淡さは、結果的には集合的監視をゆるめることになるから、各個人の自由な活動領域が事実として拡大し、既成のこの事実は少しずつ権利となる。知ってのとおり、共同意識はそれと矛盾するものを許さぬという条件においてのみ、その力を保持することができる。ところが、この社会統制の衰退のゆえに、共同意識に矛盾するような諸行為が日々まかりとおって、しかも、共同意識がこれに反撃を加えるということがなくなる。したがって、こうしたことが、ひんぱんかつ一律にくりかえされると、右のような行為によってうち砕かれる集合感情は、ついには無気力になってしまう。ある準則が尊敬されなくなり、そのことが罰せられなくなると、その準則はもはや尊敬すべきものにみえなくなってくる。あの信仰箇条が世上の論争にまかせられっぱなしであると、これまでのような明証性はみあたらなくなってしまう。他方、ひとたびわれわれが自由を行使するや、われわれにとって自由は必要となる。自由は、ほかのものと同じように必要物となり、聖なるものにみえてくる。われわれは、それに応ずる習慣をすでに失ってしまったような統制をただ堪えがたいものと判断するようになる。一度手に入った権利は、より大きな自律性をもつようになってその基礎が固まる。こうして、個人的人格が踏みこむ侵蝕作用が、外部から強く抑制されないようになると、ついには、それが習俗の承認するところとなる。

ところで、以上の事実は大都市においてこそいっそう顕著であるが、大都市に特有のものではない。程度の差はあれ、大都市以外でもやはりおこる。それゆえ、環節的類型の消滅はつねに都市的センターの相当な発達をひきおこすのだから、そこにこそ、以上の現象が一般化してゆかざるをえなくする第一の理由がある。しかし、そればかりでなく、その社会の道徳的密度が高まるにつれて、社会それ自体が、その城壁のなかに民衆全体を包含する一個の大都市に似たものとなる。

じっさい、異なった諸地域間の物的および道徳的距離はしだいに消えさってゆこうとするから、これらの地域相互の関係は、同じ都市内の異なった区の立場とますます似た立場にたつようになる。だから、大都市において、共同意識の衰退を決定する原因は、その社会の全範囲にわたってその影響を及ぼさずにはおかないのである。さまざまの諸環節が、それぞれの個性を保持しながら、しかも相互に閉鎖的なままであるかぎり、各環節は諸個人の社会的視野をせまく限定してしまう。多かれ少なかれ、のりこえがたい障壁によって社会の他の部分から切り離されているので、その局地的な生活からわれわれの目をそらせるものは何もなく、したがってまた、われわれの全行為もそこに集中される。だが、諸環節の融合が完璧になってゆくにつれて、人びとの展望はひらけるし、それと同時に、社会それ自体が一般にますます拡大してゆくから、それにつれてこの展望はさらにひらけてゆく。そうなると、小さな町の住民といえども、直接彼をとりまいている小集団の生活にあまりこだわらずに生きるようになる。彼は遠くへだたった地方と関係を結ぶようになるが、その関係は、集中化の動きが進行すればするほどいよいよその数をましてくる。彼のしだいにしげくなる旅行、活発になる交信、外界でむすぶ取引などが、彼の目を身辺の出来ごとから遠くへ向けさせることになる。彼の生活と彼が没頭することの中心は、すでに自分の住むところではそうたいしてみあたらなくなる。だから、自分の隣人たちにたいしても関心が薄れる。彼の生活にとって、隣人たちはたいした位置を占めないからである。のみならず、彼の生活がこの狭すぎる枠をあふれでて、彼の関心や愛着が自分の住む小さな町をこえてひろがるということそれ自体によって、この町が彼をとらえて離さぬなどということはしだいになくなってくる。以上、すべての理由から、局地的世論がわれわれ各人を圧迫してきた重しが軽くなり、また、社会全般にわたる一般的世論はまだ局地的世論にとって代わるにいたらず、全市民の行動を身近に監視することもできない状況にある。だから、集合的監視は回復しがたいまでに弛緩し、共同意識はその権威を失墜し、個人の多様化が増大する。一言でいえば、社会統制が厳格であり、共同意識が保持されるためには、社会が個人を完全に包みこんでしまうほど小さい区画に分かれている必要がある。これと反対に、こうした区画が消滅するに応じて、社会統制も共同意識も衰微するのである。(22)

けれども、あるいはこういわれるかもしれない。組織的刑罰を招来する犯罪や不法行為は、それらを罰する任務をもった諸機関をけっして無為のままにすごさしておかないのではないか。その都市の大小を問わず、また、その社会の密度の高低を問わず、司法官が犯罪者や非行者を罰せずに放置しておくようなことはあるまい。だから、いま指摘されたような原因による集合意識の特殊な衰微というものは、集合意識のうちでも、散漫な反作用しかひきおこしえず、それ以上に拡大しえないような部分に局限される必要がありはしないか、と。しかしながら、現実には、こうした局限化は不可能である。というのは、集合意識のこの二つの領域はきわめて密接に連帯しており、一方が侵されれば他方も必ずその影響をこうむるからである。習俗がその行為を抑制するだけだとはいっても、その行為の性質は、法が罰するような行為の性質と別のものではない。ただ、さして重大でないというまでである。それゆえ、習俗が抑止する行為のうちで、その重大さをまったく失ってしまった行為があるとすると、それに対応する諸他の行為の重大さの基準がすっかり狂ってしまう。つまり、こうした行為は、罪が一等級または数等級さがったことになるか、たいして人を憤激させるような行為とは思われなくなったかである。人は、小さなあやまちにまったく無感覚になると、大きな過誤にも鈍感になる。人は、宗教的慣行の単純な軽視を重大だと思わなくなると、神を呪い、神をけがす行為にたいしても、さほど憤りを感じなくなる。人が自由結婚をよろこんで許す習慣をもつようになると、姦通もさしたるスキャンダルではなくなる。もっとも弱い感情がその活力を失うと、それと同種の、同じ対象にかかわるより強い感情も、その力をことごとく保持することはできない。共同意識全体に動揺が少しずつ伝わってゆくのは、まさしくこうしてなのである。

4

機械的連帯が環節的類型の存在に関連がある――前編でわれわれはこう確定した――の

はいったいなぜかということは、いまや明白である。それは、この特殊な構造が社会をしてより緊密に個人を掌握することを可能ならしめるから――すなわち、個人をその家族環境に、したがってまた伝統により強く結びつけ、ついには社会的視野を限定するのに貢献することによって、この視野を具体的かつ確定的ならしめることにも貢献しているからである[23]。だから、個人的人格を集合的人格に吸収させるのは、すべて機械的諸原因なのであり、個人的人格を集合的人格から解放するのも、同質の諸原因である。この解放が有用であり、あるいは、少なくとも有用にされることは疑いをいれない。この解放こそが、分業の進歩を可能ならしめ、もっと一般的にいえば、社会有機体にいっそうの柔軟性と弾力性を与える。だが、この解放がおこるのは、それが有用だからではない。それが必然的におこらざるをえないからである。この解放がもたらしてくれる効用を経験するということは、ひとたび解放がおこなわれると、それをゆるぎないものにするだけのことである。

しかしながら、こういう疑問もある。組織的社会においても、その機関があの環節と同じ役割を果たさないだろうか。また、同業組合的な精神や職業的根性が、偏狭な地方根性にとって代わっただけで、同じように諸個人に圧迫を加えるおそれがないか。しかし、こうしたことがあるとすれば、個人は変化によって何ひとつ得たことにはなるまい。たしかにカースト根性がこうした効果をもってきたこと、カーストもまたひとつの社会的機関であることからすれば、このような疑いは当然あってしかるべきである。同様に、職業団体の組織がどれほど長いあいだ個人の多様化の発達をさまたげてきたかについては周知のところであり、その例については、すでに述べておいたとおりである。

たしかに、各機関の機能をあらかじめ決定する諸準則の発達した体系がなければ、組織的社会はそもそも不可能である。労働が分割されればされるほど、多数の職業的な道徳と法が構成されはする。(24)それにもかかわらず、こうした規制は個人の行為領域をやはり拡大させるようになる。

まず第一に、職業的精神というものは、職業生活にたいして影響力をもちうるだけである。この領域をこえてこそ個人はより大きな自由を享受できる。――この自由の起源についてはすでにみたとおりである。カーストが、その作用をこの職業生活の領域をはるかにこえてまで及ぼしていることは確かである。しかし、カーストは固有の意味での機関ではない。それは機関に形を変えた環節である。(25)だから、カーストは機関と環節の双方の性質をあわせもつ。また、カーストは特殊な諸機能を担っていると同時に、全集合体のなかでもきわだった一社会を構成している。それは、ある種の有機体にみられる個体《アンディヴィデュ》＝器官《オルガーヌ》に類似した、ひとつの社会《ソシエテ》＝機関《オルガーヌ》というべきである。(26)カーストが通常の同業組合よりもはるかに排他的に個人を包みこんでいるのは、そのためである。

第二に、右に述べた職業上の諸準則は、少数の意識のうちにその根底をもつにすぎず、社会は全体としてはそれに無関心のままであるから、その普遍性のとぼしさのゆえに権威もまた小さい。だから、これらの準則は変化にたいしても抵抗が小さいのである。一般に職業上に固有の過誤が諸他のあやまちほど重大でないのは、この理由による。

他方、集合的束縛を一般的に軽減する上記の諸原因は、その解放の効果を同業組合の内部にも外部にも及ぼす。環節的諸機関が融合するにつれて、おのおのの社会的機関はその容積をます。そしてこのことは、原則として社会の全容積が同時に増大するほど、なおのことそうである。それゆえ、職業集団に共通した諸慣行は、社会全体に共通な諸慣行がそうであるように、より一般的、より抽象的になる。したがって、これらの慣行は個人的多様化にたいして、かつてより以上に自由な場を残すようになる。同様にして、新しい世代が旧世代にくらべてより大きな独立性を享受すると、職業の伝統主義を弱めずにはおかないのである。このことはまた、個人により自由な革新の余地を与える。

こうして、職業的規制は、その性質そのものによって、他のあらゆる規制にもまして個人の多様化の飛躍的発展をさまたげないばかりでない。この発展をはばむものをますます少なくしてゆくのである。

原注

(1) Büschenschütz, *Besitz und Erwerb.*

(2) ディオニュシオス・ハリカルナッセウス(IX, 25)によると、共和政初期のローマ人は商人や職人になることができなかった。――また、キケロも有償の労働はすべて下賤な職業であるといっている(*De Off.* I. 42)。

(3) Hanoteau et Letourneux, *La Kabylie*, II, p. 23.

(4) Levasseur, *Les classes ouvrières en France jusqu'à la Révolution* の各所をみよ。

（5） *Colonies animales*, p. 702.

（6） Réville, *Religions des peuples non civilisés*, I, p. 67 およびそれ以下、II, p. 230 以下をみよ。

（7） Levasseur, *op. cit.*, I, p. 239.

（8） 読者は、われわれがここで明白な証拠をあげなくとも、この法則を立証するいくつかの事実をみずから承知しておられるであろう。この証明は、家族についてわれわれがおこなってきた研究の成果であって、それは近い将来、発刊されるはずである〔この予告は実現されず、結局は未刊のままで終わったが、デュルケームが生前に残した論文 Introduction à la sociologie de la famille, dans *Annales de la Faculté des Lettres de Bordeaux*, 1889 と、彼の講義案を死後にマルセル・モースがまとめた La famille conjugale, dans *Revue Philosophique*, XLVI, 1921, Paris が参考になる。なお、Georges Davy, La famille et la parenté d'après Durkheim, dans *Sociologues d'hier et d'aujourd'hui*, 1931, Paris を参照〕。

（9） Layet, *Hygiène des paysans* の最終章から引用。

（10） Dumont, *Dépopulation et civilisation*, p. 175.

（11） この高い数値はパリに隣接するからである。

（12） *Dictionnaire encyclopédique des sciences médicales* の《Migration》の項。

（13） Dumont, *op. cit.*, p. 178.

（14） *Cours de philosophie positive*, IV, p. 451.

（15） La question de la population, in *Annales d'Hygiène*, 1884.

（16） *Annales de la ville de Paris.*

（17） *Lois de l'imitation*, p. 271.

（18） この告訴については Meier et Schömann, *Der attische Prozess* をみよ。

(19) Aristote, *Politique*, II, 8, 1268b, 26.

(20) 小さな町では、異邦人や未知の人はそこの住民と同様にその監視の対象となる。だが、彼は例外の人物だから、住民と対照してみるとその人物のあらわすイメージはもっと鮮明になるわけである。すべての人がいわば未知の人であることが原則になっている大都市では、事情は違う。

(21) ここにも研究されなければならぬ問題がある。人口の量が大きく、しかも密度の低い都市でも、集合的意見がなおその力を保持するという点はすでに指摘してきたように思う。

(22) この基本的な原因に加えて、大都市から小都市へ、小都市から農村へという伝染的な影響力があげられる。だが、この影響は二次的な原因にすぎず、さらに、社会的密度が増大する程度において重要さをますにすぎない。

(23) 〔機械的連帯という構造が社会的視野を限定するという〕この第三の結果は、その一部は環節的性質そのものからのみ由来する。そして、その主要原因は社会的容積の増大ということにある。一般に、密度がなぜ容積と同時に増大するかについては、まだ明らかではない。これも提起しておきたい問題のひとつである。

(24) 第一編第V章、また、とくに三七五ページ以下をみよ。

(25) 前述。三〇五—三〇八ページをみよ。

(26) Perrier, *Colonies animales*, p. 764 をみよ。

訳注

＊1　旧セルビアで発見された大家族共同体である。かつては南スラヴにおいて一般の家族形態であったという。父系家族であり、数世代、二〇人ないし六〇人が同一家屋に住み、ときには一〇〇人に達することもあった。土地は共有、農耕・牧畜労働も消費生活も平等であった。長老制であって、最年

長者が対外関係を管理し、家族成員の役割分担を指揮した。一九世紀まで存続したが、商品経済の滲透によって崩壊した。この共同体の成立と存続は、ビザンツ帝国の徴税上の必要からであったといわれる、なお、ザドルガとは、セルビア語で「調和」を意味する。

＊2　Animisme. 霊魂信仰と訳される。イギリスの人類学者タイラー（E. B. Tylor, 1832-1917）が、宗教の原初的な形態を精霊崇拝に求め、この霊的存在にたいする信仰をもって宗教の最小定義とした。タイラーは、生体と死体との比較から得られた生命の観念、夢から得られた幻想的観念の連合である人間の霊魂 soul 観念、これが事物の上に適用された精霊 spirit 観念、および守神や悪鬼など上位の神 god の観念のすべてをアニミスムのなかに含めるが、霊魂および精霊の信仰、すなわち人格霊の信仰だけをアニミスムとしたほうが厳密だといわれる。アニミスムは人格霊信仰であるから、儀礼は対人儀礼であり、人格霊をも含んだ人間集団が構成されることになる。デュルケームは、このアニミスムを宗教の原初形態とする説は客観性をもたないとして、これをしりぞけ、それに代わってトーテミスム説をたてた。デュルケームの宗教社会学は、当時の最有力な学説であったこのアニミスム説の批判をもって開始される（É. Durkheim, *Les formes élémentaires de la vie religieuse*, 1912, 1er liv. chap. II を参照。古野清人訳『宗教生活の原初形態』（上）、岩波文庫、第一編第二章）。

Ⅳ　二次的要因（つづき）——遺伝

前章で、われわれは分業があたかも社会的原因にのみ依存するものであるかのように論じてきた。けれども、分業はまた、有機的＝心理的条件とも関連がある。個人には、生来、他の機能よりも別してある機能に向いている好みや能力がある。そして、こうした素質は、たしかにいろいろな仕事の配分のされ方に、ある影響を与えるものである。通説によれば、この多様な天賦の才能のうちにこそ分業の第一条件をみとめなければならぬとし、分業の主たる存在理由は「諸個人をその能力にしたがって類別すること(1)」だとする。だから、こうした天性が個人の多様性の伸張にとって、したがってまた分業の進歩にとって、新しい障害になるものであればあるほど、この要因の担う役割が何であるかを正確に決定することは興味のあるところだ。

じじつ、こうした生来の適性はわれわれの先代から伝わったものであるから、それはその個人が現におかれている諸条件にかかわるものではなく、祖先が生まれてきた諸条件にかかわる。それゆえに、集合意識がわれわれをその集団にしばりつけるように、これらの適性はわれわれをその種属にしばりつけ、したがって、われわれの活動の自由を奪うものである。われわれ自身のうちのこの天性の部分は、まったくの過去に、われわれが個人的にあずかりしらぬ過去に向いたものであるから、それは、われわれ固有の関心領域と、そこで生ずる変化とから、われわれをそらせてしまう。この部分が発展すれば、それだけわれわれの自由は奪われるのである。種属と個体とは、それぞれ逆方向に変化する二つのあい反する力である。われわれがみずからの祖先を再生産し継承するだけであるかぎりは、われわれは祖先が生きたとおりに生きようとして、新しいものにことごとく反抗しようとする。遺伝からあまりにも重大な遺産を受けついだものは、変化することがほとんど不可能であろう。その進歩が極度におそい動物のばあいが、それである。

遺伝という面で進歩が直面する障害は、あの信念と慣行の共同体から生ずる障害以上にのりこえがたいものである。なぜなら、共同体のばあいは、外からのみ個人に課せられ、かつ道徳的作用によってのみ強制されるのであるが、遺伝的傾向は先天的なものであり、かつ解剖学的基底にたつものだからである。それだから、さまざまの職能を配分する際、遺伝の果たす役割が大きければ大きいほど、この配分はますます不変のものとなり、したがって、分業の進歩はいっそう困難となる。分業の進歩が有用なときでさえも、そうである。有機体で起こっていることがまさしくそれである。たとえば、有機体の各細胞の機能は、それぞれその出生によってきまる。スペンサー氏によると、「動物の生体において、組織化が進歩するということは、分化したそれぞれの部分を構成している諸単位が、おのおのその位置を占めているということを意味するだけではない。それぞれその子孫がその位置を継承することをも意味する。肝臓細胞は、その機能を完全に果たしながら成長し、新しい細胞を生む。そして、前者が解体し消滅してゆくとき、後者がとって代わる。しかし、この次代の細胞も、その機能の遂行上協力すべき腎臓や筋肉や中枢神経に屈服するようなことはない[2]」。さらに、生理学上の作業組織においては、めったに変化も生じないし、仮に変化があったにしても限度があり、テンポもきわめておそい。

ところで、当初、社会的諸機能の分割にも遺伝が相当の影響を与えたことは、数多の事実が証明するようだ。

もちろん、まったく原始的な民族においては、遺伝は社会的機能の分割という点からすればなんの役割も果たしていない。若干の機能が専門化しはじめたとしても、それは選択によってえられたものであって、それもまだ組織化されてはいない。たとえば、ひとりまたは複数の首長といえども、彼らと彼らがひきいる群衆とはいささかの区別もない。彼らの権力は限定づきであり、また一時的なものにすぎないのであって、その集団の全成員は、平等の地歩にたつ。だが、分業がそれ独自の形をとりはじめるや、それは世襲的《エレディテルマン》〔＝遺伝的〕に伝えられる形で固定するようになる。カーストが生まれたのは、こうしてである。その意味で、インドはこの労働組織のもっとも完璧なモデルを提供してくれるが、まだほかにもそれはある。すなわち、ユダヤ人のばあいには、諸他の機能とははっきり区別された機能、つまり聖職者の機能だけは、厳格に世襲的であった。それはローマでも同様であって、宗教的機能をも含めたあらゆる公共的な機能は、貴族《パトリーキー》だけの特権であった。アッシリア、ペルシャ、エジプトにおいても、同じように社会が区分されていた。カーストが消滅しはじめたところでは、階級がそれにとって代わった。階級は、外部にたいしてカーストほど閉鎖的でないとはいっても、依然として同じ原則にたつ。

たしかに、このカースト制度は、たんに世襲による伝承という事実からのみ生じた結果ではない。この制度の成立には多くの原因が作用してきた。だが、もし、一般的に、この制度が各人にそれぞれとところを得しめるという結果を生じなかったとすると、それは、これほど一般化しなかったであろうし、それほど長期にわたって持続するはずもなかったであろう。仮に、カースト体系が諸個人の熱望や社会的利害にあい反するものだったとすると、どんなに人工の手を加えてもそれを維持できはしなかったろう。平均的なばあいに、もし諸個人が慣習や法の命ずる機能を現実に果たすために生まれついたのでないとすると、このように人びとを伝統的に類別化するやり方は、いちはやく覆っていたことであろう。その証拠に、じっさいに天性と職能の不一致が生ずると、たちまちこのような顚倒がおこっているのである。だから、カーストのように社会的枠組が厳格だということは、当時は、ただざまざまの天賦の能力が配分される一定不変の方式をあらわすのみであって、じつはこの不変性それ自体が遺伝法則の作用に負うものにほかならない。たしかに、教育は家族のうちだけでおこなわれてきたし、それは、すでに述べてきたような理由によって長いあいだつづけられてきたから、教育の影響が、この不変性を強めることはあったろう。だが、そうした結果を生んだのは、教育だけではない。なぜかといえば、教育は遺伝の示す方向そのもののうちでおこなわれてこそ、はじめて有用であり効果的だからである。つまりは、遺伝が社会的制度たりえたのは、それが社会的役割を有効に果たしえたからこそである。じっさい、われわれは、古代人たちがこの遺伝についてきわめて鋭敏な感覚をもっていたことを知っている。その痕跡は、われわれが述べてきた諸慣行やその他の類似の慣行のうちにみられるばかりではない。多くの文献にも直接あらわれている(3)。ところが、もし、遺伝にたいする理解が誤っていたとすると、これほど一般的な誤謬が、たんなる幻想にすぎず、何ひとつ現実に照応しないなどということはありえないはずである。リボー氏[*1]がいうところによれば、「あらゆる民族は、少なくとも漠然とではあれ、遺伝による継承についてある信仰さえもっている。このような信仰は、文明時代よりも原始時代の方が強かったとさえいえる。制度の世襲《エレディテ》を生じたのは、この遺伝《エレディテ》という自然法則である。制度を世襲することを発展させ強固にするためにあずかって力があったのは、たしかに社会的・政治的な理由であり、あるいは偏見でさえあった。だが、人がそれを発明したと思うのは、ばかげている(4)」。

さらに、職業の世襲は、法によって強制されないときでさえも、それが原則であることが多かった。だから、ギリシア人においては、まず少数の家族によって医業が究められたのである。「アスクレピアデス家の人びとあるいはアスクレピオス神の祭司たち[*2]は、このアスクレピオス神の後裔であるといわれてきた……。ヒッポクラテスはこの神の家族の第一七代の医者であった。占術、予言の能力、この神々の厚き恩寵としての医業は、ギリシア人のあいだでは、その多くが父から子へと伝承されるものとしてとおっていた」[5]。ヘルマン*3によると、「ギリシアでは、職能の世襲を法で規定していたのは、スパルタの調理人や笛の奏者のように、もっと宗教生活と密着した若干の身分や職能だけにすぎなかった。だが、習俗のうえでは、職人たちの職業の世襲も、一般に信じられているよりはもっと一般的な事実とされていた」[6]のである。現代でもなお、多くの低級社会では、種属《ラス》ごとに職能が分担されている。たとえば、アフリカの非常に多くの部族では、鍛冶職はそこの住民のうちからはでないで、他の種属のものがこれをひきついでいる。それは、サウル王*4時代のユダヤ人にとっても同様であった。すなわち「アビシニアにおいては、ほとんどの職人は異族出身である。石工はユダヤ人、皮なめし工と織工とは回教徒、具足師と金銀細工師とはギリシア人とコプト人〔古エジプト人系のキリスト教徒〕といったぐあいである。インドでは、各カースト間の多くの相違は、その職業の相違を示してもいるが、このカーストの違いはまた、こんにちでも種族の違いと合致している。異人種を含む混合人口のすべての国々では、同じ家族の子孫が一定した職業に生涯をささげるのがならわしである。だから、東ドイツでは、数世紀ものあいだ、漁夫はスラヴ人のものであった」[7]。こうした事実は、ルーカス〔Lucas〕の意見をまったく真実に近いものと思わせる。彼によると、「職業の世襲は、道徳的性質の遺伝原理によってたつあらゆる制度の原始的形態、初発的形態である」。

けれども、以上の諸社会において、進歩というものがどれほど遅々たるものであったか、またいかに困難なものであったかについては、これまた周知のところである。何世紀ものあいだ、労働は同じ仕方で組織化されたままであり、それを変えようとは少しも思われていない。「遺伝は、ここでは例の諸特性、つまり保守性と停滞性とをもってあらわれる」(8)。したがって、分業が発展しうるためには、ついに人間が世襲の桎梏から解放されなければならなかったし、進歩がカーストや階級を破壊しなければならなかった。じじつ、カーストと階級がしだいに消滅することは、この解放が実在することを明らかにしてくれる。なぜなら、仮に世襲が個人にたいする決定権を失わなかったならば、いったいどうして世襲が制度として衰微していったか、について理解できなくなるからである。もし、統計によってはるかな過去にも手がとどき、とりわけ右の点がそれによって十分わかるようになれば、世襲的職業の事例がたえず減少してゆくことをきわめて正確に学びえたであろう。ただ、確かなことは、かつてはあれほど強かった遺伝にたいする信頼感が、こんにちでは、ほとんど正反対の信頼感にとって代わったことである。現代になると、個人というものはその大半が自分の手でつくられるものであると思いこむ傾向があり、個人を種属に結びつけ、それに依存させる紐帯をさえ無視する傾向がある。この意見は、少なくともかなりゆきわたっており、遺伝心理学者たちを嘆かせている意見でもある。遺伝というものが、ほとんど完全に信じられなくなってきてから、はじめて科学の対象に入ってきたということは、まことに奇妙な事実とさえいえる。にもかかわらず、そのことに矛盾はない。というのは、共同意識が根底において確認していることは、遺伝などは存在しないということではなくて、その重みが軽くなってきたということであり、のちにみるように、科学がこの共同感情と矛盾するところはないからである。

だが、問題は事実を直接に確認することであり、とりわけ事実の諸原因を明らかにすることである。

I

第一に、遺伝は進化の過程でその支配力を失う。それは、同時に、遺伝の支配下に属さぬ新しい活動様式が構成されるからである。

遺伝のこの停滞性を示す第一の証拠は、主要な人種の停滞的状態である。太古からこのかた、新しい人種が形成されたことはない。少なくともド・カトルファージュ氏[*5]とともに、[9]三つないし四つの主要な基本類型からでている異なった諸類型に、この新人種という名を与えてみても、それらがその出発点から遠ざかるほど、ますますその構成的特質が曖昧になってくるということをつけ加えなければなるまい。じっさい、人種というものを特徴づけているのは、遺伝的な類似性があるということであって、これは万人が一致して認めるところである。それに、人類学者もまた、人種の身体的特徴を分類するばあいには、この遺伝上の共通性を基礎にとる。けだし、身体上の特徴こそ、何ものにもましてもっとも遺伝的なものだからである。ところが、人類学的諸類型がはっきりするようになればなるほど、これらの類型をもっぱら有機的な諸属性の結果としてだけ規定することがいよいよむつかしくなる。なぜかといえば、有機的属性の数はそう多くもないし、その区別もはっきりしないからである。むしろ支配的になってくるのは、まったく道徳的な類似性であって、それは言語学や考古学、比較法学の援けを借りてこそつくられるものである。けれども、このような類似性を遺伝的だとする理由はひとつもない。道徳的類似性が役だつのは、諸人種を区別するばあいよりも、むしろさまざまの文明を区別するばあいである。だから、人類が発展するにつれて形成されてくるあの人間の多様性は、いよいよ遺伝によるものではなくなってくる。すなわち、人間の多様性は、ますます人種に負うものではなくなってくるのである。人類という種属が新しい人種を生みだすことがますます不可能になるということは、あの動物の種属が反対にますます多産的になるということと、きわめて鮮明な対照をなすとさえいえる。このことは、人間文化が、その発展につれて、遺伝というような継承の仕方にいよいよ抵抗を示すようになるということ以外に、いったい何を意味するというのだろうか。数世紀このかた、最初の諸人種の構造のうちに定着してきたこの原始的基礎に、人間が日々刻々つけ加えてきたもの、またいまもつけ加えつつあるものは、それゆえにこそ、ますます遺伝の作用をまぬがれることになる。だが、文明の一般的潮流がかくのごときであるとするならば、さらに強い理由からして、この主流を形成する個々の支流、すなわち、それぞれの文明の機能的活動およびその諸成果もまた、これと同様である。

こうした結論は、以下の諸事実によって確証される。

すでに確定した真理からすると、心理的諸事実がどの程度に伝承可能であるかという尺度は、これらの事実がどの程度に単純であるか、その単純さの度合によって与えられる。じじつ、心理状態というものは、それが複雑であればあるほど、それだけ解体しやすい。その高度の複雑さが心理状態を不安定な均衡状態におくからである。それはまことに精巧な建造物に似ている。つまり、この建造物は、ちょっとしたことでもその調和が破れてしまうほどにデリケートな構造をもっているので、ほんのわずかばかりゆさぶってもぐらついて、たちまちそれが蔽っている地肌をあらわにして崩れ落ちてしまう。全身麻痺のばあいに、自我がゆっくりと解体していって、ついには、いわば自我の根拠ともなる有機体の基礎しか残らぬまでになるのは、このようにしてである。普通には、こうした組織解体という事実を生ずるのは病気による衝撃があったばあいである。しかも、輸精《トランスミッシオン・セミナル》も同じような結果になるはずだと考えられている。じっさい、受精作用のばあいには、厳密にいってそれぞれの個体的特質は相互に中和しあう傾向がある。というのは、両親の一方に特有の性質は他方のそれを犠牲にしてしか伝わりえないから、双方のあいだには一種の闘争がおこるのであって、双方ともこの闘争で無疵のままでいることはできないからである。けれども、意識の状態は、それが複雑になればなるほど、いよいよ個性的となり、われわれが生活してきた特殊な諸状況の刻印を、すなわち性別や気質といった刻印を、いよいよ強く帯びる。われわれの存在の頂点によってよりも、その低級かつ基底的な部分によってこそ、われわれはよりいっそうたがいに似るようになる。逆にいえば、この頂点の部分をとおしてこそ、われわれはたがいに他を識別するのである。したがって、この意識の頂点部分は、遺伝による伝承によっては完全に失われないまでも、少なくとも薄れ、弱まる状態でしか生き残りえないのである。

ところで、素質というものは特殊化すればするほど、いっそう複雑になるものである。じっさい、われわれの仕事は限定されるほどその活動が単純化する、と考えるのは誤っている。逆に、われわれの活動が単純なのは、たくさんの対象にそれが分散しているばあいである。というのは、そのばあい、この活動がさまざまの対象の個性とか特質とかを無視して、それらの対象が共通にわかちもっているもののみにねらいを定めるから、結局、この活動は、非常に雑多な状況においてこそ似つかわしい若干のごく一般的な動きに帰着するからである。けれども、それぞれのニュアンスの違いを考慮に入れながら、個々の特殊な対象にそれぞれ適応することが必要なばあいには、きわめて多くの意識状態――それはこれらの意識がかかわる事物それ自体のイメージごとに異なる――を結合することによってしかそれに到達しえない。こうした体系が一度でも組み立てられ構成されると、それがまことにやすやすとすみやかに活動を開始することはもちろんだが、しかし、複雑であることに変わりはない。たとえば、一ページの印刷の組版をする印刷所の監督や、脈絡のないたくさんの定理を組み合わせて新しいひとつの定理をひきだす数学者、あるいは気づきにくいほんの徴候からただちに病気を見わけ、しかも同時にその経過をも予見する医師において、どれだけおどろくべき観念の組合せや、イメージ、思考習性の組合せといったことがみられることだろうか。古代の哲学者や賢者が、ただ思弁の力だけにたよって世界を解明しようとしたあの素朴な技術と、きわめて特殊な問題をひとつ解決するにしても、あらゆる言語でつづられた資料の読解や文通や議論等々をへて、ひどくこみいった観察や経験の組合せによってのみ解決ができる現代の学者の技術とを比較してみよ。みずからの素朴な単純さを手つかずのまま残しておくのは、まさにディレッタントであり、その性質が複雑にみえても、じつは外見だけのことである。彼は、あらゆることに興味をもつことを仕事と心得ているので、たくさんの趣味や多様な素質をもっているかのようにみえる。しかし、それはまったくの錯覚である。物の根底をみよ。すると、すべてが一般的で単純な、ほんのわずかな能力に還元されてしまうことがわかろう。しかも、この能力は最初の不確実さをいささかも失っていないのだから、それが志向している対象からいともたやすく離れて、つぎつぎと他の対象をおいかけることになる。外からみれば、多様な出来ごとがたえまなくつづいているようにみえる。だが、それはちょうど同じ役者がほんの少し違った衣装をまとって、あらゆる役を演じわけてみせるようなものである。もっともらしい色とりどりの光で輝くこの上っつらの下には、まことに哀れむべき単調さがかくされている。彼はみずからの存在の諸力を馴らし洗練しはしたろうが、そこから新しいきっぱりした作品をひきだすためにそれらの力を変えたり鋳なおしたりすることを知らなかったのである。したがって、彼は、自然が遺していってくれた土壌のうえに、個性的なもの、変わらざるものを打ちたてることがまったくできなかったのである。

以上のことからして、能力というものは、それが特殊専門的であればあるほど、いよいよ伝承の可能性はとぼしいのである。あるいは、仮にこれらの能力がある世代からつぎの世代へとどうにか伝わったとしても、すでにその力を失うか、その明晰さを失わずにはおかない。それらは、抵抗力も弱く、展性に富むようになる。つまりは、その不確定性が大きくなるにつれて、これらの諸能力は、家族とか、財産とか、教育などの諸状況の影響を受けて、変化することがいっそう容易になる。一言にしていえば、活動形態が専門化するほど、それはいよいよ遺伝の作用をまぬがれるようになる。

しかしながら、職業的才能を遺伝的だとする事例が、従来からあげられてきた。ゴルトン氏[*6]が作った表からは、学者、詩人、音楽家には、ときとしてたしかに家系というものがあったという結果がでてくるようである。ド・カンドル氏[*7]はまた、学者の息子たちが「よく学問に没頭してきた」[(10)]ことを明らかにしている。だが、別の立場から、こうした観察は、この点にかんするかぎり、明証としての価値にとぼしい。じっさいには、われわれも特殊な素質の伝承は根本的に不可能であるなどと主張しようとは思わない。ただ、それは、ときには二度とあらわれることのない奇蹟的なある均衡によってのみ実現されうるものであるから、一般にはおこらないものだということだけをいっておきたいのである。だから、こうしたものの遺伝が生じ、あるいは生じているようにみえる特殊例を、あれこれあげてみてもはじまらない。そうではなくて、こうした学者の子孫たちが学問的職業全体のなかでどれだけの地位を占めているかをみなければなるまい。そのときにこそはじめて、遺伝というものが社会的諸機能の分割方式にどんなに影響を与えているかを、彼らが本当に立証してくれるかどうかがわかろうというものである。

ところが、このような比較を体系的におこなうことは不可能であるが、ド・カンドル氏によって確かめられた一事実は、このような学問的職業にたいする遺伝の作用がいかに限られたものであるかを明らかにしてくれる。アカデミー・ド・パリの外国人準会員一〇〇名について、ド・カンドル氏がその家系をたどってみたところによると、そのうち新教牧師の子孫が一四名、医師、外科医、薬剤師の子孫はたった五名であった。一八二九年におけるロンドンの学士院の外国人会員四八名のうち、牧師の子が八名、技術者を父とするものはたったの四名である。けれども、総数からすると、技術者は「フランス以外の国において、新教の聖職者の総数をはるかに上まわっているはずである。じじつ、新教徒の人口だけをとってみても、そのうち医師、外科医、薬剤師、獣医の数は聖職者とほとんど同数である。これにフランス以外の純カトリック系の国ぐににおける医師たちの数を加えると、その総数は新教聖職者の総数をはるかに上まわる。医療技術者がおこなう研究や彼らが専門の仕事としてふだん従事すべき仕事は、牧師のする研究や仕事よりも、はるかに多く学問の分野にわたっている。学問における成功がもっぱら遺伝にかかわる問題であったとするならば、われわれの名簿では医師や薬剤師の子が牧師の子よりもはるかに多いはずである」[11]。

さらに、こうした学者の息子たちの学問的仕事への適性が現実に遺伝に負うものだとすることは、およそ不確かなことである。このような適性を遺伝のせいにするためには、親子の趣味が同じだということを証明するだけでは足りない。さらにその息子たちが、その幼時以来、その家庭以外で育ち、学問的教養とはまったく無縁な環境に育ってもなお、その天稟を発揮してみせなくてはなるまい。ところが、じっさいには、観察されてきた学者の息子たちはみな、学者の家庭で育っており、この家庭で、彼らは、その父たちが受けたよりもはるかに多くの知的助力や励ましをごくあたりまえに受けてきた。そこにはまた、助言や手本、父のようになりたいという希求、書物や蒐集物や研究成果や実験室を使ってみたいという願望がある。それらのことは、豊かで思慮のある魂にとってこのうえない刺激である。さいごに、学者の息子たちは、その研究をまっとうする施設で、教養のある人物たち、高い教養を受けるにふさわしい人びとと接触をもつ。それによって、この新しい環境の作用は、あの家庭の環境作用を確かなものにするばかりである。もちろん子が父の職業をひきつぐことが原則であるような社会では、以上のような手順のふみ方は、外部の諸事情がたんに合致するということだけでは説明がつかない。というのは、どのばあいでも、こうした外部事情が完全に一致しておこるなどということは、奇蹟だろうからである。だが、こんにち観察されるこうしたほとんど例外的で稀な一致は、これとは別のものである。

ゴルトン氏が問いあわせたイギリスの科学者たちの多くは[12]、後年それを修めるようになった学問にたいして、幼時からこのかた、ある特殊な好み、しかも生来の好みを感じていたと主張している。だが、ド・カンドル氏が指摘しているように、これらの好みが「はたして生来のものであるか、あるいは、青年時代の強烈な印象やそれらへの好みをめざめさせみちびいてきたさまざまの影響力による」ものかどうかを知ることは、いたってむつかしい。「のみならず、これらの嗜好は変わるものであるし、生涯にとってもっとも重要なことは、こうした嗜好が持続するということである。このようなばあい、学問の分野で頭角をあらわす人、あるいは喜びをもって学問を研究しつづける人は、どうしても、そうした嗜好が生来自分にあったということを称しがちなものである。これと反対に、幼時には特殊な嗜好をもってはいたものの、いまはそれを考えてみもしない人びとは、こうしたことを口にだしたりはしないものである。蝶を追いかけたり、貝殻や昆虫を集めたりした大ぜいの子どもたちが博物学者になるわけでもないことを思ってみるがいい。若いころ、詩を作ったり、脚本を書くことに情熱を傾けても、後年にはまったく異なった仕事についた学者の例を、私はたくさん知っている[13]」。

同じ著者のもうひとつ別の観察によると、このような素質の形成にたいして社会環境の作用がいかに大きいかが示されている。これらの素質が遺伝によるものだとすると、それはどこの国においてもひとしく遺伝的だということになるはずである。つまり、学者から学者が生まれるということが、同じ類型の民族ならばどの民族にも同率であらわれるということになろう。「ところが、事実はまったく別様にあらわれる。スイスでは、ここ二世紀このかた、単独で世にでる学者よりも、家系を通じて集団をなして輩出する学者のほうが多い。フランスやイタリアでは、反対に、その家族のうちでただひとりという学者の数が圧倒的に多数を占めている。しかし、生理学的法則は、どんな人間にとっても同じはずである。だから、若い学者の専門的経歴にたいしては、各家庭での教育や、与えられた手本とか助言とかが、遺伝よりも顕著な影響を及ぼしたに違いない。加えて、他の多くの国よりもスイスでこそ、この影響が強かった理由を理解することは簡単である。スイスでは、修学は一八歳から二〇歳までであり、それも、それぞれの町で、その父親の膝もとで生徒たちが生活するような条件のもとである。とりわけ一八世紀と一九世紀前半においてそうであったし、とくにジュネーヴとバーゼルで、すなわち家族の紐帯によって相互に結びあった学者がもっとも高い割合で輩出した、この二つの都市においてそうであった。他の国ぐに、とくにフランスとイタリアでは、青年たちがそこで寄宿し、したがって家庭の影響からは遠い高等中学校《コレージュ》で育てられるのがごくあたりまえであった[14]」。

それゆえに、「特定の対象に志向する厳然たる天賦の適性[15]」などということを認める理由はいささかもないのである。少なくとも、そんなものがあったにしても、それははっきりきまっていることではない。ベーン氏もひとしく認めているように、「ある偉大な文献学者の息子だからといって、言語を一語たりとも受けつぐものではない。偉大な航海者の息子でも、学校の地理の勉強では坑夫の息子に劣ることがある[16]」。けれども、以上のことは、遺伝の影響力がまったくないということではない。遺伝が伝えるものは、某々の学問にたいする特殊な素質ではない。きわめて一般的な能力である。子どもが両親から受けとるものは、ある注意力であったり、一定度の忍耐力であったり、健全な判断力や想像力であったりする。けれども、こうした能力のそれぞれは、まさにさまざまに異なった専門性に適しうるものであり、そこでの成功を可能にする。たとえば、ここにいきいきした想像力をもった子がいたとする。彼は早くから芸術家たちと接触があったとすると、やがて画家となり詩人となるであろう。彼が産業界の環境に生きるとすると、独創に富んだ魂をもった技師になることであろう。また、もし偶然が彼を実業界におくとすると、やがておそらく豪胆な金融家になるかもしれない。むろんのこと、彼は自己のほんらいの性質、その創造と構想の欲求、新しきものへの情熱を、いたるところに伴ってゆくことであろう。けれども、彼がその才能を活かし、自分の性向を満足させうる職業はまことに多いのである。なお、ド・カンドル氏が直接観察によって確かめたところも、まさしく以上のことである。氏は、自分の父が学問をする上で有利な素質を祖父から受けついだことをあげている。そのリストはこうである。意志、秩序を尊重する精神、健全な判断力、ある注意力、形而上学的抽象化を遠ざける心、見解の独立。これは、たしかによき遺産ではある。だが、人はそれを受けて、行政官、政治家、歴史家、経済学者、大実業家、名医、あるいはド・カンドル氏のような博物学者にさえなることができるであろう。だから、境遇が、彼の職業選択において大きな役割を果たしたことは明らかであり、これは、彼の息子たるド・カンドル氏が身をもってわれわれに教えてくれたところでもある。[17] ただ、数学的精神と音楽的感性だけは、両親からの直接の遺産に負う天賦の才であることが、よくある。この一見して異例のことも、この二つの才能が人類の歴史においてきわめて早くから発達していたことを想起すれば、そうおどろくにはあたるまい。音楽は人間が修めてきた芸術のうちでも最初のものであり、数学もまた人間が究めてきた科学のうちで最初のものである。だから、この二つの能力は、思ったほど複雑なものではなく、もっと一般的なものであるはずである。そして、そのことがまた、これらの能力が伝承可能であることを説明することにもなろう。

別の性向、すなわち犯罪の性向についても同様のことがいえる。タルド氏の正当な指摘によると、さまざまの犯罪や不法行為は、よしんば有害だとはいっても、職業になる。それらは、ときに複雑な技術をさえもつ。詐欺師、貨幣偽造者、文書偽造者は、多くの正規の労働者よりもずっとたくさんの知識や技術をその仕事で発揮せざるをえない。ところで、一般に道徳的頽廃だけでなく、なお犯罪性の特殊形態も、遺伝の産物であると主張されてきた。「先天的犯罪者の割合」[18] は四〇パーセント以上にも達するとさえ信じられた。もし、この比率の正しさが立証されるとすると、いろいろな職業、専門的な職業でさえも、その配分の仕方に、遺伝がしばしば大きな影響を及ぼしたと結論しなければなるまい。

それを論証するために、二つの異なった方法が試みられてきた。

〔第一。〕それを証明するために、家族があげて悪事に没頭し、しかもそれが数代にわたっておこなわれている例をあげてみることで、よしとされてきた。だが、この方法からは、犯罪的性向の全体のうちで遺伝の占める相対的な役割をきめることができないばかりでなく、このような観察は、よしんばその例がどれほどの数に達しようとも、論証的な経験を構成することにはならない。泥棒の息子がやはり泥棒になるからといって、彼の不道徳性が父親ゆずりの遺産だということにはならない。この事実をそう解釈しようとすれば、遺伝の作用を境遇や教育などの作用から切り離して抽出できなければならない。子どもがまったく健全な家庭で育ったあとで盗みの才を発揮するばあいでも、これを遺伝の影響だとすることが正しいばあいがある。だが、この種の観察で体系的におこなわれた例はまことにとぼしい。悪事にひきこまれた家族がときには非常に多数に達するということを指摘しただけでは、異論をまぬがれがたい。数は問題でないのである。なぜかといえば、この風土病のようにひろがる犯罪性を説明するのには、その大小のいかんを問わず、どんな家族にとっても同じあの家族環境をあげるだけで十分だからである。

〔第二〕ロンブローゾ氏[*8]のとった方法が、もし著者の期待するような結果をもたらすとすれば、上記の方法よりも進んだ方法である。氏は、いくつかの特殊事例を列挙する代わりに、犯罪者の類型を解剖学的、生理学的に構成する。解剖学的特徴と生理学的特徴、なかんずく前者は、先天的なもの、すなわち遺伝によって決定されたものであるから、それによって決定された類型にあてはまる犯罪者の比率を割りだすだけで、この犯罪という特殊な活動に及ぼす遺伝の影響を厳密に測定できるであろう。

ロンブローゾ氏の指摘通り、この比率は相当のものだろうと思われてきた。けれども、あげられた数字は、犯罪者類型一般の相対的頻度をあらわしているだけである。したがって、そこからひきだしうる結論は、一般に悪に染まりやすい性向はしばしば遺伝的である、ということぐらいである。だが犯罪や不法行為の特殊形態にかんしては、そこから何ひとつひきだすことができない。そのうえ、このいわゆる犯罪類型なるものに、現実にはなんらそれ特有のものがないことも、こんにちでは知られている。この類型を構成している多くの特性は、ほかでもみいだせるからである。この類型では、それが変質者や神経衰弱患者の類型に似ているということが認められるだけである[19]。ところが、この事実は、犯罪者のうちに神経衰弱者がたくさんいるということの証拠にはなっても、それだからといって、神経衰弱が、いつも、必ず人を犯罪にひきずりこむということにはならぬ。少なくとも、才人や天才でないまでも、変質者といったところで正直な変質者もいるわけである。

以上のことからして、いろいろな素質は、それが特殊なものであればあるほど伝承されにくいものだとすると、社会的労働組織において遺伝が果たす役割は、この労働が分割されていなければいないほど大きいことになる。かくして、低級社会においては、諸機能がきわめて一般的であった。だから、これらの機能は、ある世代から他の世代へ、いとも容易に、またいっそう全般にわたって受けつがれるような、ひとしく一般的な素質を要求するだけである。各人は、その人格を支えるための本質的なものをすべて生まれながらにして受ける。すなわち、各人が自分で獲得しなければならぬものは、彼が遺伝から受けとるものにくらべれば、まことに微々たるものである。中世になると、貴族は、自分の義務を果たすために多くの知識もそれほど複雑な熟練も必要とはしなかったが、とりわけ勇気だけは必要であった。彼は、それを血統によって受けついだものだ。レヴィ人〔レヴィ族に属するイスラエル人。聖職につくことを業とする〕やバラモン〔インドのカーストの四階級のうち第一階級。僧侶の職を占める〕は、その専門の仕事を果たすために該博な知識を必要としなかった――われわれは当時の学術書の量によって、この知識の大きさがどの程度のものであったかを測ることができる――。だが俗人には閉じられていた諸観念や諸感情を自分のものにするだけの生来の知的卓越性が必要ではあった。ギリシアのアスクレピアデスの時代において名医であるには、広範な教養を身につける必要はなく、観察のために、また具体的事物にたいして、生得的な嗜好をもつだけでよかった。しかも、この嗜好は簡単に伝承できるほどの一般的なものにすぎなかったから、この嗜好は若干の家族だけで永久に保持され、したがってまた、医業がその家族で世襲的であることは避けられなかったのである。

こういった事情のもとでは、世襲《エレディテ》が一個の社会制度となるのは十分に理解できる。もちろん、たとえばカースト組織は、これすべて心理学的原因から生じたというようなものではない。諸他の原因に支配されて成立したものであるが、ともかく一度生ずると、それは個人の好みにも社会の利害にもぴったり合致したからこそ持続しえたのである。職業的素質というものは、個人の素質であるよりも種属の特性であったから、職能についても、それが同じであることはしごく当然であった。さまざまの職能はいつもかわらず同じような仕方で配分されたのだから、法がこの配分原理を承認するにこしたことはなかったのである。個人がその精神と性格とを形成するに際して、ごく小さな役割しか果たさないとなると、自分の生涯の仕事を選択する際に個人みずからがそう大きな役割を果たすはずがないし、仮にそこは自由にまかされるとすると、それをどうしていいのかわからないといったところが一般であろう。しかも、さらに、同じ一般的能力がさまざまの異なった職能に役だちうるとしたら、はたしてどうだったであろうか。だが、そのばあいでもはっきりしていることは、労働がほとんど専門化していなかったのだから、相互にきわだった相違をもった別々の職能が少しばかりあったにすぎず、したがって、それらの職能のどれかひとつに成功するほかはなかったということである。だから、個人の自由にまかされる余地は、この面からしてもやはり限られている。要するに、財産の世襲と同じことが職能の世襲についても存在する。低級社会では、先祖から伝えられ、しかもほとんどのばあい不動産から成る遺産は、それぞれの個別家族の世襲財産のうちでも、もっとも重要な部分を代表する。その際に個人は、たいした経済的機能をもっていないから、この基礎的な世襲財産に多くのものをつけ加えることは不可能である。したがって、所有の主体は個人ではなく、家族であり、それも現世代の全成員ばかりでなく、諸世代の全系列からなる集合的存在としての家族である。世襲財産が譲渡しえない理由は、ここにある。家族という実体の一時的な代表者は、なんぴとといえどもこれを勝手に処分することができなかった。それは彼の所有物ではなかったからだ。世襲財産が家族に属するのは、職能がカーストに属するのと同じである。この当初の禁制をやがて法が緩和するときでも、世襲財産の譲渡はまだ叛逆罪とみられた。貴族にとって身分のいやしいものとの結婚が叛逆罪であったように、あらゆる階級にとって世襲財産の譲渡がまさにそうであった。それは種属にたいする叛逆であり、裏切りであった。だから、法はそれを緩和しつつも、永いあいだその譲渡にたいしてあらゆる種類の障壁を設けてきたのである。たとえば、相続分の取戻し権は、そこからきたものである。

容積のもっと大きい社会では、労働がいっそう分割されるから、事情は違ってくる。さまざまの機能はいっそう多岐的となるから、同じ能力でも異なった職業に役だつ。兵士に勇気が必要なように、炭坑夫、航空士、医師、あるいは技師にもそれが必要である。観察眼があれば、ひとりの人間は小説家にも劇作家にも、化学者、博物学者、社会学者のいずれにでもなることができる。要するに、個人の志向性が遺伝の必然的な力によってあらかじめ決定されることは少なくなっている。

けれども、この遺伝の相対的重要性をことさらに低めるのは、人が後天的に獲得するものの役割がますます大きくなるということである。遺伝によって継承されたものの価値を高めようとすれば、かつてより以上に多くのものをそれに付加しなければならぬ。じっさい、諸機能がさらに専門化するにつれて、たんなる一般的な素質だけではどうにもならなくなってきた。その素質を積極的に練磨し、諸観念、諸活動、諸慣習の全世界を獲得させ、さまざまの素質を整序し、体系化し、その本性をつくりなおして新しい形に仕立てあげなければならなかった。明敏率直で飾り気のない精神をそなえた一七世紀の紳士と、おのれの修める学問に必要な経験と知識とをことごとくそなえた現代の学者を比較してみよ。また生来の勇気と高潔さをもった往時の貴族と、むつかしい複雑な技術をもつ現代の士官とを比較してみよ。ここではたがいに近い比較点をあげたつもりだが、そこから、原始的な土台のうえに少しずつ積み重ねられてきたいろいろな素質のさまざまな配合が、どんなに重要であり多様であるかを見わけることができるだろう。

だが、これらの精巧な配合はいたって複雑だから、脆い。そうした配合は不安定な均衡状態にあり、強いショックには堪えられそうにない。この配合が両親においてまだ同一であれば、世代が急変してもおそらくなお持続しうるだろう。しかし、このような同一性はまったくの例外である。第一に、素質の配合は、両性のそれぞれに特殊的である。第二に、社会が拡大し凝集するにつれて、素質の交配はもっと広い範囲にわたって生じ、もっと気質の異なった個人どうしを近づけることになる。したがって、血統の配合によるこのみごとな意識状態の成長作用は、われわれとともに消滅し、優劣のさだかではない胚種を子孫に伝えるほかはない。この胚種を新たに多産的にするかしないかは、まさに子孫たちしだいである。したがって、必要とあれば、その発展をもっと簡単に変えるのも、子孫たちである。かつてのように、彼らは、その両親がしてきたことを反復するように窮屈に強制されたりはしない。もちろん、各世代が、数世紀にわたる業績を、新たな犠牲を払って、これを全体的に最初からやりなおすなどと考えるのはまちがっている。そんなことをすれば、進歩というものがみな不可能となるであろう。血統によってはとうてい過去を伝承しえないからといって、過去が滅び去るなどということはない。過去は、記念碑のうちに、あらゆる種類の伝統のうちに、教育によってひきつがれる慣習のうちに存続する。けれども、伝統という絆は、遺伝よりはるかに弱い。伝統が思考と行動とをあらかじめ決定する仕方は、遺伝にくらべるとそれほど厳重でもなければ、はっきりもしていない。のみならず、伝統それ自体が、社会の密度の増加に伴っていっそう柔軟になる。それがどのように柔軟になるかについては、すでにみてきたとおりである。だから、個人の多様化にとって、ますます広大な領域が開け、この領域はまた、労働の分割がすすむほど、いよいよ拡大するのである。

要するに、文明が有機体のうちに定着しうるとしても、それは文明がよってたつもっとも一般的な基盤をとおしてこそ、はじめて可能なのである。文明が高度のものになればなるほど、したがって、文明が肉体から解放されればされるほど、それはいよいよ有機的なものであることをやめて、ますます社会的なものになってゆく。だが、そのとき、文明が永続しうるのは、もはや肉体の媒介をへてではない。つまりは、遺伝が文明の継続性を保障することは、ますます不可能となる。したがって、遺伝はその支配権を失う。それも、遺伝がわれわれの本性《ナチユール》の法則ではなくなるからではない。われわれが生きるためには、もはや遺伝によっては与えられない武器がわれわれに必要だからである。もちろん、われわれは無からは何ひとつひきだしえない。遺伝によってのみわれわれに引き渡される最初の素材は、それはそれとしてまことに重要である。しかし、人がそれにつけ加えるものも、それに劣らず重要である。なるほど世襲財産は大きな価値をもつ。だが、それは、もはや個人的財産のいっそう限られた一部を代表するものにすぎない。このような情況のもとでは、すでに、遺伝が諸社会制度のうちから消え去ってしまったこと、ふつうの人では、そのうえをおおっている付加物の下に遺伝という土台があることがわからず、遺伝にたいしてそれほどの重要さも感じとられていないということが理解できるであろう。

2

そればかりではない。遺伝の占める地位は、相対的価値においてばかりでなく、絶対的価値においても低下すると考えるべき十分な理由がある。遺伝が人間の発達要因として劣勢になるのは、遺伝では伝ええない新しい獲得物がたえず数を増してくるのみならず、遺伝の伝えるものが個人の多様化をしだいに邪魔しなくなるからである。この推論は、以下の諸事実によるとどうやら当たっているようだ。

ある所与の種属にとって、遺伝が遺すものの重要さを測定しようとすれば、本能の数とその力をみればよかろう。ところが、動物の〔発達〕段階をのぼるほど、本能的生活が弱まることはすでにはっきりしている。じじつ、本能とは厳密にきまっている目的にかなった一定の行為様式である。必要条件さえ与えられれば、本能は、個人をいつも同じ行為に、また自動的に反復される行為にみちびく。すなわち、本能はその形式において凝固しているのだ。むろん、厳密にいって、本能がこの形式から逸脱することは可能である。だが、こうした逸脱を安定させようとすれば、長期にわたる発展過程が必要なばかりでなく、さらに、ある本能を別の本能に、ある特定の機制を他の同性質の機制におきかえるという結果をもたらすにすぎない。これと逆に、高等な種属の動物ほど、本能は意志に従属するようになる。ペリエ氏によると、「本能は、もはや不定の諸行為の配合を形成する無意識的性向ではない。状況に応じて異なった行為をとりうる性向である」[20]。遺伝の影響がもっと一般的であり、さらに曖昧であり、あまり強制的でなくなっているということは、この遺伝自体が弱いということである。もはや遺伝は動物の活動を厳重な網のなかにとじこめておかないで、もっと自由な活動にまかせる。再びペリエ氏がいうように、「動物では、知性が増大すると同時に、遺伝の諸条件は根本的に変わる」。

動物から人間に目を移してみると、この遺伝の退化はさらにいちじるしい。「人間は動物のすることをすべてやり、さらにそれ以上のことをする。ただ、人間は自分の行為そのものと、行為する理由を知って行為する。自己の行為についてのこの意識だけが、人間に同じ行為をとることを必然的に強制するあの本能のすべてから人間を解放するように思われる」[21]。おそらく、動物にとってこそ本能的ではあっても、人間にとっては遺伝的でなくなってしまった活動をあげればきりがないだろう。本能が生き残っているばあいでさえ、それは力が弱くなっており、したがって意志がそれを支配することはずっと容易である。

けれども、低級動物の種属から高等動物の種属へ、さらに後者から人間へと、たえまなくつづくこの本能退行の動きが、人類の到来とともに突如止んでしまうと想定すべき理由はひとつもない。では、人間は歴史に登場しはじめてこのかた、まったく本能から解放されてきたのだろうか。そうではない。われわれはいまもなお、本能のくびきを感じとっている。すると、この本能からの漸進的な解放――その継続性についてはいまみてきたとおり――を決定してきた諸原因が、突然その力を失ってしまったのだろうか。けれども、そのばあい、これらの原因が種属の一般的進歩を決定づける諸原因そのものと混同されていることは明らかだし、この進歩はとどまるところを知らないのだから、本能からの解放を可能にする諸原因はなおのこととどまることはないはずである。だから、このような仮説はあらゆる類推と矛盾する。それは十分確認された諸事実とさえ矛盾する。じじつ、知性と本能とが、つねに逆方向をたどって変化するということは、すでに立証ずみである。この両者の関係がどこに由来するかを探究することは、さしあたり必要ではない。両者の関係が存在することを確認するだけでよい。ところが、人間の知性は、はじめから発展することをやめはしなかった。だから、本能が逆の歩みをたどらざるをえなかったのである。したがって、この命題が諸事実の実証的観察によっては確認されえないとしても、人類進化の道程で、遺伝がその地盤を喪失してきたことだけはどうしても認めなければなるまい。

もうひとつの事実が以上の命題を確証する。歴史がはじまって以来、進化は新しい人種を実現させたことがないばかりでなく、古い人種はたえず退行しつつある。じじつ、一つの人種はある数の個人から成っているが、これらの諸個人はその同じ遺伝類型にくらべると、個人間の多様性などは無視できるほど大きな一致を示している。ところが、この個人の多様性の重要度は増大する一方である。しかも、個体類型はいつも種属類型を犠牲にしてますますきわだってくる。そして、この種属類型の体質的な特徴はあらゆる面に分散し、他の多くの特徴と混じりあい、無限に多様化してしまって、ある統一性をもった一全体にまとめあげることが容易ではない。のみならず、こうした分散と消滅はごく未開の諸民族でもはじまっている。エスキモー人は、その孤立のゆえにこそ、人種の純粋さを保持するのにまことに適した条件下におかれてきたようにみえる。けれども「身長が多様なことといったら、そこではもう個人にみとめられた限界を越えている……。オタム〔Hotham〕を過ぎるころ、エスキモー人はまったく黒人に似ていたが、スパファレー〔Spafarret〕の狭い港口では、ユダヤ人に似ていた（Seeman）。ローマ人の鼻を思わせるうりざね顔もめずらしくない（King）。その顔色は、あるいはひどくくすんでおり、あるいはひどく明るい」(22)。これだけ限定された社会でもそうだとすると、現代の大社会においては、これと同じ現象がはるかにきわだって再現するはずである。中央ヨーロッパでは、あらゆる多様な頭蓋骨、あらゆる形の容貌がならんでいる。顔色についてもそうである。フィルヒョー*9のおこなった観察によると、ドイツのさまざまの階級に属する一〇〇〇万の児童について、ゲルマン人種特有の金髪のタイプは、北ドイツでは四三ないし三三パーセント、中央ドイツで三二ないし二五パーセント、南ドイツで二四ないし一八パーセントしかみられなかっど、とうていできることではないことがわかる。こういった終始悪化しつつある情況では、人類学者がきっぱりした類型を構成するなた。[23]

ゴルトン氏の最近の調査では、この遺伝的影響の衰微が確証され、同時にそれが説明されている。[24]

この著者によると、――その観察と計算は反論しがたいように思われる――、所与の社会集団において遺伝によって規則的かつ全体的に継承される唯一の特性は、それらの諸特性の連合が平均類型を構成するような諸特性である。たとえば、めずらしく大きな両親から生まれた息子でも、両親の背丈をうけつがないで、むしろふつうの身長に近いこともあろう。逆に、両親は小さすぎても、息子が両親よりも大きいこともあろう。ゴルトン氏は、少なくとも近似的な仕方で、その偏差値を計算することさえできた。いま仮に、じっさいの両親の平均をあらわす混合的存在を「平均親」とよぶとすれば（母の諸特性は、父の諸特性と比較し、つけ加え、全体を合算して割るといった仕方で代入される）、この固定した基準とくらべると息子の偏差は父の偏差の三分の二であろう。[25]

ゴルトン氏は、身長についてこの法則をたてただけでなく、眼の色と芸術的能力とについてもまた、この法則を確立した。たしかに、氏は、平均類型と比較したばあいに諸個人が示す量的偏差についてだけ観察して、その質的偏差については観察しなかった。だが、なぜこの法則が量的偏差に適用されて、質的偏差には適用されないかという理由は、明らかでない。遺伝が、平均類型の構成的〔体質的〕属性を伝えるばあい、この類型の属性にみられる発展の程度においてのみ十分に伝えうるということが原則だとすれば、遺伝はまた、そこにみられる諸属性しか十分に伝ええないはずである。正常な諸特性の異常な大きさが本当だとすれば、さらに強い理由からして、異常な諸特性それ自体についてもそうでなければならない。一般に、異常的諸特性は世代を経るにしたがって弱くなり消えさる傾向しかないのでなければならない。

それにもかかわらず、この法則は以下のように簡単に説明される。じっさいに、ひとりの子どもはその両親からだけではなく、その祖先すべてから遺伝を受ける。もちろん、両親の遺伝の作用は直接的であるだけにとくに強い。しかし、先行の諸世代の作用は、その作用方向が同じばあいには蓄積されうるし、またこの蓄積のおかげで祖先たちの作用は、それが遠いという結果もつぐなわれ、両親からの作用を中和し弱めるに足る程度のエネルギーにまで達することが可能である。ところが、自然集団〔groupe naturel〕という平均類型は、平均的生活の諸条件に、したがってもっとも日常的な生活条件に対応する類型である。つまりこの類型は、物理的および社会的な「平均的環境」とよばれるものに、すなわち最大多数の人びとが生活している環境に、諸個人が適応する様式をあらわす。これらの平均的諸条件は、現在において、それらをもっとも一般的ならしめている理由と同じ理由によって、過去においても、もっとも頻度の高いものであった。だから、それは、われわれの祖先たちの大半がおかれていた条件でもある。時代とともにこれらの条件が変わりえたことは確かだが、一般には、ゆっくりした変化にとどまる。だから、この平均類型は長いあいだ、それとわかるほど同じままであった。したがって、一連の前の諸世代にわたって、少なくともその作用を有効に感じさせるに足るだけの近い諸世代にわたって、この平均類型はもっともひんぱんに、もっとも一律的に反復される。この恒常性のゆえにこそ、平均類型が固定性を獲得し、遺伝の影響力の重心となる。平均類型を構成している諸特性はもっとも耐久力があるものであり、もっとも強力に、もっとも正確に継承される傾向がある。反対に、平均類型からのけられる特性は、それからのへだたりが大きければ大きいほど、不確定の状態のままでしか生き残れない特性である。そこに生ずる諸偏差がまったく一時的なものにすぎず、きわめて不完全でやっと一時的に存続できる程度にすぎないのは、まさにこの理由からである。

ただし、ゴルトン氏自身が提起した説明とは少しばかり違う以上の説明でさえも、この法則が完全に厳密であるためにはわずかばかり修正される必要があることを推測せしめる。じっさい、われわれの祖先の平均類型は、その平均的生活が変わらなかった程度においてのみ現世代の平均類型と混合しているにすぎない。ところが、事実上いろいろな変化は、平均類型の構成そのものに変化をひきおこすように世代から世代へと生じている。にもかかわらず、ゴルトン氏の集めた諸事実が氏の定式化したような法則を確証しているように思われるのは、氏が、身長とか眼の色といったような比較的変化の少ない身体的特徴しか検証しなかったからである。だが、その他の、あるいは有機的な、あるいは心理的な諸属性を、これと同じ方法で観察するならば、たしかに進化の結果が認められよう。したがって、厳密にいえば、伝達度が最高の諸特性は、その全体が特定の一世代の平均類型を構成しているような諸特性ではなく、連続する数世代の諸平均類型間の平均をとってえられるような特性である。さらに、こうした修正をほどこさなくては、集団の平均がどのように変化しうるのかを説明できないであろう。というのは、ゴルトン氏の命題を文字どおりに受けとれば、二つの世代の平均類型は相互にへだたっているにしても同一であろうから、諸社会はいつのばあいでも同一水準にたちもどらざるをえないだろうからである。ところが、この同一性は法則であるどころか、反対に、平均身長や平均的な眼の色といった単純な身体的特性でさえも、まことに遅々たるものだとはいえ、少しずつ変化していることがわかる。(26) だから、真理はまさしくこうである。すなわち、環境に持続的な変化がおこれば、そこから生ずる有機体の変化と心理の変化は、結局は進化する平均類型のなかに定着し、そこに結合されてしまうということ、これである。したがって、平均類型では、その途中でおこる諸変化は、たえず反復される諸要素がもつ伝達性と同じ程度の伝達性をもちえないのである。

平均類型はさまざまな個人類型の累積から生じ、諸個人類型にもっとも共通なものをあらわす。したがって、平均類型を形づくる諸特徴がその集団の異なる成員たちにおいて同じように反復されればされるほど、それらはいよいよ明確なものとなる。なぜなら、こうした同一性が完全であるばあいには、平均類型の諸特徴は、個人類型のもつすべての特徴とともに、しかもそれぞれの個人類型の微妙なニュアンスにいたるまで、その全部がこの同一性のなかにみられるからである。逆に、これらの特徴が一人ひとり違うばあいには、この諸特徴の一致点はずっと少なくなるから、それらのうちで平均類型のなかでも存在しつづけるものは、その差異が大きければ大きいほどそれだけ漠とした輪郭になってしまう。ところで、個人の非類似性がますます増大しつつあること、すなわち平均類型の構成諸要素がいよいよ多様化することをわれわれは知っている。だから、この平均類型それ自体がはっきりした諸特徴を含むことといよいよ少なく、社会の分化がすすむほどこの類型はますます不明確となるに違いない。平均人の相貌は、いよいよ不純となり、不明確になるし、いよいよ図式的な相を帯びるようになる。平均人は、これを固定させ限定づけることがいよいよ困難な抽象体となる。他方、すでにわれわれが明らかにしたように、社会が高級種に属していれば、それだけ伝統はいっそう柔軟になるから、その社会の進化は急速になる。したがって、平均類型は世代を経るにつれて変わる。その結果、これらの平均類型をすべて累積してえられる二重複合の類型は、各平均類型よりもいっそう抽象的であり、しかもたえず抽象的になってゆく。それゆえに、正常な遺伝が構成するのは、この二重複合的類型の遺伝であるから、ペリエ氏の言葉にしたがえば、この正常遺伝の諸条件はひどく変わってゆくことがわかる。もちろんだからといって、正常遺伝が絶対的に少ししか物を伝えなくなるといおうとしているのではない。諸個人が非類似の特徴をより多く示すならば、それだけますます彼らは特徴を示すようになるからである。だが、正常遺伝によって遺伝するものは、いよいよ不確定の素質から成り、非常に多岐にわたって専門化しうる感情と思考の一般的様式から成るようになる。これは、かつてのような、特定の目的をめざして厳密に組み立てられた完全な機制では、もはやない。未来にたいして決定的なかかわりをもたない、きわめて漠然とした諸傾向なのである。しかし、それは、遺産が豊かでなくなったのではない。流動財産のうちにはまったくなくなったということである。遺産を構成する価値の大半は、まだ実現されていないのであり、すべてがどのように使われるかにかかっているのである。

遺伝的諸特性のこの大きな柔軟性は、これらの特性の不確定な状態によるだけではなく、それらが経てきたさまざまな変化から受けてきた動揺に負う。じじつ、周知のように、類型というものは、多くの偏差を経てきたものであれば、それだけ不安定である。「ときには、もっともささいな原因でも、いわば不安定になったこれらの有機体を急速に変化させるものである。スイス牛がロンバルディア〔北部イタリアの地方〕に移入されると、二世代でロンバルディア牛となる。フランスのあの小さくて褐色のブルゴーニュ〔東部フランスの地方〕の蜜蜂が、大きな黄色のブレス蜂〔ブレスは東部フランスの旧い地方名〕になるのにやはり二世代あれば十分である(27)」とド・カトルファージュ氏はいう。以上すべての理由から、遺伝は新しい配合にいつでもその余地を残すものである。遺伝の支配しえない物がいよいよ多くなるばかりでなく、遺伝がその継承を確かなものとする諸属性はますます可塑的となる。だから、個人は自己の過去にあまり強く縛られなくなり、新たに生ずる状況に適応することがもっと容易になる。こうしてまた、分業の進歩はさらに容易になり、急速になるのである。[28]

原注

（1） Mill, J. S., *Économie politique*.

（2） Spencer, *Principes de sociologie*, Ⅲ, p. 349.

（3） Ribot, *L'Hérédité*, 2e éd., p. 360.

（4） *Ibid.*, p. 345.

（5） *Ibid.*, p. 365. ——Hermann, *Griech. Antiq.*, Ⅳ, S. 353, note 3を参照。

（6） *Ibid.*, S. 395, note 2, Kap. I, S. 33.——事実については、とくに次の書をみよ。Platon, *Eutyphr.*, 11C; *Alcibiades*, 121 A; *Respublica*, Ⅳ, 421 D; とくに、*Protagoras*, 328 A; *Plutarchos*, *Apophth. Lacon.*, 208 B.

（7） Schmoller, La Division du travail, in *Rev. d'écon. polit.*, 1888, p. 590.

（8） Ribot, *op. cit.*, p. 360.

（9） *L'Espèce humaine* をみよ。

（10） *Histoire des sciences et des savants*, 2e éd., p. 293.

（11） *Op. cit.*, p. 294.

（12） *English Men of Science*, 1874, p. 144 以下。

（13） *Op. cit.*, p. 320.

（14） *Op. cit.*, p. 296.

(15) *Ibid.*, p. 299.
(16) *Émotion et volonté*, p. 53.
(17) *Op. cit.*, p. 318.
(18) Lombroso, *L'Homme criminel*, p. 669.
(19) Féré, *Dégénérescence et criminalité* をみよ。
(20) *Anatomie et physiologie animales*, p. 201. なおつぎの書を参照せよ。La préface de *L'intelligence des animaux*, de Romanes, p. XXIII.
(21) Guyau, *Morale anglaise*, 1re éd., p. 330.
(22) Topinard, *Anthropologie*, p. 458.
(23) Wagner, Die Kulturzüchtung des Menschen, in *Kosmos*, 1886, 1 Heft, S. 27.
(24) *Natural Inheritance*, London, 1889.
(25) *Op. cit.*, p. 104.
(26) Arréat, Récents travaux sur l'hérédité, in *Rev. phil.*, avril 1890, p. 414 をみよ。
(27) 項目《Races》in *Dictionnaire encyclopédique des sciences médicales*, t. LXXX, p. 372.
(28) ヴァイスマン〔August Weismann. 一八三四―一九一四年。ドイツの動物学者。新ダーウィン主義を唱えた〕のいろいろな理論のうちでも比較的しっかりしていると思われる説が、以上のことを確証するのに役だちうるであろう。もちろんこの学者が主張するように、個人的な偏倚は遺伝では根本的に継承できないものだとすることは、検証されていない。だが、正常に遺伝する類型は個体類型ではなくて、いわば再生産的要素を有機的基体としてもつ種属類型であり、また、この類型は、よく仮定されてきたほどそう簡単には個人的偏倚によって侵されることはない、ということははっきり確定されたとみてよい（Weismann, *Essais sur l'Hérédité*, trad. franç., Paris, 1892 をみよ。とくに第三の

Essai を。――また、Ball, *Hérédité et exercice*, trad. franç., Paris, 1891 をみよ)。そこから、種属類型が不確定であり可塑的であるほど、個体的要因がいっそうその地歩を固めるという結果が生ずる。

なお、もうひとつ別の見地からみても、これらの説はわれわれにとって興味がある。われわれがもっとも重要だとしてきた本書の結論のひとつは、社会現象は社会的原因から生じてくるものであって、心理学的原因によるものではないこと、集合類型は、ある個体類型のたんなる一般化ではなく、かえって後者は前者から生じること、以上の考え方である。他の系列の事実において、ヴァイスマンは、同様に、種属がたんなる個体の延長ではないこと、生理学的ならびに解剖学的見地からみて、種の類型は、時間において永続する個体類型ではなく、それ固有の進化をとげること、個体類型は種属類型の起源であるどころか、後者から派生したものであること、を立証した。彼の学説は、われわれのみるところでは、われわれの説と同様、複雑なものを単純なものに、全体を部分に、社会あるいは種属を個人(個体)に還元してしまう安易な諸理論にたいする抗議である。

訳注

＊1　リボー――Théodule Armand Ribot. 一八三九―一九一六年。フランスの心理学者。感情心理の研究にすぐれ、その主張には生物学的傾向がつよい。デュルケームの時代のフランス心理学界の第一人者。

＊2　アスクレピアデス(Asclépiade de Bithynie)は、前一世紀ごろのギリシアの医者。ギリシア医学をローマに移植した。ヒッポクラテスとは学説上対立するといわれる。またアスクレピオス(Asklēpios)はギリシアの医神である。アポロンの子で名医となったという。なおヒッポクラテスについては二五〇ページの注を参照。

＊3　ヘルマン――Gottfried Jakob Hermann. 一七七二―一八四八年。ドイツの古典学者。古典の原

典校訂者として著名。

＊4　サウル王――Saül. イスラエル最初の王。在位は前一〇二五―一〇年。

＊5　ド・カトルファージュ――Jean Louis Armand de Quatrefage de Bréau. 一八一〇―九二年。フランスの博物学者、人類学者。古典的人類一元論者であるが、人類の分類に際して、身体上の特質のほかに、言語や文化なども考慮に入れたため、人類の概念を曖昧にした。

＊6　ゴルトン――Sir Francis Galton. 一八二二―一九一一年。イギリスの遺伝学者。チャールズ・ダーウィンの従弟で、彼からの刺激をうけ、天才などの遺伝の研究に数学的方法を導入した。

＊7　ド・カンドル――de Candolle. 本書九五ページ注を参照。スイスの博物学者。植物の遺伝学的研究と栽培植物の発展史の研究で有名。その父A.P. de Candolleもまた植物学者であり、その子A.C.P. de Candolleもまた植物学者である。のちに、デュルケームはこうした才能の遺伝の例としてド・カンドル家をあげている。

＊8　ロンブローゾ――Cesare Lombroso. 一八三六―一九〇九年。イタリアの精神病学者。犯罪者を人類学的に研究して、犯罪者には一定の肉体的・精神的類型があること、犯罪の原因は隔世遺伝的であることを明らかにして、犯罪人類学を創始した。

＊9　フィルヒョー――Rudolf Virchow. 一八二一―一九〇二年。ドイツの病理学者、人類学者。ドイツ人類学会を創設し、人体測定法で知られる。プロイセン下院の進歩党党首でもあった。

V　これまでの結論

I

これまで述べてきたところは、分業が社会において機能する様式をさらによくわれわれに理解させてくれる。

この見地からすれば、社会的分業はその本質的な特性によって生理的分業とは区別される。有機体のばあいは、各細胞の役割がきまっていて、それを変えることは不可能である。ところが社会では、さまざまの職務がこれと同じように不変的に配分されてきたことはけっしてない。組織の枠がきわめて厳重なばあいでさえ、個人は、運命が彼を定着させてきた枠の内部においても、何ほどかの自由をもって活動することができる。原始ローマにおいて、平民は、貴族が排他的に占有していた職能以外の職能ならすべて自由に志すことができた。インドでさえも、各カーストに割りあてられた職業は、何ほどかの選択の余地を残すに足るほどの一般性(1)をもっていた。どの国においても、敵が首都を、つまりは国民の頭脳そのものを占領したとしても、そのために社会生活が一時中断するようなことはない。

そのための準備がしてあったわけではいささかもないが、比較的短時日のうちに、別の都市がこの複雑な機能を果たすようになる。

労働がいっそう分割されるにしたがって、この柔軟性と自由とはさらに大きなものになる。同じ個人がまことにつつましい職業からもっとも重要な仕事へと昇格することもみられる。すべての仕事にどんな市民でもつくことができるという原則も、それがたえずじっさいに適用されることがなかったならば、これほどまでに一般化しなかったであろう。一労働者がその職業を去ってそれに近い他の職業に移るということは、さらに、いっそうひんぱんな現象である。学問的活動がまだ専門分化していなかった時代には、ひとりでほとんどあらゆる学問領域をとりこんでいた学者は、その機能をあまり変えることができなかったものである。そんなことをすれば、学問それ自体を放棄しなければならなかったろうからである。こんにちでは、たとえば化学から生物学へ、生理学から心理学へ、心理学から社会学へというように、学者がつぎつぎと異なった科学に没頭するようになることがよくある。このように、つぎからつぎへと多様な形態をとる傾向が経済界ほどいちじるしいところはほかにない。経済的諸機能がそれに応えようとする好みや欲求ほど変わりやすいものはほかにないので、商業や工業が、需要におこる変化にすべて応えるために、永遠に不安定な均衡状態におかれなければならない。昔は固定性ということが、資本というもののほとんど自然な状態であったし、資本が簡単に流動しすぎることを法で禁じさえもした。しかしこんにちでは、資本をそのあらゆる変化にわたって跡づけてみることは、ほとんど不可能である。資本が非常な速さで一企業にとりついたと思ったら、すぐそこを引きあげて他の企業で息をつき、そこでもほんのしばらくおちついているだけである。労働者もまたそれに追随し、したがって、諸他の仕事にも従事できるよう準備していなければならない。

社会的分業の依拠する諸原因の性質が、以上の特徴を明らかにしてくれる。各細胞の役割が不変のままで固定されているのは、その役割がその細胞に生来課せられているからである。つまり細胞は、その生命を特徴づける遺伝的習性の体系に閉じこめられ、そこから解放されえないのである。この遺伝的習性は細胞が形成されている本体そのものにあまりにも深い影響を及ぼしてきたから、これらの習性をはっきり変えることさえできない。細胞の構造は、その生活をあらかじめ規定する。ところが、われわれのみてきたように、社会のばあいには事情が違う。出生によってその個人の特定の生涯がきまるのではない。個人の先天的体質が、他のいっさいの役割をうけつけないで唯一の役割にのみ個人を必然的に運命づけるのではない。個人はごく一般的な、それゆえにきわめて柔軟な素質、またさまざまな形態をとることを可能にする素質を遺伝から受けとるのである。

まさしく、個人は、これらの素質をどう使うかによって、それを自分のものにする。彼はその能力を特定の機能に従わせ、専門化しなければならないので、その仕事にもっと直接に必要な能力をいっそう集約的に練磨し、諸他の能力は部分的に減退するままにしておかざるをえない。個人がその頭脳をある点をこえてまで発達させるばあい、どうしてもその筋力や生殖能力の一部を失わざるをえないのは、こうしてである。また、分析力や反省力を極度に刺激するには、その意志力や感情の活力を弱めることになるし、観察の習慣を身につけるには、弁証の習慣を失わざるをえない。加えて、諸他の能力を犠牲にして強化される能力は、自然のなりゆきで、どうしても一定の形態をとらざるをえないし、そうなれば、この能力はそれに少しずつ閉じこめられるようになる。この能力は、ある慣行や一定の機能活動を習慣として身につけるが、それが長期にわたって持続するほどいよいよ変化しがたくなる。けれども、この専門化は、まったく個人的な努力によるものであるから、長期にわたる遺伝だけがつくりうるような固定性も厳密性ももたない。これらの慣行はもっと新しい産物であるから、遺伝よりはるかに柔軟である。こうした慣行に従うのは個人であるから、個人はそれから解放されて、新しい慣行を身につけるためにやりなおすことができる。個人こそは、長い眠りのために眠っていた諸能力をめざめさせ、その生気をよみがえらせ、これを第一線にたち返らせることさえ可能である。じつをいえば、この種の能力の蘇生はすでに相当むつかしいことではあるが。

まず最初に、人はこれらの諸事実のうちに退化現象かあるいはある劣等性の証拠を、少なくとも形成途上にある未完の存在の過渡的状態をよみとろうとする。じじつ、集合体の異なる諸部分がしごく簡単にその機能を変えることができ、相互に機能を代替しあうことができるのは、とりわけ下等動物においてである。これと反対に、組織の完成度が進むにつれて、これらの諸部分はそれぞれに割りあてられた役割を離れることがますます不可能となる。こうしていつの日か、社会がいっそう停滞的な形態をとり、各機関や各個人がきまりきった機能をもつと、もはやそれを変えることはあるまいというようになるのではないか、——こういう疑問が生じてくる。これは、コントの考え方であったように思われるが、[2]スペンサー氏の思想であることだけは確かである。[3]だが、この推論は性急にすぎる。というのは、この代替現象はごく単純な存在に特有なものではなくて、最高段階においても、とりわけ高等有機体の高等器官においてもひとしくみられるからである。たとえば、「脳の外皮のある部分を切除したことから生ずるさまざまの障害は、多少の期間を経るとなくなってしまうことがよくある。この現象はつぎの仮定によってのみ説明されうる。すなわち、除去された要素の機能をその他の要素がこれに代わって果たすということ、これである。このことは、補充要素が新しい機能を果たすように動員されることを意味する……。伝導作用が正常な関係にあるときでも、条件の変化によっては、視覚に影響を与えるある要素が、触覚や筋肉感覚、あるいは運動を伝える神経分布の要因になる。いやそれ以上に、もし中心的な神経繊維叢がただひとつの同じ要素にさまざまの性質の現象を伝える力をもつならば、この要素はその内部で複数の異なった機能を結合することができるだろう、ほとんどこう仮定せざるをえないのである」[4]。運動神経が求心的になりうるのも、知覚神経が遠心的に変わるのもまた、こうしてである。[5]要するに、伝達の条件が変わったばあいに、以上の全機能の新しい配分がおこるとすると、ヴント氏[*1]のいうように、「正常な状態においてさえ、個体が多様に発達することによって生ずる動揺や変化があらわれる」[6]と推定するのが当然である。

こうして、厳密な専門化は、事実上必ずしも高等という卓越性をあらわすものではない。専門化ということがいかなるばあいでも良いというものではないのである。むしろ、器官がその役割にこりかたまってしまわないほうがのぞましいことがある。もちろん、がっちりした固定性も、環境それ自体が固定しているばあいには有用である。たとえば、個々の有機体の栄養摂取機能のばあいがそれである。栄養摂取機能は同一類型の有機体にはそう大した変化があったりするわけではない。したがって、それがはっきり確定した形態をとっても不便がないどころか、有利でさえある。まさにそれだからこそ、内部組織と外部組織とが相互にあれほど簡単にとりかえられるポリープが、こうした代替がいつも不完全でありほとんど不可能な高等動物にくらべて、闘争のために武装することがずっと少なくてすむのだ。しかし、器官が依存する状況がよく変わるばあいには、事情はまったく別である。このばあいには、器官がみずから変わるか、あるいは滅びるかしなければならない。こういったことは、機能が複雑なばあいにおこることであり、われわれを複雑な環境に適応させるばあいにおこることである。じじつ、複雑な環境は、その複雑さそれ自体のゆえに本質的に不安定である。つまり、そこにはたえずなんらかの均衡の破壊がおこり、なんらかの新しさが生ずる。だから、それに適応したままであろうとするなら、機能それ自体がいつでも変わり、新しい状況に順応するように準備ができていなければならない。ところが、現存するあらゆる環境のうちで、社会的環境ほど複雑なものはない。それゆえに、社会的諸機能の専門化が、生物学的諸機能のそれのように確定的でないのはむしろ当然である。それに、労働の分割がすすむほどこの複雑さは増大するから、この弾力性はたえずいよいよ大きくなってゆく。もちろん、この弾力性はつねに一定の限界内にかぎられるが、その限界自体がいよいよ後退する一方である。

　要するに、この相対的な、そしてたえず増してゆく柔軟性を証拠だてるものは、機能がますます器官から独立するようになるということである。じっさい、はっきりしすぎるほど確定的な構造に結びついていることぐらい機能を不動にするものはない。なぜなら、あらゆる組織編成のうちでこれほど安定したもの、変化にこれ以上抵抗するものはないからである。構造とは、ある行為様式《マニエール・ダジール》であるにとどまらず、ある行為様式を必然化する存在様式《マニエール・デートル》でもある。構造は、さまざまの分子に特有のある震動様式だけではなく、他のあらゆる震動様式をほとんど不可能にするような諸分子の編成そのものを含む。だから、機能がよりいっそうの柔軟さを帯びるとすれば、それは機能と器官の形態との密接な関連が弱くなってくるからであり、この両者を結ぶ紐帯がさらに弛緩してくるからである。

　じっさい、観察されるとおり、社会および社会の機能が複雑になってくるにしたがって、この弛緩が生ずる。低級社会では、いろいろな仕事は大まかで単純であるが、そうした仕事を分担するさまざまの階級はその形態学的な特徴によってたがいに識別される。別ないい方をすれば、各器官は諸他の器官から解剖学的に区別される。各カーストと同様、人びとの各層は衣食などに特有の様式をもっており、こうした制度の違いは身体上の相違をもたらす。「フィジー諸島の首長たちは、長身でがっしりしたからだつき、隆々たる筋肉をもっているが、身分の低い人びとは苛酷な労働とまずしい栄養のために痩せこけた姿を呈している。ハワイ諸島でも、首長たちは大きくて屈強であり、彼らの外貌は下層の人びととくらべると違う人種だといわれるほどである。エリス〔Ellis〕はクックの話を確証して、タヒチ諸島の首長たちが、ほとんど例外なく、その地位と富と同様その体力においても農民にまさっていると述べている。アースキン〔Erskine〕も、トンガ諸島の土着民に似たような差異を認めている」(7)。これと逆に、高級社会においては、このようなきわだった差異がなくなる。多くの事実が立証するところでは、さまざまに異なった社会的機能に専心する人びとが、かつてのようにその体の形とか、顔だち、風采でたがいに識別されるといったことは少なくなってきた。その職業の臭みをもたないことが自慢にさえなっているようだ。タルド氏の期待に応じて、雑多な職業類型のもつ体質上の特徴を統計や人体測定を使ってもっと正確に決定してみれば、こうした特徴の差異は過去にくらべて少なくなっていることがはっきり確かめられるであろう。とりわけ、機能の分化がずっと大きくなったことを考慮に入れるならば、なおのことそうであろう。

ひとつの事実が、このような推測を確証する。その事実とは、職業別の服装の着用がしだいに廃れてきたということである。じっさい、服装が機能上の差異をはっきりさせるのに役だってきたことは確かである。しかし、社会的機能がさらに分化してくるにつれてそのような服装が消えていったのだから、この服装の唯一の存在理由を機能別の差異をはっきりさせるという役割に求めることは不可能である。したがって、職業別の服装は別の性質の非類似に対応するものでなければならぬ。のみならず、この服装慣行の制度以前に、異なった階級の人びとがすでにはっきりとからだつきの相違をあらわしていたのでなければ、人びとがこうした服装によって識別しあおうと思いついた理由がわからなくなる。このような因襲から生じた外観上の標識も生のままの外観上の標識を模写することによってしかつくりだしえなかったにちがいない。この服装は、着物によってまで自己の存在を示すために、着衣にそのしるしをきざみつけ、職業に似せて衣服を区別しようとする、そのような職業類型の特徴そのもののように思われる。服装は職業類型の延長であるといってよい。このようなことは、とくに服装と同じ役割を果たし、同じ原因から生ずる差異にとっても明らかだ。たとえば、特定の仕方で刈りこんだひげをたくわえるとか、あるいはひげをまったくたくわえないとか、髪の毛を短くしたり長くしたりする等々の習慣がそれである。これも、ひとりでに生じ、自然に構成されたあと、ついで模倣され、人為的に再生産された職業類型の特徴そのものである。だから、服装の多様性は、とりわけて形態学的な差異を象徴する。したがって、服装の差異がなくなるのは形態学的な差異そのものが消えることである。さまざまの職業につく人びとが目にみえる記号によってたがいに区別する必要をもはや感じないということは、現実のなかでこうした区別に対応するものが何もないということである。にもかかわらず、機能上の非類似はますます多数となり、ますますはっきりしてくる。だから、以上のことは、形態学的諸類型が平準化するということでもある。しかし、このことは、すべての頭脳がどんな機能にでも無差別に適している、ということではない。むしろ、まったく限定されたままでありながら、しかも機能上の無差別がいよいよ大きくなるということである。

ところが、この機能の解放ということは、劣等性のしるしであるどころか、いよいよ機能が複雑になるということを証明するばかりである。なぜなら、生物組織《ティッシュ》の構成諸要素にとって、機能を具体化するようにみずからを編成すること、したがってまた、機能を失わないようにし、それを閉じこめておくようにみずからを編成することがいよいよ困難だからであり、さらにその困難さは機能があまりに精妙かつデリケートに組みたてられているからである。したがって、機能がある程度の複雑さに達したあとは、機能が組織から決定的にすべりおちはしないだろうか、機能がついには器官からあふれでて器官がそれを完全に再吸収することができなくなりはしないか、という疑問さえおこってくる。事実上、機能が実体の形態から独立しているということは、博物学者たちが確認してから久しい真理である。ただ機能が大まかで単純なばあいには、このような自由な状態を永くつづけているわけにはいかない。器官が機能をすぐさま同化し、同時に機能を束縛するからである。ただし、器官のこの同化力が無限であると考えるべき理由はない。逆に、あらゆる事実から推して、分子の編成の単純さと機能の編成の複雑さとの不均衡が、ある時点をすぎると、たえずより大きくなってゆくということが考えられる。したがって、分子編成と機能編成とをつなぐ紐帯がゆるんでくるのである。もちろん、だからといって、機能はあらゆる器官の外で存在しうるということにはならないし、いわんやこの両者の関係がいっさい欠如しうるということにもならない。ただ、この関係がますます直接的でなくなってゆくのである。

だからこそ、進歩は、器官から機能を、物質から生命をいよいよ解放し――にもかかわらず両者を完全に切り離してしまうことはない――、機能や生命をいよいよ複雑にしながら、それを物質から解放して精神的なものとし、したがってますます柔軟にし、自由にする結果となるであろう。精神生活というものは脳の分子構造のたんなる結果にすぎないなどと考えることをつねに拒否してきたところにこそ高級な存在形態の特徴がある――こう精神主義が感じてきたのは、この理由からである。じじつ、知ってのとおり、脳髄の異なる諸分野にわたる機能が無差別だということは、絶対的ではないにしても、やはり大きい。したがって、脳の諸機能は、不変の形態をとる機能としては最後のものである。それらは、諸他の機能よりもはるかに長期にわたって可塑的であり、複雑であればあるほどますますこの可塑性を保ちつづける。脳機能の進化が無教養な人においてよりも学者においてははるかに永く持続するのは、このゆえである。だから、社会的機能がますますきわだってこれと同じ特徴を示すとすれば、それは前例のない例外だからではなく、この機能が自然のさらに高い発展段階に対応しているからである。

2

分業の進歩の主要原因を決定しつつ、われわれは同時に文明とよばれるものの本質的原因を決定してきた。

文明は、それ自体が、社会の容積と密度において生ずる諸変化の必然的な一帰結である。科学、芸術、経済的活動が発達するとすれば、それは人間に課せられたある必然性の結果なのである。人間のおかれた新しい状況のもとでは、人間にとって別の生き方がないからである。諸個人の数がふえて、彼らのあいだに確立された社会関係が相当な数に達したときから、彼らはさらに専門化し、より労働し、さまざまの能力を極度に刺激してはじめてみずからを維持しうるのである。また、この全般にわたる刺激からさらに高度の文化が生じてくる。それゆえに、この見地からすれば、文明は、それが人びとに及ぼす魅力によって人びとを動かす、そういう目的として出現するのではないし、人びとがあらゆる手段をめぐらしてできるだけ最大の分けまえを手にいれようとする、あの漠然と予見され、あらかじめ期待されていた善としてあらわれるのでもない。そうではなくて、ある原因の結果として、与えられた状態の必然的な合成結果としてあらわれる。文明は、それに向かって歴史の発展が志向するような極点でもなければ、人間がより幸福に、よりよく存在するためにそれに近づこうと努める極点でもない。なぜなら、幸福といい、道徳性といい、いずれも生命の強度とともに必然的に大きくなるものではないからである。人間は歩まなければならぬから歩むのであって、その進み方の速さを決定するのは、人間が、その数の大小に応じて、たがいに及ぼしあう圧力の大小である。

これは、しかし、文明がなんの役にもたたぬということではない。文明を進歩させるのは、文明が果たす用役ではない。文明は発展せざるをえないから発展するのである。この発展は、ひとたび実現されるや、それが一般に有用であることがわかり、あるいは少なくともじっさいの役にたつ。また、文明は同時に形成されたさまざまの欲求に応える。というのは、これらの欲求そのものが文明の発展と同じ原因によるものだからである。だが、これは事後的な調整である。なおつけ加えておくべきことは、この事後調整という方向で文明がもたらす恩恵は、われわれを積極的に富ますのでもなく、われわれの幸福という資本をふやすものでもない。文明自体がもたらした損失を補うだけである。文明という一般生活の過剰な活動がわれわれの神経系統を疲労させ過敏にするからこそ、その出資にみあうだけの補償をする必要、すなわちいっそう多様で複雑な欲求の充足が必要となるのである。そこからもっと明らかになるのは、分業を文明の関数とすることがいかに誤っているかということである。文明は、分業の反響にすぎない。分業の存在も、その進歩も、文明によっては説明しえない。文明は、それ自体が、内在的価値、絶対的価値をもっていないからであり、逆に、分業それ自体が必然的であるかぎりにおいてしかその存在理由がないからである。

有機体の歴史において、数量的要因がまことに重大な役割を演じていることに注目するならば、この要因にこれほどまでの重要性が与えられてもおどろくにはあたらない。じじつ、生物を規定しているのは、それがみずからを養い、みずからを再生産するという二重の属性をもっていることである。しかも、再生産そのものは栄養摂取の結果にすぎない。したがって、有機体の生命の強さは、すべてがひとしいとすれば、この栄養摂取活動に、すなわち有機体が吸収しうる諸要素の数に比例する。それゆえに、複雑な有機体の出現を可能ならしめているばかりでなく、さらにそれを必然的ならしめているものは、ある条件のもとにおいて、より単純な諸有機体が量のより大きな集合体を形成するように、全体として集団化するということにある。そのばあい、動物の諸構成部分は量がより大であるから、これらの部分間の関係は、もはや同じものではなく、その社会生活の諸条件は、変わってきたのである。そして、こんどはひるがえって、この変化が分業や、同質多形《ポリモルフィスム》や、生命力の集中とその大きなエネルギーの決定因となる。だから、有機的実体の増大にこそあらゆる動物学的発展を支配する事実なのである。社会的発展がこれと同じ法則にしたがっているとしてもおどろくにはあたらない。

のみならず、こうした類推による理由づけによらなくても、数量的要因の基本的な役割を説明することは簡単である。すべての社会生活は、複数個人間に設定された積極的持続的諸関係から生じる諸事実の一体系から成る。したがって、社会の構成諸単位のあいだで交換される反作用そのものがよりひんぱんであり、さらにエネルギッシュであればあるほど、ますます社会生活は強力になる。しかし、いったいこの反作用のひんぱんさとエネルギーとは、何に基因しているのだろうか。向かいあった諸要素の性質そのものからであろうか。この諸要素の生命力の大小にもとづくのだろうか。けれども、本章でやがて述べるが、諸個人は共同生活の決定因であるよりも、むしろはるかにその産物であることが多い。各人から、社会の作用に負うべきものをすべてとり去ってしまえば、そのあとに残される部分は、ごくささいなものにすぎないばかりでなく、さかんな多様性をもあらわすことはできまい。諸個人が依拠する社会的諸条件の多様性がなければ、そもそも彼らを区別する諸差異を説明すらできまい。だから、諸社会の発展が不均等である原因を求むべきは、人間の素質の不均等さにではない。それならば、この両者の関係が不均等に持続するということにあるのだろうか。だが、時間はそれ自体では何ものも創出しえない。時間は、ただ潜在的エネルギーが陽の目をみるための必要条件にすぎない。それゆえに、関係しあっている多数の個人と彼らの物質的および道徳的接近、すなわち社会の容積と密度以外に可変的要因はない。諸個人の数が多ければ多いほど、また、たがいに間近にその作用を及ぼしあえばあうほど、諸個人はさらに力強く、急速に反作用しあう。したがって、ますます社会生活は強力になる。ところで、この社会生活の強化こそまさしく文明を構成するものなのである(8)。

けれども、以上のように、文明はまさしく必然的な原因の一結果でありながらも、ひとつの目的、欲求の志向するひとつの対象、つまりはひとつの理想ともなりうる。じっさい、ある社会には、その歴史の各時期において、一定の社会的単位の数とその配置とが与えられれば、正常な集合生活のある一定の強度というものが存在する。万事が正常に進行すれば、たしかに、この状態はおのずから実現されるであろう。だが、事物を正常に経過させようと思ってもなかなかそうはいかないものだ。健康が自然のものであるとすれば、病気もまたそうである。健康は、個体の有機体においても、社会においても、どこでも完全に実現されたことのない理想型である。健全な個人は、それぞれこの理想型の特性を多少なりとももってはいるが、だれもがその特性をことごとくそなえているわけではない。だから可能なかぎり社会をこの完成度に近づけようと努力することは、追求するに足る目的ではある。

他方、この目的に達するためにその途を短縮することができる。もし、原因をそのままにしておいて、偶然に、あるいは原因を促迫するエネルギーのままに結果がでてくることの代わりに、反省的思考を媒介としてこの因果関係の過程を統括させるならば、この反省的思考は、多くの苦悩に満ちた試みから人間を解放しうるはずである。個体の発達は、種属の発展を要約的に再現するにすぎない。すなわち、個体は種属の経過した全段階を再び歩むのではない。個体はその段階のいくつかを省略し、その他の段階はすばやく走りぬける。種属が経てきた経験が、個体みずからの経験の速度をはやめさせうるからだ。ところが、反省的思考こそはこれと同じ結果を生みだしうる。というのは、反省的思考もまた、将来の経験を容易にするために、先行の経験を利用することだからだ。のみならず、反省的思考といっても、これを目的と手段との科学的認識とだけ理解してはならぬ。現在の状態では、社会学は、こうした実践的諸問題の解決にあたって、われわれを有効にみちびきうる状態にはたちいたっていないからである。だが、学者が動きまわる環境には、明晰な諸表象の外に、さまざまの傾向と結びついた曖昧な諸表象がある。欲求が意志を刺激するために、この欲求が科学によって明瞭にされる必要は必ずしもない。たとい漠然とした暗中模索ではあっても、それに何が欠けているかを人間に教えるのに十分であり、情熱をかきたて、同時にその情熱がどういう方向にその努力を向けるべきかを感じとらせるのに十分である。

こうみてくると、機械論的社会観[*3]も理想を排除するものではないことがわかる。この社会観が人間をたんにその独自の歴史の無為な目撃者にしてしまうといって非難するのは当たらない。望ましい結果を予想した表象——その結果はこの予測そのものによってのみ実現可能である——が欠けているとすると、じっさいのところ、理想とはいったいなんであろうか。あらゆる事象が法則どおりにおこるからといって、われわれが何もしなくてよいという結論にはならない。要するに人間を健康な状態で生活させることだけが問題なのだから、こんな目標はけちくさいことだと思われもしよう。だが、そうした考え方は、教養ある人間にとって、健康とはもっとも高級な欲求も諸他の欲求とまったく同様に規則正しく満足させることにある、ということを忘れた考え方である。なぜなら、最高の欲求もその他の欲求も、教養人の性質そのものに根ざしていることに変わりないからである。こういった理想が身近なものであり、またそれがわれわれに開いてくれる地平が無限のものでないことは、なるほどそのとおりである。いったい、いかなるばあいでも、理想とは社会の諸力を際限なくかきたてるということにあるのではない。ただ、社会的環境の一定状況によって限られた限度内でこれらの力を発展させるだけのことである。どんなばあいでも、過剰は不足と同様に悪である。それに、このほかにどんな理想をたてることができるだろうか。周囲の状態の性質そのものが要求するものよりも高級な文明を実現しようとすることは、その人もその一部をなしている社会に病気をはびこらせることをのぞむようなものである。というのは、社会的有機体の状態によって決定された程度をこえてまで過度に集合的活動を刺激すれば、その有機体の健康を危うくせずにはおかないからである。じっさい、文明には、どの時期にも凝りすぎることがあって、いつもそれに伴う不安や懸念がその病的な性格を証拠だてることがある。こうした病態はけっしてのぞましいものではない。

けれども、理想とはつねに限定されたものだといっても、それはけっして決定的なものでない。進歩とは社会環境のうちで生ずる諸変化の一帰結であるから、それは必ず終了するはずだと想定すべき理由はない。進歩にある終極があるとするためには、ある時期において、その環境が停滞的にならなければならぬ。ところが、こうした仮説はきわめて正当な推論に反する。さまざまに異なった社会がある以上、社会的単位の数はそれぞれの社会で必然的に異なるはずである。仮に、出生数が首尾よく一定水準を維持しうるとしても、あるいは暴力的な征服によって、あるいはゆっくりとした静かな滲透によって、一方の国から他方の国へという人口の動きが常時あるものである。じっさい、最高密度の人口をもつ民族が最小密度の民族に流れこむのと同様に、最強の民族がもっとも弱い民族を併呑しないなどということはありえないことである。これは、社会的均衡の機械的規則であって、液体の平準化を支配する法則の必然性といささかの違いもない。この法則にとらわれぬということであれば、あらゆる人間社会は同一の生命力と同一密度をもたなければならないことになる。この法則がなかなか思い浮かばないのは、人びとの居住地がじつにさまざまだということによるだけのことである。

　全人類がたったひとつの同じ社会しか形成しなかったとすれば、たしかにこのような多様化の源泉は涸れてしまっていたであろう。だが、こうした理想が実現可能かどうかがわからないばかりでなく、そもそも進歩が止まってしまうためには、なお、この巨大な社会の内部においても社会的諸単位の関係それ自体があらゆる変化をこうむらないことが必要であろう。これらの関係がつねに同じ方式で配分されていること、また、全集合体のみでなく、全集合体を構成している要素的結合体のそれぞれもまた同じ大きさを保持していることが必要であろう。しかしながら、これらの部分集団はみな同じ広がりも同じ活力ももちあわせていないという理由だけからしても、このような画一性は不可能である。個人は、同じようなやり方で、あらゆる地点に集中できるものではない。むしろ、生活のもっとも充実した最大の中心地が、諸他の地域にその重要度に応じて牽引力を及ぼすのは避けられないことである。こうしておこる移住は、結果として社会的単位をますます若干の地域に集中させ、したがってまた、そこで新しい進歩をひきおこし、さらにこの進歩は、それが生まれたいくつかの中心地から他の国内諸地域へと少しずつ放射状に広まってゆくことになる。他方、こうした変化はコミュニケーションの過程で諸他の変化をまきこみ、それらの変化がこんどは他の変化をひきおこすといった具合で、その反響はとどまるところを知らない。事実上、社会は発展するにつれて停滞的状態に近づくどころか、逆にますます流動的、可塑的になってゆく。

それにもかかわらず、スペンサー氏が社会進化にはどうしてもこえがたい限界があることを認めたのは、[9]氏が、進歩の存在理由は個人をとりまく宇宙的環境に彼を適応させること以外にないとしたからである。すなわち、この哲学者にとって、完成ということは個人生活の拡大、つまりは有機体と物理的諸条件とのより完全な対応にこそある。これを社会についていえば、社会とは、この対応のある特殊な極限であるよりも、むしろこの対応を確立する諸手段のひとつである。個人は世界でたったひとり存在するのではなく、生存手段を競いあう競争者にとりまかれているのだから、この個人は、自己の同胞たちと自己とのあいだに、自己の邪魔をするよりも自己の役にたつ諸関係を確立することこそ、まことにのぞましいこととする。彼によれば、こうして社会が生まれるのである。したがって、社会進歩とは、すべて、これらの関係が設定された意図にそってその効果をより完全に生ぜしめるような仕方で、これらの社会関係をよりよくすることにある、ということになる。こうみてくると、スペンサー氏は、あれほど長々と生物学的類推を強調したにもかかわらず、社会のうちに固有の意味での実在性を認めてはいないのである。社会という実在は、それ自体で存在するものであり、それに特有の必然的な原因によって存在するものである。

したがって、この実在は、人間にたいしてもそれ独自の性質をもって自己を押しとおすものであり、人間が生きるためには、物理的環境にたいするのとまったく同様にそれに適応せざるをえないのである。ところが、スペンサー氏によると、そうではなくて、社会は、個人たちが自己の生活の振幅を広げるために、個人たち自身が設定した協定なのである。(10)さらに、彼によれば、この社会という実在の全貌は、積極的または消極的な協同にある。そしてそのいずれにおいても、この協同は個人をその物理的環境に適応させること以外に目的はない。もちろん、この意味において、協同は、このような適応のためにはまさに二次的な条件である。すなわち、協同は、その組織の仕方に応じて、完全な均衡状態に個人を近づけたり、それから遠ざけたりすることはできるが、それ自体がこの均衡の性質を決定するのにあずかって力のある要因ではない。他方、宇宙的環境は相対的な不変性をもち、そこでの変化は限りなく長期的であり、またその変化もめったにないから、この宇宙的環境とわれわれとを調和させることを目的とする発展は、必然的に限られている。したがって、内部的諸関係に対応しないような外部的諸関係はもはやありえないときがくることは避けられない。そのとき、社会進歩が停止することはまちがいない。なぜなら、社会進歩はそのめざしてきた目的、その存在理由であった目的に達したことになるからである。すなわち、社会進歩は達せられたことになるだろうからである。

しかし、こういう条件においては、個人の進歩すらも説明できなくなる。

じっさい、なぜ個人は物理的環境とのより完全なこの対応を企図するのであろうか。もっと幸福になるためであろうか。この点についてはすでに述べたとおりである。この対応は、それがただより複雑だという理由だけでは、他の対応よりもいくらか完全だということさえできない。じっさいに、有機体が均衡状態にあるといわれるばあいは、有機体があらゆる外的諸力にたいしてではなく、ただ有機体に影響を及ぼしている外的諸力にたいしてのみ適合的に応じているばあいだけである。もし有機体になんの影響も及ぼさないとすれば、有機体にとってこれらの外力は存在しないにひとしく、したがってそれに適応する必要はない。これらの外力がどれほど物理的に近接していようと、それらは有機体の適応圏外にある。というのは、有機体はこれらの外力の作用範囲外にあるからである。それゆえに、主体がもし単純で同質的な構造のものであれば、この主体に適応をうながすような状態にある外的環境はごく少数のものにすぎないだろうし、したがってまた、主体はその促迫作用にみな応えることができるように身を処しうるであろう。すなわち、ほとんど骨を折らずに、非のうちどころのない均衡状態を実現するであろう。その反対に、この主体が非常に複雑であれば、その適応条件の数も多くなり、より複雑にもなろう。しかし、適応それ自体がそのためにより完全となることはないであろう。かつての人間の雑な神経系統ではとうてい感じとれなかった数多の刺激がわれわれに作用しているのだから、われわれはそれに順応するために、そうとう発達をとげざるをえない。だが、この発達の帰結が、すなわちこの発達から生じる順応が、かつてのばあいと比較して、より完璧だということはない。かつてにくらべて順応する有機体それ自体が異なるのだから、その順応もただだかつてと違うというだけである。気温の変化を強く感じない皮膚をもった未開人は、着物の手をかりてそれから身を守っている文明人と同様、この変化に十分適応しているのである。それゆえに、人間が可変的な環境に依存しないとなると、人間がなぜ変わらなければならなかったのか、その理由がわからなくなる。それに、社会は、進歩の二次的な条件ではない。その決定要因なのである。社会は、外的世界と同様にわれわれの作品とはいえない実在であり、したがって、われわれが生きうるためには、この実在に服しなければならぬ。そして、この実在が変化するからこそ、われわれは変わらなければならないのである。だから、進歩が停止するためには、ある時点で社会環境が停滞的状態に達しなければならないであろう。ところが、われわれが明らかにしてきたとおり、このような仮説は、科学のあらゆる推論に矛盾する。

こうして、進歩についての機械論的理論は、われわれから理想を奪い去らないばかりか、われわれがけっして理想を欠くようなことはないと信じることを可能にさえする。あきらかに、理想は本質的に流動的な社会環境に依存するのであるから、それはたえず変わるものである。だから、われわれのよってたつ地盤が欠落するとか、われわれの活動がその道程の終極に達し、その活動の前には、はるかなる地平が閉ざされているのをみるとか、そういったことを考えて恐れる必要はない。そうではなくて、われわれは一定の限定された目的しか追求しえないにしても、われわれの到着する極点とわれわれの志向する目的との間には、われわれの努力にたいして開かれたままの空白がつねに存在するのであり、また将来も存在するのである。

3

社会が変化すると同時に個人もまた変化するのは、社会的諸単位の数とそれらの諸関係とに生ずる変化のためである。

まず第一に、諸個人はしだいに有機体の桎梏から解放される。動物はほとんどもっぱら物理的環境の従属下にあり、その生物学的構成がその生存を予定する。これと反対に、人間は社会的原因のいかんによる。むろん、動物もまた社会を形成している。だが、動物の社会はきわめて局限されているから、そこでの集合生活はきわめて単純である。また、非常に小さな社会の均衡は必然的に安定しているから、そこでの集合生活は同時に停滞的である。以上二つの理由から、動物の集合生活はいとも簡単に有機体に定着してしまう。その集合生活は、有機体にその根があるというばかりでなく、集合生活に固有の特徴を失ってしまうくらい有機体そのものになりきっている。この集合生活は、有機的生活の機能の仕方を確保する反射行動や本能とは本質的に区別できない本能の体系、反射行動の体系によって機能する。これらの体系は、個体を物理的環境にではなく、社会的環境に適応させるという特性、共同生活の諸事象こそがそれらの行動体系の原因となるという特性を、たしかに示してはいる。にもかかわらず、これらの体系は、ばあいによっては前もって訓練されていなくとも、飛ぶことや歩くことに必要な運動をひきおこすあの本能や反射行動の体系と別個の性質のものではない。以上のことは、人間のばあいにはまったく別である。人間の形成する社会は、はるかに広大だからである。知られているかぎりでもっとも小さな社会さえも、その広さにおいて大半の動物社会をこえている。この最小社会でも、動物社会よりはさらに複雑であり、いっそう変わりやすいものである。そして、この複雑さと変わりやすさという二つの原因がいっしょになって、人類における社会生活が生物学的形態のもとに凝結してしまわないようにしている。人間の社会生活は、もっとも単純なばあいでさえ、その特異性を保持する。人間に共通な信念と慣行とは、人体組織に刻みこまれていなくても、つねに存在している。だが、この特質は、社会の質料と密度が増大するにつれて、いっそうきわだってくる。結合関係に入った人びとが多ければ多いほど、また、人びと相互の反応が多ければ多いほど、これらの反作用の結果もまたいよいよ有機体をあふれでる。人間は、こうして、それ独自の諸原因の支配下におかれ、これらの原因が人間的自然の構成において占める相対的役割は、つねに大きくなってゆく。

それればかりではない。このような要因の影響は、その相対的価値においてのみでなく、絶対的価値においても増大する。集合的環境の重要性を高めるこの原因そのものが有機的環境をゆさぶり、それによって、有機的環境が社会的諸原因の作用をいっそう受けとめやすいようにし、これらの原因にそれを従属させようとする。ともに生活をする個人が多いから、共同生活はより豊かになり、より変化に富む。だが、この多様性が可能なためには、有機的な原型が多様に変化しうるために、あまり確定していないことが必要である。じっさい、すでに述べたように、遺伝によって伝えられる性向や素質は、たえずますます大まかになり、不特定のものになってゆき、したがって、本能という形態にとらわれることに逆らうようになる。こうして、進化の発端においてみられる現象とまったく逆の現象が生ずる。すなわち、動物においては、社会的事実を同化し、それらの事実に特有の性質を剝奪し、それらを生物学的事実に変えてしまうものは、まさしく有機体である。社会生活が物質化されるのである。反対に、人類においては、ことに高級社会においては、有機的原因にとって代わるものは、まさしく社会的原因である。まさに有機体が精神化されるのである。

　このように、因果的依存関係が変化するために、個人が変化するのである。社会的原因の特殊な作用を過度に刺激するこの活動は有機体のうちには定着しえないので、これもまた独自な新しい生活が肉体の生活に付加される。この新しい生活が進歩しゆるぎないものになるにつれて、この生活を支える諸器官は、より自由に、より複雑に、より自律的になり、この新生活を他から区別させる諸特質がつねにますますきわだってくる。この記述から、人は心的生活の本質的諸特性を認めえよう。もちろん心的生活が社会とともにのみはじまるとすることは誇張であろう。けれども、社会が発展するばあいにのみ、心的生活が発展することはたしかである。それだからこそ、しばしば注目されてきたように、意識の進歩は本能の進歩に逆比例するのである。それについて、人がなんといおうとも、本能を解消するのは、意識ではない。本能——この何世紀にもわたって蓄積されてきた経験の産物は、非常に大きな抵抗力をもっているので、それが意識を伴うようになったからという理由だけで消滅してしまうようなものではない。むしろ、本能が占めることをやめた領域、あるいは本能がその足場を確立しえない領域にしか意識は入りこまないこと、これが真理である。本能を後退させるのは意識ではない。意識は本能が棄てておいた空間を満たすのにとどまる。他方、一般生活が膨脹するにつれて本能も拡大するようなことがなく、むしろそれが退化してゆくとすると、その原因は社会的要因の重要性が大きくなったということにある。だから、人間と動物を区別する大きな違い、すなわち人間の心的生活の最大の発展は、結局、人間のより大きな社会性《ソシアビリテ》に帰着する。人類という種の起源以来、いったいなぜ心的機能が動物種の経験したことのない完成の域に達したのかを理解するには、まず第一に、人間が孤独で生活したり、小さな群をなして生活したりする代わりに、より広い社会を形成しはじめたのはなぜであるかを知らなければならない。古典的な定義でいいなおしてみると、人間が理性的動物であるのは、人間が社会的《ソシアブル》な動物、あるいは少なくとも諸他の動物に比して無限に社会的だからである。(11)

以上がすべてではない。社会がある大きさにも、ある程度の集中化にも達していないかぎりは、そこで本当に発達しうるただひとつの心的生活は、その集団の全成員に共通であり、各成員においても同一の心的生活にほかならない。けれども、社会がより広大になり、とりわけより稠密になるにつれて、新しい型の心的生活が出現する。個人の多様さも、はじめは、社会的類似の総体のなかに見失われてしまっており、混じりあっていたが、やがてそこから自由になり、浮きぼりにされ、増大してゆく。これまで集合的存在に影響を与えなかったので、意識の外におかれたままであった多くの事物も、表象の対象となる。その行動が肉体的欲求によって決定されてきたばあいを除けば、諸個人はただ相互に惹きあうだけの行為ですんできたが、やがてそのおのおのが自発的な活動の源泉となる。個人の人格が構成されるようになり、自我意識をもつようになる。けれども、この個人の心的生活の高まりは、社会の心的生活を弱めることにはならない。ただ、それを変えるだけである。社会の心的生活はより自由になり、より拡大するようになる。そして、終極的には、社会の心的生活は個人意識以外にその基体をもたないのであるから、そのはねかえりとして、個人意識が拡大し、複雑となり、柔軟になる。

こうして、人間と動物とを区別する相違を生じさせた原因は、人間を自己以上に高めようと強制する原因でもある。未開人と文明人とのあいだにつねにある大きな距離も、これとは別の源泉からくるのではない。はじめ混沌としていた感性から観念化の能力が少しずつ解放されてきたのも、人間が概念をつくり、法則を定立することを識ったのも、人間精神が空間と時間のますます広大な分野にわたるようになったのも、過去にこだわることに満足せず、よりいっそう未来に手をかけるようになったのも、はじめは単純で少なかった情緒や性向が数も多くなり多様化してきたのも、これみな、社会的環境が間断なく変化してきたからこそである。じっさい、社会的環境の変化が無から生じたのでないとすれば、それは周囲の環境に対応する諸変化をその原因としてもつ以外にはありえない。ところで、人間の依拠する環境はつぎの三種のみである。有機体・外界・社会がそれである。仮に遺伝のいろいろな組合せによる偶然の変化をのぞきさってみると──もっとも、人類の進歩における遺伝の役割はたしかにそう大きなものではない──、有機体は自発的に変わりうるものではない。それ自身がある外在的原因によって強制されなければならない。つぎに物理的世界についてみると、少なくとも社会的起源をもつ新しいもの[12]を考慮に入れないとすれば、歴史の発端からそれはほとんどまったく同じままである。したがって、個人の性質がそれに伴って変化してきたことを十分説明できるほど変化してきたものといえば、社会しかないのである。

それゆえに、大半の心理現象が有機的原因から生じたものではないのであるから、心理＝生理学がどのような進歩をとげるにせよ、それが心理学のほんの一部分を代表しうるにすぎぬだろうと主張するような暴論は、今後おこらないだろう。これは唯心論的哲学者たちがすでに理解していたところであって、彼らが科学におおいに貢献してきたことは、心的生活を物的生活のたんなる開花にすぎないとするすべての学説とたたかってきたことであった。彼らは、心的生活が、その最高度の表現においては、あまりにも自由であり複雑であって、それを物的生活のたんなる延長とすることはとうてい不可能であるということを、きわめて正当に感じとっていた。ただ、心的生活の一部が有機体からは独立しているからといって、そこからただちに、それがいかなる自然的原因にも依拠しないとか、それを自然の外部におかなければならぬということにはならない。そうではなくて、身体組織の構成にその説明を求めることが不可能なこれらの全事実は、社会環境の属性にこそ由来するものである。少なくとも、この仮説は、以上述べてきたところから、きわめて高い蓋然的真実性をひきだしうる。ところが、社会的世界は有機的世界に劣らず自然的である。したがって、たんなる心理＝生理学によってはその発生起源も理解しえない広大な意識の領域があるからといって、意識がまったく独自に形成されたものであり、したがって、それは科学的探究になじまないものだと結論してはならない。ただ、意識の科学的探究は、社会《ソシオ》＝心理学《プシコロジー》とよびうるような別個の実証科学に属すると結論すべきである。この科学の素材を構成している諸現象は、じじつ混合的な性質のものであって、諸他の心理的事実と同じ本質的な特徴をもちはするが、社会的原因から由来するものである。

　だから、スペンサー氏とともに、社会生活を諸個人の性質のたんなる合成物として示すようなことがあってはならない。むしろ反対に、個人の性質は社会生活の結果だからである。社会的事実は、心理的事実のたんなる発展ではない。後者はその大半が意識の内奥における前者の延長にすぎないのである。この命題はきわめて重要である。なぜなら、その逆の見地をとると、そのたびごとに、社会学者はみすみす原因を結果ととりちがえたり、あるいはその逆であったりするからである。例をとろう。しばしばそうされてきたように、家族組織のうちにあらゆる意識に内在的な人間感情の論理必然的な表現をみてとろうとすると、事実の現実的秩序を顚倒することになる。まったく反対に、親と子のそれぞれの感情の基因となったのは、まさに親族の諸関係の社会的組織なのである。社会構造が違ったばあいには、親子の感情もまったく違ったものになったであろう。たとえば、じっさいに親の愛情などは経験もされなかった社会がたくさんあるのが、その証拠である。(13)ほかにも、同じような誤りの例をたくさんあげることができるであろう。(14)もちろん、個人意識のうちにないものは、社会生活のうちにもないことは、自明の真理である。ただし、個人意識のうちに存在するもののほとんどすべては、社会からくる。われわれの意識状態の大部分は、孤立した存在のうちでは生じないだろうし、別な集団的存在のうちではまったく別な形で生ずるであろう。だから、意識の諸状態は一般に人間の心理学的性質から生ずるのではなく、ひとたび結合した人びとが、その数の大小、接近の親疎に応じて、相互に関係しあうその様式から生ずるのである。集団生活の所産、これを説明できるのはただ集団の性質のみである。いうまでもなく、諸個人の体質が集団生活に適していなければ、このような所産は不可能であろう。だが、個人の体質はこの所産にとってはるかに遠い条件たるのみであって、決定的な原因ではない。スペンサー氏は、あるところで、(15)社会学者の仕事と、いくつかの球を組み合わせて置いても安定させておけるような方法をその球の形から推定する数学者の計算とを、比較している。しかし、その比較は不正確であり、社会的諸事実にはあてはまらない。このばあい、諸部分の形式を決定するのは、むしろ全体の形式である。社会は、それ自体がよってたつ基礎を、すでに諸意識のなかですべてつくられたものとして発見するのではない。社会はそれらの基礎をみずからにおいてつくっているのだ。(16)

原注

(1) *Lois de Manou*, I, 87-91.

(2) *Cours de philosophie positive*, VI, p. 505.

(3) *Principes de sociologie*, II, p. 57.

(4) Wundt, *Psychologie physiologique*, trad. franç., I, p. 234.

(5) Wundt, *ibid.*, p. 233 に引用されているキューネ〔Wilhelm Kühne〕とポール・ベール〔Paul Bert〕の実験をみよ。

(6) *Ibid.*, I, p. 239.

(7) Spencer, *Ibid.*, III, p. 406.

(8) われわれは、以下のようなことをここで探究すべきではない。すなわち、分業の進歩と文明の進歩を決定する事実、つまり、社会的容積と密度の増大を決定する事実は、はたしてそれ自体で自動的に説明されうるのかどうかということがそれであり、この事実は、有効原因の必然の産物であるかどうか、あるいは、期待されている目的や漠然と予期されているもっと大きな善を実現しようという見地から考えだされた手段であるかどうか、ということがそれである。われわれは、いわばこの社会的世界における重力の法則を提起するだけで満足しており、それ以上に進もうとは考えていない。ただし、ここでは他のばあいにくらべて、目的論的説明がいっそう必要であるとは思っていない。社会の異なった諸部分を切断している諸隔壁は、一種の自然的な磨滅の結果、事物そのものの力によってしだいに消え去ってゆく。のみならず、こうした結果は、激しい諸原因の作用によって、さらに強化されうる。こうして、人口の動きは、ますます大量に、ますます急速になり、この動きが実現されるごとに通路が開かれる。これはすなわちコミュニケーションの回路である。人口の動きは、これら多数の通路が交叉する地点において、とくに活発である。この地点が都市である。だから、こうして社会的密度が増大する。一方、社会の容積の増大についても、これと同一の原因に負う。諸民族をわけへだてている諸障壁は、同一社会のいわば蜂の巣の小孔を仕切っている障壁に似ている。そして、これも同じ仕方で消滅してゆくのである。

(9) *Premiers principes*, p. 454 以下。

(10) *Bases de la morale évolutionniste*, p. 11.

(11) 人間を宗教的動物であるとするド・カトルファージュ氏の定義は、上述の定義の一特殊例である。なぜかといえば、人間の宗教性は、人間の卓越した社会性の一結果だからである。——本書二八二ページ以下をみよ。

(12) 農民や技術者の技術による土壌や水流の変化など。

(13) この例は母系家族が支配する社会においてそうである。

(14) それについては、一例だけをあげておこう。それは宗教のばあいであって、宗教は個人的感性の運動によって説明されてきた。そのばあい、このような運動は、宗教を生みだした社会的諸状態が個人の内部で延長したものにすぎない。この点については、以下の論文でいくらか展開しておいた。Études de science sociale, *Revue philosophique*, juin 1886. なお *Année sociologique*, t. II, pp. 1-28 を参照〔この後者の論文名は、初版ではあげられていない。論文はデュルケーム自身による De la définition des phénomènes religieux, 1899 である〕。

(15) *Introduction à la science sociale*, chap. Ier.

(16) 社会は諸個人からのみ成っているのだから、社会生活においては万事が個人的なものであるということを証明できると信じている人びとにたいする回答としては、これで十分であると思う。社会が個人以外の基体をもつものでないことは、疑いをいれない。けれども、まさしく諸個人が社会を構成するものであるがゆえに、その結合を原因とする新しい現象が生ずるであろう。さらに、これらの現象は個人意識に反作用しながら、個人意識の大半を形成するのである。ここにこそ、社会は諸個人なしには無であるとしても、各個人は社会の創造者であるよりも、むしろ、はるかに多く社会の産物である、という理由が存する。

訳注

＊1　ヴント——Wilhelm Max Wundt. 一八三二—一九二〇年。ドイツの心理学者・哲学者。彼の奉職したライプツィヒ大学において、世界最初の心理学実験室を設け実証的な実験心理学の開祖となった。また、実験心理学を補うものとして、高等精神作用を研究する民族心理学を構想した。哲学的にはドイツ本来の理想主義と実証主義の折衷を試みる。デュルケームは、ドイツ遊学の際ヴントにあい、新しい心理学の方向に深い示唆をえている。

＊2　クック——James Cook. 一七二八—七九年。Captain Cook といわれるイギリスの航海者。タヒチ島、ソサイエティ群島をはじめ、多くの新発見と三つの航海記録で有名。

＊3　機械論 mécanisme とは、哲学上、もっぱら自然必然的な因果関係をもって事象の生成変化を説明しようとし、目的意志を排除する考え方である。近世の西欧においては、デカルトの二元論以来、この考え方は唯物論と結合して展開されたが、機械論的人間観を強調し、これを社会観にまで拡大したのは、ラ・メトリーを頂点とする、ディドロ、ドルバックらの一八世紀フランス唯物論者・啓蒙思想家であった。一九世紀に入って、この衣鉢がコントに受けつがれて実証主義として開花し、ダーウィンの進化論もこれを支えた。進化論的社会有機体説をとるスペンサーにこの傾向が残されていたのは当然である。デュルケームの実証主義も、その社会学的客観主義の立場から、この傾向を残してはいるが、スペンサーと同様、たんなる機械論的社会観からは脱却している。ただ、その脱却の主体を後者が個人に求めたのに対して、デュルケームは社会に求めた。それは本論で展開されているとおり

である。いずれにしても、実証主義が機械論的社会観を媒介として展開されていることは、その本質を問う重要な点のひとつである。

第三編

異常形態

I　無規制的分業

これまで、われわれは分業を正常現象としてのみ研究してきた。けれども、あらゆる社会的事実がそうであるように、より一般的には、あらゆる生物学的事実がそうであるように、分業も病理学的諸形態を呈するものであり、これを分析する必要がある。正常なばあいには、分業が社会的連帯を生みだすとしても、にもかかわらず、分業がこれとはまったく異なった結果を、あるいは対立しさえもする結果をもつことがある。ところで、重要なことは、分業をこのようにその自然の方向から逸脱させるものは何かを探究することである。なぜなら、このような事例が例外的であることを明らかにしないかぎり、分業はこうした例外をも論理的に包含するのではないかと疑われるおそれがあるからである。のみならず、逸脱形態の研究は、われわれに正常状態の存在条件をより十分に決定することを可能にするであろう。分業が連帯を創出しなくなるさまざまな事情を知れば、われわれは分業がその全効果を生みだすのに何が必要かをよりよく知ることができるであろう。他のばあいと同様、ここでもまた病理学は生理学の貴重な補助者である。

分業の不規則な諸形態のなかには犯罪者の職業やその他有害な諸職業を数えあげてみることもできるであろう。これらの形態は連帯の否定そのものである。にもかかわらず、それらはそれなりの専門的な諸活動から構成されている。だが、厳密にいうと、そこには分業はない。分化そのもの、単純な分化、があるだけである。分業と分化という二語は混同されてはならぬ。たとえば、癌や結核が有機体の組織の多様性をますことはあるが、それをもって生物的諸機能の新しい専門分化とみることはできまい(1)。このいずれのばあいも、ある共同機能を分担するということがないのである。かえって、個体有機体にせよ社会有機体にせよ、その有機体のただなかに、この有機体を食いものにして生きようとする別個の有機体が形成されるということである。つまり、そこには機能の存在すらまったくないのである。というのは、ある行為様式が機能という名に値するのは、それが全体の生活を維持するために、諸他の行為様式と協同するばあいにおいてのみだからである。したがって以上の問題は、われわれの研究枠組のなかには入らない。

われわれは、例外的形態の現象を三つの類型に集約し、それについて研究しようと思う。それ以外の諸形態がないということではない。われわれが述べようとする類型がもっとも一般的であり、もっとも重要だというまでである。

I

この例外的形態の第一の例をあげれば、商工業の恐慌がそれであり、有機的連帯の部分的崩壊ともいうべき倒産がそれである。それらは、じっさいに、有機体のいくつかの点で、いくつかの社会的機能がたがいに適応しあっていないことを立証する。ところが、労働の分割が進むにつれて、こうした現象は、少なくともあるばあいには、いよいよひんぱんになるように思われる。一八四五年から一八六九年にかけて、倒産は七割増であった(2)。けれども、この事実を経済生活の成長に帰するわけにはいかない。というのは、経済生活が成長してきたというよりは、むしろより多く企業が集中するようになったからである。

同じ現象のもうひとつの例、もっと人目をひく例は、労働と資本の対立である。産業的諸機能がさらに専門化するにつれて、連帯が増すどころか、両者の闘争はより激烈になる。中世では、職人はどこでもその親方の膝もとで過ごしており、その仕事を分担するのも「同じ仕事場で、同じ仕事台で(3)」あった。両者とも同じ同業組合に属し、同じ生活をしていた。「両者ともほとんど平等であった。年季奉公のあけた者はだれでも手に職がありさえすれば、少なくとも多くの職業においては、それで身を立てることができた(4)」。したがって、争議はまったく例外だったのである。一五世紀以降、事態は変わりはじめた。「職業団体はすでに共同の隠れ家ではない。それは、親方の独占的所有物であって、親方はひとりで万事をとりしきっていた……。それ以来、親方と同業組合の仲間としての職人とのあいだには、深いみぞができあがった。職人たちは、いわば別個に自分たちだけの体制をつくった。彼らは自分たちの慣習、自分たちの規則、自分たちの独立した結社をもった(5)」。ひとたびこうした分離が実現するや、闘争が広まっていった。「職人たちが不平は訴えなければならぬと思いこんでからこのかた、彼らはストライキに入り、あるいは、就業拒否にでて町や雇主に打撃を与えたし、また彼ら全員が指令に従わなければならなかった……。団結の力は、労働者にその雇主に対抗する同等の武器を闘争手段として与えた」(6)。しかしながら、それ以来、事態は「われわれがこんにちみるような地点に」まで達しているというにはほど遠かった。「職人たちはもっと高い賃金あるいは労働条件の改変を獲得するために反抗はしたものの、彼らは雇主を、その強制によって従わざるをえない永遠の敵とはみていなかった。人びとは雇主にある点まで譲歩させようと思ったのであり、そのためには精力的に努力もした。だが、闘争は果てしないものではなかった。すなわち、職場は対立する二種の敵を含むものではなかった。現代の社会主義的諸理論はまだ知られていなかったのである」(7)。ついに、一七世紀になると、この労働者階級の歴史の第三段階がはじまる。大企業の到来である。労働者と雇主との分離はもっと完全になる。「労働者はいわば軍隊のように編成されている。各人が自分の職分をもち、分業体系もいくらか進歩している。ヴァン＝ロベ〔Van-Robais〕の工場では、一六九二名の労働者を擁し、車製造、刃物製造、洗滌、染色、整経〔紡織の一過程〕のために、それぞれ専門の小工場があった。織物の小工場自体でも、多種類の労働者をかかえ、その労働もまったく別々であった」(8)。専門化が拡大されると同時に、反抗もいっそう頻度をました。「原因がほんのささいな不満であっても、事業体を就業拒否におとしいれるのに十分であったし、また組合の決定を尊重しなかった職人にも不幸をもたらすのに十分であった」(9)。それ以来、周知のように、争いはますます激化していった。

次章でみるように、たしかに、この社会関係の緊張は、その一部をつぎのような事実に負う。すなわち、労働者階級は彼らに与えられた条件に本当に満足していないが、他にそれをかちとる手段をもっていないので、ほとんどそれを受けいれざるをえない。それも強制されてやむをえずそうしているのだ、と。しかしながら、強制だけでこの現象を説明することはできない。じっさい、この強制は、一般に財産に恵まれない人びとにはみな同じ重みでのしかかってくる。ところが、永遠の敵対状態というのは、産業界にまったく特有のことである。ついで、産業界の内部では、どの労働者にとっても、この強制は区別なくひとしなみにかかってくる。だが、労働がさほど分割されていない小工業にあっては、雇主と労働者との相対的な調和の光景がみられる。[10] その紛争が鋭角的にあらわれるのは大工業においてのみである。だから、これらの紛争は、その一部が他の原因によるものである。

この現象のもうひとつ別の例が、科学の歴史のうちによく指摘されている。ごく最近まで、科学はそれほど分化はしていなかったので、たったひとりの人物でそのほとんどすべてを修めることができた。したがって、科学の統一についてはきわめて鋭敏な感覚がもたれていた。科学を構成している個別のさまざまな真理は、それらをただひとつの同じ体系に結びつけている紐帯の見わけがつかぬほどその数も多くはなかったし、それほど異質的でもなかった。科学のいろいろな方法もそれ自体がきわめて一般的であったから、いずれもほとんど違いはなかった。そして、人はこれらの方法がそこからいつとはなしに分岐していったもとの共通の幹を容易にみつけることができたのである。けれども、専門化が科学的労働にも導入されると、それにつれてそれぞれの学者は、たんに一個別科学のうちにばかりでなく、さらに特殊領域の問題にますます閉じこもるようになった。すでに、オーギュスト・コントは、当代の学界には「ただひとつの科学の全体をしもその諸概念のなかに包摂しうる知性はまことに寥々たるものがある。しかも、この単一科学すら科学の一大総体のほんの一部にすぎぬ。彼らの大半は、すでに特定科学の多少の広さをもった一分野だけを考察することに甘んじるのみであって、実証的知識の一般体系とこれらの個別的研究との関係については歯牙にもかけぬ(11)」と慨嘆している。しかもこうなると、科学はたくさんの詳細な研究に細分化され再び接合されることもないから、科学が一個の連帯的全体を形成することは、もはやない。おそらく、この科学における一致と統一の欠如をもっともよく示すものは、つぎのような広く流布した学説である。――すなわち、それぞれの個別科学はある絶対的価値をもつのであって、学者は、それが何に役だつか、どこに向かうのかを知るために心を砕く必要はなく、もっぱらその特殊研究に没頭しなければならぬ、とする説である。シェッフレ氏[*1]はいう。「この知的分業は、このような新アレキサンドリア主義[*2]への回帰が再びあらゆる科学の崩壊をもたらすのではないか、ということをおそれる重大な根拠を与えるものである(12)」。

2

以上の諸事実が重大だというのは、分業がある程度をこえて発達してからは、ときおり分業の必然的な結果だとみられてきたからである。そのばあい、自己の仕事にしがみついている個人は、その専門的活動のうちに孤立し、自分のかたわらで同じ仕事をしている協力者たちには関心をよせず、この仕事が共同のものだという考え方すら思いもつかないものだ、とみられている。したがって、分業が極度に推進されると、ついには解体の源泉とならざるをえないことになろう。オーギュスト・コントはいう。「それがどんなものであれ、すべて解体ということは、必然的にそれにみあった分散をひきおこそうとするものであるから、人間労働の基本的な配分も、それに比例して、個人の知的であると同時に道徳的な分岐をひきおこさずにはおかない。ところが、この個人的分岐が集まって生ずる影響は、これと同程度に、諸個人のバラバラな飛躍をたえず予防し制御するのにふさわしい恒久的な規律を要求するにちがいない。じじつ、一方において、社会的諸機能の分離が、細分化の精神《エスプリ・ド・デタイユ》に、そのほかの方法をとったのではまず不可能なある幸せな発展を約束するとしても、他方において、その分離はおのずと全体化の精神《エスプリ・ダンサーンブル》を窒息させ、あるいは少なくとも、その精神を深く縛りつけておこうとする。同様のことは、道徳的見地においてもいえる。すなわち、各人はこうして全体への緊密な依存関係におかれていると同時に、おのれの特殊な活動に固有の飛躍的発展によって、ひとりでに全体への方向からそれてしまう。

このばあい、その特殊的活動は、たえず個人に私的利益を喚起し、この私利と公益との真の関係をきわめて漠然としか気づかせない……。社会一般の発展と膨脹だけを許容してきた同じ原則が、他の側面では、とうてい同じ種属に属するとは思えないあの多数のバラバラな団体に、社会一般を解体してしまうおそれがあるのは、まさにこのゆえである[13]。エスピナス氏も、ほとんど同じような言葉で氏みずからの考えをのべている。「分割《ディヴィジオン》とは分散《ディスペルシオン》である[14]」と。

したがって、分業は、その本質そのものによって、ある破壊的影響力を行使することになる。ことに諸機能が非常に専門化しているばあいにそうである。けれども、コントは、彼の原理からして、彼みずからが、「一般性《ジェネラリテ》の時代」とよぶ時代、すなわち社会の出発点となったあの無差別と同質性の状態に社会を復帰させなければならぬ、と結論しているわけではない。諸機能の多様化は、有用でも、必要でもある。だが、それでもやはり不可欠な統一性は、そのことからおのずとでてくるわけではないから、この統一性を実現し、これを維持しようと配慮すれば、独立した機関によって代表される特殊な一機能を社会有機体のなかに構成しなければならないであろう。この機関こそ、国家または政府である。コントによれば、「わたくしにとって、政府の社会的使命とは、人類の発展原理そのものの不可避的な結果である諸観念、諸感情、諸利害の根本的分散へと向かうこの宿命的な趨勢を、できるだけ予防し、十分に抑制することにこそある、と思われる。しかし、この趨勢がなんの妨げもなくその自然のなりゆきのままにおもむくならば、ついには、どの重要な点からみても、社会進歩が止まってしまうことは不可避的であろう。こうした構想は、わたくしのみるところでは、固有の意味での政府にかんする基本的・抽象的理論の最初の実証的・合理的基礎をなすものである。この政府とは、より高貴な、より完全な科学の発展のもとにおいて、部分にたいする全体の必然的普遍的反作用——はじめのうち、それは自生的であり、ついで規則的となる——によって一般的に特徴づけられるものとして考えられたものである。じじつ、このような分散を阻止するための唯一の現実的手段は、この不可欠の反作用力をある新しい特殊的機能のうちに設定することにこそある。また、この特殊的機能こそは、社会経済の多様な全機能が日常的に遂行している道程に適切に介入して、そこに全体という思想と共同連帯という感情をたえず想起せしめることが可能である⑮」。

全体としての社会にたいする政府の関係は、諸科学にたいする哲学があるべき関係でもある。諸科学の多様化は、科学の統一性を破壊しようとする傾向があるから、新しい科学に付託してそれを再建しなければならない。末梢的な研究は人間的知識の総体を見失わせるから、この総体を再発見し、それを浮きぼりにするための諸研究の特殊な一体系を設定しなければならない。別の言葉でいえば、「さまざまな科学的一般性の研究については、これにもっとすぐれた専門性をもたせなければならぬ。それにふさわしい教育を受けてきた新しい学者階級が、自然哲学のある特殊分野についての専門的教養に耽溺などしないで、さまざまな実証科学をその現状において考察することによって、もっぱら、それぞれの実証科学の精神を厳密に明らかにしてみること、それらの関係やつながりを発見すること、そしてできるなら、そのそれぞれ固有の原理のすべてをごく少数の共通原理に集約すること、に専心しなければならない。……そうすれば、諸科学における分業は、なんの危険もなく、さまざまの分野における知識の発展が要請するところに応じて、どしどし進められるであろう[16]」。

もちろん、われわれがすでに指摘してきたように[17]、統治機関は分業とともに発達する。それも分業と均衡を保つためにではなく、機械的必然によってである。さまざまな機能がいちじるしく分割されているばあいには、諸器官は密接に連帯的であるから、一方の器官に影響を与えるものは他の諸器官にも及び、社会的諸事象はいともたやすく一般の関心をひく。同時に、環節的類型が消滅する結果、これらの器官は、同一組織、同一機構の全領域にわたって、より容易にゆきわたる。この二系列の理由によって、指導機関内に反響を及ぼすものがさらに多くなり、この指導機関の機能的活動がさらにひんぱんに行使され、その容積もまた増大する。だが、この機関の活動領域は、それ以上に広がることはない。

ところで、この一般的、表面的な生活の下に、内面の生活がある。すなわち諸器官の世界である。この世界は、一般的生活からまったく独立しているものではないが、一般的生活からは干渉されず、いやそれを意識しないでも、少なくとも正常な状態で機能している。一般的生活はこれらの諸器官から遠くへだたっているので、諸器官はその作用をうけないですむ。すなわち、さまざまな経済市場の諸条件を規制したり、財やサーヴィスの価格を決定したり、生産と消費需要との均衡をとったり等々のことを不断に試みるのは、政府ではない。このような実際問題は、こまごまとした問題を提起し、無数の個別的な状況にもとづくのであって、これらの状況を知っているのは、それにごく近い諸器官だけである。これらの機能がそれ自体で一致しないのに、ましてや、政府がそれらを相互に調整したり、協調させたりすることは不可能である。だから、もし分業が、いわれているような分散的結果をもつとすれば、このような結果は抵抗もなく社会の内的領域に広がるはずである。それを抑えるものが何もないからである。しかしながら、あらゆる有機体と同様に、組織的社会を統一させるのは、諸部分の自発的な一致であり、高級中枢の規制作用とまったく同様に不可欠であるのみでなく、その必要条件でもある、あの内的連帯である。なぜなら、高級中枢はこの内的連帯をたんに別の言葉で表現するにすぎず、いわばそれを神聖化するだけだからである。こうして、脳は有機体の統一を創造するのではなく、それを表現し仕上げるものである。諸部分にたいする全体の反作用が必要であるといわれているが、それ以上にこの全体が存在すること自体が必要である。すなわち、全体がみずからを意識し、まさに全体として反作用するためには、すでに諸部分が相互に連帯していなければならない。そうでなければ、労働が分割されるにしたがって、現実にみられるよりも、もっと強力な集中化がおこるどころか、一種の漸進的解体が、その社会の特定地点にではなく、社会の全域にわたって生ずるのを認めなければならぬであろう。

けれども、政府がこうした細かい点にまで入りこむ必要はないともいわれる。必要なときはいつでも「全体の精神と共同連帯の感情」を想起させるだけで十分であり、また、こうした作用は政府だけが遂行する資格をもつ、と。たしかにそのとおりである。だが、こうした作用は一般的にすぎて、社会的諸機能の協力がおのずと実現されるのでなければ、それらの協力を確保することも定かではない。すると、問題はどこにあるのだろうか。各個人にたいして、人はけっして自足的ではないこと、人はみずからが依存する全体の部分をなすものであることを感ぜしめることが問題なのだろうか。だが、あらゆる複雑な表象と同様に、こんな抽象的な、漠然とした、しかもそのうえ断続的な表象は、あの職業的活動がわれわれ各人にたえずよびさますいきいきとした具体的な印象にくらべてまったく無力である。そこで、もし職業的活動のせいにされるような結果がおこるとすると、あるいはわれわれの日常生活を充足している諸職業がわれわれをその属する社会集団からひき離す傾向があるとすると、しだいに遠ざからないとめざめないような、意識のうちの小さな領分しか占めないような右の観念が、われわれをこの共同連帯感にひきとめておくなどということはできないであろう。われわれが依存関係の状態にあるという感情が有効であるためには、この感情自体もまた持続的でなければならないし、また、この感情が持続的でありうるのは、それがそれぞれの専門的機能の活動そのものに結びついているばあいにおいてのみである。だがそのときには、この専門化は、もはや人びとから非難されるような結果を生ずることはないであろう。さもなければ、政府の統治作用は、さまざまの職業のあいだにある道徳的一貫性を持続すること、あるいは「同じ職業についている諸個人のあいだにしだいに集中化されてゆく社会的感情が、他の階級にとってはますます無縁のものとなり、習俗や思想の十分な相似を欠くようになる」[18]ことがないようにすることを目的とするのであろうか。だが、このような一貫性は、力ずくで、物の本性にさからってまで、維持されることはありえない。機能的多様性こそはとうてい抑えることのできない道徳的多様性をひきおこすものであり、前者が後者と同時に成長することは避けられない。のみならず、この二現象がいかなる理由から平行して発展するかについてもすでにわれわれは知っている。したがって、集合的諸感情は、分業がひきおこすと思われている遠心的傾向を抑えることがしだいに不可能になってゆく。というのは、一方、労働が分割されればされるほどこの遠心的傾向が大きくなり、他方、同時に、集合的感情それ自体が弱まってゆくからである。

同じ理由からして、哲学が科学の統一を確保することもいよいよ不可能となる。かつて、同一人物が異なる諸科学を同時に身につけえたかぎりにおいて、その人物は諸科学の統一を再建するのに必要な能力を獲得することができた。しかし、諸科学が専門化するにつれて、この誇大な綜合《グランド・サンテーズ》はもはや早熟な普遍化以外のものではありえない。それは、人間の知性にとって、この綜合が集約すべき無数の現象、法則、仮説について十分厳密な認識をもつことが、ますますできなくなってゆくからである。この点で、リボー氏のつぎのような言葉は正しい。「特殊諸科学がますますその複雑さを増してゆく結果、微細な問題にまで手がまわらなくなり、また、それについては、哲学者がごく概括的な、必然的に表面的な諸結果を認識するはめに陥ったとき、一般的世界観としての哲学が将来はたしてどんなものでありうるか、と自問してみることは興味のあるところである」[19]。

もちろん、自己の専門的研究に閉じこもって、他からの批判をいっさい受けつけようとしない学者のこの自尊心を、ゆきすぎだと判断することにもいくぶんの理由がある。にもかかわらず、たしかなことは、科学について少しでも厳密な観念をもつためには、科学を実践したということ、いわば科学を生きてみたということが必要である。じっさい科学というものは、それが決定的に証明しきったいくつかの命題にすっぽり収まってしまうというようなものではないからである。この現実の、実現ずみの科学とならんで、もうひとつの科学——みずからの一部を知らないままで、なお自己の真の姿を知ろうと努めている、具体的でいきいきした科学がある。いいかえれば、確実に得られた諸成果のすぐそばには、言葉ではあらわしえないほど曖昧な、しかし、その学者の全生涯をときに支配してしまうほど強力な期待、習慣、本能、願望、予感がある。このすべてが、それでもなお科学に属する。というよりも、科学のうちの最上、最大の部分でさえある。なぜかといえば、発見された真理というものは、まだ発見されずに残されている真理にくらべればまことに微々たるものだからである。他方また、発見ずみの真理のいっさいの意味を所有し、そこに集約されているもののすべてを理解するためには、科学的生命がまだ自由な状態にあるあいだに、すなわち、それが確定的な命題という形で固定されてしまわないうちに、この科学的生命それ自体を間近に観察しきっておかなければならないからである。そうでなければ、人はこの生命の字句をもつことができても、その精神をもつことにはならないであろう。

それぞれの科学は、いわば学者の意識のうちに生きているひとつの魂をもつ。この魂のほんの一部分だけが体をなし、はっきりわかる形をとるにすぎない。この具体化された部分をあらわす諸公式は一般的であるから、容易に伝達できる。しかし、どんな象徴もそれを外に表出することのない科学のあの別の部分においては、そうはいかない。この部分では、すべてが個人的なものであり、個人的体験によって獲得されねばならない。すなわち、この部分にかかわるためには、それに着手し、事実に直面しなければならぬ。コントによれば、(20)科学の統一が確保されるためには、さまざまの方法が統一に帰着されればそれで十分である。だが、統一することがもっともむつかしいのは、まさしく方法なのである。というのは、方法は科学それ自体に内在的であるから、方法を既定の真理の本体から完全にひき離して、これを別個に集成することは不可能であるから、これらの方法をみずから実践してみてのち、はじめてそれらを認識できるからである。ところが、こんにち以降、同一人が多数の科学を実践することは不可能である。したがって、こうした誇大な普遍化は、物についてまったく概括的な見地にしか、たつことができない。加えて、普通、学者たちがもっとも特殊的な真理でさえもその発見にとりかかるには、どんなに遅々とした根気のいる慎重さをもってするかに思いをいたせば、以上のような間にあわせの学問が、学者たちにとっては、まことに情けない権威しかもちえないことは明白であろう。

けれども、このような哲学的概括がどんな価値があるにせよ、科学は、その必要とする統一をこの概括のうちにみいだすことはできない。哲学的概括は、諸科学のあいだでは共通していること――諸法則や特有の諸方法があるということを、たしかに表現はする。しかし、このような類似したものとならんで、そこには統合されないでいる差異がある。一般的なものは、それによって要約される個別的な諸事実を潜在的に含むものだ、とはよくいわれることである。だが、こういういい方はまちがっている。一般的なものは、個別的諸事実が共通にもっているものしか含んでいないのである。ところが、どれほど単純な現象であろうと、たがいに似ている現象は世界に二つとない。ここに、どんな一般的命題でも、その制御しようとする素材の一部を逸してしまう理由がある。物の具体的な諸特徴と特異な諸属性とを、非個性的《アンペルソネル》で同質的な同一の公式内に融合させてしまうことは不可能である。ただし、諸類似が諸差異をこえるかぎりにおいてのみ、諸類似はこうしてたがいに似た諸表象を統合させるに足りるし、細部の不調和は全体的調和のうちに消えさる。逆に、諸差異がいっそう多くなるにしたがって、全体としての統一はより不安定となり、別の方法で固められる必要が生ずる。特殊諸科学のいよいよ増大してゆく多様さを、そのさまざまな定理、法則、公理、推理、具体的方法《プロセデ》、方法《メトード》とあわせて思ってもみよ。すると、たとえば、進化の法則のごとき、簡潔かつ単純な公式でさえ、そのおどろくほど複雑な諸現象を統合するのに十分でないことが理解されるであろう。このような全体的見地が実在に正確に適用されたときでさえ、この見地が説明する実在の部分は、説明しないままに残した部分とくらべると、まことに寥々たるものである。だから、この手段によっては、それぞれがバラバラの孤立状態にある実証的諸科学をそこから救いだすことはできないであろう。

実証的諸科学の培養基である細部の諸研究とあの綜合とのあいだのへだたりは、あまりに大きすぎるのである。この二系列の認識を相互に結びあわす紐帯は、あまりに細く、あまりにゆるい。したがってまた、特殊諸科学が、それらを包みこむ哲学のうちにおいてしか諸科学間の相互依存を意識しえないとすると、これらの諸科学がこの相互依存についてもつ感情は、つねに漠としすぎていて、ものの役にたたないであろう。

哲学は、いわば科学の集合意識である。他と同様、このばあいにおいても、集合意識の役割は労働が分割されるにしたがって減少する。

3

オーギュスト・コントは、分業が連帯の源泉であることを認めはしたが、この連帯が独自なものであることと、社会的類似が生みだす連帯に少しずつとって代わることに気づかなかったようである。そのために、彼は、諸機能が極度に専門化するばあい、社会的類似がいちじるしく消滅することに注目しながらも、この消滅に病理的現象を、過度の専門化による社会的凝集への脅威をみたのである。また、そうすることによって彼は、分業の発展にしばしば伴う不整合の事実を説明した。しかし、われわれは集合意識の衰弱が正常現象であることを確定してきたのであるから、これをわれわれが研究しようとしている異常現象の原因とすることはできない。ばあいによって、有機的連帯がそのあるべき姿をまったく示していないとすれば、そのたしかな理由は、機械的連帯がその地盤を失ったからではない。有機的連帯の存在条件がみな実現されていないからである。

われわれが知っているように、じっさい、この有機的連帯が観察されるところでは、どこにおいてもこの連帯と同時に諸機能の相互関係を決定する十分発達した規制がみられる。[21] 有機的連帯が存在するためには、たがいに相手を必要とする諸器官の体系が存在すること、この諸器官が一般にその連帯を感じているということだけでは不十分である。そこにはさらに、諸器官の協力すべき様式が、あらゆる機会でなくとも、少なくとももっとも頻度の高い状況において、あらかじめ決定されていることが必要である。そうでないと、これらの器官が均衡を保ちあうためには、たえず新しい闘争を必要とするであろう。なぜかといえば、この均衡の状態が発見されるのは、各部分が他の部分を少なくとも補助者としてと同時に敵としてとり扱う過程で、試行錯誤しているうちにおいてのみ可能だからである。だから、このような闘争はたえまなく再開されるであろうし、したがってまた、それぞれ個々のばあいごとに相互の義務がまったく新たに論議されなければならぬとしたら、その連帯とはほとんど名目的なものにすぎないであろう。しかし、契約があるではないか、といわれるかもしれない。だが、第一に、あらゆる社会関係がこの法形式を採用できるわけではない。のみならず、すでにみてきたように、契約は、それ自体で自足的ではありえず、契約の生活それ自体のように膨脹し複雑になってゆく規制を前提とする。さらに、契約を起源とする諸紐帯は、つねにその持続期間が短い。契約は一時的休戦にすぎず、まことに不安定である。それは、一時、敵対行為を中断するだけである。もちろん、規制がどんなに明確であろうと、それはいつも多くの葛藤が生ずる余地を残すことになろう。だが、闘争のない社会は必要でもないし可能でさえない。連帯の役割は競争を抑制することではない。これを緩和することである。

さらに正常状態においては、これらの準則そのものが分業からでてくる。これらの準則は分業の延長のようなものである。たしかに、分業とは、個人的用役を交換するために結合する諸個人をたんにしばらくのあいだ接近させあうのにすぎないとすれば、それはいかなる規制作用をも生みだすことはできまい。だが、分業がたがいに面と向かいあわしめるのはいろいろな機能である。すなわち確定した行為様式である。これらの行為様式は、社会生活の一般的恒常的な諸条件にもとづくものであるから、一定の状況においてはそれ自体がそのまま反復される。だから、これら諸機能のあいだで結ばれる諸関係は、まちがいなく同程度の固定性と規則性に達する。そこには、若干の相互的反作用様式もあり、それらが物の本性によく合致していると、しばしばくりかえされやがて習慣となる。ついで、この習慣は、力がそなわってくるにつれて、行動準則に変化する。過去が未来をあらかじめ決定するのである。換言すれば、分業には、慣習によって設定され、ついには拘束的となる権利義務のいわば出発点がある。だから、この行動準則は、連帯的な諸器官がおかれている相互依存状態そのものを創出するのではない。それは、所与の状況にかかわりながら、この状態をはっきり表明するだけなのである。同じように、神経系統は、かつて信じられてきたように有機体の進化を支配するのではない。それどころか、かえってこの進化の結果なのである。[22] 神経網は、さまざまの器官のあいだで交換される運動と刺激の波動がたどる通路にすぎないというのが本当のようである。それは、生命がいつも同じ方向に流れて、みずからうがった水路なのである。また、神経節はこうした多数の通路の交叉点にすぎないであろう。[23] 何人かのモラリストたちが、分業というものは真の連帯を生みだすものではないといって非難したのは、この現象面を無視したからである。彼らが分業のうちにみたものは、個人が個人自身にかかずらっている個別的な交換や、過去も未来もない一時的な結合にしかすぎない。彼らは、そこにおのずと少しずつ織りあげられ、有機的連帯を何ほどか永続的なものとする諸紐帯の網、ゆっくりした強化の作業を認めようとはしなかったのである。

ところで、われわれが上述したどのばあいにおいても、このような規制は存在しないか、あるいは分業の発展度となんの関係もない。こんにちでは、もはや経済企業の数を固定しようとする規則は存しないし、各産業部門において、生産が厳密に消費水準の高さにとどまるように規制されることもない。それに、われわれは、この事実から実践的帰結をひきだそうとは少しも思っていないし、制限立法が必要だと主張するつもりもない。ここで、その立法の得失を秤量すべきでもない。ただ、たしかなことは、このような規制の欠落は、諸機能の規則正しい調和を不可能にするということである。経済学者たちの証明するところによると、たとえば、価格の騰貴や下落――それはまた、需要に応じて生産を刺激したり鈍化させたりする――によって、たしかにこの調和は、それが必要なときにおのずから回復される。だが、どんなばあいでも、この調和は、均衡の破壊や多少時間のかかる混乱があってのちに、はじめて回復されるのにすぎない。他方、こうした混乱は諸機能がいっそう専門化されるほど、それだけひんぱんになるのがあたりまえである。というのは、組織が複雑になるほど、広範な規制がいよいよ必要だと感じられるからである。

資本と労働との関係は、こんにちまでのところ、法律的には未決定の状態のままで残っている。用役の賃貸借契約〔雇傭契約〕が現代法典に占める地位はまことに微々たるものである。ことに、その関係が複雑多岐であって、これを規制することが求められていることを思えば、なおのことそうである。だが、みんなが現実に気づいており、それを補正しようと努めている欠陥について、ことさらに主張する必要はあるまい(24)。

方法の諸準則が科学にかかわるように、法と習俗の諸準則は行動にかかわる。前者は学者の思考を支配し、後者は人間行為を左右する。ところで、それぞれの科学がその方法をもつとすると、この方法の実現する秩序はまったく内的なものである。すなわち、方法はその科学を研究している諸学者のやり方を整序しはするが、彼らと外部との関係を整序するものではない。また異なった諸科学の努力を共通の目的に合致させるような規律もほとんど存在しない。それは、ことに道徳科学、社会科学においてそうである。というのは、数学や物理＝化学さらには生物学でさえも、この点についてはおたがい無縁であるとは思えないからである。だが、法学者、心理学者、人類学者、経済学者、統計学者、言語学者、歴史学者が自分の研究にとりかかるばあいは、自分たちの研究しているさまざまな事実の分野が、それにみあった独立の世界を形づくっているかのようである。けれども、現実には、こうした諸事実の分野はあらゆる面で混じりあっており、したがって、そのそれぞれに対応する諸科学も事情は同じはずである。これまでに指摘されてきた科学一般の無政府状態は、やや誇張があるにしても、まさにここに由来する。しかも、とりわけ上記のはっきりした諸科学において、そうである。じじつ、これらの学問は、それぞれのあいだに協力などはみられないバラバラな諸部分の雑居という観を呈する。したがって、もしこれらの学問が統一なき全体を形成しているとすれば、それは、それぞれの学問がその類似について十分な感覚をもっていないからではない。組織化されていないからである。

以上のさまざまな事例は、したがって、同一種属の諸変種である。そして、どのばあいにおいても、分業が連帯を生じていないとすれば、それは、諸器官の関係が規制されていないからであり、それらの関係が、まさしくアノミー〔amomie　無規制〕の状態にあるからである。

それにしても、このアノミー状態はどこからくるのであろうか。

諸準則の総体は、社会的諸機能のあいだに自生的に設定された諸関係が時間をかけてつくりあげた確定的形態であるから、連帯的諸器官が十分な接触を保ち、また十分に持続的であるところでは、どこにおいてもアノミーの状態は存在しえないとア・プリオリにいうことができる。じじつ、これらの諸器官は、隣接しているので、たがいにもっている欲求をその機会ごとにすぐさま知らせあい、したがってまた、その相互依存関係については、いきいきとした持続的な感情をもつ。同じ理由から、それらのあいだで交換が容易におこなわれ、その交換はまた規則的になっていいほどひんぱんだったから、やがてみずから規則化し、時がその強化の作業を少しずつ達成していった。ついには、かすかな反応でも双方に感じとられるから、こうして形成された諸準則もまた、この敏感な反応という特徴を帯びる。すなわち、諸準則は、詳細にわたって均衡の諸条件を予測し、これを固定する。だが、これと反対に、もしそこに不透明な環境が介在すると、諸器官は、ある程度の強さの刺激しか伝えあうことができない。相互の関係もまた稀薄であるから、それが決定的となるほどには反復されない。すなわち、毎回試行錯誤がくりかえされることになる。器官の動きの波動がたどる通路も、この波動それ自体が散発的にすぎるので、切り開かれえない。それでも、最低限、若干の準則がようやくつくられるとしても、それは大ざっぱな漠然としたものである。こうした条件のもとでは、諸現象のもっとも一般的な輪郭しか決定しえないからである。諸器官がどれほど十分に隣接していたにしても、それがはじまったばかりであるか、持続性にとぼしいかして、事態はやはり変わらないであろう。(25)

ごく一般的には、こうした状態は諸物の力によって実現されるものである。なぜならば、一有機体の二つあるいはそれ以上の部分のあいだに一機能が分かちもたれるばあい、これらの諸部分が多少とも接近していてこそはじめてその分有が可能だからである。のみならず、ひとたび労働が分割されると、それらの部分がたがいに相手を求めあうから、それらをわけへだてている距離は自然に縮まる傾向がある。このような理由から、動物の発達段階を昇るにつれて、諸器官が接近しあうのがみられ、またスペンサー氏のいうように、それらの間隙におたがいを引き入れあうのがみられるのである。だが、例外的な状況が競合しあうと、そうはならなくなる。

われわれが問題としている事例に生ずるのは、まさにそれである。環節的類型の特徴がきわめていちじるしいかぎり、それぞれ異なる諸環節とほぼ同数の経済市場が存在する。したがって、各市場は非常に限定されている。生産者たちは、消費者のすぐそばにいて、充足すべき欲求の範囲を簡単に確かめうる。だから、均衡は苦もなくたてられ、生産はみずからの手で規制される。反対に、組織的類型が発達するにつれて、さまざまの環節相互の融合が、多くの市場を融合させ、ほとんどその社会全体にわたる単一の市場へとみちびく。この単一市場は、その社会の限度をこえてまで広がり、普遍的になろうとする。なぜなら、諸民族をわけへだてている境界は、各民族内の諸環節をわけへだてている境界と同時に稀薄になってゆくからである。その結果、各産業は、一国の、ときには全世界の全土にわたって分散している消費者たちにむかって生産する。したがって、その接触は十分ではなくなる。もはや生産者はその市場の展望を一望のもとにおさめることはできず、脳裡に想い描くことさえできない。市場はいわば無限であるから、生産者はその限界を想像することができないのである。結果として、生産には抑制も規則も欠落する。生産は偶然にまかせて試行するほかはなく、また、この試行錯誤の過程では、生産量があちこちで過剰になることは避けられない。経済的機能を周期的に襲う恐慌は、ここからくる。倒産という局部的、限定的な恐慌の増加も、これと同じ原因の結果であることはまちがいない。

市場が拡大するにつれて、大工業が出現する。ところが、大工業は雇主と労働者との関係を一変する結果をもたらす。巨大な人間集積のもつ伝染性の影響力に伴って神経系統の疲労が大きくなり、労働者の欲求が増大する。労働において、機械が人間にとって代わる。労働の場は小さな仕事場《アトリエ》からマニュファクチュアに代わる。労働者は軍隊式に編成され、一日中、その家族からひき離される。労働者は、その雇主からいつもへだてられて過ごすことになる、等々。産業生活のこうした新しい諸条件は、自然に新しい組織化を要求する。しかし、以上の変化の達成は極度に速いために、対立する諸利害は、まだ均衡する余裕をもちえないでいる[26]。

さいごに、道徳的諸科学、社会諸科学もわれわれがいま述べてきたような状態にあることを明らかにするものは、これらの諸科学が実証科学の圏内に入るべき最後のものであったということである。この新しい諸現象の領域が科学的探究にとって開かれたのは、じつにここ一世紀来のことにすぎない。学者たちは、生来の好みにしたがって、その領域のここかしこに身を落ちつけてきた。彼らはこの広大な領域に分散して、こんにちまでたがいに遠くへだたりすぎていたために、彼らを結合するあらゆる紐帯を感じとることができなかった。だが、その研究をつねに出発点からはるか彼方へと伸ばしてゆくことによってのみ、彼らは、ついには必然的にその連帯に到達し、したがってまた、その連帯に気づくにいたる。科学の統一は、こうしてみずからの手で形成されるであろう。それも、この統一によって含まれるべき数多の事物にとっては狭すぎるある公式の抽象的な統一、ということによってではない。有機的一全体の生きた統一である。科学がひとつであるためには、それが全体を唯一の同じ意識の視野のうちにおくということは必要でない――のみならず、そんなことは不可能である。むしろ、科学を研究する人びとがみな、同一の仕事に協同していると感じとるだけでよいのである。

以上のことは、従来、分業について加えられてきた最大の非難のひとつを根底から除去する。

分業は、個人を機械の役割に追いこむことによって、個人の品位を落とすものだとして非難されてきた。また、じっさいのところ、個人が自己に要求されている働きがどこに向かうのかを知らず、その働きがどんな目的に結びついているのかを知らぬとすれば、彼は習慣的にそれをしているにすぎまい。毎日、彼は単調な規則性にしたがって同じ運動をくりかえし、それに興味も感じなければ、理解もしようとしない。それは、もはや生きた有機体の生きた細胞ではない。隣接諸細胞と接触してたえず打ちふるえ、それらに働きかけ、こんどはそれらの作用に応え、さまざまの欲求と状況に応じて伸び、縮み、曲がり、変化する、そういう生きた細胞ではない。それは、外力によってゆり動かされ、いつでも同じ方向、同じ仕方で動く、惰性的な歯車にすぎない。人がどのように道徳的理想を思い描くにせよ、あきらかに、このような人間性の失墜に無頓着でおれるはずはない。道徳が人間としての個人の完成を目的とするものであれば、そのかぎりにおいて個人が破壊されるのを道徳が許しておくはずがないし、また、道徳が社会を目的とするものであれば、それは社会生活の源泉それ自体を涸らしたままにしておくことはできないはずである。というのは、悪はひとり経済的機能をおびやかすだけではなく、どんなに高貴な社会的機能であろうとそのすべてをおびやかすからである。オーギュスト・コントはいう。「物質界において、労働者がその全生涯をもっぱら庖丁の柄や針の頭をつくることにかけていることを、ときおり人は正当にも慨嘆するが、健全な哲学ならば、知識界においても、人間頭脳が何かの方程式を解いたり、何かの昆虫の分類をしたりするためにのみもっぱら継続的に使われていることを、心底から遺憾だとしなければならぬ。不幸にして、いずれのばあいにおいても道徳的結果はすこぶる似ている(27)」。

労働者の救済策として、彼らに技術的専門的な知識とともに、一般的教育をも与えるべきことがよく提案された。だが、分業に帰せられる悪しき結果がいくらかでもそれによってつぐなわれるとしてみたところで、それはこの悪しき結果の予防手段にならぬ。一般教養を優先させたからといって、分業の本質が変わるものではない。もちろん、労働者が芸術や文学のようなものに興味がもてるようになるということは、よいことである。にもかかわらず、彼が一日中、機械のごとく扱われるということは、依然として悪である。のみならず、この二つの生活はあまりにも対立的だから、同一人物が同時にそれを両立させようるものではないことを認めないものがあるだろうか。大きな視野、全体という見地、みごとな一般論になれてしまうと、人は、専門的な仕事の狭い限界内にとうてい辛抱づよく閉じこもったままでいることができない。だから、こんな救済策で専門化を無害にすることができるとすれば、それが専門化を堪えがたいものとし、したがって、専門化を多少とも不可能にしてしまうことによってのみ可能であろう。

この矛盾を一掃するものは、従来いわれてきたこととは反対であって、分業がこうした結果を生ずるのは、その特性が必然的にそうさせるのではなく、ただ例外的かつ異常な状況においてにすぎないということである。分業が、こうした不幸な影響を人間の意識に与えないで発展できるためには、その反対物によって分業を緩和することが必要なのではない。分業が分業それ自体であること、分業を変質させるものが外部からやってこないことが必要なのであり、またそれで十分である。なぜなら、それぞれの専門的機能の活動は、正常なばあいには、個人がそこにわき目もふらずに没頭することではなく、隣接の諸機能とたがいに恒常的な関係をとりあい、それらの欲求やそれらにおこる変化等々に気づいていることを要求するからである。分業の想定するものは、労働者がその仕事にへばりついていることではない。その協力者たちを見失わず、彼らにはたらきかけ、彼らからの作用を受ける、ということである。したがってまた、労働者はその方向も知らない運動を反復する機械ではない。多少ともはっきり理解している目的に向かって、どこをたどっているのかを知っている。彼はまた、自分が何かの役にたつことを感づいているのである。そのために、彼は社会的視野の広大な領域を一目で見てとる必要はない。自分の行為が自己以外に目的をもっていることを理解するに足るだけの視野に気づけば、それで十分である。そうなれば、彼の活動がどれほど専門的であり、画一的であろうとも、それは知的存在の活動である。その活動は方向をもっており、彼はそれを知っているからである。もし経済学者たちが、分業を社会的諸力の効率を増大させる手段にすぎないとしてしまわなかったならば、また、もし分業が何よりもまず連帯の一源泉であることを認めていたならば、彼らは、分業の以上の本質的特性を世に埋もれたままにしておくことはなかったであろうし、したがってまた、分業をこの不当な非難にさらしておくこともなかったであろう。

原注

(1) スペンサー氏はこうした区別をやっていない。彼にとっては、この二つの用語は同義であったようである。けれども、解体をひきおこす分化（癌、細菌、犯罪）と、さまざまの生命力を集中化する分化（分業）とは、まったく別のものである。
(2) Block, *Statistique de la France* をみよ。
(3) Levasseur, *Les classes ouvrières en France jusqu'à la Révolution*, II, p. 315.
(4) *Ibid.*, I, p. 496.
(5) *Ibid.*
(6) *Ibid.*, I, p. 504.
(7) Hubert Valleroux, *Les corporation d'arts et de métiers*, p. 49.

(8) Levasseur, II, p. 315.

(9) *Ibid.*, p. 319.

(10) Cauwès, *Précis d'économie politique*, II, p. 39 をみよ。

(11) *Cours de philosophie positive*, I, p. 27.

(12) *Bau und Leben des sozialen Körpers*, IV, S. 113.

(13) *Cours*, IV, p. 429.

(14) *Sociétés animales*, conclusion, IV.

(15) *Cours de philosophie positive*, IV, pp. 430-431.

(16) この政府と哲学との比較は鬼面ひとをおどすていのものではない。なぜなら、コントの目からみれば、この二つの制度はたがいに不可分のものである。コントが認めている政府とは、実証哲学がすでにうちたてられてのみはじめて可能なのである。

(17) 第一編第Ⅶ章3、三六五—三七五ページをみよ。

(18) *Cours de philosophie positive*, IV, p. 42.

(19) *Psychologie allemande*, Introduction, p. XXⅦ.

(20) *Op. cit.*, I, p. 45.

(21) 第一編第Ⅶ章をみよ。

(22) Perrier, *Colonies animales*, p. 746 をみよ。

(23) Spencer, *Principes de biologie*, II, p. 438 以下をみよ。

(24) これは一八九三年に書かれたものである。爾来、産業立法は、現代法のなかではもっと重要な地位を占めるようになった。このことは、この欠陥がいかに重大であったかを立証するものであり、それを補うだけでは足りないことを示すものである〔いうまでもなく、ここの注記は初版本にはない〕。

(25) しかしながら、諸器管の隣接が十分であったにしても、アノミーが生じうるばあいがある。それは、社会構造がもはや遂行不可能な変革をおこなう代わりとしてのみ、必要な規制が確立されるばあいである。社会の可塑性はそう無限ではないからである。この可塑性が極限に達するときは、必要な変化でさえも不可能である。

(26) それにもかかわらず、次章においてみられるように、この対立は、そのすべてがこれらの変化の速さに負うのではない。その大半は、この闘争の外部的諸条件の不平等がまだあまりにも大きいことによる。この要因に、時間が影響を及ぼすことはない。

(27) *Cours*, IV, p. 430.

訳注

＊1 シェッフレ—— Albert Eberhard Friedrich Schäffle. 一八三一—一九〇三年。ドイツの経済学者、社会学者。心理学的有機体説をとると同時に、集合主義的立場に立った。初期のデュルケームが彼の学説をフランス学界に紹介している。

＊2 紀元前三世紀から紀元後六世紀にわたって、アレキサンドリア市を中心に展開された学術文芸の流れを総称して、アレキサンドリア主義とよぶ。ただ、その流れは哲学、神学、文学、自然科学など広範にわたっていて、これをひとつの流れとみることは困難であるが、だいたい、前半期は文芸・自然科学、後半期は哲学・神学がその主流となった。全般的にみて、その学芸の発達は、東方とギリシアとをつなぐ思想的傾向をもっていたが、総花的に終わった。新アレキサンドリア主義とは、こうした傾向の復活を貶価して表現したものと思われる。

Ⅱ　拘束的分業

I

しかしながら、準則があるというだけでは十分でない。ときにはこれらの準則自体が悪の原因であることがあるからである。階級やカーストの制度は、なるほど分業の一組織を構成する。しかもその組織はきっちりと規制されている。だが、しばしばこの組織は紛争の根源である。下層の諸階級は慣習や法によって運命づけられた役割に満足していないか、あるいはもはや満足することはないので、彼らに禁じられている諸機能にあこがれ、それらの機能の遂行にあたっている諸階級からそれを奪いとろうとする。そこから、労働の配分方式にもとづく内紛がおこるのである。

有機体のなかでは、これに似たことはみあたらない。もちろん、それも危機のときにはいろいろな組織《ティッシュ》が闘争しあい、他を犠牲にしてでもおのが組織を養おうとはする。だが、どの細胞どの器官も、自分の役割以外の役割を奪いとろうとするようなことはない。その理由は、それぞれの解剖学的要素が、機械的に自分の目的を果たすからである。有機体内で占めるその組成の体質、その地位がその使命を決定する。つまり、その仕事はその本性の一帰結なのである。その機能がうまくいかないことがあっても、他の要素の機能をとるようなことはありえない。もっとも、すでに述べてきたように、稀な例であるが、相手がその機能を放棄したときに代替という事態が生ずるようなばあいは別である。社会においては事情が違ってくる。社会では偶然性がもっと大きいし、個人の遺伝的体質と個人が果たす社会的機能とのあいだにはさらに大きな距離がある。この遺伝的体質は有機体におけるような直接の必然性をもってその社会的機能をひきずりこむようなことはない。試行錯誤と熟慮とに余地を残したこの空間は、これもまた、個人の本来的な性質を正常な方向から逸脱させ、病理学的状態をつくりだす多くの原因の作用をうける。この組《オルガニザシオン》織はより柔軟であるから、それはまた変化にたいしても敏感であり、変化を受けいれやすい。もちろん、われわれは出生以来ある特殊な仕事に運命づけられているわけではない。しかし、われわれの選択を限定する好みとか素質とかがある。もしそれらのものが考慮されず、われわれの日常の仕事によってたえずそこなわれると、われわれは苦悩を感じ、この苦悩にピリオドをうつ手段を求めるものである。ところがそのことは、既存の秩序を変え、新しい秩序をつくりなおすことにほかならない。だから、分業が連帯を生ずるためには、各人が仕事をもつというだけでは不十分である。さらに、この仕事がその人に適していることが必要である。

ところで、この条件こそ、われわれが検討中の事例のうちでは実現されていないものである。じっさい、階級制度やカースト制度が連帯をつくりだすどころか、たびたび痛ましい軋轢を生みだしているのは、この制度がその基礎をおく社会的諸機能の配分が天賦の才能の配分に応えないか、あるいはけっして応えることがないからである。というのは、どういわれようとも、[1]下層の諸階級がついに上層諸階級の生活を熱望するようになるのは、模倣の精神だけによるのではないからだ。じつをいえば、模倣といってもそれだけでは何ものをも説明しえない。模倣は、それ以外のものを前提としているからである。それは、既存の類似の諸存在のあいだにおいてのみ、それらが類似しているかぎりにおいてのみ、可能である。異なった種属や変種のあいだでは、模倣は生じない。それは道徳的伝染についても、物理的伝染と同じことである。すなわち、模倣は既存の素地にたってのみあらわれるのにすぎない。願望がある階級から他の階級に広まるには、当初、これらの階級をわけへだてていた差別が消えたか、とぼしくなっていたかしなければならない。一方の階級が、はじめは手のとどかなかった諸機能に適するようになり、他方の階級が、当初の優位性を失っていったのは、まさに、その社会に生じた諸変化の結果でなければならない。ローマにおいて、平民が貴族と宗教的および行政的諸機能を担う栄誉をねらってあらそったのは、貴族を模倣するためだけではなかった。平民たちがより知的になり、より富裕になり、より多数になっていったからであり、その結果、彼らの趣味や野心が変わっていったからである。そして、こうした変化の結果、これまでの個人の素質と個人に指定された活動の種類との一致が、その社会のそれぞれの領域全体にわたって破られたからである。多少にかかわらず暴力的な、直接的な拘束のみが、個人とその機能とを結びつけていた。したがって、そこでは不完全な混迷した連帯しかありえなかったのである。

だから、この結果は分業の必然的帰結ではない。それは、まったく特殊な事情のもとにおいてのみ、すなわち、分業が外在的な拘束の結果たるばあいにおいてのみ、生ずるのである。分業が、個人の独創性を何ひとつ妨げることなく、純粋な内的自発性によってのみ確立されるばあいには、事情はまったく異なる。このような条件のもとでは、個人の本性と社会的機能との調和が必ず生ずる。少なくとも平均的なばあいにおいては、そうである。なぜなら、仕事をあらそう競争者たちを不当に妨害したり利したりするものが何もなければ、適材が適所につくのは不可避的だからである。そうなれば、労働の分割様式を決定する唯一の原因は、能力の多様性ということになる。それゆえに、労働の分割は物ほんらいの力によって、その能力にあった方向でおこなわれる。別様におこなわれる理由がないからである。こうして、各個人の体質とその条件との調和がおのずと実現される。あるいは、いつのばあいでも、その能力以上の願望をもつ個人がいるものだから、こうした調和が人間を必ずしも十分に満足させはしないといわれるかもしれない。たしかにそのとおりである。だが、これは例外的なばあいであり、いってみれば病的なばあいである。正常的には、人間はみずからの天性を実現することに幸福をみいだす。つまり彼の願望はその手段と不即不離の関係にある。有機体において、各器官がそれ相当の地位に応じて相当量の食物を要求するのも、そのゆえである。

それゆえに、拘束的分業《デイビジオン・デュ・トラヴァイユ・コントラント》はわれわれの認める第二の病的類型である。だが、この拘束的《コントラント》という言葉の意味をとりちがえてはならない。ここで拘束というのは、あらゆる種類の規制《レーグルマンタシオン》をさしているわけではない。まさしく逆に、これまでにみてきたように、分業は規制なしに進むはずがないからである。諸機能が既定の諸準則にしたがって分割されるときでさえ、その分配は必ずしも拘束の結果ではない。よしんばカースト体制のもとにあってさえ、この分配が社会の本性そのものにもとづいているかぎりは、そうである。じじつ、この制度は、いつ、どこにおいても、恣意的なものではない。むしろ、この制度が、ある社会で規則正しく、抵抗もなく機能しているということは、それぞれの職業的な素質の配分方法が少なくとも概括的には不動のものであることをあらわしている。これこそ、たといある程度までは法によって仕事が配分されていようとも、それぞれの器官がそれを自発的にみずからやってのけるゆえんである。拘束は、規制がもはや物の真の本性に対応しなくなり、したがって習俗のうちにもはやその根拠をおかず、もっぱら力によって維持されるときにのみ、はじまる。

だから、逆にいえば、分業は自発的であるばあいにのみ、また自発的であるかぎりにおいてのみ、連帯を生むものだといえよう。だが、自発性《スポンタネイテ》とは、たんにきわめて明白ないっさいの暴力の欠如のみではなく、各人が自己のうちにもっている社会的力を自由に発揮することを、たとい間接的にせよ、妨げるもののいっさいの欠如、を意味するものでなければならぬ。自発性の想定するところは、たんに個人が一定の機能に強制的に追いやられないということだけではなく、さらに個人が社会的枠組のなかで自己の能力にふさわしい地位を占めることを、いかなる性質の障害によっても妨げられないということである。要するに、労働の分割は、社会的不平等が自然的不平等を正確にあらわすように社会が構成されているばあいにのみ、自発的におこなわれる。だが、そのためには、この自然的不平等がある外在的原因によって、高められもしなければ低められもしないことが必要であり、またそれで十分である。だから、完全な自発性とは、もうひとつ別の事実、すなわち、闘争の外在的諸条件が絶対的に平等であるという事実のひとつの帰結、もうひとつ別の形態にすぎない。自発性とは、人間のよき性向もあしき性向も、すべて自由に満足させることを許すような無政府状態のうちにあるのではない。それぞれの社会的価値が、これとは無縁なものによって過大に評価されることも過小に評価されることもなく、まさに正当に評価されるような、そういう精妙な組織のうちにこそある。だが、これと同じ条件のもとにおいても、依然として闘争が存在し、したがって勝者と敗者が存在するし、敗者はその敗北を拘束されたからとしてしか受けとらないだろう、と反駁されるかもしれない。だが、このような拘束は、もうひとつの拘束とは似ても似つかぬものであるし、後者と名称が同じだというにすぎない。すなわち、ほんらいの拘束を構成するものは、闘争それ自体が不可能であり、たたかうことが認められてさえいないものである。

じつのところ、この完全な自発性は実現された事実としてはどこにもみあたらない。純粋無垢な自発性の社会などは存在しない。仮にカースト制度が諸能力の自然な配分に対応しているとしても、しかし、それは近似的に、また大ざっぱにみてそうであるにすぎない。遺伝というものは、じっさい、その作用をもっとも及ぼしやすい条件にめぐまれたばあいでも、子どもが両親をそっくりそのままくりかえすというような正確さで作用するものではけっしてない。原則にはつねに例外があり、したがって、個人と彼に帰属する諸機能とが調和しないばあいがある。むしろ社会が発展するにつれて、いつかその枠が狭くなりすぎてやがてこわれるまで、このような不一致はますます多くなってゆく。法制上はカースト制度が消滅してからも、それはそれとして習俗のうちに生き残る。すると、いくつかの偏見がいつまでも残るために、ある人びとは厚遇され、他の人びとには不遇がつきまとう。だが、それは人びとの真価とは無関係である。ついには、いってみれば、こうした過去の遺物がすべて跡形もなく消えさっていっても、なお富の世襲的伝達が闘争場裡における外在的条件をきわめて不平等にするに足りる。というのは、富の世襲は、必ずしも個人的価値に対応しない諸利益を、ある人びとには有利になるように配するからである。現代でさえ、またもっとも進んだ文明民族においてさえ、財産に恵まれぬ人びとによっては、あるいはまったく閉じられ、あるいは入ってゆくことのむつかしい諸種の職業がある。だから、一方で、社会の発展段階を上昇すればするほど、環節的類型はますます組織的類型のもとに姿を消してゆき、同様に右のような不平等もいよいよ完全に平準化されてゆく傾向がみえるということにだけ注目するならば、分業がその純粋状態においてはけっして示すことのない特徴を正常なものとして考えるべきではない、と思われるのである。

じっさい、分業が確立されたときからはじまったカーストの漸次的凋落は、歴史の一法則である。なぜなら、カーストは政治=家族的組織に結びついているので、この組織とともにカーストは必然的に退行するからである。カーストが生みだし、カーストの衰微後も残っている諸偏見は、無限に生きのびるものではない。少しずつ消滅してゆくのである。いろいろな公職も、財産という条件のないすべての人びとにたいしてしだいに自由に開放されてゆく。さいごに、生まれながらにして貧富の差があるということからくる、このさいごの不平等でさえも完全に消えさりはしないとはいえ、少なくともいくらかは減ってきている。社会はできるだけこの不平等を少なくしようと努めて、さまざまの手段によって極度に不利な立場におかれている人びとを助けたり、そこから脱するように手をかしたりしている。こうして、社会が才能のある人びとすべてにとって自由な場をつくらなければならぬと感じ、また個人的に当然受けるべきでない劣位を不当だとして認めるようになってきていることを、社会みずからが立証している。だが、さらにもっとこの傾向をよく示しているのは、こんにち非常に広まっている信念——すなわち、市民たちのあいだに平等がたえず大きくなってゆくという信念、平等が大きくなってゆくことは正しいことだとする信念である。これほど一般的な感情がたんなる幻想だということはありえないことであって、それは、曖昧ではあるが、現実在のある側面をあらわしているのに違いはない。他方、分業の進歩は、逆に、不平等の不断の増大を含むものであるから、公共意識がこれほどまでにその必要性を主張しているあの平等は、まさにわれわれがいうところの平等、すなわち、闘争の外在的諸条件の平等でしかありえない。

さらに、何がこの不平等の平準化を必然的ならしめているかを理解することは簡単である。われわれがみてきたように、じっさい、あらゆる外在的不平等は有機的連帯を危うくする。しかし、こういう結果は、低級社会にとっては別段痛痒を感ずることではない。そこでの連帯はとりわけ信念と慣行の共同体によって確保されているからである。そこでは、分業を原因とする諸紐帯がどれだけ張りつめたものであろうとも、個人を社会にもっとも強く結びつけているのはこの紐帯ではないから、このために社会的凝集がおびやかされることはない。熱望をいだいたところで、それが阻止されてしまったばあいに生ずる不安が、この不安に悩む人びとを、それをもたらした社会秩序に反抗させるまでにはいたらない。彼らはつぎのような理由でこの社会秩序に密着しているからである。すなわち、彼らが自分たちの職業的活動の展開に必要な場をそこに発見するからではなく、この社会秩序は、自分たちがそれによって生きる多数の信念と慣行とを集約していると彼らの目に映るからである。さらにまた、彼らがその社会秩序に密着しているのは、彼らの内面的生活がそれに結びつけられているからであり、彼らのあらゆる確信がそれを前提としているからであり、それは、道徳的、宗教的秩序の基盤として役だつことによって彼らには聖なるものとしてあらわれるからである。こうして、私的かつ世俗的な動機から社会秩序に突きかかっていっても、上記のような起源からして並はずれた力をもつ意識の状態をゆるがすには、あきらかに弱すぎるのである。のみならず、職業的生活はほとんど発達していないので、このような衝突も散発的でしかない。以上すべての理由から、こうした衝突はあまり強くは感じられない。だから、そういうことにも人は苦もなく馴れてしまう。したがって、以上のような不平等は、堪えられるばかりでなく、自然なものとしてさえみられるのである。ところが、有機的連帯が支配的になってから生ずる結果は、これとはまったく反対である。なぜなら、そのばあいは、この有機的連帯をゆるめるようなことはどんなことでも、その社会的紐帯の根本的な部分を侵すことになるからである。第一に、このような状態においては、専門的な活動がほとんど継続的におこなわれているから、これらの活動がいったん阻害されると、必ずたえまない苦痛が生ずる。第二に、集合意識が弱まっているから、こうして生ずる紛争は、もはや以前のように完全に中和されることはない。共同感情も、個人がその集団に密着しているときでさえ、個人をそこにひきとめておくのに、もはや以前と同じ力をもってはいない。それを覆そうとする傾向も、以前と同じ対抗力をもたないから、さらに容易におこってくる。社会組織をいわば人間的利害を超越した域においてきた、あの超越的性格がしだいに失われてゆくから、社会組織はいっそう激しく攻撃されるようになると同時に、それにたいして抵抗する力もすでに以前のままではない。社会組織はまったく人間の手になるものとなったから、人間的復権の諸要求にたいして、もはや十分に対抗しえないのである。波浪がもっと激しくなると、それをおさえてきた防波堤が土台からゆさぶられる。だから、波浪はいっそう危険なものとなる。まさに、ここにこそ、組織的社会において、分業がいましがた定義してきたあの自発性の理想に少しずつ近づくことがどうしても不可欠である理由がある。組織的社会が外在的不平等をできるかぎり除こうと努力し、また努力しなければならないのは、この企てがたんに立派だからという理由だけではない。この社会の存在それ自体がこの問題にコミットしているからである。なぜなら、組織的社会は、これを形成している諸部分のすべてが連帯的であってはじめて維持されるからであり、この社会の連帯はこの条件においてのみ可能だからである。また、この正義《ジュスティス》の仕事は、組織的類型が発展するにつれて、つねにより完全になってゆくことが予見できる。この方向でこれまでに実現されてきた進歩がどれほど重要であるとしても、これら既成の進歩は、これから果たされるであろう進歩にかんしては、おそらく微弱な観念しか与えないであろう。

2

闘争の外在的諸条件の平等ということは、個人をその機能に結びつけるために必要であるばかりではない。諸機能相互を結合させるためにもまた必要である。

じっさい、契約関係は分業とともに必然的に発展する。というのは、分業は交換がなければ不可能であり、この交換の法形式こそが契約だからである。換言すると、有機的連帯の重要な変種のひとつは契約的連帯《ソリダリテ・コントラクチュエル》とよばれるものである。もちろん、あらゆる社会関係が契約に帰着すると考えることは誤っている。とくに契約は、それ自体とは別のものを前提とするからである。にもかかわらず、諸個人の意志をその起源とする特殊な諸紐帯がある。すなわち、契約において表明されるある種の合意〔consensus〕の存在がそれである。この合意は、高級種の社会においては、一般的合意の重要な要因となるものである。だから、こういった社会では、契約的連帯が何ものによっても乱されないように、できるだけ保護されていることが必要である。なぜかといえば、未発達の社会においては、すでに述べたような理由から、契約的連帯が不安定であってもさして不都合ではないが、契約的連帯がすぐれて社会的連帯の一形態であるような社会では、契約的連帯がおびやかされると、社会体の統一そのものも同時に危うくなるからである。したがって、契約から生ずる紛争は、契約それ自体が一般生活において重要になるにつれて、いよいよ重大さをましてくる。また、原始社会が、こういった紛争を解決するために干渉するようなことさえないのにくらべて[2]、文明諸民族では、契約法の量がたえずふえてくる。ところで、この契約法とは、契約関係に入る諸機能に正規の協力を確保すること以外に目的はない。けれども、こうした結果が達せられるためには、契約されたことが実行されるのを公権力が監視するだけでは十分ではない。さらに、少なくとも、もっとも平均的なばあいにおいて、契約が自発的に実行されることが必要である。契約が力または力の恐怖によってのみ守られるものだとすると、この契約的連帯はまったく不安定なものとなろう。まったく外在的な秩序というものは、あまりにも軋轢があたりまえにおこるので、際限なくそれをおさえることなどできるわけはないから、それらをとうていカバーできないであろう。この危険を除くためには、契約が自由な合意にまかせられればそれでいい、といわれるかもしれない。たしかにそのとおりであるが、それによって困難が解決されたわけではない。なぜなら、この自由な合意を構成している中味が問題だからである。口頭の同意あるいは文書による同意は十分な証拠とはいえない。強制されて同意することだってある。だから、まず、あらゆる拘束がないということが必要である。だが、拘束といってもいったいどこからが拘束になるのだろうか。それは、ただ暴力の直接的行使ということだけにあるのではない。間接的暴力もまったく同じように自由を抑圧しうるからである。私がだれかを殺すぞとおどかして契約書をゆすりとったばあい、その契約は道徳的にも法的にも無効であるとしよう。だが、もし、たしかに私自身がそういう立場をつくったわけではないが、私に譲歩するかそれとも死ぬかの瀬戸ぎわに他人をたたせるような立場を私が利用して、ある契約を得たとしたら、それがどうして有効なのであろうか。

一定の社会において、おのおのの交換の対象物は、それぞれの時点で、社会的価値とよばれうる一定の価値をもつ。この価値は、それが含む有用労働の量をあらわす。この労働量とは、その対象物が要した労働の総量ではなく、有用な社会的効用を生産しうるエネルギー、すなわち正常な諸欲求に応えうるエネルギーの部分と解すべきである。このようなエネルギーの大いさは、数学的には計量されえないものであるとはいえ、にもかかわらず、それはやはり実在する。この大いさを変化させる主要な諸条件を確かめようというのであれば、それも簡単にできる。すなわち、それは何よりもまず、対象物の生産に要する努力の総量、対象物が満足させる諸欲求の強度、そしてさいごに、それがこれらの欲求にもたらす満足の大きさ、である。さらに、その平均的価値は、じっさいに、この点をめぐって変動する。また、そのばあい、この平均的価値がその点から遠ざかるとすれば、異常な要因が作用したばあいだけである。また、そのばあい、この偏倚にたいして公共意識は一般に多かれ少なかれ敏感となる。すなわち、公共意識は、この対象物の価格がそれの要した労苦とそれがもたらす用役とにかかわりのないような交換を、すべて不正とみる。

このように定義してみると、契約が十分な合意に達するのは、交換された用役が社会的に等価であるばあいだけである、ということになる。こういう条件においては、じじつ、各人は自己の欲する物を受けとり、その見返りにそれと等価の物を引き渡すことになる。だから、契約はしかもこれを尊重する複数意志のこうした均衡は、おのずから生ずるし、また維持もされる。それは、こうした均衡が諸物の均衡それ自体の一帰結であり、その別の形にすぎないからである。それはたしかに自生的である。われわれが生産物を売り渡す際に、ときには、より高い対価を受けとりたいと思うことは確かである。われわれの野心は限りないし、したがってまた、こうした野心はたがいに抑制しあうからこそ緩和されるにすぎない。だが、われわれの放埓な欲望を際限なく満たそうとすることを阻止するこうした抑制ないし拘束は、われわれの労働の正当な報酬を得る手段をわれわれから奪う拘束と混同されてはならない。前者の例は、健全な人間にとっては存在しない。後者の例のみが、この拘束の名でよばれるのにふさわしい。ただ、この後者はそのこと自体によって、合意というものの名を変えてしまう。だが、この拘束は、われわれがいま述べてきたようなばあいには存在しない。反対に、交換される価値が釣合いを保ちえないとすると、ある外在的な力がこの秤に加えられてはじめてそれが均衡を保ちうる。その際は、どちらかに損害があったことになる。だから、そのばあいには、複数意志の一方が直接間接の圧力にしたがってこそ、はじめてそれらの意志が合致しうることになる。そして、この圧力こそが暴力を構成するのである。つまり、契約の義務的な強制力が完全であるためには、契約がはっきり表明された同意の対象であるというだけでは足りない。さらにそれが正当でなければならぬ。また、契約は口頭で同意されただけでは、正当だということにはならない。契約主体がたんに存在するという状態だけでは、契約に内在的な束縛の力が生まれるわけではない。少なくとも、この同意がこのような力をもつためには、この同意自体が客観的な基礎のうえにたっていなければならない。

以上のような等価性が契約の原則であるために必要かつ十分な条件は、契約当事者たちが平等な外在的諸条件のうちにおかれているということである。じじつ、物の評価はア・プリオリには決定されえず、交換それ自体からでてくるものであるから、交換する諸個人が、自己の労働の価値を正当に評価されるべきだとするためには、彼らがみずからの社会的真価《メリット》からひきだしてくる力とは別の力をもたないようにすることが必要である。このようにすることによって、物の価値は、じっさいにそれらの物が果たす用役と、それらの物が必要とした労苦に、正確に対応する。というのは、物の価値を変えることのできる他の要因はすべて、仮説によって排除されているからである。もちろん、彼らの不平等な社会的真価は、いつでも社会における不平等な地位を人びとに与えるであろう。だが、この不平等は、表面的に外在的であるにすぎない。というのは、この不平等は内在的不平等を外部に表出したものにすぎないからである。だから、こうした地位の不平等は、この内在的不平等のうちに、社会的諸機能の位階秩序《イエラルシー》と同じ序列を設定すること以外には、価値の決定に際して影響を与ええないのである。だが、もしだれかが力のエネルギーを他の源泉から補充するとなると、事態はまったく違ってくる。なぜなら、この力は必然的に均衡点の位置をずらす結果をもたらすからであり、またこのずれは、物の社会的価値とは無関係であることがはっきりしているからである。換言すれば、すべての優越性は、契約の結ばれ方に反響をもたらすものである。したがって、この優越性が個人の人格や、社会的用役にもとづかないならば、交換の道徳的条件を狂わせてしまう。社会のある階級が、生活するために、その用役をどんな対価ででも受諾することを強いられ、他方、他の階級が、必ずしも何かの社会的優越性によるものではないが、しかも自分の自由にできる資力のおかげで、そうしたくともすむというばあいには、後者は、前者を不当に支配することになる。換言すれば、不当な契約が存在しなければ、生まれながらの貧富も存在しえない、ということになる。いわんや、社会的条件そのものが世襲的であり、法があらゆる種類の不平等を神聖化していた時代に、そうであったことはいうまでもない。

ただ、契約的諸関係がほとんど発達せず、集合意識が強力であるかぎり、これらの不公平も強くは感じられない。契約などはめったにないからして、不公平もおこる機会は少なく、また、ことに共同的信念が不公平にもとづく結果を相殺する。社会は不公平のために危険に陥ることもないから、それに苦しむことはない。しかし、労働がますます分割されてくるにしたがって、また社会的信念が弱まってくるにしたがって、このような不公平はいっそう堪えがたいものとなる。それは、この不公平の原因となる状況がむしかえされる頻度がいよいよ高くなるからであり、それにまた、不公平がかきたてる感情は、これと反対の感情によって以前ほど完全に緩和されることもないからである。契約法の歴史もこれを証明している。すなわち、契約当事者を極端に不平等な立場におく約定にたいしては、いっさいの価値を剥奪する傾向がますます大きくなってきているのが、それである。

　始源的には、正式に締結された契約はすべて――それがどのようにして得られたものであろうと――義務的な強制力をもつ。契約においては、合意は本原的要因ですらない。複数意志の一致も、これらの意志を結びつけるのに十分ではないし、そこに紐帯ができあがったにしても直接にこの一致から生ずるのではない。契約が存在するためには、若干の儀式がおこなわれ、いくつかの誓いの言葉が述べられなければならない。またそれで十分である。また、契約上のとりきめの性質は当事者の意向によってきまるのではなく、そこで使われる方式《フォルミュル》によって決定される(3)。諾成契約〔le contrat consensuel　合意による契約〕は比較的最近あらわれたものにすぎない(4)。これは正義《ジュスティス》の途への最初の進歩である。しかし、長いあいだ約束《パクト》を法律的に有効と認めるには合意だけで足りたが、それではきわめて不完全であったようである。すなわち、力や詐欺によって無理に強いられることがあった。ローマの法務官が、術策と暴力の被害者にたいして、詐欺〔de dolo〕の訴訟と強迫〔quod metus causa〕の訴訟を認めたのは、かなり後になってからであった。[5] なお、暴力《ヴィオランス》とは、法律的には、死または拷問をもっておびやかされるばあいにだけ存在した。[6] 現代フランス法においては、この点はもっときびしくなっている。同時に、法律上正式に確認された損害は、ばあいによっては、契約を無効にしうる原因として認められた。[7] それに、文明民族が高利契約をいっさい認めないのは、この理由からではないだろうか。高利契約では、じっさいに、契約当事者の一方がその他方の意のままにされすぎることが予想されるからである。さいごに、共同道徳は、どんな種類であれ片手落ちの契約を、従来にもましてきびしく非難する。たとえば、当事者の一方が弱すぎて、自己の労苦の正当な対価を受けとれないというように、当事者の他方から搾取されるような契約にたいしてである。公共意識は、用役が交換される際に、厳密な相互性が保てるよう、いつもさし迫った要求をしている。また、あらゆる正義の基本原則を満たさないような約定にたいしては、その義務をあまり忠実に果たす必要はないという責務形式を認め、そんな約定を破ったものにたいしては、法よりもはるかに寛大な態度をとっている。

　はじめて社会生活の自生的な特質を指摘し、拘束とは社会生活をその自然の方向から逸脱せしめるものでしかないこと、正常なばあいには、社会生活が外在的、強制的な編成によってではなく、自由な内在的彫琢から生ずるものであることを指摘した功績は、まさしく経済学者たちに帰せられる。このかぎりで経済学者たちは道徳の科学に重要な貢献をしたのである。ただ、この自由の性質についての彼らの考え方はまちがっていた。彼らは、自由を人間の本質を構成する属性と考え、個人それ自体という概念から自由を論理的に演繹するものだから、彼らからすると自由とは、社会をいっさい捨象した自然状態からこのかた、まったく完全だと思われているのである。だから、彼らにいわせるとこうである。社会的作用《アクシオン・ソシアル》は、この自然状態に何ひとつ加えるべきものがない。社会的作用がなしうる、およびそれがなすべきことのすべては、おたがいに張りあっている諸自由が相互に傷つけあわないように外在的機能を規制することである。だが、もし社会的作用がこの限界内にきちんとおさまっていないと、それは自由の正当な領域を蚕食し、やがてそれを減少させることになる、と。

しかしながら、あらゆる規制は拘束の結果であるとする点がまちがっていることは別としても、じつは自由それ自体が規制の産物なのである。自由は社会的作用のいわば敵であるどころか、その結果なのである。自由は、自然状態に固有の属性などというものではない。反対に、自由とは自然にたいする社会の征服である。自然という点からすれば、人間はその体力においてすでに不平等であり、人びとはまた、有利さという点からみて不平等な外在的諸条件のなかにおかれている。家族生活そのものが、財産の世襲とそこから生ずる不平等とを含んでおりながら、しかもあらゆる社会生活の形態のうちで、もっとも密接に自然的原因に依拠した形態である。そして、いまもみてきたように、これらすべての不平等は自由の否定そのものである。要するに、自由の本質を構成するもの、それは外在的諸力の社会的諸力にたいする従属化である。なぜなら、社会的諸力が自由に発展しうるのは、ただこの条件においてのみだからである。だが、この従属化は、むしろ自然的秩序の顚倒である(8)。だから、人間が物を支配するために、物からその偶然的、不条理的、無道徳的な性質を除去するために、人間が物そのものの上にたつようになるにつれて、すなわち人間が一個の社会的存在となるかぎりにおいて、自由は少しずつ実現されるにすぎない。なぜなら、人間がもうひとつ別の世界を創造し、それによって自然を支配して、はじめて自然から脱却できるからである。この世界こそ、まさしく社会である(9)。

それゆえにもっとも進歩した社会の課題は、正義を創造することであるといってよい。これらの社会がこの方向に向かう必要をじっさいに感じていることはすでに指摘してきたところでもあるし、われわれの日々の経験が証明するところでもある。低級社会の理想は個人がすっかり吸収される共同生活をできるかぎり強力に創造しまたは維持することであったのと同様に、現代社会の理想はわれわれの社会関係にたえずより多くの公正《エキテ》を実現して、すべての社会的に有用な力の自由な展開をゆるぎないものにすることである。けれども、数世紀にもわたって人間があまりにも不完全な正義に満足してきたことを思えば、このような熱望がおそらく理由のない焦燥によるのではないか、これらの熱望はまた、きたるべき正常状態の予測よりもむしろ正常状態からの逸脱をあらわすものではないか、つまりは、この熱望それ自体がその存在をあばきだす悪を癒す手段が、はたしてこれらの熱望を満たすものか、あるいはそれらとたたかうものかどうか、こういった疑いがおこる。これまでの諸編で確立されてきた諸命題は、われわれの心を奪うこの問題にわれわれが正確に答えることを可能にする。すなわち、以上の諸傾向にまさる堅固な願望はない。なぜなら、これらの傾向は社会の構造に生じた諸変化の必然的な結果だからである。環節的類型の影が薄れ、組織的類型が発展するのであるから、有機的連帯が少しずつ類似から結果する連帯にとって代わるのであるから、外在的諸条件の平準化はまぬがれがたいところである。諸機能の調和は、したがってまた生存は、まさにこれにかかっている。古代の諸民族が生きるためにとりわけ共同誓約《フォア・コミュヌ》を必要としたように、われわれはわれわれで正義を必要とする。あらゆる事実が予見するように、社会進化を支配する諸条件が同じままであるとするならば、この願望が、たえず、いよいよきびしく要求されるようになるだろうことは確かである。

原注

(1) Tarde, *Lois de l'imitation*.
(2) Strabon, p. 702をみよ。同じように、「モーセの五書」においても契約を規制したということはみられない。
(3) ローマ法における言語、文書、実践による(verbis, litteris et re)契約をみよ。Esmein, *Études sur les contrats dans le très ancien droit français*, Paris, 1883を参照。
(4) ウルピアヌス〔Domitius Ulpianus. 一七〇年ごろ―二二八年。ローマの法学者〕は諾成契約を

juris gentium であるとしてみている（L. 4. 7 pr., et §1. *De Pact.*, II, 14 をみよ）。ところがすべての万民法〔jus gentium〕は市民法以後におこったことはまちがいない。Voigt, *Jus gentium* をみよ。

（5） 強迫訴訟〔l'action *quod metus causa*〕は詐欺訴訟〔l'action *de dolo*〕より少し早くできたが、スラ〔Lucius Cornelius Sulla. 前一三八―七八年。ローマの将軍、独裁的政治家〕の独裁執政以後のものである。できた年代は六七四年とされている。

（6） L. 3. §1. および L. 7. §1 をみよ。

（7） ディオクレティアヌス〔Gaius Aurelius Valerius Diocletianus. 二四五年ごろ―三一一年ごろ、ローマ皇帝〕は、価格が真の価格の半分以下であるばあいには契約の取消しができると決定した。現代フランス法は、不動産売買のばあいにおいてのみ損害を理由とする契約取消しを認めている。

（8） もし、自然を因果性の法則にしたがう諸現象の全体と理解するならば、われわれは、もちろん、社会が自然の外側にあるなどというつもりはいささかもない。ただ、自然的秩序ということによってわれわれが理解するのは、自然状態とよばれるもののうちに生ずる現象、すなわち、もっぱら物理的および有機＝心理的原因の影響下において生ずる現象だけである。

（9） 第二編第V章をみよ。――自由契約というものは、きわめて複雑な社会組織によってのみ可能だから、それ自体でことたりるものではないということを、いま一度くりかえしておきたい。

Ⅲ　その他の異常形態

さて、さいごの異常形態を述べておかなければならない。

商工業その他の企業では、諸機能が配分されても、それらが諸個人の活動に十分な素材を提供しないような種類のものであることがよくある。そのために残念ながら力が空費されてしまうことは明白であるが、しかしこの現象の経済的側面だけに心を奪われてはならない。われわれが関心をもつべきことは、このような浪費をいつも伴うもうひとつ別の事実、すなわち、大なり小なりこれらの機能が調整不能になるという事実である。じっさい、周知のように、ある経営体で、被傭者各人が十分に専心すべきものをもっていないばあいには、さまざまの活動がうまくかみあわないし、諸作業はバラバラにおこなわれる。要するに、連帯がゆるみ、不統一と無秩序が出現する。たとえば、東ローマ帝国の宮廷では、さまざまの機能が無限といっていいほどに専門化していたが、その結果はまさしく無政府状態であった。このように、分業が極端なまでに進められるときわめて不完全な統合をひきおこすばあいがある。いったい、どこからそれが生ずるのであろうか。そこに欠けているのは、まさしく規制器官であり、指導である、と答えたくもなろう。しかし、この説明は満足のゆくものではない。こうした病的状態をつくりだすのは、ほかでもない指導権力そのものであることが非常によくあるからである。だから、欠陥がなくなるためには、規制作用があるというだけでは足りない。さらに、この作用がある様式でおこなわれることが必要である。しかも、どのような仕方で規制がおこなわれるかということは、われわれもよく知っているところである。聡明で経験豊かな首長がまずもって配慮すべきことは、無駄な雇用を廃し、各人が十分専心できるように労働を配分し、したがって各労働者の機能的な活動を増大させることであろう。そうなると、労働がより経済的に整序されると同時に、その秩序もおのずからよみがえるであろう。では、どうしたらそうなるのだろうか。これは、一見しただけではよくわからないことである。なぜなら、結局、各機能の担当者がはっきり確定した仕事をもちさえすれば、そしてその仕事を正確に遂行しさえすれば、ついには、必然的に隣人の機能担当者を必要とするだろうし、彼らに連帯を感じないわけにはいかないだろうからである。だが、この仕事が専門的でありさえすれば、その大小は問題とならないのだろうか。その仕事が彼の時間も力も吸収しつくすかそうでないかは、たいした意味がないのだろうか。

ところが反対に、これは非常に重要なことである。じじつ一般的には、連帯がさまざまの専門的な部分の機能的活動にきわめて密接に依存しているからである。この両極は、一方が変化すれば他方も変化する。諸機能に生気がないと、それらがたとえ専門化されていても相互間の調整がうまくゆかず、相互の依存関係も不完全にしか感じとられない。いくつかの例がこれをはっきりさせてくれる。人間のばあいに、「窒息は毛細血管をとおる血液の循環に抵抗をおこす。この障害から充血がおこり、心臓が止まる。数秒後には、有機体全体に大混乱がおこり、一、二分もたつと諸機能が停止する」[1]。したがって、生命全体が呼吸機能にきわめて緊密に依存している。だが、蛙のばあいは、呼吸が長いあいだ止まっても混乱を生ずることはない。皮膚をとおして血液に空気がおくりこまれるだけで十分であり、呼吸のできる空気がまったくないばあいでも、組織内に蓄積された酸素で足りる。だから、蛙の呼吸機能とその有機体の他の諸機能とのあいだにはあまり相互依存関係がなく、したがって連帯は不完全だということになる。諸他の機能が呼吸機能の助けをかりなくとも生存しつづけるからである。このような結果は、人間の組織よりも機能的活動のあまり大きくない蛙の組織が、酸素をいれかえたり、酸素の燃焼によっておこる炭酸をとりのぞいたりする必要も少ないことからくる。同じように、哺乳動物はきわめて規則正しく栄養をとる必要がある。その呼吸のリズムは、正常状態においては、まったく同じ調子であり、その休息期間はけっして長くない。いいかえれば、その呼吸機能、その栄養摂取機能、その性的機能は、相互にとって、また有機体全体にとって不断に必要であって、それらの機能のいずれかが長く中断すると、諸他の機能や生命一般を危うくする。ところが蛇は、その反対に、長い間隔をおいて栄養をとる。その活動期と半睡眠状態期とはともに長い期間をおく。その呼吸は、あるときはそれとめだつが、ほとんど停止していることが多い。すなわち、その諸機能間には密接な結びつきがなく、たがいに孤立していても不都合はない。その理由は、蛇の機能的活動が哺乳動物のそれよりも小さいことである。その組織の消耗が僅少だから、酸素の必要も少ない。その消耗が小さいから、補充もあまり必要ではない。餌をおっかけたり、それをつかまえたりする運動も同様である。そのほかに、スペンサー氏は、無組織的な自然においても、同じ現象の事例があることを指摘している。「非常に複雑な機械の諸部分が、うまくかみあっていないか、あるいは磨滅してゆるみのきてしまっている状態をみてほしい。それがまさに止まろうとしている瞬間を検討してみてほしい。すると、それがまさに休止しようとする瞬間、機械の動きにある不規則さがみられよう。最初に、ある部分が停止しても、他の部分の動きがつづいているから、再び動きはじめる。その際、こんどは、この後者自体が、すでに動きを停止してしまった他の諸部分の動きを再び活発にする原因となる。いいかえれば、機械のリズミカルな動きが速いときには、これらの動きが相互に及ぼす作用と反作用とは規則的であり、あらゆる動きがよく統合されている。だが、速度がおちてくると、それにつれて不規則さが生じ、その動きの統一がとれなくなってしまう[2]」。

　機能的活動の増大が連帯の増大をも決定するということは、有機体の諸機能がより継続的になるという条件においてのみ、より活動的になりうるということでもある。とくにひとつの機能だけをとってみよう。それは諸他の機能の協力がなければ何ひとつ生産できないわけだから、後者がより多く生産するばあいにのみ、この機能もまた多産的になりうる。

だが、ひるがえって諸他の機能の能率も、この機能の能率が新しい衝撃をうけてさらに一段と高まるばあいにおいてのみ、上昇しうる。一機能における活動の全増加分は、それと連帯的な諸機能におけるそれと対応した増加分を含むことによって、新しい増加分を含むことになる。この増加分は、この一機能がより継続的になることによってのみ可能である。のみならず、もちろん右の衝撃が無限におこるものではないから、再び均衡が確立されるときがくる。筋肉や神経がより活発に働くと、より豊富な栄養補給が必要になるだろうし、機能がより活発に動くようにという条件で、胃もこれを提供しよう。だが、そのためには、消化すべき栄養物をより多く受けとらなければならないから、さらに新たに神経あるいは筋肉エネルギーを消耗することによってしか得られないであろう。より大規模な工業生産はより大量の資本を機械という形で固定資本化する必要がある。しかし、こんどは、この資本が維持され、その損失を回復するためには、すなわちその資本利子を支払うためには、さらに大きな工業生産を必要とする。一機械の全部分を活動させる動きが非常に速いと、各部分が遅滞なく動くから、この機械は間断するところがない。いわば、全部分がたがいに誘引しあうのである。さらに、孤立した一機能だけでなく、同時に全機能がいっそう活動的になれば、各機能の持続性が、さらに増大するであろう。

その結果、諸機能はより連帯的でもあろう。じっさい、それらの機能はさらに連綿とつづく関係にあるから、たがいに持続的に相手を必要とする。だから、それらの機能は、よりいっそう相互依存関係を感じあう。大工業の体制下においては、企業家が労働者と一致して活動することを心得さえすれば、企業家は労働者に依存すること大である。というのは、ストライキは生産をとめるので、資本が維持されにくいからである。だが、労働者もまた、その欲求は労働とともに増大するから、そう簡単には休業できない。これと反対に、活動が不活発になるときには、欲求もさらに間断するようになる。諸機能を結合させる諸関係もそうである。諸機能はその連帯をときおり感ずるのみとなり、そのために連帯はいっそう弛緩する。

それゆえに、労働の供給がそうたいしたものでないばかりでなく、さらに不十分であるならば、連帯それ自体が不完全になるばかりでなく、大なり小なり完全に欠落するようになることは、当然である。こうしたことは、各労働者の活動が正常なばあいにあるべき水準以下に低下してしまうようにしかそれぞれの仕事が割りあてられていない企業におこる。そのばあいには、さまざまの機能が断続的にすぎて、たがいに正確にかみあわず、つねに一致して進むことが不可能である。そこにはっきりした不統一が生ずる理由は、まさにここにある。

けれども、分業がこういった仕方でおこなわれるためには、いくつかの例外的事情が必要である。正常なばあいには、機能的活動が増大すると同時に、それと同じ程度においてしか、分業は発展しない。じじつ、われわれをいっそう専門化するように強制する諸原因は、よりいっそう労働することを余儀なくさせる原因でもある。競争者の数が社会全体にわたって増加するときには、それぞれの個別的職業もまた数を増す。そうすると、そこでの闘争はさらに激烈となり、したがって、この闘争に耐えうるには、いっそうの努力が必要である。のみならず、分業はそれ自体によって、諸機能をより活発に、より持続的にする傾向がある。以前から、経済学者たちは、この現象の理由をつぎのように述べている。一、労働が分割されていないばあいには、たえず仕事を中断して、ある仕事から他の仕事へと移動しなければならない。分業はこの失われた全時間を節約する。カール・マルクスの表現によれば、労働日の間隙を短縮する。二、機能的活動は、熟練、つまりは分業が発達させる労働者の技能とともに増大する。躊躇や試行錯誤についやされる時間は少なくなる。

　アメリカの社会学者ケアリー[*1]は、この分業の特質を非常にはっきりきわだたせている。すなわち、「孤立した植民の活動には持続性がない。生活資料は、自己の力で自分のものにするほかにないし、また広大な大地を渉猟しなければならないから、食糧が欠乏して死の危険におちこむことも一再ならずある。それに成功したときでも、食糧の探索を中止して、自分の食糧と、そのミゼラブルな住まいと、そして自分自身とをいっしょにするために必要な住地の変更をはからなければならない。そこにつくと、こんどはつぎからつぎと、料理したり、衣類を縫ったり……せざるをえない。人工的な灯火がないから、夜はまったく使いものにならないし、同時に、日中を生産的に使う力は、まったく天候しだいによる……。しかし、ついに、ひとりの隣人がいることを発見し[3]、彼らのあいだに交換がはじまる。だが、両者ともこの島の別々の部分を占めているので、彼らはちょうど麦をひく石臼のように、まさしく接近しなければならないことを発見する……。さらに、彼らが会ったばあいでもたがいに分かちあおうと思うさまざまな必需物資の提供が不揃いであるために、取引条件をきめるにもいろいろと困難がある。漁師は幸運にめぐまれてたくさんの魚がとれたが、猟師もたまたま魚を得る機会があって、いまは果物しかほしくないところである。しかし、漁師は果物をもってはいない。――知ってのとおり、結合のためには差異が不可欠であるから、ここでは、この条件の欠如が、結合のためにのりこえがたい障害となる。……しかしながら、時とともに、富と人口が成長し、この成長とともに、社会においても活動の増大が出現する。――いまや、夫は妻とのあいだに用役を交換し、両親は子どもと、子どもたちはまた子どもたちどうしで用役を交換しあう――、ひとりは魚を、二番目の者は肉を、三番目の者は穀物を用意する。他方、四番目は羊毛を布にする……。一歩ごとに、われわれは人間の側における力の増加と活動の速さの増大を目のあたりにみる」(4)。

のみならず、労働がますます分割されるにしたがって、その継続性がますことも、事実として観察できる。動物や未開人は、ある欲求を直接満たす必要に迫られたときに働きはするが、まことに気まぐれである。社会がもっぱら農業と牧畜とに依存していたばあいには、天候の悪い季節のあいだは、その労働がほとんどまったく中断されていた。ローマでは、たくさんの祭や忌日で労働が中断された(5)。中世では、祝祭日などによる休業がもっとふえている(6)。にもかかわらず、人が進歩するにつれて、労働は永続的な仕事となり、習慣となり、この習慣が十分に固まってくると、それは欲求にさえもなる。だが、もし労働が往時のように不規則かつ断続的であったならば、このような習慣はそもそも構成されなかったろうし、それに対応する欲求も生まれえなかったであろう。

このようにして、われわれは分業を社会的凝集の源泉とする新しい理由を認めるにいたる。これまで述べてきたように、分業は、各個人の活動を制限するから、彼らを連帯的ならしめるばかりではなく、さらにこれらの活動を増加させるからでもある。分業は、有機体の生命を増大させること、そのことによってのみ、有機体の統一を増大させる。少なくとも正常な状態において、分業は、これらの効果の一方を、他方の効果なしに生ずることはない。

原注

（1）Spencer, *Principes de biologie*, II, p. 131.
（2）*Op. cit.*, p. 131.
（3）もちろん、これは事態を説明するひとつのやり方にすぎない。この事態は、歴史的にそういうふうにはおこっていない。人間は、ある良き日に隣人がいることを発見したわけではない。
（4）*Science sociale*, trad. franç., I, pp. 229–231.
（5）Marquardt, *Römische Staatsverwaltung*, III, p. 545 以下をみよ。
（6）Levasseur, *Les classes ouvrières en France jusqu'à la Révolution*, I, pp. 474 et 475 をみよ。

訳注

＊1　ケアリー――Henry Charles Carey. 一七九三―一八七九年。経済学者、社会学者。アメリカよりヨーロッパで高名であった。自然と社会とを一貫する法則定立を社会科学の任務とみ、進化論に基礎をおいて分業を説く。

結論

I

いまや、われわれは本書の冒頭で提起しておいた実践的課題を解決することができる。まぎれもなく道徳的性格をもった行動準則があるとすれば、われわれ自身のうちに集合類型の本質的特性を実現すべしと命ずる行動準則こそが、それである。この準則が厳密さの極に達するのは、低級諸民族においてである。そこでは、第一の義務といえばみんなに似るということであり、信念にかんしても、行動にかんしても、私的なものはいささかももたないことである。もっと進んだ社会では、要求される類似の数は少ない。しかし、すでにみてきたように、それでもなお、若干の類似については、それが欠如していると、われわれを道徳的欠陥の状態におくというようなばあいがある。もちろん、さまざまな犯罪の範疇の数も少なくなった。しかし、かつてと同じように、こんにちでも犯罪者が非難の的であるとすれば、それは、彼がわれわれと同類ではないからである。同様に、犯罪というほどでないにしても、たんなる不道徳な行為や不道徳として禁じられている行為も、それほど深刻ではないが、しかしやはり重大な非類似をあらわす行為である。のみならず、共同道徳が人間にたいして、言葉のまったき意味での人間であることを命ずるとき、すなわち、人間的意識をつくりあげているいっさいの観念、いっさいの感情をもつべしと命ずるとき、言葉づかいはやや違っていても、この共同道徳の表明する準則は、やはり右の性格をもった準則ではないだろうか。もちろん、この共同道徳の定式化を文字どおりにとれば、それがかくあるべしとする人間とは、人間一般ではあっても、特定の社会種に属する人間ではなかろう。だが、現実には、われわれがみずからにおいて全面的に実現しなければならぬこの人間的意識とは、われわれが所属する集団の集合意識そのものにほかならない。というのも、この集合意識がわれわれのもっとも執着する観念や感情から成りたっているのでないとすると、いったいそれは何から構成されるというのであろうか。われわれの範とする諸特性が、われわれのうちに、われわれの周囲に存在しないとすれば、それをどこに求めればよいのであろうか。この集合的理想が全人類の理想であると思いこむのは、それがきわめて抽象的一般的になってきて、あらゆる人間に彼我の別なく適合するようにみえるからである。けれども、じっさいには、各民族はその自称する人間類型について、自分たち独自の気質にもとづく特有の概念をつくりあげている。各民族は、この人間類型なるものを自己の姿に似せて構想するのである。思弁の力によって周囲の諸観念の影響からまぬがれることができると思っているモラリストでも、そうはいかないのである。なぜなら、彼にもこれらの観念が滲みとおっているからであり、彼が何をしようと、自分で演繹してみたあとで再びみいだすものは、やはりこれらの観念だからである。各国民がその国民性と結びついた自己流の道徳哲学をもつのは、このゆえである。

他方、この準則の機能は、共同意識が、したがってまた社会的連帯が危機に瀕しないように予防すること、この役割を果たしうるのはこの準則が道徳性格をもつかぎりにおいてであること、をわれわれは指摘してきた。もっとも根本的な集合感情にたいする侵害が許されるようなことがあれば、社会は解体してしまうであろう。このような侵害にたいしては、道徳的準則に結びついたあの強烈な特有の反作用の手をかりてたたかわなければならない。

ところが、われわれに専門化せよと命ずるこれとは反対の準則も、まったく同じ機能をもつ。この準則もまた、少なくとも社会進化のある時期以後は、社会の凝集にとって必要である。もちろん、この準則が保障する連帯は、上記の連帯とは異なる。だが、それは別個のものだとしても、欠くべからざるものであることには変わりない。高級社会は、労働が分割されてのみその均衡を維持することができる。類似者が類似者をよぶという力は、しだいにこの均衡維持という効果を生む力を失ってくるのである。だから、これらの準則の前者の道徳的性格がその役割を果たすうえで必要であったとすれば、後者にとっても、やはりそれは必要である。これらの準則は、双方とも同じ社会的要求に応えるものであって、ただ社会の存在条件それ自体が異なるから、それぞれ違ったやり方でそれに応えるだけである。したがって、われわれは、一方の道徳的価値を他方の道徳的価値から帰納することができるのであって、倫理学の根本基底などについて思弁をこらす必要はないのである。ある見地からみると、両者のあいだに真の対立があるばあいがある。しかし、それは両者が異なった目標に仕えるからではない。逆に、めざす目的は同じなのであって、ただそのとる途が正反対だからである。したがって、双方のどちらかを決定的に選択する必要もなければ、一方の名において他方を非難する必要もない。必要なことは、そのそれぞれに、歴史の各段階において、それにみあった位置づけをすることである。

おそらく、われわれはさらに一般化することもできるであろう。

われわれの主題がかかえている必要性から、われわれはじっさいに道徳的諸準則を分類し、その主要な種類を吟味しなければならなかった。こうして、これらの準則の外在的指標だけでなく、そのすべてに共通し、それらを定義するのに役だつ内在的特性を、当初よりもはるかによく認知し、少なくともこれを推論することができる。われわれはこれらの道徳的準則を二種類にわけてきた。ひとつは、拡散的であれ、組織的であれ、抑止的制裁を伴う準則であり、他は復原的制裁を伴う準則である。すでに述べてきたように、前者は類似性から由来する独自の連帯をあらわすものであり、この連帯に機械的という名を与えてきた。後者は、消極的連帯[1]および有機的連帯の諸条件をあらわすものである。それゆえ、われわれが一般的にいうとすれば、道徳的準則の特質こそは、社会的連帯の基本的諸条件を表明するものである。法および道徳は、まさにわれわれを相互に結びつけ、われわれを社会に結びつけ、マスとしての多数の個人を一個の凝集的集合体たらしめる諸紐帯の全体なのである。道徳とは、連帯の源泉であるものすべて、人間をして他者を尊重すべきことを強制するもののすべて、みずからの労働を自己のエゴイスティックな衝動とは別のものにもとづいて律すべしと要請するもののすべてである、ということができる。そして、これらの紐帯がその数を増し、その力を増すにつれて、この道徳性はいよいよ堅固なものとなる。こうみてくると、よくいわれてきたように道徳性を自由で定義することが、いかに不正確であるかがわかろう。むしろ、道徳性は依存状態のうちにこそある。道徳性が個人を自由にし、彼をとりまく環境から解放するのに役だつどころか、逆に、その本質的機能は個人を一全体の構成部分とすること、したがってまた、個人の活動の自由からあるものを奪いとることである。たしかに、高貴でなくはない魂のもち主でありながら、この依存という考え方に堪えられないという人物にであうことが、ままある。しかし、それは、こういった人びとが、彼らに固有の道徳性が由来する源泉があまりに深いために、それを認識できないでいるからである。意識というものは、存在の根底におこっていることがらについてはその判断を誤るものである。意識が、そこまで透徹しえないからである。

したがって、社会とは、しばしばそう信じられてきたように、道徳とは無縁の事象、あるいは道徳に二次的な反響しか与えない事象なのではない。反対に、社会は道徳の必要条件なのである。社会は、諸個人のたんなる並存状態であって、そこに入ろうとする個人がそれぞれ固有の内在的道徳をもちこんでくる、というようなものではない。人間は社会に生きているからこそ道徳的存在であるにすぎないのである。道徳性は集団と連帯的であることにおいてあり、この連帯の変化につれて変化するからである。いっさいの社会生活を消滅させてみよう。すると、道徳生活も何を目標にしてよいのかわからないので、同時に消滅してしまうであろう。一八世紀の哲学者たちが考えた「自然状態《レタ・ド・ナチュール》」は、不道徳ではないまでも、少なくとも無道徳〔amoral〕である。ルソー自身がこのことをよく知っていた。しかし、だからといってわれわれは、道徳を社会的利益の関数としてあらわす公式にたちもどろうとは思わない。むろん、社会はその構成部分が連帯的でなければ存在しえない。だが、連帯は社会の存在諸条件のひとつたるのみである。そこには、連帯に劣らず必要な他の諸条件、しかも道徳的でない諸条件がある。加えて道徳を構成する諸紐帯の網状組織のうちには、それ自体では有用でない紐帯、あるいは有用性の程度いかんとは無関係な力をもつ紐帯が存在することもある。だから、有用《ユティル》という観念は、われわれの定義においては本質的要素たりえないのである。

　個人的道徳とよばれているものにかんしてはどうであろうか。もし個人的道徳ということを、個人が主体であると同時に客体であるような諸義務の総体、個人が自己自身にのみかかわり、したがって、個人がひとりであるときにも生きつづけているような諸義務の総体と理解するならば、これは実在において何ひとつ対応するもののない一個の抽象概念である。道徳は、それがどのような段階のものであろうと社会状態のうちにおいてしかけっして存在しなかったし、社会的諸条件によってしか変化しなかったものである。だから、社会が存在しなかったら道徳はどうなるだろうかと問うことは、事実からでてしまって、根拠のない仮説、検証のしようのない空想の領域に入りこむことである。個人のみずからにたいする義務とは、現実には社会にたいする義務である。これらの義務は侵すことを許さぬ若干の集合感情に対応する。そのばあい、侵害された者と加害者とが同一人物であっても別の人物であってもかまわない。現代の例でいえば、すべての健康な意識のうちには人間の尊厳性にたいするいきいきとした尊敬の念がある。われわれは自己自身との関係においても、他者との関係においても、同じようにわれわれの行為をこの感情にたいして合致させなければならない。ここにこそ個人的とよばれる道徳のまったき本質がある。これに違反する行為はすべて非難される。その違反行為の主体と被害者とが同一人物であってもそうである。カント的な定式でいえば、人間的人格が存在するところではどこにおいても、すなわちわれわれ自身においても、われわれの同胞においても、この人格を尊重しなければならぬということになるが、その理由はまさにここにある。というのは、このいずれのばあいにも、人格を対象とする感情が同じように傷つけられるからである。

ところで、分業は、われわれがまさにそれによって道徳性を定義づけてきたあの特性を示しているばかりでなく、それはしだいに社会的連帯の本質的条件になろうとしている。進化がすすむにつれて、個人を家族に、故国に、過去から遺贈された伝統に、集団の集合的慣習に結びつける紐帯はゆるんでくる。個人がますます流動的になるにつれて、彼は環境を簡単に変えてしまい、自己の環境を棄て、よそにでていってもっと自律的な生活を送り、さらにいっそう自己の観念、自己の感情をつくりだすようになる。だからといって、むろん、いっさいの共同意識が消滅してしまうわけではない。少なくとも、いま述べてきたあの人格と個人の尊厳性への畏敬はつねに残るであろうし、こんにち以降、これこそが多くの人びとの集合する唯一の核心となる。けれども、社会生活のたえざる膨脹と、その反響としての個人意識の膨脹とを思うならば、この共同意識はことのほか微々たるものにすぎない。なぜなら、個人意識の数はいよいよ多く、知性はますます豊かに、その活動はいよいよ多様となるので、あの道徳性が不変のままであるためには、すなわち、個人がたんにかつての力と同じだけの力で集団に固定されたままでいるためには、個人を集団につなぎとめておく諸紐帯はいよいよ強く、いよいよ多数とならなければならぬはずだからである。だから、類似から生ずる紐帯とは別の紐帯が形成されないかぎり、環節的類型が消失することは道徳性の規則正しい低下を伴うことになろう。そうなれば、人間はもはや十分な抑制がきかなくなるだろうし、彼のエゴイスムを抑え、彼を道徳的存在たらしめるあの社会からの有益な圧迫を、自己の身のまわりや上に、もはや十分には感じなくなるであろう。ここにこそ、分業をして道徳的価値たらしめるものがある。分業によってこそ、個人が社会にたいする自己の依存状態を再び意識するからであり、分業からこそ個人を抑制し服従させる力が生ずるからである。要するに、分業が社会的連帯の卓越した源泉となるのであるから、それと同時に、分業は道徳的秩序の根底ともなるのである。

それゆえに、高級社会においては、文字どおり、義務とはわれわれの活動面を拡大することではなく、それを集中化し、専門化することである、といってよい。われわれは自己の地平を限定し、一定の仕事を選び、それに全責任を負わなければならないのであって、自己の存在を申し分のない完璧な一種の芸術品とし、その全価値を、それが果たす用役からではなく、みずからの存在そのものからひきだすことのないようにしなければならない。さいごに、社会がもっと高級な種に属するのであれば、それだけますますこの専門化が推進されなければならないのであって、他の限界をそこに設定することは不可能であろう。(2) もちろん、われわれもまた、集合類型が存在するかぎり、それをわれわれのうちに実現するように努める必要がある。共同感情、共同観念はやはり存在するのだし、いわれるように、それがないと人間は存在しえない。こうして、われわれに専門化すべしと命ずる準則は、その反対の準則によってなお限定されているのである。われわれの結論は、専門化をできるだけ遠くへまでおしすすめればそれでいいというのではない。必要なかぎり推進するのが望ましいということである。この対立する二つの必要性がわかちもつ役割については、経験によって決定されるべきであって、ア・プリオリに予測されるべきではない。後者の準則が前者の準則と別のものではないこと、それ自体もまた道徳的であること、さらには、いま問題としてきた義務の一般的属性だけでは個人を社会化することがますます不十分になるだけだから、この専門化という義務がたえず重要さと緊急度を加えてゆくこと、以上のことを指摘しただけで十分である。

だから、ディレッタントにたいしても、もっぱら一般教養にだけ熱中して職業的組織の網の目にすっぽりはまりきることを拒否する人物にたいしても、公共的感情がつねにきわだった疎遠さを感じていることはいわれのないことではない。じじつこういう人びとは社会に十分執着していないからであり、あるいは社会が彼らを十分に把握していないからだといってもよい。彼らは社会からまぬがれているのである。それに彼らは、あきらかに社会を必要なほどの生気と持続力とをもって感じとってはいないから、彼らにその社会的存在条件を強制するいっさいの義務に気がつかないのである。彼らの愛着する一般的理想は、われわれがすでに述べてきた理由からして、形式的であり浮動的であるので、それが彼らを自己自身の外へ遠くひきだしてやるようなことはできないのである。人がはっきりした目標をもたないばあいは、執着してみたところでたいしたことはないし、したがってまた、多少あかぬけのしたエゴイズムの域をこえでるものではありえない。これと反対に、一定の仕事に専心している人たち(3)は、職業道徳の無数の義務をとおして、共同の連帯感をたえずよびさまされるのである。

2

けれども、分業というものは、われわれ各人を不完全な存在たらしめ、個人的人格の品位を落とすことにならないだろうか。これが、分業にたいしてよくあびせられる非難である。

まず第一に、深く発達するよりも広く発達するほうが、なぜ人間性の論理に適合しているのか、その理由を知ることはむつかしいということに注目しておきたい。広いけれども分散した活動が、なぜ集中してはいるが限られた活動よりも高級なのであろうか。より専門的ではあるがそれだけ強い生を生きることよりも、完全で凡庸であるほうがより尊厳であるというのは、いったいなぜであろうか。ことに、われわれに欠けているもの、われわれを補完するものをもつ諸他の存在とわれわれが結合して、それによってわれわれの失ったものを再発見できるとすれば、なおのことそういう疑問がでないだろうか。人間は人間性〔人間的自然〕を実現すべきであり、アリストテレスのいう「天性のわざ《オイケイオン・エルゴーン》」を成就すべきだという原理から人は出発する。だが、人間性は歴史のさまざまな時代を貫いて不変のままであるのではない。社会とともに変わるものである。低級民族においては、人間本来の行為はその同胞に似ることであり、また、こんにちにくらべて、当時はよりいっそう人間類型と混同されていた集合類型のあらゆる特性をみずからのうちに実現することである。ところが、より発展した社会では、人間性は、その大半がその社会の一器官たることであり、したがって、彼の本来の行為もその器官としての役割を果たすことである。

それればかりではない。個人的人格は専門化の進歩によって傷つくどころか、かえって分業とともに発展する。

じっさい、一個の人格をもった人間であるということは、行為の自律的源泉だということとである。だから、人間には、みずからに属し、みずからだけに属しているあるもの、およびみずからを個性化するあるもの、があるかぎりにおいてのみ、この資質を獲得する。そのばあい、人間は、自己の種属、自己の集団の種属類型のたんなる化身以上のものである。どんなばあいでも、人間は自由意志を与えられており、人間の人格を基礎づけるのにはそれで足りるといわれるかもしれない。だが、多くの論議の的となったこの自由とはなんであるにせよ、諸個人の具体的、経験的、可変的人格にとって唯一の基底たりうるのは、自由意志というような形而上学的、非人格的、不変的属性ではない。具体的人格は、あい反する二途のいずれかをまったく抽象的に選択する力によって構成されうるものではない。さらに、この自律的な能力が行為主体に固有の内発的目的と動機にたいしてはたらきかけなければならない。いいかえれば、行為主体の意識の内容そのものが人格的特性をもたなければならないのである。ところが、本書第二編でみたように、このような結果は、分業そのものが進歩するにつれて漸進的に生ずるものである。環節的類型の消滅は、もっと大規模な専門化を必然的にすると同時に、個人意識を包みこんでいる社会的環境と、それを支えている有機的環境とから、個人意識を部分的に解放する。この二重の解放の結果、個人はいっそう彼固有の行動の独立要因となる。分業そのものも、この解放に貢献する。なぜなら、個人の本性は、専門化されることによっていっそう複雑になるし、またそのこと自体によって、単純で一般的な事物のうえにしか影響を及ぼしえない集合的作用や遺伝の影響力を部分的にまぬがれるからである。

したがって、これまでには、分業が滲透していなかったほうが人格の完成度が高かったと思われてきたことがよくあったけれども、これはまったく幻想の産物である。もちろん、そのとき諸個人が就いている多様な職業を外側からみれば、個人はより自由に、より完全に発展しているとみえるかもしれない。だが、現実には、個人がみせてくれるこの活動は、個人自身のものではない。個人のうちで、個人をとおして行為しているのは社会であり、種属である。個人は社会や種属が実現される媒体にすぎない。彼の自由はみせかけにすぎず、彼の人格は借りものである。こういった社会での生活は、ある点ではあまり規制的ではないので、独創的な才能がもっと容易にあらわれ、各人が独自の好みを追求することがいっそう容易であり、自由な空想にひろびろとした余地が残されている、と想像されやすい。けれども、こういう想像がされるのは、当時、個人的な感情がいたって稀薄であったということを忘れているからである。行動を支配する動機がこんにちと同じ周期性をもってかえってくるものではないにしても、これらの動機が集合的であり、したがって非人格的であることに変わりはない。それはこれらの動機がよびおこした諸行為についても同じである。他方、活動がより専門的になるにつれて、この活動がどれほど豊かになり強くなるかは、すでに指摘しておいたところである(4)。

こうして、個人の人格の進歩と分業の進歩とは、唯一の同じ原因にもとづくのである。したがって、一方を欲すれば必ず他方を欲せざるをえない。そうして、こんにちでは、われわれに一個の人格であれと命じ、いよいよますます人格たるべきことを命ずる準則が、義務的特質をもつことに異論をさしはさむものはだれひとりとしていないのである。

さいごに、分業がどの点でわれわれの全道徳生活につながりがあるかを考察しておきたい。

人類愛の理想がついには事実において実現されるであろうということは、人間が久しく抱きつづけてきた夢であった。もはや戦争が国際関係の理法ではないような状態、社会間の関係が個人間のそれのように平和裡に規制されるような状態、すべての人間が同じ事業にむかって力をあわせ、同じ生活を生きうるような状態を成就するように、人びとは祈ってきた。この人類愛の熱望は、われわれが構成部分となっている特定社会を目標とする熱望によって一部分は相殺されてきたとはいっても、やはりきわめて強いことに変わりがないし、ますます強烈になってゆく。ところが、この熱望は、あらゆる人間が同一の社会を形成し、同じ法に服してのみ、はじめて満たすことが可能である。なぜなら、諸個人を包含する社会の規制作用によってのみ私闘が抑制されるように、社会間の闘争は、他のすべての社会をその内部に含む一社会の規制作用によってのみ抑制されうる。個人のエゴイズムを緩和する役にたつ唯一の力は、集団の力である。集団のエゴイスムを緩和するのに役だつたったひとつの力は、諸集団を含むもうひとつ別の集団の力である。

実のところ、このようないい方で問題を提起すると、この理想の完全な実現がまさに目前にあるかのようであるが、そうではないことをよく知っておかなければならぬ。というのも、この地上に共存するさまざまの社会類型のあいだには、知的道徳的差異が多様にすぎるので、同じ社会のなかでも同胞愛を実現することが不可能にちかいからである。しかし、可能なことといえば、せめて同一種のいくつかの社会がひとつに集合することであり、われわれの進化の方向は、まさにこの方向をとっているようにみえる。すでに指摘しておいたように、ヨーロッパ諸民族のうえに、自発的な運動によってひとつのヨーロッパ社会がつくられようとしており、このヨーロッパ社会は、今後とも何ほどかの自覚の意識をもち、組織化の端緒をもっている。[5]唯一の人類社会の形成ということは永久に不可能だとしても、それはまだ証明されてはおらず、[6]少なくともたえず大規模になってゆく社会を形成しようとすることが、われわれを際限なくこの目的に近づけしめている。のみならず、これらの事実は、われわれが道徳性に与えてきた定義と少しも矛盾するものではない。なぜなら、われわれが人類に愛着し、また愛着しなければならぬ理由は、人類がこのようにして実現されつつある一個の社会であり、われわれがこの社会に連帯的だからである。[7]

ところで、われわれは、分業が発達しないと、より大規模な社会が形成されえないことを知っている。というのは、これらの社会は、諸機能がさらに一段と専門化しなければその均衡を維持しえないからという理由ばかりでなく、また、競争者たちの数の上昇が、この均衡維持という結果を機械的に創出するに足りるからでもある。容積の増加は、一般に密度の増加を伴わずにおかないから、なおのことそうである。それゆえに、以下の命題を定式化できる。すなわち、人類愛の理想は、分業が進歩するかぎりにおいてのみ実現されうる、と。ついで、つぎのいずれかを選ばなければならぬ。もしわれわれの活動をこれ以上に限定することを拒否するならば、われわれの夢を断念するか、あるいは、われわれがいま指摘してきたような条件のもとに、この夢の完成を追求するか、である。

3

けれども、分業が連帯をつくりだすとすれば、あの経済学者たちがいっているように、分業はただ各個人を「交換者《エシャンジスト》」とするからばかりではない(8)。分業が人間たちのあいだに、持続的にたがいを結合させる権利と義務のまったき一体系を創出するからである。社会的類似が、それを擁護する法と道徳を生みだすのと同様に、分業は、さまざまの機能の平和で規則的な協同を保証する諸準則を生みだす。経済学者たちが、分業はどのような様式でおこなわれようとも、十分な連帯を生みだすだろうと信じてきたのは、したがってまた、人間社会は純粋に経済的結合に帰着するだろうし、またそうなるべきだと主張してきたのは、彼らが、分業は個人的な利害、一時的な利害にしか影響を与えないと信じてきたからである。したがって、闘争しあっている諸利害と、それらが均衡を保つべき様式とを評価するには、すなわち、交換がおこなわれるべき諸条件を決定するには、個人だけがその資格をもつ、とする。また、これらの利害は永遠の生成過程にあるから、規制が永久におこなわれる余地はない、とする。けれども、こうした着想は、どの点からみても事実に適合しない。分業は諸個人を対峙させるものではない。社会的諸機能を対峙させるのである。ところで、社会はこれらの機能のはたらきに関心をよせる。というのは、諸機能が規則的に協同するかそうでないかによって、社会は健全にもなれば病的にもなるからである。だから、社会の存在は、この社会的諸機能に依存しているのであって、諸機能の分割が進むほどいよいよその依存は緊密となる。こうした理由から、社会はその諸機能を未確定の状態のままにしておくことができないのである。のみならず、社会的諸機能はそれ自体でみずからを確定もする。こうして、右の諸準則が形成されるのであって、その数は労働が分割されるにつれて、ますます増大するし、それが欠落すると、有機的連帯は不可能となるか、あるいは不完全となる。

しかし、諸準則があるというだけでは足りない。さらに、それらが正当なものでなければならず、そのためには、競争の外在的条件が平等でなければならぬ。他方からすると、集合意識がやがてますます個人崇拝に帰着してゆくことを想起すれば、あの環節的社会の道徳にくらべて、組織的社会の道徳を特徴づけるものは、より人間的なもの、それゆえにより合理的なものをもつということがわかってくるであろう。組織的社会の道徳は、われわれに直接かかわりのない目的にわれわれの活動をふりむけるようなことはしない。この道徳は、われわれを、人間の利害を顧慮せず、自分独自の途を勝手にたどる観念的な力、われわれとはまったく別性質の力の下僕にしてしまうものではない。それは、ただ、われわれの同類にたいしては優しく、公正であり、みずからの仕事をよく果たし、各人がもっともよく果たしうる職業について働き、その努力にたいして正当な報酬を受けとることを、われわれに要求するだけである。この道徳を構成する諸準則は、自由な検討を抑えつけてしまうような強制力はもたない。かえって、これらの準則は、ことさらわれわれのために、またある意味では、われわれによってつくられたものであるから、それらにたいしてわれわれわれはいっそう自由である。われわれは、それらを理解しようとはするが、それらを変えることをあまり恐れない。のみならず、このような理想は、あまりに世俗的にすぎ、われわれに身近すぎるという理屈をつけて、不十分なものとみることは慎まなければならない。理想というものは、超越的だから高潔だというものではない。われわれにもっと広大な展望を与えてくれるから高潔なのである。大事なことは、理想がわれわれの頭上はるかに高く、われわれには無縁のものとなるほど高く飛翔するということではない。われわれの活動にとって、十分に長い途を開くことである。だが、この道程はその実現が目前にせまっているといったものではない。それどころか、各人がその真価を発揮しうる場をもち、その真価にみあった報酬を受け、したがってすべての人が全体と各人の善のために自発的に協力しあうような社会を建設することが、どんなに骨の折れる仕事であるかを、われわれは恐ろしいほど知りすぎている。同じように、ある道徳が、より冷淡に、より権威的に命令するからといって、さらにまたいっそうの熟慮反省を必要としないからといって、他の道徳よりもすぐれているというものではない。もちろん、道徳は、われわれをわれわれ以外の別のものに結びつけなければならぬ。だが、われわれを身動きならないまでに束縛する必要をもっていない。

道徳——これはたんに教養としてだけでなく現実の習俗としても理解されるべきである——は、恐るべき危機に逢着しているといった人があるが、(9)これは正しい。これまでに述べてきたところによって、われわれはこの病的状態の性質と諸原因を理解することができる。われわれの社会構造のうちには、深刻な変動が生じている。それもごく短時日のうちにである。われわれの社会は、歴史上かつて先例をみない速さと広がりとをもって、環節的類型から解放されてきている。その結果、この環節的類型に対応する道徳は退行してきたが、それがわれわれの意識のなかに空白のまま残していった領域は、他の道徳が急速に発達してそれを埋めあわせるまでにいたっていない。われわれの信仰はゆらいできた。伝統はその支配力を失い、個人的判断力は集合的判断力から解放されてきた。だが、他方、この動乱の過程でバラバラになった機能は、相互に調整しあうゆとりもなく、突如としてあらわれた新しい生活は、完全に組織化されるまでにいたっていない。ことに、この新しい生活は、われわれの心に燃えさかりめざめた正義への希求を満たすまでに組織化されてはいない。事態がかくのごときだとすれば、社会状態のこんにち的な諸条件にもはや応えきれず、人為的な生命と外見だけの生命を生きているのにすぎない伝統や慣行を、どうあっても蘇生させようとすることが悪の救済策ではないのである。必要なことは、この無規制《アノミー》状態をとめることであり、まだバラバラのままの動きのなかでぶつかりあっているあの諸器官を調和的に協同させる手段を発見することであり、悪の根源であるあの外在的不平等をいよいよ減少させることによって、諸器官の諸関係のうちにより多くの正義を導入すること、これである。それゆえに、われわれの疾病は、たびたびそう思われてきたように、たんに知的世界のものではない。それは、はるかに深い原因に根ざしているのである。われわれが苦悩しているのは、これまでわれわれの実践してきた道徳をいかなる理論的観念で支えたらよいかがわからなくなったからではない。この道徳が、ある部分においては救いようもなく動揺しており、われわれに必要な道徳がまだほんの形成途上にすぎないからなのである。われわれの不安は、学者たちの批判が、われわれの義務について従来与えられてきた伝統的な説明を破壊しさったところからきているのではない。したがってまた、この不安を一掃しうるのは、新しい哲学体系でもない。その不安のよってきたるところは、これらの義務のあるものが、もはや事物の実在性に基礎をおいていないからであり、そこから頽廃が生じたからであり、この頽廃は新しい規律がうちたてられないかぎり、そしてまた強化されないかぎり、やむことがないだろうからである。要するに、われわれの第一の義務は、われわれ自身のためにひとつの道徳を現実につくることである。このような事業は、書斎の静寂のなかで即席にやれるようなものではない。この事業を必然的ならしめる内在的原因に押されて少しずつそれ自身で立ち上がるしかないのである。しかも反省のゆきとどいた思索が果たしうること、果たすべきことは、到達すべき目的をはっきり指定することである。われわれがしようと試みたことは、まさにこれである。

原注

（1）第一編第Ⅲ章2をみよ。

（2）しかしながら、おそらく、もうひとつ別の限界が存在しているであろう。だが、それはむしろ個人の保健にかんするものであるから、語る必要はない。われわれの有機＝心理的体質のために、分業がある限度をこえられないこと、それをこえると必ず無秩序が生まれることが主張されるかもしれない。この問題にはたちいらないが、ただ生物学的諸機能が極端な専門化に達すると、上記の仮説に不利かもしれないことを指摘しておこう。加えて、心理的、社会的機能の系列そのものにおいても、歴史的発展の結果、男性と女性とのあいだの分業が最終段階に達しなかったであろうか。女性側にいろいろな能力がすっかり失われてしまったり、男性側にもそういうことがなかったであろうか。これと同じ現象が、なぜ同性の諸個人のあいだで生じないのであろうか。もちろん、いつのばあいでも、有機体がこうした変化に適応するには時間が必要である。だが、いつかこの適応が不可能となる日がくるであろう理由については、考えられてはいないのである。

(3) われわれがいま確立してきた命題から推論できる実践的帰結のひとつは、教育学にかんするものである。人は、いつでも、教育については、あたかも人間の道徳的基礎が普遍性からつくられるかのように論じている。いまみてきたとおり、そんなことはまったくないのである。人間は社会有機体のうちで、ある専門的機能を果たすように運命づけられている。したがって、人間はあらかじめその器官としての役割を演ずることを学ばなければならない。なぜなら、そのためにこそ教育というものが必要なのであって、いわれるように、人間としての役割を学ぶこととまったく同じに、そのことが必要なのである。さらに、われわれは、子どもをある特定の仕事に向けて早計に育てあげるべきだというつもりはない。むしろ子どもに、はっきりした仕事と明確な前途を愛するように仕向けることが必要である。ところが、こうした好みは、一般の事物にたいする好みとまったく違ったものであり、同じ手段では自覚させることができないものである。

(4) 本書四四三ページ以下および五〇六ページをみよ。

(5) 四五七ページをみよ。

(6) 諸社会の知的道徳的多様性がどうしても維持されなければならぬということを示すものは、何もない。高級社会のたえざる膨脹は、その結果として、あまり進んでいない諸社会を吸収したり、消滅させたりして、いずれにせよ、この多様性を減ずる傾向がある。

(7) こうして、われわれがこの社会にたいしてもつ諸義務は、われわれを祖国につなぎとめる諸義務よりも優先するものではない。なぜなら、祖国は現実に実現されている唯一の社会であって、われわれがその部分をなす。だが、人間社会は、その実現がまだ保証されていない望ましきものなのである。

(8) この言葉は、ド・モリナリ氏〔Gustave de Molinari 一八一九—一九一二年。ベルギーの経済学者〕の言葉である。de Molinari, *La morale économique*, p. 248.

(9) Beaussire, *Les principes de la morale*, Introduction をみよ。

第一版序論　問題[*1]

分業がはじまったのは昨今のことではない。けれども諸社会がこの法則を意識しはじめたのは、ようやく一八世紀末のことである。それまでは、ほとんど知らぬままでこの法則を受けいれてきた。もちろん、古代からこのかた、多くの思想家たちが分業の重要性を認めてはいたが(1)、それを理論化しようとした最初の人はアダム・スミスである。のみならず、この言葉をつくったのも彼であって、やがて社会科学はこの言葉をずっとあとになって生物学に提供することになった。

こんにちでは、だれの目にも明らかなほどにこの現象は一般化されている。われわれは、近代産業の諸傾向についてもはや思いちがいをしたりなどはしない。それは、いよいよ強力なメカニズム、諸力と資本との巨大な集積をめざし、したがってまた、極度の分業にむかっている。さまざまの仕事が分割され専門化していくのは、ただたんに工場の内部においてばかりではなく、おのおのの工場それ自体が他の諸工場を前提とした専業なのである。アダム・スミスとスチュアート・ミルは、なお少なくとも、農業だけはこの原則の例外であってほしいとねがい、農業を小所有のさいごの隠れ家とみていた。たしかに、こういうことにかんしてはやたらに一般化しないように注意しなければならぬが、しかしこんにちでは、農業の主だった諸部門もしだいにこの一般的な動きにひきこまれてきていることを否定するのは、どうやらむつかしいようである。(2) さいごに、商業はといえば、これもそれ自体、いろいろなニュアンスの差をはらみつつも、諸企業（工業）がどこまでも多様化するあとを追い、それを反映しようと努めている。こうした分業の進化は、考えつめた末ではなく、いわば自生的に実現されているものである。ところが、一方経済学者たちは、その原因を探究し結果を評価するとき、この進化を非難しこれとたたかうどころか、かえってその必要性を公言してはばからない。彼らは、分業を人間社会の至上の法則とみ、進歩の条件とみているのだ。

だが、分業は経済の領域にのみ特有のものではない。社会の種々さまざまな領域にもその影響力がますます増してゆくのがみられる。すなわち、政治、行政、司法の諸機能は、いよいよ専門分化してきているし、芸術、科学の諸機能についても同様である。哲学だけが唯一の科学であった時代はすでに遠い。哲学は無数の専門的な学問に細分され、そのそれぞれが独自の対象、独自の方法、みずからの精神をもっている。まさに「半世紀をすぎるごとに、科学の諸分野でその名をとどめた人びとは、いよいよ専門人になってきている」(3)のである。

過去二世紀このかた、もっとも著名な学者たちがとりあつかってきた諸研究の本性をひろいだす段になって、ド・カンドル氏は、ライプニッツやニュートンの時代にあっては「ひとりの学者にたいしてほとんどいつも二つないし三つの肩書」を書かなければならなかったと述懐している。「たとえば、天文学者＝物理学者、数学者＝天文学者＝物理学者であるとか、そうでなければ哲学者や博物学者というように一般的な呼び名を使うほかはないとか、というようにである。さらにそれだけでもどうも十分ではない。というのは、数学者も博物学者も、ときには博識の人《エリュディ》であり、詩人であったからである。一八世紀の末においてさえ、たとえばヴォルフ、ハラー、シャルル・ボネというような人物が、科学と文学のさまざまの分野で注目すべき存在であったことを正確に示すためには数多くの名称が必要であった。だが、一九世紀になると、こういう困難さはもはやないか、あるいは少なくともきわめて稀になる」(4)。学者は、さまざまの異なった科学を同時に修めるということがなくなってしまったばかりでない。彼の研究が一科学の全領域をおおうということすらすでになくなっている。彼の研究領域は一系列の問題群に限られるか、あるいはただひとつの問題に限定されることさえある。同時に、かつてはほとんどつねに医者、聖職者、官吏、軍人といった、もっと収入の多い仕事と兼ねられていた科学の仕事は、しだいに自前でたってゆく。ド・カンドル氏は、いまもなお学者の仕事としては密着している研究と教育とが、遠からずはっきり分離することさえ、予見しているのだ。

　生物哲学で最近考えられていることは、分業のなかにはある一般性をもった事実があるということで、これはついにわれわれにも認められるようになったことだ。このことは、分業についてはじめて語ったあの経済学者たちの夢想だにしなかったところである。じっさい、周知のように、ヴォルフやベーア、ミルヌ－エドヴァールの業績以来、分業の法則は社会にたいすると同じように有機体にも適用されている。ある有機体は、それのもつ諸機能が専門化すればするほど動物の段階のなかでより高等な位置を占めるとさえいえるようになった。このような発見は、結果として、分業の作用する領域を並はずれて拡大してしまうと同時に、分業の起源を限りなく遠い過去に遡らしめることになった。というのは、この世界における生命の到来とほとんど同時期に分業がはじまることになるからである。もはや、それはたんに人間の知性と意志にその根源をもつ一社会制度であるというにとどまらない。分業は、一般生物学の一現象であって、有機的物質の本質的な諸属性のうちに分業発生の諸条件を探究しなければならぬものであろう。社会的な分業は、まさにこの一般的過程のある特殊な形態としてのみあらわれるのであり、諸社会は、この法則に服しながら、社会よりも以前に発生し、全生命界を同じ方向にひきこんでいるひとつの流れにそっているように思われる。

　このような事実は、あきらかにわれわれの道徳的体質に深い影響を及ぼさずにはおかない。なぜなら、人間の発達は、われわれがこの動きに身をまかすか、あるいはそれに抵抗するかによって、まったく異なった二つの方向をたどるだろうからだ。だが、そのとき、さしせまった課題が提起される。すなわち、この二つの方向のうち、そのどちらを望むべきなのか。われわれの義務は、完全無欠の存在、それ自体で自足しうる一全体となることを求めることにあるのか、あるいはまったく逆に、一全体の部分、一有機体の器官にとどまるべきなのか。一言でいえば、分業は自然の一法則であると同時に、人間行動のひとつの道徳的準則でありうるのか、もし分業がこの特質をもつとすれば、それは、どのような理由によって、どの程度においてそうなのか。だが、このような実践的課題がどんなに重要であるかをあらためて論証する必要はない。その理由は、分業についてどのような判断がとられようとも、現に分業が社会秩序の根本的な基礎のひとつであり、また、ますますそれが動かしがたくなってゆくということを、すべてのひとが十分に感じとっているからである。

けれども、この問題を解決するために、どういう手順があるだろうか。

I

通常、ある行為規定が道徳的であるか否かを知るためには、前もって確立された道徳性の一般公式をそれに対比して、それがこの公式から演繹されうるか、またはそれと矛盾するかによって、この行為規定に道徳的価値が認められるか、あるいは拒否されるかする。われわれは、このような方法をとるつもりはない。というのは、この方法が以上のような結果を与えうるためには、基準として役だつべき右の公式が、異論の余地のないひとつの科学的真理でなければならぬからである。ところが、各道徳学者はそれぞれ自前の公式をもっている。しかもこうした諸学説は、その多様性そのものが、すでにこれらの公式の客観的価値を疑わしめるに足るばかりでなく、われわれがのちに示すように、こうしてつぎつぎと提示されてきたすべての公式はまちがいだらけなのである。だから、それをもっと厳密にしようとして、ひとつの科学全体が即席につくられたりしてはならないことが肝心なのだ。

じじつ、すべての道徳学者が暗黙のうちに、あるいは公然と認めているところによれば、このような公式は、それが表示する実在に適合するのでなければ、すなわち、それがまぎれもなく道徳的性質をそなえたいっさいの事実を説明できるのでなければ、これを容認しえないのである。観察や実験なしですましてしまう、あるいはすませることができると信じこんでいる道徳学者たちでさえも、じっさいには、彼らの結論をこの検証にしたがわしめざるをえないのだ。その結論の厳密さを論証し、反証を論駁しうるためには、ほかに方法がないからである。だから、ジャネ氏のつぎの言葉はまことに正当である。すなわち、「もし仔細にみるならば、義務にかんする諸理論においては、人がその論拠をある抽象的な原理よりも、人間の意識に、人間が義務についていだく生得的あるいは後天的な観念に、より多く訴えていることがわかろう……。そのことは、誤った道徳理論の諸体系を批判するばあいに、どの点からみても首肯できると思われる義務から、いつでもその例証をひきだし、またこの例証によって議論をひきだしてくることによってもわかろうというものである……。ところで、要するに、道徳理論の基礎として役にたつ諸事実とは、一般に容認されている義務である。あらゆる科学は事実のうえに基礎づけられなければならないのであり、少なくともそれを論じてきた人びとによって容認された義務である(5)」。ところが、道徳性の一般法則として与えられてきたあらゆる公式のうち、この検証に耐えうるものはひとつとしてない。

カントは、もちろん定義の明確さを欠いているものの、広く知られている義務、すなわち愛《シャリテ》の義務とよばれる義務の全体を、彼の定言命法から演繹しようと努めたが、これはむなしいことというほかはない。彼の議論は、要するに概念の遊戯にすぎないが、(6) つぎのように要約しうる。すなわち、われわれは、われわれの行為の格率が普遍化されうるばあいにのみ道徳的に行為するものである。したがって、われわれの同類がわれわれの援助を必要としているときに、これを断わることをもって道徳的とするためには、われわれは、利己主義的な格率をあらゆるばあいに例外なく適用される一法則としうるのでなければならぬ。ところが、その点ではこのような格率を一般化しようにも、必ずわれわれ自身に矛盾をきたしてしまう。というのは、じじつわれわれ自身が窮地に陥ったばあいには、こちらから援助を求めるのがふつうだからである。だから、愛は、利己主義が不合理であるからこそ人類の普遍的義務なのである、と。しかしながら、これにたいして、われわれはこう答えることができるだろう。こうしたことを不合理だといわしめるものは、ときおりわれわれのほうこそ助けてもらいたいと思う心と矛盾するからであって、利己主義と愛とは、たしかに矛盾しあうものである。だが、なぜ後者が前者にまさるとされなければならないのだろうか。疑いもなく、自己自身の首尾一貫性をつらぬくためには、決定的にこの二つの行動の一方を選ばなければならぬ。しかし、そこには一方を選んで他を棄てるべき根拠がない。そこで、この二律背反を解決するのにまったく異なった方式がある。徹頭徹尾利己主義的であることがそれであり、他者に適用する準則を自己自身に課し、他者に何ひとつ要求しないことをもって法則とすることである。そうすれば、愛だけが普遍的形態をとって、利己主義的格率がそうでないというようなことにはならないですむ。この格率の含んでいる結果のすべてをもって利己主義を実践しさえすれば、それでよい。このような厳格な論理は、どんなばあいでもみずからたのむところのある人、他者がその人を必要としないかぎりは、自己もまた他者をまったく必要とせずとする人にとっては、とりわけそうむつかしいことではあるまい。あるいは、そんな状態では人間社会が不可能になるといわれるかもしれない。しかし、それでは、カント的な命法と無関係な考察を介在せしめることになろう。

カントが他の文中で、(7) 別途に人格〔la personne humaine〕の概念から演繹することによって愛の義務を論証しようとしたことは、確かである。けれども、その論証はあまり確固たるものではなかった。カントにいわせると、人格を自己目的としてとりあつかうことは、たんに人格を消極的に尊敬することにとどまらず、さらに自己自身においてと同様、他者においてもできるかぎりそれを発展させることであるという。だが、こんな説明では、せいぜいわれわれの奢侈とか余剰とかをもってする低級な愛を説明するだけのことである。真の愛とは、まったく反対に、自己みずからの施与＝喜捨にこそある。その意味するところは、必然的に私が私の一身を、それをこえた目的に従わしめることである。私の望むところは、この目的が他者の人格であることなのだ。私が人間性を自己のうちにおいて卑しめ、それを手段の地位にまで低めるのでなければ、これを他者のうちにおいて高めることなどはできないということも、やはり真実である。それゆえに、このような行為においては、いっさいの積極的な道徳的価値は欠落するであろう。というのは、たといこれらの行為が一方では法則に合致するとしても、他方ではそれに背馳するからである。それに、これらの行為は例外的で稀有なものであるどころではない。すべての生活にみちみちている。そうでなくては、生活そのものが不可能だからだ。たとえば、夫婦結合では、配偶者どうしが、たがいに自己を完全に捧げあうことを予想するものではないか。その点、カントが婚姻を構成する諸準則を演繹する方法をみると、まことにみじめというほかはない。彼のみるところでは、夫婦の一方が他方のためには喜んで一個の手段となることに甘んずるようなこの犠牲的行為は、それ自体では不道徳的であって、(8)後者が前者に同じ犠牲、相互的な犠牲を払ってあがなうことによってのみ、この不道徳な性質をなくすことになる。こういう考え方からすれば、事物を修復するもの、道徳的均衡を確立するものは、まさに人格の物々交換だということになる。

完成説の道徳理論にとっても、こうした難点は失われていない。なるほど、この理論はなぜ個人が自己の存在をできるかぎり拡大しようとしなければならぬか、その理由を十分に納得させてくれる。だが、個人はなぜ他人のことを考えなければならぬのであろうか。

他者の完成などは、自己の独自の完成にとってはどうでもいいことである。もし個人が首尾一貫して自己自身にとどまるならば、もっとも一徹な道徳的エゴイスムを実践しなければならぬであろう。したがって、同情とか、家族の本能とか、愛国の感情とかをわれわれの自然的性向として数えあげ、この諸性向のうちでも最高のものとし、まさにそのゆえにこれらの性向を磨かねばならぬと主張するようなことは、そらぞらしいことである。このような考察から文字どおりに演繹されるような諸義務は、われわれをその同類に結びつける諸義務とは似ても似つかぬものである。なぜなら、この後者は、他者に役だつ義務にこそあるのであって、われわれの個人的な完成に役だたしめることにあるのではないからだ(9)。

こういう帰結を避けるために、この完成説を補完する原理、すなわち本質共有の原理〔le principe de la communauté d'essence〕とよばれるものによって調停しようと考えられた。ジャネ氏はこういっている。「よしんば人類というものを、諸個人を成員とする団体とみようとも、あるいは反対に観念的には同質の類似的な諸存在の総合体としてみようとも、いつのばあいでも必要なことは、人間共同体のうちに、諸部分のたんなる集合または並存、アトムの集まり、あるいは機械的な純粋に外在的な一個の集合体とはまったく別個のものを認識しなければならぬことである。人間のあいだにはひとつの内在的な紐帯、社会的な絆〔vinculum sociale〕がある。それは、愛情、同情、言語、市民社会などによってあらわされるものではあるが、それらのすべてよりもさらに深い、人間の本質のもっとも深いところにかくされている、そういう何ものかであるはずである……。人間は、なんとも言いあらわしようのない本質を共有することによって結ばれているものである。すなわち、他者をみることおのれをみるがごとくである」(10)。けれども、この連帯がどうあろうとも、またその性質、その起源がどうあろうとも、それはひとつの事実としてしか設定しえないものであり、その事実をもって義務とすることは、それだけでは不十分である。人間は自己が自己の所有物であってはならぬと結論しうるためには、現実に人間が自己を所有しないと指摘するだけでは足りない。もちろん、われわれはその隣人、その祖先、その過去と連帯的であり、われわれの信念、感情、行為の多くはわれわれ自身のものではなくて外部からくる。だが、このような依存関係を善だとする証拠は、いったいどこにあるのか。それを道徳的価値たらしめるものはなんであろうか。反対に、いったい、義務とは、われわれがそれから脱却しようとつとめるべき束縛ではないだろうか。なぜ義務は完全な解放には存しえないのであろうか。知ってのとおり、これは、ストア学派の主張であった。そして、以上の問にはこう答えられている。なるほど、このような企ては実現不可能であるが、さらにすすんで、できるかぎりこの企てを試み、率先して実行しなければならない。たといその成功がじっさいには不完全でしかないとしても、それを妨げないかぎりにおいてひたすらこの連帯に服するばかりである、と。けれども、この連帯がおそらく不可避的なものであろうということから、ただちにそれが道徳的だということにはならない。ことにこの結論は、個人の人格的完成を義務の原理とするばあいに強要されるようである。あるいは、こういわれるかもしれない。なんらかの理由によって、他者とは私自身であるから、私が他者のためにすることがらのいっさいに私が加わっているのだ、と。だが、私は、他者とけっして混同されない私自身の存在部分であることによって、やはりいっそう完全に私自身なのである。私に固有のものは、この内的領域だけである。だから、私がよりいっそう自己完成をとげるとすれば、それは私がこの領域に私の全努力をさらにいっそう集中するかぎりにおいてなのだ。かつて、功利主義者にたいしては、利害が同じだからといって利害の連帯ということを結論することはできぬはずだと非難されてきた。しかし、このことは自己完成の連帯ということについても同じくあてはまる。したがって選択をしなければならぬ。すなわち、もし私の第一義務が一個の人格たることにあるとすれば、私はおのれにおける非人格的なるものを最小限にまで減らさなければならない。

以上の諸学説の不十分さは、これまで問題にしてきたような、きわめて一般的な義務の説明ではなく、より特殊な諸準則、たとえば近親婚や同棲を禁ずる規定、相続権を決定する規定、あるいは孤児の親族に後見の役を課する規定などの説明を求めてみれば、いっそう明白となろう。道徳の格率が特殊的であり具体的であればあるほど、それによって規定される諸関係はより確定的であり、したがってまた、きわめて抽象的な概念にそれらを結びつける紐帯はますます認めがたくなる。また、何人かの論者は、その論理をとことんまでおし進めて、経験のうちにあらわれてくるような道徳生活の細部を、彼らの単純な公式のうちにくみ入れることを断念する。彼らにとって、具体的な道徳は抽象的な道徳理論の応用なのではない。その堕落なのである。具体的な道徳とは、道徳的法則に諸事実を調整するためにこの法則に加えられた変更の結果なのだ。それは、実践上の要求にあうように修正され、多少とも歪曲された理想である。別のいい方をすれば、彼らは、倫理学に二つの倫理学を認めているのだ。すなわち、そのひとつは唯一の真なるものであるが、定義によって実行不可能なものであり、他は実行は可能であるが、もっぱら半ば便宜的な調整によって、すなわち経験上の必要からは不可避的ではあるが遺憾な譲歩によって成りたつものである。後者は、一種の堕落した低級な道徳であって、われわれ自身の不完全さのゆえにそれで満足しなければならないが、少しばかり高尚な心にとっては、それを甘受したにしても憂鬱きわまりないものだというのである。こういう仕方をとれば、少なくとも、解決不可能な問題を提起しなくともすむという利点はある。つまり、ある厳格な公式に、それをはみでる諸事実をおしこまなくてもいいからである。だが、このように修正された理論は、理論自体とは合致したとしても、さらにすすんで事物と一致するものではない。というのは、この理論は、たとえば婚姻、家族、所有権などといった明々白々たる道徳性をもった諸制度を、倫理学のこの低級部門に投げすてすててしまう結果をまねくからだ。そればかりではない。道徳的理想が現実のなかに下降することによってこうむったこの堕落の主要な原因は、人と時との連帯とよばれてきたものである(11)。ところが、じっさいには、連帯とは他のものに劣らず強制的な義務であるのみならず、おそらくそれは道徳性の源泉そのものなのである。

いわゆる経験論の諸学説は、道徳的実在にたいして適合しない上述の諸理論と同様であって、その名称にたいしても忠実ではない。

われわれは、個人の利害を基礎とする道徳理論については何もいうまい。そうした理論はすでに廃れたものとみられるからである。無からは何も生じない。利己主義から愛他主義を、自己にたいする愛から社会にたいする愛を、部分から全体を演繹できるとすれば、それは論理的な奇蹟であろう。[12] しかし、これについての最上の例は、最近スペンサー氏が経験論的道徳理論に与えた形式においてみることができる。氏は、自分の原理に固執することができたけれども、それは、もっとも広く承認されている道徳理論を非難することによってのみ、すなわち、真の公平、多少とも完全な自己放棄を含む諸義務、を迷信的な慣行とみることによってのみ可能だったのである。したがって、氏は氏自身の結論について、もちろんこうした結論は多くの同意を得ることができないだろうとみずから述べている。というのは、「これらの帰結が現代の諸概念にも、もっとも広くゆきわたっている感情にも十分に合致しない」からである。[13] 生物学的諸現象を解明することをしないで、むしろ、それらの現象の生存権に異議を申したてたこの生物学者を、はたして人はなんというだろうか。

こんにち、はるかに広範に支持されているひとつの公式は、[14] 道徳理論を個人の効用にではなく、社会的利害とかかわらしめて定義する。しかし、道徳性にかんするこのような表現は、前述のものにくらべればたしかに包括性においてまさってはいるが、すぐれた定義とみることはできないであろう。

まず第一に、多くの事物は、社会にとって有用であり必要でさえありながら、必ずしも道徳的ではない。こんにちの国民は、立派な装備をもった大軍隊や大工業がなければすごしえないが、とほうもない数の大砲や蒸気機関をもった民族をもっとも道徳的だとみなそうとするものはいない。ばあいによっては、社会にとってきわめて有益でありながら、しかも完全に不道徳な行為もある。

これとは反対に、その社会にたいしてどんな用役を果たしているかがほとんど認められていなくとも、諸他の慣行におとらず義務的な道徳的慣行がたくさんある。それを侵せば、とりわけ現代人からは憎まれるあの死者礼拝や教養のある階級が至上の義務として守りつづけているあの垢ぬけのした遠慮といったものに、いったいなんの社会的効用があるのだろうか。スペンサー氏は、こんにちわれわれの習俗となりきっている寛大な博愛が社会にとっては無用であるのみならず、有害であることを強く主張してきた。すなわち、博愛の結果はなんの役にもたたないばかりでなく、さらに他者の自由な発展をもその存在それ自体によって阻害するたくさんの無能力者をなお生存させ、共同の負担を重からしめるものである。われわれは、こんにちあらゆる種類の白痴、低能、狂人、廃疾者の多数を病院にかかえこんでおり、これらの人びとがなんの役にもたてず、しかも健康で正常な労働者たちに課せられた苦労のおかげで生きながらえていることは、争えない事実である。そこには、事実の明証にまさる精緻な論理などはもはやない(15)、と。これにたいして、不治の病弱者は例外だとする反論がある(16)。しかし、この博愛のおかげで、また平均的健康や集合的安寧を犠牲にして、どれだけ多くの軟弱な気質の人物が生きつづけることができることだろうか。腺病質、結核、佝僂病の患者などの、凡庸な働き手にすぎず、社会に犠牲を払わせて報いるところのないものについては語らずとも、現代の諸国民には、たえず増大する多数の落伍者がいる。たえず自殺や犯罪におもむこうとする人びと、無秩序であり無組織である労働者たちがそれであって、将来にとっては恐るべき脅威であるとはいえ、これらの人びとにわれわれは母の注意を惜しまず、いわばその飛躍的成長のために手をかしている。こうした広い寛大さが善よりも悪となることをスペンサー氏とともに認めなくとも、やはり少なくとも、そうした寛仁は根拠の弱いものであり、それのもたらす利益がかなり問題であることは認めなくてはなるまい。しかし、それにもかかわらず、われわれが進歩するにつれて、こうした非経済的な徳は発達する。だから、スペンサー氏やバスティア[*2]の後裔たちが、このような動きをおしとどめようと試みたことは徒労にすぎない。それはいよいよ強化されてゆくのみである。

以上すべての例に、なお他の多くの事例を加えることができる。老人にたいして尊厳を命ずる規定、動物虐待を防止する規定、固有の道徳的権威をもって信者の意識に強制される無数の宗教的慣行などが、それである。けれども、これらは社会的効用をいささかも示すものではない。かつて、ユダヤ人にとっては、豚肉を食べることがまさしく道徳的冒瀆を構成するものであった。だが、この慣行がユダヤ人の社会にとって不可欠のものであったと主張することはできない。のみならず、こうした例外が多数あったにちがいないことは一般的にも確かめられる。道徳的諸慣行が社会にとって有用であるにせよないにせよ、ごく一般的にいって、それらがこの効用の見地から確立されたものでないことは確かである。なぜなら、集合的効用が道徳的進化の原動力であるためには、多くのばあいにおいて、それが行動を決定するためにまったく不十分なある表象の対象でなければならぬだろうからである。ところが、こうした功利的な打算というものは、厳密ではあろうが、諸観念の連合があまりにも精細にすぎて、意志にそれほど大きな作用を及ぼしえないのである。その観念の構成要素が多すぎるし、それらを結びつける関係も錯綜しすぎている。それらをすべて結びつけて意識の視野のうちに入れ、望ましい領域につなぎとめておくためには、あらゆるエネルギーを用意することが必要であり、そうなると、行為するためのエネルギーが少しも残らないことになる。これこそ、利害が直接的かつ明白でないかぎり、それだけでは弱すぎて活動を開始させえないと考えられる理由である。加えて、この効用の問題ほど曖昧なものはない。状況が少しでも複雑になると、個人は自分独自の利害がどこにあるのかをはっきりみわけることもできない。こういった利害の確かさがはっきりしなければ、きわめて多くの事情やさまざまの条件を考慮に入れねばならず、諸事物について完全に適合した観念をもたなければならない。だから、どういう立場をとろうとも、そこでとられる決断には何ほどか臆測にもとづいたものが残り、おおいに危険の余地のあることが十分に感じられる。しかも、この利害が個人のではなく、それにかかわりのある社会の利害であるばあいには、この確証を得ることがさらにいっそう困難である。というのは、われわれの小さな個人的環境にだけその作用が及ぶような、比較的身近な結果を知るだけでは足りないのであって、社会有機体の全方向に結果をもたらしうるようなさまざまの反響を測定しなければならぬからである。そのためには、平均的な人間のとうていもちあわせないような予見と計画の能力とが必要になる。それに、その社会的効用がきわめてはっきりしている諸規定のはたらきを検討してみると、それらの果たす用役をあらかじめ知ることは不可能であることがわかる。たとえば、最近の統計は、なるほど自殺傾向や犯罪傾向にたいして家族生活が予防力をもっていることを立証した。だが、家族の構成的性質が、こうした奇特な結果をもたらすということを予知したうえで決定されてきたとは、とうてい考えられないことであろう。

したがって、道徳の諸戒律は、ことに少しでもそれが複雑であれば、社会の利益ということをはじめから目的としていたものでないことが確かである。美的渇望も、宗教的熱望も、あらゆる情熱もまた、功利的な目的をいささかも伴わずに、しかもやはり道徳的戒律を生みだすことができた。もちろん、ひとたびこれらの戒律が生ずれば、その間に淘汰がおこる。そして、あきらかに集合生活を阻害するような戒律はとり除かれる。というのは、そうでないと、これらの戒律を生みだす社会そのものが存続しえないだろうからであり、どっちみち、それらは社会とともに消滅するだろうからである。しかしながら、よしんばそれらが直接には有用でなくとも、それらを生ぜしめた諸原因そのものによって維持されているから、その多くは必然的に存続するはずである。なぜなら、結局のところ、自然淘汰はかなりおおまかではあるが、完成への一方法だからである。自然淘汰は、もっとも欠点の多い存在はこれを一掃し、それと比較してもっとも能力のあるものの勝利を確保することができる。けれども、自然淘汰はしょせんひとつの単純な選別方式にすぎないのであって、それ自体では何ものをも創出しえず、何ものをもつけ加えることがない。それはもっとも有害な諸慣行、つまり、社会のためにいちじるしく劣位の状態をつくりだすような諸慣行を道徳からよくとり除くことができる。だが、自然淘汰は、生き残った諸慣行については、当初は有用でなかったものをすべて有用なものとすることはできないのである。

2

たしかに、以上の検討はけっして完全なものではない。道徳理論があまりに多すぎるので、そのどれかが欠けることは避けられない。しかしながら、これらの理論が構成される仕方をみただけで、いずれも主観的見地での、あるいは多少ともそれに近い見地でのものでしかありえないことがよくわかる。

じっさい、道徳の一般法則は、多様な道徳的諸事実を説明しうるのでなければ科学的価値をもちえないのだから、まず、これらの事実を研究することからはじめて、一般法則の発見に到達しなければならない。諸事実を要約する公式がどんなものであるかを知るに先だって、諸事実を分析し、その特性を記述し、その機能を決定し、その原因を探究するのでなければならぬ。これらの特殊研究のすべての結果を比較することによってのみ、あらゆる道徳的準則に共通した属性、すなわち道徳性の構成的特質をひきだすことが可能であろう。われわれが特定の義務、特定の権利の性質を注視するのでなければ、いったいどうしてそれらの原理の性質を理解しうるだろうか。人がしばしば想定してきたように、道徳の源泉がなにかア・プリオリに与えられたもののうちにあるとされるときでさえも、この方法が必要不可欠なのだ。なぜなら、道徳性のこの最初の萌芽がまさしく存在するとしても、それを定義するための苦痛、それをいいあらわす際のひどくバラバラなやり方こそ、このばあいでも、この萌芽がいかに錯雑したものであり、人目につかぬものであるかを証明してあまりがあるからだ。はっきりしていることは、この萌芽をひきだし、公式化するためには、それ自体の内部において注意深く観察するだけでは足りないということである。われわれの内にあるにせよ、われわれの外にあるにせよ、それが存在するところでは、それが具体化され、ただそれを表現するだけの諸事実から出発してこそ、はじめてそれに到達できる。

道徳がいかに複雑であるかに思いをいたすならば、この研究手順の必要をよく理解されるであろう。事実において、道徳は、生活の道しるべとして役にたつような、そしてまた、ばあいに応じてのみ多様化せざるをえないような二、三のごく一般的な規定からなっているものではない。それは、きわめて多数の特殊な掟からできあがっているのだ。存在するのはひとつの義務ではない。多くの義務である。他のばあいと同様、このばあいにおいても、存在するのは特殊なもの、個別的なものであって、一般的なるものは図式的な一表現であるにすぎない。この問題を家族道徳のばあいについてみよう。人はよく抽象的なやり方できめつけて、子どもは親に従うべきだとか、親は子を保護しなければならぬとか、夫と妻は貞節で相互に助けあわねばならぬというが、じつはそんなものではない。じっさいには、家族の異なった成員たちを結びつける現実の諸関係はきわめて数が多く、またすこぶる確定的なのである。親子のあいだには、一方からは保護、他方からは尊敬というような、抽象的な関係は存在しない。現実に存在するのは、あるいは対物的あるいは対人的な、多数の個々の権利であり義務である。しかも、それらは諸他の多くの権利義務と錯綜していて、切り離すことができないし連帯的である。たとえば、ことに、法や習俗がその限界を設けている懲罰の権利や、未成年の子どもたちの財産にたいする父の権利、後見にかんする権利義務、相続にかんする権利義務などがそれである。また、これらの権利と義務は、その子どもが私生子であるか、嫡出子であるか、養子であるかによって、それらを行使するものが父であるか母であるかによって等々、さまざまの形式をとる。もしわれわれが結婚ということについて分析をすすめると、ここでも同じようにきわめて多様な関係を発見することになろう。所有権のばあいにはどうであろうか。所有権という観念は、一言で定義されるような単純なものではない。使用権と処分権〔jus utendi et abutendi〕とか、これまでに提起されてきた諸他の定義は、みなきわめて不完全ないいあらわし方である。所有権とよばれるものは、現実には相互に補完しあるいは限定しあうきわめて多数の規定によって決定された諸権利の複合体〔complexus〕である。これらの諸規定とは、たとえばつぎのとおりである。添附権にかんする規定、法定地役権にかんする規定、公用上の収用の規定、遺留分権の制限規定、浪費による禁治産適用請求にかんする法定相続人の権利規定、時効にかんする規定など。こうした個々の規定は、それ自体では固有に存在しえず、より一般的な規則のたんなる系にすぎないなどというようなものではない。それらは、そのいっさいの権威をより高級な格率からひきだすようなものではない。反対に、それらは各瞬間において直接になんの媒介もなく意志を強制するものである。重大な場面に遭遇して、われわれがどう行動したらいいのかを知ろうとするとき、まず諸原則にさかのぼり、ついでそれらを個々の事件に適用する方法を探すというような必要はいささかもない。そこには、われわれに課せられた一定の特殊な行為様式があるばかりである。われわれが貞操のいましめに従うとき、われわれは、この掟が道徳の根本原理といかなる関係にあるか、それがいかにしてこの原理から由来したかというようなことを、はたして知っているものだろうか。また、われわれが近親相姦にたいして本能的な嫌悪を感ずる際に、研究者もまだ発見していないその理由を、はたしてわれわれがみつけだそうとするものだろうか。父というものはどういうことなのだろうか。一定の状況において、父としていかになすべきかを知ろうとして、われわれは父たることの一般的観念から、そこに含まれた個別的な諸義務を演繹する必要はいささかもない。日常の生活状況において、父としての行為を示すいくつかの規定が既成のものとしてあることをみつけるだけのことである。このような諸慣行の知識や役割については、これを有機体の生命の反射行動と比較してみると、かなり正当な観念をもつことができるであろう。じじつ、こうした慣行は、われわれが自己の行為をそこに流しこまざるをえない鋳型のようなものである。ただ、これは、有機体の内部にきざみこまれた反射行動ではなく、法や習俗のうちにきざみこまれた反射行動である。これらの慣行は、社会現象であって、生物学的現象ではない。それらは活動を内から決定するのではなく、それ固有の手段によって外から活動をうながすのである。

まことに広大かつ多様な世界を支配する法則を発見しようとすれば、その全領域にわたって観察することからはじめなければとうてい不可能であることはいうまでもない。ところが、はたして道徳学者たちはこのような方法によったのであろうか。そうではない。まったく反対に、彼らはこの高級な法則に無媒介で一挙に到達できると信じこんでいる。彼らは、あたかも道徳とはすべてこれ創作すべきものであるかのように、あたかも白紙にのぞんで彼らの意のままに理論体系を構築できるかのように、あるいは現実に実現された諸事実の体系を要約し説明する法則を発見することではなく、あたかも完全に制定すべきある道徳的立法の原理を発見することこそ問題であるかのように、何よりもまず推論することからはじめる。こういう見方からすれば、いろいろな学派の区別をすら必要としない。経験論者の議論は合理論者の議論に劣らず早熟であり、粗略である。合理論者よりも、経験論者によってこそ、効用という格率がまさしくより帰納的な方法によってえられた、というようなものではなかった。そうではなくて、両者のとった方法は以下のごとくである。すなわち、彼らはまず人間という概念から出発し、かかるものとして定義された存在にふさわしいと思われる理想をそこから演繹し、ついでこの理想を実現すべき義務を定め、この義務をもって最高の行動準則、つまり道徳的法則とする。このばあい、双方の学説を識別できる違いといえば、ただ人間というものについて、どちらも同じような仕方では理解しなかったという点だけである。つまり、合理論者は、人間を一個の純粋意志としたのにたいして、経験論者は、感覚に多少の余地を認めたというだけのことである。前者は、人間を孤独のためにつくられた一個の自律的な存在とみたのにたいして、後者は、これを本質的に社会的な存在とみる。一方にとっては、人間は自己をこえ、自己を支配し、自己に命令的な権威をもって強制するある法則がなければ生きえないものとされる。逆に、他方は、人間が自然につくりあげるものはすべて、人間が自発的に、なんの拘束も受けずにつくりだすのだという事実に打たれて、道徳の理想は欲求を刺激するだけの魅力をもたなければならぬ、と結論する。しかし、着想に違いこそあれ、両者の方法は、いつも同じである。彼らはみな、現実在を抽象しさってしまう。ある者は、ことの過ぎたあとで、現実在を再発見すべく若干の努力を試みはする。だが、この遅ればせの検証さえも、まことに手っとり早いやり方でしかおこなわれない。彼らは、もっとも一般的な諸義務をあっというまに吟味する。しかも、その一般性からは一歩もでようとしない。のみならず、規定どおりに検証をすすめることよりも、はじめに設定してしまった抽象的な命題を、いくつかの事例で注釈を試みるだけが問題なのである。(17)

したがって、こんな方法をもってしては真に客観的な結論に達することは不可能である。

まず第一に、これまでのいっさいの演繹の基礎をなすこの人間という概念は、体系的に操作された科学的な検討の結果ではありえない。なぜかといえば、この点について、科学がわれわれに正確に教えてくれるような状態にはなっていないからである。われわれは、人間を構成している諸要素のいくつかを知ることから手をつけはじめている。だが、そこにはわれわれの知らない要素がたくさんあり、それらの要素のつくる全体についても、われわれはきわめて曖昧な観念しかもちあわせていない。だから、道徳学者たちが、その個人的な信念や個人的憧憬のままに人間の概念を規定するのを危惧するのは、まことに当然なのである。第二に、こうした概念が完全に厳密であるとしたところで、そこから演繹によってひきだされる結論は、いずれにしても臆測の域をでない。工学者が、異論の余地のない理論的原理から実際上の帰結を演繹するばあいには、実験がそれを確証しないかぎりは、自己の推論の結果について信をおかないものである。演繹は、それ自体だけでは、とうてい十分な論証を構成するものではない。道徳理論だけがその例外たるべき理由はないのである。われわれがこれまでに述べてきたような方法から確立される諸準則は、事実の検証に耐えることができないかぎり、たんなる仮説にすぎない。それが人間に十分に適合する準則であるかどうかは、経験のみが決定しうるのである。

だが、もっと重大なことがある。それはこうした論理的操作のすべてが、ある単純な規準的要件《ポスチュラ》にもとづいているということである。これらの操作の前提となっているのは、じっさいには、人間の発達を確保することこそ道徳の唯一の存在理由だとすることである。

ところが、これこそ道徳の役割であるという証拠は何もない。個々の人間が従属せざるをえないあのもっぱら社会的な目的に道徳が役にたつようなことはない、といったいだれがいいきれるだろうか。——もっとも、そのときは、われわれが自分勝手な概念的公式を社会から演繹したにすぎないではないかといわれるかもしれない——。けれども、こうした提言自体が論証されていないばかりか、さらには道徳の目的とはなんであったかを知らなければならないのである。道徳の目的は重大な社会的利益を守ることにあるといっただけでは意味がない。すでにわれわれがみてきたように、道徳性をこういうふうにいっただけでは、雑にすぎると同時に狭きに失する。要するに、演繹的方法をこの問題に適用できるとしてみたところで、道徳性の一般法則を何がしかの観念からひきだすことができるためには、少なくとも道徳の機能がなんであるかを知ってかかることが先決であり、またそのためには、道徳的諸事実、すなわち行動を本質的に支配しているあの数多の個別的な諸準則を観察することこそ唯一の手段なのである。だから、まず第一にしなければならぬことは、独自の一科学を創設すること、すなわち、まず道徳的諸現象を分類し、ついでこうしてつくられた各類型が依拠する諸条件を探究し、その役割を決定することを任とする一科学をつくることである。いいかえれば、道徳の一実証科学を創設することである。そして、それは社会学の応用でもなければ心理学の応用でもなく、のちに述べるように、社会科学の分野には属するが、純粋に理論的かつ自立的な一科学なのである。(18)

もちろん、しばしばそうみられてきたように、もし道徳の諸準則とは永遠の真理であって、その価値をそれらの準則それ自体から、あるいはある超越的な源泉からひきだすようなものであるならば、右のような研究は、あきらかに省略されてもさしつかえない。じじつ、こういう仮定にたてば、時間と空間という状況は、道徳の発達にまったく二次的な影響を及ぼすにすぎない。こうした状況は、遅かれ早かれあの永遠の真理が人間に啓示されるための作用を果たしはする。だが、それらは行動の諸準則が道徳的性質をもつか否かに決着をつける原因とはならない。したがって、この仮定にたった研究では、道徳的観念の発展史を追求することが望ましいであろうし、それによって、諸事実をとおして、徐々に事実に具現され具体化される観念を発見することができるであろう。だが、そのためには、この発達の流れが向かうおおよその方向を知れば十分だから、この観念の経過するさまざまな環境を丹念に研究する必要はなかろう。これらの環境の影響は、表面的なものにすぎないし、せいぜいその歩みを速めたり、遅らせたりするだけのことだからである。こうして、このような事実研究に必要とされる任務のすべては、道徳の歴史的発展が経る主要な諸段階を、手っとり早く、おおまかに検討するだけのこととなる。(19)

しかしながら、このような主張をいまは支持しがたい。なぜかといえば、歴史の証明するところでは、ある民族にとって道徳的であったものは、他の民族にとって不道徳的でありえたからであり、たんに事実においてそうであったばかりでなく、法においてもそうであったからである。じじつ、慣行というものは、社会によって守られてきたものであるが、社会をくつがえすような慣行を道徳的なものとしてみることは不可能である。というのは、いつのばあいでも祖国の存在を確保することは基本的な義務だからである。それに、われわれに先行する諸民族が、こんにち、われわれが主張するような個人の品位にたいする尊敬をもちつづけてきたならば、おそらく生存しえなかったであろうことは疑いをいれない。彼らが、その一定の生存条件のなかにおいてみずからを維持しうるためには、個人がその独立に執着しないということが絶対に必要であった。したがってもし、古代都市の道徳や部族の道徳が現代のそれとある点では異なっていたとしても、それはこれらの社会が人間の運命について見誤っていたからではない。それは、彼らの運命、彼らのおかれてきた条件によって決定されてきた運命が、他のかたちではありえようもなかったからである。だから、道徳的諸準則はある経験的な条件とのかかわりにおいてのみ道徳的である。したがってまた、これらの準則が依拠する諸条件をきわめて慎重に決定するのでなければ、道徳現象の性質をいささかでも理解することは不可能であろう。もっとも、ある超越的な精神にきざみこまれ、あるいは事物に内在的であり、歴史上の諸道徳があいついでその近似値に達するにすぎないような、ある永遠の道徳というものが存在することは可能である。だが、これは形而上学的なひとつの仮定であって、それをとやかくいってみてもはじまらない。しかし、いずれにせよ、このような永遠の道徳は人類のある状態に相関的なものであって、この状態が具現化されていないかぎりは、健全な意識にとっては義務的でありえないのみならず、それとたたかうことこそがわれわれの義務であるようなことがある。

それゆえに、この道徳的事実の科学はきわめて労の多い、またきわめて複雑なものである。いまこそ、道徳原理を決定しようとした道徳学者たちの試みがなぜ必然的に挫折しなければならなかったか、その理由を理解されるだろう。つまりは、こうした問題は科学の発端において達せられるものではない。科学が発達するにつれてしか解決しえないのである。

3

それでは、この科学の対象である諸事実を、すなわち道徳的諸事実をいかにして認識するか。——それはある外在的な、目にみえる標識によってであって、その本質をあらわそうと試みる公式によってではない。生物学者がある生物学的事実を認識するのはいくつかの外見上の諸特徴によってであって、その認識のためにその現象の哲学的観念をみずからつくる必要はないのと同断である。

第一に、道徳的事実が行動の準則からなることは明白である。だが、行動準則のうちには道徳的でない諸事実が数多く存在する。たとえば、医師にある病気の治療に際してとるべき行動を指示するというような準則、あるいは、企業家、商人、芸術家に、成功したいと思うならばどういう仕方をとるべきかを命ずる準則などが、それである。にもかかわらず、これらの準則は道徳の準則と混同されてはならない。道徳的準則はつぎの二つの特徴によって前者とは区別される。

一　その性質からして、ある道徳的準則に一致するように強いられている行為がこの準則から逸脱するばあい、社会がもしそれを知れば、社会はこの逸脱に介入してこれを妨げる。社会は、この行為主体に積極的な仕方で反作用を加えるのである。たとえば、殺人またはぬすみを犯したものは実刑によって罰せられ、名誉を重んずる掟にそむいた者はみんなから軽蔑をかう。また自由にとり結ばれた契約に違反した者は、それによって生じた損害をつぐなわなければならない、等々。このような現象は、道徳的準則以外の行為規定が侵されたばあいにはおこらない。たとえば、仮に私が芸術上の準則に則って仕事をしないと、私は成功しないおそれがある。だからといって、社会は私がそうすることに反対したりはしないで、私の行為をまったく自由にまかせておく。私の行為が思ったとおりの目標に達しなくても、だからといってそれがおさえられることはない。

二　違反行為があると、この社会的反作用がまさに必然的に生ずる。そしてしばしばこの反作用は、その様態にいたるまですでに予定されている。すべての人は、その行為が所轄の裁判所や世論によって準則に違反すると認められると、何がおこるかをあらかじめ知っている。そのばあいに応じてその行為者に身体的あるいは道徳的拘束が科せられるが、それには罰することもあれば、事物を強制的に原状に復させることもあり、あるいはこの両結果を同時に生ぜしめることもある。その反対に、慣用の技術的原則を忘れたことから生ずる不成功はごく偶然的なものである。そのばあいに人びとがいうことといえば、まあありそうなことだ、というぐらいである。しかもこのような準則違反がみんなの見ているまえでおこったとしても、むしろ好意をもって迎えられることがある。だから、人はこのような出来ごとが完了してしまわないうちは、確かなことが少しもわからないのである。このように恵まれた機会の余地があればこそ、社会的活動の領域ではいろいろな変化が容易にかつ急速におこりうるのである。だからこそ、この領域では個人的な多様性がまったく自由に生ずるばかりでなく、さらに成功を博することもある。逆に、その違反に社会がはっきり対立するようなばあいには、個人がなんらかの革新をもたらすようなことはありえない。というのは、そのばあいあらゆる革新は誤りだとして反対されるからである。唯一の可能な進歩とは社会が集合的におこなう進歩である。

準則違反者にたいして社会が科するこの予定された反作用は、制裁〔sanction〕とよばれるものを構成する。ときおりかなり広い意味で使われてきたこの言葉の意味を、少なくともわれわれはこのように限定する。いまやわれわれは探究すべき基準《クリテリウム》をもつことになった。すなわち、いっさいの道徳的事実は制裁される行動準則にこそある、というのがそれである。

しかしながら、この定義は一般に認められている定義とあまり違わない。それは一般の定義よりもいくらか的確で科学的だというだけのことである。道徳的準則をきわだたしめるものが義務的なものであるということは、じっさいには周知のことである。だが、この特質の存在をどんな方法によって知りうるのか。この義務をじっさいに感じとるのは、われわれの意識に向かうことによってであろうか、それとも直接の直観に訴えてそれを証明することによってであろうか。しかし、知ってのとおり、あらゆる意識は同一社会の内部においても同じではない。ある意識はまことに繊細であり、あるものはもっと複雑であり、さらにある意識は倒錯した道徳感覚にゆきついているといっていいものまである。また、どんな意識にむけて訴えるべきなのか。教養人の意識にか、それとも労働者の意識にか、あるいは犯罪者の意識にであろうか。人が意識ということで理解するのは、もちろんその社会でもっとも一般的な意識、すなわち正常意識《コンシャンス・ノルマル》についてだけである。けれども、正常意識において何がおこっているかを直接に知ることは不可能である。だから、諸行動準則が正常意識のうちでどのように表象されているかを知るためには、この内的状態を反映するなんらかの外的事実に準拠しなければならぬ。ところが、制裁以上にこの役割を果たすものはほかにない。じじつ、ある行動準則がそれを侵すいっさいの行為に反作用を加えるのでなければ、その社会の全成員がこの準則を義務として認知することは不可能である。この反作用はきわめて必然的であるから、すべての健全な意識は、理念的にはこうした違反行為とはまさにそういうものだと考えるようにさえなる。それゆえに、もしわれわれが道徳的準則をそれと結びついた制裁によって定義するとしても、それは、われわれが義務の感情を制裁の産物としてみるからではない。逆に、制裁は義務の感情から生ずるものであり、制裁はこの感情を象徴化するのに役だちうるからなのである。しかも、この象徴は客観的であり、観察することができ、測定することさえもできてきわめて便利であるから、この象徴によってあらわされるものよりも、この象徴自体を選んだほうが方法としては適切である。道徳的事実の研究を科学的にするためには、諸他の科学の範例についてみる必要がある。これらの科学では、可能なかぎりあらゆる手段を使って観察者の個人的感覚を遠ざけ、事実それ自体に達しようとつとめる。同じように、道徳学者は義務的であるもののみを義務的なものとみて、義務的であるようにみえるものを義務的だとしないようにする方法をとらなければならない。彼は研究の素材として、実在をこそとるべきであって、その主観的な外見をとるべきではないのである。ところで、ある義務の実在性とは、ある制裁によって表明されるのでなければ確実なものではない。

だが、以上の定義を支持したとしても、あらゆる法が道徳のうちに含まれうるものであろうか。——じじつ、この二領域は密着しすぎて、根本的に切り離すことができないように思われる。両者のあいだには、交換がたえずおこなわれている。あるときには、道徳的準則が法規定となり、あるときは法規定が道徳的となる。法がその基体である習俗からは切り離しえないこと、また、習俗がそれを実現し決定する法から分離しえないことは、よくみられるところである。それに、どんな道徳学者といえども、すべての法を道徳の外におくところまで論理をおしすすめたものはない。彼らの大半は、もっとも一般的もっとも本質的な法規のうちにも道徳的性質を認めている。けれども両者が区別されるときには、恣意的でないほうがむしろむつかしい。この選択を体系だってなしうる基準がひとつもないからである。いったいどうしたら、いっさいの道徳性が消滅しはじめる瞬間をとらえることができるようなぐあいに、法の諸規定をその相対的な重要性と一般性とに応じて順位づけることができるだろうか。

だがこの両者を区別しようとすれば、解きがたい困難におちこんでしまう。というのは、これらの一般的諸原理が諸事実のうちに生じうるのは、これらの原理が、個々の事例をそれに従わしめるさまざまの法規定と連帯的になるばあいにおいてのみだからである。だから、もしこの特殊的な法規定が道徳とまったく無縁であるならば、この連帯は右の諸原理のもつ道徳性を危うくすることは避けられないのであって、その結果、これらの原理はその権威を失墜させざるをえなくなり、原理は原理だけというにとどまって、現実にまでおりることはできなくなってしまう。道徳学者がいうように、他人の所有を尊重するということは正しい。だが、この所有は、たとえば相続とか、時効とか、あるいは添附とかから生ずるように、それぞれの法規定に一致したばあいにのみ取得できたものである。だから、そこから所有権がじっさいに生じてくるさまざまな根拠がもし道徳的でないか、あるいはたんに無道徳的《アモラール》であるとすれば、所有ということそれ自体がいったい、いかなる道徳的価値をもちうるだろうか。あるいは、法の権威は尊重しなければならぬという。ここでもまた、ある法規定の道徳性は異論の余地なきものとして登場する。だが、この権威は憲法の諸条項によって確立されたものである。したがって、憲法がなんら道徳的なものではないとすると、憲法の創出した力はいったいどうしてわれわれに尊重せよという権利をもつことができるだろうか。このような例をあげればおそらく無数にあろう。もし道徳が法のうちに滲透していなければならぬとすると、それは法を道徳でぬりつぶしてしまうことになるだろうし、もし道徳が法に滲透していないとすると、それはたんなる抽象、空文たるにとどまってしまい、意志にたいして実効のある規律とはならないであろう。

　したがって、この二種類の現象は切り離しがたいものであり、ただひとつの同じ科学に属する。けれども、とりわけて道徳的とよばれる諸準則に伴う制裁は特異な性質をあらわすものであって、その特質を決定することが可能である。一般には、それを侵したばあいに、その違反者が世論の側からある非難を受けないではすまないような諸準則に、この道徳的という名が留保されている。そして、この非難は、恥辱的な不名誉の宣告から、たんなる不賛成というのにまでわたるものであって、その間の侮蔑の程度も、じつにさまざまである。この非難は行為の抑止となる。というのは、現にその行為者に加えられる苦痛や苦しむことになるだろうという見とおしが、ときとして、行為者を非難されるような行為からそらせることが十分にできるからである。人は、この非難をまったく道徳的なものであるとして、法廷が下す非難とは区別することがよくあった。しかし、この区別は厳密ではない。あらゆる道徳的な刑罰というものは、必然的に物理的な形式をとるものだからである。非難が実効を発揮するためには、たとえば、犯罪者は住みなれたその社会から排斥され、人びとが彼を遠ざけるというように、空間での動きによって外部に表出されなければならない。ところが、この追放は、正規の法廷が宣告する追放とはわけが違う。のみならず、法的刑罰にも純粋に道徳的なものが現にあるし、またいつの時代にもあった。たとえば、ローマ人の破廉恥《インファミア》、ギリシア人の市民権剥奪《アティミア》、あるいは公権剥奪などのような、ある権利の剝奪からなる刑罰がそれである。だから、この二種類の刑罰を区別する違いは、それぞれの内在的性質によるものではなく、それらが処理される方式にもとづく。一方は各個人によって、およびすべての人によって行使され、他方は一定の構成体によって行使される。すなわち、一方は拡散的であり、他方は組織的である。のみならず、前者は後者によって倍加されうる。たとえば、世論の非難は固有の意味での法的刑罰を伴いうる。けれども、拡散的な抑止的制裁を伴うようないっさいの行動準則は、その制裁が単独で科せられようと否とを問わず、言葉の通常の意味において道徳的である。

以上の定義は、道徳の実証科学が社会学の一分野であることを十分に立証する。なぜなら、すべての制裁は第一級の社会的な物《ショーズ・ソシアル》だからである。ふつう個人的道徳論とよばれる倫理学の一分野のうちに入る諸義務も、その制裁の仕方はそれ以外の諸義務のばあいとまったく同様である。すなわち、それらの義務が個人的であるというのも外見だけであって、それらもやはり社会的諸条件に依存するのにすぎない。そればかりでなく、これらの義務は時代によって異なったさまざまな仕方で理解されてきた。ところが、人間が身をおくあらゆる環境のうちでも、このような変化を十分に説明できるだけの深い変化を経てきたものは、ひとり社会的環境のみである。

しかしながら、はたして道徳的事実のすべてがこの定義に含まれるのであろうか。それらはすべて命令的な準則から成りたっているものだろうか。それとも反対に、道徳には義務を超越したもっと高い領域がないのだろうか。経験の証明するところでは、義務づけられないからこそ称賛されうる行為があり、到達しなければならぬという義務感のない自由な理想があるように思われる。「たとえば、富裕な人物がその富を使って芸術や科学の発達の手助けをすることは、称賛されもするだろうし、また、たしかに善いことであり、称賛すべきことである。にもかかわらず、このように富を使うことが、富裕な人のすべてにとって義務であるというわけにはいかない。また、平凡な暮らしをすごしている人物が自分の家族でない家族を助け、育てるという重荷を果たしているのをみて、人は賞めそやしもするだろうし、驚嘆もしよう。けれども、このような行動をとらないからといって、これを責めることはできない。この種の行為がまぎれもなく義務的であったとしたら、それが責められないはずはないのである[20]」。

たしかに、こうした区別を認めない道徳学者もいる。ジャネ氏によれば、われわれが称賛してやまないある行為が義務的でないとされるのは、それらの行為がそれほどの完成域にまで達しえない平均人にとっては、事実上、それが義務的ではないからである。だが、それが万人にとって義務ではないからといって、それはどんな人にも義務でないということにはならない。まったく反対に、このような義侠や聖徳の域に達しえている人びとは、まさしくいやおうなしにそうするのである。もちろん、こういう人びとはそれ以外の行為の仕方ができないからだ。逆に、彼らがそんな行為にこだわらないとすれば、それは、そうした行為が彼らの達しうる最善の行為ではなく、したがってまた道徳的でもないからである。「ある程度までの完成が私に可能なばあい、私はそれ以下の完成度で満足すべきである、という主張は不条理であろう。それと同じで、私が本心からそうしたいと思わない完成度を私に要求することもまた不条理であろう」[21]。

だが、それでもなお、この区別はまったく生きている。たしかに、一方には世論が強制する行為があり、他方には世論が個人の創意にまかせきった行為がなお存在する。したがって、後者は無償の行為であり、自由な行為である。——にもかかわらず、その行為者はこの行為をまっとうするようにみずからを強制する。——私自身がその行為を望むのである。だが、それは強いられたものではない。まったく別のものである。彼が自己の理想を実現しえなかったとすれば、彼は自分自身をとがめはしよう。だが、他から非難されはしない。さらに、善行をしなかったために、われとわが身に科する非難と、ほんらいの過失によってひきおこされる悔恨の情とを混同してはならない。この二つの感情は、同じ性質、同じ強さのものではない。双方とも苦痛であることに変わりない。だが、後者は、われわれが自己の道徳意識の鋭敏な部分にわれとわが手で傷つけた痛手による焼けつくような痛みであるが、前者は、甘い歓びを逃がしてしまった無念さに帰着するものである。一方は、とりかえしのつかぬ損失をしてしまったことから生ずるが、他方は、自分を豊かにする機会を失ったことから由来する。だが、この行為の結果生ずる内的反作用と外的反作用とは見た目にはっきりと違ったものではないし、その行為者の道徳意識は公共意識と区別がつかない。そこからさらに進んで、このような区別をすること自体がまちがっているといえるだろうか。だが、そういってしまえば議論が不可能になる。なぜなら、われわれは実在するがままに道徳的現実を観察するにすぎないのであって、それの修正を可能にするような基準を知ることは、さしあたっての問題ではないからである。それに、ジャネ氏も結論的にはこの相違を暗黙に承認し、少なくとも徳については明瞭に異なった二つの形態があることを認めている。すなわち、「徳は……そのもっとも崇高な形態においては一個の自由な行為、個人的な行為である。それは、偉大さと寛容という思いがけない諸形態を生みだす。徳の低い形態は法的形態であって、それは所与の規定に忠実にしたがうというまでであって、少しも自発性はない……。しかしながら、真の徳は、天才と同様に、こういった規定をぬきんでたものであり、むしろ規定を創造するものである」(22)。

しかし、そうだとすれば、われわれのあげた定義は確定したもののすべてを含んではいないようにみられよう。けれども、けっしてそうではない。なぜかといえば、仮に称賛の対象となる行為でありながら、しかもなお義務的でない行為があることは確かだとしても、こういった行為がはたして道徳的であるかについては、明らかでないからである。これらの行為を道徳の外におくためには、道徳性の抽象的な概念に照らしあわせる必要もなければ、これらの行為をそこからひきだしえないかどうかをみる必要もない。われわれはただ、既存のある準則に一致するように強制されている行為と、あらゆる規制からまったく自由な他の行為とを、同じ表現のもとに糾合することがすべての方法にもとるものではないかということを、確認するだけである。それゆえに、慣習にしたがって、もし前者に道徳的という資格を与えるなら、後者にも同じ名を与えることはできない。——けれども、はたして両者とも同じ役割を演ずるのではないといいきれるだろうか。——この仮説は、さしあたりここで議論する必要はない。というのは、それを決する手段がいまはないからだ。われわれの探究するところは、ただ、もっとも重要な外在的特質によって諸現象を分類するだけであり、したがって、われわれには、それほどまでに対立した属性を示す諸事実を混同することが不可能だと思われるのである。

これらの二事実のあいだに存在する相違は、もし固有の意味での道徳的事実が、準則に一致した行為から成りたっているのではなく、この準則そのものから成りたっていることに注目するならば、もっとはっきりするだろう。ところが、義務のないところに準則はない。個人的創意の自由な創造というような行為も、それが独自な特質を保持しうるのは、ただそれがどんな仕方によっても他から促されたことがないという条件においてのみである。だから、ときには、既成の判断でその行為をはかることができないために、これらの行為が、ためらい、惑乱したままの道徳意識をとらざるをえないという思いがけない結果をまねくこともある。もちろん、自分の義務より以上のことを果たした人物には公の讃辞や謝意が約束されるという、ごく一般的ないましめもあるにはある。だが、このような格率は命令的なところがひとつもないばかりでなく、それが約束する報酬もあるきまった行為に予定されているものではない。それはただ、まったく自由に動きまわることができる個人の想像に、無限の活動領域を開いてみせるだけである。自己の義務以上のものを果たすさまざまな仕方というものは、それ以下のことしか果たさないさまざまな仕方より以上に確定的である、というようなことはありえないのだ。

そればかりではない。これらの外的な差異が内的な深い差異と対応することも容易に認められるところである。というのは、このような偶然、すなわち想像にまかされた領域というものは、これらの行為が必要なものではないこと、どんな切実な目的にも応えるものではないこと、つまりはひとつの贅沢にすぎないことをあらわす。いってみれば、これらの行為は芸術の分野に属する。われわれが自分の肉体的知的エネルギーの一部をつとめて日々の仕事に使い果たしたのちに、われわれはその一部を自由に使い、勝手気ままにふるまうことを好み、それを何に役だてるわけでもなく、はっきりした目的をきめるでもなく、ただ空費する楽しみのために空費することを愛する。遊びの楽しみはまさにここにあるのであって、美的快楽はその最高の形態であるにすぎない。これと同じように、われわれの道徳的エネルギーがその日常的な義務、正規の義務を果たしたとき、このエネルギーは、楽しみそれ自体のために、自由であるという喜びのために、発散するために発散したいという欲求を感じ、どんな準則にも決定されたり拘束されたりしない新しいエネルギーの配合を楽しんでみたいという欲求をもつ。この欲求こそ、われわれが果たすあらゆる無償の行為をはげますものであって、都会風の社交性のなめらかさや、挨拶上手、家族での団らんのくつろぎ、思いやり、贈りもの、友だちや身内のあいだで交わされる愛情のこもった言葉や微笑から、どんな義務からも要求されない英雄的な自己犠牲にいたるまでが、そうである。というのは、ジャネ氏がまことに正当に名づけた、このような「美しい工夫」が異常な情況においてもおこらないと考えるのは、むしろ誤っているからだ。そこにはまことに重要なものがある。すなわち生活を充実させ、生活に魅力を与えるからである[23]。こういったものがわれわれを鼓舞する感情は、同じ性質のものであり、同じ原因にもとづく。われわれがそれらを賛嘆するのはその結果のゆえではない。その結果には、ときとして効用の疑わしいものもあるからだ。妻子のある父親が見知らぬ他人のために生命をかけるというとき、それは有用だとあえていうものがあるだろうか。われわれが愛するのは、道徳力の自由な発露であって、その結果の有効性いかんは問題ではない。

ただ、これらのあらわし方は美的領域に属するとはいっても、それらはこの領域でもきわめて特殊な分野である。それらは、じっさいにも、何ほどか道徳的なものをもつ。なぜなら、それらは、たとえば自己を捧げようとする欲求、自己を棄て、他者のために専心しようとする欲求などのように、ほんらいの道徳生活の実践からえられたさまざまの慣習や傾向から生じたものだからである。だが、これらの性向は、その起源からして道徳的なものではあっても、義務的でないし、その道徳性も消滅するから、道徳的に使うことはもはやできない[24]。遊びが肉体的生活の美学であり[25]、芸術が知的生活の美学であるのと同様に、右の独自な活動は道徳生活の美学なのである。

4

しかしながら、われわれの定義はなお不備である。じっさい、諸社会の道徳意識は誤りやすい。この意識は、それ自体では道徳的でもない行動準則に道徳性という外見的な表示を与えることもあるし、反対に道徳的なものとして認められるべき諸準則に承認を与えないままにしておくこともある。だから道徳的でない諸事実をみすみす道徳的だと思い違いしたりしないようにするために、あるいは反対に、その本性から道徳的な諸事実を道徳から除外しないようにするために、われわれの基準を補完しておく必要がある。

　この問題は、生理学者が正常的生理学の領域と病理的生理学の領域とを区別しようとするときに設定する問題と本質的に違いはない。ある準則が義務の特質を不当に表示したり、あるいは不当に奪われていたりすることは、道徳的病理学上の一事実だからである。だからこのようなばあい、われわれは自然科学者のとる方法を模倣するほかにない。自然科学者が、ある生物学的現象をある一定の種にとって正常であるというとき、その現象がこの種の諸個体の平均において生じ、その平均類型《ティプ・モワヤン》に属するばあいをさす。反対に、それ以上であれそれ以下であれ、この平均以外のものは、これをすべて病理的という。しかし、この平均類型なるものは、その全特性が量的にも質的にも数学的な厳密さで決定された個体的な一存在である、と理解されてはならない。反対に、これらの特質は絶対的なものでも固定したものでもない。ある限度内に含まれる偏差は、いつでも許容される。これらの限度を、それ以上にまたはそれ以下にこえたばあい、そこからはじめて病理学の領域がはじまる。たとえば、ある社会について、その全個人の身長を測定し、その結果えられた数値をその最高位のものからはじめて縦に並べてみると、もっとも多数の、また相互にもっとも隣接した数字が中央に集まっていることがわかる。それより上か下かにこえた数字はずっと少なくなるばかりでなく、その距離もずっと広まる。平均を構成するのは、この密集した中央の数字群であって、それはよく単一の数値であらわされることがあるが、それは、その平均圏内のあらゆる数値を、そのめぐりに集める一数値をもって代表したものである。

道徳理論のばあいも、これと同じ方法でおこなわれなければならない。ある道徳的事実が一定の社会類型にとって正常であるのは、その事実が、この種の諸社会の平均においてみられるばあいであり、それと反対のばあいには病理的である。したがって、個々の行動準則の道徳的特質が可変的であることを可能ならしめるのは、それが社会類型の性質に依存するからである。たとえば、氏族《クラン》や複数氏族の集合体のような、トーテムにもとづく社会では、みなその集団のしるしとしてもちいられる動物を殺したり食べたりすることを禁ずる準則がある。われわれは、この準則はその社会類型にとって正常であるという。現代の全ヨーロッパ社会では、かつては罰せられることのなかった「嬰児殺し」を厳重に禁じている。われわれは、この準則もわれわれの社会が属する社会類型にとっては正常である、という。この方法によって、それぞれの道徳準則が正常にもつべき強制力の程度を測定することさえ可能である。そこでは、この準則を侵犯したばあいに生ずる社会的反作用の正常な程度を決定するだけでよい。たとえば、イタリアの習俗では強盗がときには寛大にあつかわれるが、他のヨーロッパ諸国では公共意識によってはるかにきびしく非難される。

したがって、こういう事実は異常である。

ただし、忘れてならないことは、正常類型《ティプ・ノルマル》が不可分の一定時間内に固定されたままであるような静態的なものではないということである。逆に、それは、社会それ自体やあらゆる有機体がそうであるように進化する。たしかに、この正常類型はその種の成熟期における平均類型と同じものであると考えられやすい。というのは、有機体がまさしくそれ自身であるのは、この成熟期においてのみであり、そのときにこそ有機体がその可能なもののすべてであるからである。だが、もしある動物の幼年期、あるいは老年期の正常状態または病理状態を、この動物の成年期の正常類型によって評価するならば、それはちょうど昆虫の健康状態を哺乳類のそれをもって判断するのと同じ誤りをおかすことになろう。そんなことをすれば、老人と幼児をそれこそ本当の病態とみなければなるまい。ところが、事実はまったく反対に、老人においても幼児においても、成人に固有の特性があらわれるならば、それこそ病理的状態の徴候である。たとえば、生殖本能が幼児において早くからめざめすぎても、それが老人においていつまでも執拗に残っていても、いずれもほんらい病的な現象である[26]。だから、有機体のそれぞれの個体においてと同様に、諸社会においても幼児、成人、老人のそれぞれに正常類型が存在する。

したがって、ある道徳的事実がある社会にとって正常であるかどうかを知るためには、この社会の年齢を考慮に入れ、その結果によって準拠点として役だつべき正常類型を決定しなければならない。こうして、現代ヨーロッパ諸社会の幼年期には、思想の自由を制限するいくつかの規定はむしろ正常であったが、年齢がすすむにつれて、こうした特徴は失われてしまった。社会にとっても、有機体にとっても、たしかに、それが進化のどの時期にあたるのかを明確にすることは、必ずしも容易ではない。というのは、これを確定するために、年を数えるだけでは不十分だからである。その年齢にくらべてふけていることもあれば、若すぎることもあるからである。老年と幼年、成年とを科学的に区別することができるのは、(27)構造と機能のある諸特質によってのみ可能であるが、しかも、これらの諸特質はなお十分な厳密さをもっては決定されえない。けれども、ほかに決定のしようがないばかりでなく、その困難は必ずしも解決不可能でもない。第一に、これを区別すべき客観的な表示のいくつかは、すでに知られている。(28)つぎに、年齢の数が必ずしも十分な基準でないとしても、適度にかつ慎重にさえすれば、これを有効に使うことができる。さいごに、科学の進歩それ自体がこの決定をいっそう厳密なものにするであろう。

にもかかわらず、健康状態と病的状態とを区別するために、正常類型に準拠しただけでは不十分なばあいがある。それは、健康状態の特徴のいっさいがまだ形成されていないばあいであり、一時的な急変によってある点に動揺が生じて、健康状態そのものがまだ形成途上にあるばあいである。こうしたことは、諸国民における道徳意識がその環境に生じた諸変化にまだ適応しきっていないばあいに、また、うしろにひきもどそうとする過去と現在の必要とにひきさかれて、その道徳意識がなかなか固まりきらぬばあいに生ずる。その際には、その道徳的特質のあまりはっきりしない行動準則が出現したということがわかる。

というのは、これらの準則がその道徳的特質を獲得するか喪失するかの途上にあって、それを決定的に得たのでもなければ、失ったのでもないからである。こうした行動準則は、まだ軽い風潮というべきものであって、不完全にしか決定されていないが、にもかかわらず一般的なものである。そして、こうした事例は、社会生活がたえず変化の途上にあるかぎり、ごくひんぱんにあらわれる。しかしながら、このばあいでも方法は同じである。すなわち、まずはじめになすべきことは、正常類型を定めることである。しかも、そのための唯一の方法はこの類型をそれ自体で比較することである。われわれが、健康状態の新しい諸条件を決定できるのは、他の準拠点をもたないから、古い諸条件とかかわらしめてのみそれが可能である。だから、このような規定が道徳的価値をもちうるかどうかを知るためには、その内在的道徳性がすでに確定している諸他の規定とそれとを比較することが必要である。もし、その規定が同じ役割を果たすとすれば、すなわちそれが同じ目的に役だつとすれば、他方またそれが諸他の道徳的事実の原因と同じ原因から生ずるとすれば、したがってまた、それが同時に存在しなければ存在しえないほどにまで諸他の道徳的事実がそれとかかわりあっているならば、この機能の同一性とこの連関性とから、つぎのように結論することができる。すなわち、この規定は、諸他の義務的な行動準則と同じ資格、同じ仕方において望まれなければならぬ、したがって、それは道徳的である、と。

だが、このような修正をもってしても、正常類型が最終完成度に達しているかどうかは確かではない。もちろん、この類型がひろく一般的に維持されうるためには、その本質的特性がその存在条件に十分適応していなければならない。だが、そうした状態になりうるという証拠は何もないのである。ただし、健康であるということと、完成ということとは別個のことである。さしあたって、われわれは道徳的健康状態の特徴的な標識とはいったい何かを探究するだけである。なぜなら、もし分業がそうした標識を示すならば、それをもってよしとしなければならぬからである。のみならず、より高次の完成は正常状態と関連づけてしか決定されえないものだということをつけ加えておこう。というのは、正常状態それ自体がそれによって修正を可能とされる唯一のモデルだからである。正常状態についていくつかの要素が落ちていることを発見するためには、はっきりした根拠がひとつしかない。それは、これらの要素が諸他の要素の平均とは異なっており、平均類型においては異常例となるものだということである。だから、結局たち返るべきは、いつのばあいでもこの平均類型にである。この際、平均類型と相関させてはじめて正常類型が不十分であると判断されうるのである。正常類型を完成させるということは、それ自体にいっそう類似させるということである。それ以外の方法をとるとすれば、どこからくるのかはわからない、ただ外から事物に課せられるだけのひとつの理想を認めることになり、その存在の性質、その存在が依存する諸条件からその価値をひきださないで、よくわからないある超越的、神秘的な価値によって欲望を促すようなひとつの完成を承認することになってしまう。こんな感情的理論は、科学的論議に堪えうるものではない。人間的理性が提起しうる唯一の理想は現状を改善するということである。ところが、人間的理性が要求する改善ということを学びとることのできるのは、ただ現実についてのみである。

したがって、われわれは以下の定義に到達する。その発展の一定段階において考察された、ある一定の社会種にとって正常な道徳的事実とよばれるものは、その進化の同じ時期において考察された同じ種のさまざまな社会の平均のうちに、ある拡散的な抑止的制裁が結びついているいっさいの行動準則である。第二に、右の基準を明白にあらわさないまでも、上記の諸準則のいくつかに類似した準則、すなわち同じ目的に役だち、同じ原因に依存する準則のいっさいもまた、正常な道徳的事実とみなしうる。

以上の基準は、経験的にすぎるといわれるかもしれない。しかし、じっさいには、あらゆる学派の道徳学者たちが多少とも明白にそれを使っているのである。われわれの知っているところでは、彼らはその思弁の出発点として、ひろく認められて異論のない道徳を、つまりはその時代、その環境においてもっとも一般的に実行されている道徳にすぎないものを、じっさいにはとらざるをえないのである。そして、このような道徳のおおよその観察をもって、彼らはこの道徳を説明できると考えてみた法則なるものをとなえるのである。ところが、まさしく、この道徳こそ、彼らの推論にその素材を提供するものである。しかも、彼らがみずからの推論の果てに再発見するのも、この道徳なのである。そうでないとすれば、道徳学者は静寂な書斎で、道徳的なものはいっさいの社会関係に滲透しているのであるから、諸社会関係の全体系をまったく思弁の力だけで構成できなければなるまい。そんなことは、企ててみたところで、どだい不可能なことである。彼が何かを革新したようにみえるときでさえ、彼の周辺でおこっているさまざまの改革的な傾向を翻案しているのにすぎない。彼はそうした諸傾向を明らかにしたのであるから、それに、それから一個の理論をつくりだしたのだから、それに何かをつけ加えはする。だが、この理論は、結局のところ、これらの傾向がその権威を疑う余地のないある道徳的実践と同じ目的に向かっている、ということを示すことにおちついてしまうのである。この方法をもって必要不可欠とするならば、この方法を率直に実践するということこそが最善ではなかろうか。そして、重大な困難に敢然としてとりくみ、誤りにたいしては可能ないっさいの保証で身を守ることではないだろうか。

5

以上の定義を用意したうえは、先に提起しておいた問題、すなわち、分業は道徳的価値をもつか、という問題にもどろう。

現代ヨーロッパの諸大社会は、すべて同じ類型に属し、ほとんど同じ発展段階に達しているが、これらの社会では、ごく一般的にいって、世論がますます命令的に強制するような性格をおびてきたことは争いがたいようにみえる。もちろん、世論に背反しようとした人びとが、法の定める明確な刑罰によって罰せられるようなことはない。だが、非難はされる。かつては、何ごとにたいしても没頭するなどということはせず、万事に興味を示し、なんでも愛好し、すべてを理解できる人物、文明のうちですぐれたものはこれを一身に集め、みずからに凝集するすべをみいだした人物、こういう人物を完全な人間と考えた時代があったことは確かである。だが、かつてあれほど称賛されたこの「一般的教養」は、しまりのない印象しか与えぬ訓練だという効果しかもっていない。現代では、自然とたたかうために、もっと生気に満ちた能力とより生産的なエネルギーとが必要なのである。われわれの望むところは、活動力が幅ひろい表面に分散してしまわないで、集中され、広さにおいて失われるものを強さにおいて獲得することである。どんな仕事にも同じように適当に応じ、ひとつだけ特殊な役割を選びとってじっくり腰をすえてかかるというようなことをしないちょこまかした才子を、われわれは信用しない。自分のもっているさまざまの能力をあげて組み立てたりこねまわしたりすることだけにこだわって、その能力をはっきりした用途に何ひとつ役だてようともせず、何かのためにそれをなげうとうともしない人物を、われわれはうとましいと思う。こういう人たちは、まるで自分だけに満足し、他とは無縁の世界をつくらねばならぬというふうである。こんなふうに超脱しきってコミットしないという状態には、何か反社会的なものが感じとられる。かつての「君子」は、現代にとって、もはや一個のディレッタントにすぎない。われわれは、このようなディレッタンティスムにたいしては、どんな道徳的価値も認めない。むしろ、完全であろうとするよりも生みだすことに努める人、限定された仕事をもち、それに没頭している人、自己のつとめを果たし、黙々と畑をすきおこしている人、そういうことができる人物にこそ、われわれは完成をみる。スクレタン氏がいうように、「自己を完成するということはおのれの役割を識るということである。おのれの機能を果たしうるようになることである……。われわれの完成の尺度は、われわれの自己満足や群衆の喝采、もったいぶったディレッタンティスムのわが意をえたりというような微笑のうちにあるのではない。それは、果たされたつとめの総量のうちに、よりさらにそれを果たそうとするわれわれの能力のうちにこそある」[29]。これと同じように、道徳的理想もまた、かってそうであったような唯一の、単純な、非人格的なものから、しだいに多様化してきている。すでにわれわれは、人間一般の諸資質を自己において実現することだけが唯一の人間の義務である、とは考えていない。むしろ自分の専門の仕事についてだけは資質をそなえていなければならぬと信じている。このような世論の状態をとくに裏がきするひとつの事実がある。それは、教育がしだいに専門化の特徴をおびてきているという事実である。まるでわれわれの子どもたちがみな同じ生活をたどらなければならぬとでもいうように、いっせいに紋切型の教養を受けさせることではなくて、将来彼らがさまざまの異なった機能を果たすように約束されているという見地にたって、子どもをそれぞれ個別的に形成してやる必要が、ますます痛感されてきている。一言でいえば、道徳意識の定言命法は、その一面において、まさにつぎのようなかたちをとろうとしている。確定したある一定の機能を有効に果たしうるような状態に汝をおけ。

　けれども、つけ加えておかなければならぬことは、この準則がいかに命令的であろうとも、つねに、またどこにおいても、それと正反対の準則によって限定されるものだということである。分業というものが、過去においても現在においても、けっして絶対的かつ無条件によいものだと宣言されてきたことはない。あったとしても、けっしてこえてはならぬある限度内においてのみであった。この限度というのは、もちろん変わりやすい。だからといって、こういった限界がないのではない。諸国民の道徳意識においては、どこにおいても、われわれに専門化せよと命じる格率にたいして、もうひとつ別の格率がある。それは、前者とは反対のものであって、われわれにたいして万人に共通な同一の理想を実現すべしと命ずる。道徳の目的は多様化するが、それはある限界から先のことであって、それ以内では万人にとってこの目的は同じである。この限界点は、道徳目的の多様化がつねに増大するから、いよいよ後退する。したがって、一般的理想にとっては、いつも小さな場所しか残されない。しかし、この境界線が変わったからといって、それが消滅してしまったのではない。すべての人がこの境界線を同じところにおいてみているのではないのである。その目を現在に向けるか過去に向けるかに応じて、あるいは伝統を尊重するか進歩に燃えたつかによって、この線をある者は高く、ある者は低くおく。いずれにしても、境界線の存在は万人のひとしく認めるところである。だが、ある義務的な準則が他の準則によってしかるべき限界を課せられるからといって、それはなんらおどろくべきことでもなければ、それによって前者の道徳的特質が変わるわけでもない。このことは、道徳生活においても、肉体の生活、意識の生活においても同様であって、そこには無限の善などというものはない。現在するすべての力が生存権をもっている以上、そのおのおのが自己の役割をもつことは正当であり、一方が他方を蚕食してはならないのである。さまざまの機能、さまざまの能力がある発達の限度内でたがいに均衡をたもち、自制しあうのと同じように、異なった道徳的実践がたがいに抑制しあい、それぞれの対立が均衡を生む理由は、まさにここにある。

この対立は、いずれにせよ分業が道徳的に中立ではありえないことをも証明する。分業は中間的立場をとることができないのである。じっさい、われわれのうちに自己の属する種属のあらゆる属性を実現せよと命ずる準則は、もし分業がこれと同じ性質をもつなら、すなわち、分業が道徳的であるならば、この準則と正反対の分業準則によって限定されるなどということはありえない。ひとつの義務は他の義務によってこそ抑制され調整されこそすれ、純粋に経済的な必要性によって抑制されうるものではない。分業が物質的利益によってしかみずからの真価を発揮しえないとすれば、それに道徳的規則の作用力を限定するような資格のあろうはずがない。だが、分業は、いっさいのおもしがとりのけられたばあいには、無制限に適用されるものである。なぜなら、分業は他のいかなる義務によっても中和されない義務だからだ。われわれは、万人が同じ理想を部分的にめざすべきである、といってはならない。われわれのすべてに共通な理想以外に理想をもってはならない、というべきである。われわれは、たんにわれわれの本性のあるがままの全体を、ある限度をこえて傷つけるようなことがあってはならないばかりでなく、この全体を絶対に無傷のままに保持すべきであり、何ひとつとして見棄てることのないようにしなければならない。

だから、すべての専門化が、結局それ自体に帰着してしまうようであれば、それは、道徳的には悪しきものとなる。専門化は、事実上、この基本的義務にたいする違反ということになる。というのは、個人が完全な人間であることを放棄し、自己の一部を犠牲にして残りの部分を発達させるのでなければ、そもそも専門化ということは不可能だからである。こうして、ここに選択をしなければならぬ。すなわち、もし分業が道徳的でないとすれば、それは、まぎれもなく非道徳的である。もし分業が義務的な一準則でないとすれば、それは義務的準則を侵すものであり、したがってこれを禁じなければならない。

ところが、事実に抗するのでなければ分業を禁止することはできない。なぜなら、それは数世紀このかた少しも妨げられることもなく進歩してきたものであり、したがって、あきらかに不可避的なものだからである。分業にたいして、これを無制限に否定しつづけるならば、道徳と現実とのあいだに不可解な絶縁を認めなければなるまい。道徳は世界の生命によって生きるものである。だから、世界が生きるために必要なものが道徳に反することはありえない。こうして、論理的ジレンマの一方の項は棄てられ、帰謬法によって、分業の道徳的性質があらためて論証されたわけである。

しかしながら、このような論証がどんなに強力な推論を構成するからといって、いくつかの疑点を残さないわけではない。

じじつ、われわれがよみがえらせてきたばかりの諸事実にたいして、正反対の事実をあげることも可能である。すなわち、世論が分業という準則を肯定するばあいでも、ある不安とためらいがないわけではない。というのは、世論は人間に自己を専門化するようにと命じながら、他方で、人びとが極端に専門化することをたえず恐れているようにみえるからである。集約的な労働を讃える格率があるかと思うと、それは危険だと指摘する別の格率も、それに劣らず広範にある。たとえば、ジャン・バティスト・セーはいう。「これまでに、一本の針の一八分の一しかつくったことがないという悲しい証言をしなければならぬ。だが、このようにして人間性の尊厳から堕落してゆくのは、生涯、一挺のやすりやハンマーを使う労働者だけのことだなどと思いこまないでもらいたい。職業上その精神のもっとも鋭敏な能力を酷使する人間もまた、この点では同じなのである[30]」。また、一九世紀がはじまるとすぐルモンテ[31]は、近代的労働者の生活と未開人の悠々たる生活とを比較して、前者より後者のほうがはるかに恵まれていることを発見していた。トックヴィルもまた、それに劣らず峻烈にいう。「分業の原理がその適用をいよいよ完璧にしてゆくにつれて、技術は進歩をとげるが、職人は退化する[32]」。

こうした矛盾する諸事実が明らかにしてくれることは、よしんば分業が義務という形式を整えつつあるのだとしても、それはなお完成された事実とはなっていない、ということである。道徳意識はもちろんこの方向に向かっているようであるが、まだその基盤をみいだしてはいない。この対立する二方向は対峙したままであって、その一方はしだいに他方を凌いできているようにみえるが、それでも手もとにえられた諸事実は十分に確定したものでも十分に特徴づけられたものでもないので、われわれは、その進化が完成の域に達するまでこの方向を正確にたどるはずであると、確信をもって保証することができないのである。だから、これは正常類型がまだこの点では未確立なので、この類型が基準としての役にたたないばあいの一例である。

したがって、われわれに残されているのは、先に示しておいたもうひとつの方法によってやってみることである。われわれは、分業をそれ自体において、まったく理論的な仕方で研究し、それが何に役だち、何に依存するのか、を探究しなければならない。つまりは、分業にかんしてできるだけ適合的な観念をつくることである。そうしたうえでこそ、われわれは分業をほかの道徳的諸現象と比較することができ、それが、これらの現象とどんな関係にあるかを明らかにすることができるであろう。そこで、分業が、まちがいなく道徳的かつ正常な特質をもった他の慣行と同じ役割を果たしていること、ばあいによって分業がこの役割を果たさないことがあっても、それは異常な逸脱によるものであること、さらに分業を決定する諸原因が諸他の道徳準則の決定条件と同一であること、以上のことが明らかにされるならば、われわれは分業をこれらの道徳的諸準則と同列に分類しなければならぬと結論できるであろう。もちろん、われわれは諸社会の道徳意識の代わりにわれわれ〔の意識〕をおくことをしてはならないし、それに代わって法律を制定するようなことをすべきでもない。われわれのできることは、諸社会の道徳意識に少しばかりの光を投げかけ、その混迷を軽くすることを探究することである。

したがって、本書での研究は三つの主要部分にわけられる。

第一に、われわれは分業の機能がいかなるものであるか、すなわち、分業はどのような社会的要求に応えるものであるか、を探究するであろう。

つぎに、分業がよってたつ諸原因と諸条件が決定されるであろう。

さいごに、もし分業が、多少の差はあってもしばしば現実に正常状態から逸脱することがなかったとすれば、分業はこれほど重大な非難の的にはならなかったであろう。それゆえ、分業の正常形態と異常形態との分類を試みるであろう。生物学においては、病理学的なものが生理学的なものをよりよく理解させる一助となるが、この研究もまた、ここにこれと同じ利益をもたらすであろう。

さらに、分業の道徳的価値については多くの論議がされてはきたが、それは道徳性の一般公式について共通の見解がないためであるよりは、われわれがこれから手をつけようとしている事実の問題をあまりに無視してきたためである。ひとは、いつでもこの事実の問題があたかも自明であるかのように思いこみ、また、分業の性質、役割、原因を知るためには、われわれ各人がいだいている観念を分析すればそれで足りるかのように推断してきた。こういう方法が科学的な帰結をもたらすはずがない。だから、アダム・スミス以来、分業理論はほとんど進歩しなかったのである。シュモーラー氏もいっている。「こんにちでは、すでに社会主義者たちがその観察領域をひろげて、現代の工場内分業を一八世紀の作業場のそれと対比するところまでいっているのに、アダム・スミスの後継者たちは、きわめて貧弱な思想でもって彼の残した範例や注釈になお執拗にかじりついてきた。しかし、こうした社会主義者たちの貢献によってもなお、分業理論は体系的な、深くほりさげたやり方では展開されてこなかった。何人かの経済学者たちによる技術論的考察や月なみな真理をひきだすにすぎない観察もまた、この分業の思想の発展にことさら貢献するところがなかったのである(33)」。分業が客観的に存在するということを知るためには、われわれがそれについてつくりあげた観念の内容を展開させるだけでは不十分なのだ。さらに、それを客観的事実としてとりあつかい、これを観察し、比較しなければならぬ。そうしてはじめて、われわれは、これらの観察の結果が、われわれの内なる感情が示唆する結果としばしば異なることを知るのである。

原注

(1) 本書九四ページ注(1)と同じ。
(2) 同右、(2)と同じ。
(3) 同右、(3)と同じ。
(4) 同右、(4)と同じ。
(5) *Manuel de philosophie*, p. 569.
(6) *Metaphysik der Sitten*, 2e partie, §30, et *Grundlegung der Metaphysik der Sitten*, édition Hartenstein, t. IV, S. 271.
(7) *Grundlegung*, éd. Hartenstein, t. IV, S. 278.
(8) 「この行為においては、ひとりの人間が、みずからを物とすることであり、この物は人間の権利において、彼ほんらいの人格と矛盾する」(*Metaphysik der Sitten*, 1re partie, § 25)。
(9) ジャネ氏の著 *Morale*, p. 123 からこの議論を借りた。
(10) *Ibid.*, pp. 124-125.
(11) Renouvier, *Science de la Morale*, t. I, p. 349.
(12) Guyau, *Morale analyse*; Wundt, *Ethik*, S. 356 以下をみよ。
(13) *Bases de la Morale évolutionniste*, p. 220.
(14) Wiart, *Des principes de la Morale considérée comme science*, Paris, 1862. ——ドイツにおいては、かつてよく支持されてきたし、いまでもますますそうである (Jhering, *Der Zweck im Recht*; Post, *Die Grundlage des Rechts*, Schäffle, *Bau und Leben des sozialen Körpers*)。
(15) Spencer, *Introduction à la science sociale*, p. 360.
(16) Fouillée, *Propriété sociale*, p. 83 をみよ。
(17) われわれの知るかぎりでは、あまり適切でない名称であるが、実践的とよばれる道徳を理論的という道徳の前においた唯一の道徳学者は、ジャネ氏である。この革新は重要だと考えてよい。だが、実践的道徳の理論がその全成果を発揮しうるためには、この諸義務の研究が純粋に記述的な、またきわめて一般的な分析に堕してしまわないことが必要である。これらの義務のそれぞれが、その複雑さのままにおいて構成されなければならない。すなわち、それが含んでいる諸要素、その発展の依存する条件、その役割などを、あるいは個人とのかかわりにおいて、あるいは社会とのかかわりにおいて決定しなければならぬ。全体の見地や哲学的一般論から少しずつ自由になりうるのは、ただこういう個別的な探究によってのみである。
(18) この論点については、われわれの論文 la Science positive de la Morale, in *Revue philosophique*, jouillet, août, septembre, 1887 にゆだねることをお許しいただきたい。

(19) ヴント氏の方法がこれに近い。*Ethik, eine Untersuchung der Tatsachen und Gesetze des sittlichen Lebens*, Stuttgart, 1886.

(20) Janet, *La Morale*, p. 223.

(21) *Loc. cit.*, p. 234.

(22) *Loc. cit.*, p. 239.

(23) だから、これらの行為と諸他の行為とをわけることはむつかしいことではない。しごく簡単にできる。したがってこの区別は、やや困難なものをすべて勝手に恣意的なものとみようとするところから生ずるのではない。

(24) したがって、恣意的義務というものの存在を認めるものとわれわれとを混同するものは、われわれの考えを誤って理解するものである。恣意と義務という二語はあい容れないのである。

(25) われわれは実践的考察と科学的研究とを混同することをのぞまない。けれども、この二領域を区別することは、実践的見地においてすら非常に必要だと思われる。というのは、この両者を同一平面上におかなければ混同するようなことはないからである。ときには、美的＝道徳的活動にある優越性が与えられているようにさえみえる。もし、個人の自由な創造によって生まれ、どんな規範によっても左右されない、本質的に無規制的〔アノミック〕な、そしておそらく最高の道徳があるということを認めたりすれば、責任の感情すなわち義務の存在を弱めてしまうおそれがあろう。われわれは、まさに逆に、アノミーはあらゆる道徳を否定するものと考える。

(26) だからといって、病気が老人の正常類型を構成するというつもりはない。反対に、老人の疾病は成人の疾病と同様、異常な事実なのである。

(27) たとえば、ある社会にとって、出生率のいちじるしい低下は、その社会の成熟の限度がきているか、あるいはすでにこえてしまっているかを説明するのに役だつ。

(28) こうして、老人が成人の完全な類型を示すという事実は、少しも病的ではない。病理的であるということは、本質的な諸点において、老人の解剖学的および生理学的類型がすべてあらわれていながら、――しかも同時に成人のある特質をもっているというばあいである。
(29) *Le principe de la morale*, p. 189.
(30) *Traité d'économie politique*, livre I, ch. Ⅷ.
(31) *Raison ou folie*, 分業の道徳的影響にかんする章をみよ。
(32) *La démocratie en Amérique*.
(33) La division du travail étudiée au paint du vue historique, in *Revue d'économie politique*, 1889, p. 567.

訳注

＊1 原書の第一版序論は、第二版以後においては大幅に削られて、本訳書の「序論 問題」にみられるように簡単なものになっている。それに代わって、第二版には「職業集団化にかんする若干の考察」と題する長文の「第二版序文」が新たに加えられることになった。本訳書の冒頭を飾る一文がそれである。この序論に当たる部分のさしかえは、それ自体デュルケームの思考の展開を知るうえで興味深い。しかし「第一版序論」は、お読みいただければわかるように、そもそもデュルケームが本書をあらわした動機や問題意識が鮮明にあらわれているのみならず、後年の主要な方法論の素描や社会学にたいする基本的な問題意識が展開されていて、逸することのできない論旨を含んでいる。あたかも独立の論文とみてもさしつかえないものであるが、その重要性にかんがみ、とくに再録しておいた。
なお、第二版の（つまり本書の八三ページから九四ページまでの）「序論 問題」は、初版のそれにくらべておよそ五分の一たらずに縮約され、初版の冒頭の部分と5節の一部だけが収録されている。

本書では多少の重複をいとわず、全文収録しておいた。英訳本では、この縮約部分と注をのぞいて巻末に収録されており、邦訳では田辺寿利氏の第一巻に収録されている。

＊2　バスティア——Claude Frédéric Bastiat. 一八〇一—五〇年。フランスの経済学者で自由貿易論者。反社会主義の立場を強調。

訳者解説

1　人と生涯

エミール・デュルケーム（Émile Durkheim, 1858-1917）が第一次大戦のさなか、晩秋のフォンテーヌブローでこの世を去ってから、すでに半世紀をすぎている。さきごろ、彼の生誕一〇〇年を記念して、主としてフランスとアメリカで追憶と学説の再評価がおこなわれてからも、一〇年を経ている。この間の社会学の歴史は、デュルケームとわれわれにとって、どれだけの距離があったのであろうか。ということは、ここに訳出した『社会分業論』の出版された一八九〇年代とわれわれとのあいだに、社会学的な問題意識とその理論的解決にどれだけの違いがあるか、という問題に帰着するであろう。

このような問題のたて方をするのには、少なくとも二つの理由がある。第一は、ドイツのゲオルク・ジンメル（Georg Simmel, 1858-1918）やマックス・ヴェーバー（Max Weber, 1864-1920）たちとならんで、デュルケームが現代社会学の創始者のひとりであるといわれながら、前二者とともに、いまもなお激しい称賛と批判のまえにたっているからである。この三人は、いちばん若いヴェーバーをとってみても六つ違いの同世代であることは、のちに述べるように、当代の思想的状況からみて必ずしも偶然ではない。しかし、いずれもその著作はすでに古典の域に属しておりながら、その論旨は、われわれの問題状況にとって、いまなお現役だといってよい。第二に、デュルケームの学問的業績はきわめて多産的であるが、彼のもっとも初期のこの著書（それは同時に彼の学位請求論文でもあった）は、そのうちでも、当時の社会的思想的状況にたいして正面きって対決したほとんど唯一の書物だといってよいからである。これに匹敵する著作として、彼の『自殺論』（一八九七年）と『社会学講義』（一九五〇年）をあげることができるが、前者はその問題の特殊性の点で、後者は彼の死後に講義案をまとめて集録されたものであるという点で、さらに、両著とも『社会分業論』のいわば展開であるという点で、広範な現代的課題に社会学がどうとり組んだかを示すのには、やはりこの著をあげるのにしくはない。

もちろん、この現代社会学の祖も「時代の子」である以上、ひとり『社会分業論』のみにとどまらず、彼の全業績をもって時代の課題にとり組んだと理解すべきであろう。その意味では、この著書は彼の社会学への一里塚にすぎない。しかし、同時に、それは以後の社会学をまとめあげてゆく彼の全作業の理論的課題を、きわめていきいきとした萌芽形態で包みこんでいたことをも意味する。われわれは、まず、彼の生涯を追い、彼の生きた時代がどういう時代であったか、その課題を彼がどう受けとめて生きていったか、そこから彼の社会学の学問的性格を規定してゆく過程をどう歩いていったか、をみたいと思う。

デュルケームは、一八五八年四月一五日、東部フランスのロレーヌ地方ヴォージュ県エピナルで生まれた。当時、このエピナルはなお中世の寺院を残す、信仰心のあつい人びとの住む小都市であったという。しかし、一八七一年、フランスは普仏戦争に敗れて、アルザス、ロレーヌはドイツ領に併合され、エピナルはフランスにとって屈辱的な国境に近い町となる。デュルケームが一三歳のときである。彼が育った家族については、両親や兄弟のことについてもくわしいことが伝わっていない[1]。ただ、彼の生家が由緒のあるラビ（ユダヤの律法学者）の家がらであったことだけが伝わっている。後年、彼自身は少年時代にヘブライ語やその神話を系統的に学んだことはないと語っているが、そのころ旧約聖書やヘブライの神話にしたしんだであろうことは、想像にかたくない。またラビの子であったことに終生誇りをもっていたと伝えられている[2]。おそらく本書にみられる古代宗教への理解の深さにも、こうしたことが影響していることであろう。

エピナルの公立中学校《コレージュ》をおえて、パリのルイ・ル・グラン高等中学校《リセ》に入り、一八七九年、二一歳で高名の高等師範学校《エコール・ノルマル・シュペリユール》に入る。アンリ・ベルクソン（哲学者）、ジャン・ジョレス（社会主義者）が一級上におり、ピエール・ジャネ（心理学者）が同級生であった。リュシアン・レヴィ-ブリュール（哲学者・社会学者）はいれ違いに卒業している。後年、デュルケームは、ベルグソンとは、その学風からいって対照的な立場にたち、フランスの哲学界を二分する「大立物」となったし、のちにフランス統一社会党を結成して社会主義運動を指導するジョレスとは、ことのほか親交を結んだ。L・レヴィ-ブリュールはデュルケームの社会学に近く、ジャネとデュルケームはその影響が相互的である。

エコール・ノルマル時代のデュルケームは、「形而上学者《メタフィジシャン》」とあだ名され、野暮なくらい理屈をとおす、まじめな学生であったらしい。というのも、第二帝政から解放された当時の学風は、一般教養を主とするユマニスムが流行であり、どちらかというと思弁的なディレッタンティスムが横行していた。彼自身の回想によると「知的アナーキー」ともいうべき状況であったから、彼のような経験科学ふうの直截な思考は、融通のきかない理屈とみられていたようである。ディレッタントにたいする徹底した批判は、本書の第一版序文でもきわめて明瞭である。その意味では、エコール・ノルマルはデュルケームにとって失望であった。

しかし、ジョレスや親友オンメェ（Hommay, 1886 没）との社会問題の継続的な研究は、デュルケームの社会主義にたいする関心を深めていったし、おなじく友人のオクターヴ・アムラン（Octave Hamelin, 1856–1907）をとおして、当時在野の著名な哲学者シャルル・ルヌーヴィエ（Charles Renouvier, 1815–1903）の影響を受けたことは注目してよい。そして、在学中は、とくに二人の師、フュステル・ド・クーランジュ（Numa Denis Fustel de Coulanges, 1830–89）とエミール・ブトルー（Émile Boutroux, 1845–1921）から学ぶところが多かった。クーランジュは、いうまでもなく当代の歴史学者として一流であり、こんにちもなお『古代都市』の著者として知られているが、彼をとおして、史学、とりわけ比較史的方法を学びとった。実証的な比較史的方法は、のちに述べるようにデュルケーム社会学の重要な方法的磁石となる。さらに、ブトルーの影響はもっと直接的であったといってい い。彼はブトルーの「偶然性の哲学」から少なくとも二つのことを学んだ。ひとつは、所与の存在はそれ独自の新しさと統一性をもっていて、けっしてその構成要素に還元できないとする「創発性《エメルジャンス》の原理」である。いまひとつは、事物の因果律はカントの説くような先験的綜合の必然性によっては明らかにされえないとする「偶然性《コンタンジャンス》」の主張である。彼は、前者から「社会的事実」の独自性を解明する社会学の自律性の発想を、後者から認識の経験主義化（先験論批判）の発想を学びとって、彼の社会学の基調とするのである。

ブトルーの哲学は、自然法則の理解ひとつをとってみても、コントの実証哲学の影響がぬぐいがたい[3]。そのことは、デュルケームにたいしてブトルーとは違った影響を与えたルヌーヴィエについてもいえる。ルヌーヴィエが一九世紀フランスの代表的哲学者として名をなしたのは、むしろ新カント主義者としてであり、科学の批判としての哲学を主張したことにあった。そのゆえに彼の哲学は「新批判主義」とよばれているが、その前半生においてはコントの実証哲学の影響がつよい。彼の哲学は、要するにドイツのカント哲学とコントの実証哲学との批判的摂取の地点で成立していた。そしてカントの範疇論を批判しつつ「総体は多を一とみるところにある[4]」という主張が、デュルケームの「社会はそれを構成する諸個人のたんなる総和ではない」という命題を成立させることになる。デュルケーム自身は、後年、ルヌーヴィエから受けた影響の大きさを語って「コントの業績はわれわれに……ひとつの深い作用を及ぼした。しかし、このコントの影響は新批判主義の影響をとおしてもたらされたものである。われわれが、全体はそれをつくりあげている諸部分の総計にひとしいものではない、という公理に到達したのもルヌーヴィエによってである」と述べている[5]。

デュルケームがルヌーヴィエに魅せられたのは、エコール・ノルマルの二年生のときであったといわれるが、ルヌーヴィエが二月革命の闘士であったこと、終生講壇にたつことなく、しかも混乱をつづける第三共和政の道徳的統一のために、人格の自律性を根拠とする「科学としての倫理学」を説いてやまなかったこともまた、デュルケームに深い影響を与えた。本書の第一版序論にみられる道徳の科学への志向性は、やはり、この人の影響を思わせるものがある。

デュルケームがいつから社会学を終生の研究領域として選んだのか、そして、それはなぜであったのかという問題は、重要である。重要である理由は、もう少しあとで述べなければならないが、さしあたりコントの名づけた社会学が哲学から乳離れせず、その死後、思想界において冷笑の的であったことを知っておくだけでも十分であろう。ただ、ここでは、ごくわずかしかあげることのできなかった友人や師をとおして、すでに実証科学としての社会学の芽を少しずつ育んでいたこと、そのばあいに、コント、カントおよびモンテスキューにたいして、十分に目が開かれたことを注目しておきたい。

一八八二年エコール・ノルマルを卒業する。首席《カシク》入学者であったデュルケームは、さいごの教授資格試験《アグレガシオン》にはビリから二番目であったという。それからの五年間、パリ近県の三つの高等中学校で教職についたあと、一八八五年から八六年にかけてパリに半年、ドイツに半年間、それぞれ遊学する。この間、一八八四年には『社会分業論』の最初のプランをたて、八六年に最初の起草にかかっている。(6) また、リボー(Théodule Armand Ribot, 1839-1916)の主宰する雑誌『哲学評論』(Revue philosophique)の協力者となり、主としてドイツ・フランスの諸科学の書評を中心に、ほとんど毎号に筆をとっている。一八八六年、同誌第二二巻によせた『社会科学の諸研究』では、スペンサー、シェッフレなどの学説を批判的に検討したうえで、はじめて一般社会学と特殊社会学にかんする体系化をはじめている。社会学への決定的な志向は、このころに熟したとみてよいであろう。ドイツでは、ことにライプツィッヒ大学でヴント(Wilhelm Max Wundt, 1832-1920)を識り、道徳の実証科学的研究への確信を深めるとともに、翌年、これを『哲学評論』第二四巻に掲載し、デュルケームの声価が高まる。

一八八七年、ときの高等教育局長ルイ・リアールのすすめで、デュルケームは彼のために新設されたボルドー大学文学部の「社会科学と教育」の講義を担当する。当時のフランスの学界からすれば、やや「疑わしい主題」をもった講義として受けとめられるが、社会学が公的に承認された第一歩であった。ここで、彼は『社会科学講義――開講の辞』を皮切りに、社会的連帯、家族、自殺、法と道徳、犯罪、教育、宗教を主題として、つぎつぎに実証的な内容をもった講義を進めていった。九三年に『社会分業論』を出版、二年後には『社会学的方法の規準』を公にする。後者は、のちに述べるように、実証科学としての社会学の立場を鮮明にした方法論の集大成であるが、学界からは多くの非難と称賛をあびた書物である。この『規準』の第二版序文（一九〇一年）で、デュルケーム自身が冒頭に「当時の諸思想が狼狽したように」「多くの激烈な反論をひきおこした」と述べていることからも、彼の社会学がどのように受けとめられたかが推察されよう。

以後のデュルケームは、その研究と教育において、まことに精力的であった。一八九七年には『自殺論』を世に問う。『規準』が公刊されてわずか二年後であり、社会学において、はじめて統計的方法が駆使された画期的な書物である。この書の序文において、「ここ一〇年来、社会学はいまや流行している」と述べ、感慨をこめている。そこにはまた、誇りと自信があふれているといってよい。翌九八年には『社会学年報』第一巻を発行する。この『年報』は、第一次大戦直前まで全一二巻を世に送るが、デュルケームの社会学にとって決定的に重要な意味をもつ。その第一は、彼のいわゆる「社会学主義《ソシオロジスム》」がここにはじまったという意味においてであり、第二は、古今の社会学界にとって稀にみる学派を形成した意味においてである。前者についてはのちに述べるが、後者については、第一巻で一三人の協力者がデュルケームの指導のもとに、それぞれの専門分野で特殊研究の業績をつみ重ねている。[7] おもな協力者はブグレ（Célestin Bouglé　当時二八歳）、モース（Marcel Mauss　二六歳）、ユベール（Henri Hubert　二六歳）、シミアン（François Simiand　二五歳）、フォコンネ（Paul Fauconnet　二四歳）などであり、ガストン・リシャール（Gaston Richard　三七歳）を筆頭に、いずれも二〇代の若々しい協力者たちが『社会学年報』を担った。デュルケルケームはようやく四〇歳であり、もっとも脂の乗りきった世代であった。

『年報』は特殊な構成である。それは、隣接する特殊諸科学の研究成果を社会学的に再検討したうえで、一般社会学、宗教社会学、道徳と法の社会学、犯罪社会学、経済社会学などの特殊社会学の枠組のなかで位置づけようとする構成にある。この構成を第一巻でみれば、五六三ページのうちの四分の三がこの構成で満たされ、「解題」とも「特殊研究」ともいうべき「アナリーズ」(Analyses) と総称されている。つまり、膨大な内外の研究成果をふまえて、デュルケーム社会学の構想が実現される場が、ほかならぬ『年報』であった。コントの観念論的な社会学が、いまや実証科学として再建されたばかりでなく、社会学は諸特殊科学の総合科学として、「女王」として提示されたのであった。そのことを裏からみれば、おおぜいの協力者なしにデュルケーム社会学は成りたたなかったということであり、彼がそれだけ十分な理論的体系と包容力のある組織者であったことを物語っている。じじつ、デュルケームの諸著をみれば、どれをとってみても息苦しいまでに折目正しい議論で満ちている。理論のうえでは峻厳きわまりなかった。講義も魅力と明快さであふれており、アリストテレスの再来をみる思いであったといわれる。しかし、反面、学生に個別に接するデュルケーム、家庭におけるデュルケームは、人間的な温かさにあふれていたという。こんにち、われわれが手にすることのできる弟子たちの回想には、師にたいするひいき目を多少割引いてみる必要もあるが、『年報』を築きあげた裾野の広大さは、事実としてみるとき、やはりデュルケームの大きさを思わせずにはおかない。

デュルケームの業績は、その後、毎年の『年報』を中心に発表されるが、一八九八年ごろから、しだいに社会と個人との哲学的考察、歴史学とりわけ民族誌学に依拠した宗教の研究へと傾斜してゆく。その成果は、一九一二年の大著『宗教生活の原初形態』に集大成されていった。そして、この間に書かれた多くの論文は、巻末文献にみられるように、死後、後継者たちの手によって何冊もの論文集にまとめあげられた。それらのうちには、これまでにふれなかった教育の科学にかんする多くの理論的・実証的研究が収められている。教育社会学についてもまた、彼はその科学的な創始者といってもよいのである。

学者としてのデュルケームは、その後、ボルドー大学文学部に、一八九六年、はじめて「社会科学」の講座が設置され、その正教授となった。公的には、フランス最初の社会学講座である。そして一九〇二年には、パリ大学から招かれてソルボンヌ（文理学部）に移る。ここでも、一九一三年、彼のためにソルボンヌはじまって以来最初の社会学講座が設けられた。まことにデュルケームは「学者になるべくして学者になった」（C・ブロンデル）というべきであろう。その意味では、彼の生涯は波瀾にとぼしい。彼の先駆者コントやサン＝シモン、あるいはコンドルセやルソーにしても、むしろその数奇な運命のゆえに心を惹かれる。デュルケームは、その学風がそうであったように秩序《オルドル》の人であった。波瀾のとぼしさは、むしろ彼の峻烈な論法、名だたる論争家《ポレミーク》調で補われていたといってよい。そして、彼自身が命名した「年報氏族《クラン・ド・ランネ・ソシオロジク》」の集団、学派の人びとの総帥として、多くの国内、国外の学者に影響を及ぼしつつ、晩年を過ごした。しかし、第一次大戦の勃発とともに、彼の膝もとの俊秀たちはあいつで戦場にたち、その若い生命を失っていった。彼の息子アンドレ(言語社会学者)もそのひとりである。息子の訃報を手にして一年半、デュルケームは五九歳の生涯を閉じた。一九一七年一一月、大戦のさなかであった。

2　時代と思想

デュルケームが秩序の人であったということは、彼のひととなりのしからしめるところでもあったろうが、同時代の思想的状況、社会的状況の影響もみのがせない。彼の生きた時代はどういう時代であったのか。彼はその時代にたいして、どのようにかかわってきたのだろうか。

先に述べたように、デュルケームは一三歳で普仏戦争による祖国の敗北をみている。伯父ナポレオンの偉大を夢みるルイ・ナポレオンの帝政は、終わりを告げた。しかし、敗戦から第三共和政の発足(一八七五年)までは、あのパリ・コミューンや王政復古の反動もまじえて、フランスは血なまぐさい動乱のただなかにあった。しかも、共和政憲法草案が七五年一月の議会を通過したのは、わずかに一票差によってであった。したがって、以後一〇年余にわたって、王政復古を夢みる王党派とカトリック教会派との両派連合の共和派にたいする攻撃を中心に、政治的不安定は長くつづいた。ようやく擡頭してきた社会主義者やサンジカリストの活動も、しだいに大きくなっていった。しかも、いずれの政治勢力も小党派分立をとげ、共和派の前途はまことに容易ではなかった。こころみに、一八七一年から一九一四年までの四四年間をとってみれば、この間にじつに六一回にわたって政府が組織されている。一内閣平均八カ月という短命な政治的生命である。そして、共和政の基礎をゆるがす政治的事件があいついだ。ブーランジュ将軍のクー・デタ未遂事件（一八八五―八九年）、パナマ運河会社事件（一八九二年）があり、共和政最大の試練をうけるドレフュス事件（一八九四―九九年）があった。

第三共和政の不安定な流れを注意してみると、共和派自体のなかにおいても、政治家の体質が変わってゆくことが注目される。大まかにいって、第一は、旧フランスの「名士たち《ノターブル》」から大企業家・大地主たちのブルジョワ共和派への移行であり、第二は、それからさらに急進的共和派への移行が、それである。後者は中・小のブルジョワジーを中心とする勢力であった。それとは別に、労働者階級を代表する社会主義者たちも、しだいに議席をふやしていった(8)。二〇世紀に入ると、急進共和派ですら伝統主義的立場にたつようになり、統一を固めてゆく社会主義諸派からの攻撃を受けるようになる。ジョレスとジュール・ゲード（Jules Guesde, 1845-1922）の握手による統一社会党（S・F・I・O）の結成は、この攻撃力を倍加する。つまりは、以上の政治的不安定の底に、一九世紀前半で確立されたフランス資本主義の必然の産物として、新しい階級もまた確立され、その政治的自覚が一八九〇年代から組織化されてくるということである。

デュルケームが学問的に成長し、成熟していった時期、つまり普仏戦争から第一次大戦までの四〇年間は、王政から共和政へ、共和政から帝政へとめまぐるしく変化したこの世紀前半にくらべて、まだしも相対的に安定した時代であった。後世、人びとはこの四〇年間を「よき時代」とよんでいる。しかし、じつはこの世紀前半に確立した工業社会をテコにしてフランスは列強と激しい経済競争、植民地争奪戦に加わり、いわゆる帝国主義段階に突入しつつあったのである。一八九一年の統計によると、フランスはいぜんとして農民人口優越の国であった。農民は全人口の四六%を占めていたのにたいして、工業人口は二五%、商業人口は一三・五%にすぎない。しかし、農民の家族小経営においても、その三分の一以上は雇用労働力を採用し、機械化はすすみ、資本主義化が進行していた。この四〇年間の農民層分解は、緩慢ながらもとどまるところを知らなかった。資本の集中も、鉄鋼・化学と銀行を中心に、全般的にカルテル化の進行として現象した。あわせて都市の家族経営的小企業は企業中の六割を占めて、これも分解しながらたえず補充されていった。大企業と小企業の格差が増大していった。一八六九年と七〇年には、ロワール県の鉱山、オバン製鉄所、クルゾの鉱山などでストライキが頻発した。第三共和政成立以後も、九〇年代に再発し、ついに二〇世紀初頭においては、炭坑(一九〇六年)、郵便(一九〇九年)、鉄道(一九一〇年)の労働者たちが、ナショナル・レベルの大争議を展開するようになっていた(9)。

デュルケームが『社会分業論』で、分業の異常形態としてあげた第一の例は「商工業の恐慌・倒産」であり、「労働と資本の対立」(五七四ページ)であった。また、労資間の対立の規制については、第二版で多少の訂正はしたものの、「資本と労働との関係は、こんにちまでのところ、法律的には未決定の状態のまま」（五九二ページ）であり、階級制度こそは「紛争の根源である」（六〇三ページ）とみていた。そこには、資本家どうしの不平等な競争と連帯の欠如、いってみれば大企業による小企業の駆逐、企業とりわけ小企業相互間における競争の激化と連帯組織の欠如、小所有にとじこもっていた農業の商品市場への登場、つまりは農民層の分解、そして何よりも資本と労働との基本的対立――こうした問題が、彼の「無規制的分業」および「拘束的分業」という、われわれに耳なれぬ分析用語を支える現実的な病理的現象であった。のみならず、「有機的連帯」が優勢になってくるにつれて、つまりは近代社会が発達するにつれて、諸機能の中央集権化（デュルケームの用語でいえば中枢的統制器官の機能の増大と複雑化）がすすむが、しかし経済的機能と行政的機能は相互に無関係のままでこの傾向を推進すること、さらに経済の発達につれて企業の社会性が増し、労働運動の拡大化が生じて、中枢的統制器官（行政機能の中心としての政府）の介入の機会が多くなることなど、分業の正常形態においてもまた、資本主義の発展がもたらす「機械的必然性」が認識されている（第一編第Ⅶ章3）。

また、デュルケームが政治社会の非合理的な暗い「集合意識」について語り、企業をはじめとする諸集団の無政府状態と諸集団の連帯組織としての第二次的な職業集団の欠如について語るとき、第三共和政をゆさぶる政治状況の基底に何が欠けているかをみていたわけである。さらに、この暗い「集合意識」を洗練し磨きあげて、明晰かつ合理的な「集合意識」を創造するところにこそ近代国家の役割があると断定するとき、また、そこにわれわれがいくばくかの理想主義をみいだすとき、デュルケームが第三共和政に欠けているものは何か、期待しうべきものが何であるかに思いをいたしていたことを発見する。[10]マルセル・モースによれば、エコール・ノルマル時代のデュルケームがジョレスたちと社会問題の研究にたずさわっていたとき、みずからの研究目標を「個人主義と社会主義との関係」においていたという。[11]卒業の翌年（一八八三年）には、それがさらに明確にされて「個人と社会」の問題に整理されたといわれるが、ここには、あきらかに社会主義の問題に触発されつつ、社会学の課題をなまなましい現実からくみあげようとしていたことが知られる。

しかし、デュルケームのこうした現実感覚がそのまま彼の社会学に表現されたのではない。第三共和政の混乱をひきおこさせた社会の基本構造を、近代社会の構造そのものを解明する過程でとらえなおしてみようとすることが彼の究極目標であった。政治の指針を与えるよりも、現実を可能ならしめている社会の基本構造を知ることが先決であった。そのために社会学が選びとられたのである。彼が現実の問題にふれるばあい、いつでも実践的課題の根底にある原則を理論的に解明することに焦点をおいたことは注目しておいてよい。

たとえば、フランスが一九世紀末から二〇世紀初頭にかけてかかえていた重要な問題のひとつ、教育の世俗化、教会権力から教育を解放する運動についても同様であった。彼の教育理論は、実質的にジュール・フェリ（Jules Ferry）による一八八六年の教育改革や、エミール・コンブ（J. L. Emile Combes）による一九〇五年の政教分離法を支持するものであるが、しかし、その課題はつねに教育現象の実証科学による解明ということであったし、宗教とはかかわりのない世俗的道徳の教育理論の探究であった[12]。

ドレフュス大尉がプロイセンのスパイ容疑で検挙されたことから、第三共和政の危機にまで発展した、いわゆるドレフュス事件のばあいでも、同様であった。デュルケームは、ドレフュス無罪を主張する知識人グループの指導的人物のひとりとして、共和派の側につき、ドレフュスの有罪を押しとおすことによって国家と軍隊の威信を保とうとした軍部や王党派とたたかった。このばあいでも、たんに人間主義的見地から個人の無実の罪に同情したのではなく、フランス人の道徳構造そのものを批判の対象としてとりあげたのであり、個人の尊厳を功利主義学説と先験主義学説の批判のうえにたって主張することによって、それを可能にしたのである[13]。

しかし、こうした実践的課題にさいして、デュルケームが徹底して実証科学の唱導者であったことは、いったいどこに由来するのであろうか。

モースは、先に引用した序文のなかで、ひきつづきこう述べている。「当時、社会学はほとんど問題にされていなかった。とりわけ、さいきんのコント主義者のゆきすぎが社会学を滑稽なものにしていたフランスでそうだった。のみならず、社会学はでき上がっているどころではなかった」。つまり、デュルケームみずからが実践的課題の処方箋をみつけようにも、それを支える理論も科学もない、というのが当時の状況であった。なるほどコントの実証主義は、そのための科学的プランとして社会学を用意した。しかし、それは要するに壮大な哲学ではあっても、実証的な科学ではなかった。実証主義を進化論によって科学化したイギリスのハーバート・スペンサーの社会学もまた、その基礎を事実におくよりも思弁においていた。じつは、スペンサーのよってたつ功利主義哲学そのものが現代の混乱の原因となる思想的文脈をもつものであった。したがって、デュルケームの仕事は、何よりもまず、実証科学としての社会学を確立することにほかならなかったのである。

ある思想史家は、一八九〇年代のヨーロッパの思想的傾向として、実証主義への反逆とマルクス主義批判とを特徴としてあげている。[14] こうした知的傾向を生みだした当のひとりとしてデュルケームがあげられているが、実証主義にかんしては彼を「残滓的実証主義者」とよび、マルクスにたいしてはアンビヴァレントな立場にたつとみて、やや特殊な位置づけを与えている。このばあい、われわれはヒューズのあげた当時の知的群像のうち、ヴェーバーもフロイトもクローチェも、コントとサン-シモンを直接の思想的源流としていないことに注意する必要がある。デュルケームの思想的源流にはコントがあり、さらにそのうえに、コントが師事し、のちに訣別したサン-シモンがある。デュルケームにとって、実証主義と社会主義とはよその国のこと、他人のことではなかったのである。だからこそ、彼はコントを徹底的に批判しつつ、しかも実証主義を科学としてつくりかえることが何よりの急務であった。同時に、サン-シモンは実践的な応用問題にいそぐあまり、真の意味での科学をつくることができなかったと彼の目に映るのである。そこからでてきた社会主義は、したがって道徳的情熱であり、怒りの叫びではあっても、科学になりえてい

ないものであった。(15)

デュルケームの著作から、実証主義と進化主義の影響をみてとることは容易である。社会の全体的考察、進歩と進化の観念、有機体論的思考等々。彼の特有の表現である「集合意識」という用語さえコントの示唆とみることができるし、機械論的な用語法を感ずる。このことは、実証主義や進化主義から遠いわれわれにとって、デュルケームを理解させにくくしている要因のひとつではある。しかし、だからといって、彼はこの二つの思想にべったりだったのではない。むしろ正反対に、コントとスペンサーはまさにのりこえられるべき対象であった。進化という用語は使っても、直線進化説は社会学ではなかったのである。

同様に、彼が経済という現象にたいしても特殊な見方にたっていたことを指摘しておきたい。近代社会がすぐれて経済を基調にして動いていることを、彼はもちろん見ぬいていた。しかし、経済法則が社会の基調であるという見方は、ついにとらなかった。むしろ、経済を実現させている人間の社会的連帯が、すぐれて非経済的であること、経済外的であることに注目する。「経済人《ホモ・エコノミクス》」という古典派経済学の発想は、功利主義的人間像を確立した。そのかぎりで個人主義の発達をうながすものではあるが、それはまた「万人は万人にたいして狼である」というホッブズ的命題を認めたことでしかない。バラバラな孤立した個人が契約によってつくりあげる社会とは、要するにモザイクの建造物にすぎないのではないか。経済が社会をつくるのではなくて、社会が経済を可能にしている側面こそが追求されるべき課題ではないか。デュルケームが分業について述べながら、道徳事実を研究することが目的だといった一見奇抜にみえる構想は、経済を成りたたせる社会的条件の研究という、きわめて広大な分野の開拓をめざすものであった。したがって、デュルケームが道徳という言葉を使うばあい、倫理というほんらいの意味だけで理解するのではなく、あらゆる人間的行為を成立させる社会的条件、なかんずく社会的規範として理解したほうがよいばあいもあることに注意しておきたい。

3 経済と社会——人間観と社会観

デュルケームの社会学理論は、その主要な特徴をほとんど『社会分業論』のなかに含んでいる。もちろん、明示的なものもあれば暗示的な萌芽にとどまっているものもあり、のちに棄てられる仮説もある。しかし、どちらかといえば、彼の社会学の輪郭と主要な筋線は、ほぼこの書物によって定められたといっても過言ではない。したがって、本書を中心にしながら、彼の社会学理論の特徴を理解することからはじめてゆきたい。

この書物は、ふつう「機械的連帯」から「有機的連帯」へという、やや歴史哲学的な社会発展の図式を提示したものとして知られている。そして、スペンサーの「軍事型社会」から「産業型社会」へという図式や、テンニース（Ferdinand Tönnies, 1855-1936）の「ゲマインシャフト」から「ゲゼルシャフト」へという図式などとよく対比される。このような対比それ自体は誤りでもないし、こうした二分法的分類を提示して、デュルケームが社会の発展史を描こうとしたことも誤りではない。しかし、デュルケームがそれによって何を明らかにしようとしたのかという点になると、あまり触れられていないのが実情である。その点では、彼が本書の第一版序文で「何よりもまず、道徳生活の諸事実を、実証諸科学の方法によってとりあつかおうとする、ひとつの試みである」（七〇ページ）といい、「本書をあらわす機縁となった問題は、個人的人格と社会的連帯との関係の問題である」（七九ページ）といっていることは注目しておいてよい。

先に述べた現実的関心に限っていえば、彼の時代に直面しているほとんど無規制状態《アノミー》にちかい道徳的現実をどう救済すればよいか、という関心が彼の意中にあったことは否定できない。しかし、こうした実践的関心にたいして、みずから理論的にこたえることを彼は念願としていたが、そのばあいに問題を近代社会の本質の解明とそのための実証科学としての社会学の建設という二重の課題として普遍化しようとした。右の引用句から知られるように、第一の課題は「個人と社会」という社会学の永遠の課題に正面からとりくむことであった。もっと具体的にいえば、あのアノミーは近代社会にとって自然の姿であるのかそれとも異常な姿であるのか、個人がいよいよ自立化するのに、一方ではなぜますます社会に依存するようになるのか、という近代社会の自覚的な問題を彼独自の流儀で提起することであった。そのために分業が研究対象として選びとられるのである。第二の課題は、この分業を道徳的事実としてとらえることによって、分業のすぐれて社会的な事実としての性格を明らかにしうるのではないか、という点であった。分業を経済的分業としてではなく、まさに社会的分業としてあつかおうとするものであり、近代における経済と社会という、これまた重大な相関的な問題にこたえるために、分業とは一見して無関係と思われる道徳の問題が導入されるのである。この点は、とくに彼の社会学において、つねに経済現象が特殊な地位におかれるということと、社会学の対象としての社会的事実を道徳的事実として確定することを強調するという、彼の社会学のきわだった特徴を構成する点として重視すべきである。

第三の課題は、これらすべての問題を解明するばあいの社会学的方法は、どうしたら実証科学として徹底できるか、という問題である。この問題意識は、ほとんど彼の全業績をつらぬいて表現しようと努力されたものであって、彼の関心はもっぱらここにあったといっても過言ではない。彼の目からすれば、コントの実証主義哲学は、科学として根本的に改編されるべきであった。第四に、以上の問題がすぐれて近代の提起した問題である以上、それはまた、とりわけて歴史的な課題でなければならない。分業がどういう社会の産物であり、どのような社会に固有のものであるかを決定することは、社会の発展史を問題とすることにほかならない。「ある社会事実の決定因は先行する社会事実のうちに求められなければならない(16)」ということは、のちにデュルケームの社会学的方法の重要な一規準となったものである。彼は、この国の学問的伝統にしたがって、社会の発展史を進化としてとらえ、「有機的連帯」を可能にする分業が、いかにして「機械的連帯」の解体過程から生ずるかを明らかにしようとした。晩年の彼はしだいに民族学的方法に傾倒してゆき、歴史的方法を未完のままで放棄するかにさえみえるが、その傾斜それ自体が彼の歴史的方法の一帰結でもあった。コントとスペンサー批判をとおして、歴史にはやや懐疑的になっていたとはいえ、ア・プリオリな論証を徹底的に排除しようとするかぎり、彼の社会現象にかんする説明と証明の手段が歴史に依拠するところはきわめて大きい。

以上、大まかにいって四つの課題が、この『社会分業論』ではどのようにこたえられているか、以下、順次検討をこころみておこう。

本書の初版序論のデュルケームの言葉から、まず第二の問題からとりあげてみるのが至当であろう。というのは、そのことによって第一の社会と個人の問題もまた明らかにされるからである。それは、われわれからすれば、彼が分業を道徳的事実としてあつかおうとした方法的要請の構造自体を問題とすることである。彼は、なぜ分業を道徳的事実としてあつかおうとしたのか。それを解明するには、右の序論の冒頭で、カントの先験論とスペンサーの経験論の批判からはじめていることに注意をはらっておきたい。カントのばあいは、「自己にたいして欲することを他者にたいしてせよ」という有名な定言命法が、結局のところ利己主義を完全に超克しうる普遍的義務を確定しえないこと、スペンサーのばあいは、その功利主義的個人主義の立場から個人の功利的打算こそが道徳の原動力であるとするが、それも結局は真の社会的な連帯を創出する道徳たりえないことをもって、両説がしりぞけられる。二者に共通する欠陥は、いずれも人間の観念から出発して理想を思弁的に構成し、この理想の実現を義務として、この義務をいっきに道徳的法則にしてしまうところにある、とデュルケームはみる。彼の見地からすれば、それは本末顚倒であって、まずさまざまの道徳的な諸事実から出発することこそが肝要であった。そして、分業は、こんにち広く近代人のモラルとして内面化されているが、それはなぜかという問いを発して、分業という社会的な一事実から近代人の倫理の性格とその倫理としての成立根拠を明らかにしようとするのである。

このばあい、論点を単純にするために、デュルケームがスペンサーをも含めて古典派経済学者たちのとる分業観を否定する論点だけをとりあげてみよう。彼は、この人びとが分業を効用の問題、とりわけ経済的効率の問題としてだけみることを否定する。その論拠はこうである。これらの人びとが想定する自由な「経済人」の冷徹な利益計算を効率化するためにのみ分業を考えるとすれば、分業はたんなる技術的手段たるのみであって、諸個人間に真の連帯を創出することはとうてい不可能である。そこには、このような自由人の「万人の万人にたいする狼」のようなホッブズ的社会関係しか存在しえない。そもそも純粋に経済的な行為それ自体は、ある意味で反社会的な性格をもつものではないか。いいかえれば、近代社会における分業の機能を確定しようとするばあい、まず近代初頭における功利主義的個人主義の人間観を否定することがデュルケームの出発点であった。

この批判は重要である。というのは、彼がこの書の第二版序文（一九〇二年発行）で、「こんにちにおいて、この無政府状態の異常な重大さをもたらしたものは、ほぼ二世紀このかた、経済的諸機能が経てきた発展である」（二四ページ）という時代認識を示し、「経済という集合生活の全領域は、その大半が規範的準則の抑制作用をまぬがれてしまう」（二三ページ）とみているからである。つまり、この時代におけるフランスの資本主義が自由主義段階をこえざるをえない極点に達し、たび重なる恐慌、頻発する労働争議、政治的スキャンダルといった「無規制状態《アノミー》」に直面して、功利主義的人間観こそは、彼にとって告発すべき対象にほかならなかったのである。右の自由な「経済人」たちの契約によって可能とされるはずの合理的な社会が、無惨にもアノミーしかもたらさなかったとすれば、それは経済が社会生活を主宰するからではなかったか。こうして、彼は経済の外にアノミーを克服すべき理論的根拠を求めようとする。それは、経済に深くコミットしながら、しかも経済外の機能を果たす分業の理論的解明によってこそ可能であった。その結果、分業の経済的効用説を否定して、その対極に、分業の強制的な義務としての性格、つまりはその道徳的特性を発掘するのである。

デュルケームにとっては、分業は、たんに自然必然的な現象――実証主義的思考法のまさっている彼なりの表現でいえば、「機械的に必然的な」現象――であるばかりではない。それは個人にとって義務的拘束的な行動準則でなければならなかった。そして、彼は、事実のうえにおいてそうであることを確証する。分業がたんなる自然の物理的法則であるならば、それを宿命として受けとるばかりであって、道徳的事実とよぶにはあたらない。ところが、分業の法則から逸脱したばあいには、たとえば非難されるとか賠償を要求されるとかの制裁を受けざるをえない。この制裁を用意しているところに分業の道徳的性格がみられる。これは、あきらかに経済外的な性格であるが、そのよってきたる理由は、分業という事実が個人の恣意的な欲求の産物ではなく、それらの個人をこえた社会の産物だからである。「個人に命令するために不可欠の道徳的・物質的至上権をもつものは、ただ構成された社会のみ」（二六ページ）だからである。したがって、デュルケームの理論的任務は、分業という事実を経済の領域のみに限定せず、そこからひき離して社会そのものの領域にまで拡大することであり、「高める」ことであった[17]。そして「事実上、分業がもたらす経済的貢献は、それがつくりだす道徳的効果にくらべればとるにたらぬものであって、分業の真の機能は二人あるいは数人のあいだに連帯感を創出することである」（一〇八ページ）と規定する。こうして、分業の機能が社会的であることを保証するのは、ひとえに分業が道徳的事実だからであった。本書の原題が『社会的分業について』と名づけられたゆえんである。

こうみてくると、デュルケームの選択の前には、経済と道徳、個人と社会という二者択一の対立項が二つ設けられていることに気づかれるであろう。経済は恣意的な個人の運載するものであり、道徳は社会そのものであるから、彼はこの二つの対立項のうち、それぞれ後者を選ぶことにおいて社会学の対象領域を明確化することを期待したのである。これまでに、われわれは、デュルケームが経済を個人の恣意（私利追求）の産物として設定する筋みちを追ってきた。これにたいして、社会はあきらかに道徳的実在であり、それゆえに恣意的な個人や規範の抑制作用からまぬがれやすい経済を、まさに拘束し抑制する機能を担うものとして登場してくるのである。後年、デュルケームは『個人表象と集団表象』(一八九八年)という論文において、社会が、無限に個人にまさること、後者にたいして超越的な存在にまで高められることを主張する。また、『社会分業論』の二年後に発刊された『社会学的方法の規準』においては、分業を道徳的事実として確定する第一の特性たる拘束性と、それが社会的であるから個人に外在するという外在性とが、ともに社会的事実そのものを規定する固有の特性として、さらにふえんされているのをみることができる。その意味では、道徳的事実はすぐれて社会的事実だったのであるし、経済は特殊な事実、まさに社会によって規制さるべき事実として一段低く位置づけられるのである。(18)要するにデュルケームは、経済のうちに社会をみることをしないで、経済の外に社会をみようとしたのであり、経済に対立し、それをこえるもの、それを抑制する原理をもつものとして、社会を措定したのである。(19)彼の社会学の学問的性格の一端が、この処女出版の書物において、すでに明瞭に示されたということができるであろう。

4　実証科学の方法

分業を道徳的事実としてみるということの問題意識は、おのずから先にわれわれが示しておいた第一の問題、つまり個人と社会の問題をデュルケームがどのように提示し、また決定していったかを知ることになった。つぎに第三の問題、すなわち、彼が分業という現象をいかに実証科学の方法でとりあつかっていったか、その方法論的な迫り方の特徴をみてゆくことにしたい。ここでは第四の問題、すなわち、歴史的方法の問題もおのずから触れられることになる。

もし分業が社会的連帯を創出するものだとすれば、それはいつ、どのような社会的連帯を生ずるのか。結論を先にいえば、分業の生みだす連帯は「有機的連帯」であり、それは、それに先行する社会である「機械的連帯」の解体したのちに生ずる。後者のモデルは原始社会であり、それを構成する諸個人が、ちょうど無機物質の諸分子が相互に類似して、しかもそのそれぞれが個性的な活動をしないかぎりにおいてのみ全体として活動しうるような連帯である。それは幼稚な環虫類に似た社会であるから、これを彼は「環節社会」とよぶ。ここでは成員全体の「集合意識」が優越して、それぞれの個性は埋没してしまう。したがって、そこには分業はない。これにたいして、「有機的連帯」の社会は、個性的な異質の諸個人が特定の関係で相互に結ばれるような体系から成る独自の有機的全体の社会である。それは、異質の諸要素の分業にもとづく連帯から成りたっている「組織的社会」であって、「集合意識」は弱体化し、「個人意識」が優越する近代社会をモデルとする。そして、社会はこの「機械的連帯」から「有機的連帯」へと発展進化する。

デュルケームの提出したこの社会発展の図式は、その大まかな構図についてみれば、テュルゴー（Anne R. J. Turgot, 1727–1781）からはじまって、サン－シモン、コントと受けつがれてきた進歩史観を背景としており、当時としては、別に珍しいものではない。彼があれほど拒否したスペンサーの図式とも酷似している。ある面で、スペンサーもまたコントの継承者であったのだから。ただ、デュルケームは、これらの先駆者たちと異なった発想の基礎にたっていた。そのひとつは、この発展を実証的に論証しようとした点であり、いまひとつは独自の社会学的決定論をとったという点である。

彼にとって、社会とは道徳的存在であるから、二種の連帯は異なった道徳的事実をもつ。それを彼はもっとも観察の容易な法形式の違いから実証しようとした。制裁を伴う行動準則を道徳的事実としてみれば、法こそそれをもっとも明瞭に示すものだからである。そして、この制裁のあり方にしたがって法を分類すれば、刑法のような懲罰的制裁を特徴とする「抑止的法律」と、個人の自律と複数個人の協同を保障するような制裁を特徴とする(民法、商法、行政法などの)「復原的法律」に大別される。法は個人の外にあって個人を拘束する事実であるという点からすれば、それはすぐれて社会の結合様式を法規定というかたちで表現するものである。だから、「抑止的法律」の優越する社会が「機械的連帯」の社会であり、「復原的法律」の支配する社会が「有機的連帯」の社会である。つまり、二つの社会をもっとも外在的な標識によって客観的実証的に把握するためには、その社会で支配的な法形式がどれであるかを評定することによって可能であると考えたわけである。分業を論ずるのに法の分類からはじめるなどということは、まことに奇異に思われるであろうし、いわゆる公法・私法の区分とは異なった耳馴れぬ法分類にとまどいをすら感じられるであろう。しかし、事実を外在的な、もっとも観察しやすい標識からとらえてゆこう的な特徴である。

この、一見風変わりな実証の過程で注目しておきたいことは、「集合意識」という概念の提示と、方法論的客観主義についてである。デュルケームが終生にわたって愛用する「集合意識」(la conscience collective――のちに集合表象 la représentation collective ともいう)という概念に本書で定義を与え、その意味に種々の限定を加えている(一四五―一四七ページ)。そのうち注意すべきことは、彼がこれを「社会の心理的類型」とよび、同じ社会の成員に共通な信念と感情の総体であって固有の生命をもつとみていることである。これは個人意識とはっきり区別され、のちに「集合意識」は社会そのものとして規定される。つまり、彼は社会を意識または表象という観念的実在とみていたのである。『社会学的方法の規準』で、社会的事実を「もの」としてみるという客観主義をつらぬきながら、しかし彼の考えていた社会は、あくまでも観念的表象であったことに注意しておかなければならない。と同時にまた、社会は道徳的事実であるという見地をとるかぎり、集合意識はまた規範的性質をもつものであった。その意味で、彼にとって法は、すぐれて「集合意識」の外化であり、規範的性質のものである。道徳的習俗も、自殺の風潮ですらも、そうであった。だから、デュルケームを社会実在論者とするばあいも、有機体説をとる一世代前までの学者たちとちがって、いわば観念論的実在論者とみるべきである。そして、この「集合意識」を、のちに彼独自の哲学で形而上学化してゆくところに、多くの批判が集中することになったし、じじつ、彼の社会学のひとつの限界と頂点を示すことになる[20]。

ただ、『社会分業論』では、「集合意識」はまだ社会の全部を蔽うものとなっていない。前述のように、典型的な「機械的連帯」においてこそ、両者は一致するものであった。しかし、「有機的連帯」の支配する社会では、それは「社会の心理的生活のごく限られた一部分にすぎない」(一四六ページ)。ここでは「集合意識」と「個人意識」のへだたりがますます大きくなり、それゆえに個人の自律性も大きくなるのであるが、反面、社会と個人の乖離が生じて、アノミーを生ずる一因となる。そこから、近代において新たな「集合意識」を再建することが、そして、それを担うものとして職業集団に期待を寄せることが、彼の実践的課題となる(第二版序文)。そこでは、個人はもちろん国家もこの新しい「集合意識」の担い手であってはならなかったのである。

この「集合意識」は、個人の外にあって個人を拘束する客観的存在であり、法や習俗のように実在として外化されるが、同時に、研究者にとっても科学的な実証の立場から、その外化された実在をまさしく社会的「もの」として認識することにおいて、方法的な客観主義がつらぬかれる[21]。ここで問題となるのは、一方では、社会と個人との対応関係において、その社会の行為者にとって「集合意識」は現実的に客観的な存在であるという、存在論的立場において「集合意識」の客観性がすでに定立されているということである。他方、観察可能な外在的側面から対象に接近するという、研究者の側においても対象認識の方法として客観主義がとられており、これが前者の存在論的客観主義と相即していることである。いわば二重の意味で客観主義的立場が徹底され、デュルケームの方法論をきわめて特色のあるものにしている。ところが、後者の認識方法の客観主義は、のちに述べるように、研究者の価値判断を排除するという意味で客観的な立場を保証することになるが、それも観察しやすいからという方法上の便宜がついてまわっていること——それをデュルケームは強調する——が特徴的である。もちろん、観察しやすければ対象として何を選びとってもいいというのではない。そのために前者の存在論的な客観性を、できるだけ厳密な方法でさらに精選しなければならない。たとえば、当の行為者にとって、ある「集合表象」の外的表示物（法律その他）が、はたして拘束として感じられるかどうかは保証の限りではない。それが当の社会の行為者たちにとって現実的に客観的であるということを、研究上の手続きのうえで厳密に整備しなければならないのである。要するに、方法のうえで二重の厳密さが要請されているわけである。

したがって、デュルケームの方法は客観主義的であるというばあいにも、この二重の手続きを十分理解してかからねばならない。と同時に、のちに触れるように、マックス・ヴェーバーのいう価値判断の排除の要請と、その具体的な方法、たとえば「理念型」構成による方法上の厳密さと区別して考えてみることが必要である。そして、デュルケームは、ここでいう存在論的客観性を保証するために、さまざまの方法をもちいているが、とくに本書では、第一版「序論　問題」に示された正常類型の設定の仕方に注意する必要があろう。それはまた、本書の随所に具体的に示されているが、正常類型と平均類型との相違、正常類型を構成するさいの平均類型の効用と限界、正常類型と異常類型との区別などがそれである。簡単にいえば、正常類型の設定によって、はじめて、ある現象がその社会にとって普遍的な事実であるかどうかを確かめることができる。たとえば、分業がある社会にとって正常的であるかどうかを確認できれば、その社会の構成員にとって分業が普遍的であることが立証される。このさい、ある社会的事実の普遍性を確認してから、その事実の正常性を問題にするのではなく、正常性の立証をとおして普遍性を確証してゆこうとするのが彼の方法の特徴である。そこに、従来あまりにも主観的で怪しげな普遍性を設定しようとしてきた諸学説にたいする、実証科学の立場からする痛烈な批判がこめられているのである。

しかし、正常類型を設定するばあいに、さらにやっかいな、しかも重要な問題がいくつか浮かびあがってくる。ある社会的事実の正常な型を確認しようとすれば、とうぜんその社会の類型を確定しなければならない。彼は、サン-シモンにならって、社会の幼児期、成人期、老年期という表現をつかって社会の発展期を示唆しているが、つまりは社会の発展段階に応じて社会類型を確定し、同一の現象がその社会で正常的であるかどうかを知るためには、他の同じ類型の社会においてもその現象が正常的であるか否かが確認でき、両者の比較ができるのでなければならない、としている。ここに、歴史的方法の必要が浮かびあがってくると同時に、いくつかの社会の比較史的方法が必要となってくる。すでに述べたように、デュルケームは「集合意識」が顕著で分業が正常的でない社会では「抑止的法律」が優越し、「個人意識」が発達し分業が正常的である社会では「復原的法律」または協同的法律が優越するとみた。それを検証するために、本書の第一編の数章をさいて、未開民族社会（刑罰諸規定）、ヘブライ社会（モーセの五書）、インド社会（マヌ法典）、古代ギリシア、ローマの社会（十二表法）、ゲルマン社会（サリカ、ブルグント、西ゴートの各法典）などの歴史的比較にあてている。そして、法の正常類型がある社会類型では共通し、他のそれでは異なること、それらをとおして一定の歴史的進化がみられることを立証してみせた。

歴史的方法、とりわけ比較史的方法は、デュルケームが社会学の研究をはじめた初期から強調してやまなかった方法である。すでに一八八八年の初期の論文『家族社会学入門』でその方法を強調しており、『法律規準』では比較史的方法をもって社会学的因果分析の唯一の方法とまで強調している。それは、彼の晩年の大著『宗教生活の原初形態』においても基本的には変わっていない。この比較を可能にするためにとられた歴史的な社会類型の典型化が、ほかならぬ「機械的連帯」と「有機的連帯」なのである。『分業論』以降では、この二類型の対置をあまり使わず、『方法規準』では、発展段階に応じた類型の細分化をこころみているが、これも積極的に展開するにはいたらなかった。このような歴史的類型化に彼が満足していなかったことを示すものである。[22]しかし、彼自身、社会諸現象の歴史的発展にかんする社会学的法則を求めるという大仕事はひとりの人間のよくなしうるわざではないことを、したがってひとつの理論はたえずのりこえられるべきであることを、よく知っていた[23]。歴史的方法は、デュルケームのあとの世代、つまり二〇世紀の二〇年代以降では、反進化主義の延長として歴史的方法の禁欲の時代へと入ってゆくが、それが重要な方法であることは、こんにちにおいても否定できないばかりでなく、その限界についてのきびしい反省をへたあとで、さらに発展されることが期待されているというべきであろう。

右の歴史的方法とからんで、いまひとつデュルケームが提出した重要な方法は、発生的方法と機能的方法である。本書の第一版序論（九二ページおよび七一三ページ）において、分業の研究主題を三つに限定しているが、そのうちの二つは、分業の機能と発生原因の研究にあてられている。本書の第一編が前者の分析に、第二編が後者の分析にあてられていることからもこの主題の重要さが知られよう。

前述のように、ある社会事実の決定原因は先行する社会的諸事実のうちに求めなければならないということは、デュルケームの重要な方法的準則であった。そのために、少なくとも二つの方法がとられる。その第一は、原因を求めてもっとも歴史的に原始的な社会にまでさかのぼろうとする方法であり、これを彼は発生的方法（la méthode génétique）とよぶ。第二は、社会的事実の原因は社会そのもののうちに求められるべきであり、社会的原因でなければならないとする方法である。これを社会学的決定論とよんでおこう。第一の側面については、本書でも、分業の起源を求めて、ついに未開社会（彼のばあいは原始社会）にまでさかのぼる方法がとられていることは、読者がすでに気づいておられるとおりである。したがって、歴史的因果分析の方法としては、この発生的方法と前記の比較史的方法とが緊密に組みあわされていることにも気づかれるであろう。発生的方法は歴史的因果関係を決定する方法であり、それを論証してゆるぎないものにする方法が「共変法」(la méthode des variations concomitantes) を主とする歴史的比較であった。[24] こうして、歴史的起源を探究する方法は、彼のばあい、特別の重要さを帯びてくるのである。家族、法、道徳、宗教などの諸制度の解明のために、未開社会の研究に比重がおかれ、民族誌的方法（未開社会の研究）は歴史的方法（歴史時代の社会の研究）を補完するものとして、きわめて重要な役割を与えられることになる。晩年のデュルケームは、彼が原始的社会とみた未開社会の研究に主力を注ぐことになり、後年、社会人類学、文化人類学、民族学にきわめて大きな影響をおよぼすことになるが、それはこのような歴史的方法の発展の方向においてこそ理解されるべきであろう。たとえば、彼の家族の研究にみられるように、通時的な家族の発展にかんする比較史的研究は、民族誌によって未開家族すなわち原始家族を、歴史的資料によって歴史時代の家族を、統計によって現代家族を明らかにするといった、スケールの大きい比較をふまえて家族の発展法則を把握しようとするものであった。[25] 分業にかんしても、まだ未熟なかたちであるが、同様の手法が本書において展開されていることをくみとっておきたい。

このような歴史的発生的方法を使いながら、他方において彼は社会学的決定論をとる。ということは、たとえば家族の発展についてみれば、家族発展の原因を歴史的に先行する家族そのものの内在的特質に求めるように、社会的事実の原因を社会そのものの内在的要因に求めようとするのである。本書の問題に即していえば、「機械的連帯」から「有機的連帯」へ社会が移行するさいの決定原因を、結局のところ、社会の物質的密度（人口密度）を基礎とする道徳的または動的密度に求める。これは、のちに彼が「社会形態学」として規定した、社会学の重要な一研究分野を構成するものであるが、この、いわば社会の基体ともいうべき精神的・社会的密度を、発生的方法によって歴史的に溯行しながら求めるわけであるから、歴史的発生的方法と社会学的決定論は、ここでもまた深く結びついているのである。デュルケームは、この道徳的密度を、諸機能の集中、都市の発達、コミュニケーション手段の発達などによって立証しているが、それはほかならぬ「機械的連帯」の解体過程の分析であり、その解体原因の分析である。したがって、社会変動論の問題でもある。

だから社会学的決定論は、社会変動を経済的要因によって説明するのでも、人間の意識的要因によって説明するのでもない。それらはいずれも非社会的な要因だとしてしりぞけ、社会は社会によって説明すべきだという原則をつらぬくのである。その意味では社会学的史観とでもいうべきものであるが、しかし、社会形態学は結局のところ人口の量と密度を物的基盤とするものであって、人口史観に帰着してしまうという批判はまぬがれがたい。

その意味では限界があるというべきであるが、社会現象を徹底してその内在的要因から解明しようとする方法論上の厳格主義は、たとえば、家族の内部構成の歴史的変化や宗教の社会的機能の解明にみられるように、すぐれた成果を残しえた理由でもあって、その面での功績をみおとしてはならないであろう。(26)

なお、原因の探究は機能のそれと混同されてはならぬこと、原因の探究にさきだって機能が確定されなければならぬことをデュルケームは主張する。それは、分業の発生原因を個人的欲求の充足または効用の点に求めようとする功利主義説にたいする批判をとおして得られた着想であるが、分業の原因を個人の欲求（動機）によってではなく社会によって解明すべきこと、また個人的動機とは区別される分業の客観的機能を社会的欲求にもとづけて解明すべきこと、そして分業の原因はその機能と混同されぬように切り離して分析すべきこと、まず分業の社会的機能確定を優先すべきこと、が彼の主な提言として強調される。社会現象の機能分析について明示的なかたちでその方法論を展開したのは、おそらくデュルケームをもって嚆矢とみてよいであろう。ここにも彼の方法論的厳格主義が顔をのぞかせているが、のちに社会人類学や構造＝機能分析（タルコット・パーソンズ）、潜在的機能分析（ロバート・マートン）などの社会学方法論に大きな影響を与えるところとなった。

5　批判と展望

われわれは『社会分業論』に長くとどまりすぎたように思う。彼の社会学上の業績は、それ以後にこそ本格的かつ精力的な展開をとげるからである。けれども、すでに述べたように、この書物は、のちの彼の学説と思想の発展を予告するかのように、その基本的な構想の多くを萌芽形態として含んでいる。とくにその方法論にかんしては、二年後の『方法規準』に集大成され、さらに発展されているから、もしこれを併読されるならば、デュルケーム社会学の方法論的な輪郭をほぼ理解することができるであろう。

しかしながら、もちろん彼の社会学が『分業論』と『方法規準』につきてしまうものではない。しかも本書と『自殺論』以後は、「現代」の問題からしだいに足を遠ざけ、歴史の原型としての未開社会の研究、「集合表象」の哲学的基礎づけ、認識と宗教の社会学的把握といった問題に関心の焦点を移してゆく。その意味では、いきいきとした現実的関心からしだいに遠ざかるようになったといえなくはない。『分業論』は、こうした彼の学問的遍歴のうちでも時代精神に対決した、数少ない作品のひとつといえるであろう。ここでは、『分業論』からさらに発展をとげた彼の社会学の要点を述べ、それにたいするいくつかの批判にふれて、今後の展望をえておきたい。

デュルケーム社会学の第一の特徴は、なんといってもその方法論的客観主義で裏うちされた社会実在論であろう。その特徴は、社会学の対象とする社会的事実の概念規定にも端的にあらわれている。「それは、行為・思考・感情の様式から成っていて、個人に外在し、かつ個人を強要することが可能な一種の強制力を与えられている」(『方法規準』田辺寿利訳、創元社、一九四二年、四九—五〇ページ）ものである。それはさまざまの表象と行為から成るものだから有機的現象とは異なり、個人意識のうちにおいてしか、また、それによってしか存在しえないとする心理的現象とも異なるものである。すなわち、一方では社会を有機的な実体とみる社会有機体説から、他方では社会を個人の心理的作用に解消してしまう心理学的社会理論からの訣別を意味する。(27) 社会的事実は、個人意識に還元しえないから集合意識なのであり、たんなる有機的実体ではないから集合意識なのである。こうした実在論（実体論ではない）的立場から、社会事実を考察するばあいに、前述のようにいっさいの先入観を棄てて「もの」としてみることが第一の、もっとも基本的な方法規準となる。また、このような対象の特性に応じて、外部から個人を拘束する側面に焦点をあててこそ、社会学的観察が可能だとされたのである。先にも触れたように、ここに、研究にさいして価値判断の排除を要請したヴェーバーの方法論的立場と類似したものがある。もちろん、両者の方法論的要請を可能にした歴史的・思想的文脈の違いを考慮に入れなければならないし、いったん対象を選びとったあとにおける研究法には、両者にいちじるしい相違があることを注意しておかなければならない。デュルケームのばあいは、ヴェーバーに比して、徹底した実在論的客観主義をその方法論の信条としていたのである。デュルケームが実証主義の申し子といわれるゆえんであると同時に、方法論における客観性の要求が、ほとんど同世代の両者によって、ドイツとフランスという違った風土に育ってきたことは興味のある問題だといえる。(28)

ただ、デュルケームの社会実在論的立場は、『自殺論』以後、やや違った傾向を帯びるようになる。たとえば、一九〇六年の論文『道徳事実の決定』にみられるように、「社会はあらゆる個人意識をこえていると同時に個人意識に内在的」であり、「あらゆる道徳的行為のとくにすぐれた内面的目的である」（『社会学と哲学』山田吉彦訳、創元社、一九四三年、一二一ページ）というように、社会的事実は個人に外在し拘束するという立場から、個人の内面的規範を強調する立場に移行する。その反面、「社会は個人意識にとって超越的対象」であり、「ひとつの偉大な道徳的存在」（同書、同ページ）として、いよいよ絶対視されるようになる。個人の規範意識として内面化されるかぎり、社会の道徳的価値はいくら高められても論理的に許容できるという考え方のようであるが、タルコット・パーソンズが、こうした転換をもって、デュルケームが実証主義から訣別したとさえ評価するほどであった[29]。このような立場の変化は、デュルケームの社会学そのものの研究過程よりも、「集合表象」の哲学的倫理学的考察の過程で生じたものであるが、その形而上学化の一面は、先に触れたように、ジョルジュ・ギュルヴィッチなどからも痛烈に批判されるところとなる。デュルケームがあれほど社会有機体論から脱却しようとしたにもかかわらず、このような形而上学化をまぬがれえなかったとすれば、これは実在論につきまとう宿命的な性格だといえるかもしれない。

しかし、こうした傾向にかたむいていったデュルケームの立場は、じつは先に述べた彼自身の社会観（道徳的事実としての社会）と人間観（否定さるべき功利主義的個人主義の担い手としての個人）の必然的な帰結といえるのではないか。道徳的存在としての社会と恣意的な欲望の担い手でしかない個人とを設定するかぎり、個人間の相互行為や個人そのものから社会を解き明かしてゆく方法論的個人主義は、最初から期待しうべくもなかったのである。個人が道徳的存在たりうるのも、社会の道徳的価値を内在化しえてはじめて可能であるとすれば、個人の自律性はどこまでいっても社会の優越性のまえに屈しなければならない。彼自身は、『分業論』においても個人の自律性を認め、近代の夫婦家族においても人格の自律性に高い価値をおいている。にもかかわらず、理論的には個人に低い評価しか与ええなかったところに、方法論のうえでの厳格主義が、かえって人間観に限界をおくことになったといえる。しかし、じつはこうした人間観それ自体が社会現象の客観的把握を可能にしたのであり、数々の独自な方法の開拓に途をひらいたといってよいであろう。のちに、彼の弟子ダヴィが、科学の名において人間を救済することを社会に期待しながら、結果として個人を社会の犠牲にしなければならなかった、と師デュルケームを批判するとき、稀代の論争家としてのデュルケームが方法論的に「論理過剰」であったことを認めざるをえなかったのである。(30)

　第二の特徴は、「社会学主義《ソシオロジスム》」ともよばれる総合社会学の構想である。右に述べたような人間観は、これを裏からみれば社会至上主義ともいうべき社会観を構成することになる。しかし、まさにそのことによって、さまざまの社会現象をつねに社会全体との関連においてとらえる可能性をひらき、先に述べた社会を社会によって説明する社会学的決定論を生んだ。社会的機能分析という後世に大きな影響をおよぼした独自の方法ですらも、個人の動機や目的の見地から社会を理解することを拒絶したところに成立したものである。そこから、法、道徳、宗教、教育、言語、経済、芸術などのあらゆる社会現象を、「制度」の名のもとに、すべて社会全体にかかわらしめ、社会の機能として解明するという新しい総合科学としての社会学を構想することが可能となった。コントやスペンサーの誇大理論がついに思弁的なままに空転した結果を、まさに実証科学として体系化しようとする試みである。そのため、どんらんなまでに隣接科学の成果を吸収し、これを社会学の観点から整序するという前人未踏の作業が開始された。家族社会学、道徳社会学、法社会学、経済社会学、言語社会学、芸術社会学、教育社会学などの特殊社会学の展開がそれである。デュルケームは、これを「社会生理学」とよんで、「一般社会学」、「社会形態学」とともに、総合社会学を構成する部門たらしめたが、先に述べた多くのデュルケーム学派の人たちのすぐれた業績がこれを実質化していったし、『社会学年報』がその拠点となった。デュルケーム学派はフランス社会学そのものであったとさえいえたのである。もちろん、こうした業績の偉大を誇示することは、あまり意味がない。しかし、デュルケームその人の大きさにおされて、この学派の多岐にわたる分野の業績がこんにちあまり検討されていないことは否定できない(31)。ともかく、デュルケームの方法論がこのような構想を実現しうるものをもっていたことに、さしあたり注目しておきたいのである。

第三に、デュルケームの方法論のうち、歴史と機能の双方に重点をおく独特のアンビヴアレントな特徴を指摘しておかなければならない。すでに述べたように、デュルケームは歴史的方法に優位性を与えていた。しかし、スペンサー流の歴史を直線的な単系進化とみる考え方には反対し、多岐的な発展を考えていたが、こうした歴史にたいする懐疑が、彼に歴史とは別個に機能を探究することにむかわしめた。そのことが多くのすぐれた成果を生むことになったことは事実であるが、反面、社会現象の歴史的起源を探究するということと、その機能の社会的根拠を求めるということが、奇妙にまじりあってしまうという結果を招くことになった。たとえば、『宗教生活の原初形態』においては、もっとも原始的で単純なオーストラリアの未開宗教を研究対象として選び、原始的という意味を、(1)その宗教が単純な組織の社会に存在すること、(2)既存の宗教からはどんな要素も借りることなく説明できること、の二点に求められている。しかしこの原始的宗教はまた、現代の宗教と同じ必要に応じ、同じ役割を演じ、要するに同じ機能を果たすものであるから、それが「どんなに単純であるとしても、われわれはそのなかにもっとも進歩した諸宗教の基底にも存在するすべての偉大な観念と主要な儀礼的態度とを再発見できた」とすることになる。(32)つまり、もっとも原始的な起源の探究をもって、もっとも本質的な機能の発見が可能とされたのである。いいかえれば、彼の歴史的方法は機能分析と結合することにおいて、歴史にたいする懐疑を払拭することに成功したと同時に、後年、レヴィ＝ストロースが批判したように、起源と機能、歴史的見地と論理的見地とを混同することとなったのである。(33)

レヴィ＝ストロースの批判は、師デュルケームの限界をこえたマルセル・モースを高く評価することと結びついているが、それは、基本的にはデュルケームの歴史にたいする懐疑をもう一歩おしすすめる方向で徹底されるものであった。要するにデュルケームの機能的分析を残して、歴史的方法を棄てさる方向、デュルケームの半身を否定する方向においてであった。そして、この方向がイギリス人類学派(ブロニスラフ・マリノフスキー、A・R・ラドクリフ＝ブラウン)に絶大の影響をおよぼすこととなったのである。イギリス人類学派は「機能主義《ファンクショナリズム》」理論をもって有名であるが、同じくデュルケームから影響を受けたアメリカ文化人類学ともども、歴史主義の禁欲という学問的性格を濃い特色としていることは注目しておいてよい。レヴィ＝ストロース自身は、デュルケームの社会実在論を背景とした機能的分析をもさらにのりこえ、その人間観を否定して、未開人の意識下に社会のモデルを論理的に構成しようとする「構造主義」を確立することができた。レヴィ＝ストロースにとってのデュルケームは、デュルケームにとってのコントに相当するといってよく、それから多くのものを引きつぎながら、それをこえてゆく志向をみせており、彼にとってデュルケームはまさに最大の論敵でもあった。

こうして、デュルケームの最大の功績といわれる多くの点が、こんにちもっとも激しい批判の対象となっていることは、それがのりこえられるのにふさわしい学問的な秀峰であることをも意味する。また、多くをあげる余地がなかったとはいえ、その争点もじつに多岐にわたっていて、その裾野の広大さを思わせるものがある。

もちろん、デュルケームから現代社会学にたいする積極的な貢献をひきだそうとする人びとも少なくない。本論稿の冒頭に引用したアメリカで出版された生誕一〇〇年記念論集では、この種の特集にありがちだとはいえ、デュルケームの積極的な評価をみちびきだそうとする努力がみられる。われわれは、そのなかで、現代アメリカ社会学の代表者パーソンズの社会体系論の構成にとって、デュルケームの「集合意識」とその規範的価値の内在化理論が、どれだけ大きな貢献をしたかについて知ることができるであろう。(34)また、アルバート・ピアースが、現代社会学および人類学における機能主義理論がデュルケームにすべてを負うものでないという主張の背景に、かえって、機能主義理論が彼からどんなに多くの影響を受けてきたか知ることができる。(35)

たしかに、デュルケームはコント社会学の二つの柱、社会静学（秩序）と社会動学（進歩）のうち、前者を強調する路線を進んだ。その点は、彼の社会実在論と方法論から必然的に結果するものであったが、とうぜんに社会変動論を欠いていた。『分業論』の異常形態分析に、わずかにその片鱗をみることができるが、『自殺論』になると、むしろアノミーからいかに秩序を回復するかということに論点が移されてくる。変動から統合と調和を求めるよりも、社会の統合を不可能にしている原因を、統合の方向において発見しようとする立場でつらぬかれている。そこから、階級や階級闘争の分析が欠落してしまうばかりでなく、抽象的な職業集団の再建という、実践的課題が提出されさえもする。デュルケーム自身が認めていたように、彼の理論そのものが知的水準においてすでに保守的性格をもっていたのである。彼の社会現象の分析において、つねに社会と個人の二律背反が問題とはなっても、諸個人や諸集団間の対立・闘争はとりあげられることがない。わずかに生存競争説が強調されるが、それも一般的原理としてであって、社会過程の分析は欠落したままであった。[36]パースが機能主義に変動論を導入することのためにデュルケームを批判し、ルイス・コーザーが彼の理論の「保守主義」的性格を評価しつつ批判するのも、[37]じつはデュルケームから出発する社会統合（その現代版としての社会体系）の枠のなかでのことであることを忘れてはならない。

デュルケームの批判から出発して、デュルケームの学者としての地位をひきついだギュルヴィッチは、むしろデュルケームとは異質の現象学的方法によって、彼に欠けていた社会過程論を「微視社会学」というかたちで導入し、社会と個人とのあいだにいくつもの媒介項を挿入した「深層社会学」をたててデュルケームに欠落していた方向を探し求めた。しかし、ギュルヴィッチのばあいは、一般理論としての社会学の再建に新しい方向をみいだしたとはいえ、デュルケームの残した実証科学の方向はあまり熱心に追求されることがなかった。むしろ、この後者の方向をたどりながら、デュルケームを正面きってこえてゆく方向を発展させたのは、やはりレヴィ－ストロースであろう。いまのところ、彼の「構造主義」が社会学にとってどの程度の方法論的な貢献をもたらしうるかについては、十分に確かめがたいところがある。ただ、デュルケームとのかかわりからいえば、おそらくレヴィ－ストロースの民族学理論が、どのように現代社会の分析に適用できるかという点であり、彼の反歴史主義的傾向がどのように歴史を視野のなかにとりこみうるか、という点にあろう。

『分業論』はデュルケームの、その時代にたいする学問的な姿勢を示すものであった。ということは、その理論のイデオロギー的性格だけをわれわれが問題にしているということではない。歴史的過去の現実と理論とのかかわりかたをつぶさに吟味して、われわれ自身の時代にたいする理論のかかわり方に資することである。

（1）デュルケームの伝記については詳細は不明である。やや詳細なものは Alpert, *Émile Durkheim and His Sociology*, N. Y. 1939 であり、他は弟子のダヴィ（Georges Davy）やモース（Marcel Mauss）の残した断片的な記録によるほかはない。本稿でも、主としてアルパートによった。

（2）こうした郷土で育ち、ユダヤ人であったことから、デュルケームをマージナル・マンとして規定し、それが彼の社会学の性格に影響を与えたとする見方がある（折原浩「デュルケーム社会学の〈保守主義〉的性格」、『社会学評論』第七六号、有斐閣、一九六九年）。

（3）たとえば、宇宙の自然法則を進歩的体系とみて、それを六段階にわけ、さいごの段階が人間であって、それを研究する科学を心理学と社会学とみる。コントの諸科学の階統体系を思わすものがある。なお、『社会分業論』の初版本の扉にブトルーへの献辞がみられる。ブトルーのデュルケームにたいする影響についてはダヴィのつぎの文献を参照（É. Boutroux, *De la contingeance des lois de la nature*, 1874, pp. 155–157; G. Davy, Émile Durkheim, *Revue de métaphysique et de morale*, t. XXVI, 1919, p. 186）。

（4）C. Renouvier, *Essais de critique générale*, t. I, p. 123.

（5）É. Durkheim, Deploige: Le Conflit de la morale et de la sociologie, *L'Année sociologique*, XII, p. 326.

（6）É. Durkheim, *Le Socialisme*, Introduction par M. Mauss, p. i. 平山高次訳『社会主義の定義』（抄訳、創元社、一九五二年）一―二ページ。

（7）モースたちが第一次大戦後に復刊した『新編社会学年報』（*L'Année sociologique*, nouvelle série, I, 1925）は、デュルケーム亡きあとの再建という意味もあったであろうが、一〇―二ページ、三四人の協力者をえている。デュルケーム学派の一端を知ることができる。ただ、この『新編』は二巻で中断し、弟子のアルプヴァックスを編者とする『社会学年誌』（*Annales sociologique*）が一九三四年から、また『第三輯社会学年報』（*L'Année sociologique, troisième série*）が一九四〇年からひきついて出版されている。

（8）Georges Dupeux, *La Société française, 1789-1960*, Paris, 1964. 井上幸治監訳『フランス社会史』（東洋経済新報社、一九六八年）一七五―一七九ページ。

（9）デュプー前掲邦訳、第二章および第三章。

（10）É. Durkheim, *Leçons de sociologie*, Paris, 1950, p. 109 et suiv.

（11）É. Durkheim, *Le Socialisme*, p. ii.

（12）デュルケームの教育理論については、新堀通也『デュルケーム研究』（文化評論出版社、一九六六年）第二章を参照。

（13）Joseph Neyer, Individualism and Socialism in Durkheim, *Émile Durkheim*, ed. by K. H. Wolff, O. S. U. S., 1960, pp. 35-39.

（14）H. Stuart Hughes, *Consciousness and Society*, N. Y., 1958, pp. 33-104. 生松敬三ほか訳『意識と社会』（みすず書房、一九七〇年）第二章および第三章。

(15) É. Durkheim, *Le Socialisme*, p. 8（邦訳、八ページ）。

(16) É. Durkheim, *Les Règles de la méthode sociologique*, 11 éd., Paris, 1950, p. 109（邦訳、二四三ページ）。

(17) この観点を、デュルケームはコントから得ている（本書一一七ページ）。ただ、コントのようにいつの時代でもそうであるとは考えず、有機的連帯の時代と社会にのみ独自なものであるとして、限定した（五八八ページ）。

(18) アルマン・キュヴィリエはつぎのような解釈をしている。「デュルケームはけっして経済生活にたいして額面どおりの評価を与えなかった。経済生活は心理的なものではないという意味において、わずかに第二次的な社会的重要性が与えられたにすぎなかった。彼の考えでは、経済的なものは物質的欲望を満足させるためのものであったので、それは有機的なものであり、したがって個人的なものであった」（Armand Cuvillier, *Introduction à la sociologie*, Paris, 1936, 4e éd., 1949, p. 50. 清水義弘訳『社会学入門』岩波書店、一九五三年、五二ページ）。

(19) 経済の抑制機能を政府ないし国家に期待したのではないことに注意すべきである。デュルケームのばあいは、経済にたいしてのみでなく、一般に、国家は「集合意識」の中枢的器官たりうることはあっても、「集合意識」そのものではありえなかった。また、この経済機能の抑制にかんして、具体的には職業集団がそれを可能にしうると考えていた。しかし、この職業集団の性格も、じつはあまり明瞭ではない（本書、第二版序文参照）。

(20) この点をもっとも強く批判したのは、ロジェ・ラコンブとジョルジュ・ギュルヴィッチであった。他にも多くの批判者があるがこの二者を代表的とみてよい（Roger Lacombe, *La Méthode sociologique de Durkheim*, Paris, 1926; Georges Gurvitch, *Essais de sociologie*, Paris, 1938）。

(21) É. Durkheim, *Les Règles de la méthode sociologique*, chap. II（邦訳、第二章を参照）。

(22) ただ、フランスの二人の著名な歴史家リュシアン・フェーブルとマルク・ブロックが、いずれもデュルケームの講義をきき、その影響を受けたこと、歴史学の側ではデュルケームの比較史的方法に大きな刺激を受けたことは注目すべきである(H. S. Hughes, *The Obstructed Path*, N. Y., 1968. 荒川幾男・生松敬三訳『ふさがれた道』みすず書房、一九七〇年、一六一―一八ページ参照)。

(23) Marcel Mauss, Introduction, *L'Année sociologique*, Nouvelle série, t. 1er, p. 13.

(24) 比較史的方法のうちで、デュルケームがもっとも重視したのは共変法である。『分業論』でも、たとえば四八三ページなどにその応用がみられるが、明確には『方法規準』第六章Ⅱにおいて強調されている。モースは、この共変法の重視をやめて、剰余法と併用することによってデュルケームをのりこえたと評価されている(Claude Lévi-Strauss, Introduction à l'œuvre de M. Mauss, dans M. Mauss, *Sociologie et anthropologie*, Paris, 1950, pp. XIX-XXX)。

(25) 拙稿「デュルケムの家族理論」一九七〇年、『東北大学教育学部研究年報』一八集、一五八ページ。

(26) ロバート・ベラーは、デュルケームの著作において変動理論を評価する数少ない研究者のひとりである。彼は、デュルケームが全体社会の構造分化が経済によってひきおこされたことを重視しながら、しかも家族や宗教などの非経済的側面が構造分化に果たした役割を明らかにしたことを高く評価している(Robert N. Bellah, Durkheim and History, in *Émile Durkheim*, ed. by R. A. Nisbet, New Jersey, 1965, pp. 161-162)。

(27) もっとも、本書を読んで気づかれるように、『分業論』ではまだ有機体説の影響が強い。社会の諸機能を生物有機体と比較したり、生物有機体の一般理論によって証明したりしている。用語にしても、器官、系統、低級、高級(等)などの使い方に顕著にみられる。だが、『方法規準』以降では、しだいにその影響が払拭されてくる。

(28) なお、ついでにヴェーバーとデュルケームのあいだには、近代的人間像についての顕著な違いがあったことも指摘しておきたい。ヴェーバーのばあいには、資本主義の精神ともいうべき禁欲的倫理をもった合理的人間像が、まさに資本主義の担い手として登場してくる。デュルケームが否定的に措定した功利主義的人間像は、むしろヴェーバーの人間像の一面を構成する要素をもっているからである。

(29) Talcott Parsons, *The Structure of Social Action*, Glencoe, Illinois, 1937, 2 ed., p. 382.

(30) Georges Davy, Introduction, dans *Leçons de sociologie*, Paris, 1950, p. 25 et 31.

(31) デュルケーム学派の業績にかんする概観としては、田辺寿利『フランス社会学説研究』(刀江書院、一九四一年)、新明正道『社会学史』(有斐閣、一九五九年)を参照。

(32) É. Durkheim, *Les Formes élémentaires de la vie religieuse*, Paris, 1912, pp. 1, 4 et 593.

(33) Claude Lévi-Strauss, French Sociology, in Gurvitch and Moore ed., *Twentieth Century Sociology*, N. Y., 1945, p. 518.

(34) Talcott Parsons, Durkheim's Contribution to the Theory of Integratiion of Social Systems, in Wolff ed., *op. cit.*, pp. 118 et suiv.

(35) Albert Pierce, Durkheim and Functionalism, in *op. cit.*, pp. 164-165.

(36) 新明正道『綜合社会学の構想』(恒星社厚生閣、一九六八年、三九八ページ)でも、社会過程論の欠落が批判されている。

(37) Lewis A. Coser, Durkheim's Conservatism and its Implications for his Sociological Theory, in Wolff ed., *op. cit.*, pp. 217, 229.

あとがき

本書の訳出にあたっては、田辺寿利先生の未完の邦訳と井伊玄太郎・寿里茂両氏の邦訳、および英訳（*The Division of Labor in Society*, tr. by George Simpson, 1933, Free Press of Glencoe, Illinois）を参考にした。このいずれにも負うところが非常に大きい。それだけに、いたずらに努力が重複しないように、訳の厳密さを期したつもりであるが、訳し終えたいまもなお不満と不安が残っている。

田辺寿利先生の邦訳からは、ことに綿密な文献考証の精神に打たれた。その影響を受けて、私なりに詳細な訳注をほどこして綿密を期したいと思ったが、その企図は、半ばから放棄せざるをえなかった。予想外の分量に達して一巻に収まりきれぬだろうことと、初めて読まれる方にはむしろ煩瑣であろうと思われたからである。代わりに、第二版以降では削られている「第一版序論　問題」を訳出して、巻末に付しておいた。初めて本書を読まれる方は、この「第一版序論」から読まれることをおすすめする。本書冒頭の「第二版序文」は、むしろ第三編を読了してから読まれたほうが、全体としてデュルケームの論旨を追うのに適切かと思われる。

編集委員の田中清助名大助教授からは、訳語について細かな御忠告をいただき、古典語の素養にとぼしい私に懇切に教えて下さったのは、東北大学文学部の真方敬道教授である。法学の分野では、同法学部の世良晃志郎教授、樋口陽一助教授、同教養部の加藤永一教授から多くの御教示を得た。本書がいくらかでも正確を期することができたとすれば、これらの方々のお蔭である。深くお礼を申しあげたい。また索引その他については、東北大学教育学部助手の不破和彦・佐久間孝正の両君、同大学院の岩間剛・菱山謙二、学部の岡進の諸君の手を煩わした。心から感謝申しあげる。

編集部の古明地道子さんには、さんざん御迷惑をおかけしたが、ゆきとどいた御配慮にお礼を申しあげるばかりである。

一九七一年一月

田原音和

『社会分業論』文庫版解説

菊谷和宏

「現代社会学大系」と銘打たれた叢書の一冊として青木書店より刊行されていた、田原音和氏の定評ある翻訳による本書『社会分業論』が、デュルケーム没後百年の今年、ちくま学芸文庫に収録され装いも新たに刊行されたことは、まさしく出版界の良心の表れであるといえよう。押しも押されもせぬ古典書であるとはいえ、ハードカバー・函付きの旧版は、決して安価とはいえず、またその後新装丁・函無しの復刻版が刊行されたものの長らく品切れと、手に取りづらい状態が続いていた。そんな中での今回の再刊は、極めて意義深く、極めて喜ばしい。

本書の内容、また著者たる近代フランス社会学の創始者エミール・デュルケームと彼を取り巻く歴史については、今回の文庫版にも収録されている田原音和氏の解説に詳しい。その内容は半世紀近く前に書かれたものではあれ、決して古びていない。

そこで文庫版の解説では、その後のデュルケーム研究の動向を踏まえて、本書の可能性を広げるいくつかの論点を提示し、もって本書読解の一助を期するとともに、デュルケームの他の著作へと読者をいざなうことを試みるとしよう。

I　同業組合（職業集団）論

はじめて本書をひもといた読者は、いきなりいささか面食らうであろう。というのも、冒頭に置かれている第二版序文は、序文とは名ばかりの、実質的なあとがきないし補足なのだから。

実際、初版刊行の九年後に付されたこの序文は、同業組合（職業集団）に関する独立した一論考である。それは、本書初版刊行後の反響とデュルケーム自身の思考の深化に対応して書かれた文章であり、実のところ、本書を最後まで読み切った後でなければ、その意義は理解できるはずもないものだ。

原語で corporation, groupement professionnel, corps de métiers などと表現される同業組合に関するデュルケームの議論は、本書第一版（一八九三）第一編第六章および第七章にはじめて現れる。その後、一八九五―九六年にボルドー大学で講じられた講義の草稿である『社会主義およびサン‐シモン』第十章で触れられ、『自殺論』（一八九七）の結論部たる第三編第三章で展開される。さらに、一八九六―九九年の講義草稿と推定される『社会学講義』第一講から第五講、第八講、第九講、そして第十八講で取り上げられた後、最終的に本書第二版序文（一九〇二）において、もっともまとまった形で論じられたものである。

それはもちろん、その名が示すとおり、職種を同じくする者たちが、必然的に共通する経済的利益を協力して守り追求するための集団である。これにより、分業と産業化の歴史的進展に伴う無規制状態《アノミー》を、経済の実際に精通している彼ら自身によって調整させよう、いやむしろ近代社会における経済の重みの増大に鑑みれば、この集団こそ不可欠であるというのが、デュルケームの主張である。

　だがしかし、その名が与える印象に反して、経済的機能は同業組合に託された主要機能ではない。

「われわれがこの組織〔同業組合〕こそ不可欠のものと判断したとしても、それは、この組織の果たしうる経済的用役のゆえではなく、それがもちうる道徳的影響力のゆえだからである。なかんずく、われわれが職業集団のうちにみるものは、一個の道徳力である。この力によってこそ、個人のエゴイスムを抑制し、労働者の心のうちにいきいきとした共同連帯の感情を絶やさぬようにし、弱肉強食の法則が商工業上の諸関係にこれほど露骨に適用されないようにすることが可能なのである。」（本書第二版序文、三四ページ）

　つまり、田原氏の解説にもあるとおり、デュルケームは、近代社会における経済の重要性を認識しつつも、これをこの社会の基盤や本質とはみなさなかった。経済は、いかに重要であれあくまで社会の一機能にすぎないと捉え、いわば経済を道徳化することで社会を成そうとしたのだ。

　実際、本書第二版序文で語られているとおり、同業組合は、経済的役割だけでなく教育事業や芸術鑑賞にまで及ぶ多様な役割を期待されている。また、その起源を古代ローマにまで遡り求めた上で、フランス革命時テュルゴーの改革により封建的とされ廃止された中間集団の近代社会における再生であると位置付けられている。

この意味でデュルケームの同業組合論は、現代的な意味における労働組合論よりも、歴史学でいわれるアソシアシオン論の系譜の中に適切に位置付けることができよう。すなわち、広義では「どのような形(結社 association)をもって人々は団結(associer)できるのか」についての議論、より限定的には「かつて国家と個人の間に多数存在した、ギルドや家族などのいわゆる中間集団(二次的集団)が、フランス革命とともに封建的なものとして廃止され、あるいは衰退の一途をたどる中、ばらばらの状態で残された諸個人はいかにしてまとまることができるのか」、この問題に関する一群の議論である。

そのように位置付けてみれば、同業組合の奇妙に弱い経済機能と、大きくそこに託された他の諸機能との不可思議なバランスが理解できる。つまり、だからこそデュルケームは、『自殺論』においてこれを近代社会における自殺減少のための処方箋として描いたのだ。そしてまた、『社会学講義』や本書においては、地域代表制を否定し、国家や自治体と個人を媒介しそれらの統治者を選ぶ際の有権者集団ないし選挙母体、換言すれば一種の選挙区としてこれを構想したのだ(その見事な分析が『デュルケム社会理論の研究』(宮島喬、東京大学出版会、一九七七)の第四章第二節「民主主義と中間集団—職業集団の問題—」にある。また、拙稿「デュルケームの民主主義論」(『一橋論叢』第一一四巻第二号所収、日本評論社、一九九五)もあわせてご参照いただければ幸いである)。

実際のところ、これまでの社会学的研究において、デュルケームの同業組合論は、具体性を欠く抽象的な議論であると、また復古的あるいはユートピア的な、いずれにせよ非現実的な提案とみなされがちであり、いささか軽んじられてきた。がしかし、これを今日的な意味での労働組合論に直結するものとしてではなく、近代社会そのものの存立に関わる提案として、「近代社会という問題」に対する根本的で実践的な処方として捉えるとき、例えば先の「選挙区としての同業組合」など、今日我々が当たり前のものとして無反省に受け入れているものではない社会の構築法を、いわばオルタナティブな現実のありかたを提示していることが理解されよう。そこには引き出すべき豊かな可能性が潜在しているのだ。

グローバリゼーションの嵐が猛威を振るい続ける中、家族や地域共同体は風前のともしびとなり、他方、激しくはあるが空虚な反作用でしかない排他的ナショナリズムや宗教的原理主義が叫ばれ、いわば「社会の解体」をさえ皆が多かれ少なかれ感じはじめている今日、かようにして本書は、普段自明視している社会制度や社会生活そしてそもそも社会というものを「ありえた近現代社会」をもって捉え返し「ありうる近現代社会」を構築するためのヒントに、その意味で、虚偽の別名ではない本来の意味での「オルタナティブ・ファクト」を構想し具現化するための足掛かりたりうるのではなかろうか。

2　集合意識の推移と現代社会

本書を読了した読者の中にはまた、集合意識の歴史的推移について戸惑う向きもあろう。すなわち、機械的連帯から有機的連帯への移行とともに、集合意識は次第に不確定となり退行して消失するのか、それとも歴史を貫通して残存するのか、どちらとも読みうるように感じるだろう。

この点について、本書における集合意識概念は、まるで二種類のものがそれと明示されぬまま混在しており、矛盾と捉えることさえ可能な、不明瞭で不完全な二重構造を描いていることは否めない。つまり、当初集合意識は機械的連帯と密接に結び付けられ、その衰退にともなって弱体化するように描かれているものの、記述が進むにつれて次第に、有機的連帯による社会においても集合意識は衰退せず、それどころかその必然的な基盤として興隆するように描かれている。果たして集合意識は古い社会の原理であり残滓なのか、それとも現代社会にも通ずる社会そのものの根底なのか。そもそも両者は同じ一つの集合意識なのか、あるいは二種類またはそれ以上の集合意識が存在するのか……。この問題は、デュルケーム研究の中でも長く議論され続けているものである。

その錯綜した大量の議論を整理するのは、学術論文ならぬ解説文の役割ではなかろう。ただ、それでもなお示しておきたいのは、有機的連帯に基づく近代社会で興隆する集合意識の内実こそは、個人的人格の尊厳に対する畏敬であり、個人の自由の尊重であり、道徳的個人主義、現代の言葉で換言すれば普遍的人間性と人権の尊重であるということだ。つまり、こうしたいわゆる近代的諸価値を社会学的に基礎付けようとした書物として今日我々は本書を読み解くことができるのだ。そしてその時、集合意識論の不完全さは、むしろ豊穣なものとなる。すなわち、アソシアシオン論としての同業組合論がそうであったように、近代以前の斉一的な統合の崩壊後、そのような抑圧的なものではない、がしかし人が個々ばらばらの砂粒のような群れになるのでもない、「個人の自由であるところの社会統合」という、なんとも矛盾を孕んだダイナミックな概念が、近代社会の形成そのものとしてここに示されているのだ。

言い換えれば、集合意識概念の両義性は、デュルケームの議論の難点というよりも、近代社会そのものが孕む原理的な、そして我々自身がいまだその中を生きている構造的な矛盾の反映なのだ。したがってこの両義性は、むしろ本書の意義を深める「積極的矛盾」であり、現代の読者が読み解きそこに解を見出すことで読者自身の社会的生を理解し構築しうる「開かれた矛盾」なのである。

3　最新の展開——社会学外からのアプローチ

近代社会学の創始者としてデュルケームを捉え、その創造の秘密を曝こうとした初期のデュルケーム研究は、本書をはじめとする早い時期、いわばデュルケーム社会学誕生期の著作を対象とすることが多かった。その後次第に、社会そのものの創造の秘密を探るため、例えば集合的沸騰論がそうであるように、『宗教生活の基本形態』を中心とする後期の著作を主たる研究対象とした結果、初期の著作はやや後景に退いていた感がある。ただいずれにせよその研究者はおしなべて社会学者であることに変わりはなかった。

ところが、いま再び本書に注目が集まりつつある。ただし、かつてとは異なり社会学外の、隣接諸領域の研究者から。

そのような本書の新たな可能性を示す最新の研究の例として、『蘇る『社会分業論』──デュルケームの「経済学」』（吉本惣一、創風社、二〇一六）を挙げておこう。この研究書は、これまでにない、経済学者による経済学的視点からの本書の分析である。このようなさまざまな学問領域からの本格的なアプローチはいまだはじまったばかりではあるが、例えばこの書を嚆矢として今後さらなる広がりを見せるであろう。

そこで、本書をひもとかれた経済学や法学など隣接諸分野の研究者の方々にはぜひ、各々の専門分野の観点から本書に挑んでほしい。近代社会学の揺籃期に、学の確立を目指して執筆された本書には、今日の専門化された社会学の枠に収まりきらない、多様な論点と可能性がたっぷりと含まれているのだから。

さて、本書を堪能した読者には、デュルケームの他の著作、とりわけ本書に直続する著作『社会学的方法の規準』（一八九五）、そしてさらに続く『自殺論』（一八九七）へと読み進むことをお勧めしたい。そうすれば、本書ではいまだ抽象的で曖昧な議論に留まっていたいくつもの論点が、次第に明確化され、さらに実証研究へと展開していくさまが見られるだろう。そしてそこから、この小論でわずかに挙げえた諸点にとどまらぬ、現代社会を的確に照射しわれわれ各人の現代社会における生を理解させ将来の社会を構想させうるような、古典的にして今日的な分析視点をいくつも得ることができるであろう。お試しあれ。

（一橋大学教授　社会学・社会学史）

ラ 行

ナ　行

ハ　行

マ　行

サ 行

タ 行

人名索引

（カッコ内の欧文名は，原著使用の仏語名を表わす）

ア　行

カ　行

ヤ　行

ラ　行

マ　行

ナ　行

ハ　行

タ　行

サ　行

カ　行

事項索引

ア行

本書は、一九七一年二月、青木書店より「現代社会学大系」第二巻として刊行された。なお、本文中には今日の人権意識に照らして不適切と思われる表現があるが、刊行時の時代背景等を考慮し、そのままとした。

ちくま学芸文庫

社会分業論《しゃかいぶんぎょうろん》

二〇一七年十一月 十 日 第一刷発行
二〇二五年 一 月二十五日 第三刷発行

著 者 エミール・デュルケーム
訳 者 田原音和（たはら・おとより）
発行者 増田健史
発行所 株式会社 筑摩書房
東京都台東区蔵前二―五―三 〒一一一―八七五五
電話番号 〇三―五六八七―二六〇一（代表）
装幀者 安野光雅
印刷所 株式会社精興社
製本所 株式会社積信堂

ISBN978-4-480-09831-3 C0136